图解周易大全

贺华章 著

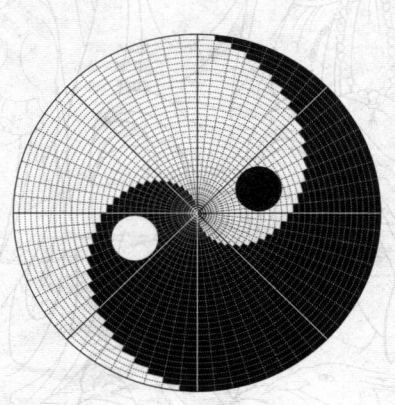

中国出版集团
现代出版社

《易经》八卦与世界万物

　　《易经》八卦虽然只有八个，但却囊括了世间万物。古人认为，所有事物都可以归入八卦之中，比如对于家人的角色来说，父亲为乾卦，母亲为坤卦，长男为震卦，幼女为兑卦……这种对事物的独特归纳法被古人称为"取象比类"，也就是《易经》说的"物以类聚，人以群分"。

八卦与自然

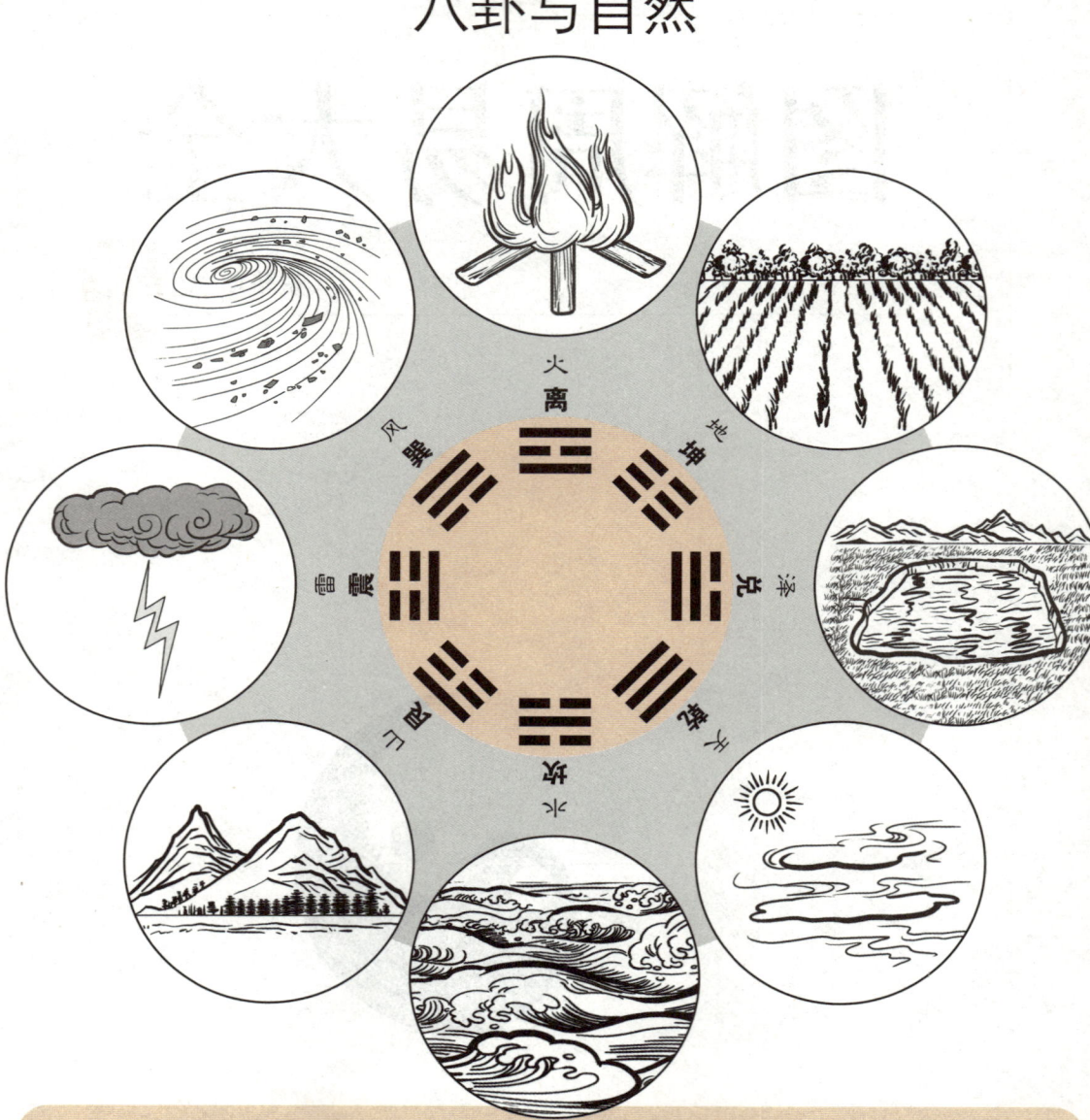

　　八卦对应自然界的八种现象，即乾卦代表天、坤卦代表地、兑卦代表泽、离卦代表火、震卦代表雷、巽卦代表风、坎卦代表水、艮卦代表山。

八卦与人体

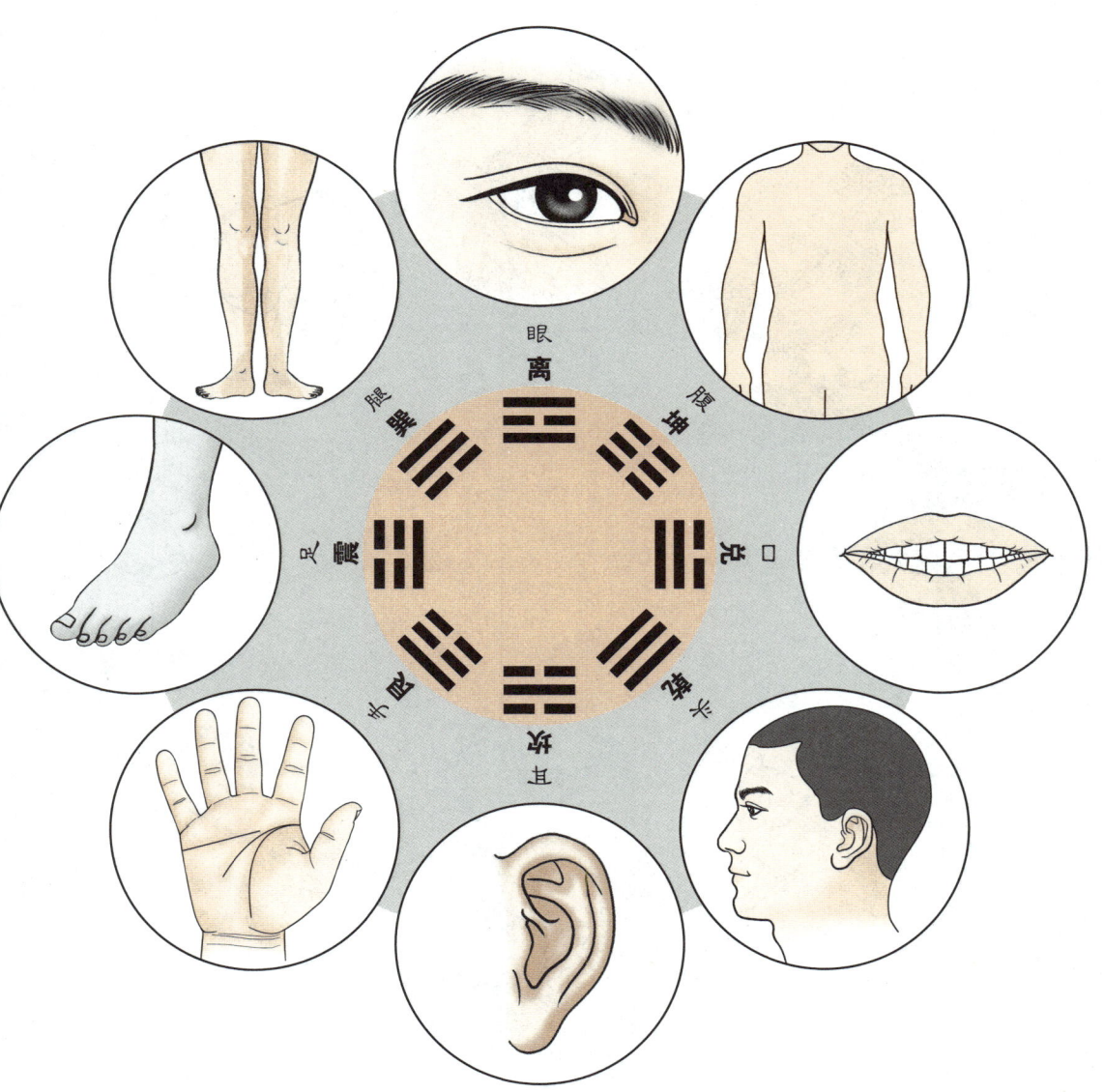

八卦与人体器官的对应关系为：乾卦代表头、坤卦代表腹、兑卦代表口、离卦代表眼、震卦代表足、巽卦代表腿、坎卦代表耳、艮卦代表手。

八卦与动物

八卦与动物的对应关系为：乾卦代表马、坤卦代表牛、兑卦代表羊、离卦代表凤、震卦代表龙、巽卦代表鸡、坎卦代表鲤鱼、艮卦代表狗。

八卦与家人

八卦与家庭角色的对应关系为：乾卦代表父亲、坤卦代表母亲、兑卦代表少女、离卦代表中女、震卦代表长男、巽卦代表长女、坎卦代表中男、艮卦代表少男。

八卦与声音

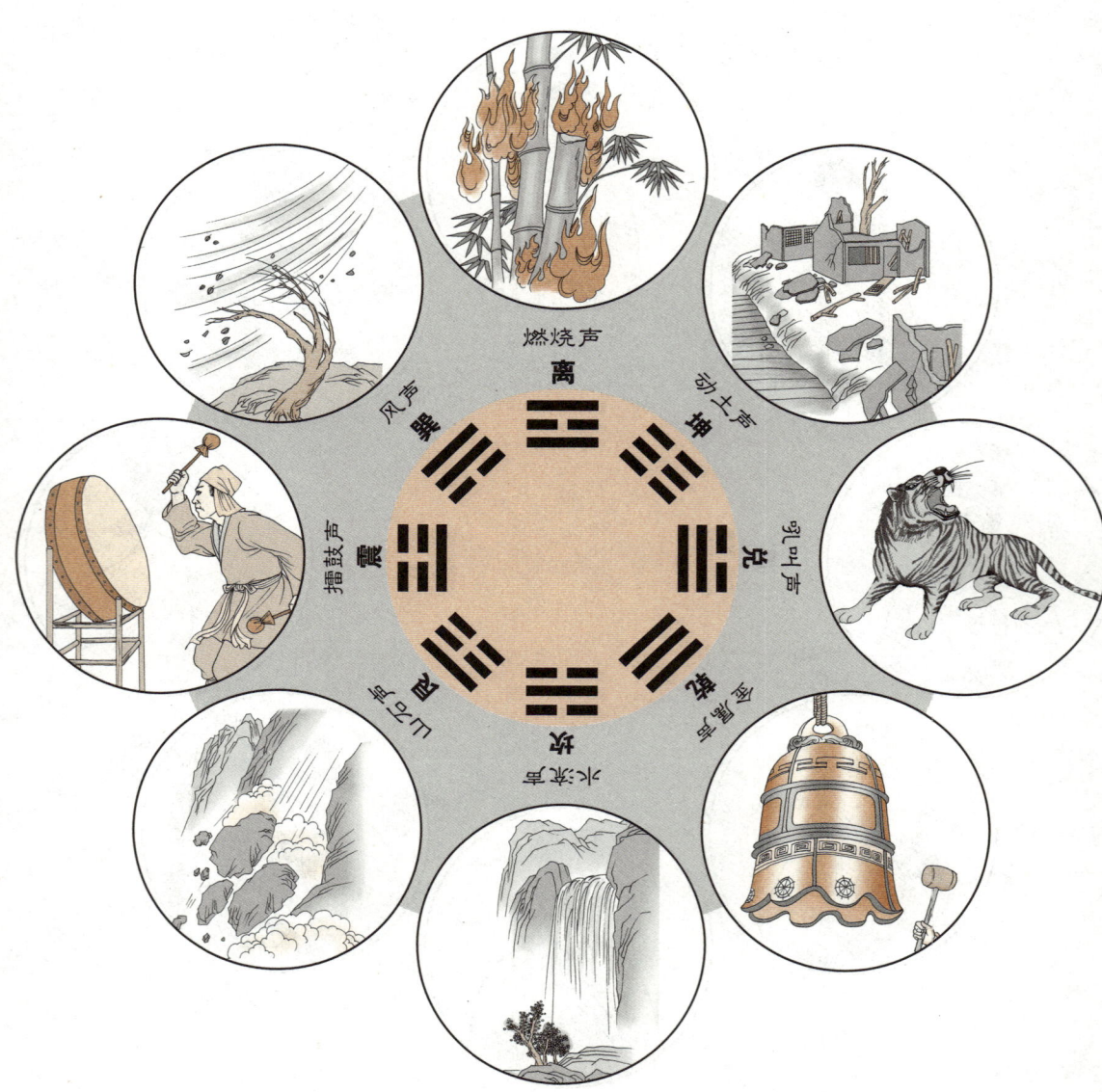

　　八卦与声音的对应关系为：乾卦代表金属声、坤卦代表动土声、兑卦代表吼叫声、离卦代表燃烧声、震卦代表擂鼓声、巽卦代表风声、坎卦代表水流声、艮卦代表山石声。

八卦与建筑

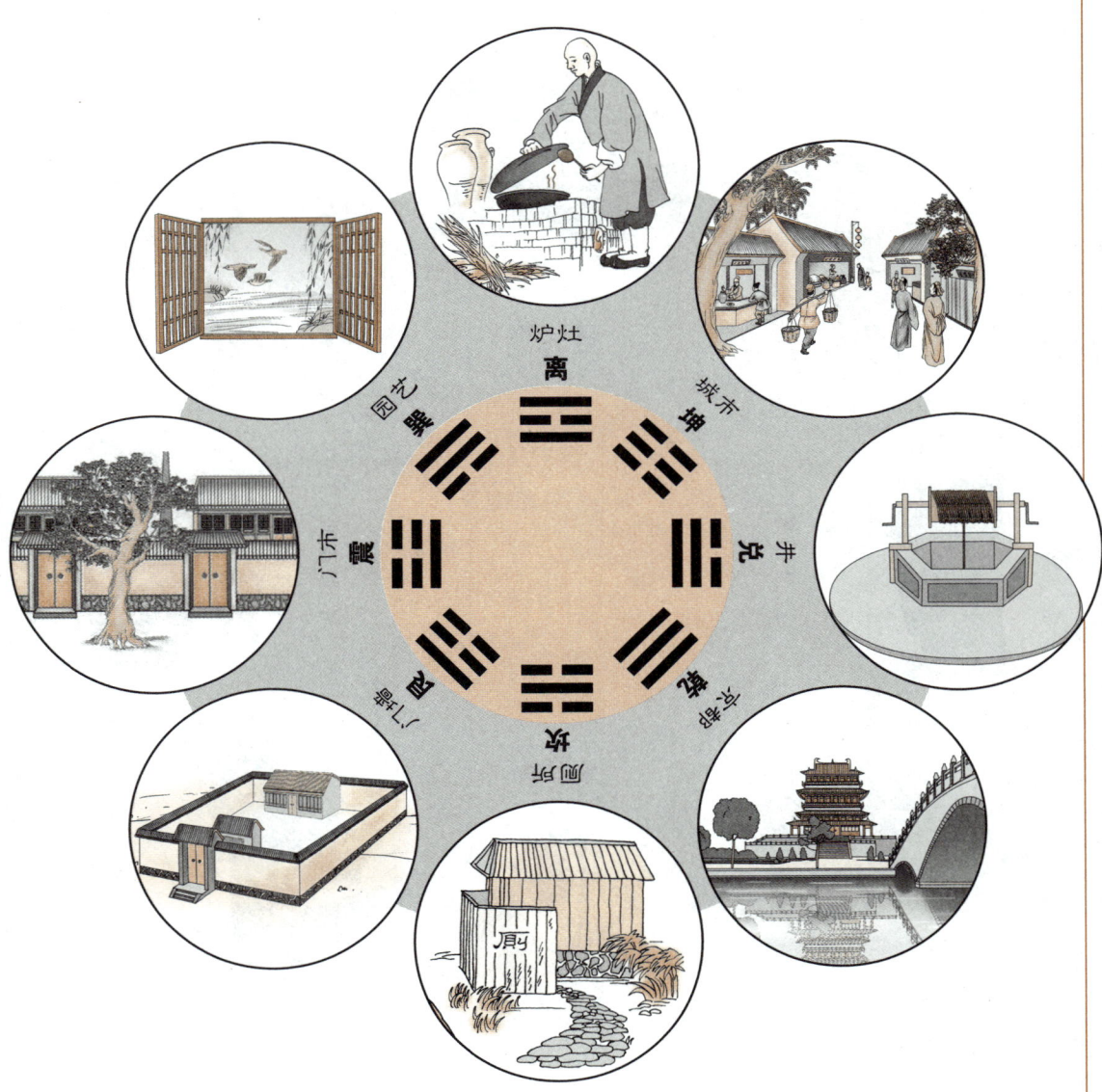

人类社会的建筑物也有八卦属性：乾卦代表京都、坤卦代表城市、兑卦代表井、离卦代表炉灶、震卦代表门市、巽卦代表园艺、坎卦代表厕所、艮卦代表门墙。

八卦与八仙

道教的"八仙"也对应八卦：乾卦代表吕洞宾、坤卦代表何仙姑、兑卦代表张果老、离卦代表汉钟离、震卦代表曹国舅、巽卦代表韩湘子、坎卦代表铁拐李、艮卦代表蓝采和。

八卦与文字

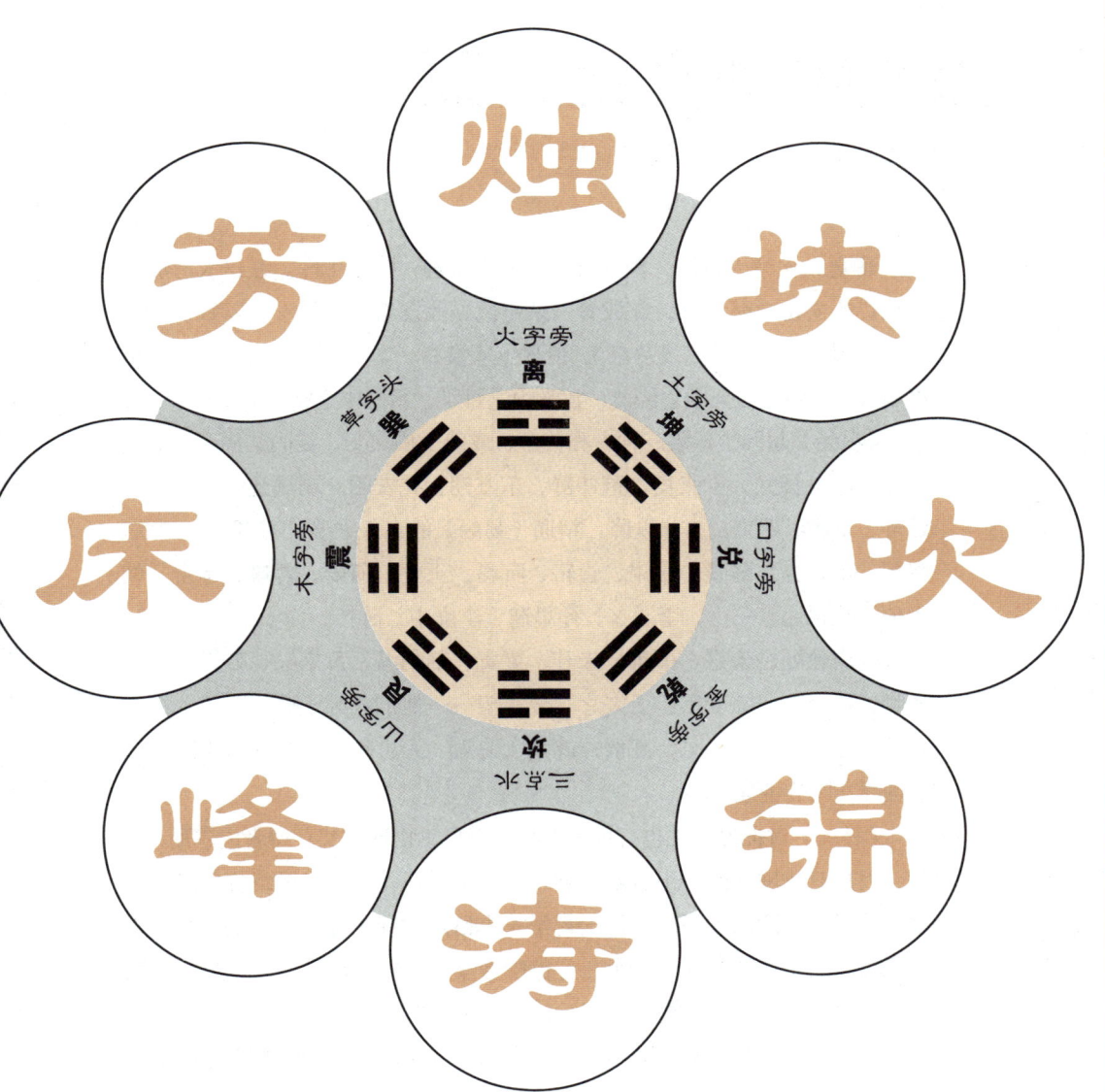

汉字的偏旁中也有八卦的属性：乾卦代表金字旁、坤卦代表土字旁、兑卦代表口字旁、离卦代表火字旁、震卦代表木字旁、巽卦代表草字头、坎卦代表三点水、艮卦代表山字旁。

编者序
探究中华文化之源

华夏文化博大精深，渊源流长，璀璨多彩，四域生辉。在这大海般辉煌灿烂的文化宝藏中心，绽放着一朵奇葩，散发着奇光异彩，以致被誉为华夏文明之源，它就是《易经》。世界上从没有一本书像它这么古老，这么影响深远。它是经典中之经典，哲学中之哲学，智慧中之智慧。

《易经》起源于伏羲、神农和黄帝，成熟于周文王、姜尚、周公、老子和孔子，发扬光大于张良、董仲舒、东方朔、孔安国、司马迁、孟喜、焦延寿、京房、费直；自此以降，精通《易经》的名人大略计有刘向、刘歆、虞翻、诸葛亮、陆绩、王肃、管辂、阮籍、王弼、何晏、郭璞、干宝、韩康伯、孔颖达、一行、李通玄、孙思邈、李虚中、陈抟、徐子平、欧阳修、刘牧、周敦颐、朱熹、邵雍、朱升、梁寅、刘伯温、黄宗义、方以智、沈孝瞻、顾炎武、陈梦雷、王夫之、全祖望……他们或为圣贤、帝王，或为名相、名将，或为名医、高僧，或为大诗人、大思想家，推动着中国乃至全世界文明的进程。

《易经》对世界文化也有极大影响。诺贝尔物理学奖获得者内尔斯·玻尔，因其对物理学的杰出贡献而被授予爵士徽章，在选择徽章标志时他选用了《易经》阴阳太极图。德国哲学家黑格尔发挥了《易经》的哲学，提出了著名的辩证法的思想。另一位德国数学家莱布尼茨发明二进制（后来为计算机所采用），也得益于《易经》八卦的启示。就商业界来说，丰田、三星的创始人也从《易经》中受到很大启发，从而开拓出影响世界的商业王国。此外，《易经》对生物学、社会学、天文学等现代科学的贡献早已被国内外科学界和文化界首肯。

《易经》文字古奥，注疏众多，异说纷纭，对于初学者来说，如果没有一本深入浅出的入门书籍作引导，就很容易产生畏难情绪，从而与这本千古宝经擦肩而过。本书恰好能弥补这方面的缺陷，它的文字通俗易懂，讲解深入浅出，内容全面准确，能使初学者在充满趣味的阅读中打开进入易学宝库的大门，进而登堂入室。

《易经》本身运用的是形象思维，这和当今善于使用逻辑思维的人们有点格格不入，特别对于初学者来说是一个不小的困难。针对这个问题，本书从上万张图片中选出了300余张赏心悦目的图片，600余幅精美手绘插图，生动的图解表现形式，为读者带来视觉上的震撼和惊喜。这些图片能够使读者在阅读过程中保持良好的意境感，并增加对内容的直观理解。另外，本书专门采摘了清朝"四库全书版"的卦画，并且每一卦辞都配有一幅明代插图，古色古香，对于拓展读者的知识面助益多多。

本书的内容分四个部分：第一个部分介绍了《易经》的起源和影响，以详尽的笔调叙述了《易经》起源时先民和世界的种种状况，以及《易经》诞生后给中国文化带来的积极影响；第二个部分介绍了《易经》的基础知识，内容涵盖了《易经》的各个方面；第三个部分为《易经》的上下经文部分。《易经》版本以清朝的《监本易经》为蓝本，每一卦的前面都列举了卦辞、爻辞和象辞，分别配以简洁明了的白话文予以翻译。后面再用深入浅出的文字加以说明，其中穿插了大量的历史典故，行文流畅活泼，趣味性强，对于理解卦爻能起到很好的帮助作用；第四个部分为《易传》部分，每一段原文后面都附有白话译文，以增进读者的理解。

本书对《易经》六十四卦解析甚详，读者可以在趣味无穷的玩索中，逐渐领会到《易经》的精髓。

总之，本书运用图片、背景、概念、卦义和提示等要素，进行综合创意，全新演绎了这本古老的经典，使它的智慧的光芒重新绽放，堪称适应初学者的最佳入门读物，也是逢年过节的上佳礼品，具有永久的珍藏价值。

2012年1月

编者谨识

自序
世界上最智慧的书

从古至今,在全世界浩如烟海的书籍中,其发行量之大、争议之多、影响力之强、历世之久者,大概只有中国的《易经》。中外很多学者一致认为世界最为智慧的书籍只有三本:一是中国的《易经》,二是印度的《吠陀》,三是欧洲的《圣经》。可见,《易经》确实是一本很有价值的书。

《易经》博大精深,包括象、数、义、占四大部分,是中国古代最重要的哲学著作。汉朝时期,汉武帝正式建立了中国的察举制度,并将《易经》列为儒家五经之首。从此以后,《易经》一直是儒家必修的首要经典。唐朝宰相虞世南曾说:"不读《易》,不可为将相。"唐朝大医学家孙思邈曾说:"不知《易》,不足以言太医。"日本明治维新时的组阁原则是:"不知《易》者,不得入阁。"德国哲学家黑格尔也称:"《易经》包含着中国人的智慧!"并在其自传中承认他所创造的正反合辩证逻辑定律,得自《易经》的启发……由此可见,《易经》对世界的影响是如此的深远而广泛!

在中国,《易经》不单是儒家的经典,道家、兵家、农家、医家、法

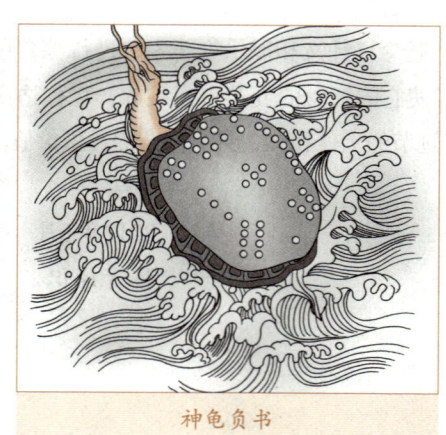

神龟负书

龙马负图

家、小说家、杂家等等，无不将《易经》思想尊为圭臬，所以说易学思想贯穿了中国古代所有文化，成为中国文化的枢纽与精髓。

如今，人们对《易经》看法不一。有人认为它是一本中国古代占卜用的书籍，有人认为它是一本中国古代的哲学著作，也有人认为它是古代的一部史书，还有人认为它是史前文明留给人类的无字天书……其实，之所以会有这么多不同看法，主要原因便是人们对《易经》的领会不同。因为《易经》包罗万象，既有古文基础知识，也有古代历史知识，还有阴阳、五行等易学基础知识。为了让人们更全面深入理解这部震古烁今的经典，我编写了这本《图解周易大全》。

■ **本书特点：**

第一，本书是目前最全的版本。既可以使普通读者对《易经》有一个正确的了解，又便于专业人士精研。

第二，本书综合古代易学成就并结合当今研究成果，较为详尽地讲解了《易经》的起源与发展以及与易学有关的各种基础知识，使《易经》不再是一本"天书"。

第三，书中精选了一些与《易经》有关的典故来说明易学中的哲理，不但增强了趣味性，而且使书中的哲理更为易懂，起到触类旁通的效果。

第四，本书配有精美的插图，版面美观，使读者在轻松阅读中步入易学之奥堂。

当然，为读者奉献最好的精品书是我的美好愿望，但由于编写仓促，难免存在纰漏，还望广大读者给予斧正。

作者

丁亥年于北京

目录

《易经》八卦与世界万物 4
编者序：探究中华文化之源 12
自序：世界上最智慧的书 14
本书内容导航 20

上部

第一章《易经》的起源
1. 伏羲画卦 24
2. 神农时代 38
3. 黄帝时代 44
4. 周文王拘而演周易 50
5. 神秘的爻辞 62
6. 易学流派 74

第二章《易经》对中国文化的影响
1. 先秦诸子百家 81
2. 秦始皇焚书独留《易》 110
3. 汉代盛世易学大发展 119
4. 唐、清盛世修《易》 127
5.《易经》对中国文化的负面影响 133

第三章《易经》基础知识
1. 五行、天干、地支 144
2. 太极与八卦 153

3.《易经》中的象、数、理 160

4.《易经》中的占 170

5.八卦与二十四节气 184

6.朱氏九图 195

7.《周易》卦歌 207

下部

第四章《周易·上经》

1.卦一　☰　乾 218

2.卦二　☷　坤 248

3.卦三　☵☳　屯 260

4.卦四　☶☵　蒙 268

5.卦五　☵☰　需 274

6.卦六　☰☵　讼 282

7.卦七　☷☵　师 289

8.卦八　☵☷　比 296

9.卦九　☴☰　小畜 302

10.卦十　☰☱　履 309

11.卦十一　☷☰　泰 316

12.卦十二　☰☷　否 324

13.卦十三　☰☲　同人 331

14.卦十四　☲☰　大有 339

15.卦十五　☷☶　谦 347

16.卦十六　☳☷　豫 355

17.卦十七　☱☳　随 362

18.卦十八　☶☴　蛊 370

19.卦十九　☷☱　临 378

20.卦二十	观	385
21.卦二十一	噬嗑	392
22.卦二十二	贲	399
23.卦二十三	剥	407
24.卦二十四	复	415
25.卦二十五	无妄	422
26.卦二十六	大畜	428
27.卦二十七	颐	435
28.卦二十八	大过	442
29.卦二十九	坎	449
30.卦三十	离	455

第五章《周易·下经》

1.卦三十一	咸	461
2.卦三十二	恒	468
3.卦三十三	遁	475
4.卦三十四	大壮	482
5.卦三十五	晋	488
6.卦三十六	明夷	495
7.卦三十七	家人	502
8.卦三十八	睽	509
9.卦三十九	蹇	516
10.卦四十	解	523
11.卦四十一	损	530
12.卦四十二	益	537
13.卦四十三	夬	544
14.卦四十四	姤	550
15.卦四十五	萃	556

16. 卦四十六　升 564

17. 卦四十七　困 570

18. 卦四十八　井 578

19. 卦四十九　革 584

20. 卦五十　　鼎 591

21. 卦五十一　震 598

22. 卦五十二　艮 604

23. 卦五十三　渐 611

24. 卦五十四　归妹 618

25. 卦五十五　丰 625

26. 卦五十六　旅 631

27. 卦五十七　巽 638

28. 卦五十八　兑 645

29. 卦五十九　涣 651

30. 卦六十　　节 657

31. 卦六十一　中孚 663

32. 卦六十二　小过 670

33. 卦六十三　既济 676

34. 卦六十四　未济 685

第六章《易传》

1. 系辞上传 692

2. 系辞下传 714

3. 说卦传 735

4. 序卦传 746

5. 杂卦传 749

本书内容导航

爻辞
《周易》共有三百八十六爻，周公为每一爻配有一段解说的话。

卦名、卦画与卦象
解释每一卦的三要素。

卦辞
《周易》共有六十四卦，周文王为每一卦配有一段解说的话。

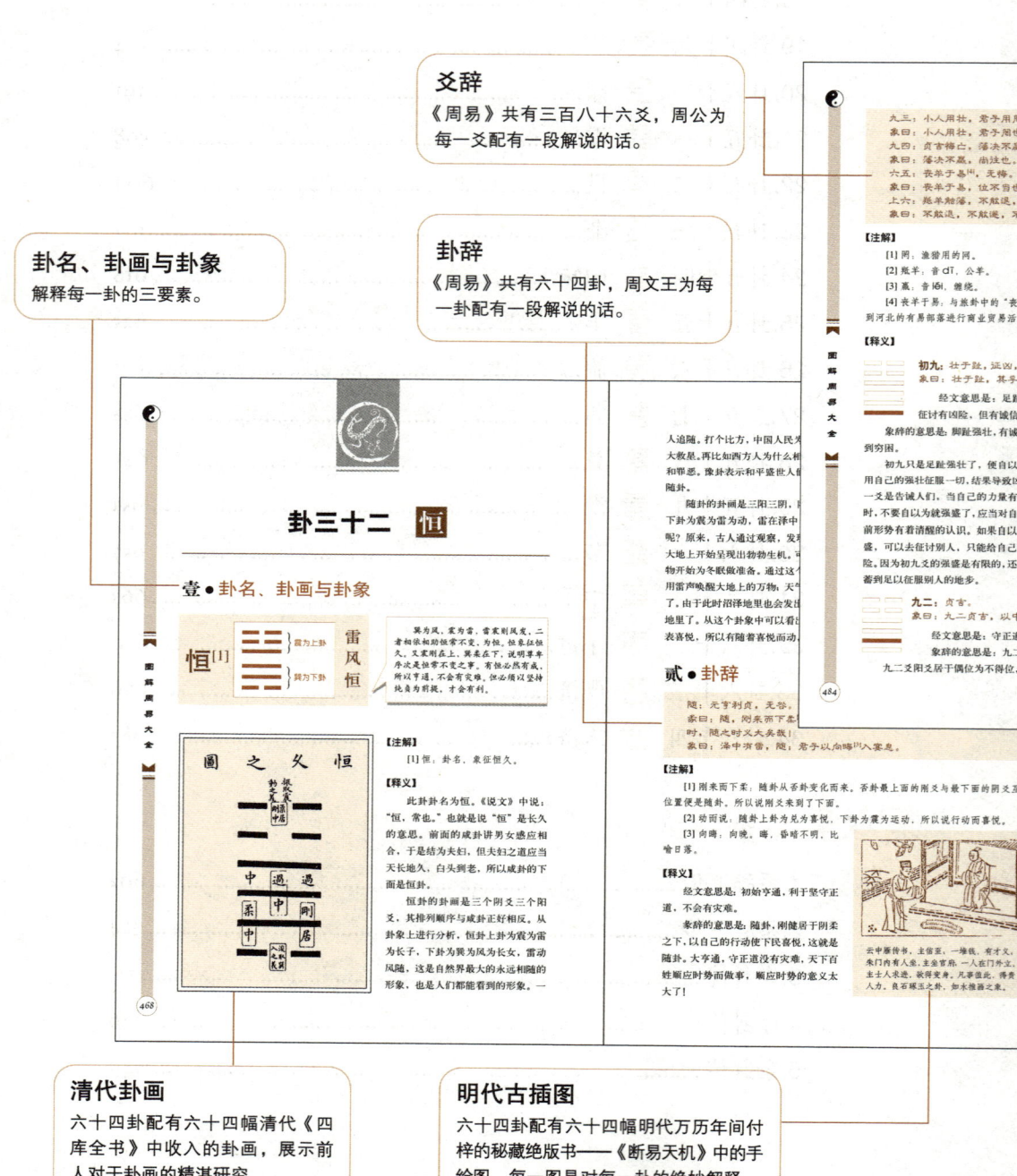

清代卦画
六十四卦配有六十四幅清代《四库全书》中收入的卦画，展示前人对于卦画的精湛研究。

明代古插图
六十四卦配有六十四幅明代万历年间付梓的秘藏绝版书——《断易天机》中的手绘图。每一图是对每一卦的绝妙解释。

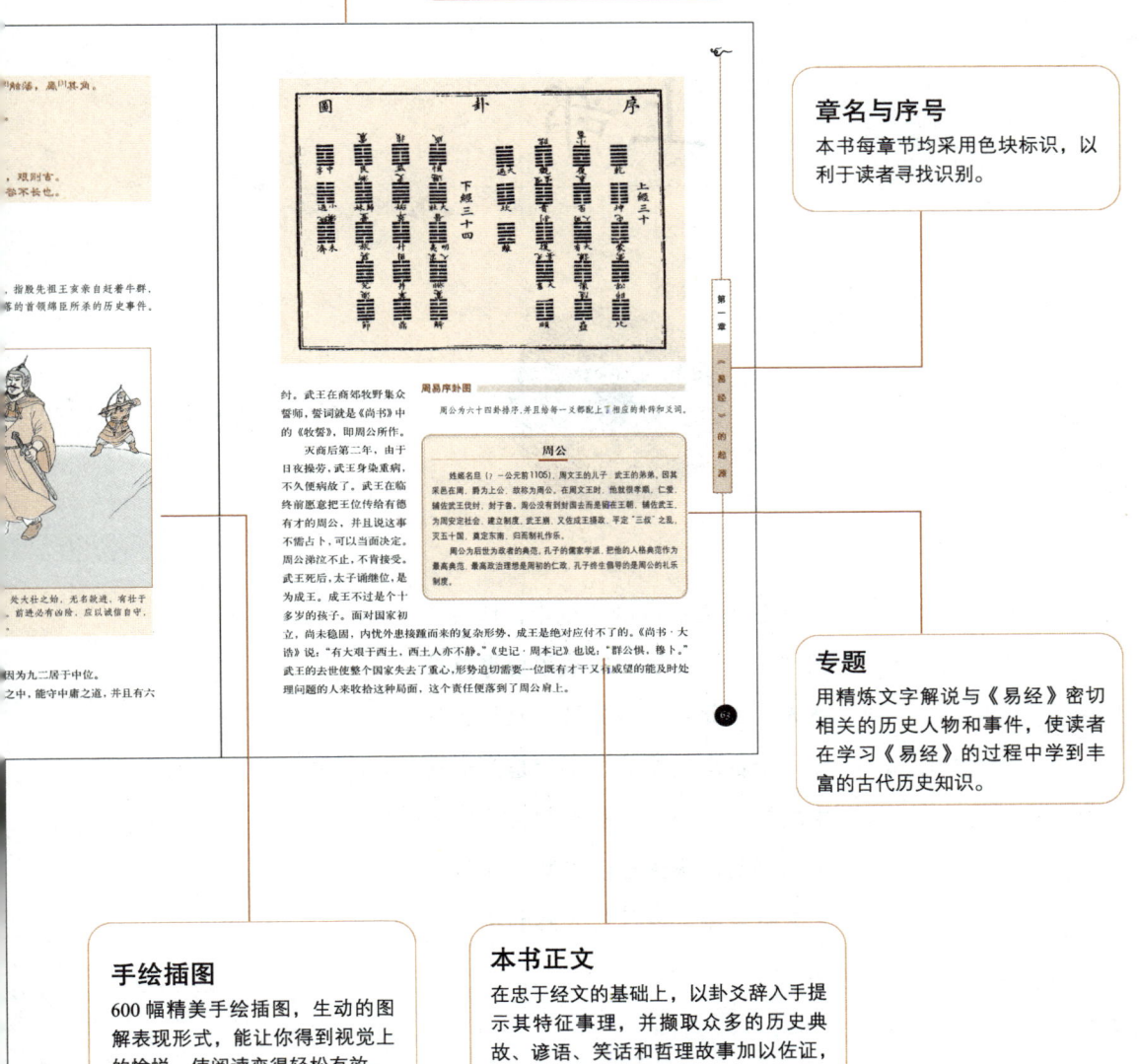

易学古图谱
以《四库全书》中精选了数百幅精美的易学图谱，力求图文交相辉映。

章名与序号
本书每章节均采用色块标识，以利于读者寻找识别。

专题
用精炼文字解说与《易经》密切相关的历史人物和事件，使读者在学习《易经》的过程中学到丰富的古代历史知识。

手绘插图
600幅精美手绘插图，生动的图解表现形式，能让你得到视觉上的愉悦，使阅读变得轻松有效。

本书正文
在忠于经文的基础上，以卦爻辞入手提示其特征事理，并撷取众多的历史典故、谚语、笑话和哲理故事加以佐证，使读者能够在不同层面上理解《易经》。

上部

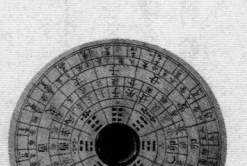

　　在华夏民族的传说中，伏羲圣人"一画开天地"的故事显得格外迷人。由此可知八卦和《易经》来自一个古老的源头，那就是人类诞生的早期历史。人类在数百万年的早期经历，渗透在仅仅数千年的历史文献当中，使现代人感到格外扑朔迷离。

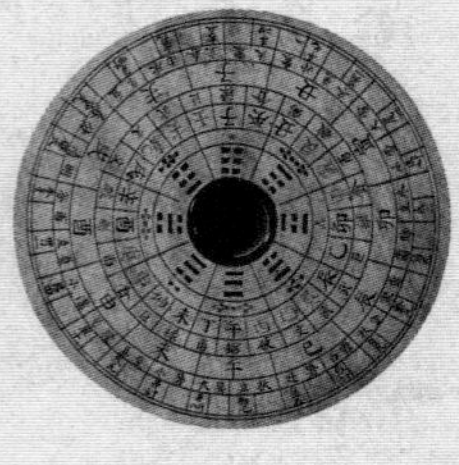

本部内容摘要

第一章 《易经》的起源

第二章 《易经》对中国文化的影响

第三章 《易经》基础知识

第一章 《易经》的起源

《易经》的年代太久远了。不过，根据现在考古学、古天文学的成就，并结合古代的一些文献，还是能够大致描绘出《易经》成书的梗概与脉络。揭示《易经》的起源，对正确了解《易经》有着重要意义，所以本书开篇先谈一谈《易经》的起源及成书过程。

1. 伏羲画卦

似乎很多人都知道是伏羲发明了八卦，伏羲"一画开天"的典故成为中华文明的起源。但在讲伏羲画卦之前，我们有必要先回顾一下人类的历史，因为这是伏羲画卦的大背景。

当初我们人类的祖先手里拿着一块石头来到树下生活时，不过是其他凶猛肉食动物的一种美味食物。可是人类并没有消亡，反而在百万年后成为这个地球的统治者，一些曾经以人类为食物的凶猛动物，如今已变得弱小而可爱，成为人类的一种宠物（如猫和狗）。那么究竟是什么使人类发生了如此翻天覆地的

伏羲像

自从有了人类，就有了人类的文化。通过考古我们能够了解到，人类现在已有400万年的历史；在中国这片土地上，人类的历史至少有200万年。

伏羲

伏羲（《史记》中称伏牺）又称包牺、宓羲、羲皇、庖牺、伏戏、赫胥、包羲、虑羲、泰昊、太昊、太皞（hào）、太皓、泰皇、人皇等。传说乃人类始祖，人类由他和女娲（wā）兄妹通婚而生，是民间信仰中影响最为广泛的崇祀对象之一。从考古出土文物看，伏羲像多是人头蛇身，这可能是后人对自己祖先加以崇拜的结果，是一种图腾崇拜。也有可能伏羲当年所穿着的是一种裙子，上有蛇纹的图案。

伏羲庙

又名太昊宫，俗称"人宗庙"，为明代建筑群，位于天水市区内，从西安乘车6小时可到。这个庙给人印象最深的是院内古树森森，鸟雀翔集。据介绍，这些参天的柏树栽植于明代，原有古柏64棵，是按伏羲先天六十四卦方位排植，殊为奇妙。现存的尚有37棵，遮天蔽日，使庙院越发幽静。伏羲庙建筑风格兼备北方之雄伟与南方之秀丽。正殿里的伏羲圣像体形魁梧，威仪轩昂，身披树叶，双目炯炯，手里托着先天八卦盘。大殿龛帷天棚上绘"伏羲两仪图"、伏羲八卦及六十四卦方位图，甚为斑斓、壮观。

旁边陈列着两盘叠在一起的石磨，传说这是伏羲与女娲成婚前从山上滚下的两盘石头，他们说，如果石头重合在一起就证明天地同意他们兄妹结合，如果石头不重合他们兄妹就不能成婚。结果，那两块巨石竟奇妙地重合在一起，这样，伏羲和女娲就开始繁衍人类，就仿佛亚当和夏娃一样。据说当时因女娲害羞，伏羲便做了一把草扇为新婚之夜的女娲盖上脸，这成为后来新娘的"盖头"。

变化呢？其实只有两个字——智慧。来到树下，走出森林的早期猿人，手里拿着一块石头或一截木棍，开始了战胜自然、求得生存的新旅程。可是这点装备，是无法与剑齿虎、鬣狗、狼群及狮子群抗衡的，人类无法逃脱被吃掉的命运。于是，人类只得选择另一种生存之道：择地而居，远离凶猛的野兽，到食草动物多的环境中去求发展，到更安全的自然环境中去求生存。于是一种生存的智慧，便在早期猿人中逐渐形成。并且，这种智慧得到了很好的继承与发展。在血缘家族式的原始群中，年长的猿人以口传身教的方式，将自己从上一代得到的经验及自己的经验相结合，然后传给下一代年轻的猿人。而一些聪明的猿人则在前辈的基础上进行了较大创新，比如发明了石斧、标枪等更好的武器，发明了人工取火及创新了更好的生存方式，于是早期猿人过渡到了晚期猿人阶段，接着进入早期智人阶段——人类便开始进入一种流浪式的生活，这种生活方式也称游猎生活。早期智人追逐

伏羲塑像

佚名 明代 木质 甘肃天水

根据古书记载，伏羲仰观天文，俯观地理创作了先天八卦，成为《易经》的正式起源。图为明代建筑群的天水伏羲庙的伏羲塑像，伏羲托着绘有太极图的先天八卦。

第一章 《易经》的起源

伏羲女娲图
佚名 唐代 绢本
中国国家博物馆藏

　　《易经》的起源最早可以追溯到人类诞生之时。在世间万物中，从没有一种动物能像人类一样，能把宇宙万物归纳成抽象的规律，从而具有了改造自身和改造世界的能力。绢画中表现的是具有崇高地位的人类始祖伏羲和女娲繁衍人类的传说。伏羲执矩，女娲执规表现了人类自诞生之日起就具有了精密的思维能力。

山顶洞人在制造工具

　　工具的使用，激发了远古人类的推理的能力，再加上他们远比现代人灵敏得多的直觉，使他们能用形象思维看出世间万事万象之间的奇妙联系，这就成为后来卜筮活动的起源。

着猎群向全球各地迁移，他们一方面逃避着猛兽的袭击，另一方面积极寻找着猎物和能够采集到的植物性食物。武器的发展使人类生存更加容易，各种猛兽已不再是人类的最大威胁，人类此时可以用标枪战胜巨大的猛犸象，鬣狗也成为人类捕猎的对象。而此时人类仍然摆脱不了自然灾害对生存的威胁，不过通过前辈的各种经验，也懂得了一些防范措施。比如通过地震或火山爆发前的征兆及早逃避等。

　　弓箭的发明，使人类进入了一个新的时期——晚期智人时期。此时，母系氏族公社取代了原来的家族血缘公社，人们的通婚方式由原来的族内血缘婚变为族外群婚。接下来，在中国大地上，便出现了一位前无古人，后无来者的伟人——伏羲。

伏羲是距今1万年左右的人物。在他之前，人类已有几百万年的历史。如果从世界范围来看，已有400万年；如果从中国范围来看，从巫山人到伏羲应有200万年的历史。在这几百万年的历史中，人类积累的知识以口头的方式一代一代传承下来，并且不断创新与发展，成为人类智慧的结晶（当然，也有很多知识因一些原始群的灭绝而没有流传下来）。这些智慧的结晶，成为人类最宝贵的生存指南。

在现代社会，有人想要写一篇关于动物习性的论文，只要论据充足，论述合理，并且能够引起人们的普遍关注就可以因此而名利双收。可是在原始社会则不行，如果有人在原始群中发布了错误的动物习性的观点并被大家所接受，则会导致整个原始群被野兽吃掉的后果。由此可见，原始社会的知识，是极其注重实用性的。一些没有很好继承和发展前人的智慧的氏族或部落，会被自然界所淘汰；一些很好地继承和发展了前人的智慧的氏族或部落，则会得到良好的生存与发展。

可以想象出，人类社会发展到母系社会阶段是多么的不易！这期间有多少无知无能者被历史所淘汰！

伏羲时代以前的人类历史，由于年代久远，文字还不发达，所以我们现在只知道燧（suì）人氏时代的大概情况。而再往前，便没有较为细致的文字记载了。伏羲以前是燧人氏时期，燧人氏部落祖居昆仑山，为古羌戎的一支，发祥于青藏高原羌塘地区，在公元前28000年到公元前10000年之间，为地球最后一个冰河期的最冷期。燧人氏在此期间从昆仑山迁至祁连山一带的河西走廊，游牧于弱水、黑水、丹水、合黎山、龙首山（又名群玉山）至天祝、古浪之间。在公元前9000年到公元前8000年间，中国河套地区发生了第一次大洪水，居住在这一带的古羌戎部落损失惨重。洪水退后，大约在公元前8500至公元前8200年间，燧人氏的一个主要支系弇（yǎn）兹氏自祁连山开始东迁。这时的燧人氏早已不是穴居野外，茹毛饮血的古人，而是已由渔猎、游牧时期转入半农半牧、火灶、

原始人在猎获猛犸象

远古人类的生存环境异常艰辛，在人与猛兽搏斗的过程中，强烈的求生欲使人类渴望找到一种趋吉避凶的实用方法。华夏远祖在摸索中找到了用《易经》卜筮的方法。图片中描绘的是原始人类在围攻猎获猛犸象的场面。

燧皇陵

在古书的记载中，燧人氏不但是钻木取火的发明者，也是仰观斗枢，以定天极四方之位，成为确定先天八卦方位的重要先驱。

第一章　《易经》的起源

火食时期，并进入了母系氏族社会。后来又逐渐东迁至甘肃永登、兰州、贺兰山、乌达、甘谷、天水一带的黄河、湟水、大夏河、庄浪河、祖历河流域，人口得到大发展。盘瓠（hū）氏、华氏、胥氏、赫胥氏、华胥氏、雷泽氏、仇夷氏、婼（ruò）氏也都在这带化育。

燧人氏时代的代表氏族是弇（yǎn）兹氏，其次是盘瓠氏，是为伏羲文明奠定基础的时代，所以也可称为前伏羲时代。燧人氏不仅可以人工取火，还发明了用大山榑（fū）木观天测星定四时的太阳历，并且发明了结绳记事。搓绳的妇女名叫织女，第一位织女就是弇（yǎn）兹圣母，初创八索准绳、圭表记历。值得说明的是，当时的结绳记事并非是系一个结而已，而是系成较为复杂的图案以象征某种含义，后来我国的大篆（zhuàn）与小篆，便是源于结绳的象形；而八索准绳，则是以结绳方式表示的早期八卦；圭表记历则反映了当时天文学的发展，据现在有关学者考证，当时的历法应当是古老的十八月历。并且，当时北方的极星不是现在的北极星，根据天文学的新岁差公式计算，在公元前12000年前的极星为织女星。由此可见，牛郎织女的传说，是一个非常古老的故事。它反映的正是在母系氏族社会中，女性追求性自由而背叛氏族制度与理想的男子长期结合，从而遭到氏族首领惩罚的史实。

燧人氏部落在昆仑山居住时，便已经懂得立圭表观察天象而确定四时，创建历法。所以古昆仑山又名日月山，即观测日月之山，昆仑山上立天柱以观天故名柱州。

圭表是我国古代度量日影长度的一种天文仪器，由"圭"和"表"两个部件组成。古人将在平地上直立的一根杆子或石柱称为"表"。太阳照在"表"上投下影子，人们发现正午时的表影总是投向正北方向，就把石板制成的尺子平铺在地面上，与立表垂直，尺子的一头连着表基，另一头则伸向正北方向，这把用石板制成的尺子，就叫"圭"。后来，人们发现每年最热的时候，有一天中午的日影最短，于是便把这一天定为夏至。再后来人们发现在每年最冷的

观星台圭表
郭守敬和王恂等设计 元代 砖石结构 河南登封

圭表是中华民族最古老的计时仪器，它的使用在商周时代已经相当普遍。由圭表确立的太阳历可以看作八卦的前身。

时候，有一天中午的日影最长，于是便把这一天定为冬至。古时"表"高八尺，与中等身材的人的眼睛差不多同样高。在夏至日，八尺高的"表"投下的影子正好是一尺五，所以"圭"的尺寸被定为一尺五。古时人们以夏至日作为一年的开始，每当"表"投下的日影是一尺五时，新的一年便开始了。所以我国古人早就知道一年等于365天多的数值。后来，古人将冬至日改为一年之始，于是便将"圭"的尺寸改为了一丈三尺，因为八尺高的"表"在冬至日投下的日影长度正好为一丈三尺。

这圭表看似简单，其实用处可不小。它不但可以测定冬至和夏至，编订历法，推算二十四节气，还可以确定方位，甚至丈量土地。当丈量大面积的土地时，可以根据相同时间、不同地点的圭表的影长算出距离。一般圭表影长相差一寸，则两圭表相距一千里。由此可见，这圭表在原始社会的作用是相当大的。现在，天安门前的两尊华表便是根据圭表演化而来的，不过已被赋予了新的含义。

燧人氏部落分支华胥氏便是伏羲的母亲所领导的部落。晋皇甫谧（mì）《帝王世纪》说："太昊帝庖牺氏，风姓也，燧人之世有巨人迹出于雷泽，华胥以足履之，有娠，生伏羲于成纪。"说的便是燧人氏的时代有巨人生活在雷泽一带，华胥氏的脚踩到巨人在地上留下的脚印，便有了身孕，在古代成纪这个地方，生下了伏羲。这便是伏羲出生的传说。其实，华胥氏是不可能因为踩到巨人的脚印而怀有身孕的，这只是父系氏族社会的人们对于母系社会的圣人出生的一种文明的说法，也可以称之为"遮羞"之说。因为在父系社会人们以不知其父为耻，前代的圣人怎么会没有父亲呢？所以便将其父亲进行神化。

而母系社会的婚姻方式是：女子月经来过之后，便是成年人；成年女子有权随自己的意愿选择外族的男子同自己交媾（gòu），不过地点不能在自己本族的居住地，而应选择离居住地较远的一处树林里。这种母系氏族社会的野合之风，到了父系社会仍然存在，以至到夏、商、周甚至汉、唐时期仍然存有这一遗风。伏羲出生的传说，正说明了伏羲生于母系社会这一史实。伏羲长大后，以其出众的才华，在

始创八卦的伏羲
伏羲 西汉卜千秋墓室壁画局部

一般认为先天八卦是圣人伏羲创造的。华夏民族有着"龙马负图，伏羲画卦"、"一画开天地"等古老的传说。

第一章 《易经》的起源

29

涉县娲皇宫
始建于北齐 木与砖石结构 道教宫观 河北涉县

娲也称娲皇，所以祭祀女娲的官庙被称为娲皇宫。传说女娲抟土造人，赢得后人的崇敬。女娲和伏羲一起成为人类的始祖，以及华夏民族《易经》文化的起源。

伏羲八卦方位图

乾一、兑二、离三、震四、巽五、坎六、艮七、坤八为先天数。

女娲

女娲又称为女娲娘娘，风姓，生于成纪，一说她的名字为风里希（可能是凤里牺），传说中的人类始祖。神话中说伏羲和女娲是兄妹，同时也是夫妻。在中国的图腾上便有女娲和伏羲交合的图像。

传说她用泥土创造了人类，炼五色石补天。除此之外，女娲还创造了瑟这种乐器。

众部落中脱颖而出，成为一代伟大的领导者。从此，人类历史进入了伏羲时代。据考证，我国公元前7724－公元前5008年被称为伏羲时期，这个时代既包括伏羲氏、女娲氏的母亲系统氏族群体，又包括伏羲氏、女娲氏氏族群体及伏羲二世、伏羲三世等伏羲氏族的不同阶段，所以前后延续了2700年到3000年左右。如果说燧人氏时代是为伏羲文明奠定基础的时代，那么伏羲时代则为我们华夏民族五千年的文明奠定了基础。伏羲不但很好地继承了前人的宝贵经验及科学成就，并且在此基础上进行了发明与创新，所以伏羲文化开创了我国文明的先河。

那么伏羲都做了些什么呢？他"造书契以代结绳之政"是我国汉字的萌芽；他制定了男婚女嫁的婚礼制，改变了原始群婚生活，使氏族之间转为较为先进的对偶婚；他传授人们种植谷物和人工饲养桑蚕；他教会人们如何驯养家畜，如何烹饪肉食；他与女娲合婚并且统领了其他氏族；他还与女娲一起发明了琴瑟，使人们拥有了美妙的音乐；他发明了渔猎生产工具网罟（gǔ），极大

牛郎和织女相会在鹊桥

根据英国天文学家霍金的理论,宇宙一直在不断地膨胀中,所以在地球的观测点上,恒星的位置也会有变化,所以牛郎和织女两颗星的位置也一直在变动中,他们的相会或许真的是一个美妙的神话。有易学研究者认为,伏羲先天六十四卦的排列位置和伏羲时代的星象排列有关。

地提高了劳动生产力,使人类逐步脱离采集自然物的生活而进入渔猎时代,这是人类文明的又一大进步;他最大的贡献是,在前人的基础上发明了八卦,并创立了六十四卦历法,确立了元日,使人们有了更准确的作息时间。他开创的渔猎文化、龙文化、婚嫁文化和易卦文化被专家认为是中华民族的本源文化。

这么多功绩都是他一个人发明的吗?不是。因为任何人也没有这么大的本事,他只是在前人的成就上做了进一步的完善。按现在的话来说,他是站在巨人肩膀上的人。而他脚下的巨人,则是整个燧人氏时代,甚至是人类几百万年的历史——他是上古文明的集大成者。

伏羲为什么要发明新的历法呢?因为当时的天象发生了变化,原来的历法已经不十分准确了。根据现在天文学新的岁差计算公式,公元前12000年以后,北方的极星已经不是织女星,也不是现在的北极星,而是几颗较暗的星。所以他重新观察天象,俯察地理,创建了新的大山榑(fū)木圭表八卦纪历。这种历法以六十四卦为记时单位,以离、乾、坎、坤代表春、夏、秋、冬四季及东、南、西、北四方,其余六十卦每卦代表六天,一年分为五季(夏季分为夏与长夏两季),每个季节72

按新岁差公式计算的一些数据

(1)极星的变换,在公元前12000年是织女星,在公元前8500年到公元前7100年是几颗较暗的星(其中公元前7620和公元前7150年有两颗星可能是"天一"和"太一",被《纬书》称为天皇和地皇的极星)。在公元前2810和公元前2620年分别为另外两颗星(有日本人认为是"天一"和"太一",到现在则是北极星。而在其他年代里,都因为星太暗而无法作为极星。

(2)在公元前6000年左右,二十八宿与赤道相合的宿数最多。二十八宿的形成和演变年代应为公元前6200年到公元前1000年间,最可能的建立时间是公元前6000到公元前5600年。

(3)"牛郎织女相会"是在公元前2800年。

第一章 《易经》的起源

玉刻圆形长方片
远古人类 1987年安徽省含山县长岗乡凌家滩4号墓出土

这块出土于江淮地区的玉刻圆形长方片，圆内圆外的图形数都和八有关，可能代表当时的八卦历法，是远古人类所画出的八卦雏形图表。

天；一年分为10个月，每个月36天，共计360天，剩下五天为过年，不计入卦内。这也就是古代过年时"赶乱婚"的来历。即过年这五天结婚可以不用择吉时，因为不在八卦计算之内。

说到这里，也许有人会说："八卦历法这么简单啊，不过是利用圭表确定好夏至日或冬至日后，再根据夏至日或冬至日确定出四时八节，接下来以夏至日到冬至日的中心点画一圆，然后把这一圆分成365份，每份一天，这不就是历法吗？看来在原始社会做个酋长挺容易的。"

其实这个八卦历法可不是这样简单，它融计数、卜筮（shì）及生产等为一体，是上古时代智慧的结晶。刘尧汉所著的《中国文明源头新探》中说："传说伏羲于公元前7709年获白龟，观河洛交汇悟太极原理，作太极图。视龟甲中五环八，背甲十三，腹甲九，裙边甲二十四，背圆腹方，四足撑天地，遂明大道，推衍出八卦，重复为六十四卦。用以观天、计数、卜筮"，可见这个八卦历是多功能的。说得直白一些，就相当于古代的老黄历。与黄历不同的是，黄历上面记录着一年365天的吉凶祸福，古人根据这些记录而选择各种重大活动的适宜日期；而八卦历法却没有这些记录，它是灵活的，每日的吉凶都记在氏族首领的脑子里，并且这里面既包含着前人的宝贵经验，又包含

伏羲画像
在中国古代传说，伏羲被列入帝王世系中，奉为"三皇之首"、"百王之先"，地位十分显赫。

着新的理论依据，它是辩证的占卜。老黄历的缺点在于走教条主义，缺少与现实相结合，缺少创新。因为天体在不断变化，人们的生产项目与日常活动也在变化，如果还用以前编制的黄历作为现在的行为准则，显然是行不通的。

而八卦历法则不存在这种缺点。它是辩证推理的，是有一定科学依据的。举个例子来说吧，在春天，伏羲根据前人的经验，再结合当前天象与地理的阴阳变化规律，然后通过八卦占卜所给出的提示，确定氏族在春天的生产任务。于是让一部分人到指定的方位去捕鱼，一部分人到指定的地方去种植。结果，捕鱼的人果然捕到了许多鱼；过些日子，发现种下的种子也长出了嫩芽。各个氏族见伏羲的占卜灵验，能够给大家带来丰富的食物，能够逃避凶害，自然也就拥护这位首领。如果伏羲用自己的八卦历法不能给各个氏族带来好处，只是装神弄鬼的巫术，结果捕鱼的人一条鱼也没捕到，种地的人发现种子在地里全烂掉了，那么这个部落酋长又怎么能够得到大家的拥护呢？这个部落又怎么能够不被历史所淘汰呢？可见上古时期的巫术与现在的封建迷信还是有区别的。这就好比三国时诸葛亮借东风的故事，诸葛亮虽然登上祭台舞动宝剑装神弄鬼，但他的行为背后却是有十月小阳春要刮东南风这一气象方面的科学知识。

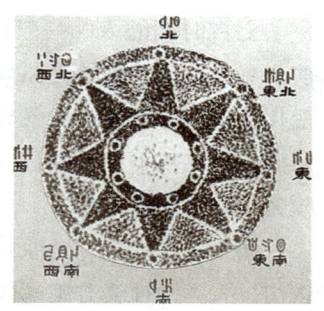

彝族方位图标

彝族人使用酷似八卦形状的方位图标，并用天干、地支纪年，是伏羲文化的遗留。

"大圣遗音"伏羲式琴

佚名　唐代　桐木胎
北京故宫博物院

圣人伏羲是个大发明家，除了创造八卦，还发明了陶埙和五弦琴等乐器。此琴为伏羲式，桐木胎，鹿角沙漆灰，金徽玉轸，遍体蛇腹断纹，中间细断纹，额有冰纹断。

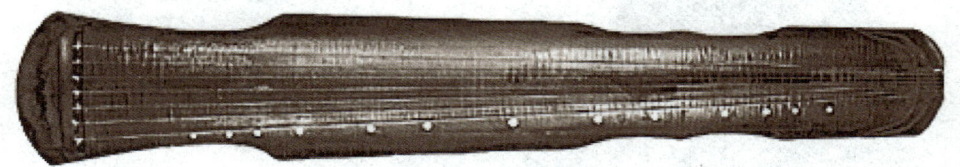

上古时期的人，一般都懂得天文知识。因为我们的祖先在没有学会控制火之前，每天夜里看到的光亮只有天上的星辰。经过长期观察，他们掌握了天象与地理变化的规律，掌握了天象与天气变化的规律，掌握了天象与吉凶变化的规律。这些知识一代代传下来，并且一代代地不断创新，到了母系氏族社会，已经形成了一套颇为完整的知识体系。

懂天文识地理，是原始社会的人们为了生存必须学会的知识。随着社会的不断进步，人类的社会分工越来越细，很多的人不需要这些知识也可以生存下去，于是这些知识便显得不是很重要了。这正是后来很多人不懂天文与地理的原因。比如现在的人，能说出二十八宿的人恐怕不多。原因很简单，因为现在这些知识与生存关系不大，现代人的生存方式与上古时代的人相比已经有了翻天覆地的变化。现在有的人只要能把几首歌唱好，便能得到令人羡慕的收入。可是在上古时期，唱两首好歌可能更容易吸引异性与自己交媾，但要想凭这个生存，恐怕还不够。

其实我国古人对龙的崇拜，也源于对天象的观察。古人最早发现的节气是夏至日，所以新年是从夏至日开始的。彝（yí）族人的火把节其实就是源于古人庆贺新年的风俗。可能一到春暖花开的季节，古人就发现东方的天空有龙的形象，这个"龙"就是二十八宿中的东方苍龙七宿。中秋过后，夜空只能见到七宿中的心、尾、箕三宿，冬天则彻底消失在人们的视线中。古人认为是天上的龙给人们带来了这个美好的季节，龙是保护人的神。正所谓在天成象，在地成形，古人于是将地上

龙图腾

伏羲贡献给人类十大发明，其中一项发明是集中了人们喜爱的动物特征，如马的头、蛇的身、鸡的爪等创造了龙的图腾，并被后来的周公写进《易经》的卦辞和爻辞。

骨针和装饰品

伏羲也可称作首位服装大设计师,他用兽皮缝制衣服保暖,并且用动物的骨头制成装饰品用于佩戴。

与龙的形象相似的动物都称之为龙,龙便成为中国最难解释清楚的一种图腾。如许慎《说文解字》说:"龙,鳞虫之长。能幽能明,能细能巨,能短能长,春分而登天,秋天而潜渊",文中似乎描述的是东方苍龙七宿,可是它"又能细能巨,能短能长",多少有些让人费解。

伏羲发明的八卦,对中华民族的文化做出了巨大的贡献。从此以后,八卦理论被应用到各个领域中。中国古代文化在八卦理论的基础上,逐渐蓬勃发展起来。古人对伏羲画卦的评价是"一画开天,文明肇(zhāo)启"。这真是最贴切、最生动、最凝练的比喻——伏羲在地上画出八卦图案的第一笔,正是为中华文明开辟了一片新天地!中华民族从此走向文明与发达,迈入世界文明古国之林。

伏羲对后世的贡献还在于他创建了新的管理制度,设立不同的官职任命给有能力的人,分别管理各种事务。这种管理制度,对各行各业的发展有着很好的促进作用,可以说是人类第一次社会分工。据有关资料记载,伏羲于公元前7721年于甘肃榆中取代燧人氏称帝,号罗奉,史称"人皇"。尊始祖雷泽氏为雷明王,以龙纪官,立巫政管理制度,始有官职分部。以共工氏为上相;以居龙氏(又名地龙

第一章 《易经》的起源

殷墟甲骨文字
商代 全形卜甲

这是一块非常完整的卜甲，商代时用龟甲占卜，多选用腹甲，但偶尔也会用到背甲。

氏）治屋庐，营建筑；以敷（叜）魁氏为水龙氏，导洪水，滋林木；阴康氏为土龙氏（又名中官黄龙氏）治田里，主农田与放牧；混沌氏（又名混纯氏）为降龙氏，驱民害；昊英氏为潜龙氏造甲历；朱襄氏（又名朱象氏，子襄氏）为飞龙氏，造书契，统巫师、军师；以柏皇氏为下相；朱襄氏兼理左监；昊英氏兼右监；共工氏总管祭天权。其他还有春官青龙氏、夏官赤龙氏、秋官白龙氏（又名骊连氏）、冬官黑龙氏、中官阴康氏为黄龙氏……伏羲死后，女娲代立，时年五十二岁。伏羲二世，三世皆听命女娲，女娲死后葬风陵渡。女娲去世后，称帝的分别是大庭氏、柏皇氏、中央氏、栗陆氏、骊连氏、赫胥氏、尊卢氏、祝融氏、混沌氏、昊（hāo）英氏、有巢氏（迁巢湖）、葛天氏、阴康氏、朱襄氏、无怀氏凡十五氏，皆袭伏羲氏之号。

伏羲与女娲是世代联姻的两个氏族部落，自从伏羲与女娲结为夫妻后，共同创建了伏羲文明。伏羲时代前后延续二千六百多年（公元前7724—公元前5100），共一百五十三代，此后即与外族同化。其中纯伏羲、女娲血缘下传二十三帝；伏羲女娲大氏族（包括外母、外父血缘）共传七十七帝（含二十三帝）。

1987年贾湖遗址出土的甲骨文距今有9000年的历史，这说明在伏羲时代已经拥有了文字。遗址中还发现墓主人手持义形器（牙璋）和白龟甲，有八人各有八个龟甲内装小石子，这种现象同样见于大汶口文化和安阳殷墟文化，这说明伏羲文明与殷商文明有着共同的血脉渊源。

有学者推测，正是第十九代纯血缘伏羲和第七十三代大伏羲在贾湖完成了上元太初历，在节芒（伏旻）帝时颁布，后归入炎帝系成为炎帝历法。

三皇五帝

三皇五帝，是中国在夏朝以前出现在传说中的"帝王"。现在看来，他们都是部落首领，由于实力强大而成为部落联盟的领导者。基本上，无论是按照神话传说，还是史书的记载，都认为三皇所处的年代早于五帝的年代。但是不同史家对"三皇五帝"都有不同的定义。三皇有五说，五帝也有五说。

三皇：
燧人、伏羲、神农
伏羲、女娲、神农
伏羲、祝融、神农
伏羲、神农、共工
伏羲、神农、黄帝
最后一种说法由于《尚书》的影响力而得到推广，伏羲、神农、黄帝成为中国最古的三位帝王。

此外，汉朝的纬书中称三皇为天皇、地皇、人皇，是三位天神。后来在道教中又将三皇分初、中、后三组：初三皇具人形；中三皇则人面蛇身或龙身；后三皇中的后天皇人首蛇身，即伏羲；后地皇人首蛇身，即女娲；后人皇牛首人身，即神农。

五帝：
黄帝、颛顼（zhuān xū）、帝喾（kù）、尧、舜
宓戏（伏羲）、神农、黄帝、尧、舜
太昊、炎帝、黄帝、少昊、颛顼
少昊、颛顼、帝喾、尧、舜
黄帝、少昊、颛顼、喾、尧
其中第三种说法最为流行，意指东西南北中五个方位的天神，东方太昊，南方炎帝，西方少昊，北方颛顼，中央黄帝。

另一种解释为中国上古传说中的五位圣王，以第一与第四种说法较为常见。

太古三皇

2. 神农时代

在历史学上，将公元前6000年到公元前3000年前定为母系氏族社会的繁荣时期。在这一时期，畜牧业和种植业的发展使人们的生活水平有了很大的提高。人们不再为解决温饱问题而整日忙碌了，而是有了更多的空闲时间，于是文化、艺术及自然科学开始迅速发展起来。

在我国，将上古时代的神农时代定为母系氏族社会的鼎盛时期。在考古学上谓之仰韶文化和大汶口文化，以临潼姜寨遗址、西安半坡遗址，以及大墩子、刘林、大汶口遗址为其标志。《庄子·盗跖》中说："神农之世，卧则居居，起则于于，民知其母，不知其父，与麋鹿共处，耕而食，织而衣，无有相害之心，此至德之隆也。"通过这些片断记载，我们可以看出神农时代的生活方式。

在古代文献中，神农与炎帝的关系

神农采药图
佚名 辽代 立轴 纸本设色
山西省雁北地区文物工作站藏

神农氏对《易经》的发展起过很大的影响。这幅辽代古画非常有意思，画中的神农女性特征极为明显，这让我们不能不联想到神农其实是母系氏族社会的一位女王。她背后的筐下有一根起支撑作用的木棍。这种背竹筐的方式，至今仍流传于四川山民中。所以我们可以推测出画中的这位神农，以前就生活在湖北、四川一带。

神农尝百草

神农尝百草，教人医疗，是传说中的农业和医药的发明者。一说神农氏即炎帝，是黄帝的兄弟。

传说神农氏的相貌很奇特，身材瘦削，身体除四肢和脑袋外，都是透明的，因此内脏清晰可见。神农氏尝尽百草，只要药草是有毒的，服下后他的内脏就会呈现黑色，因此什么药草对人体哪一个部位有影响就可以轻易地知道了。

中国民间尊称神农氏为"五谷祖"。因他在古代，采选五谷种子，始制耒耜（lěi sì），教先民种植五谷，民以食为天，故崇拜他为"五谷祖"。每年四月廿六日，是"五谷祖"诞辰，农民备以丰盛的五谷三牲果品，虔诚祭拜。

神农对历法的改进

神农对历法改进是将春天的第一个月定为正月。关于这一改革可见《历书》："古历者，谓黄帝调历以前有上元太初历等，皆以建寅为正，谓之孟春也。及颛顼、夏禹亦以建寅为正。唯黄帝及殷、周、鲁并建子为正。而秦正建亥，汉初因之。至武帝元封七年始改用太初历，仍以周正建子为十一月朔旦冬至，改元太初焉。"

神农对八卦的另一贡献是发展了卦气说，使八卦记时与节气更加适于农耕。

在古代文献中，炎帝和神农时期总共才四百多年（公元前 5000 年到公元年前 4600 年），神农称帝时期才二百余年。可是神农的名字却至今不朽，足见其对后世功不可没。

问题，一直是众说纷纭。《淮南子》云："赤帝，炎帝，号为神农。"视神农氏、炎帝为同一人；罗泌《路史》则明确指出："神农氏在前，属于母系氏族社会；炎帝在后，属于父系氏族社会……炎帝是神农的后裔。"

笔者认为《路史》所述较为正确，因为只有这样，才能很好地解释神农的出生地有陕西姜水与湖北随县历山之说。不过现在又有"八世神农"之说，即神农时期共有八世，炎帝是神农的第八代。由于本书的目的是想说明神农对八卦的贡献，所以对神农与炎帝的关系便不做细致的讨论了。

古代文献记载："炎帝以火德王，以火名官，春官为大火（心宿二），夏官为鹑火（荧惑），秋官为西火（参觜），冬官为北火（辰），中官为中火（太一极星），是为五正。有连山建木之典，有扶莱之乐，有丰年之咏，以荐釐（xǐ）莱。谢上天之赐，承伏羲建天竿，移于平旷塬坝，名柱。置危屋（高屋）华盖，封坛设环，勾股历算，日中为市，交易而退。至烈山氏畲（shē）耕，植禾植谷，植粟稷而有农正。"从这段文字中可以看出，神农时代人们的文化生活更加丰富。人们经常用诗歌与音乐表达自己的快乐心情；人们在平原地区建筑较高大的房子；并且在"日中"的时候可以到指定的地点进行交易，以换取自己的所需。其"谢上天之赐，承伏羲建天竿，移于平旷塬坝，名柱。"则说明神农时代所使用的历法来自伏羲。神

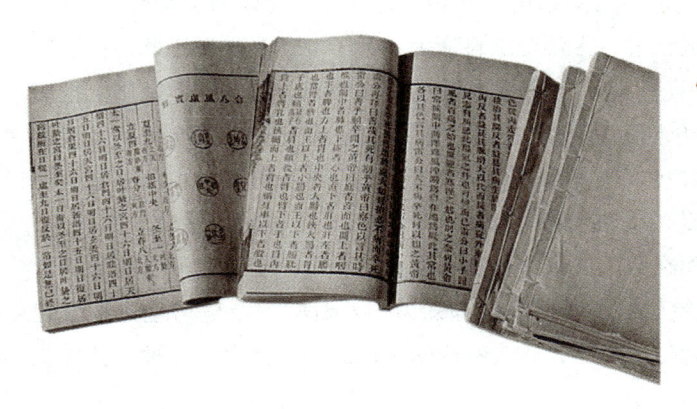

《神农本草经》

中医药理论流淌着《易经》的"血液"。易学在医学观念、医学理论和医学方法等方面为中医药提供了深厚的支持。假托为神农所著的《神农本草经》就是这样一部著作。

第一章 《易经》的起源

神农发明的犁流传到了现在

神农发明的犁一直流传到了现在，中国现在许多古老的地方还在沿用着古老的木犁进行农业耕作。当今有一个令人奇怪的规律，那就是有犁的地方就有古老的《易经》文化存留着。

农的历法来自第十九代纯血缘伏羲和第七十三代大伏羲所创的上元太初历，不过神农对此进行了一些改进。比如将测日的圭表移到了平原上，对二十四节气进行了更准确的命名并与农时紧密结合起来等等。神农时代的历法、节气理论、谷物种植方法等等，其实伏羲时代就有了，不过神农使其更加完善，使谷物种植更加科学合理，使历法与节气理论更适于农耕，所以后世的人们把神农列为"农皇"，并将许多有关农业的发明归功于他。

神农的发明，其实只有三个方面。第一，他发明了犁等农业生产工具，使农业种植更加方便；第二，他发明了中草药，为后世开辟了医药之先；第三，他发明了建筑风水学。对于前两点，人们一般没有什么异议；对于第三点恐怕有很多人便会感到怀疑了。上面我们引用的文献中说"有连山建木之典"，那么这句话是什么意思呢？其实就是"（神农时代）便有了用连山规定建屋的准则。"典字，便是准则、律法、经纬之意。上古最早的典，便是立在山上的圭表。圭表反映是"天"的准则，在燧人氏时代便已懂得用圭表测日影以反映季节的变化。圭表将天上的准则反映到地上的日影，所以只有掌握圭表记时的人，才可以成为部落的首领。自伏羲之后，圭表测日的历法与人们的生活关系更加密切，并且有了专职的天文观测人员，于是圭表便成为部落首领的标志。古代帝王自命为"天子"便是来源于此。神农氏一族是长于观天象的氏族，他们不但继承了伏羲的天文成果，并且在此基础上把历法与农事紧密结合起来，开创了畜牧与农业文化，使母系氏族社会走向了繁荣鼎盛。神农跋山涉水，到处寻找草药，有可能一方面也是在寻找可以种植的谷物，于是尝尽百草，总结出中草药的五气（寒热温凉平）和五味（甘苦咸酸辛）的概念，奠定了中药学的基础。然而在跋山涉水中神农必然会总结出一套较为科学的地理常识，又由于此时人们已建屋而居，所以将地理知识与八卦知识及建房理论结合起来，也是极有可能的。由此可以推断，后人所称的《连山易》其实是一种有关建筑风水的书籍。

郭璞《葬书》曰："上地之山，若伏若连，其原自天"，其"若伏若连"之句，正是形象地表达了"连山"之易。所以古人也认为"易为卜筮之书"，"连山归藏乃卜宅之法"。

杨筠松《撼龙经》开章即曰："须弥山是天地骨，中镇天地为巨物，如人背脊与项梁，生出四肢龙突兀。四肢分出四世界，南北东西为四派"。所言须弥山即今之喜马拉雅山，为世界屋脊，比作人之"背脊与项梁"，若用八卦类象描述，即"艮（gèn）为山、为背"、"生出四肢龙突兀，四肢生出四世界，南北东西为四派"，即四肢山脉与须弥山相连接，只用一个"连"字来描述，是何等精练朴实而直观，所以"连山"一词无疑即是风水术中"千里寻龙"之法。

古人说《连山易》以"艮为始"，则是说明了山脉在风水中的重要作用。这正是古人看风水要第一审察的地方。《周礼》记载："太卜掌三易之法：一曰《连山》，二曰《归藏》，三曰《周易》，其经卦皆八，其列皆六十有四。"由此可知，周朝太卜要掌握三种占断的方法，而不是《易经》的三个版本。从我国考古出土的建筑可以看出风水学在建筑中运用的痕迹。而风水学来源于伏羲则有些太早，只有神农时代，农作物的种植结束了人类长期的流浪生活，在多

神农氏的功绩

在民间传说中，神农被尊崇为中华民族的祖先，他不仅开创了人类播种五谷的农业文明，而且是舍身为人尝百草的药理学发明家。神农创造的农业文明和他传下的《易经》文化水乳交融，不可分割。

尝百草

制五弦琴

立市场

神农氏

第一章 《易经》的起源

年的定居生活中，结合八卦理论逐渐形成了建筑风水学。不过这种知识由专职人员掌握，当帝王建屋时，掌握这种知识的人可以向帝王提出自己的意见和看法。所以周朝太卜也要掌握这门学问。

风水学只有是神农所创，才能很好地解释中国考古上为什么没有发现较大的建筑群这一现象。在考古学中，一般人认为中国的文化要晚于埃及文明、希腊文明和印度文明。理由是中国一直没有发现较大的建筑群。因为国际上一般将文明的标志规定为文字的发明、冶金的应用和城市的建立。而中国在考古中，出土了世界上最早的谷物，世界上最早的文字，世界上最早的陶器，却唯独没有发现较大的建筑群。而其他那些古文明地区都发现有标志文明起点的大量完整的城市遗迹，而且都是砖石结构，宏伟而华丽。这是为什么呢？

这是因为，中国的风水学认为土木结构的房屋对人体是最有益的，并且在尺寸上也有严格的规定，并不是想建多大就多大，越大越好。比如北京故宫的居

故宫全局图

中国古代多为木建筑，所以历代战火中还能幸存下来的古建筑十分罕见。故宫历经明清，到现在还能完整保存下来，堪称奇迹。

天坛乾清宫的皇帝正寝

在中国古代，无论是皇公贵族，还是平民百姓，卧室一般都建得很小，这和古人对处住的风水讲究有关。图为清朝乾隆皇帝在天坛大祭时斋戒的住处，里面的卧室狭小古拙。

住者，不可谓不富，其所处的时代在世界上也不可谓不文明，但其卧室却不超过九平米。一个大国之君的卧室竟然不超过九平米，这在西方国家一定很难理解。而在中国则是有说法的，因为中国风水学认为"室大则气散"，所以卧室一般不能大于九平米，即使是帝王也不例外。

神农氏别号"烈山氏"，《汉书·律历志》说："又曰连山氏，又曰列山氏。"列山即烈山，放火烧山之意，也就是原始的刀耕火种。三峡山区至今仍流行砍楂子、烧火土的传统耕种方式，可能便是"烈山"的文化遗存。

关于神农氏的出生地，有陕西姜水说和湖北随县厉山说，两说均见于古文献记载，而且各有遗迹与民间传说佐证。当然，炎帝神农不可能有两个诞生地。其中一处必是神农氏族的支族或者是后裔。但不论是神农氏的一个支族南迁至汉水流域也罢，或神农氏原本就出生在汉水中部的厉山也罢，都说明在远古时代，曾经有一个神农氏族的部落聚居和活动在江汉北部与三峡接壤的地区。在这一带出现神农架、神农溪等遗迹与传说绝非无根无据，而是基本可信的。

周代宫室之制、明堂之设

明堂：方一百一十二尺，高四尺，阶广六尺三寸。室居中，方百尺，中方六十尺。王城和镐（hào）京，亦有明堂。

朝堂之设：天子诸侯，均有三朝。一曰燕朝，二曰治朝，三曰外朝。五宫有五门，即路门、应门、雉（zhì）门、库门和皋门。诸侯之宫门略与天子同制。

宗庙之设：天子七庙，诸侯五，大夫三，士一。天子之堂九尺，诸侯七尺，大夫五尺，士三尺。

住宅之设：凡民居，必有内室五所，室方一丈，即所谓环堵之室。东西室为库藏之室，中三室为夫妇所居之室，还有庭院、堂室等。士以上寝门之内均有碑。大夫以上则有阁，大夫、士之居皆五梁为之。

第二章 《易经》的起源

3. 黄帝时代

黄帝姓姬，一姓公孙，号轩辕氏、有熊氏，少典之子。所处时代为原始社会末期，他是一位部落联盟的领袖。司马迁在《史记·五帝本纪》中说："轩辕之时，神农世衰。诸侯相侵伐，暴虐百姓，而神农氏弗能征。于是轩辕乃习用干戈，以征不享，诸侯咸来宾从。而蚩尤最为暴，莫能伐。炎帝欲侵陵诸侯，诸侯咸归轩辕。轩辕乃修德振兵，治五气，蓺五种，抚万民，度四方，教熊、罴（pí）、貔（pí）貅（xiū）、䝙（chū）、虎，以与炎帝战于阪泉之野。三战，然后得其志。"司马迁这段话，概括地描绘了黄帝取代神农而称帝的经过。这里同时也提出了"神农""炎帝""轩辕""黄帝"以及"蚩尤"等一些传说中的远古英雄。

黄帝经"阪泉之战"，战胜了炎帝族；又经"涿（zhuō）鹿之战"，战胜了蚩尤族，从而终于一统天下。值得指出的是，炎黄时代是中国由母系氏族社会向父系氏族社会过渡的时期。从黄帝开始，中国上古时代进入了父系氏族社会。所以从黄帝之后，传说中的历史人物才有了父亲的名分，而不再像从前那样只知其母而不知其父了。传说中五帝（黄帝、颛顼、帝喾、尧、舜）时期经常发生的"九黎乱德"，有可能就是母系氏族与父系氏族的冲突，只不过由于历史是父系社会的人写的，所以认为"乱德"。而事实上，黄帝与其他部落

黄帝像

黄帝被誉为中国人文始祖，在《易经》的文化发展史上，他也是承前启后的杰出人物。

黄帝传说

黄帝被认为是中华民族的始祖。根据记载，号轩辕氏、有熊氏，姬姓，一说姓公孙，姬姓部落首领，传说是中上古时代华夏民族的共主，五帝的第一个。黄帝也被道教尊为道家之祖，在道教中有特殊的地位。

根据中国史书的记载，他在炎帝之后，统一了中国各部落，建都在涿鹿。他推算历法；教导百姓播种五谷；发明指南车，造舟车弓矢；兴文字；作干支；制乐器；创医学。

今日在陕西省的桥山有黄帝陵，相传黄帝年老时铸鼎乘龙升天，臣子放箭阻拦，龙被射伤，飞过桥国时降下休息，黄帝被桥国人拉下的一只靴子，埋葬于此。

黄帝与炎帝都被看作是华夏民族的始祖，故中国人有时自称"炎黄子孙"。

传说黄帝的正妃是嫘祖，次妃为方雷氏、彤鱼氏和嫫母。

阪泉之战

炎、黄二帝的决战在阪泉之野进行。经过三场恶战，黄帝终于得胜。从此，黄帝号令于天下，并成为天下之共主。

的战争，极有可能是私有制父系社会取代公有制母系社会的斗争，是男人在生产活动中占有优势后为使自己得到更多利益而采取的武力行动。甚至一次战争往往只是为了给本部落的一名男子抢来一个终身制的妻子。由此可见，黄帝的出现，使人类历史翻开了新的一页——过渡到了父系氏族社会阶段。

黄帝统一中原后以云名官，有青云春官、缙云夏官、白云秋官、黑云冬官、黄云中官。四方（季）之官由不同族团领袖担任，中官为掌四时的总正，由黄帝族担任。由此我们可以看出，在黄帝时代五行观念就已经很流行了。其青、缙（红）、白、黑、黄已经和后来的五行的颜色完全一致了。文献中记载，"缙云春官由炎帝族一支担任；相由东夷族中风夷风后担任；将由九黎族的黎牧担任，单盈才、太山稽为辅；沮涌、仓颉为左、右史；蚩尤（归顺的一支）明天道为当时；大常（常先）察地利为廪者；奢龙辨东方为土师；祝融辨南方（果童）为司徒；大封（奎）辨西方为司马；后士（句龙）辨北方为李等，皆为朝官。"由此可见黄帝当时并没有把权力全部掌握在自己的氏族手中，而是采取以夷制夷的策略，归顺的各个氏族首领都得到了官位，分别治理着自己的氏族。

九天玄女

据古书记载，黄帝能打败蚩尤全靠九天玄女下凡的帮助。九天玄女总是骑着凤凰降临人间，传授上至兵书战策，下至床笫秘籍等种种人间稀缺的智慧，这些智慧和八卦有着密切的联系。

第一章 《易经》的起源

黄帝陵

陕西省，黄陵县

黄帝陵是全国第一批重点文物保护单位，编为"古墓葬第一号"，号称"天下第一陵"。黄帝陵是中华文明的象征，华夏儿女的"根"，是炎黄子孙举办盛大文化活动的中心之一。

指南车

黄帝大战蚩尤时遇到迷雾，风后为黄帝发明了以磁石的原理做成的指南车。从此指南针和易学发生了密切联系，探风水要用的罗盘中就有它。

传说中黄帝的发明创造很多，如：养蚕、舟车、兵器、弓箭、文字、衣服、音律、算术、医药等。而事实上，很多东西并非黄帝所发明。如养蚕在伏羲时代就有了，不过黄帝"命嫘祖养蚕缫丝染五色衣"，养蚕技术与制衣技术比以前更先进了；舟船在神农时代就有了，不过在黄帝时代有所改进；弓箭在伏羲前就有了，不过在黄帝时代也进行了改进；至于兵器，其实黄帝不过把从前人们狩猎或农耕的器具进行改进，使它更适合进行氏族间的械斗；音律在伏羲时代就有了，黄帝时代也进行了改进；勾股算术也早就有了，因为它是圭表测日的产物，勾股就是表杆与日影之间的比例关系；医药在神农时代就有了，不过黄帝时代又有了新的发展；至于文字，也是在黄帝之前就有了，不过黄帝当时应当像后来的秦始皇一样，对文字进行了统一，这就是所谓的"命沮涌、仓颉造云纹书"，并且在文字中去掉了母系社会文明的痕迹，这也许就是中国上古史几乎见不到女性创造文明的原因。

黄帝不但统一了文字，还统一了历法。黄帝命大挠作《调历》，并且命伶伦造律吕，隶首作勾股记数。前面我们已经讲了勾股记数，就是在不同时节测日影的尺寸，可以更准确地知道节气的到来，好安排农事。律吕也是为节气服务的，据说就是埋在阴山中的十二根长度不同的竹管，每个管子里面装满芦灰后插在地里，地面上的竹管高度一致，地下面则深浅不一。于是到了一个节气，就会有一根竹管里的芦灰喷出来，并发出一种声音，十二根竹管由于长度不同，所以声音也不一样，这就是所谓的"律吕调阳"，可以准确地得知节气的变化；黄帝的土星轩辕六十龟甲历（即调历）与以前不同的是，它采用了甲子纪年法，也就是将十天干与十二地支相结合，以它们的最小公倍数作为一元，即所谓的六十花甲子。甲子纪年确实对后世的贡献不小，因为我国从汉朝直到清朝，都是以甲子纪年的，从未发生过年代混乱现象。

黄帝与蚩尤之战，估计已经把八卦理论应用到了战略上。蚩尤当时是一个极其发达的母系氏族，从文献中我们可以看到，当时蚩尤部落已经有了冶金业。《龙鱼河图》中说："蚩尤兄弟八十一人，兽身人语，铜头铁额……威震天下，诛杀无道。"后人考证认为其"兽身人语，铜头铁额"不过是一种作战时的盔甲。湘西苗族巫师

戴银角的苗族姑娘

苗族的服饰包含着丰富的远古人类的文化信息。苗族的先祖创造的九卦《易经》是华夏《易经》的一个支流。至今苗族人仍保留着鸡蛋占卜的习俗，因为鸡蛋象征着《易经》中浑混未分的太极。

在"驱鬼"时，头反戴三角铁架，身倒披蓑衣；湖南城步苗族在"驱魔"时，有一个专门扮演"枫神"者，也是头反戴三角架（铁三角），身倒披蓑衣；黔中各地有一支苗族妇女的头饰状如牛角，谓"弯梳苗"；黔东南苗族姑娘以戴银角为美……这些既表达了后人对先祖的怀念之情，也属于一种先祖遗风。《太白阳金》中说："伏羲以木为兵，神农以石为兵，蚩尤以金为兵。"而黄帝成为众氏族盟主后仍然不过是"以玉（坚石）作兵器"，那么黄帝是怎么打败蚩尤的呢？史实证明黄帝"九战九败"，确实是很难打败蚩尤的。传说是九天玄女和西王母帮了黄帝一把，传授了天书，于是屡战屡败的黄帝制造了指南车才打败蚩尤。据说这部天书除了记载兵器的打造方法之外，还记载了很多行军打仗、调兵遣将的兵法。于是，黄帝命他的宰相风后把天书演绎成兵法十三章、孤虚法十二章、奇门遁甲一千零八十局。后来经过周朝姜太公、汉代黄石老人，再传

第一章 《易经》的起源

《奇门遁甲》书影

瑶池仙乐图
张渥 立轴 纸本 淡设色
中国台北故宫博物院藏

古人依据《易经》的理论，认为西华金母（西王母）与东华木公二神阴阳化一，是昊天旨意的化身，能化育万物，因此西王母赢得了华夏民族的崇信。

给张良，张良把它精简之后变成现在我们看到的《奇门遁甲》。虽然很多人认为奇门遁甲术并非是黄帝所发明的，但奇门遁甲为古代兵家所用却是史实，并且黄帝及其手下大臣精通八卦、阴阳、五行等方面的理论，将这种理论应用到战术中也是极有可能的。

在上古时期，历法是最原始、最古老的道，延伸到社会的各个领域，渗透到社会的各种学说，天文星象、地理风水、占卜问卦、种田插秧、行军布阵、治国安邦、中医针灸、行禁破邪、内炼金丹、外家炉火等，皆以历法为基础，不懂历法就根本无法学习和应用这些学问。只有通晓历法，才能掌握天地宇宙的规律，才能成为众氏族拥护的首领。所以说黄帝在与蚩尤的战争中应用了八卦甲子理论，是可信的。不过由于八卦、五行、阴阳、甲子等方面的学问，一般人是无法精通的，并且大多由父子或师徒之间口传心授，所以外人往往无法得其精髓，自然这门学问也就不为外人所知，一些人对此提出疑问也就在所难免了。

传说中的西王母和九天玄女，极有可能是蚩尤部落集团的某个部落首领，因为归顺了黄帝，所以便将蚩尤统治地区的地理情况及蚩尤作战的基本战术（根据八卦创立的行军布阵法等）告诉了黄帝，黄帝学习了这些资料，采取了相应的对策，最终打败了蚩尤。

文献中记载，黄帝和蚩尤都是伏羲的后代，所以他们都不同程度地继承了伏羲文明。蚩尤部落的科技要比黄帝先进一些，所以黄帝学习了对方先进的理论后才能战胜对方。在当时社会，八卦理论应当是最重要的一门学问，正如上文所说，这种理论渗透到当时的各行各业，所以行军打仗自然也离不开八卦理论。

其实，后人一谈到《易经》便会与黄帝联系起来，主要是因为后人认为是黄帝发明了奇门遁甲术，其次便是认为他将八卦五行阴阳等原理发展到了医学领域，写了一本《黄帝内经》。可是通过目前的考证，《黄帝内经》并非上古医书，而是成形于战国、成书于汉代，是后人托名黄帝之作。不过笔者却感到这部被称作开辟中国医学之源、备受历代医学家重视、被道教奉为重要典

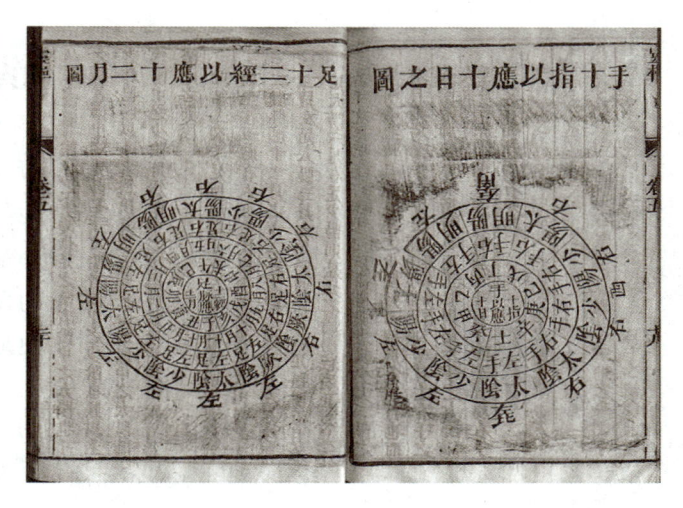

《黄帝内经灵枢注证发微》
清代精刻本

《黄帝内经》是中医理论的基石，是天人养生之道，而《易经》是《黄帝内经》理论的源泉。

籍的书籍，如果是托名之作，确实让人费解之处颇多。是谁写出如此伟大的著作，而自己却在医学史上没有留下一点名声，这真是让人无法想象。如果托名黄帝的作者是一位无名之辈，肯定写不出有如此影响的巨著；如果托名黄帝的作者是当时的一位名医，那么肯定在历史上能找到一些关于作者的蛛丝马迹。相信随着考古学的发展，这部神奇的医书的起源会有新的科学见解。

《黄帝内经》因为包含有天文学、历算学、生物学、地理学、人类学、心理学等各方面的知识，并且运用朴素的唯物论和辩证法思想，对人体的解剖、生理、病理以及疾病的诊断、治疗与预防，作了比较全面的阐述，所以成为中国医药学发展的理论基础和源泉。又由于其养生方面的知识为道教的修炼成仙提供了基础理论，所以它也成为了道教的重要典籍，黄帝也因此在道教中具有极高的地位。

自伏羲到周朝阶段，经历了近七八千年的历史，在这个阶段中应该积累了相当丰富的文化遗产，所以在春秋时期的诸子百家（除了法家）几乎都是推崇上古时期人类智慧的。然而，在这近七八千年的时间里，也遗失掉了相当多的文化遗产。从汉朝到现在，才经历了两千多年，我们便遗失了相当多的文化遗产。由此不难推测古代也存在文化遗失现象。所以到了唐代，上古时期的河图、洛书才面世；到了宋代，人们才见到伏羲的先天八卦图。

黄帝对《易经》的发展应当是做出过巨大贡献的。他继承了前人的成果，并且又有了新的开拓与发展。后来，周文王很好地继承了上古时期的易学，使易学又有了新的发展。

第一章 《易经》的起源

4. 周文王拘而演周易

　　周文王姓姬名昌，于公元前 1148 年出生于岐山（今陕西岐山县境内）。他与五帝之首的黄帝同姓，是黄帝的后代。黄帝的曾孙帝喾生后稷，后稷被尧举为司农，对推动我国农业的发展起到了巨大作用。后稷十四世孙季历（公季）便是周文王的父亲。文王的母亲名太任。据记载，文王出生时，有赤乌衔丹书落于他家的房屋上，人们认为这是一种吉祥的先兆——圣瑞。意思是说上天预示人们有一位圣人降临人间了。文王生下来以后，长着四个乳头，到了成年，"龙颜虎肩，身长十尺"。"龙颜"不是说文王的脸长得像龙头，

帝喾像

　　黄帝与嫘祖生了玄嚣和昌意两个儿子。玄嚣即少昊。昌意的儿子名高阳，即位后称为颛顼。颛顼驾崩之后，即位的就是高辛，称为帝喾。高辛是玄嚣的孙子。

黄帝内经中的经络图

　　中医经络学说起源甚古，我国汉字的"寸"，早期为一指事符号，指的便是手腕下一寸处的"寸口"处，如《说文解字系传》中说："一则记手腕下一寸，此指手也。"可见文字刚形成时，已存在经络学说。

而是说文王有帝王之相。如果文王真的长个龙头，那可真是够吓人的。

据说姬公季的父亲周太王就是因为看到姬昌有出息才没有把王位传给公季上面的两个哥哥。因为周太王早有推翻商朝而一统诸侯的志向，他认为公季的两个哥哥能力有限，便把王位传给了自己第三个儿子（即文王他父亲）。于是姬昌在父亲去世后，继承了王位，人们称其为西伯。姬昌继位时已经四十五岁了，他的博学与阅历使他成为一位成熟而杰出的首领。他严格遵循先祖后稷、公刘和父亲公季的遗训，切实推行爱护人民、尊敬老者、保护儿童、广招四方贤人的政策。几年工夫，不仅本国人民安居乐业、对西伯姬昌十分爱戴，周边的诸侯国也纷纷表示愿意归附。

公元前1064年，商朝天子帝乙去世，帝辛即位。这位帝辛就是声名狼藉的商纣王。当时，西伯姬昌七十二岁，他在商朝上下已有很高的威望，同九侯、鄂侯并称三公。商纣王身材魁梧，力大无穷，即位后，起初曾"闻见甚敏，材力过人"，立志做一个有为的天子。但渐渐地他便被一些大臣们的恭维所陶醉，开始变得自以为是，并且受淫逸奢侈的生活所诱惑，开始腐败起来。商纣王贪图酒色后，性格也变得极端专横残暴起来。

纣王听说九侯的女儿长得漂亮，便娶了过来。但是由于这位女子不喜欢他的荒淫，纣王便在盛怒下将她杀死，还把她的父亲九侯剁成了肉酱。鄂侯知道这件事后，就向纣王提出了尖锐的批

稷奏粒食图
清《钦定书经图说》插图

周室的姬姓最早是由帝喾之子后稷而来。后稷的出生带有传奇色彩，长大后向百姓传授种植五谷的方法，形成"粒食"的习俗，在早期的农业发展中居功至伟，被后人视为"农神"。

周文王像

《易经》又称《周易》，也就是周文王整理的《易经》。《史记》记载"文王拘而演周易"，是指他开创了有别于伏羲先天八卦的后天八卦系统。

周文王羑里演易

姬昌被囚七年，将伏羲先天八卦推演成后天八卦，并著成《周易》一书，于是羑里便成为《周易》的发祥地。

评。结果纣王不但不听，还把鄂侯也杀死了，并将鄂侯的肉做成肉脯。

姬昌听到这些事情后，不由得叹了口气。崇侯虎得知姬昌叹气这件事，便对纣王说，姬昌在国内积德行善，这会儿又流露出不满的情绪，说不定会夺取殷商的天下。于是纣王便把姬昌抓来，囚禁在羑（yǒu）里这座国家监狱中。

就这样，纣王削减了朝中三公的势力，以为可以高枕无忧了。可是他残暴的行为，却增加了诸侯对他的憎恨，加速了商朝的灭亡。羑里是中国有文献记载的第一所监狱。周文王走进监狱大门时，已经是八十二岁的老人了。在这里，他失去了与外界的联系，见不到自己的亲人。据史籍记载，为断绝姬昌与外界的联系，殷纣王不仅在羑里驻有重兵，还在通往羑里的道路上层层设卡。

周文王在监狱里无事可做，便开始研究祖上传下来的八卦。想了解国家大事，便用八卦推算一下；想知道亲人的情况，便也用八卦进行推算。在我国的夏、商、周三代，人们是非常相信占卜的。因为奴隶社会的君主们坚信自己是天子，是神的儿子，天上的神会对地上的儿子的行为进行指导。由于人们都是天子的臣民，所以神也帮助所有的人。而人们要想知道天神的意图，则要通过占卜的方式获得。所以当时全国上下都很相信命运，相信神鬼，相信占卜与巫术。当时朝中专门有主管这种事的官员，占卜的主管称之为太卜，太卜下面有数十个卜师，进行具体的占卜事

羑里城——《周易》发源地

羑里城是《周易》发源地，位于河南汤阴县城北八华里羑、汤两河之间的空旷原野上，为殷纣王囚周文王处，也是我国历史上自有文字记载以后第一座国家监狱。

周文王在羑里被囚的漫长岁月里，发愤治学，潜心研究，发明了后天八卦。这便是历史上著名的"文王拘而演周易"的故事。

后人为纪念西伯姬昌，在羑里城遗址上建起文王庙。现存羑里城遗址，为一片高出地面约丈余的土台，南北长105米，东西宽103米，面积达万余平方米。

羑里城以其博大精深的文化内涵而名扬海内外。1996年被国务院公布为国家重点文物保护单位。

项；祈祷的主管称之为大祝，大祝下有大夫两人执掌其事，"掌六祝之辞，以事鬼神示，祈福年，求永贞，除疠疫"；巫术的主管称之为司巫，掌群巫之政令。群巫中男巫、女巫均无数，男巫负责逐疫除疫病，女巫负责以草药熏浴，祛疫防病。自从黄帝以后，社会阶级日益明显，知识一般掌握在少数的上层社会人群中。不过拥有知识的上层人物不见得能够很好地继承前人的文化知识，因为学习毕竟是很麻烦的事情。于是在占卜与巫术上就开始模式化，准确度相对来说差了些。殷朝的人们更喜欢占卜，几乎什么事情都要占一下，尤其是殷纣王更是无日不卜，无事不占。正因为这样，我们现在才能见到那么多的殷朝甲骨文。

受当时大气候的影响，周文王也喜欢占卜。在监狱里文王无法得到那么多乌龟壳，所以无法用龟卜的方式占卜了（即用火在龟壳上灼出裂纹以判断吉凶）。不过在监狱里长着很多蓍（shī）草，文王可以用蓍草占卜。《博物志》说："蓍千岁而三百茎，故知吉凶。"并且文王精通八卦、阴阳、五行、甲子、天文地理及历法知识，他不但可以占卜，还可以对八卦进行研究。周文王在占卜中发现，按照原来的八卦次序及理论进行占卜，准确率不高。其实自从人祖伏羲发明了八卦后，八卦理论在一代一代的承传中便不断注入新的内容。不过能够真正精通八卦的人，还是不多的。

文王是黄帝的后代，自然文王能够得到八卦的真传。文王的祖先也是极其精通八卦预测的。比如文王的爷爷周太王早就预言过文王会得到一位贤士辅佐而使周朝兴旺，结果文王后来果然在渭水遇见姜子牙。可见文王这一黄帝的支脉都是懂得八卦预测的。

文王仔细研究祖辈传下来的八卦，感到无论是天象还是地理，以及社会组织形态都跟从前的八卦有些不适应了。天上的日月星辰已经有了新的变化，地理环境也与从前有所不同。更重要的是，人们的思想也与上古时代不一样了，并且人们的生存方式更是发生了天翻地覆的变化。黄帝之前，人们改造自然、征服自然的能力较低，一般只能顺应天时地利去

后天八卦图

后天八卦即文王八卦，方位与伏羲先天八卦不同，形成离南、坎北、震东、兑西、艮东北、坤西南、乾西北、巽东南的次序。

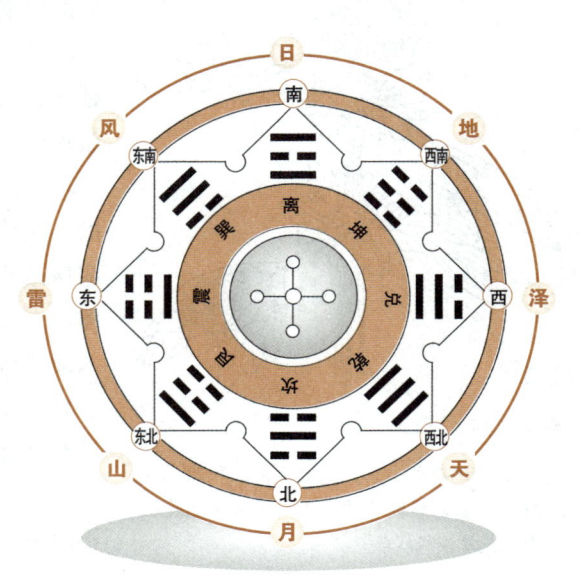

第一章 《易经》的起源

蓍草

蓍草就是民间通称的蚰蜒草或者锯齿草，用它的茎作占筮工具。

蓍草

蓍草开白色小花，茎直，据说只能在羑里城里生长，移栽不活。周文王被关在羑里时即以此草演绎八卦。

逃避凶灾；人们过着平等自由的生活，并且以女性作为社会的主体。而黄帝之后，人们改造自然的能力逐渐提高，人类已经成为世界的主人，人们可以通过对世界的改造而获得吉祥；人们不再自由平等，而是存在着阶级，人们必须遵守一定的社会制度，社会才能安定。文王于是有了一个大胆的想法——创造一种新的八卦理论——一种适合当今社会制度的理论。

这真是一个伟大的想法！因为文王第一个使八卦脱离了圭表的制约。不过他要想在监狱里建一个圭表或者观象台是不可能的，殷纣王肯定不同意。而作为一方诸侯首领的文王手里拿着一些草棍算算八卦，殷纣王还是能够同意的。于是文王便拿着蓍草在狱中演绎八卦。因为文王精通八卦、阴阳、五行、甲子、天文地理及历法知识，所以他即使不用圭表也能进行八卦研究。他可以仰观天象，俯察地理，像伏羲当年那样研究八卦。结果文王发现，伏羲时代人们生存最大的障碍是自然界，所以伏羲八卦主要以天地间的阴消阳长的规律预测吉凶；而现在人们生存最大的障碍却是人，所以文王以人伦道德作为八卦的基础理论。从文王的八卦横图就可以看出文王的这种思想。不过文王八卦方位圆图，却是需要动一番脑筋才能做出来的。这首先需要参考河图与洛书，估计文王应该是熟记河图洛书的，所以他才能参照河洛书创造后天八卦。河图与洛书不是一般人能够得到的，因为收藏河图洛书的人是不会轻易传与别人的。比如春秋时期的孔子就没有见过河图洛书，所以尽管他也很想更深一步研究八卦，也只能发出"河不出图，洛不出书"的慨叹。

要想根据河图洛书的理论，排列出包含天干、地支、阴阳、五行及人伦理论，且不与先天八卦相矛盾的后天八卦方位圆图，确实不是一件容易的事情。也许文王太需要更准确的预测方法了，他也许迫切想了解子女们的健康状况、妻子的生活情况，以及天下国家大事。而在以前他作为一方诸侯因公务繁忙，是没有时间对八卦做如此深入研究的。总之他成功了，研究出了后天八卦方位圆图。这个圆图为易学发展开辟了一个新天地，成为后世八卦预测的重要依据。

文王发明了后天八卦方位图后，便开始进一步地重新排列六十四卦的次序，并且根据每一卦的卦象及天干地支的五行生克关系，写出了判断吉凶的卦辞。

周文王的八卦还不是我们现在见到的《周易》，周文王的八卦没有爻辞，只是对六十四卦排列了新次序，并且加上了卦辞。也许有人会问，只有卦辞而没有爻辞的《易经》也能占卜吗？回答是肯定的，古人认为只有这种《周易》才能准确占卜，而根据爻辞进行占卜是极不准确的。为什么这样说呢？因为八卦纳甲，再配以天干地支及六神，然后通过生克关系及旺相休囚的推理，才能准确进行预测。汉初的京房、宋代的邵雍和明朝的刘伯温便是用这种方法进行周易预测的，这种占卜是不需要爻辞的。以前人们一直认为这种预测方法起源于汉代的京房，可是帛书

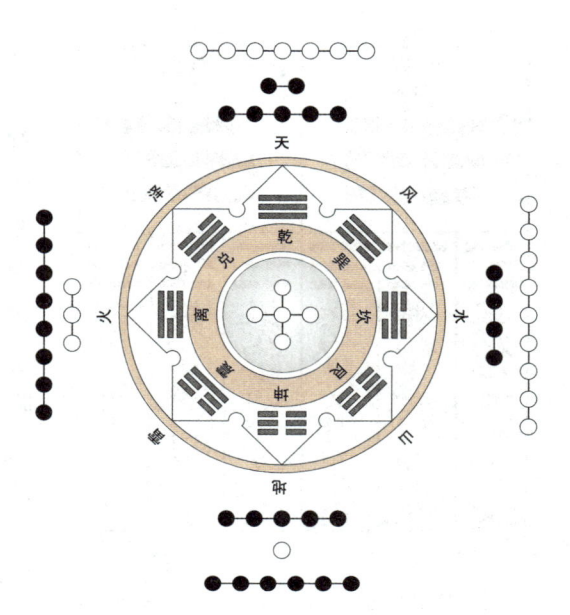

先天八卦图

先天八卦图是从河图演变而来的，两者联系十分紧密。

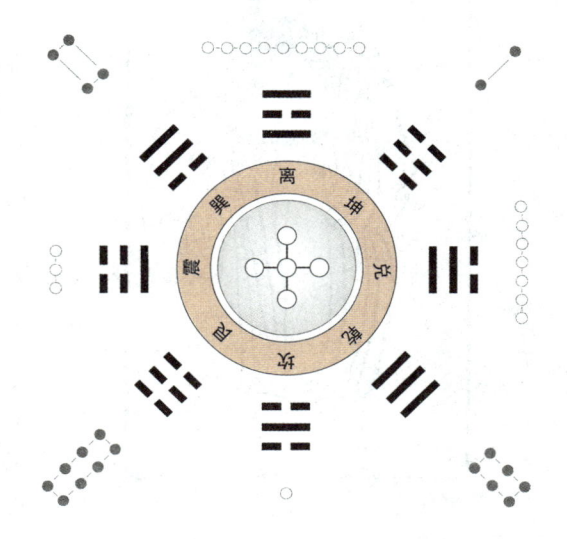

后天八卦与洛书相配

洛书与后天八卦的结构分布图，在数字与序数的方位与分布上是相同的。其数字之间内含很多的"乘除之源"的基础及方法。

第一章 《易经》的起源

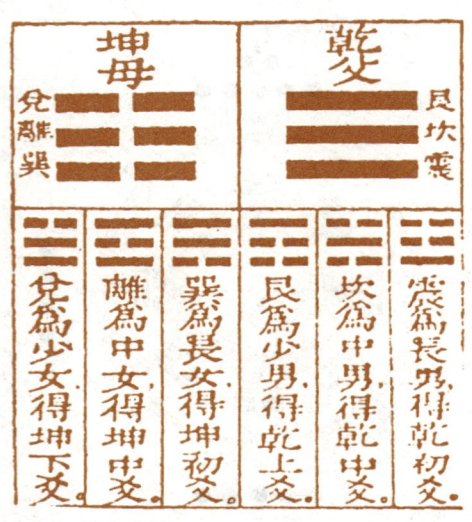

文王八卦次序图

文王做的八卦，是把八卦的理论用到了人事上，所以文王后天八卦的模式为"父母下面的六子横"。

亡国之君商纣王

殷商卜筮之风很盛，殷纣王更是逢事必卜，他以烧乌龟壳或牛骨的方式占卜，可惜作为一国之君的商纣王拥有众多的卜筮大臣，居然没有卜出自己即将灭亡的命运。

《周易》的出现推翻了这种观点。所以说文王在羑里演六十四卦所发明的占卜法有可能就是汉代京房所使用的占卜方法。而文王所排列的六十四卦次序，应当并非一种。我们现在的《易经》中的卦序，只是其中一种，它表现的是事物发展变化的规律。由于文王当时所处的环境危险，所以他所写的卦辞亦是极其艰深、晦涩之危辞、隐语了。文王有可能还排列了其他的一些卦序。比如京氏易学中的八宫法有可能即始创于文王。因为文王只有采用类似于京氏易学的占卜方法，才能准确测出长子遇害等事情。孔子所传的《周易》并非文王之《周易》，至少不是《周易》的全部。从文献中我们可以看到，孔子并不精通《周易》的占卜之术，所以他也承认自己用《周易》占卜最多也就有70%的准确率。

周文王在羑里的监狱里每天用蓍草推演八卦的事，被殷纣王知道了。纣王开始并不在意，心想："你这么大的岁数能算出什么来，不见得比我朝中的大仙们更高明吧？"可是时间一长，纣王也有些不放心了，心想，这姬昌每天都研究八卦，不会达到最高境界了吧？殷纣王也是极其相信算命的，他每日必卜，自然不想让能掐会算的周文王活在世上。为了试探周文王是否预测准确，纣王采取了典型的纣王式的考察办法——将姬昌的长子伯邑考杀死，用他的肉做成肉羹送给文王吃。

不过这件事并非纣王一人的主意，纣王残暴往往与他的爱妃妲己有关。这位妲己据说是有苏氏的女儿，《封神榜》

中说是一只九尾狐狸精进入了苏护女儿的体内。结果这位妲己与纣王很合拍，既喜欢淫乱的生活又精通巫术，所以深得纣王的宠爱。姬昌的长子来朝歌求见纣王，要求探望自己的父亲，结果被妲己看上了，便对他进行挑逗。虽说在殷商时代还遗存有母系社会的观念，人们的性生活还较为开放，但面对纣王的妃子，我想伯邑考还是有些顾忌的。于是被伯邑考拒绝的妲己便献给纣王一条狠毒的计策——用伯邑考做肉羹给文王吃。

姬昌早已用八卦推算出了长子遇难（易学象数派确实有这种预测方法），见到纣王送来的人肉羹自然知道是用自己孩子的肉做成的。在纣王手下做事的官员们应该知道人肉做出的菜肴是什么样的，因为纣王经常用人肉做成肉馅、肉脯和肉羹来威慑群臣。不过因为一声叹息而被囚于羑里的文王，此时做事已更加谨慎，并且多年的八卦研究也使文王深明韬光养晦之理，所以他装作什么也不知道，把肉羹吃了。传说文王吃了以后又找个没人的地方把肉吐了出来，而文王吐出的肉全有了生命，变成兔子跑了。如今，在羑里城的西北角，距周文王演易处不远，有一个不太显眼的坟冢，即伯邑考之墓，也叫"吐儿冢"。据说这里就是周文王吐肉羹的地方。至今羑里这个地方，民间一直不打兔子——因为它是文王的长子变的。

纣王听了姬昌吃人肉羹的消息，嘲笑说："圣人应该不吃自己儿子的肉。吃了自己儿子的肉都不知道，他怎么会是圣人呢？"在古代，能够上知五百年下知五百年的人才能被称为圣人。纣王见姬昌的八卦预测不准确，心想这个老家伙也没有什么真才实学，便放松了对姬昌的警惕。

周文王在狱中潜心研究八卦的时候，狱外的人们并没有闲着。为营救文王，周文王的近臣闳夭、散宜生等想了不少办法。他们到有莘找来美貌女子，又到骊戎、有熊买了一些好马和许多珍奇物品，然后他们通过收买纣王的心腹大臣费仲，将美女、良马、奇物

刻在牛骨上的卜筮记录
西周 刻数字卜骨
陕西省长安县出土

商纣把姬昌从三公的高位上拉了下来，在羑里关押了近七年，其间姬昌就以研究他最喜爱的问卜技巧来打发时间。他将多年的研究记录了下来，成为《易经》的核心思想，被后世认为是中华文明中最珍贵的宝藏。图为西周时期的一块牛肩胛骨，背面有圆形凿孔三个，有灼痕。正面有卜兆，卜兆附近记有数字两行，一行是六八、一一、五一，一行是五一、一六、八一，均为易卦的数字符号，前者为乾下震上的"大壮卦"，后者为震下乾上的"无妄卦"。

第一章 《易经》的起源

献给了纣王。

纣王看到文王的大臣送来的美女，裤腰带都松了，高兴地说："有美女这一样就足以释放西伯姬昌了，还送这么多珍奇干什么！"他于是下令将西伯姬昌释放，还赐给他弓矢斧钺等众多兵器，授权姬昌拥有征伐各地诸侯的权力。纣王还告诉文王：你被囚七年真是有点冤，不过这都是由于崇侯虎说了你的坏话造成的。

被释放的姬昌没有表现出一点怨恨纣王的意思，相反，他把洛西地方奉献给纣王，以答谢纣王对他的赦免。文王一方面向纣王献忠心以增加纣王对自己的信任，一方面则利用纣王赐予的征伐之权不断南征北伐以扩大自己的领地，为推翻商王朝做准备。公元前1056年，九十二岁的西伯姬昌伐犬戎。这一年的另一件大事是，姬昌在渭水河边遇到了姜子牙。

妲己害政

商纣王与妲己整日沉迷酒色，过着奢侈淫逸的生活。据说，妲己还为纣王发明了炮烙酷刑，拒谏杀忠。

他们谈论天下大势，谈论治国安邦，谈论礼乐征伐，谈得十分投机。文王认为姜子牙乃旷世奇才，极其高兴地说："自吾先君太公曰：'当有圣人适周，周以兴。'子真是邪？吾太公望子久矣！"所以姜子牙也称"太公望"。于是，姬昌请太公坐车同归，遂拜其为太师。

姜太公

姜太公（？—公元前1021），又称姜尚，字子牙，南阳宛县人。封于吕（今南阳西），故又从其封称吕尚、吕望。更因文王曾曰："吾太公望子久矣"，号太公望。

公元前1040年（一说公元前1038年），武王以姜尚为国师，率部伐纣，大战于牧野，推翻了纣王的统治，建立了周朝。姜尚辅佐武王灭商有功，封于齐，都营丘，为齐国始祖，故又称齐太公。他精通《奇门遁甲》，相传著有《六韬》《三略》等军事著作。

据说打败殷纣后，姜子牙曾在岐山封神台上奉太上元始敕命，发榜封三百六十五位正神，成为《封神榜》书中最极致神化人物。唐肃宗执政时，敕封姜子牙为武成王。宋朝除封号外，还在青州建祠庙祭祀。后民间庶民百姓，知道姜太公能封神驱鬼，就在城乡间认为有风煞的巷头屋角处，用石刻上"太公在此，百无禁忌"以抵邪气。

姜太公姓姜，名尚，字子牙，号飞熊，是神农氏的后代。他的祖先因帮助大禹治水有功，被封于吕地，因而也称吕尚、吕望。史书上记载姜太公精通《六韬》《三略》及《奇门遁甲》等兵家之术。不过从他的经历来看，他遇文王之前用奇门遁甲术预测是很不准的。传说姜子牙在昆仑山玉虚宫拜元始天尊学道，虚度光阴七十二载。而实际上，他这七十二年为了生计苦于奔波而一无所获。他曾先后游说70多个诸侯国却依然仕途无望，后来在朝歌做过杀猪宰牛的生意，当过佣人，开饭馆卖干面等。最后生意实在维持不下去了，便摆个卦摊为人占卜，或者代人书写。结果商朝的宰相比干觉得他是个人才，把他推荐给纣王，姜子牙在纣王这里却差点丢掉性命。如果姜子牙遇到文王前极其精通奇门遁甲术，就不会有那么多挫折了。姜子牙在渭水畔遇到文王后，才变得神通广大起来，估计与文王所创的后天八卦有关。这或许也是我们现在所见到的奇门遁甲之学都以后天八卦作为理论的原因。

道教中的元始天尊

在《封神榜》中，姜子牙的老师是昆仑山玉虚宫的玉清元始天尊，学习的内容中有源自易学的奇门遁甲术。在道教中，元始天尊是三清公之一，具有极其崇高的地位。

文王得姜子牙以后，更是如虎添翼。他经过数年征伐，所辖地区越来越广，势力越来越大。商朝大臣祖伊感到形势严峻，忧心忡忡地向纣王报告，请他高度重视日渐强大的周对商朝构成的威胁。纣王却满不在乎："一切都是上天安排的，谁能把我怎么样？"

公元前1051年，姬昌去世，他的次子姬发继位。12年后姬发以吕尚为军师，率兵伐纣。姬发会合八百诸侯，在牧野（今河南淇县南）与纣王会战。结果纣军掉转矛头，往回冲杀。纣王见大势已去，急忙逃回朝歌，登上鹿台自焚。武王入殷都朝歌，斩纣王、妲己人头示众，遂诏告天下，宣布殷朝灭亡，周王朝诞生。从此，周取代殷商而据有天下。姬发自称武王，尊谥父为文王。此后，周文王"拘羑里而演周易"成了流传千古的佳话，周文王也成了中华民族的文化偶像之一。

姜子牙为兴周灭商做出了巨大贡献。武王在灭掉商朝后封的第一个谋士便是姜

姜尚在此
年画 清

以杰出军事才能著称的太公既是武王忠实的臣属，也是周公足以信赖的伙伴，且精通易学。在民间传说中他经常骑着麟头龙尾、牛蹄虎爪的四不像怪兽，手捧杏黄旗，威风凛凛。

治世之才姜尚

求贤若渴的姬昌终于得到一位真正的治世贤才姜尚，民间又喜欢称之为"姜太公"，中国古典名著《封神演义》中的神奇故事鲜活地描述了姜太公的过人本领。这张年画描绘的是哪吒、杨戬、雷震子等仙家，在姜太公率领的军阵前与纣将龙安吉斗法，将纣将杀得大败的故事。

子牙，将他封于齐国。所以后人往往称姜子牙为"周师齐祖"，即周国的太师，齐国的始祖。值得一提的是，姜子牙并不迷信巫术与算命学说。他更相信心智的判断。比如，姜子牙看到灭商的时机已经成熟，便向武王提议出兵征纣。可发兵前武王用龟甲、蓍草进行占卜，龟兆不吉。又恰遇暴风骤雨，随军众臣陡生惧怕之心，不敢发兵。但姜子牙认为他对周殷两方政治、军事的估计是正确的，便态度坚决地折断蓍草，踏碎龟壳对众臣说："龟壳朽骨，蓍草枯叶，怎么会预知吉凶呢？"他力排众议，武王才决意发兵东进。大军至邢丘，大风把武王的车折为三截，武王的乘马被雷震

死，暴雨三日不停，行军十分困难。武王动摇了决心，产生了疑惑。只有姜子牙刚毅果敢，处乱不惊。他说："折为三，是天示意我们分兵三路进军；大雨三日不停，是在为我们天降神兵；而震死乘马，是示意我们换良马快行。全是吉兆。应顺从天意的安排。"

在巫术盛行的时代，姜子牙所做的确实令人佩服。他所说的"龟壳朽骨，蓍草枯叶"可以说是划分科学与迷信的至理名言。因为当时以龟壳裂纹判断吉凶是没有科学依据的；用蓍草的方式算出八卦，如果只从卦象上去推断吉凶也是不科学的（因为会有多种解释）。姜子牙则根据事实做出判断，并且他所精通的奇门遁甲主要通过推理进行预测，所以他敢于反对那种带有迷信色彩的占卜方式。

周文王年谱

商王武乙元年（公元前1148年），文王出生，古公亶父（即太王）去世，子公季立。

武乙十六年，文王十六岁，孝养父公季。

武乙二十九年，文王二十九岁。飞龙盈于殷之牧野。

武乙三十二年，文王三十二岁。武乙徙河北。

武乙三十四年，文王三十四岁。公季伐燕京之戎，戎人大败周师。

武乙三十五年，文王三十五岁。武乙狩猎于河渭震死，子文丁立。

文丁元年，文王三十六岁。

文丁四年，文王三十九岁。文丁命公季为牧师。

文丁五年，文王四十岁。公季伐余无，始呼戎。

文丁九年，文王四十四岁。文丁赐公季圭瓒、秬鬯，九命为伯。

文丁十年，文王四十五岁。公季去世，在位46年，寿百岁。文王继位，是为西伯。

文丁十一年，文王四十六岁，文丁去世，子帝乙继位。

帝乙元年，文王四十七岁。治岐，发政施仁，凤凰鸣于岐山。

帝乙六年，文王五十二岁。岐周地震。

帝乙十二年，文王五十八岁。子发（武王）生。

帝乙二十六年，文王七十二岁。帝乙去世，子受辛（纣王）立。

纣辛六年，文王七十八岁。纣辛拒谏，崇侈嗜酒色。

纣辛十年，文王八十二岁。《竹书纪年》载："文王此岁拘羑里，七年始出。"

纣辛十二年，文王八十四岁。有疾，子发（武王）、旦（周公）看视。

纣辛十三年，文王八十五岁。纣伐有苏，获妲己。

纣辛十七年，文王八十九岁。演成《周易》于羑里。

纣辛十八年，文王九十岁。获释，因献洛西之地，请除炮烙之刑，纣从之。遂赐弓矢斧钺，使得专征伐。

纣辛十九年，文王九十一岁。释芮、虞两国田土之争。

纣辛二十年，文王九十二岁。伐犬戎，得吕尚为军师。

纣辛二十一年，文王九十三岁。伐密须。迁都程。

纣辛二十二年，文王九十四岁。伐耆。

纣辛二十三年，文王九十五岁。伐邘（hWn）。

纣辛二十四年，文王九十六岁。伐崇，都丰邑，立灵台，建辟雍。

纣辛二十五年（公元前1051年），文王九十七岁，去世，葬于毕。子发（武王）继其位。

《文王年谱》资料依据：

① 《夏商周年表》，《河南文物工作》2002年3期。

② 《周公事迹研究》，中州古籍出版社2002年版。

5. 神秘的爻辞

　　周文王为什么不写出爻辞来呢？原因很简单，因为没法写。六十四卦所包容的东西太多了，怎么能够写得清楚。八卦可以说只是一个复杂的推理公式，根本不需要用文字来说明。并且周文王发明后天八卦是为了自己能够预测得更准确，通过八卦来提高自己的统治能力，而不是想著书立说，让天下人都了解它、学会它，以增加自己的知名度。那么八卦的卦辞与爻辞是怎么出现的呢？下面就针对这一问题谈一谈本人的看法。

　　尽管历来人们对爻辞的作者说法不一，但笔者认为《周易正义》中说的较为可信："伏羲制卦，文王卦辞，周公爻辞，孔子十翼也。"当然，文中所言并非全对，比如十翼并非孔子所作已是事实。不过孔子虽然没有创作出十翼，但对十翼进行过修订也是事实。周公参与了爻辞的编写也是较为可信的。

　　周公姓姬，名旦，是周文王的第四个儿子，是周武王的同母弟弟。周公在当时不仅是卓越的政治家、军事家，而且还是个多才多艺的诗人、学者。他辅佐武王灭

日月为易图

取日月二字交合而成，如篆文日下从月，是日往月来的意思，所以说阴阳之义配日月。

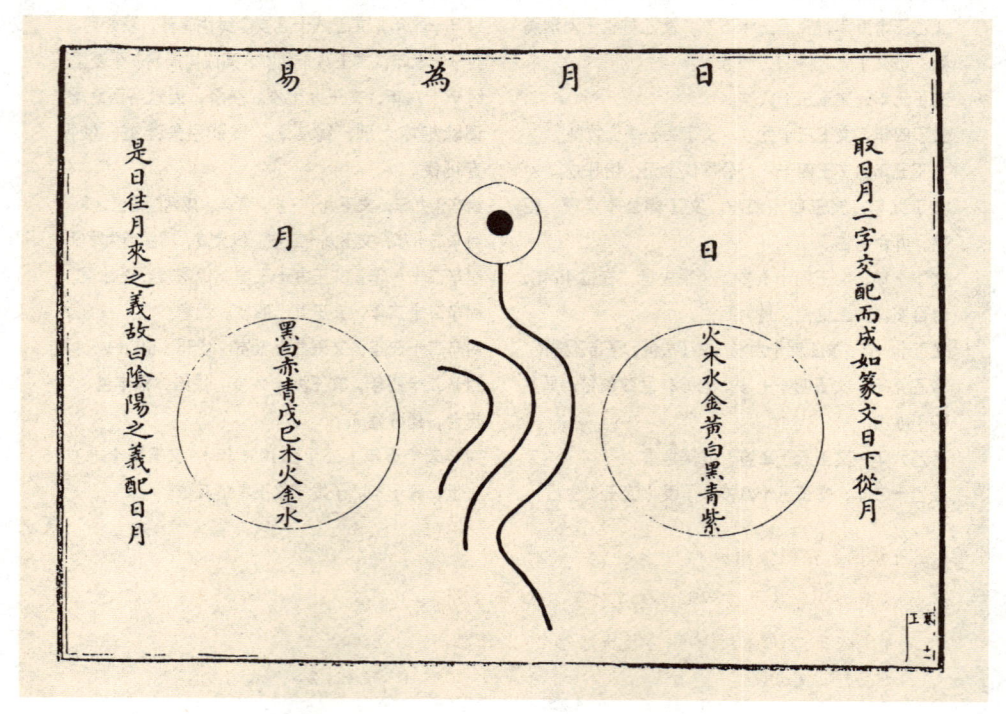

周易序卦图

周公为六十四卦排序，并且给每一爻都配上了相应的卦辞和爻词。

掉殷纣。武王在商郊牧野集众誓师，誓词就是《尚书》中的《牧誓》，即周公所作。

灭商后第二年，由于日夜操劳，武王身染重病，不久便病故了。武王在临终前愿意把王位传给有德有才的周公，并且说这事不需占卜，可以当面决定。周公涕泣不止，不肯接受。武王死后，太子诵继位，是为成王。成

> **周公**
>
> 姓姬名旦（？－公元前1105），周文王的儿子，武王的弟弟。因其采邑在周，爵为上公，故称为周公。在周文王时，他就很孝顺、仁爱，辅佐武王伐纣，封于鲁。周公没有到封国去而是留在王朝，辅佐武王，为周安定社会，建立制度。武王崩，又佐成王摄政，平定"三叔"之乱，灭五十国，奠定东南，归而制礼作乐。
>
> 周公为后世为政者的典范。孔子的儒家学派，把他的人格典范作为最高典范，最高政治理想是周初的仁政，孔子终生倡导的是周公的礼乐制度。

王不过是个十多岁的孩子。面对国家初立，尚未稳固，内忧外患接踵而来的复杂形势，成王是绝对应付不了的。《尚书·大诰》说："有大艰于西土，西土人亦不静。"《史记·周本记》也说："群公惧，穆卜。"武王的去世使整个国家失去了重心，形势迫切需要一位既有才干又有威望且能及时处理问题的人来收拾这种局面，这个责任

便落到了周公肩上。

周公称王后，周公的哥哥管叔有意争权，于是散布流言："周公将不利于孺子（成王）。"灭殷后的第三年，管叔、蔡叔、霍叔鼓动起武庚禄父一起叛周。起来响应的有东方的徐、奄、淮夷等几十个原来同殷商关系密切的大小方国。这对刚刚建立三年多的周朝来说，是个异常沉重的打击。如果叛乱不能够扫平，周文王苦心经营几十年建立起来的基业就会毁掉。可当时，王室内部也有人对周公称王持怀疑态度。这种内外夹攻的局面，使周公处境十分困难。

周公于是首先稳定内部，保持团结，说服姜子牙和召公奭。他说："我之所以不回避困难形势而称王，是担心天下背叛周朝，否则我无颜回报太王、王季、文王。三王忧劳天下已经很久了，而今才有所成就。武王过早地离开了我们，成王又如此年幼，我是为了成就周王朝，才这么做。"周公统一了内部意见之后，第二年举行东征，讨伐管、蔡、霍、武庚。事前进行了占卜，发布了《大诰》。

周公摄政第三年顺利地讨平了"三监"的叛乱，杀掉了首恶管叔鲜，擒回并杀掉了北逃的武庚，流放了罪过较轻的蔡叔度，废霍叔为庶民。

周公讨平管蔡之后，乘胜向东方进军，灭掉了奄（今山东曲阜）等五十多个国

三变大成图

此图展示了天地阴阳化生万物的情形。乾与坤三次相互作用从而生出震、坎、艮、巽、离、兑六子。

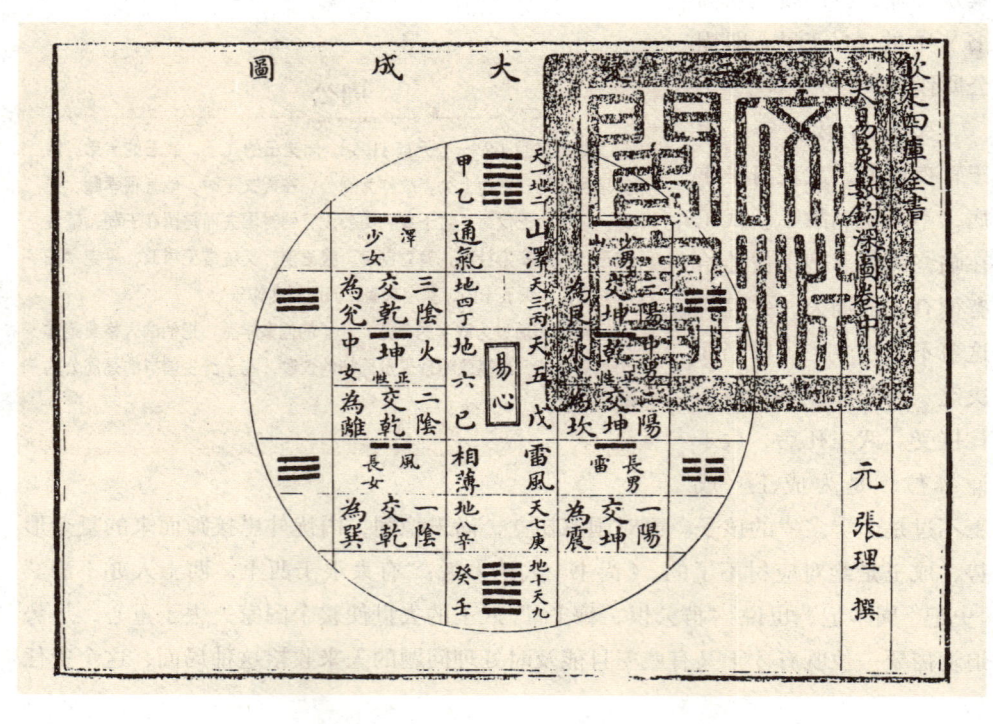

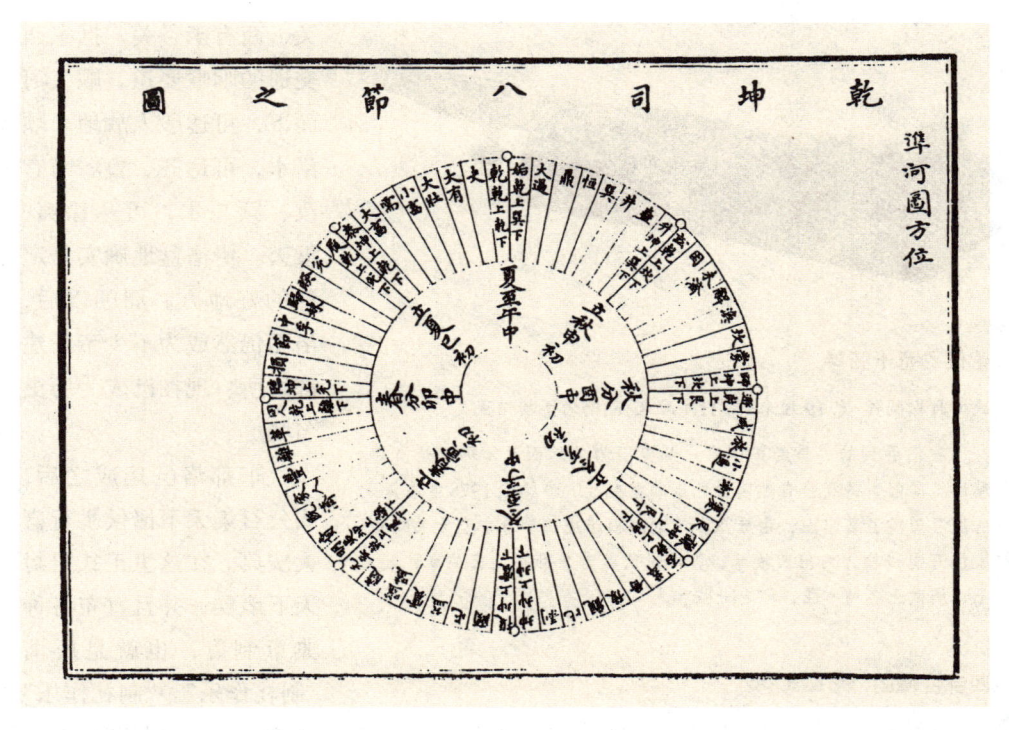

乾坤司八节之图（淮河图方位）

此图表现了一年四季八节与太极图阴阳平衡的关系，卯中是春分，酉中是秋分。卯中、酉中都处于阴阳平衡状态，其余的时间阴阳均不平衡。

家，把飞廉赶到海边杀掉。从此周的势力延伸到海边。

武王克商只是打击了商王朝的核心部分，直到周公东征才扫清了它的外围势力。东征以后，周朝再也不是一个"小邦周"，而成为东至大海，南至淮河流域，北至辽东的泱泱大国了。

东方辽阔疆域的开拓，要求统治重心东移。在灭商归来的途中，武王就曾与周公商量过要在洛水与伊水一带建都的事情。为的是周天子在新都召见诸侯，偏远地区的诸侯便不至于走太多的路程，因为洛水与伊水一带位于周朝疆域的中心位置，而平时周天子仍可以在镐京执政。周公东征班师之后，便开始在洛水和伊水一带寻找适合建都的地方，这就是传说中的"周公卜洛"。周公称王的第五年，正式营建洛邑。三月初五，召公先来到洛邑，经过占卜，把城址确定在涧水和洛水的交汇处，并进而规划城阁、宗庙、朝、市的具体位置，五月十一日规划成功。第二天，周公来到洛邑，全面视察了新邑规划，重新占卜。卜兆表明湛水西和湛水东，洛水之滨营建新都大吉。经过一年左右的时间建成。城方一千七百二十丈，外城方七十里。东都洛邑位于伊水和洛水流经的伊洛盆地中心，地势平坦，土壤肥沃，南望龙门山，北倚邙山，群山环抱，地势险要。伊、洛、湛、涧四条小河汇流其间。东有虎牢

曾侯乙墓十弦琴

战国时期制作 宽19厘米 高11.4厘米 湖南省博物馆藏

我们看到的《易经》中有一卦专门为礼乐而设，那就是贲卦。精通《易经》的周公自然明白礼乐的重要性。该琴于1978年在湖北省随县曾侯乙墓出土，由琴身和活动底板组成，琴身中空为共鸣箱。底板开有浅槽，内出四枚琴轸。传说伏羲为禁邪声创五弦琴，周文王、周武王各增一弦，即有七弦。

四卦合律图

此图是以乾卦、坤卦、既济卦和未济卦分配以六律六吕，展示了律吕中的阴阳变化。

关，西有函谷关，据东西交通的咽喉要道。顺大河而下，可达殷人故地。顺洛水，可达齐、鲁。南有汝、颍二水，可达徐夷、淮夷。伊洛盆地确实是定都的好地方。周朝以后，洛阳仍然成为不少帝王建都之所，现在已成为历史名城。

东都洛邑建成之后，周公召集天下诸侯举行盛大庆典。在这里正式册封天下诸侯，并且宣布各种典章制度，也就是所谓"制礼作乐"。"制礼作乐"是周公为了周王朝长治久安而采取的一项重要谋

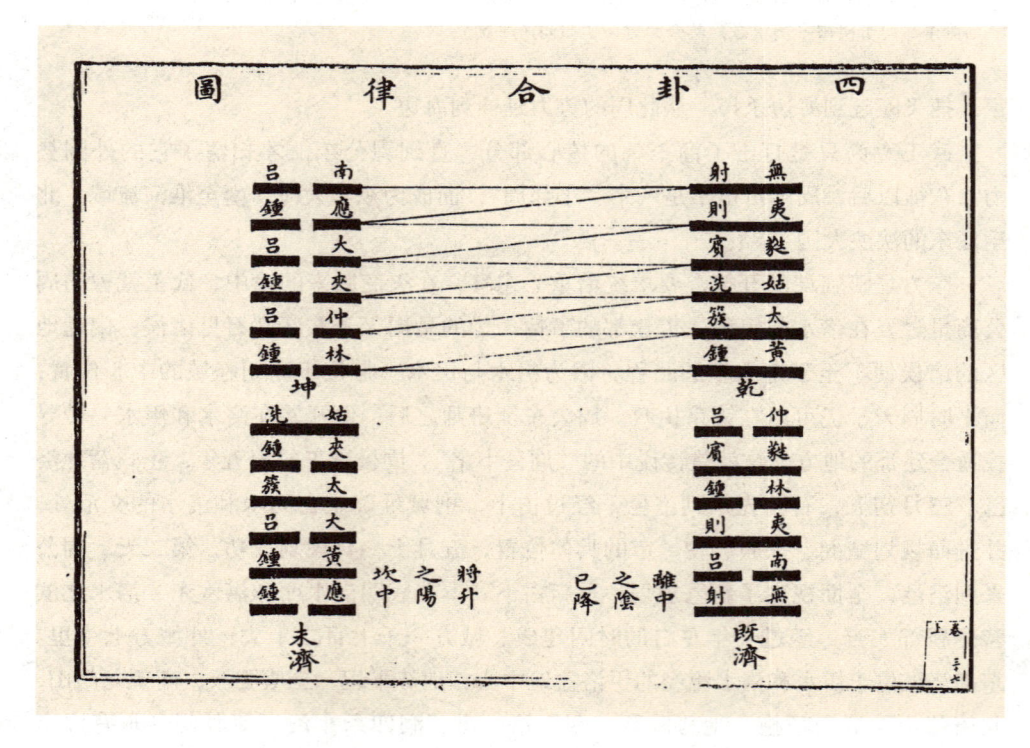

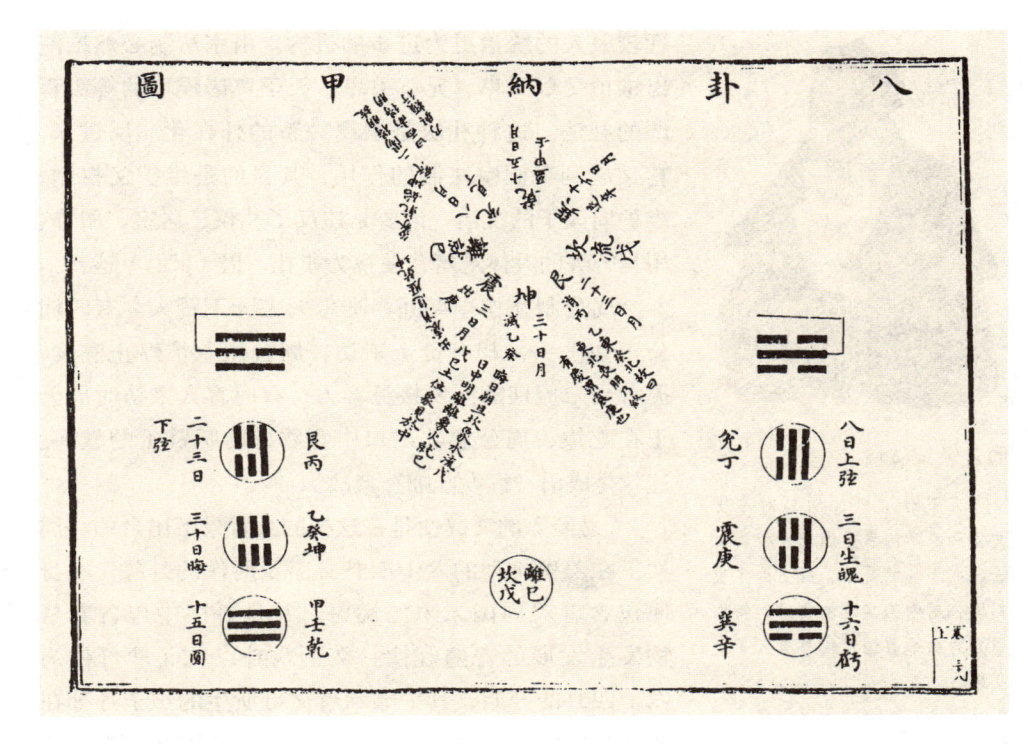

八卦纳甲图

　　此图用八个经卦配以天干地支，其歌诀为："分天地乾坤之象，益之以甲壬癸。震巽之象配庚辛，坎离之象配戊己，艮兑之象配丙丁。"

划。"礼"强调的是"有别"，即所谓"尊尊"；"乐"的作用是"有和"，即所谓"亲亲"。有别有和，是巩固周人内部团结的两方面。

　　礼所要解决的中心问题是尊卑贵贱的区分，即宗法制，进一步讲是继承制的确立。由于没有严格的继承制，周公固然可以称"咸王"，管、蔡也可以因争王位而背叛王室。周朝不得不接受殷朝的经验教训，何况周公对夏殷历史是了如指掌的。在继承王位制度上，殷朝是传弟和传子并存，所以导致了"九世之乱"。周朝在周公之前也没确立嫡长制，自周公以后才有了嫡长子继承制。周公把宗法制和政治制度结合起来，创立了一套完备的服务于奴隶制的上层建筑。周天子是天下大宗，而姬姓诸侯对周天子说来是小宗。而这些诸侯在自己封国内是大宗，同姓卿大夫又是小宗，这样组成一个宝塔形结构，它的顶端是周天子。周代大封同姓诸侯，目的之一是要组成以血缘纽带结合起来的政权结构，它比殷代的联盟形式前进了一大步。周代同姓不婚，周天子对异姓诸侯则视为甥舅关系。血缘婚姻关系组成了周人的统治系统。尽管这种制度不是很科学，到春秋战国时代便暴露了它的弱点。但在当时的条件下，它无疑形成了一种以周天子亲信为主体的层次分明的政权机构，是一种

周公像

在孔子之前，周公对中国文化和易学的发展做出了极大贡献。在周公的晚年，成王为了表彰周公对中国文化的贡献，特许周公的封地鲁国世代享有天子之礼乐。

远较殷人的统治更为进步的机构。由宗法制必然推演出维护父尊子卑、兄尊弟卑、天子尊诸侯卑的等级森严的礼法。这种礼法是隶属关系的外在化。反过来，它又起到巩固宗法制的作用，其目的是维护父权制，维护周天子的统治，谁要是违反了礼仪、居室、服饰、用具等等的具体规定，便视为非礼、僭（jiān）越。

周公制礼作乐期间，唯恐失去天下贤人。有时周公正在洗头，却有贤士来访，周公便急忙停止洗发，握着尚未梳理的湿发接见客人；有时客人来访时周公正在吃饭，周公便吐出口中食物，聆听贤士的教诲。这就是成语"握发吐哺"典故。

《易经》的爻辞便是在这样的大背景下出台的。周文王在羑里排列的六十四卦卦序及所作的卦辞，本身便包含着对周国未来的忧虑，并且卦序中包含着事物发生发展的普遍规律。文王八卦以乾父坤母作为六十四卦的开始，其中喻示着父母所生的子子孙孙在发展壮大中互相之间的冲突与矛盾，并因此而产生的命运吉凶。周文王用八卦阐述了人类在新时期的灾难将来自人类本身，人们为了自己的利益将会在兄弟之间、父子之间发生战争，所以他在八卦中也提出了解

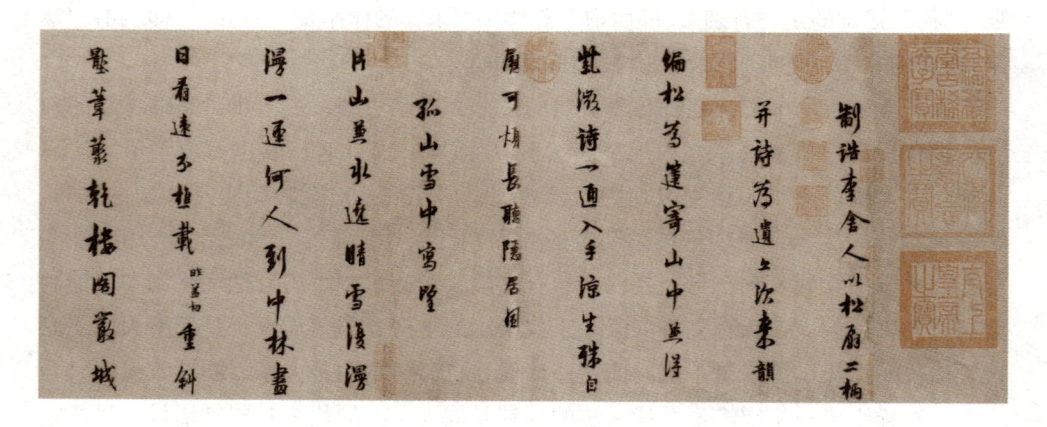

得梅之清
林逋 宋代《行书诗卷》故宫博物院藏

受《易经》"遁世无闷"的精神影响，中国古代许多高洁之士往往在"兼济天下"的理想不能实现时，便隐居泉林"独善其身"。北宋著名诗人林逋一生过着"梅妻鹤子"之隐士生活。书卷中有极为疏朗的布白，结字与用笔不带任何夸张，林逋的书法和他的诗一样，都具有一种"清"的风格与意境。

决这种危机的办法，即以礼来加强父与子、君与臣等不同阶层的约束力，使人们能够在礼的约束下减少因利益而发生的冲突。

其实，从黄帝开始，中国土地上的大多数战争都是兄弟之间的战争。即使表面上是华夏民族与东夷、荆蛮、匈奴等外族的战争，其实质也仍是伏羲女娲的后代之间的战争，是兄弟与兄弟之间的战争。正是无数次的战争使

羝羊触藩

羝羊触藩这一形象，在《易经》中比喻的是人求进太切，在自身力量弱小的情况下莽撞前进而遇到麻烦，处于进退两难的困境。

更多的兄弟们被驱赶到了偏远地区，形成了更多的外族，渐渐忘记了把自己从中原赶出来的人正是自己曾经的兄弟，以至于秦始皇当了皇帝后还不敢承认自己是中国人，而认为自己是东夷的后代。而东夷这个民族正是伏羲曾经统治的民族，怎么能说秦始皇不是中国人呢？

而文王的八卦也预示了周国的发展及文王对周国未来的忧虑。对于这一点，精通《易经》的周公自然很清楚文王的苦心，于是他便让手下大将南宫适及一些卜师为文王的八卦加上爻辞。写作的主要目的是以周兴殷亡的历史教训告诫下一代官员，以保证新建立的周朝得以长治久安。因此，爻辞本质上是传授周初圣王治国平天下的成功经验的政治教材，只是利用了占筮的框架作为设教的手段。所以爻辞中映射了灭殷兴周的历史。

爻辞的写作风格大部分引用了古诗歌。一般是先引古歌，类似"比兴"；再作占辞，加以判断。如噬（shì）嗑九四："'噬干胏（zǐ），得金矢。'利艰贞，吉。"贲（bì）六五："'贲于丘园，束帛戋（jiān）戋。'吝，终吉。"也有变体：或先占后引，如咸九四："贞吉，悔亡。'憧憧往来，朋从尔思。'"或引占错杂，如未济上九："有孚。'于饮酒。'无咎。'濡其首。'有孚失是。"或有引无占，如贲六四："贲如皤如，白马翰如，匪寇，婚媾。"或有占无引，如大有上九："自天祐之，吉，无不利。"总之，《易经》爻辞的编撰体例为古歌与占辞相参互。

古诗歌的引用使《易经》的文字富有文学意味，表达更加鲜明生动。如《中孚》"得敌，或鼓，或罢，或注，或彩"这条写胜利归来后的情景，有的击鼓庆贺，有的因疲惫而休息，有的激动得落泪，有的欢乐喝彩，绘出一个极其生动的画面。

再如《大壮·上六》"羝（dī）羊触藩，不能退，不能逐"，用羊入篱笆无法进退，比喻人在生活上由于做得莽撞而陷入进退两难的窘境，很好地表达了所在爻位的吉凶喻意。

而爻辞的吉凶判断，则严格根据卦象及爻位等辩证关系进行推理，有着极强的占卜功能。而加入历史典故及古诗歌（有些古诗本身便与上古时期的卦名有关）主要是为了更形象地表达含义，并且使阅读者不要忘记周兴殷亡的历史教训。

如《旅》卦中的"丧牛于易"是指殷先祖王亥亲自赶着牛群，到河北的有易部落进行商业贸易活动，不幸被有易部落的首领绵臣所杀的历史事件。《山海经·大荒东经》："有困民国，勾姓而食，有人曰王亥，两手操鸟，方食其头。王亥托于有易，河伯仆牛，有易杀王亥，取仆牛。"郭璞《山海经》注引《竹书纪年》："殷王子亥，宾于有易而淫焉。有易之君绵臣杀而放之，是故殷主甲微假师于河伯以伐有易，灭之，遂杀其君绵臣也。"

《家人》一卦似指周室，周文王被囚于羑里，文王臣属齐心协力积极营救，因此能够使文王脱离困厄之中。与《家人》相对应的是《睽（kuí）》卦，该卦似指殷纣王之事，殷纣王一味取悦妲己，唯妇言是听。初九爻似指殷纣王性格乖戾，所以称为"恶人"；九二爻似指妲己入宫之初；六三爻似指殷纣王缺乏人君应有的风度；

赶着羊群和牛群

有考证表明殷朝的先祖王亥是中国古代第一个大商人，而且他领导的部落畜牧业极其发达。据考证，商人的"商"字就来源于他。

红颜之祸
清代 人物玻璃画 毛祖德藏

妲己娇美的姿色使商纣王十分沉迷，使他愈来愈纵情声色，而且为取悦美人犯下了许多骇人的罪行。其中有些被文王和周公写进了《易经》。

九四爻孤立无援，似指殷纣王，其中的"元夫"似指周文王；六五爻似指殷纣王荒淫无道；上九爻似指殷纣王所作所为达到天怒人怨的地步。

通过以上所叙，我可以看出《易经》爻辞之内涵是多么丰富！可以想象出周公及其所指定的编写人员付出了多少心血！其爻辞不但与文王的八卦次序相统一，而且很好地概括了灭殷兴周的历史，并且引经据典，用古诗歌的形式形象地表达吉凶，全经和谐统一，浑然一体，真是令人叹服。

周公除了参与并指派人员进行爻辞的编写之外，还应该参与并指定有关人员编写了解说《易经》的文献，即与现在我们所见到的《易传》相似的内容。《史记》中说："孔子晚而喜《易》，序《彖（tuàn）》《系》《象》《说卦》《文言》。"现在有学者考证，认为"序"字为"排列次序，编排"之意，而并非创作。根据一些古文献的记载，发现在孔子之前便已经有《易传》方面的文献，并且我们现在所见到的《十翼》也并非孔子当年所"序"的《十翼》，而是经过孔子之后的历代儒家多次修改过的。

第一章 《易经》的起源

由此可见孔子并未写作过关于《易经》的文章。孔子的教学模式是"述而不作",他只是将自己学过的知识以口述的形式传给弟子。不过凡是经孔子"述"过的东西,无一例外地变得"孔"味十足而失去了本来面目。因为孔子秉承周礼而发扬仁义,凡是与仁义相违背的内容,孔子便把它"述"没了。所以说孔子虽然曾经对中国的文化遗产进行了大总结,却也造成了中国文化遗产的大丢失。只是在中国的封建社会中,一直是儒学占统治地位,儒生们靠孔子的名字去求功名利禄,谁又敢对孔夫子有半点不敬呢?不过儒生们表面上仁义道德,暗地里却偷学老庄却也是事实。

孔子五十岁才开始读《易经》,他对当时有关《易经》的文献进行了整理与修订,于是使《易传》成为《易经》的一部分。后来到了汉武帝的时候,儒学兴旺起来,使孔子所传的易学成为世人学习的主流,而孔子所传给弟子的《易经》便列为

采薇图(局部)
李唐 南宋 绢本

孔子十分推崇殷朝遗民伯夷与叔齐的德行。这两人是兄弟,对王位的继承权互相谦让,而离开了故土。当他们听说武王即将伐纣时,便前来劝阻,受拒之后,便躲入首阳山,以野菜为生。他们在歌中哀叹道:"为什么要用暴力去制止暴力呢?神农、虞舜、夏禹那样崇高的德行是再也见不到了!"

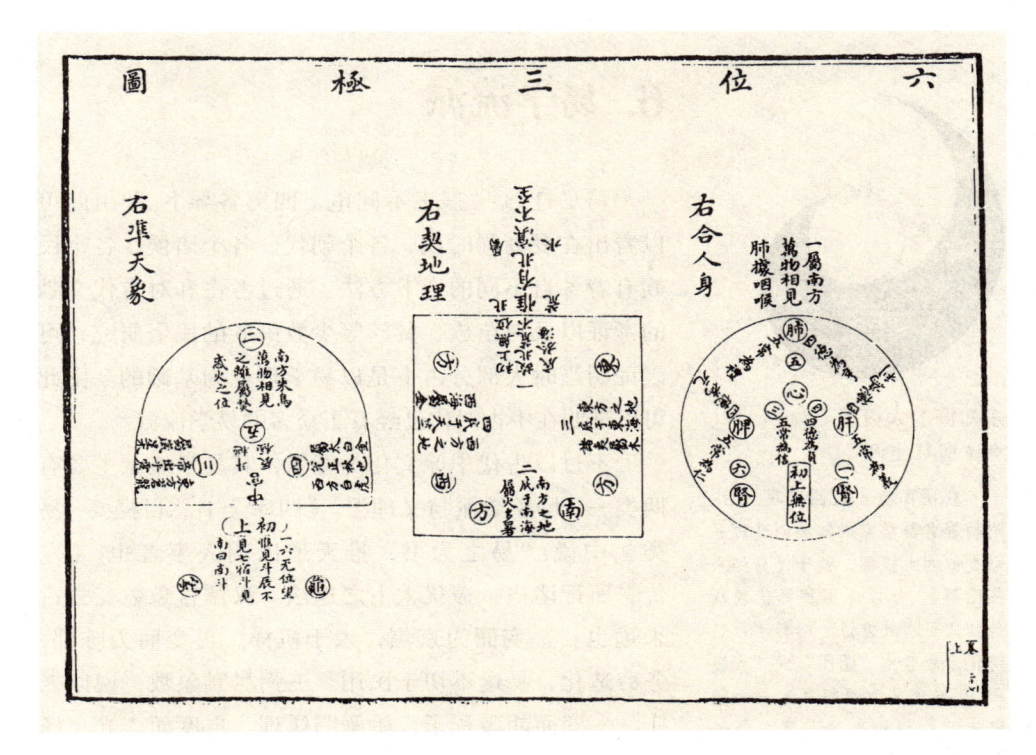

六位三极图

此图以六爻配以天、地、人三才,并以数字配合说明三才各自内在的规律。

《五经》之首,并首次确定其名称为《易经》。而孔子时代,应当是还有其他版本存在的。不过易学当时是一种极其珍贵的知识,它的流通范围不是很广。

通过以上所叙可以看出,在周公时代,《易经》便已正式形成了——即卦画与经文的形成,并且出现了解读《易经》的相关文献。由于《易经》产生于周朝,所以后人称其为《周易》。《周易》经过孔子整理后,才成为儒家的经典,至汉武帝后,称之为"易经"。后人将不带《易传》的《周易》称为《周易古经》。事实上,在孔子之前便已存在经传合一的版本,并且也有不含《易传》的《周易》版本,甚至还有只有卦辞而没有爻辞的版本,这些版本在内容上与孔子所传的《易经》不尽相同,存在一定的区别。可见《易经》所包含的内容应当更广泛些,要比孔子所整理的内容更为丰富。

周公制礼作乐第二年,也就是周公称王的第七年,周公把王位彻底交给了成王。周公死后,成王将其葬于文王墓旁,以示不敢以周公为臣。

周公不但为后人留下了许多动人的事迹,还给世人留下了较为完整的易学资料。正是他与卜官们编著的卦辞,为易学开辟了义理学派的先河,使《易经》能够以其博大精深的哲理警示后人。

6. 易学流派

司马迁曰："三王不同龟，四夷各异卜。"由此可以看出在夏商周时期，各个朝代、各个诸侯、各个民族有着各自不同的占卜方法。通过考古和对古代文献的考证以及对苗族、彝族等少数民族的民俗研究，可以证明当时大部分占卜是以易学理论为基础的。由此可以证明在中古时代已经有了众多的易学流派。

不过以古代中原文化为背景，其易学流派主要有两类——即象数派与义理派。《四库全书总目提要·易类》中说："易之为书，推天道以明人事者也。《左传》所记诸占，盖犹太卜之遗法。汉儒言象数，去古未远也。一变而为京焦，入于禨祥。再变而为陈邵，务穷造化，易遂不切于民用。王弼尽黜象数，说以老庄。一变而胡瑗程子，始阐明儒理。再度而李光、杨万里，又参证史事。易遂日启其论端。此两派六宗已

来知德的太极图
白描 明朝 中国

在阴阳鱼太极图出现之后，明朝著名易学家来知德创造过一幅类似的太极图，载于《易经来注图解》。他以此图解释伏羲八卦和文王八卦方位、解释年月日变化，命名为"圆图"或"太极图"，其含义为阴阳互生——阳极生阴，阴极生阳，是在传统太极图的基础上稍加改造，但当时未能流行。

互相攻驳。又易道广大，无所不包，旁及天文、地理、乐律、兵法、韵学、算术，以逮方外之炉火，皆可援易以为说，而好异者又援以入易，故易说愈繁。"这段话对易学的承传变化做了较精辟的概括。其"汉儒言象数，去古未远也。"则是肯定了象数派才是《易》之正宗，《易》之精髓。而其"务穷造化，易遂不切于民用。"则极其客观地说明了象数派不被统治阶级广泛宣传的原因。用现在的话来说就是象数派发展得太快了，不但可以算人之祸福吉凶，还可以推算出朝代更替、世代之变迁，统治阶级自然不愿意让普通百姓掌握这种知识，所以"遂不切于民用"了。由于时代的需要，义理派便应运而生。然后在这两大派的基础上又细分出象数、禨祥、图书、义理、儒理、考史六个宗系，这几个派别之间于是互相攻击驳斥，使易学陷于混乱状态。另外，由于易学"广大无边，无所不包，可以旁及天文、地理、乐律、兵法、音韵学、算术"，以至于道家用炉火炼丹，都可引《易》的理论来建立自己

俞源太极星象村

浙江金华俞源村四面环山，站在村前的山岗从高处俯瞰，可以看见穿林而过的溪流在北豁口呈"S"形流向村外田野，与周围山沿在村口形成一个巨大的太极图。此村为明朝开国谋士刘伯温按天体星象排列设计建造。之后此村成为风水宝地，旱涝保收，人才辈出，村泰民富。

王弼注《易》

（左页下图）王弼是魏山阳人，是一个神童，尽管只活到二十四岁，但却既注释《老子》，又注释《周易》，是魏晋玄学的代表人物。

第一章 《易经》的起源

的学说，于是易学流派就更加繁杂了。可见纪晓岚既指出了《易》的几大流派的特点，又点明了流派之争的弊端。

今天的人们往往认为孔子所传的《易经》便是易学的全部，这是不正确的。有三个概念我们必须搞清，就是周易、《易经》与易学之间的关系。周易是周文王发明的后天八卦系统和周公参与编写的爻辞及相关文献，其功能是义理与占卜相结合，后世许多占卜术数多应用文王的后天八卦方位图便可证明这一点。而孔子所传的《周易》（汉武帝后被称为《易经》），以诠释《周易》的义理为旨归，沿袭授受，陈陈相因，既无开显，亦无创新。后来的儒家正是吸收了道家易（隐士易），使易学有了新的发展，如以京房为代表的象数易学主宰了汉世易坛。所以，我们今天所定义的《易经》应包括伏羲易、连山易、归藏易、周易、河洛理数、医易、焦氏易、扬雄易、邵氏易等几大部分，孔氏易也只是其中的一小部分。而易学的范围则更为广泛。《易经》是易学研究的重要方面，但非易学研究的全部。易学的研究范围应包括干支学、四柱学、紫微斗数、阴阳五行学、六壬学、风水学、相学、《易经》、汉字学、星相学、符咒学、诸葛神数、星评江海、白鹤神数、祝由十三科、请箕法、灵棋经等十八大类。

从上面可以看出，周易是《易经》的一部分，在概念的外延上是包含关系；而《易经》与易学并非概念外延的包含关系。一句话概括便是：周易是《易经》的一部分，《易经》是易学研究对象的一部分。

清刻本《梅花易数》

《梅花易数》，又叫梅花数，古占法之一。《梅花易数》全称为《新定邵康节先生观梅拆字数全书》。传为宋代易学大师邵康节所作。

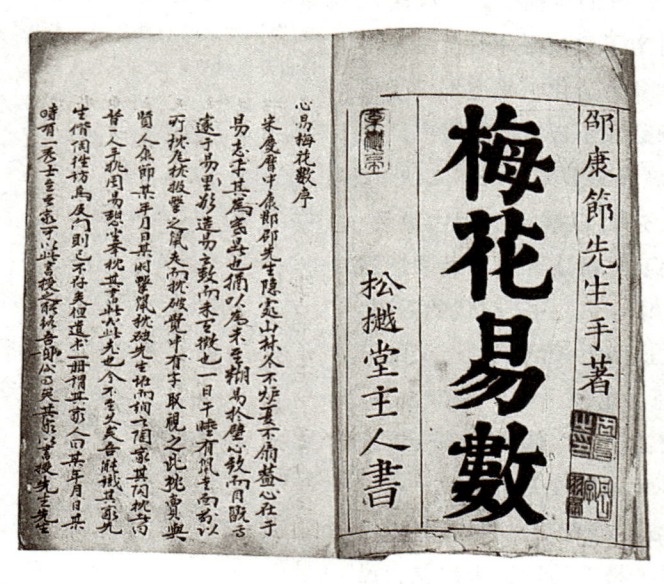

认识周易、《易经》、易学的联系与区别，有重大的意义，表现在：一是有利于建立易学文化的完整体系。须知，易学文化是一个庞大复杂的体系，要弘扬祖国的优秀传统文化，必须分门别类对易学文化的十八大类作系统而整体的研究，这是中华文化宝库中的一朵奇葩，我们要好好珍惜它、研究它、发扬它，这是摆在易学研究者面前的一项神圣而庄严的重大课题。二是有利于易学研究人员选择

京氏八宫卦变图

乾宫的八个卦是这样变的，简单地说，分宫卦象次序的变是这样的：一、本体卦，二、初爻变，三、第二爻变，四、第三爻变，五、第四爻变，六、第五爻变，七、第四爻变回原爻，八、内卦变回本体卦。

	不变	一变	二变	三变	四变	五变	游魂	归魂
乾宫	乾	姤	遁	否	观	剥	晋	大有
震宫	震	豫	解	恒	升	井	大过	随
坎宫	坎	节	屯	既济	革	丰	明夷	师
艮宫	艮	贲	大畜	损	睽	履	中孚	渐
坤宫	坤	复	临	泰	大壮	夬	需	比
巽宫	巽	小畜	家人	益	无妄	噬嗑	颐	蛊
离宫	离	旅	鼎	未济	蒙	涣	讼	同人
兑宫	兑	困	萃	咸	蹇	谦	小过	归妹

研究方向、研究课题。因为人的一生精力有限，想对易学文化的十八大类作全面研究是不可能的，应选择适合自己兴趣、专长的方面去研究它，集众人之力则可对易学文化作整体的挖掘、归纳、完善、丰富和发展，达到弘扬易学文化的目的。三是可以使人戒骄戒躁，防止"一叶障目"的夜郎自大现象发生。

理解了上述三个概念，便明白现在易学流派之众。单是《易经》的流派，已令人眼花缭乱。目前，有些学者通过考证，认为秦汉之前已出现了阴阳易、儒易、墨易、兵易、法易、名易、道易等易学流派。帛书《系辞传》很可能是各家易学流派的总汇。而《二三子》显然是儒易，《易之义》是为阴阳易。因为战国时期的儒、道、墨、法、阴阳五行、兵，等等各家，都有可能对《周易》做出自己的理解或解释。在承认学术上存在着百家争鸣的前提下，承认在

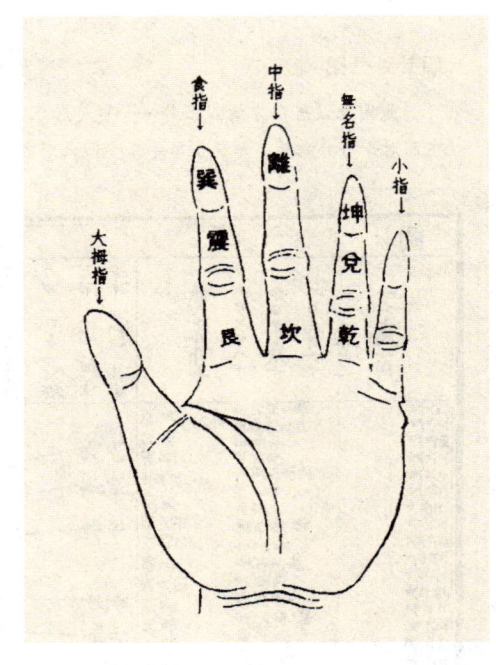

后天八卦手掌图

后天八卦，放到左手的手指上方便实用，其口诀是："一数坎兮二数坤，三震四巽数中分，五寄中宫六乾是，七兑八艮九离门。"

第一章 《易经》的起源

易学领域中也存在着不同学派和不同流派的易学实在是一件顺理成章的事情；相反，如果肯定社会上大的学术环境是百家争鸣，同时又单独认定易学领域中却是儒家"一家独鸣"，这是不大合乎逻辑的。

除以上这些学派，目前还有古史派、考据派、考古派等派别。于是，派别之争便在所难免。义理派认为《易经》中的哲理是修身齐家治国平天下的重要理论法宝，是"阳春白雪"，而其他则是"小术"而已，是"下里巴人"；考古派则认为义理派对《易经》原文理解有误——都不明白原文意思，还谈什么哲理？而象数派则认为"人能用易，是为知易"，义理派根本不懂得占卜，不是《易经》的正宗；而考据派则将现代的一些科技成果与《易经》联系起来，过分夸张《易经》的功能；古史派则认为都别争了，其实《易经》就是一部史书……举不胜举的派别之争，都存在片面的问题。

其实，把《周易》分门别类地以"义理""象数""术数"等严格地划分开来认识、研究，是后人"各取所需"而造成的。《易经》无所不包，后人有需便择，于是就把一个完美的整体人为地"割裂"开来。阔论"义理"者，唯此正确；呐喊

四卦卦气图

此图是以居四方的四正卦——震（居东方）、离（居南方）、兑（居西方）、坎（居北方）主四时，每卦六爻，每爻主每年二十四气中之一气。

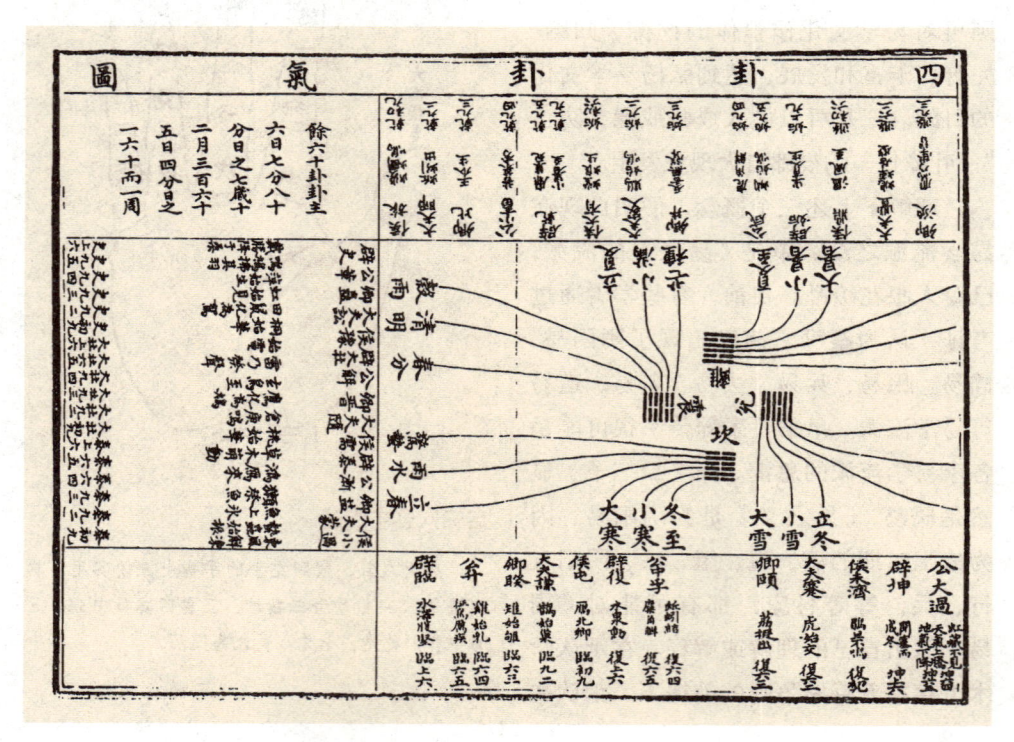

> **术数**
>
> 术数曾经是我国历史上社会生活中的时尚。在地球上几乎所有的民族都曾经盛行的巫术即是术数的起源，诸如天文、历法、数学、星占、六壬、太乙、奇门、运气、占候、卜筮、命理、相法、堪舆、符咒、择吉、杂占、养生术、房中术、杂术等都属于术数的范畴。而狭义的术数，则专指预测吉凶之术。

"术数"者，独有无二。毫不相让，互相攻讦。孰不知最早的《易》就是"理术同系"的，所以说易学中的派别之争对易学的发展是不利的。

20世纪80年代以后，中国社会出现了前所未有、百花齐放的研易热潮，涌现了一大批德易双修的易坛巨子。如朱伯昆、刘大钧、国际《易经》科学研究院领导成中英、唐明邦、李燕杰、郭志成、李廉、刘一恒、牛实为等均是义理研究的一代宗师；国际《易经》科学研究院领导张志春、邵伟华、张阗、费秉勋、霍斐然、吴明修、郭俊义、张志哲，已故北大教授张岱年等，均是"学""术"同修的易坛巨匠。同时，全国各地成立了众多的易学研究组织，出现了万马奔腾的喜人气象。在这种百花齐放的大好形式下，笔者认为，各个流派如果放弃门派之争，互相取长补短，将会使易学研究有更大的成就。因为，义理派的理论往往也是象数派的占卜依据；象数派的理论往往可以补充义理派的理论；考古派可以使人们对易学有更正确的认识；古史派则可以为易学注入新的内容；考据派则可以将易学与现代科技联系起来，为易学指明一个新的发展方向；阴阳易、儒易、墨易、兵易、法易、名易、道易等易学流派可以使我们懂得《易经》的博大精深，从而对《易经》有一个更为完整的概念……总之，易学各流派融会贯通、取长补短，将会使我们更好地继承易学，更好地发展易学。

第二章 《易经》对中国文化的影响

　　《易经》是中国文化的源头活水，它从伏羲发明八卦后，便成为人们重要的思想武器。《易经》经过神农、黄帝、周文王及周公等巨匠的完善与发展，逐渐成为一套完整的理论系统。《易传》中说"《易》与天地准"。的确，如果说《易经》理论是放之四海皆准的真理，并不过分。

　　中国的所有学术都源于《易经》理论，易学已经渗透到中国人生活的各个领域。不读《易经》，你无法了解先秦诸子百家的学术思想；不读《易经》，你无法了解中国古代的历法知识；不读《易经》，你无法了解中国古代的建筑理论；不读《易经》，你无法了解中国古代的美学思想；不读《易经》，你无法了解中国古代治国安邦的宏韬伟略；不读《易经》，你无法了解中药理论；不读《易经》，你无法了解中国人的民俗风情……总之，不读《易经》，你无法了解博大精深的中国文化，无法迈入国学的大门，甚至无法真正理解中国的文字。因为中国文化的核心既不是黄岐之术，也不是老庄道家，更不是孔孟儒学，而是源远流长、博大精深的易学。

　　《易经》是中国文化的总源头，是贯穿中国文化的主线，是古代经典的群经之首，是现代人了解、继承和发扬中国文化的枢纽。

《周易算经》中对圆周率的计算

　　《周易》往往被古代数学家们视作数学发展最早的源头，而且在一些重要的数学著作中，数学家们运用《周易》中的有关概念表述数学问题，对《周易》中的数学问题及其相关问题进行深入的研究，取得了极其卓越的数学成就。

1. 先秦诸子百家

先秦诸子百家的出现，与周朝的衰落有很大关系。

周朝自武王伐纣之后，经周公辅政，国势日强。但传到了夷王姬燮（xiè），由于他懦弱无能，被孝王夺取了王位。孝王因病去世后，诸侯又依据父权子继的定例，扶立他为帝。于是夷王便对诸侯十分感激，接见诸侯时步下堂来和诸侯相见，使天子的威严大为下降。他在位期间，迁居太原一带的犬戎不断地反叛，几次派兵征讨，都未能根除。夷王在位三十一年后，因病去世，将王位传给了儿子姬胡。这位姬胡便是昏庸无道的周厉王。

周厉王利用周王朝制定的3000多条刑法对人民进行残酷的压榨，并且派巫官去监视人们的言行，凡是说了对周厉王不满言论的人，一概格杀勿论。巫官滥用职权，枉杀了不少无辜，搞得朝野上下人人自危，不敢讲话。这就是历史上"卫巫监谤"的典故出处。当时召公虎曾提醒并劝告厉王："防民之口，甚于防川。"可是厉

古今易学传图

以孔子为《易经》的源头，易学口传心授，其传承脉络清晰可考。由此图可见，易学源清流浊，愈到后来，枝节愈繁茂，蔚为大观，实为人类历史上学问传承的一大盛事。

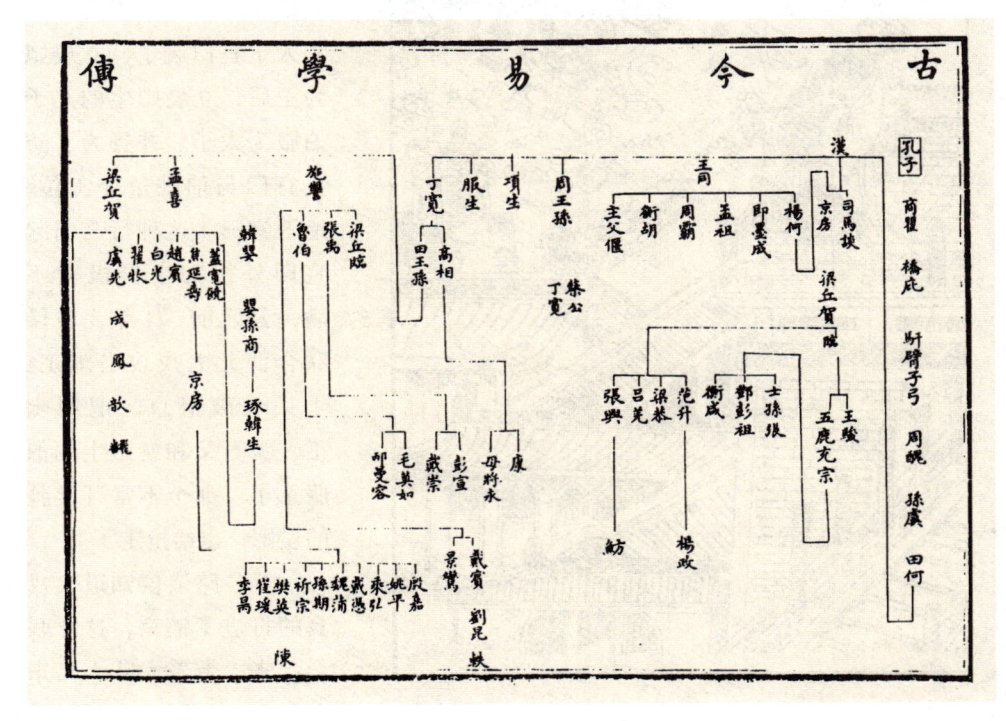

王根本听不进去。三年后，即公元前841年，终于爆发了国人暴动。义愤的平民们将周厉王赶跑了。厉王逃到彘（zhì，今山西霍县）。国人暴动是我国有文字可考的第一次大规模的群众性武装暴动，它动摇了西周奴隶制统治的基础，标志着西周由鼎盛时期开始走向衰落。周厉王逃亡之后，大家推举德高望重的周公和召公共同执政，历史上称为"共和行政"。

共和行政的元年，即公元前841年，这是我国有确切纪年的开始。共和行政后，西周统治出现过昙花一现的"宣王中兴"。周宣王死了以后，儿子姬宫涅即位，就是周幽王。周幽王什么国家大事都不管，光知道吃喝玩乐，打发人到处找美女。大臣褒珦（xiāng）劝谏幽王，周幽王不但不听，反而把褒珦关进了监狱。

褒珦的亲人为了把褒珦救出来，便投幽王所好，在乡下物色了一个极其漂亮的姑娘并把她买了下来，然后教会她唱歌跳舞等技艺，再对她进行一番精心打扮，献给幽王，以替褒珦赎罪。这个姑娘算是褒家人，所以叫褒姒。

烽火戏诸侯

周幽王为群侫困蒙，这种境状在卦象上显示了出来。

周幽王为了褒姒，日日裂锦，千金一笑，烽火戏诸侯，后来干脆把申后和太子宜臼废了，立褒姒为王后，立褒姒生的儿子伯服为太子。并且为了防止宜臼与伯服争夺王位，追杀宜臼。这种行为引起宜臼外祖父申侯极度不满，公元前771年，申侯联合西北犬戎攻击幽王。士兵攻破镐京，把周幽王、虢石父和褒姒生的伯服杀了。那个不常开笑脸的褒姒，也给抢走了。

等各路诸侯知道犬戎真的打进了镐京，这才联合起来，带着大队人马来救。可是犬戎的首领早已带着士兵把周朝宝贝财物一抢而空，放了一把火之后撤走了。

周幽王荒淫无道，终于给西周画上了一个句号。

诸侯们将太子姬宜臼立为天子（即周平王），然后便回各自的封地去了。可是诸侯一走，犬戎又打了过来，周朝西边的许多土地被犬戎占去了。平王恐怕镐京保不住，于公元前770年，迁都洛邑。因为镐京在西边，洛邑在东边，所以历史上把周朝在镐京做国都的时期称为西周；迁都洛邑以后称为东周。

自夷王开始，周室逐渐走向衰落。到了东周的平王，更加衰微，使周文王与周公打下的疆域成为五侯争霸、七国争雄的竞技场。正是在这种大背景下，当时社会上一些知识分子的地位发生了变化——即"士"这个阶层由贵族中的最底层转为平民中的最高阶层。

在西周奴隶主贵族的等级制度中，士代表的是知识分子阶层，他们处于贵族中的最低阶层。他们不是一般的文弱书生，都受过系统的教育，通晓礼、乐、射、御、书、数"六艺"。打仗的时候，可以做下级军官；和平的时候可以做卿大夫高级贵族政治上的助手。他们的职位是世袭的。在贵族等级制度中，他们有固定地位、固定的生活和固定的工作。

而到了春秋战国时代，这个阶层的地位发生了变化。随着奴隶主贵族等级制度的崩坏，士失去了原来的地位和职位，只得自谋生活。在当时各路诸侯互相兼并夺权的斗争中，还有许多原来高于士的贵族，甚至是国君，也失去他们的地位，流亡到各地。这些大小贵族，过去凭世袭的身份，衣食无忧，过着剥削阶级的生活。而现在，他们只能靠他们所掌握的知识自谋生路了。他们在各地游来游去，寻找可以依附的主子，因此也被称为"游士"，而一些以武功或力大称著的游士，则称为"游侠"。其中长于礼、乐、卜、巫、祝、占，熟悉古代典籍的人，可以成为私学的老师，或在别人家有红白喜事的时候，给人家指点怎样行礼来谋求生活出路。"游侠"们则以充当贵族的武士为

备受重视的礼乐
蔡侯申甬钟 春秋 乐器
安徽省寿县蔡侯墓出土

中国自古以来就是礼乐之邦。到了春秋时代，庄严优雅的音乐和文雅的礼节更是一个有高度修养的君子所不可缺乏的。他们参与的大型典礼上，都会有甬钟、编钟、磬等乐器。有学者考证，中国的音乐和周易同源，并且易理对音乐的发展有极大的影响。

第二章　《易经》对中国文化的影响

马上的武士

唐代 彩绘贴金骑马陶俑 陕西省乾县懿德太子墓出土

现在的中国还有武士吗？这个问题的确很难让人回答。不过，在春秋时代的中国，中国武士的精神可是举世敬仰的，并且这些武士都精通一门学问——武易，一门和《易经》结合的关于武术的学问。

生。

从前，这些世袭的知识分子，可能并没有学习多少各种知识，就像一般富家子弟一样读书不认真。可是到了春秋战国时期，他们只有通过知识才能很好地生存，才能摆脱成为奴隶的命运。并且，通过自己所掌握的知识，他们甚至可以重新成王成侯。于是知识在这个时代便显得极其重要。所以一些士在离开东周或其他诸侯国时，往往将朝中的一些重要典籍偷了出来。这些拥有典籍的人一方面加紧学习治国

春秋战国时的"士"

奴隶制末期的士，主要是一些专搞意识形态的人。由于当时意识形态领域斗争激烈，国君与政治上的当权者都要"养士"，以作为他们制造舆论的工具，例如齐国的都城近郊"稷下"聚集的"文学游说之士"，称为"学士"，有"千数百人"。其中地位高的有七十多个人，"皆赐列第，为上大夫，不治而议论"（《史记·齐世家》）。其他大贵族，如孟尝君、信陵君、春申君等，都"养士"数千人。他们"养士"所用的生活资料，都是从加重劳动人民的剥削而来。如《战国策》记载，孟尝君派他所"养"的"士"到乡下去收高利贷的利息。可见，大部分士的生活资料的主要来源，是靠当时有权的人供给。因此，在这时候，士虽亦号为士、农、工、商的"四民之首"，但基本上还是剥削阶级内部的一个阶层。

安邦之术，及时充电，积极寻找可以依附的君王；一方面利用这些知识进行私人教学，广收门徒，扩大自己的声势。于是原来只有贵族才能掌握的知识便开始流传到民间。《左传·昭公二十六年》中说"王子朝及召氏之族、毛伯得、尹氏固、南宫嚚奉周之典籍以奔楚"，即记载了东周王室内乱中，王子朝等将国家图书、典籍据为己有的史实。

在这些典籍之中，最重要的著作当首推易学方面的文献。因为在当时"强奴欺主，群侯争霸"的血腥背景下，礼仪已失去了实用价值。而集天文、地理、兵法、谋略、占卜、哲理于一身的易学才是当时大环境最需要的。所以在众"游士"阶层中，易学应当是一种最实用的知识，可以使掌握和拥有这种知识的人更好地生存。然而，这种实用的知识，并没有全部被"游士"所掌握，而是被另一种"士"所掌握，即当时拥有特殊地位的"隐士"阶层。

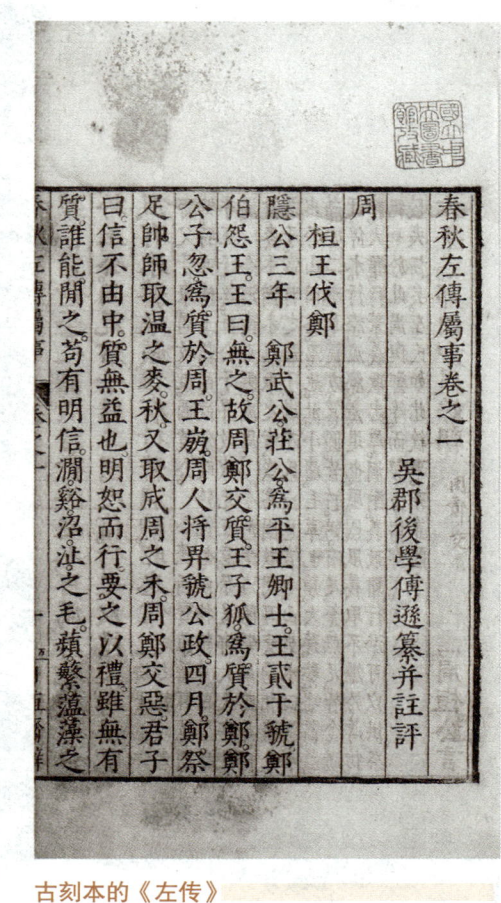

古刻本的《左传》

《左传》中提到古代君王有疑问时都要占卜。不过《左传》中的占卜方式和《易经》有点不一样。

春秋战国时代，隐士具有较高的社会地位。比如，古代文献记载，齐桓公欲见隐士小臣稷，"一日三至不得见也，从者曰：'万乘之主，布衣之士，一日三至而不得见，亦可以止矣。'"但桓公不从，"五往而后得见"。由此可见统治者对隐士的重视。为什么统治者对隐士如此重视呢？原因不外乎两个：其一，隐士的知识具有较高的含金量，他们的知识对成就统治者的霸业有帮助；其二，统治者为了实现自己的霸权理想，急需要经天纬地之才的帮助，他们对隐士表示恭敬，可以吸引更多的能人前来投靠。

隐士之所以比游士的知识更有含金量，与其归隐之前的地位有关。一般游士原来只是贵族中的最底层，所学不过"六艺"，加上一些及时充电得到的知识，毕竟知识深度有限。隐士则不同，他们往往归隐前是上层贵族，或因没落或因厌世或因避乱，于是选择了隐居生活。他们的地位使他们曾经拥有更为广阔的学习环境，可以学到更重要、更实用的知识，所以选择隐居生活的人往往是品位极高，深明治国

安邦之术。而隐士最精通的学问，往往正是博大精深的易学。

孔子也曾多次想向这些隐士学习有关礼及道方面的学问，只是大多数的隐士认为孔子的仁义学说是乱人性、使人走向虚伪和做作的假学问，所以对孔子很反感。如《微子第十八》中便记载了长沮、桀溺两位隐士对孔子的厌烦态度。有一位隐士则骂孔子"四体不勤，五谷不分"。

道家多源于隐士，其代表便是老子。老子姓李，名耳，字聃，比孔子年长二三十岁。老子为周朝史官世家，他曾任东周守藏室之吏，所以学问渊深，对《归藏》《易经》八卦之类稔熟，由于东周王室内乱导

卢鸿草堂十志图
王原祁 清代 册页
纸本水墨设色
纵28.2厘米 横29厘米
北京故宫博物院藏

隐士是中国的一个特殊阶层，并且自古至今这个传统都没有间断过。"大隐隐于市"，精通易学的南怀瑾先生称得上当代中国的大隐士。卢鸿是唐代隐士，曾作过《草堂十志图》，描写其隐居之处的山林景物。这幅画是宋代的山水画家的临摹之作。

致老子辞职归隐。据考证老子的思想便是受了《归藏》的启发。老子之"道"便是源自《易经》的"阴阳太极"理论。老子的弟子整理的《老子》一书成为道家第一本经典著作，对后来道家的发展起到了举足轻重的作用。而其"无为而治"的治国学说则为西汉的兴盛做出了巨大的贡献。孔子曾多次向老子求教礼仪方面的知识。孔子五十岁（一说为五十一岁）时，在求教老子关于道的理论后悟出了道的玄机。此时正是开始学习《周易》期间，所以可以推测出孔子正是从老子那里得到了有关易学的知识，而"五十知天命"。

《论语·述而》中说："加我数年，五十以学《易》，可以无大过矣。"是说孔子是到了五十岁才学习《周易》的。1973年长沙马王堆出土的帛书《系辞》曰："夫子老而好《易》，居则在席，行则在橐。"足见孔子对易学之重视。可是孔子是一位学识渊博的大家，为什么不早一些学习《易经》呢？

笔者认为：其一，《周易》在古代作为沟通人神、预测吉凶的工具，与诗书礼乐完全不同，孔子只想恢复周礼，所以他年轻时没有学习《周易》；其二，当时《周易》是一种极其珍贵的书籍，孔子有可能一直没有找到较全的资料；第三，孔子有可能曾经看过《周易》，但是没看懂，因为如果没有名师指点，《周易》确实是很难入门的。《庄子·天运》中说："孔子行年五十有一而不闻道，乃南之沛，见老聃。老聃曰：'子来乎，吾闻子北方之贤者也，子亦得道乎？'孔子曰：'未得也。'老子说：'子恶乎求之哉？'曰：'吾求之于度数，五年而未得也。'老子曰：'子又恶乎求之哉？'曰：'吾求之于阴阳，十有二年而未得也。'"

由此可见孔子学易并非五十岁，而是在三十八岁便接触易学了，只是没读懂。通过和老子的接触，孔子才有所启发而对易有了新的理解，并且发现《周易》里面也包含着天尊地卑等礼仪方面

老子骑牛图

张路 明代 台北故宫博物院藏

老子曾是管理周王室的藏书吏，他著的《道德经》受《易经》的影响很大。据统计，《道德经》中有五十多处文字来源于《易经》。

老子与孔子

作为精通易学的两位大思想家，他们的人生态度截然不同。庄子记载过孔子与老子这两位伟大思想家见面的情形。思想迥异使得这次见面变成了针锋相对的辩论。

孔子像

马远 宋代
绢本淡设色 北京故宫博物院藏

孔子崇拜周公，而且经常期盼能梦到他。这虽是一件小小的轶事，但我们或许可以就此推测孔子的易学思想深受周公的启发。

的哲理，于是便开始更加刻苦地攻读易学。据说孔子在读《易经》这本书的时候，经常翻阅，由于竹简之间都有连接的熟牛皮绳子，时间久了，就把绳子磨断了多次，这说明《周易》对他有极强的吸引力。

孔子所说的"五十以学易"是指能够理解《周易》的含意了，而并非刚刚接触易学。其实也正因为孔子感到易学艰深隐晦，所以他收集了当时有关解读《周易》的一些文献，并且加以系统地整理，使这些文献更适宜人们理解《周易》，于是便有了孔子编《十翼》之说。而事实上，孔子之前即有解读《周易》的各种文献，孔子不过是对其进行了整理，并且重点阐明义理，宣扬礼教思想，对于占卜等怪异之术，则不进行宣传。所以说孔子所传之易并非《周易》的全部内容。

而孔子对古代其他经典的修订，也进行了大量的删节。儒家的六经本非儒家专有，只是经过孔子删改后，便成为儒家经典了。顾炎武说"六经皆史"。可是经孔子删订后的六经（删，即删除杂芜，选录精华；订，即订正讹误，编次顺序），无疑已成简史了。

六经，即《诗》《书》《礼》《乐》《易》《春秋》。

相传中国上古时期遗留下的文诰有三千余篇，孔子选取其中唐虞至秦穆公时的文献数十篇，加以排列整理，这就是《书》，又称《书经》或《尚书》；《诗》也如此，据传孔子从三千多首古诗中，删重去复，去粗取精，得305篇，称"诗三百"，并配乐弦歌，重加整理；《礼》，古时礼节繁缛，不相统一，有"经礼三百，曲礼三千"（《礼记·礼器》）。今传礼仪远没有这样多，亦为孔子选编删取所致。《乐》是上古及中古音乐方面的文献资料，其文本今已失传，所以没法了解孔子将《乐》删订成了什么样。孔子对《易》的贡献在于"赞"。赞，即辅助、辅佐之意。《易》本卜筮之书，但其中有丰富的思想内容，孔子整理了《周易》的辅助读物，使人们能理解圣贤阐发于《易经》中的哲理。孔子当时或付之口说，或书之简端，后来弟子集腋成裘，遂组合成十篇《易传》，即后世所称之"十翼"。所以《易传》既存有孔子之前的旧说，又杂有孔子的相关言论。对于《春秋》，孔子则根据自己的是非标准，"笔则笔之，削则削之"，其是非标准主要是"君君、臣臣、父父、子子"的等级名分和与之相应的礼制，凡有违背，皆在讥贬之列。《春秋》的写作方法是"一字褒

孔子讲学

无名氏　水墨画　约15世纪

儒家学派的创始人孔子身处日趋混乱的春秋时代，他试图进行社会与伦理的改革，并开创了中国有教无类的私塾教育之风。孔子虽然精通《易经》，但是得到他的易学真传的学生并不多。据《史记》记载，孔子把全部的易学传给他的鲁国学生商瞿，商瞿这一系易学流派是中国最正统的易学流派。这幅中国古代的绘画描绘了孔子正在为学生授课。

贬""微言大义"。吴楚之君实称王，而《春秋》贬之曰子，践土之会实召天子，而《春秋》书曰"天子狩于河阳"，变被动受召的耻辱为主动巡视的威风。一字一句，都寄寓了孔子满腔的仁义礼乐用心，所以说《春秋》已不是简单的史书，而是孔子伦理思想和政治思想的蓝本，已非史实。

　　孔子对这些典籍的删订，使很多历史事件没有传下来，这不得不说是一件遗憾的事情。然而这并不能磨灭孔子对后世的伟大贡献。《史记》中说："孔子之时，周室微而礼乐废，《诗》《书》缺。（孔子）追迹三代之礼，序《书》传，上纪唐虞之际，下至秦穆，编次其事。……故《书》传、《礼》记自孔氏。"可见如果没有孔子，由于周朝衰落，战事频繁，恐怕古代的历史文献早就失传了。正是孔子广收门徒，才使六经得以流传至今。

　　孔子为什么不合时宜地宣扬礼制仁义呢？其实，这与孔子的出身和人生经历有关。孔子的先世出自王家。商纣王的哥哥微子（箕子、微子、比干被称为殷末"三

孔子圣迹图

焦秉贞 清代 绢本设色 圣路易斯美术馆藏

　　孔子宣传仁学"费力"，正是效法《易经》中"天行健，君子以自强不息"的精神；孔子的仁学"不讨好"，但他从不放弃，正是效法《易经》中"地势坤，君子以厚德载物""成功不必在我"的精神。

曲阜孔庙

春秋末期　砖木结构　山东省曲阜市

孔庙始建于公元前478年，为历代帝王祭祀孔子的地方。其在中国历史和世界东方文化中的显著地位，被世人尊崇为世界三大圣城之一。孔庙中许多建筑物的名字都和《易经》有关，例如作为藏书之用的奎文阁和天一阁，前者来源于二十宿之一的奎星，赞美孔子为奎星下凡；后者来源于《易经》"天一生水"，取灭火之意。

仁"）即是孔子的远祖。微子被封于宋，微子嫡传后代世世为宋侯，其支脉则世世为大夫。微子后代的一支传到孔父嘉（为大司马之职）的时候，孔父嘉的政敌太宰看上了孔父嘉的妻子。与之相遇于途，"目逆而送之，曰：美丽艳"（《左传》桓公二年）。于是太宰利用一次政变杀了孔父嘉，占有了孔父嘉的妻子。孔父嘉的儿子木金父逃难于鲁，卜居于曲阜东昌平乡之陬邑。子孙袭姓孔氏，遂为鲁人。心有余悸的孔氏子孙隐姓埋名，从此沦为游士阶层。直到孔子父亲孔纥孔叔梁，才稍有事迹见载于史册。

叔梁是鲁国贵族孟献子手下的一名武士，腰圆体壮，体力过人，以勇武闻名于诸侯。叔梁乃字，纥是其名，"叔梁纥"为尊称。在诸侯间的战争中叔梁有勇有谋，立下不少战功，于是被封为陬邑大夫，成为当时的贵族。邑字在古代指国家的意思，也通称诸侯的封地、大夫的采地；大夫为古代官名。西周以后的诸侯国中，国君下有卿、大夫十三级，"大夫"世袭，且有封地。可见到了孔子父亲这代，又转为世袭的贵族了，他的封地便在鲁国的"陬"这个地方。

第二章　《易经》对中国文化的影响

叔梁虽然事业有成，但却一直没有儿子。他娶施氏为妻，连生九子，都是千金；又娶一妾，生下一子，只是这个孩子是个脚有毛病的残疾儿。叔梁为使先人香火有后，于是在60余岁时向颜氏求婚，将颜氏年龄最小的三女儿徵在娶了过来。叔梁与徵在生下一子，便是孔子。关于孔子的出生，还有一种说法是在春天的社祭中，叔梁与徵在野合而生下孔子（古时有在春社及秋社祭时男女野外群交的风俗）。故《史记》中说："纥与徵在野合而生孔子。"

叔梁在孔子三岁时去世。为了避免叔梁那个多子女、多妻妾的家庭的各种矛盾，徵在离开了孔家，带着小仲尼卜居曲阜城内，有可能回到了娘家的附近居住。正因为如此，孔子的童年便没有享受到贵族的生活，而是与母亲相依为命，过着布衣生活。这种生活在《史记·孔子世家》中被描述为"孔子贫且贱"。

孔子十七岁时母亲便去世了。而母亲并没有向孔子透露过他的身世。在极其注重孝道的鲁国，按照"生同室，死同穴"的规矩，该如何将母亲与父亲埋在一起呢？这使孔子有些犯难了。这时，一个与颜氏为邻的挽车夫的母亲向孔子透露了关于其生父及显赫家世的背景，并告诉他孔氏一族迁鲁之后的家族公共墓地的所在地。至此孔子才知道自己是世袭大夫的贵族后代。《史记》中说"孔子为儿嬉戏，常陈俎豆，设礼容"，并且他邻居的职业是"挽车夫"，可以看出孔子的母亲的家族便是以给人举行丧礼或祭祀之礼仪为职业的。因为按照周制，城邑之居民以职业及

山东曲阜孔庙大成殿
孔庙的古木森森见证了岁月的沧桑，正如周易所揭示的：变易，简易，不易。

北京孔庙
始建于元朝 木结构 北京市

庙内的祭孔礼乐器均照原样陈列，可以想见当年钟鼓齐鸣，庄严肃穆的祭孔乐舞。庙宇内古树环绕，青烟袅袅，香案烛台中，寄托了人们对孔子的崇敬之情。

社会身份地位之别而分类居住。世居世业，不能改变身份。孔子从小便经常看见大人们举行丧礼及祭礼的仪式，所以他小时候便以模仿这些仪式做游戏。受环境的影响，礼乐便在孔子的心中扎下了根。孔子说自己"十五而志于学"，其实当时学的不过是一些丧礼祭祀之术，好能够胜任代代相传的职业。而这些，正是周礼中的一部分。

孔子知道自己的身份后，便不再安于现实的穷困生活了，因为大夫是世袭制的。他于是做了一件极其勇敢的事，即找到并挖开叔梁的坟墓，将自己的母亲与父亲合葬在一起。

这一行动向世人证明了自己是世袭大夫的贵族后代。

孔子葬母得到了贵族名分，可是并没有因此而得到世袭的土地与权利。可能孔子的父亲去世后家道衰落，其所封的土地已被其他贵族所占有（战火频繁的春秋末期，这种情况应该是常见的事）。当时季氏家"飨士"，孔子便腰里系着一根麻绳前往，不料却被拒之门外。飨士，是古代大贵族招待游士的饮宴，贵族借此"优贤礼士"之机联络感情，笼络士心。年轻的孔子也许认为自己也够这个资格不花钱吃一

第二章 《易经》对中国文化的影响

顿好饭菜，结果却被季氏的家臣阳货损了一顿："季氏宴请的是游士，哪敢请您这样的人啊！"因为孔子是世袭贵族之后，比游士级别要高，当然不应当参加这个宴会了。受到训斥的孔子嘴上不说什么，心里肯定觉得身为家臣的阳货训斥自己是失礼的，又想到自己现在仍然穷困潦倒，自然会感到礼制不健全的害处。

为了成为一个真正的贵族，孔子开始自学贵族们必须掌握的"六艺"。他以顽强的毅力进行自学，并且四处拜访名师。由于他学习刻苦，不但精通了六艺，而且精读六经，学识渊博。孔子并非一个文弱书生，他身高一丈（相当于今天的190cm），力大可举城门，并且长得一表人才，于是才貌双全的他逐渐在贵族中间有了些名气。孔子二十岁结婚，二十一岁生子，鲁昭公送他一对鲤鱼表示祝贺，孔子因此给儿子起名孔鲤。可见此时的孔子已名气不小了。

孔子像社会上的游士一样开始广收门徒，宣扬自己的礼制仁义思想，后来被鲁国的大贵族季氏家族任用。季氏（季平子）委任孔子做其私家的小家臣，做过"委吏"和"乘田"。委吏，是司库房的小职官；乘田是管牲畜的小牧官。春秋末期，政治权力下移，多数邦国内出现了政在大夫的局面。鲁国的孟孙氏、叔孙氏和季孙氏三家瓜分了鲁国的公室。他们专权行事，僭越礼制，如季孙氏祭祖竟用了天子礼仪——八佾

阙里宾舍

戴念慈 1982－1985年 钢筋混凝土结构 山东曲阜

阙里位于曲阜市中心，是孔子当年居住过的地方。孔子三岁时曾"迁居阙里"。宾，即宾客；舍，指家，《论语》中有"孔子至舍，哀公馆之"。曲阜阙里宾舍是一座仿明代庭院式双层建筑，富有传统的民族风格，为我国原建设部副部长戴念慈先生所设计，并因此而获得国际建筑设计金奖。

孔子周游六国

孔子在礼崩乐坏之世，想推行王道，实行仁政，自然四处碰壁，然而孔子依然弦歌不绝，这种乐观与他对《易经》的研习有关。

之舞。孔子虽然看不惯这些，但是为了成为贵族阶层，就必须得投靠季氏。

孔子正想通过季氏的提拔而得到鲁昭公的重用，没想到接下来鲁国便发生了著名的"斗鸡之变"。季平子与郈（hòu）昭伯以斗鸡方式进行赌博。赛前两家都弄虚作假，季氏在鸡翅上涂了芥茉，以便在斗鸡时造成对方视力模糊；郈氏则在鸡爪上装了铁爪，以便能够抓伤对方。结果季氏赌输了，并且发现对方的鸡爪有问题。于是双方由争吵转为争战，季平子领兵占领了郈昭伯的封地。郈昭伯向鲁昭公状告季平子，鲁昭公正想借此机会削弱季孙氏家族的势力，所以便出兵攻打季孙氏。可是，季孙氏却与叔孙氏、孟孙氏联合起来，大败鲁昭公，逼得鲁昭公逃亡到了齐国。孔子本指望季氏在鲁昭公面前提拔自己，见鲁昭公都跑了，也只得离开季氏家族到了齐国。然而齐国国君并没有重用孔子的意图，孔子只得又回到了鲁国。此时鲁国大权完全掌握在季氏家族手里，所以孔子也没心思在朝中混功名了。当时孔子年已四十岁，"四十而不惑"指的就是这个含义，他已经不再盲目地追求功名了。此时的孔子以收徒授书为业，几千门徒的他从经济上来说也确实不必太着急找个官做。

鲁昭公客死异乡后，季氏家族立昭公的弟弟为王，即鲁定公。就在孔子五十岁时，也就是孔子开始读懂《易经》的时候，季孙氏的一个家臣弗扰在费邑宣布独立了，他托人召请孔子。此时"知天命"的孔子还真动了心，只因性情率直的子路反对，才没有去成。

公元前501年，鲁定公起用孔子整顿鲁国秩序。孔子做了鲁国的中都宰（县邑长官）。经过鲁定公的几次提升，最后孔子官至大司寇，成为鲁国最高司法长官，此时孔子五十二岁，当时的国家大权仍然在季氏家族手中。公元前498年，孔子向鲁定公

第二章 《易经》对中国文化的影响

全家福图

清代 传统彩印年画 王树村藏

周公在《易经》中设有家人卦，孔子因此特别重视家庭，主张"持家"。因为每一人之仁心仁性，其最直接的发源地为家庭。类似全家福这样的年画更是表达了每一个普通中国家庭尽享天伦之乐的美好愿望。

鲁壁

土石墙 山东曲阜孔庙内

传说孔子九代孙为躲避秦始皇焚书坑儒，将孔子诗书藏在故宅夹壁中而得以保存。后人修此垛纪念，取名"鲁壁"。

提出削弱"三桓"势力的主张，最后以失败告终。

第二年，齐国向鲁定公献80名美女，24辆四匹马拉着的华丽马车。季桓子怂恿鲁定公接受齐国的馈赠，于是君臣沉湎于声色，三日不理朝政。接着，鲁国举行郊祭，季桓子又不分祭肉给孔子。这一切，无疑在暗示孔子已不受重视，孔子只得离开鲁国，于是"斥乎齐，逐乎宋、卫，困于陈蔡之间"，四处碰壁。流浪十四年后，六十八岁的孔子在弟子子冉（子冉在鲁国当了官并立下战功）的帮助下才重新回到了鲁国。

综观孔子一生，便会发现孔之所以要强调礼制仁义，其一是他早年最先接触了礼教，从小便受礼教熏陶，可以长袖善舞；其二是正是封建礼教的世袭制度使孔子由一个贫民成为贵族，他是封建礼教的受益者，所以他认为礼教是好的；其三是他成为贵族后并没有因此而得到应得的利益，所以他深刻认识到有必要健全封建礼制，他认为自己

杏坛讲学图

在曲阜的孔庙里，孔子栽植的一棵桧树北面的一座建筑，就是黄瓦朱柱、彩绘精致、小巧玲珑的杏坛。坛前有四棵杏树，相传这是孔子当年坐在坛上弦歌讲学、弟子读书的地方。《易经》也在孔子的教学之列，不过只有少数弟子能够精通《易经》。

是不健全礼制的受害者；其四，他想通过健全礼教来巩固自己的贵族地位，建功立业，辅佐朝政。可是他的理论不适应当时的形势，所以一生充满挫折。

孔子的思想经历了三个阶段，第一阶段是他"十五而志于学"的阶段，他学礼不过是继承母亲家族的职业，为了能够胜任自己的工作；第二阶段是他拥有贵族名分后努力求取功名阶段，此时他把人生目标提高了，开始学习更多的东西；第三阶段是他东游十四年后归鲁阶段，此时，鲁国仍然没有重用他，他于是总结自己的学问，使自己的思想成为一种学术。孔子一生的成功在于他广收门徒，正是这些门徒使他可以"四体不勤，五谷不分"地享受贵族一样的生活，也正是这些门徒使他的思想得到了广泛的传播。

而孔子的有些门徒，也看透了孔孟之道的不切实际，背叛了儒家，而开始学习其他知识。并因此而自成一家，成为战国时期诸子百家中的墨家、阴阳家、法家等重要学术流派的开创者。孔子所创的儒家，到秦始皇焚书坑儒，也没有成为极具影响力的学派。汉武帝独尊儒术，其实也不过是在窦太后去世后，想除掉窦太后的余党以建立自己的新领导班子的政治运动。所以在董仲舒的文章没有说出汉武帝的意图时，汉武帝便叫董仲舒重写，最终借董仲舒之口达成了自己的目的。而董仲舒的思想已不是孔子思想，而是集成了先秦诸子百家的思想，并且董仲舒的易学思想主要继承了道家及阴阳家的学术，所以后世认为是董仲舒发展了《易经》中的阴阳五行理论，其实他不过是学习了儒家以外的易学知识而已。

战国时期的诸子百家，都与中国的易学有着一定渊源，但却不是孔子所传的

三教图
丁云鹏 明代 纸本 设色 故宫博物院藏

孔子开创了中国的儒家文化，在许多根本的哲学问题上与道教和佛教一致。例如孔子解释的《易经》的不易，就相当于道教讲的"道"，佛家所说的"佛""真如""实相"。此图将佛、道、儒三教的创始人释迦牟尼、老子、孔子画在一起，看上去三人正在谈经论道，体现了中国人"三教合一"的宽容博大的文化胸襟，和世界上其他国家宗教间的仇恨和战争大相径庭。

《易经》，而是来自隐士与道家所传的易学。战国时期一位极重要的人物便是鬼谷子。鬼谷子姓王名羽，常入云梦山采药修道，因隐居清溪之鬼谷，故自称鬼谷先生。他被尊称为中国的"智圣"，后人把他尊为神，道教中他的天界尊号为"玄风永振天尊"，又称"王禅老祖"，佛家称其为"禅师菩萨""禅师爷祖"。

鬼谷子是战国时期楚国人，相传祖籍朝歌（今淇县）城南。鬼谷子精通周易八卦、数学星纬、兵学韬略、游学势理、养性保身及纵横术，周游四方，广交朋友。曾到过扶凤池阳（今陕西省泾阳）、颍川阳城（今河南登封告城）、太白山（今宁波勤县东）等处，后在云梦山（朝歌城西15公里）水帘洞隐居讲学，创建中国古代第一座军事学校——"战国军庠"，培养出苏秦、张仪、孙膑、庞涓、毛遂等著名的政治家、军事家。著有《鬼谷子》一书，被当时和后

"鬼谷子下山图"青花罐
佚名 元代

罐子素底，宽圈足，肩丰圆，短直颈，唇口稍厚，器腹以浓艳的钴蓝描绘鬼谷子下山的情景。

世广泛地运用到政治、外交、军事等领域。传说鬼谷子还收仙道家茅濛、徐福及计然等为徒，分别传授长生术、经商术、占卜术等，使他们成为一代历史名人。所以，历史上不仅纵横家们奉他为祖师爷，兵家们崇尚他的谋略，即便是民间占卜之流也都推尊他为师爷，甚至那些修鞋、配眼镜的也都推崇他为自己的鼻祖。

至今张家界市，仍然流传着许多鬼谷子的传说。《直隶澧州志》载："鬼谷子。隐居天门山学《易》。石室幽邃，下有清流。今石壁上有甲子篆文。"相传鬼谷子还在天门山创造出一种健身硬气功，俗名"鬼谷神功"。

鬼谷子所创的纵横学的基本观念就是"阴阳对峙"。这正是源于易学的阴消阳长的辩证原理。鬼谷子的军事思想也是源于中国最古老的文化之学——《易经》八卦，鬼谷子的兵学思想是宇宙化的一切方法、技术、原则、原理，所以战无不胜，攻无不克，大无其外，细无其内。鬼谷子的兵法是宇宙观的，包含甚广，不光是军事、政治、外交、社会、经济、人事，实乃包含宇宙一切。

鬼谷子的弟子中，孙膑因为精通八卦阵法及兵法战术，成为战国时期兵家的代表人物；苏秦、张仪因精通包含阴阳八卦理论的纵横之学，而游说于诸侯之间，控制七国命运于股掌之上。

据载，苏秦与张仪在鬼谷子处学完纵横术后，鬼谷子便给他俩出了一道毕业考试题——让苏秦与张仪凭三寸不烂之舌把鬼谷子说哭了。结果两位弟子口若悬河，巧舌如簧，引经据典，声情并茂，把鬼谷子说得是痛哭流涕，泣不成声，连连说："合格，合格，你们可以毕业了。"临别时，鬼谷子又送予苏秦一部书，叫他闲时多加研读。

苏秦下山后，踌躇满志，卖掉田地买了车马、仆人及衣物等，身穿一件名贵的

云梦山
河南省 鹤壁市

云梦山被誉为"中华第一古军校"，据说是春秋战国时期奇人鬼谷子隐居讲学的地方，他在这里培养出了孙膑、庞涓、苏秦、张仪等一批风云人物。

鬼谷子师徒图

鬼谷子是精通《易经》的隐士，他常入云梦山采药修道。因隐居清溪之鬼谷，故自称鬼谷先生。图中右侧为鬼谷子，左边二人是苏秦和张仪。

第二章 《易经》对中国文化的影响

"琅邪相印章"

东汉 银印 北京故宫博物院藏

　　苏秦在拜师学习期间应该对《易经》下过很多功夫，使他能佩带六国相印的说服术的基本原理也是源自《易经》。该印银铸，方形，龟钮。印文为汉篆字体，阳文，五字三竖行排列，右上起顺读"琅邪相印章"。

　　黑色貂裘便开始了他的游说生涯。结果他没说动楚国国君，也没说动秦国的国君，最后身无分文，貂裘也穿破了，一个人挑着行李饥肠辘辘地回到了洛阳的家中。这时家里人对他的态度用苏秦的话来说就是"妻不以我为夫，嫂不以我为叔，父母不以我为子"，于是吟诗一首："贫穷富贵同骨肉，富贵贫穷亦途人。试看季子貂裘敝，举目虽亲不是亲。"接着便拿出鬼谷子所送的那本书读了起来。史书上说他"锥刺股"苦读了三年，才把那本书读懂，然后离开家乡继续游说诸侯，只用了一年时间，歃血于洹水之上，功成名就，佩带六国相印，总揽合纵大局，煊赫一时。苏秦衣锦还乡时，亲人们都跪在路旁不敢抬头，苏秦对亲人们感慨地说："如果我当初只在乎那两亩薄田，那么今天能带着六国的相印回来吗？"于是散千金以赐宗族朋友。

　　苏秦成功得益于鬼谷子所送的那本书，那么是什么书呢？它就是《黄帝阴符经》。这本书现在世上还有流传，其全文共三百九十九字。这真是令人百思不得其解的一件事，四百来字的文章也需要读三年吗？并且还要"锥刺股"！这是怎么回事呢？

　　原来，这本书的内容可不好理解。这本书被道教视为三大重要经典之一，后代有很多哲人都对其做过注

明拓本《黄帝阴符经》首附图

　　《黄帝阴符经》历来附会为黄帝所撰，不过的确可以作为黄老学派内容的代表。

解，人们都认为其包含着易学的阴阳思想，可总是仁者见仁，智者见智，不能得到满意的答案。因为其文中有"阴阳相推而变化顺矣""至静之道，律历所不能契；爰有奇器，是生万象；八卦甲子，神机鬼藏；阴阳相胜之术，昭昭乎进乎象矣"等句，可证明其承自易学。

那么这本书到底讲的是什么意思呢？当代易学大师霍斐然经过三十多年的研究，终于破解了这部天书。原来这就是奇门遁甲之术。奇门遁甲术"神机鬼藏"，自然可以指导舌剑唇枪的苏秦走向成功了。霍大师用了三十年才读懂，而苏秦只用了三年，可见苏秦之聪慧绝顶。不过毕竟苏秦在鬼谷子处已学过不少相关的基础知识，理解时相对容易些。

通过苏秦的故事我们可以看出，这《黄帝阴符经》绝对与孔子所传的《易经》关系不大，因为如果只读孔子所传的《易经》，五十年也看不懂这本书。所以说在春秋战国时期，易学在许多高人手中流传，孔子所学的《易经》，只是易学的一小部分。为了更充分地证明这一点，还要谈一谈战国时期另一个传奇式的人物——邹衍。

邹衍是战国时期阴阳家的代表人物。他是齐国人。值齐威王晚年，就学于稷下学宫，先学儒术，以后因看到儒学不切实际，于是便拜隐之者为师，以阴阳怪迁之学，在齐宣王晚年和齐愍王时为稷下先生，是齐之上大夫。约在公元前288年（燕昭王二十四年），邹衍仕燕。燕昭王为他建筑碣石宫，以师礼待之。到燕惠王时被谗下狱。出狱后回齐国，在稷下学宫为先生。齐王建八年（前257）使赵，在平原君面前批评公孙龙，使之被罢黜。燕王喜四年（前251）仕燕王喜。

在战国时代，道家与墨家是显学。《孟子·滕文公》云："杨朱墨翟（dí）之言盈天下，天下之言，不归于杨，即归墨。"可知当时杨朱之学与墨学齐驱，并属显学。杨朱是老子的弟子，即道家学派；墨子自创一派，提倡兼爱、节俭，行侠仗义，敢于赴汤蹈火，视死如归，亦被称为黑道之鼻祖。不过这两家

邹衍画像

邹衍（约前305－前240），齐国人，战国末期哲学家，诸子百家中阴阳家的代表人物，创"五德始终"论，把春秋战国时流行的"五行论"附会到社会历史变迁和王朝兴替上，借以论述世运之转移。他还根据《易经》提出过"九州说"。

的显学也不如阴阳家的邹衍风光。他到梁国，梁惠王亲自郊迎，执宾主之礼。到赵国，平原君在他面前侧着身子走路，用自己的衣袖，替他掸拂坐席上的灰尘。到燕国，燕昭王为他建造"碣石宫"，镶以黄金，来款待他，并且把他尊为师父，亲自服侍他。孔子、孟子简直是望尘莫及。只因为他的学术非常特别，王公大人一见到他，就"惧然顾化"，被他的学术所感动。

《盐铁论·论邹》中说："邹子疾晚世之儒墨不知天地之弘，昭旷之道，将一曲而欲道九折，守一隅而欲知万方，犹无法准平而欲知高下，无规矩而欲知方圆也。于是推大圣终始之运，以喻王公。"意思是说，邹衍痛恨近代儒家和墨家之徒，不知道天地的宏大，不懂得光耀广远的道理，执持一点之事就想要谈论深奥的道理，死守一偏之见就想要了解四面八方的事情，这就好像没有水平仪器却想知道高低不平，没有圆规和矩尺却想知道方圆一样。于是他"推大圣终始之运"，来开导诸侯君主。什么是"大圣终始之运"呢？简单来说就是以五行相克的循环变化决定历史朝代的更替，如夏、商、周三代之变，就是金（商）克木（夏）、火（周）克金。不过朝代更替的理论肯定比这个还要复杂些，只是史料中只记载了这些。

通过史料中记载的这一"五德终始论"我们可以看出，这并非邹子所创，因为在上古时代便有这种理论了，五帝时期的帝王便是按这种五行生克顺序排下来的。所以说邹子的阴阳五行理论并非自己所创，而是上古就有的易学理论。《汉书·艺文志》云："阴阳家者流，盖出于羲和之官，敬顺昊天，历象日月星辰，敬授民时，此其所长也。""羲和"即羲氏、和氏，是尧帝时掌天文四时历象的官。"历象"即推算历法，观测天象。历，记数之书。象，观天之器。"敬授民时"即告民以天时（即祭祀、耕作之时），包括日、月、晦、朔、弦、望、四时、节气等。可见班固也认为阴阳学派起源于上古时代的掌

二人猎鹿青铜扣饰
战国 青铜器 云南省博物馆藏

战国时期，列国争雄全靠武力说话，然而邹衍运用一种源于《易经》的奇特学术而能得到各国君王的厚待，的确是历史上一大奇事。

握天文历法的官职。而这正是八卦的最根本的用途。所以说邹衍所继承的易学是卦气学说的易学，甚至有可能他继承了周朝较为全面的易学遗产。

邹子除了"五德终始论"外，还对天文学相当有研究，这些知识他也是继承了上一代天文学的研究成果，因为天文学单靠一个人一生的观察是不会了解整个天体变化的。史料中记载的"邹子谈天"即是邹子对人们讲解宇宙及天地的演变史。

邹子还提出了"大九州"学说，中国被称为"赤县神州"便是邹子命名的。邹子认为世界共有九大州，中国只是其中的一个，并且每个大州又细分为九个小州，就如同《禹贡》中所说的九州。在大九州的四周，有"裨海"环绕，往外围，有"大瀛海"环绕，再往外便是天地的边际。他得出这种结论，用的是"必先验小物，推而大之，至于无垠"的方法。由此可见邹子不单精通地理知识，还懂得用推衍法来总结事物的规律。不过邹子的地理知识不可能是自己一个人的实践与推理的结果，而是在前人的地理知识的基础上建立起来的。因为中国居民在上古时代便可以驾舟远行了，美洲的印第安人就是中国上古人类移居过去的，并且在印第安人遗址考古挖出伏羲的神像及中国的太极图符号。中国的《山海经》一书，经现在有关学者考证，便是一本古代的"世界史"，里面所描写的地理知识，已不是中国这一小范围。其实，中国周朝的"国家图书馆"里面，应当收藏着上一代许多科学知识及生活经验等文化遗产。周王室衰落后，这些知识流入民

龙凤仕女图
战国 帛画 湖南省博物馆藏

在战国时期，源于《易经》的阴阳家的思想和当时的巫术相结合，从而占有了重要的一席之地，对当时人们的思想有着极大的影响。图中"引魂升天"的画面带给人无尽的遐思。

第二章 《易经》对中国文化的影响

间，这正是战国时期出现"百家争鸣"的基础。而易学知识，更是影响了整个"百家"学术，并且因"诸子百家"的继承而得到了发展。

邹子还精通巫祝礼祥方面的知识。巫，古通舞；祝，是跪拜祈祷的意思，是远古就有的宗教仪式；礼，即祈；祥，即判断吉凶。这些都是远古时期的宗教仪式，在夏商周时期最为流行。史料中记载，一些高明的祝者可以用祈祷来控制一棵树的生死，可以控制人间的祸福。历史文献中记载邹子在燕时被人陷害入狱，于是邹子进行祈祷，使燕国在六月天下起了大雪，这就是《窦娥冤》中的唱词"六月飞雪因邹衍"的典故。可见祷告的力量不单《圣经》中的先知拥有，中国在中古时代就有这方面的人才了。这种巫术一直是中国影响力较大的"宗教"，并且被官方认可（从我们所熟知的"西门豹治邺"及《红楼梦》里"葫芦僧判断葫芦案"就可以看出，历史上这种记载不胜枚举），直至现在还广为流行。如今在河北的庙会上有

狩猎

公元4世纪 高句丽壁画 吉林省集安县舞俑墓

洪水恣意肆虐，可供栖居的土地愈来愈少，人与兽的争夺也随之激烈起来。禹的得力助手益受命驱赶猎杀野兽，以保证人们的安全。传说，记载无数奇珍异兽的《山海经》就是益与禹根据治水时的见闻所创作的。

浏河镇天妃宫大门
元代 妈祖庙 江苏浏河镇

祈祷不只是寻求一种心理安慰。古人在用《易经》卜筮之前，也需要斋戒祈祷，两者原理完全相同。明永乐年间，三宝太监郑和七下西洋曾在此祭拜海神，祈祷平安。

"跳大神"的，他们可以说就是邹子的信徒。不过现在由于有些"假大仙"利用这种巫术骗钱，我国已将其列为封建迷信。而国外的祷告还是被认为合法的，并且一些人将其发展成一门新的学科——心理学。国外的心理学其实就是在远古时期的巫术上创建的，并且也吸收了中国气功及巫术的理论。现在我国承认从外国传进来的心理学是一门科学，已成为课本中的教材。只是我们中国人为什么没有根据古代的巫术创建出自己的心理学体系呢？我们该如何继承和发扬古代文化遗产？国外传进来的心理学应该能够给我们很好的启发。

历史上还有"邹子吹律"的典故。据说燕国天气寒冷，长不出庄稼。于是邹子吹了一通笛子，燕国的庄稼便长势良好，每年都大丰收。其实这是写史者不懂《易经》的缘故。我国在黄帝时代便懂得"律吕调阳"了，"邹子吹律"是指邹衍利用律吕在燕国调整了适合当地气候的二十四节气。不是邹衍吹笛子，是邹衍让大地吹笛子。他把十二根长短不同的笛子埋在地里面，笛子里面装满芦灰，管口用"竹衣"（竹子内的薄膜）轻轻贴上，到了冬至一阳生的时候，最长管子中的灰，首先受到地下阳气上升的影响而将芦灰喷出，并发出声响。等第三个笛子（以最长的笛子为第一，第三个为雨水时节）被大地吹响时，再过十五天人们就可以耕地了（即惊蛰时节）。这些是在黄帝时代人们就懂得的小技术。而后人把这个典故演说成邹子吹笛

律吕调阳

我们知道，现代音乐的 C、D、E、F、G、A、B 七个音阶，可分为十二个半音音阶，即 C、#C、D、#D、E、F、#F、G、#G、A、#A、B 十二个半音音符。这十二个半音，就相当于我国古代的十二律吕，即黄钟、大吕、太簇、夹钟、姑洗、仲吕、蕤宾、林钟、夷则、南吕、无射、应钟。可是，我国早期的十二律吕，并非为了校正音调，而是为了调整二十四节气。这就是传说中的"黄帝时伶伦制乐，用律吕以调阴阳"。

黄帝时代的伶伦，将十二根竹笛按一定次序排列好，上面的管口一边齐，下边长短不一，像切大葱一样，留斜茬，然后插到土里面。其中最长的九寸，可吹出黄钟（即 B 调）的音调；最短的四寸六分，可吹出应钟（即 B 调）的音调。其大致排列方式为：代表从冬至到小满的六支竹笛一支比一支短，代表从夏至到小雪的六支竹笛一支比一支长。小雪过后，将代表冬至到小满的六支竹笛里灌满用苇子膜烧成的灰。这种飞灰最轻，叫葭莩。一般，这些竹笛埋在西北的阴山中，并拿布幔子遮蔽起来，外面筑室，绝对吹不到一点风，用它来候地气。到了冬至一阳生的时候，九寸长的黄钟竹笛里面的灰，就会被地气吹出来了，同时发出"嗡"的声音。这种声音就叫黄钟，这个时间就是子月，节气就是冬至。到了其他节气，竹笛内的灰也会相应喷出。过了小满以后，再将代表从夏至到小雪的六支竹笛里面灌满葭莩，到了相应的节气，竹笛就会喷灰出声响以报。这种调整节气的方法，就叫"律吕调阳"。

我国二十四节气、十二律吕、阴阳历法及音乐等，最早都是源自于八卦。由于八卦原理中含有天人合一的思想，所以十二律吕后来也应用于校正曲调。这样，我国上古音乐便像八卦一样"与天地准"了。1987 年我国贾湖遗址出土的舞阳七孔骨笛，说明八千年前我国古人的音乐成就已经极其辉煌，当时在世界上是最先进的。然而，汉武帝时确定的四书五经中，已经没有了周公制礼作乐的《周乐》，说明那时候，上古辉煌的音乐理论已已经基本上失传。

为了让大家更好地理解古代的十二律吕，列表如下：

十二律吕表

十二律吕	黄钟	大吕	太簇	夹钟	姑洗	仲吕	蕤宾	林钟	夷则	南吕	无射	应钟
音阶	C	#C	D	#D	E	F	#F	G	#G	A	#A	B
简谱	1	#1	2	#2	3	4	#4	5	#5	6	#6	7
旧五音	宫		商		角			徵		羽		
旧七音	宫		商		角		变徵	徵		羽		变宫
新七音	宫		商		角	清角		徵		羽		变宫
五音配五行	土		金		木			火		水		
双应节气	冬至	小雪	大寒	霜降	雨水	春分	秋分	谷雨	处暑	小满	大暑	夏至
双应月份	十一月	十月	十二月	九月	一月	二月	八月	三月	七月	四月	六月	五月
双应月建	子	亥	丑	戌	寅	卯	酉	辰	申	巳	未	午

十二律吕与二十四节气圆图

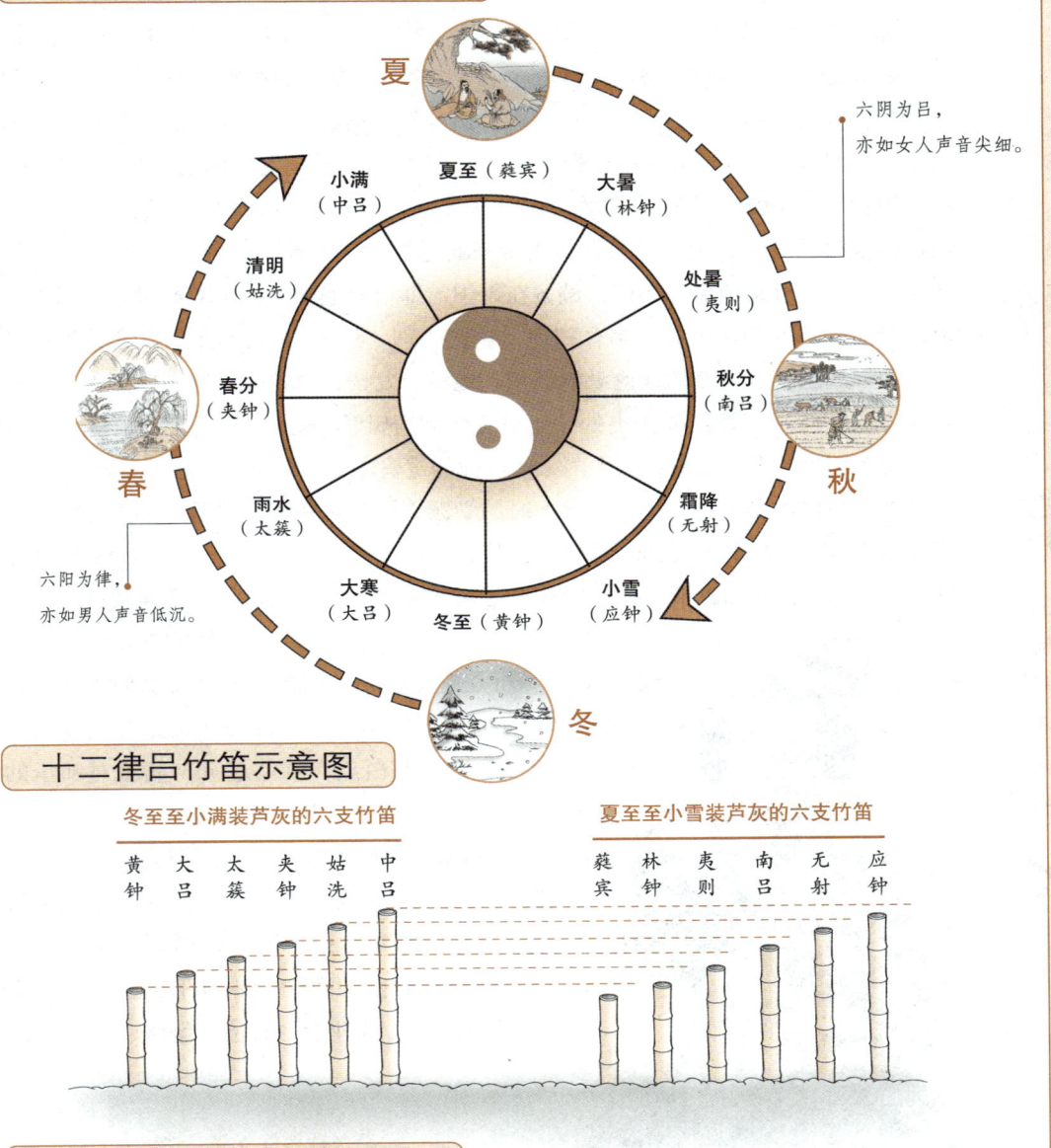

夏

六阴为吕，
亦如女人声音尖细。

小满（中吕）
夏至（蕤宾）
大暑（林钟）
清明（姑洗）
处暑（夷则）
春分（夹钟）
秋分（南吕）
春
秋
雨水（太簇）
霜降（无射）
大寒（大吕）
冬至（黄钟）
小雪（应钟）

六阳为律，
亦如男人声音低沉。

冬

十二律吕竹笛示意图

冬至至小满装芦灰的六支竹笛

黄钟　大吕　太簇　夹钟　姑洗　中吕

夏至至小雪装芦灰的六支竹笛

蕤宾　林钟　夷则　南吕　无射　应钟

十二律吕竹笛长短示意图

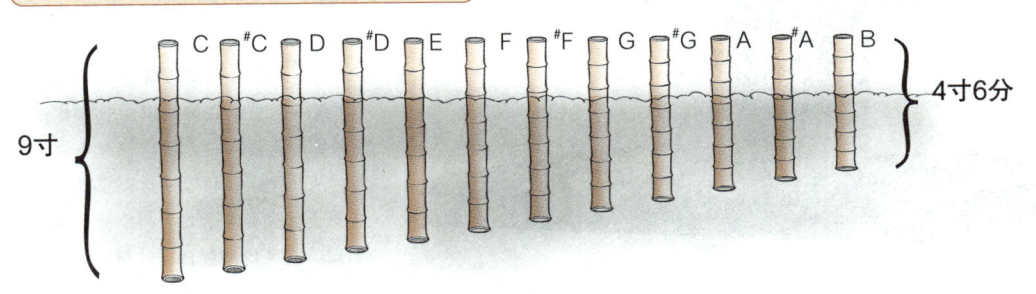

C　#C　D　#D　E　F　#F　G　#G　A　#A　B

9寸　　　　　　　　　　　　　　　　4寸6分

107

子，是由于这一知识已逐渐不被后人所知的缘故。

邹衍不单是易学大师，还是演讲大师。诸子百家中的名家，一向以诡辩著称。名家其中心论题是所谓"名"（概念）和"实"（存在）的逻辑关系问题，所以称"名家"，也称"辩者""察士"。可是在邹衍这里却不灵了。名家有一个最著名的命题是"白马非马"，提出这一命题的便是名家的代表公孙龙。据说，公孙龙过关，关吏说："按照规定，人可以过关，但是马不行。"公孙龙便说白马不是马啊，一番论证，说得关吏哑口无言，只好连人带马通通放过。公孙龙游说各国，与人论辩，从来没败过。可是他命不太好，偏偏在赵国与邹衍相遇了。两个人经过长时间的辩论，最后公孙龙理屈词穷，名誉扫地，从此告别"江湖"。公孙龙的名家其实就是西方的形式逻辑。名家的理论没能继承，更没有发扬，以致今天我们中国人还要学习西方人在两千三百年前提出的"亚里士多德逻辑学"，这的确与邹衍有关。如果亚里士多德生活在邹衍时代的中国，估计他的逻辑学也得夭折。

然而遗憾的是，作为一个显赫一时的学派，阴阳家在魏晋以后已不复存在，并衍为方士方术。《汉书·艺文志》摘录阴阳家著作"二十一家，三百六十九篇"，而到了《隋书·艺文志》中，已经没有了这些学术的影子。这真是一个怪现象，当时没有人对阴阳家作品进行过破坏，连焚书坑儒的秦始皇都对邹子敬仰之极，可是它却自动消失了。这是怎么回事呢？其实很简单，因为邹子的学术已全部融入道家与儒家两大派别里面了。说得明白点，就是道家与儒家对邹子的学术进行了彻底的剽窃，并把它与自己的学说结合在一起，阴阳家已无法独存了。也正因为这样，邹子所继承和发扬的中国易学，才一直贯穿了中国封建社会的全部文化；正因为这样，中国易学才影响着后世的数学、炼丹术、医学、天文学、地理学、政治、经济、农业等的

彩绘吹笛陶女俑
唐代制作 高38.2厘米

律吕就是定调用的律管和吕管。黄帝时代的人们将十二根管分成六阴、六阳两组。六根单数的属阳，叫六律；六根偶数的属阴，叫六吕。该陶俑为女乐俑。从其形象和动作分析，应该是端坐在凳子上吹奏笛子之类的乐器，但乐器已毁。其神情悠然自得，栩栩如生。

发展，从而形成了中国传统的科学、文化、观念的理论基础；也正因为这样，中国易学中的《梅花断易》《六爻八卦》《奇门遁甲》《麻衣神相》《玉匣记》《阴阳宅经》等各个流派才得以流传和发展。

综上所述，中国的易学因周室的衰落而流入民间，影响了诸子百家的思想，而诸子百家的思想则影响了中国古代的全部文化，所以说，不懂易学，是无法了解中国古代文化的。

从上面我们也可以看出，中国的易学并非是孔子一脉传下来的，而是很多脉络的承传关系。汉代司马迁和班固所记载的易学传承谱系，可能只是指儒家一系而言。战国时期，儒、道、墨、法、阴阳五行、兵各家，都有可能对《易经》做出自己的理解或解释。这些理解或解释又与当时地域文化传统相关联，如邹鲁文化、荆楚文化、三晋文化、燕齐文化等，带有地域文化特征。正因为这样，在秦汉时期才会出现阴阳易、儒易、墨易、兵易、法易、名易、道易等各种易学流派。

太极八卦青铜镜

李时珍在《本草纲目》中说："镜乃金水之精，内明外暗，古镜如古剑，若有神明，故能辟邪魅忤，凡人家宜悬大镜，可辟邪魅，铜镜无毒，主治惊痫邪气，小儿诸恶，辟除一切妖邪"。因此，古人常于居室中置放一面铜镜，用于祈吉、防病、镇宅和化解煞气。

第二章 《易经》对中国文化的影响

2. 秦始皇焚书独留《易》

客观地说，秦始皇不愧为千古第一皇帝。他十三岁登基成为秦国的国君，在吕不韦专权执政中，他深藏不露却早已开始谋划着如何夺回朝政大权。公元前238年，二十二岁已举行冠礼后的秦王镇压了嫪毐发起的叛乱，灭嫪毐三族，斩首参与叛乱的主要头目卫尉竭、内史肆、佐弋竭、中大夫令齐等二十余人，流放吕不韦，削职夺爵与叛乱有牵连者达四千家。这真是一举两得，既平息了叛乱，又消灭了异

秦始皇兵马俑博物馆
秦代 陵墓 陕西临潼

秦始皇兵马俑博物馆是中国最大的古代军事博物馆，不过关于其中兵阵和《易经》的联系，似乎还没有学者去研究。

党，巩固了政权。

可是，秦始皇的"焚书坑儒"却招来不少骂名——看来读书人可得罪不起啊！其实从历史上来看，秦始皇是很重视人才的，他是不得已才"焚书坑儒"的。据历史文献中记载，秦王嬴政巩固了政权后，广纳贤士，为己所用，加速了统一全国的进程。他任用了姚贾、李斯、白起、蒙恬、王翦等著名的政治家、军事家、外交家。这些人为秦王政出谋划策，能征善战，在秦的统一过程中发挥了十分重要的作用。从公元前230年到公元前221年，前后十年时间，秦军南征北战，先后灭掉韩、赵、魏、楚、燕、齐六雄，统一了中国，结束了春秋战国以来长期诸侯割据、战乱频繁的局面，建立了中国历史上第一个统一的多民族郡县制的封建中央集权帝国。这是中国有史以来最具有开创性质的事件。自夏、商、周三代以来，还没有建立过如此强大的统一王朝，政治结构、社会结构和经济结构也从未有过这般复杂的形态。这样，一个现实问题便摆在这个空前的帝国面前，那就是该如何进行治理和统治。秦对六国贵族实行杀戮、迁徙和流放，进行残酷的镇压；并收缴、销毁六

秦始皇像

作为千古第一皇帝的秦始皇，对于卜筮之书保留着宽容的态度，这和他对阴阳家邹衍崇敬有关。

国兵器，拆除各国间阻碍交通的关塞、堡垒，设置郡县统一管辖六国地区。但在文化上，态度却特别优容，秦始皇"悉纳六国礼仪"，最突出的表现是博士议政制度的建立和扩大。

"博士"一词起于战国时期，是学者的泛称，也可以说是游士的又一名称。可是到了秦朝，却成为一种官职。从可考的博士看，其籍贯都在关东。这样看来，博士是东方六国的政治代表，秦始皇吸收各国的士人参政，设置博士官，让他们参议朝政，从而组建了参议辅政集团，创建了博士议政制度。这其实是对东方六国的适应和妥协，以及对六国矛盾的化解，是秦始皇巩固刚刚出现的统一局面的统治术。《汉书·百官公卿表》载："博士，秦官。掌通古今，秩比六百石，员多至数十人。"可见秦始皇所起用的文人不单是儒家一门，而是代表知识阶层的诸子百家。据《西汉会要》载，有博士参与会议的，计有议废立，议宗庙，议郊礼，议典礼，议封建，议功赏，议民政，议法制，议罪罚，议大臣等项。博士参与这些重大的朝政决策，反映了统治阶层对博士的重视。

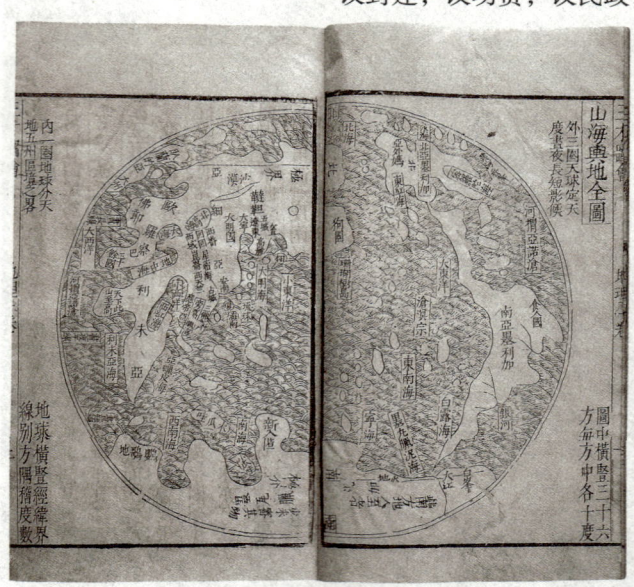

秦始皇还召集了2000余人的学生置于博士官之下，命之曰诸生，以壮大文人的队伍。针对当时混乱的社会秩序，秦始皇英明地采用法家的学说治理天下（我们现代才开始以法治国，当时的秦始皇怎么能说不英明呢），任法家的代表之一李斯为

山海舆地全图
明代 出自《三才图会》

中国自秦始皇以来，除了短暂的混乱时期，一直处于统一的状态，但它所创造的辉煌、持久的文明却使得汤因比等西方学者认为未来世界的统一，也许正要仰仗源自中国的思想与文化呢！华夏民族的持久统一，《易经》在凝聚民族个性、"保合太和"等方面起到了巨大的作用。

丞相。秦始皇还派人从六国的宫廷和民间搜集了大量的古典文献，让博士与诸生们进行整理，并且以政府的力量禁止不利于封建专制政权的书籍传播，奖励那些对秦政权有利的书籍作者。因此，秦政权不仅对几十位博士优礼备加，而且对诸生也"尊赐之甚厚"。

博士议政制度是秦始皇统一中国后，对新的统治模式的尝试，他试图把东方六国的政治精华吸纳入行政体系，借此消弭东方的反抗情绪。同时，依靠这些熟悉东方六国社会实际的人士制定针对六国的、符合统治要求的政策措施，加强对六国地区的行政控制。这一措施的实行无疑说明了秦始皇的明智。

生授经图
王维 唐代 长卷 绢本设色（日本）大阪市立美术馆藏

《尚书》的成书年代比《易经》还古老。伏生在秦始皇焚书时，冒死留下了《尚书》。到了汉朝，汉文帝为求精通《尚书》之人而发现了伏生。图中伏生形象苍老，却精神抖擞，纤细的手臂搭在书案上，支撑着他充满智慧的头。他已经九十多岁了，正对着汉文帝派来的人认真讲授，神情专注而和蔼。

但是，事情的发展并不按秦始皇的设想进行，有些博士和诸生满脑子都是复古思想，认为复古周礼的儒家思想都是好的。所以，他们不但对加强专制统治思想没有帮助，反过来对秦始皇的所作所为指手画脚、说三道四。

公元前213年，秦始皇在咸阳宫举行宴会，始皇很高兴。可是有一个思想保守的博士名叫淳于越（原齐国人），他当场批评周青臣阿谀奉承。他说："殷、周之王千余岁，封子弟功臣，自为枝辅。"他批评秦始皇废分封，置郡县。他又讥讽说："事不师古而能长久者，非所闻也。"他的这种言论无疑代表的是那些失去地位的奴隶主的利益，也代表了一些对建国有功的大臣的想法，所以对国家的安定与统一是极其不利的。更何况不甘失去权势的奴隶主们经常揭竿而起，并且多次派刺客刺杀秦始皇。这些话引起了秦始皇的极度反感。丞相李斯当场进行了批驳，他指斥淳于越是"愚儒"，还谴责儒生们"不师今而学古，以非当世，惑乱黔首"，"入则心非，出则巷议，夸主以为名，异取以为高，率群下以造谤"。他认为这样一群儒生是一

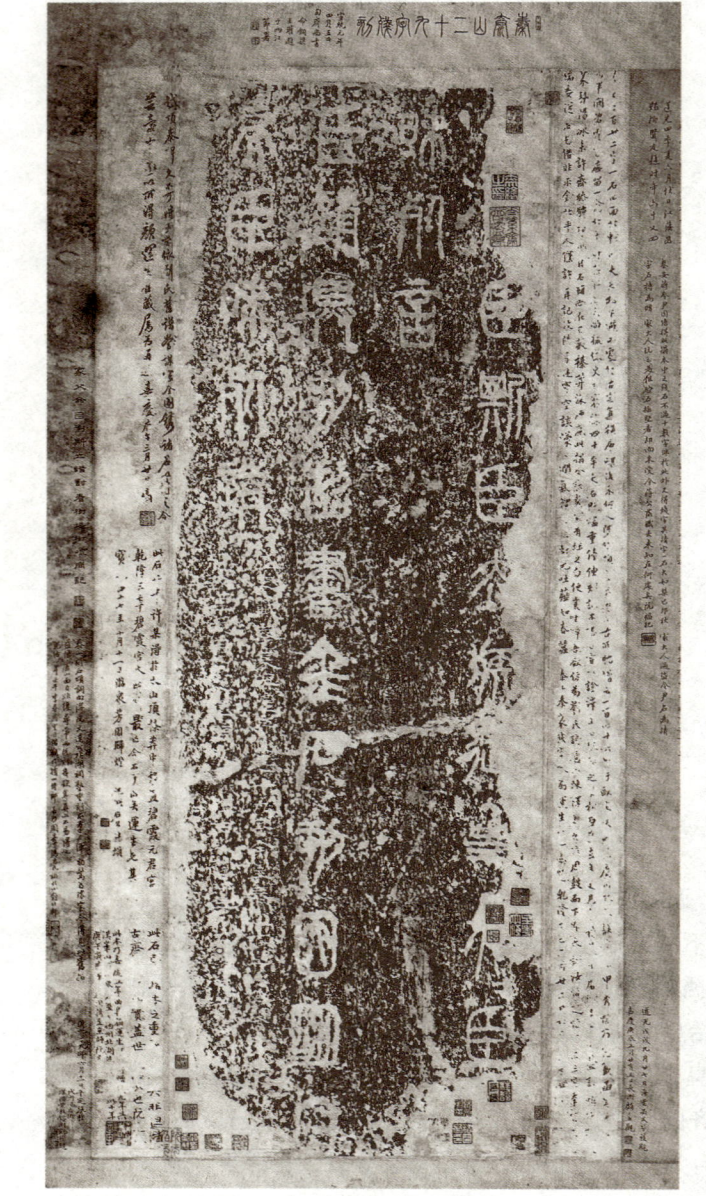

泰山刻石
秦代 明拓本 故宫博物院藏

秦始皇统一中国后，曾命丞相李斯统一六国文字，并在其所到之处刻石立碑，颂扬其功业。泰山刻石传为李斯所书，为标准的小篆书体。书同文的举措客观上促进了易学的传播。

种危险势力，建议始皇坚决制止他们的非法活动，并提出了焚书的建议。主要内容：①除《秦纪》以外的六国史书一律烧掉；②《诗》《书》百家语除博士官收藏的以外，其他人藏书都集中到郡，由郡守、尉监督烧掉；③谈论《诗》《书》者弃市，以古非今者灭族，吏见知不举者与同罪，令下三十日后发现私藏书者罚其为修城的奴役；④医药、卜筮、植树等书不在禁列；⑤如果有人想学法令，以官吏为师，不准私办学堂。

淳于越的言论是对秦政治制度的彻底否定。秦制，凡宗室或有军功者，均可得到赐爵、赐地、赐官等奖赏，不分封。"秦兼天下，建皇帝之号，立进官之职"，也未曾师古。因此，淳于越的主张，触动了秦始皇对统一六国后发生分裂割据的担忧，引发了他对分封思想的反感。于是，秦始皇批准了这个建议，开始在全国范围开展"焚书"运动。

第二年，又发生了坑儒事件。起因是有些儒生对始皇不满，说他"专任狱吏""乐以刑杀为威""贪于权势"等等。秦始皇认为他们"或为妖言,以乱黔首",就把他们逮捕,严加拷问。又抓起了一些妖言惑众、招摇撞骗的术士,一共有四百六十多人,全部在咸阳坑杀。

其实秦始皇所"坑"的"儒"不过是一些迂腐或自私之士,和在我国五四运动中献身的大学生是没法比的。五四运动中的大学生们是看不惯政府的腐败与无能,而秦朝被"坑"的"儒"却想让历史回到分封制的奴隶社会中。而后世的文人大概是惺惺相惜吧,所以把秦始皇骂得名誉扫地。事实上,秦汉以后的"儒"与孔子的"儒"已不是一个概念了。秦始皇所"坑"的"儒",正是打着"遵古""遵孔"的幌子为自己谋求私利的"儒"。

从上面焚书的内容来看,诸子百家的一些书也给烧掉了,而主要烧的还是孔孟的儒家书籍。可是孔子所整理过的《易经》却没有烧。对此,民间传说是因为《易经》是至高无上的神书,所以秦始皇也敬畏它,不敢烧。其实这主要由于《易经》与占卜有关的缘故。李斯焚书的内容写得很明白——"医药、卜筮、种植等书不在禁列"。李斯提倡"焚书坑儒"并非是门派之争,主要是禁止以古非今,为了统一思想,而

秦火与战乱

秦始皇统一中国后,无比珍贵的早期史料在焚书坑儒、火烧阿房宫等一系列事件中遭到了不可想象的破坏。今天,我们有幸还能看到随秦始皇埋于地下的兵马俑,却再也无法目睹那些记录中华民族早期文明的典籍!

不是为了禁书。更何况所禁之书只是禁止百姓私自藏书，对学者所藏图书并不禁止。

当时人们都很相信占卜，尤其是秦始皇，更是对与易学有关的阴阳家极其崇拜。尽管"焚书坑儒"中也"坑"了一些邹子所传弟子中的"术士"，但主要是由于秦始皇给了"术士"很多赏赐，结果这些"术士"不是骗了钱财后纷纷离去，便是对秦始皇进行诽谤攻击。而秦始皇对阴阳家的创始人邹子是非常推崇的。

邹子去世时秦始皇已经九岁了，所以邹子的传奇经历与辉煌事迹应该给小赢政留下了很深的印象。他在统一六国之后，便采纳了邹衍的"五德始终论"学说。《史记·秦始皇本纪》中说："始皇推终始五德之传，以为周得火德，秦代周德，从所不胜，方今水德之始。"秦王朝便是以水德王，"农服旄旌节旗皆上黑，数以六为纪。……更名河曰德水，以为水德之始。刚毅戾深，事皆决于法，刻削毋仁恩和义，然后合五德之数。"始皇这些措施就是配合水德需要的"治各有宜而符应若兹"。

正因为秦始皇非常相信邹子的话，所以他尽管从来不愿意封任何人为王为君，但还是破例封长江以南百越地区的吴芮为"番君"。《邹子》中说："周重火德，秦重水德，五德之数周而复始，而古番百越之地，五德具聚，只可和之，不可征之"。秦始皇很听邹子的话，公元前221年，秦始皇征服六国后，果然没有去征服长江以南的百越之地，尽管那里是大秦版图的四分之一，秦始皇还是把它封给了"番君"。

阴阳家的思想对秦始皇最大的影响，便是"方士""术士"的成仙学说。其实这只是阴阳家及道家或隐士所传下来的一个支脉，可是秦始皇由于三大原因对它深信不疑，至死无悔。

秦始皇陵一号铜车马
秦代 青铜制品 秦俑博物馆藏

秦始皇把天下的典籍用武力强行收集起来，用车辆载回朝廷由博士官看护，使得民间典籍尽废，所存者仅为一些大胆的士子私藏于屋壁之中者而已。图为秦始皇陵中发现的铜车马。

首先，这与秦始皇的祖先及居住地有关。秦国人虽然起源于东夷，但是他们长期居住在西北，在羌族的包围之中成长和强大起来，因此他们已相当羌戎化了。西方的羌人很早就有了肉体毁尽、灵魂永生的观念。传说中，神仙的老家在西方，在甘肃、新疆一带的昆仑山上。《山海经》《穆天子传》等古籍中，也记载着传说中西方的不死民、不死树、不死药等。驾车西游与西王母幽会的极富传奇色彩的穆天子，正是秦人的老前辈。所以秦人相信祖上的传奇是真的，相信神仙的存在。第一个成就如此大国的秦始皇，自然也认为自己是一位与神有缘的人，甚至认为自己就是神。所以他自然对术士们的神仙学说非常感兴趣，并且坚定不移地相信这是真的。

其次，稳固政权的需要。秦始皇统一了六国后，政治局面动荡不安。尽管他焚了书，坑了儒，并且残暴地以法治国，但叛乱仍然时有发生。至于众多的子女，秦始皇无法保证继承皇位者能够继续按照郡县制把天下治理好。所以他需要更长的寿命，以满怀统一六国的信心把大秦帝国巩固得稳如泰山。

蓬莱阁
始建于宋代 木与砖石结构 道阁 山东蓬莱

自古就有"仙境"之称的蓬莱阁坐落于山东半岛上。蓬莱是道教所称的三仙山（蓬莱、方丈、瀛洲）之一，秦时的方士徐福受秦皇之命求仙，就是由这里乘舟一去不复返。

最后，享乐的需要。秦始皇前无古人地享有如此之广的天下，自然欲享尽这天下之乐了。秦始皇无休无止地征调赋税和夫役，修长城、建宫殿、筑陵寝、开边戍守，使刚刚脱离战乱之苦的广大农民，又陷于疲惫奔命的劳役之中。秦始皇很喜欢金屋藏娇，所以，每当灭掉一个国家，他都要让人将宫殿的图画下来，然后在咸阳照样仿造。

秦始皇修建很多宫殿，单单咸阳的周围就建有宫殿二百七十多座，行宫在关外有四百多座，关内三百多座。在这些宫殿中，最大最有名的便是阿房宫。据历史记载，光阿房宫的前殿的东西就宽达五百步，大约相当于七百米。南北有五十丈，相

铁钳和铁桎

秦代　刑具　陕西西安市临潼区秦代石料加工厂遗址出土

权力过于集中是滋生专制主义的土壤。秦始皇一统天下之后，把帝王的专制引向了一种极致。焚书坑儒、修建万里长城都是这位性格冷酷的帝君一意孤行的结果。这两件在秦代长城遗址附近发现的铁钳与铁桎，可能就是为了防止修城百姓逃跑而用的刑具。

阿房宫图

袁耀　清代　绢本设色　南京博物院藏

该作品是乾隆年间画家袁耀根据唐朝诗人杜牧《阿房宫赋》内容而作，拟写阿房宫胜景。层峦耸翠，重楼叠阁，亭桥卧波，龙舟游荡。但规模庞大的阿房宫早已成为过眼烟云，只留下残砖烂瓦。

当于一百一十五米。从唐代诗人杜牧的《阿房宫赋》中我们可以领略其建筑的恢弘与庞大。《秦始皇本纪》中记载了秦始皇的淫乱生活："……乃令咸阳之旁二百里内，宫观二百七十，复道甬道相连，帷帐钟鼓美人充之，各案署不移徙。行所幸，有言其处者，罪死。"

秦帝国巨大的建筑工程及常年的兵役征发，致使秦朝每年服役的人数达三万之多，男子征发不足，有时还要征发女子。于是，社会底层的奴隶及贫民阶层不堪忍受残酷的压榨与剥削，而失去权势的旧奴隶主也时刻渴望着复仇，双方合在一起，终于导致了秦朝的灭亡。

而曾经带有朴素唯物主义辩证思想的易学，在秦朝变为极其庞大的封建迷信体系，给秦朝甚至后世带来了极大的负面影响。这确实是值得人们深思的一大教训。不过，谁又能想到，正是这已经走上末路的易学一支，竟然歪打正着地发明了火药——术士们给秦始皇炼的仙丹里面竟然放了硝石与硫黄！并且可喜的是，一些道家及术士（当然，秦汉以后都可归为道家了）又以朴素的唯物辩证易为指导思想，完善了中国的养生学，真是绝处逢生！

3. 汉代盛世易学大发展

秦始皇一直在寻找着自己与神仙的缘分，而与秦始皇有着深仇大恨的六国的贵族们，则一方面积极寻找着刺杀秦王的机会（如韩国的贵族后代张良雇死士谋刺秦始皇）；另一方面，也利用迷信活动瓦解秦始皇的信心。秦始皇三十六年，有陨石落于东郡，有人刻其石曰："始皇帝死而地分"；不久，又有人拦遮咸阳使者，曰："今年祖龙死。"这些举动使极其迷信的秦始皇内心充满了末世之感。更有农民出身的陈胜、吴广也懂得在鱼腹中藏一块"陈胜王"的帛条，来发动起义。

《秦始皇本纪》中说："斩木为兵，揭竿为旗，天下云集响应，赢粮而景从，山东豪族并起而亡秦族矣"，刘邦、项羽的崛起使秦王朝别无选择地走向了灭亡。而张良、韩信之流则用兵家易帮助汉高祖刘邦轻易地战胜了强大的西楚霸王项羽。公元前202年，不爱读书，往儒者帽子里尿尿的刘邦就这样成了汉朝的开国皇帝。

该怎么治理国家呢？刘邦基本上照抄秦始皇。不过秦国的苛法不得人心，应该废除，替代以较宽松的法律；在以军功受爵上，刘邦不再只以军功为准，借鉴中古的分封制，分封异姓功臣为王者七国，同姓子弟为王者九国，又有侯国一百余（封侯只食邑，不理民政）；并且刘邦相信"枪杆子里面出政权"："汉兴二十余年，天

虞书日永日短之图

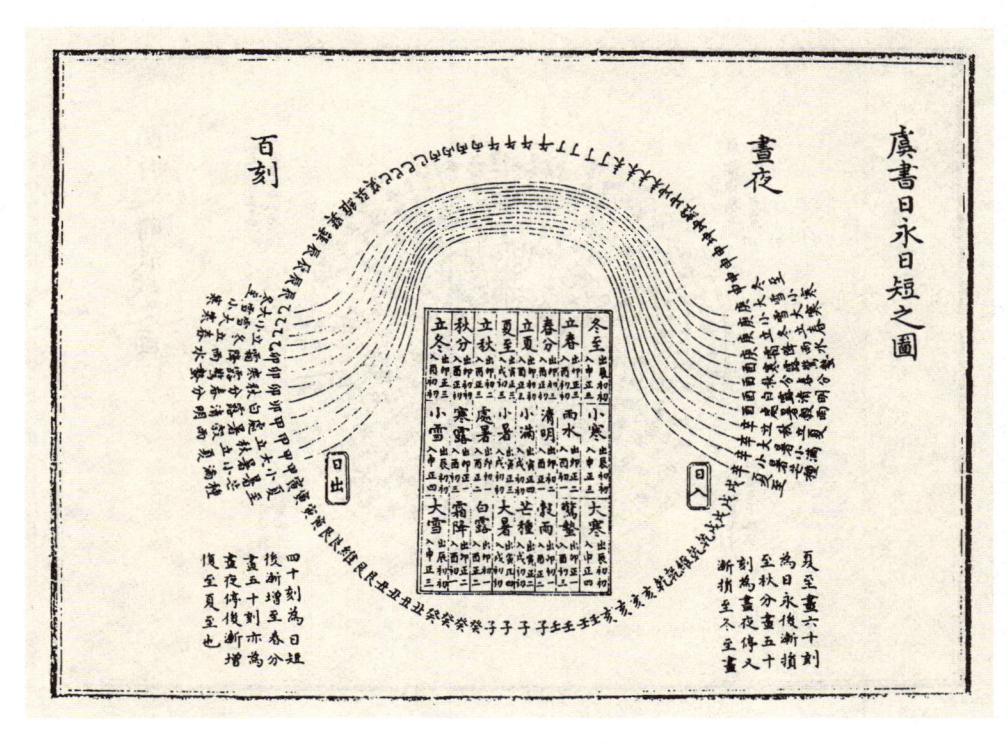

下初定，公卿皆军吏"。天下定，论封赏，刘邦谓"为天下，安用腐儒？"。汉初以刘邦为首的统治阶层，大部分出身于社会下层，皆"鼓刀屠狗贩缯之属，少文而多质，甚至鄙陋粗俗"，然而社会却得到了较好治理，这是怎么回事呢？

其根源便是汉初以黄老之学治天下。黄老之学在西汉初期发挥了重大的社会作用。因为当时百姓刚经过秦朝苛政之苦及秦汉之间的战乱之灾，所以汉初政治务在安民休息，而主张"清静自定"的黄老思想正是适应这一历史条件的学术思想，于是形成了汉初质朴务实、不喜高华、不慕弘远、轻贱孔孟之道的政治风尚。宣扬孔孟之道的儒家弟子仕途不通，则转为王者或权势之家的宾客，回到先秦"游士"的寄身方式中。

经过战国中后期诸子对黄帝、神农的宣扬，汉代炎黄观念趋向成熟，并与政治紧密结合，二者互相推助，形成了以黄帝为宗的道统与帝统观念。汉代黄帝形象的主要特征是：以黄老宗师的面目出现，又多与符和图谶（chēn）联系在一起。这两方面都在某种程度上得到了统治者的支持，推动了汉代诸子炎黄观念的发展，并为民众认同，从而成为民族凝聚力的精神因素。刘邦亲自为炎帝与黄帝立碑，并且为与黄帝争战的蚩尤也立了碑，这样一来中国各民族便都是兄弟了。不过中国人都是

闰月定时成岁之图

古代律历记载，太阳绕地球一周天（实为地球绕太阳一周）为地球上十二月，但不是整数，所以用闰月定四时，三岁一闰，五岁再闰。这张图反映了古人对这种自然规律的深刻认识。

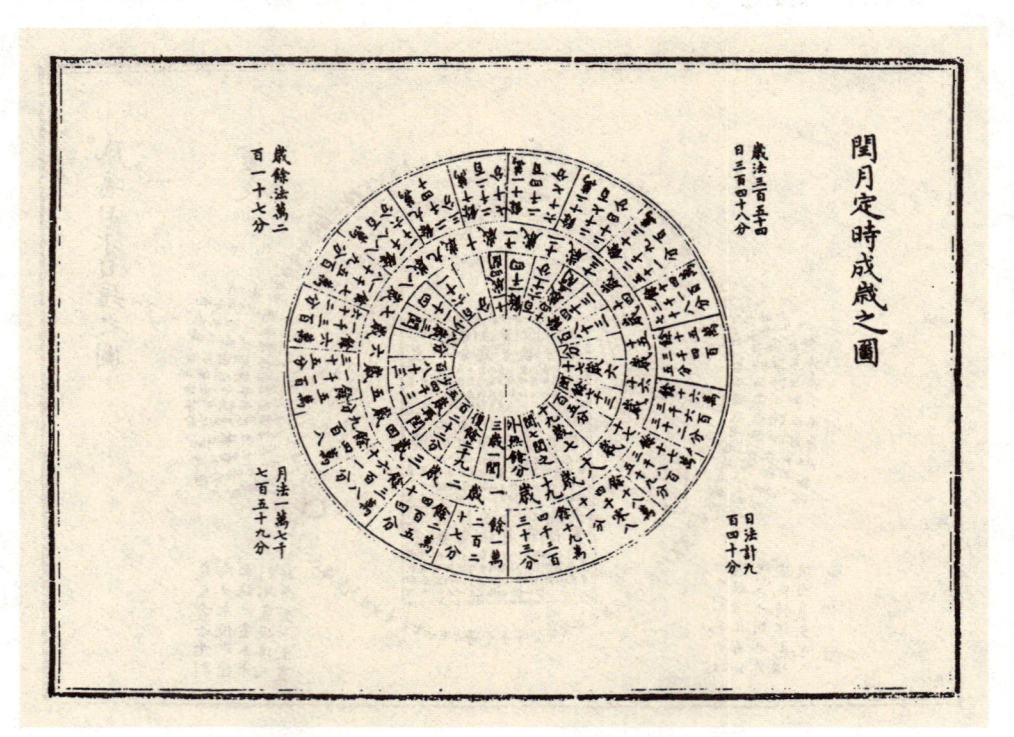

三皇五帝的后代的确也是史实，否则便不会被各民族所承认而达到统一的目的。

刘邦去世后，吕后专政。吕家势力被扑灭后，文帝刘恒被拥戴登基，汉朝帝业才算真正稳定。文帝在位23年，传位于儿子刘启，是为景帝，在位16年。这39年，从公元前179年到前141年，由于文帝与景帝采用黄老之学治国，使汉朝的政局开始正规化。政治稳定使经济生产得到显著发展，"仓禀丰实，府库饶财，移风易俗，黎民淳厚"，人民真正过上了富足的生活，成为中国历史上第一个空前盛世（文景之治），因而被以后的历史家所称羡。

在崇尚黄老的学术氛围中，道家《易》得以彰显和发展。据《史记·日者列传》所记载："楚人司马季主，通《易经》，述黄帝、老子，博闻远见。"在与宣扬孔孟之道的宋忠、贾谊辩论易道之广大时，使宋、贾二人"忽而自失，芒乎无色，怅然'嚌口不能言'"。

淮南王刘安曾聘请精通易学的九位高人，著《淮南道训》二篇。刘向《别录》载："所校雠中易传《淮南九师道训》，除复重，定著十二篇。淮南王聘善为《易》者九人，从之采获，署曰《淮南九师书》"（《初学记》廿一）。遗憾的是，此书早已亡佚，已无法了解具体内容。不过从刘向《叙录》中看，应当是阐述道家易学观的。另外，《汉书·艺文志》中所记载的"《古五子》十八篇。自甲子至壬子，说易阴阳。"也应当属于道家易或阴阳易。不过汉朝阴阳家易学与道家易学已无明显区别，它们本身都属于隐士易的范畴。

汉景帝刘启的母亲便是窦太后。她极其推崇黄老之学，喜读《老子》。一次询问儒家弟子辕固对《老子》的评价，辕固不屑一顾地说："这本书上全是小家子的浅薄见识。"结果把窦太后惹火了，她让辕固去猪圈里杀猪，如果不是景帝给他一把匕首，文弱的辕固恐怕有性命之忧。也许正因为窦太后对黄老之学的喜爱，儒家弟子为了争得生存和发展的空间，也开始学习黄老之学。如陆贾、贾谊、韩婴为了得到统治阶级的青睐，也开始大谈黄老之学。

汉武帝继位后，实权仍然掌握在窦太后的手中，窦氏家族权势很大。此时一些

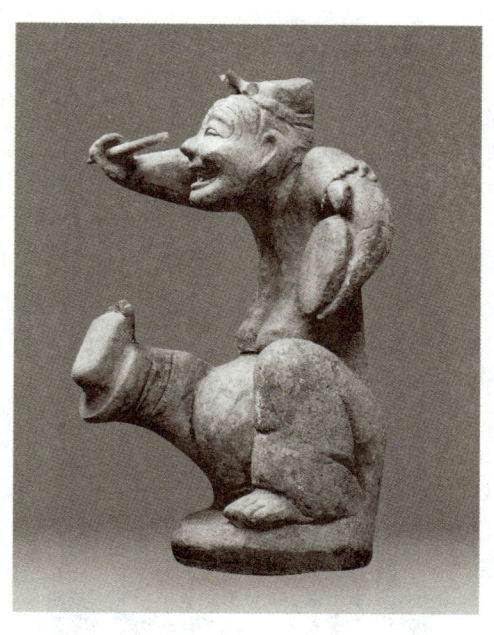

击鼓说唱陶俑
汉代　中国历史博物馆藏

源于《易经》的"无为而治"的治国方针，使西汉社会从战乱的创伤中走了出来，出现了普遍的繁荣景象。汉代民间极为盛行说唱表演，这件陶俑袒胸露腹，着裤赤足，左臂挟鼓，右手举槌，做击鼓说唱表演，神态诙谐，动作夸张，是一件富有浓厚民间气息和地方风貌的优秀雕塑作品。

第二章　《易经》对中国文化的影响

121

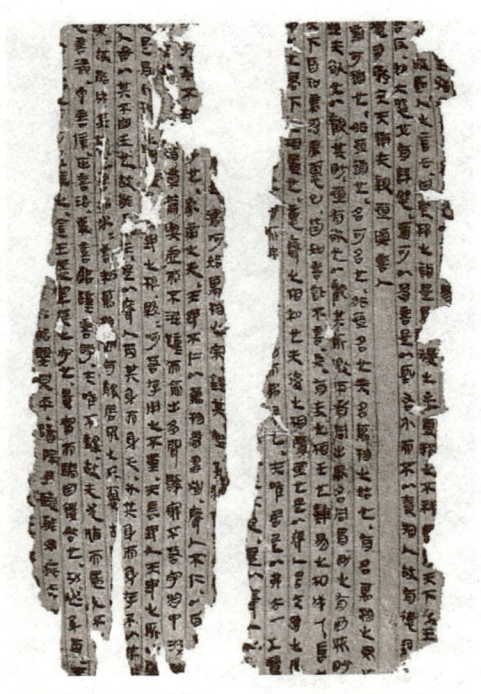

马王堆帛书（局部）
汉代 帛书 湖南省博物馆藏

汉代盛行黄老之学，易学也打上了明显的黄老标记。湖南长沙马王堆三号汉墓出土，包括《战国策纵横家书》《老子》甲本和乙本等，是研究西汉历史的第一手资料。

滇王之印
西汉 金印 蛇钮 中国国家博物馆藏

汉武帝在建元五年设五经博士，从此《周易》与《尚书》《诗经》《礼经》《春秋》开始合称为"五经"。公元前109年汉武帝封滇王国国王为"滇王"，并赐该印。印用纯金铸成，蛇首昂起，蛇身盘曲，背有鳞纹。

儒家希望汉武帝能够重用儒家弟子，纷纷向汉武帝提出黄老之学的弊端。儒生赵绾、王臧二人是诗学大师申培的弟子，建议立明堂以朝诸侯，用"束帛加璧，安车蒲轮"的特殊礼遇将申培从山东接来，商议明堂礼制。似乎儒运当兴。赵绾一时得意，竟要汉武帝不再奏事太皇太后，以便推行儒术。窦太后得知后大怒，私下调查出赵绾、王臧贪污事实，责问汉武帝，汉武帝不得不将二人下狱，迫令自杀谢罪。由此可见当时儒道两家的权势之争是很激烈的。而想大有作为的汉武帝虽然想"有为而治"，但由于有窦太后也没办法。

景帝时期，西汉社会从经济到治安都达到了农业社会美好的极点。但是，另一方面，由于朝廷的无为放任，诸侯骄恣，豪强坐大，商业地主侵渔细民，割据势力业已形成；再加之四夷侵临，匈奴寇边……在歌舞升平的表面景象下，西汉社会实已潜藏着严重的危机。怎样在物质丰富的基础上实现大治，这正是汉武帝最为关心的问题。

当窦太后去世后，汉武帝令各郡国"举孝廉，策贤良"，这时董仲舒以"天人三策"独占鳌头而受到汉武帝的赏识。董仲舒出生于公元前179年，正是文帝刚执政的时候。他经历了文景之治的繁荣盛世，可是他无心于繁华享乐，一直潜心研究学问。《史记》《汉书》中说他专心学业，"盖三年不窥园，其精如此"。王充《论衡·儒增》亦载："儒书言董仲舒读《春秋》，专精一思，志不在他，三年不窥园菜。"桓谭《新论·本造》甚至说："董仲舒专精述古，年至六十余，不窥园中菜。"西汉当时六畜兴旺，马牛繁息，"众庶街巷有马，阡陌之间成群"，人们乘马也非常讲究，乘母马者被人轻视。可董仲舒对此并不留意，"尝乘马不觉牝牡，志在经传也。"他沉迷于书海中，简直到了如痴如狂的地步！他不单钻研儒家经典，还精读其他诸子百家，并从中寻求治国之道。

董仲舒的学说以儒家宗法思想为中心，将周代以来的宗教天道观和阴阳、五行学说结合起来，吸收法家、道家、阴阳家思想，将神权、君权、父权、夫权贯串为一，建立了一个新的思想体系，成为汉代的官方统治哲学，对当时社会所提出的一系列哲学、政治、社会、历史问题，给予了较为系统的回答。董仲舒的"天人三策"以"天人感应"说为中心，以为"君权神授"，"天"对地上统治者经常用符瑞、灾异等表示愿望或谴责。又将天道和人事牵强比附，以论证其"道之大原出于天，天不变，道亦不变"观念。还提出"三纲五常"的封建伦理，并建议"诸不在六艺之科、孔子之术者，皆绝其道，勿使并进。"董仲舒的"天人三策"为武帝所采纳，于是形成了"独尊儒术，罢黜百家"的政治格局，为此后两千余年的封建统治者所沿袭。

事实上，董仲舒的学说，已非曾经的孔孟之道。它是汉代以前各种学说的集大成者。正因为如此，后来有人将儒家分为原儒阶段和新儒新阶，又有玄儒、理儒和心儒之分。不过这种说法不见得科学。因为董仲舒之后孔孟之道便消亡了。儒家不过成为一个空白的旗子，成为奔波仕途者争权夺利的一面旗子。后来，当孔子的"四书""五经"成为金科玉律时，孔孟之道便成了"吃人"的哲学。正是孔孟的泥于先古的哲学影响了中国自然科学的发展。不过孔子的"四书""五经"也不能烧了，还得读，因为它是中国历史与哲学的一部分。

董仲舒也被称为儒家，这实在是政治的需要。因为汉武帝为了统一政权，必然要废除老黄之说，只有这样，才能将一帮执老黄之说的重臣拉下马，从而换上属于自己的新的一批领导班子。也许正是由于这一

错金云纹博山炉
汉代制作 高26厘米
腹径15.5厘米
河北省博物馆藏

董仲舒精研《易经》，他的《易经》学说增加了天人感应、五行通天等学说，发展与丰富了周易。他研究学问时，对世间的富贵不屑一顾。该炉出土于河北满城汉墓，属于短柄炉，造型奇特，制作精巧。

董仲舒像

董仲舒是中国古代的大思想家，同时也是汉代易学集大成者，他把《易经》的能量充分地释放出来，使儒家的地位得到极大的巩固。

第二章 《易经》对中国文化的影响

东方朔像

东方朔精通《易经》，据说他曾用占卦的方式猜出汉武帝盆下的蜥蜴，受到了大量的赏赐。

东方朔偷桃图
吴伟 明代 立轴 绢本水墨淡设色
(美)马萨诸塞州美术馆藏

汉武帝酷爱神仙之术，结果屡屡被骗，多亏诙谐调笑、精通易学的智圣东方朔适时直言切谏，汉武帝才没有陷得太深。民间传说中东方朔是西汉名士，太白金星下凡，后世常以他偷仙桃的传说来象征长寿。

政治需要，汉武帝虽然采纳了董仲舒的理论与建议，但一直没重用董仲舒。因为汉武帝自己内心还是很相信道家思想的。并且汉武帝在稳定了政权后，也起用过黄老之学的大臣。如精通黄老之学的汲黯被汉武帝召为主爵都尉，列于九卿，在朝堂上公开用黄老批评尊儒的汉武帝、张汤、公孙弘等，不仅未受打击，反仍受重用。另外，武帝晚年还酷爱仙道，一心想成神。他这时用人的标准是懂仙道，看谁的仙道懂得越多，给谁的官就越大。结果朝廷上下，巫蛊（gǔ）横行，他为此不仅牺牲了太子，还牺牲了皇后卫子夫。后来，他的仙道梦都成了历史笑柄。由此可见汉武帝不但没有"独尊儒术"，自己还陷入方士的迷信中不能自拔。

从汉武帝后，仕途以儒家为主，但其他诸子百家并没有遭到禁止。正是在这样的背景下，汉朝的易学得到了空前的发展，所以至今汉易在易学史上仍占有极其重要的地位。据《史记·儒林传》中记载，汉初孔氏《易》的传人为田何，田何传王同、周王孙、丁宽、服生。但田氏易学在汉初的文、景之世影响并不大。尽管汉武帝将孔子所传的《易经》列为儒家的"五经"之首，但是儒家却往往更愿意学习道家易。于是道家所传的隐士易主宰了汉世的易坛。其代表为孟喜、焦赣（gàn）和京房。孟喜"得易家候阴阳灾变书"；焦赣"独得隐士之说"；京房受易于梁人焦赣，而焦赣曾经与孟喜学习过易学，可见这三家象数易皆非孔子所传之《易》。

孟喜、焦赣和京房的易学很好地继承和发展了象数《易》，不单是汉《易》的代表，而且是中国易学领域中的佼佼者。

孟氏易以四正卦配二十四节气，十二月卦配一年内阴阳二气的消息盈虚，六十卦配七十二候的卦气图式。孟氏的易学以卦气说为核心，极大地影响了汉代易学的发展。焦氏易精于卦象，并且将十二律吕细分为六十律，其与京房易又相差不远。现在有《焦氏易林》传世，将每一卦变为六十四卦，共四千零九十六卦，并有四千零九十六首诗歌形式的卦辞。这本书据考

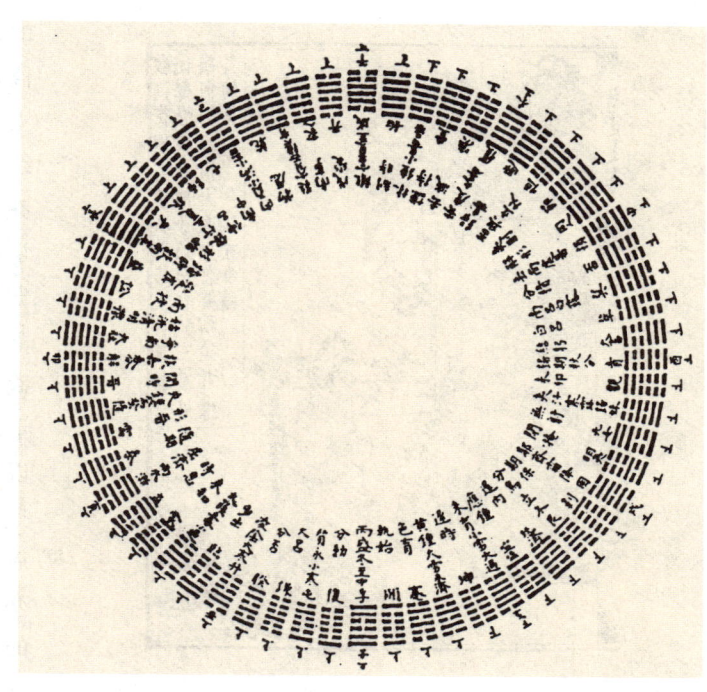

六十律相生图

六十律配六十卦，自黄钟左行至于制时为上生，自林钟至于迟时为下生。

证并非焦氏所著，因为《焦氏易林》与京房易相去甚远。并且《焦氏易林》采用的是伏羲先天八卦次序，有乾南坤北之说，其一卦变卦法，凡一卦变六十三卦者计之如下：一个六爻卦：凡一爻变者可得六卦；凡两爻变者可得十五卦；凡三爻变者可得二十卦；凡四爻变者可得十五卦；凡五爻变者可得六卦；凡六爻变者可得一卦；凡六爻不变者可得一卦。这就是任何一个六爻卦皆可变出六十三卦，加本卦即不变卦共有六十四卦。京氏易则以八宫变卦为次序，分别给八个宫各配七个卦。《焦氏易林》的存在，是说明中国之《易》并非孔子单传的又一例证。京氏易学是象数易的集大成者，其内容应与"长于灾变，分六十四卦，更值日用事，以风雨寒温为候"的焦氏易略同。《汉书·京房传》中记载焦赣曾言："得我道以亡身者，必京生也。"结果京氏果然才四十一岁便被政敌害死。所谓"察渊鱼者不祥"，历史上有很多象数大师，每占必验，然而却不能自保，这完全是由于太固执的缘故。

西汉后期，"谶纬"之学盛行起来，形成了汉朝特有的易学文化。"纬"对"经"是佐翼，六经皆有纬，《易经》之纬为《易纬》，成书于西汉，为《易经》疏注的名著，经传之羽翼，对《周易》影响很大，可惜已佚。《易纬·乾凿度》《易纬·乾坤凿度》《河图纬》《易纬·坤灵图》等"纬书"最为有名，也属于象数易学。"谶"是将来能应验的预言、预兆。因其以图或诗歌的形式预言未来事象，所以也称图谶、谶书。据《后汉书》

二儒生
明代 绣像画

　　就理论渊源而言，董仲舒的儒学，已融会了先秦诸子的思想，如《易经》阴阳学、黄老刑名学、墨家思想、荀孟思想等学派。所以后世的儒家弟子大多附带精通测字、卜卦等易学小术。

南湖书院
清代 木与砖石结构 书院 安徽黟县

　　汉代讲经的风气极盛，《易经》成为了当时的显学。南湖书院位于安徽省黟县的南湖北畔。在明末，宏村人在南湖北畔修建了6所私塾，称为"依湖六院"。

的记载，西汉平帝时的名儒苏竟"以明《易》为博士，讲《书》祭酒，善图纬，能通百家之言"。新莽和东汉前期，谶纬之学极盛，以致被视为"内学"，而"五经"却反倒落至"外学"之窘境。光武诏定"图谶"，颁行天下；曹褒"依准旧典，杂以'五经'谶记之文"，撰修"汉仪"。直到东汉后期的马融、郑玄诸大儒亦都博通谶纬。神学化的经学便成为两汉官学风气。这虽然是象数易的负面影响，但也说明了当时人们对象数易的重视。

　　正是受神学及象数易的影响，东汉末的魏伯阳通过对易学的研究，写出了被称作"万古丹经王"的《周易参同契》，成为道家、道教的三大经典之一。而道教的内、外丹的修炼，则发展了中国的养生学与化学。

　　易学在汉朝得到了空前的发展，渗透到了各个学说、各个领域。汉《易》于是成为中国最有影响力的一大类别，对后世有着深远的影响。

4. 唐、清盛世修《易》

中国历史上只有三个盛世。第一个是西汉"文景之治"到汉武帝、昭帝、宣帝统治的时期，大约在公元前179年到公元前48年之间，约130年；第二个为唐太宗（627）"贞观之治"到唐玄宗开元（公元741后）年间，为120多年；第三个盛世就是清朝的康雍乾盛世，起于康熙二十年(1681)平定三藩之乱，止于嘉庆元年(1796)川陕楚白莲教起义爆发，持续时间长达115年。在这三个盛世中，易学都受到了统治阶级及知识分子的重视，易学也因此而得到了良好的发展。

汉朝的易学在继承先秦易学的基础上，有了很大发展。唐朝时易学发展不是很大，主要在于继承前代成果。因为易学经过三国、两晋、十六国及南北朝后，其支脉庞杂，已经偏离了易学最初的思想。尤其是儒学思想受到了较大的冲击，儒家所读的儒家经典及所研究的学术已不再是汉武帝时所规定的内容，而是更多地融合了玄学及道家学说。并且儒生们由于没有统一的教材，在引经据典时往往出处不一，说法不一，影响了众儒生们的世界观及思想的统一。

这对唐朝的统一是不利的，所以唐皇李世民便钦命孔子的第三十四代孙孔颖达对儒家的"五经"进行整理，这是经学史上的一件大事。孔颖达主编的《周易正义》其主旨"以

唐太宗弘文开馆

李世民即位当年，曾搜集20多万卷书置于弘文殿，天下文儒，云会京师。唐太宗在弘文殿旁设置弘文馆，精选才学渊博之人充任弘文馆学士，仍然让他们分班值夜，"引入内殿，讲论前言往行"，其中易学是他们讨论的重要学问。

仲尼为宗"，主要参考王弼和韩康伯的注解，对《易经》进行逐字逐名的解释，以阐明义理与卦象之间的关系。对于与孔颖达观点相反的注解，孔颖达则进行了删定。由于孔颖达是唐太宗指派的主编人员，所以他所编著的《五经正义》便成为科举取士的范本。该书不仅是当时经学注疏的"定本"，而且也是历代和现代最通行的五经注疏本。其《周易正义》对宋代的义理学派影响极大，为宋代义理学的大发展奠定了基础。

《周易正义》初名为《周易义赞》，其编著的作者除孔颖达外，还有颜师古、司马才章、王恭、太学博士马嘉运、太学助教赵乾叶、王琰、于志宁等，编著后四门博士苏德融、赵弘智复审。后改为《周易正义》，也称《周易注疏》。

不论对卦名、爻辞的诠释，还是对八卦卦义和象数关系的诠释，孔颖达都主张："易从象来，物无不可象也，义亦可象也"；认为《周易》体例复杂多样，不可一例求之，不可一类取之；象、义（理）、数三者关系中，象居第一位，义从象出，数从象生，不能弃象解易。由此可以看出，到了唐朝，人们已经不知道《易》起源于天文历法，已偏离了易学的初衷。因此，清朝的《四库提要》中也说孔颖达的《周易正义》是"墨守专门"，即墨守孔子的学说。

唐朝的易学主要是继承前代的成果。如隐士袁天罡与任司天监（天文观察方面的官职）的李淳风都是当时很有名气的易学大师。其二人所著的《推背图》便是继承了

阎立本
唐代《步辇图》绢本设色　北京故宫博物院藏

　　唐太宗励精图治，与民休养生息，使社会逐渐安定下来，国势空前强盛，开创了历史上有名的"贞观之治"。据说他的年号"贞观"就来自《易经》："天地之道，贞观者也。"此图描绘贞观十五年唐太宗李世民接见来迎娶文成公主的吐蕃使者禄东赞的情景。

汉代的图谶学说，现今被称为世界七大预言书籍之首。唐代还有一位名气很大的易学大师是李中虚，他继承并发展了南北朝时期的命学。

唐朝虽然起用儒士治国，但对道家也很重视。如成语"终南捷径"一词便是出自唐代的典故；唐太宗的宰相虞世南曾说："不学《易》，不可以为将相"；唐代著名的医学家孙思邈也说："不知《易》，不足以言太医。"可见在唐代易学已成为最重要的一门学问。

在康乾盛世时期，对中国历代的学术进行了大规模的总结。

北齐校书图
杨子华 南北朝 长卷 绢本设色 （美）波士顿艺术博物馆藏

在中国古代社会，一个朝代进入盛世时都会以国家的力量修订典籍。例如，唐代的易学在典籍的整理中得到完好的继承和发展。此图是由北齐杨子华创稿，唐代阎立本完成的。画的是北齐文宣帝高洋命樊逊、高乾和等11人共同刊校国家收藏的五经诸史的故事。

学术在任何时候都是客观社会生活在精神领域的集中体现，与繁荣的社会形势相适应。康乾时期的学术文化表现出全盛之世特有的恢弘气象，以考经证史为重要特色的汉学兴起，推动着学术向集大成方向发展。其摆脱了元明以来学术研究的空泛之风，开始以科学的态度和严谨的方法，对数千年文化遗产进行系统的考订和整理。康乾时期古籍研究、整理所涉猎的范围异常广泛，包括经学、史学、天文、古算、地理、农学、医学等方方面面，从比较宽广的范围展现了中国传统文化的博大精深。

康熙钦定陈梦雷参照明朝的《永乐大典》编成了一部规模浩大、体例完善的类书——《古今图书集成》。这部类书汇集了清康熙以前的各种资料。

康熙还命李光地等人在《周易》训释上以"兼收并采，不病异同"的方针，撰成《周易折中》一书。他以最高统治阶层的高度智慧，对《易经》学术上的争论，采取了比较明智的态度，没有像唐太宗修《周易正义》那样采取一家之言，也没有像明成祖修《周易大全》那样只取程朱本。因为康熙本人就极其精通易学，所以他自然明白易学中的精髓是什么。

康熙晚年还收到了莱布尼茨从德国寄来的信。莱布尼茨表达了对中国《易经》

皇史宬
明代　木与砖石结构　北京市

位于北京天安门东的皇史宬是中国明清两代的皇家历史档案馆，是中国保存最完整的皇家历史档案馆，又称表彰库。明成祖时编纂的《永乐大典》副本曾珍藏在此。

《永乐大典》明万历十九年刻本（孤本）
《永乐大典》（三峡通志）传世孤本

在明朝的《永乐大典》之中，最先编写的部分正是和《易经》相关的典籍，由此可见古代易学的重要性。

的推崇，并要求加入中国国籍。莱布尼茨认为中国伏羲的八卦图便是一种二进制算术，可是这位伟大的创造者发明之后没有人真正继承下来，最终被莱布尼茨发现了这个奥秘。这真是让人感到惋惜的事，因为当时对易学很有研究的康熙自然不会重视莱布尼茨的看法。至今，计算机的机器码被称为"china码"，便是为了纪念中国的二进制对计算机所做的贡献。如果当时康熙大帝能够吸收国外先进的科学知识，注重中国自然科学的发展，计算机应该是中国发明出来才正常，并且"china码"应称之为"伏羲码"才对。其实，中国的落后正是从康熙年间开始的，因为当时还以拘泥于先古的儒家治国，这不能不阻碍中国与世界同步发展。

乾隆继承皇位后，对古代的文献进行了第二次整理。乾隆"圣谕"永瑢领衔纂修的《四库全书》将中国历代重要典籍完整抄录下来，分编于经史子集四部四十四类之下，内容浩瀚，包罗万象，可以说是中国传统学术文化之总汇。仅《四库全书·术数类》就收集了中国古代术数专著五十多种。其中包括《易枝》《太玄经》《灵棋经》《遁甲演义》《三命通会》《宅经》《葬经》《李虚中命书》及汉代的各种易学等。

乾隆还命傅恒等撰编了《周易述义》。该书继《周易折中》而作，其释义融会各家意见，撷取精华，不辩驳得失，随文诠释，简明扼要，切于实际。

不过唐所修订的《五经正义》与清所修订的《周易折中》《周易述义》只是为科举制度准备的教科书。孔孟之道，唐宋时期治国还行，不过在清朝就不大适合了。"四书""五经"中没有数学知识，没有天文知识，没有物理知识，没有化学知识，通篇的仁义道德，只能造就一批"愚儒"，所以说康乾盛世真是一个悲哀的盛世。

钦定四库全书

清乾隆时编纂。1772年开始，经十年编成。中国古代最大的一部官修书，也是中国古代最大的一部丛书，分经、史、子、集四部，故名四库。

天一阁
浙江省 宁波市

天一阁的历史已有440余年，是中国现存最古老的藏书楼，有"南国书城"的美誉。据记载，天一阁是由明代的兵部右侍郎范钦主持修建的。

第二章 《易经》对中国文化的影响

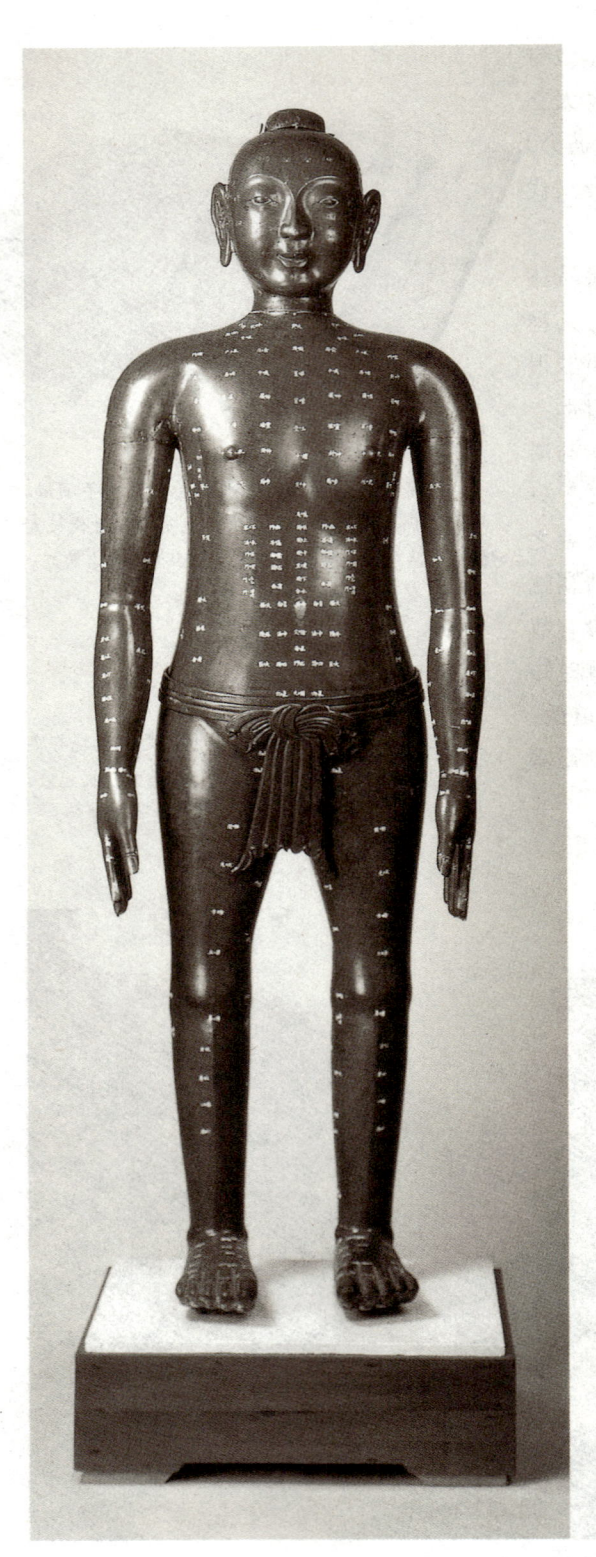

唐、清盛世修《易》，说明《易经》具有重要的价值，不过都没有把《易经》的巨大价值发挥出来。《易经》起源于天文历法，是自然科学的一部分，它里面包含着事物的发展规律。中国的天文学、医学、养生学、建筑学、地理学、预测学等，都是建立在《易经》的基础上发展起来的。而清朝科举制度的教科书中的《易经》却还是只重义理的孔氏《易》，并且当时一些抨击宋朝易学思想的作者往往遭到了文字狱的迫害。

从汉武帝至大清国最后一个皇帝，中国两千年来教科书都没换过，这是何等的悲哀！其实，正是封建社会历代君王的愚民政策阻碍了中国的发展，以不适合民用为由，严禁象数易学、天文学、军事学等知识在民间传播，最终扼杀了中国近代科学的萌芽。

中医针灸用的小铜人
明仿宋铸制 针灸铜人模型
通高213厘米

中医是《易经》哲学发展的一个支流。有学者称，《易经》是中国古人的科学理论，中医是这门科学理论成功实践的表现。

5.《易经》对中国文化的负面影响

俗话说："学会《易经》会算卦。"于是人们一谈到《易经》便会与算命先生联想起来，然后便会自然而然地想起一些算命先生们骗钱的案例，于是便会说出一句让人心惊肉跳的话——这是封建迷信！

"封建迷信"这四个字，只有在中国国土上生活的人才会对它有谈虎色变的感觉，因为它曾经是轰轰烈烈的"文化大革命"中一句响亮的口号。在当时，谁要是被这四个字扣在头上，祖孙三代是不会有好下场的。改革开放后，不少人披着中国传统文化的神秘外衣，确实做了不少骗名、骗利、骗地位的勾当。但骗子与学术是两个概念。对于骗子我们应当利用法律武器，将其绳之以法；对于传统文化遗产，我们应当讨论、研究，去其糟粕，留其精华，很好地继承和发扬。而那些总想将传统文化冠以"封建迷信"的人，往往是既没有法律意识，也不懂中国传统文化的人。他们有可能也为中国五千年文明而自豪，但却说不出中国五千年的文明是什么。这正是太多的中国人的悲哀。

那么易学到底有没有封建迷信成分呢？这很难一两句话说清楚。我们从《易经》来看，它最早起源于上古人类对星象的观察而制定的一种历法，后来人们通过天体变化及地理环境的变化规律与人的行为结合起来，逐渐总结出一套理论——即变化的理论。变化，即是《易经》的主题。它里面没有一丝鬼神主宰一切的内容，怎么是迷信呢？可是由于四大原因，使易学披上了神秘的外衣而显得有些"封建迷信"。

第一，掌握易学知识的人出于某种目的对这种知识过度夸张，使易学蒙上了一层迷信色彩。这是较为普遍的一种现象。我们知道，易学起源于圭表，圭表原来是测日影确定四时八

医易同源

中医的理论基础是与中国古代的哲学思想相通的，"医易同源"就是对这种相通性的一种客观认识。中医的理论经典《黄帝内经》充分吸取了《易经》的精华，并把它创造性地和医学相结合，使中医成为了一门具有很高哲理水平的自然科学。

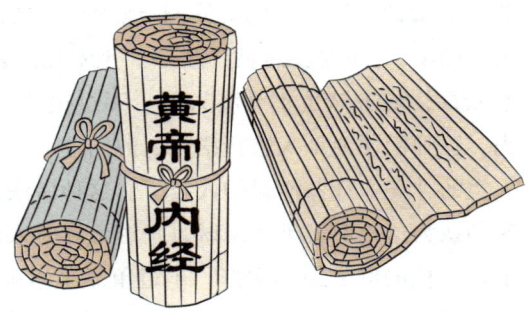

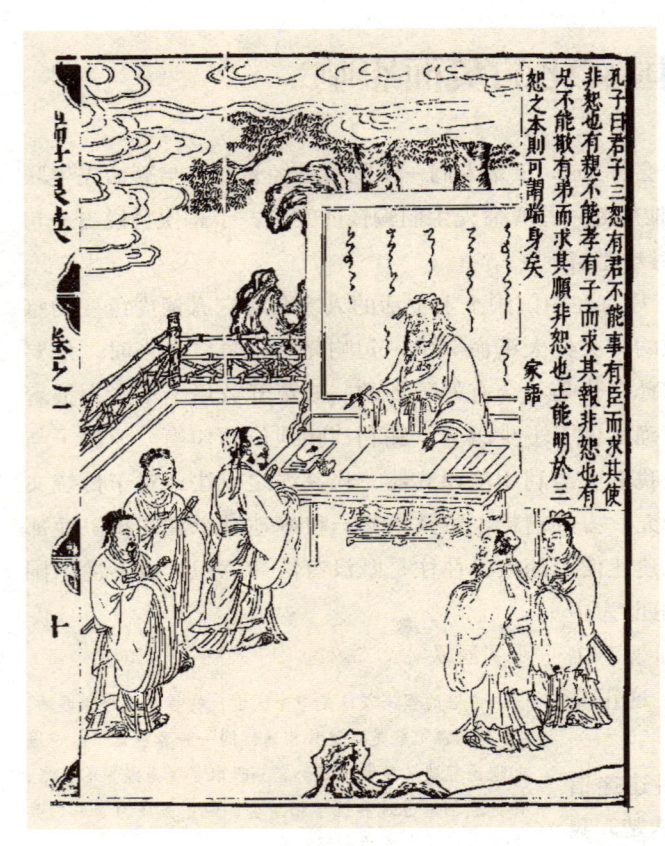

孔夫子
明代《瑞世良英》插图

　　《易经》中的"神"字，是非常灵验、博大的意思，而不是指鬼神。中国在很长一段时期内，既无宗教，更无教士，对孔孟儒家所崇尚的礼仪的重视程度远远高于对鬼神的信仰，这的确是中华民族历史中一个不容忽视的独特之处。

　　节的工具。当时谁懂得用测日影的方法确定四时八节，就会成为众氏族部落的首领。因为四时八节对人们狩猎与种植有着重要作用。于是，圭表从第一次立起那天，就成了权力的象征。渐渐地，这种天文历法知识，便成为统治阶级保持自己地位的一种工具。

　　最高统治者通过自己掌握的天文历法知识，让人们觉得他是"受命于天"的天子，以得到众氏族的拥护。于是易学在萌芽阶段，便已披上了神秘色彩。而这种知识却不含有任何迷信。因为受命于天的天子无法让春天变为夏天，他们必须以更精确的历法来向人们展示自己的正确性。后来，统治者拥有的氏族越来越多，自然没有太多的时间去观察圭表的日影了，于是有了专门研究天文历法的人员，这些人也属于贵族阶层，仍然为统治者宣扬"受命于天"的理论。由于当时知识掌握在少数统治阶级手里，所以这些过着神仙般日子的贵族们自然渐渐失去研究学问的兴趣，于是他们变"不易"为"简易"，于是巫术便产生了。巫术比站在太阳底下测日影简单多了，应该也有些效果，要不然也不会有人信。不过很残忍。比如要是有个地方经常出现天灾人祸，巫师们便会杀人进行祭天。他们选一个漂亮的女子杀掉，以为这样上天就会因人类的"美人计"而保护人类了。这种做法，现在我们肯定认为是惨无人道，而当时却认为这是对上天的忠诚，是统治者对人民负责。要不说"红颜薄命"呢，确实上古时代的红颜命不太好。不过单靠巫术确实不能保证人们的种植业获得大丰收，于是历法与巫术结合起来。比如在周朝，朝中有巫、龟、卜、祝四种神职人员。周室衰落后，一些贵族离开周室，有的成为隐士，有的成为游士，有的成为游侠。

于是每种"士"都根据自己所掌握的知识来为自己编织神秘的彩衣。清苦的隐士当然也想过上"衣来伸手，饭来张口"的贵族生活，但当时的贵族生活太危险了，今天还在享受珍馐美味，明天就有可能掉脑袋，所以只能归隐；游士与游侠自然不愿意过流浪的生活，但为了能够被统治者所聘用，只能是能吹就吹，能侃就侃了。所以易学知识流入民间后，便也因掌握易学知识的人出于功利目的，而为其继续编织神秘的彩衣。到了今天，这种现象仍然存在。比如有人说"易学是天书"，是"鬼神都怕的书"，"《易经》放在家里便可趋吉避凶"，言外之意告诉人们懂得易学的人是多么厉害！总之，掌握易学知识的人为易学加上神秘色彩，是想通过欺骗的手段骗得地位、功名与钱财。而易学本身是不具有迷信色彩的，迷信的是人。

其次，对易学知识不了解的人因为感到神奇而为其赋予了过多的神化色彩。远古时期的先民，自然极其相信帝王们是受命于天的天子，不然当时不会出现伏羲、神农、黄帝等等这些可以统治众多部落的联盟首领。比如在古代文学作品中，我们经常会见到"呼风唤雨，撒豆成兵，遁土而去，御风而行"等精彩的描述，其实这是传闻失实造成的。一些不懂易学的人，往往认为易学极其神奇，能够无所不知，无所不晓，无所不能，于是便出现了被欺

帛画人物御龙图
战国 绢本墨绘淡设色 湖南省博物馆藏

对于《易经》中的龙，不能看成是一种生物或星宿，它指的是一种宇宙万能象的本体。此帛画中骑龙的人也只是一种象征，象征着人已经掌握了宇宙的本体。

第二章 《易经》对中国文化的影响

骗的事件。受骗的人，自然会认为易学知识都是骗人的把戏。这都是无知造成的。如果人们都懂得了易学究竟是一门什么学问，就不会上当了。

第三，易学对于中古掌管天文观象的人来说，也许学习起来容易些。但秦朝以后，人们学习易学已不是一件容易的事情了，如果没有名师指点，一般一生不会研究出什么结果。因为《易经》这本书的全部知识、甚至主要知识并没有写到书里去。只有在名师指点下才能走进入门阶段，才能对《易经》有真正的理解。可是一些人在读了很长时间《易经》后，明明没弄懂，却不懂装懂，化"不易"为"简易"，于是开发出一套自己研究的易学来，这种易学是一种假易学，自然经不起实践的考验。发生这种错误的不单是知识浅薄的人，也正是古代儒家与道家的弟子最容易犯的错误。到了东汉，儒家弟子受道家易的影响，开始以玄学注解《易经》，于是出现了《易纬》，又由于真正做学问既费力又不讨好，所以很多儒家便按照自己的想法想当然地进行注解，于是使一些《纬书》成了"伪书"。尤其是东汉时期流行的图谶术，更是鱼龙混杂、真假难辨。本来图谶只是用易学占出结果的一种表达方式，由于其图与诗文隐晦难懂，所以有些人便信口胡诌，甚至

诸葛村的钟池
诸葛村 土木建筑 浙江兰溪

诸葛八卦村，古称"高隆"，是"古今第一良相"诸葛亮一支后裔聚集的血缘村落。据《高隆诸葛氏宗谱》记载，本村的诸葛氏奉诸葛亮的父亲圭为始祖，元代中叶到高隆定居的是第26世宁五公诸葛大师。全村目前有5000多人口，有逾2700人为诸葛亮嫡传后裔，是全国最大的诸葛亮后裔集中聚居地。

发展成为一种文字游戏，根据字面的意思，说好说坏都行。后来许多庙里算卦签上的诗文便是受其影响，善男信女们来抽签算卦，老和尚察言观色，然后好坏自有分说。一些未得到真传的道家弟子往往对着经文胡猜乱想，最后纂出一套不伦不类的理论，使道家经典里面存有很多糟粕。也有一些道士为了名利，投帝王所好，根据易学思想向帝王传授御女之道、成仙之术，结果不但使这些自不量力的帝王们大损阳寿，甚至造成社稷不保。

第四，源远流长的神鬼意识是迷信的根源。也许有人说，对神鬼以"源远流长"一词形容有些不恰当，因为它是一个褒义词。可是在远古时代，"神鬼"是与"神圣"一词画等号的。世界各民族的历史都有一个神话

宝纶阁
明朝 砖石木材 祠堂 安徽

宝纶阁实指包括宝纶阁在内的中国安徽当地一座私家建筑——"贞静罗东舒先生祠"，它位于中国安徽的呈坎村，村中建筑达到了"阴阳二气统一，天人合一"的境界。中国的建筑学家称其为"民间故宫"。

时代，在那个时代，神鬼都是神圣不可侵犯的。大概自从有了人类，便有了神鬼意识。世界各民族的祖先都是神，神的儿子怎么能不信神呢？所以神鬼意识在人的头脑中根深蒂固。

就拿秦始皇来说吧，他是东夷人的后代，东夷人的祖先是伏羲，秦始皇自然会认为自己也带着一些神气儿。他的祖先（如穆天子）的一些与神仙有关的传奇经历，自然使他深信不疑神仙的存在。更何况自己是第一个统一中国的伟人，怎么

三透九门堂
清朝 木与砖石结构 住宅 浙江仙居

被誉为"中国民居建筑的奇迹"的三透九门堂位于浙江省仙居市的名镇蟠滩镇。其设计和布局规划出以"五"字为头的大系统。三透九门堂共有156间房子，沿着廊檐可以进入任意一间屋内。二透的厅堂花窗是以太极图为中心的阴阳八卦，显得很神秘。

会与神仙无缘呢？没有神仙帮助或者自己没有点仙气儿哪能取得这么大的成就？所以他尽管知道八卦易学没那么神，却对方士的法力没有一丝怀疑，并且在多次受骗后，仍然忠贞不渝地去寻找与神仙见面的机会。

另一个例子便是位列仙班的汉武帝了。汉武帝的祖先是黄帝，自然便认为自己也是神的后代了。汉武帝宠幸的妃子李夫人得病身亡，汉武帝为此朝不食、夜不寐，非常怀念。于是有个少白头的李少翁来见汉武帝，说自己已有二百多岁了，有招引鬼神的法术，可以把李夫人请回来。李少翁于是要了李夫人的衣服，在一间很清静的屋子里，用今天投影的原理，在帷幕上投出了李夫人的幻影。汉武帝尽管没能与李夫人言谈，但是毕竟在恍惚中看到了他朝思暮想的李夫人。汉武帝认为李少翁果然有法术，遂拜李少翁为文成将军。

汉武帝从此对李少翁极其宠爱，整日与他谈论神仙的事情，表示想要见见神仙。李少翁于是欺骗汉武帝说："陛下要想与神仙交往，就必须把宫室、被服等弄得如同神物。"武帝果真让人把宫殿的房顶、柱子、墙壁都画上五彩的云头、仙车，被服也绣上了这类东西，可是等了一年多，根本见不到神仙的踪影。李少翁见骗术要败露，于是又想了一招来欺骗汉武帝。一次，李少翁在陪同汉武帝去甘泉宫的途中，看到有人牵着一头牛，李少翁便指着牛对汉武帝说："陛下，这头牛肚子里有奇书。"汉武帝命人剥开牛肚子，果然在里面发现了一张帛书，上面写着一些让人无法看懂的隐语。汉武帝于是开始极其虔诚地研究起这些隐语，结果发现这些字是李少翁的笔迹。汉武帝当即醒悟是受了骗，杀掉了李少翁。

可是汉武帝虽然被骗，但他并没有因此而减少对神仙方术的迷恋，仍然到处寻找有法术的方士。于是有一个叫栾大的方士求见汉武帝。他对汉武帝说："我从前在海里来往，碰到过仙人安期生，拜他为师，学到一些法术。我可以用法术点石成金、堵塞黄河、炼出长生不老之药。"对这样的鬼话，汉武帝竟然相信了。他马上封栾大为五利将军、天士将军、地士将军和大通将军。但栾大似乎不稀罕这些官衔，于是汉武帝又加封其为乐通侯，并把公主下嫁给他。可是过了一年多，栾大既没能堵塞河口，也没有能够炼出黄金，汉武帝这才明白自己又受骗了。这位喜好神仙法术的帝王有很多求仙受骗的笑柄，而其之所以一再受骗，正是代代相传的神鬼意识在作怪——神是自己的祖先，自己的祖先怎么会骗自己呢？

在当今社会，这种神鬼意识仍然存在。一些有文化的人也相信神的存在，为什么会这样呢？这主要是科学知识的宣传力度不够造成的；其次，一些认为自己很唯物、很科学的人的言论，往往并不科学。比如以前一些人提出较为科学的观点认为五行概念及二十四节气起源于战国时代，而现今的考古却证明与传说中的时期较为接近，所以这些不严谨的学术观点无法很好地让人树立起科学的世界观。一些科学家今天说，吃瘦肉对身体有好处，过几天又说得吃肥肉；有的说要想长寿得运动，可过段时间又说得少运动，这种科学确实无法让更多的人不再相信迷信。

综上所述可以看出，封建迷信是人为和传统观念造成的，与易学知识没有必然的联系。易学的科学含量还是很高的。所以我们今天在继承祖国易学文化遗产时，要有取舍，不能完全模仿，要去伪存真，很好地继承和发扬我国传统文化。

当然，要想很好地继承和发扬易学文化，光靠一些算命大师是不行的，而应当与科学接轨。比如搞楼盘设计的设计师结合当代环境学再吸收一下易学的营养，将会有更完备的居住环境设计理论问世；考古工作者在历史知识的基础上再学习一些易学知识，也会在考古工作中有更大的收获。总之，无所不包的易学知识，可以和现在的各个学科产生联系，只要抱着研究的态度、客观的态度、科学的态度，我想易学知识是不会助长人们的封建迷信思想的，因为它里面没有叫你信鬼神的内容，也没有教你盲目崇拜的内容。

紫禁城

明代 砖木 皇宫 北京市

　　紫禁城的布局体现了中国古代文明的宇宙观和阴阳五行学说。属于阳性的帝王朝廷为前，属于阴性的皇宫起居为后，功能和意识形态得到统一，背山面水的传统营建模式也贯穿在紫禁城的建造中。

社稷坛
明代 砖结构 祭祀地 北京市

　　北京的社稷坛建于明永乐十九年（1421），遵照"社为阴"的原则，遵天南地北之制，由北向南设祭，总体布局由北向南展开。社稷坛的方坛分三层，四周以汉白玉石围绕，坛面铺黄、蓝、白、红、黑五色土壤，其中黄土居中，而东蓝、西白、南红、北黑，以阴阳五行学说象征"普天之下，莫非王土"。

芙蓉村民居
始建于明代 浙江永嘉

　　浙江永嘉县芙蓉村是按照"七星八斗"规划而建的古村落。"星"指道路交会处的方形平台，"斗"指水渠交汇处的方形水池，七星翼轸分列，八斗呈八卦状分布，道路、水系结合散布的星、斗而形成系统，其规划布局隐喻村寨可纳天上星宿，希望子孙后代人才辈出如繁星，反映了中国古人的居住习俗。

第二章　《易经》对中国文化的影响

第三章 《易经》基础知识

有的人学习《易经》很长时间了，却仍然是一头雾水，不能明白《易经》的真正含义。这是怎么回事呢？其实，这主要是因为你根本就没看懂这本书。

为什么看不懂呢？因为《易经》里面并没有包含易学的全部知识，尤其是学习《易经》的基础知识。中国古代的经书，不像现在的书本一样可以拿过来进行自学，而是需要师傅进行传授才能学会。所以古代的学习非常注重师承门派的关系，表面上看这个师承门派就像现在的大学名气排名，而实质上，却反映着弟子学业的真正水平。古代易学一类的知识都不会轻易传人，一般只传与一些道德高尚的人，以防止坏人利用易学知识为非作歹。而经书即使落入坏人手里，由于他不具备相关的知识，他也不会读懂，从而达到了防止坏人利用知识做坏事的目的。

授徒图

陈洪绶 清代 立轴 绢本（美）加州大学美术馆藏

古代德学兼备的易学大家为了不使手中的绝学失传，总会努力去寻找资质出众并且道德高尚的弟子。此图表现的是博学的学士向女弟子传授技艺的情景。一位儒雅的学士坐在由太湖石制成的石案前，上面放有书画、茶壶、杯子、香炉等物。学士手执如意，看着两位坐在圆凳上的女弟子。其中一位低头凝视着案上的竹石画，而另一位则往花瓶中插着花。

白鹿洞书院
始建于唐代　木与砖石结构　江西九江

白鹿洞书院有"海内书院第一"和"天下书院之首"的美誉。书院傍山而建，楼阁庭院掩映在参天古木之中。其中朱子祠是为纪念朱熹而建立的。

比如宋代朱熹所注解的《周易本义》，其正文的前面是九张图表，也称"朱氏九图"。这九张图分别是河图、洛书、伏羲八卦次序图、伏羲八卦方位图、伏羲六十四卦次序图、伏羲六十四卦方位图、文王八卦次序图、文王八卦方位图、卦变图。这九张图的内涵太深了，如果没人讲解，这九张图的意思靠自学怎么能理解透彻呢？恐怕人们一生也理解不透。可是，这九张图却包含着易学极其重要的知识。至于后面经文中的典故，没有师傅讲解也是无法理解的。可见古代的学生离开老师是不会学到真东西的。而我们现在学习《易经》，基础就更差了。因为当时人们所熟知的东西，我们现在已经变得陌生了。比如六十甲子，当时人们每天接触这些数字，就像我们现在接触阿拉伯数字一样。古代的天干、地支与五行的生克关系，古人也较为熟悉，而我们现在的人却对这些太陌生了。

为了使广大读者们能够读懂《易经》，我们在这一章重点讲解学习《易经》必须熟知的一些基础知识。

1．五行、天干、地支

（1）五行

　　五行是中国古代的一种物质观，在哲学、中医学和占卜方面占有重要的地位。

　　五行即木、火、土、金、水。五行学说认为宇宙万物，都由木、火、土、金、水五种基本物质的运行（运动）和变化所构成，随着这五个要素的盛衰，而使得大自然产生变化，不但影响到人的命运，同时也使宇宙万物循环不已。

五行相互关系：

　　五行相克：金克木，木克土，土克水，水克火，火克金。
　　五行相生：金生水，水生木，木生火，火生土，土生金。
　　五行相见：金见金，木见木，水见水，火见火，土见土。

五行相生相克图

五行特性：

　　"木曰曲直"，意思是木具有生长、生发的特性；代表生长、生发、条达、舒畅等性质，在人体为肝。

　　"金曰从革"，意思是金具有肃杀、变革的特性；代表沉降、肃杀、收敛等性质，在人体为肺。

"水曰润下"，意思是水具有滋润、向下的特性；代表了滋润、下行、寒凉、闭藏的性质，在人体为肾。

"土爰（yuán）稼穑"，意思是指土具有种植庄稼，生化万物的特性；代表了生化、承载、受纳等性质，在人体为脾。

"火曰炎上"，意思是火具有发热、向上的特性；代表了温热、向上等性质，在人体为心。

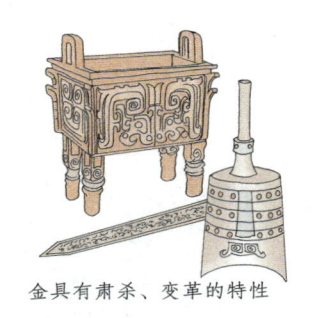

金具有肃杀、变革的特性 　　木具有生长、生发的特性 　　水具有滋润、向下的特性

火具有发热、向上的特性

土具有长养、化育的特性

古人认为宇宙是由金、木、水、火、土这五种最基本的物质构成，宇宙间各种事物和现象的发展都是这五种物质运动和交互作用的结果。

古代劳动人民通过长期的接触和观察，认识到五种物质中的每一种都有不同的性能。古人基于这种认识，把宇宙间各种事物分别归属于五行，因此在概念上，已经不是木、火、土、金、水本身，而是一大类在特性上可相比拟的各种事物、现象所共有的抽象性能。

（2）天干、地支

十月太阳历就是夏历，就是上古的十天干，十天干是用来描述太阳的运行周期的。阴历就是十二月太阴历，就是上古的十二地支，十二地支是用来描述月亮的运行周期的。太阳历是科学历，太阴历是自然历。太阳历是天文学与农业科学相结合的产物，太阴历源于上古每月一次的祭祀活动。太阳历和太阴历合称天干地支。天干地支是易学文化的一个重要组成部分。

十天干为：

甲、乙、丙、丁、戊（wù）、己、庚（gēng）、辛、壬（rén）、癸（guǐ）。

《群书考异》中说，甲是拆的意思，即指万物剖符而出；乙是轧的意思，表示初生的样子；丙是炳然之意，即万物炳然著见；丁是强的意思，意为万物丁壮；戊为茂盛之意；己是纪的意思，指万物有形可纪识；庚为坚实之意，指万物收敛有实；辛是新的意思，指万物初新皆收成；壬即妊，指阳气妊养万物于下；癸是揆（kuí）的意思，指万物可揆度。

甲为"铠甲"，万物突破其甲而出。

乙为"轧"，万物生长的意思。

丙为"炳"，万物茂盛的意思。

丁为"壮"，指达到壮丁。

戊为"茂"，指事物繁茂。

己为"起"，万物抑屈，奋然而起。

庚为"更"，指更新，秋收而待来春。

辛为"新"，万物一新，秀实新成。

壬为"妊"，阳气潜伏，万物被养育之状。

癸为"揆"，万物萌芽之状。

十二地支为：

子、丑、寅（yín）、卯（mǎo）、辰、巳（sì）、午、未、申、酉（yǒu）、戌（xū）、亥（hài）。

《群书考异》中说，子为孳（zī），指万物孳萌于既动之阳气下；丑是纽、系之意，指万物继萌而长；寅是移、引之意，指物芽稍出；卯为冒，指物生长壮大；辰是震的意思，物经震动而长；巳是起、已的意思，指万物至此已毕尽而起；午是忤（wǔ）的意思，指万物盛大枝叶密布；未是味的意思，指六月滋味也。此时阴气已长，万物稍衰，体暧昧；申是身的意思，指万物的身体已长成；酉是老的意思，指万物老极而成熟；戌是灭的意思，指万物皆衰灭；亥是核的意思，指万物收藏皆坚核。

子 是"孳"，表示万物孳萌于阳气之下。

丑 是"纽"，表示用绳子捆住。

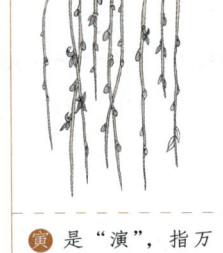

寅 是"演"，指万物开始生长。

卯 是"冒"，指万物冒土而出。

辰 是"伸"，指万物伸长振作。

巳 是"已"，指万物已成。

午 是"忤"，指已过极盛，又是阴阳相交的时候。

未 是"味"，是万物已成有滋味。

申 是"身"，指万物各有形体。

酉 是"秀"，万物十分成熟。

戌 是"灭"，万物消灭归土。

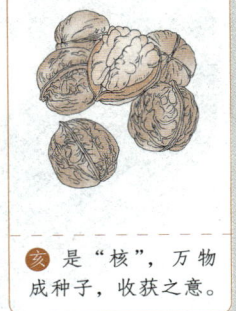

亥 是"核"，万物成种子，收获之意。

第三章 《易经》基础知识

147

干支阴阳：

甲、丙、戊、庚、壬，为阳干；

乙、丁、己、辛、癸，为阴干。

子、寅、辰、午、申、戌，为阳支；

丑、卯、巳、未、酉、亥，为阴支。

天干配五行、四时与方位：

甲乙东方木，丙丁南方火，戊己中央土，庚辛西方金，壬癸北方水。

甲乙属木，其时为春天，触地生而产万物，其位在东方，故甲乙为东方木；丙丁属火，其时为夏，炎火其上，使万物生长，其位在南方，故丙丁为南方火；戊己属土，其时为季夏，得皇极之正气，含黄中之德，能苞万物，其位在内通，故戊己为中央土；庚辛属金，其时为秋，阴气始盛，万物禁止，其位在西方，故庚辛为西方金；壬癸属水，其时为冬，阴化淖溺，流施潜行，万物至止终藏，其位在北方，故壬癸为北方水。

十天干与人体的配属关系：

甲为头，乙为眉，丙为额，丁齿舌，戊己鼻面，庚为筋，辛为胸，壬为胫，癸为足。

十天干与脏腑的配属关系：

甲为胆，乙为肝，丙为小肠，丁为心，戊为骨，己为脾，庚为大肠，辛为肺，壬为膀胱，癸为肾。其阳为腑，阴为脏。

十天干与六神的配属关系：

甲乙为青龙，丙丁为朱雀，戊为勾陈，己为螣蛇，庚辛为白虎，

铜钱上的十天干

天干文化很古老，通过研究《易经》的文化就知道，天干甚至比《周易》古老得多。

壬癸为玄武。其青龙主喜庆之事；朱雀主口舌是非；勾陈主田土，也指牢狱之灾；螣蛇主虚惊之事；白虎主血光丧服之事；玄武主匪盗暗昧之事。

地支配五行、四时与方位：

寅卯东方木，巳午南方火，申酉西方金，亥子北方水，辰戌丑未为四季土。

少阳见于寅，壮于卯，衰于辰；寅卯辰属木，司春，其位为东方。太阳见于巳，壮于午，衰于未；巳午未属火，司夏，为南方。少阴见于申，壮于酉，衰于戌；申酉戌属金，为西方。太阴见于亥，壮于子，衰于丑；亥子丑属水，司冬，为北方。寅卯辰为春季，巳午未为夏季，申酉戌为秋季，亥子丑为冬季。其中每个季度的最后一个月，因土旺于四季，所以称为四季土。其四时方位之理，与十天干的四时方位相同。

十二地支与月建的配属关系为：

正月建寅，二月建卯，三月建辰，四月建巳，五月建午，六月建未，七月建申，八月建酉，九月建戌，十月建亥，十一月建子，十二月建丑。

正月建寅，是因为此时北斗星斗柄指向寅位，余月依此类推。正月建寅，即寅木当令，不过此处的正月是指立春到惊蛰这一个月，在这一段时间寅木行使生杀大权。余依此类推，其月份皆以二十四节气为准。

十二生肖与中国纪年
唐代 陶俑 陕西省西安市韩森寨出土

十二生肖在某种程度上是十二地支的代名词，由于被赋予了鲜活的动物形象，因而流传更广，更为民众所熟知。

十二地支与十二时辰的配属关系如表所示：

时辰	子	丑	寅	卯	辰	巳
时间	23-1	1-3	3-5	5-7	7-9	9-11
时辰	午	未	申	酉	戌	亥
时间	11-13	13-15	15-17	17-19	19-21	21-23

十二地支与十二生肖的配属关系如表所示：

子	丑	寅	卯	辰	巳	午	未	申	酉	戌	亥
鼠	牛	虎	兔	龙	蛇	马	羊	猴	鸡	狗	猪
1	2	3	4	5	6	7	8	9	10	11	12

十二地支与人体的配属关系：

子为耳，丑为肚，寅为手，卯为指，辰为肩、胸，巳为面、咽喉，午为眼，未为脊梁，申为经络，酉为精血，戌为命门、腿足，亥为头。

十二地支与脏腑的配属关系：

寅为胆，卯为肝，巳为心，午为小肠，辰戌为胃，丑未为脾，申为大肠，酉为肺，亥为肾、心包，子为膀胱、三焦。

十天干的化合：

十天干的化合是由二十八宿位于天体上的方位来决定的。其为：甲己化合土，乙庚化合金，丙辛化合水，丁壬化合木，戊癸化合火。十干化合是阳与阴合，阴与阳合，如男女夫妻之道，阴阳和合。正所谓"一阴一阳谓之道"。

十二地支六合：

子与丑化合土，寅与亥化合木，卯与戌化合火，辰与酉化合金，巳与申化合水，午与未化合土。

十二地支三合局：

申子辰化合为水局，亥卯未化合为木局，寅午戌化合为火局，巳酉丑化合为金局。

十二地支三会局：

寅卯辰会东方木，巳午未会南方火，申酉戌会西方金，亥子丑会北方水。三会局因会一方之气，所以其力量大于三合局。

十二支相冲：

子午相冲，丑未相冲，寅申相冲，卯酉相冲，辰戌相冲，巳亥相冲。

十二支相害：

子未相害，丑午相害，寅巳相害，卯辰相害，申亥相害，酉戌相害。

十二地支四时衰旺：

春木旺，秋金旺，夏火旺，冬水旺。

当生者旺，所生者相，生我者休，克我者囚，我克者死。

春：寅卯木旺，巳午火相，辰戌丑未土死，申酉金囚，亥子水休；

夏：巳午火旺，辰戌丑未土相，申酉金死，亥子水囚，寅卯木休；

秋：申酉金旺，亥子水相，寅卯木死，巳午火囚，辰戌丑未土休；

冬：亥子水旺，寅卯木相，巳午火死，辰戌丑未土囚，申酉金休。

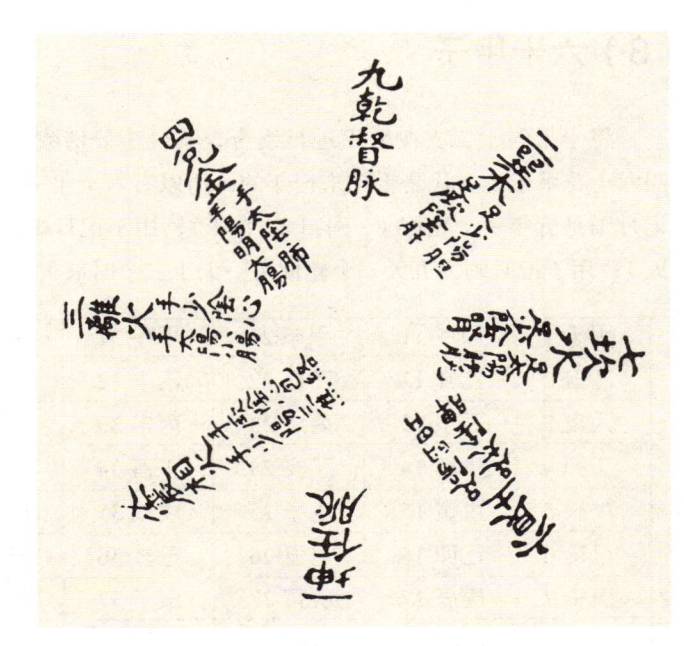

人身督任脉手足经脉应洛书先天八卦图
江永 清代《河洛精蕴》插图

此图把人体的经脉配以八卦横图。

诸葛八卦村的丞相祠堂
清代 木与砖石结构 浙江兰溪

丞相祠堂是浙江省兰溪市的诸葛村最著名的建筑物之一。它坐西朝东，规模庞大。它的门庭、廊庑和供奉诸葛亮的享堂组成一个"口"字形；在正中，有一个高大的正方形"中庭"，组成了"回"字形。

（3）六十甲子

将十干与十二支按顺序进行组合，其最小公倍数为60，故称为六十甲子，又叫六十花甲子，古代是干支来记年的，所以有六十年一轮回之说。而六十甲子用于记月则是五年一个轮回（一年十二个月）；用于记日则两个月一轮回（一个月三十天）；用于记时则为五天一个轮回（一天十二个时辰），见下表：

甲子 1	甲戌 11	甲申 21	甲午 31	甲辰 41	甲寅 51
乙丑 2	乙亥 12	乙酉 22	乙未 32	乙巳 42	乙卯 52
丙寅 3	丙子 13	丙戌 23	丙申 33	丙午 43	丙辰 53
丁卯 4	丁丑 14	丁亥 24	丁酉 34	丁未 44	丁巳 54
戊辰 5	戊寅 15	戊子 25	戊戌 35	戊申 45	戊午 55
己巳 6	己卯 16	己丑 26	己亥 36	己酉 46	己未 56
庚午 7	庚辰 17	庚寅 27	庚子 37	庚戌 47	庚申 57
辛未 8	辛巳 18	辛卯 28	辛丑 38	辛亥 48	辛酉 58
壬申 9	壬午 19	壬辰 29	壬寅 39	壬子 49	壬戌 59
癸酉 10	癸未 20	癸巳 30	癸卯 40	癸丑 50	癸亥 60

六甲旬空：

古人以十数为一旬，从上面六十甲子表中可以看出，六十甲子共有六旬，即甲子旬、甲戌旬、甲申旬、甲午旬、甲辰旬、甲寅旬。

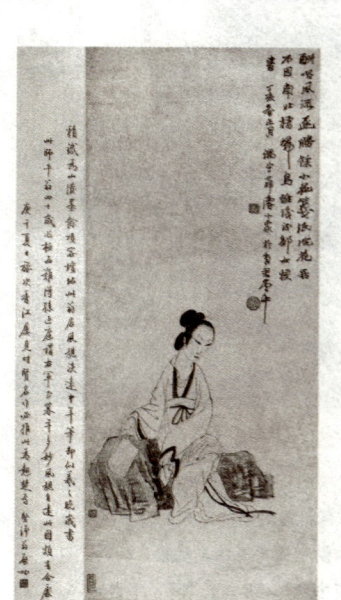

从上表可以看出，甲子旬中没有戌、亥两个地支；甲戌旬中没有申、酉两个地支……依此类推，便可得歌诀：

甲子旬中戌亥空，甲戌旬中申酉空，甲申旬中午未空，甲午旬中辰巳空，甲辰旬中寅卯空，甲寅旬中子丑空。此即为六甲旬空。

一般来讲，忌神空则吉，用神空则凶。如遇四时生旺，则不作空论。如春月甲子旬占卦，空戌亥，戌为土，土空则陷，是真空；如春月甲申旬占卦，空午未，午为火，春天火相，则不为空论。

薛涛像

李可染 立轴 设色纸本

无论是在古代，还是在现当代，中国画家落款时均用甲子纪年。

2. 太极与八卦

（1）太极

《易经·系辞》中说："《易》有太极，是生两仪，两仪生四象，四象生八卦，八卦定吉凶，吉凶成大业。"这句话的意思是说，变化首先从太极开始，太极在变化中产生天、地两仪，天地在变化中产生出春夏秋冬四季，四季在变化中产生出八卦，八卦在变化中可以衍生出六十四卦及三百八十四爻，这六十四卦与三百八十四爻中包含着吉凶的信息，人们根据卦与爻的变化可以得出趋吉避凶的规律，只有这样才可以成就伟大的事业。

由此可见万物的变化起源于太极，太极是万物变化的根本。太极是什么？太极便是天地初形成的状态，也可以说是万物最初的形态。其用图表示即阴阳太极图。

图中用一条阴鱼与一条阳鱼来表示阴阳的变化。阴阳鱼代表阴阳二气，阴阳二气在阴消阳长、阴长阳消的变化中周而复始，这便是事物普遍的规律。图中两个黑白圆点的含义是阴中有阳、阳中有阴。太极图包含着极其丰富的内涵，它是对天地万物最精辟的概括，它是八卦的主导理论，它是易学阐述与表达的对象。

明末清初时期的王夫之对太极的总结是：①太极是元气，即阴阳浑沌未分之气，其具有至尊性；②浑沌于太极中的阴阳二气因其清浊、虚实、大小的不同而分开，形成鲜明的阴阳二气；③太极包含着阴阳二气，阴阳二气形成一太极，太极与阴阳是体用关系，两者互相包含。

北宋易学家周敦颐为了解释"太极图"，曾专门写了一篇《太极图说》，文中说：

无极而太极。太极动而生阳，动极而静；静而生阴，静极复动，一动一静，互为其根。分阴分阳，两仪立焉。阳变阴合，而生水、火、木、金、土。五气顺布，四时行焉。五行一阴阳也，阴阳一太极也，太极本无极也。五行之生也，各一其性，无极之真，二五之精，妙合而凝。

太极图

有学者考证，濂溪得太极图于僧寿崖。考其源，此图原是从道家的陈图南传出。

来瞿唐先生太极图

这是明朝易学家来瞿唐先生所作太极图。图中之圆为无极，其意为"无极生太极，太极分两仪"之意。

乾道成男，坤道成女，二气交感，化生万物。万物生生，而变化无穷焉。唯人也，得其秀而最灵，形既生矣，神发知矣，五性感动，而善恶分，万事出矣。

圣人定之以中正仁义而主静，立人极焉。故圣人与天地合其德，日月合其明，四时合其序，鬼神合其吉凶。

故曰：立天之道，曰阴与阳；立地之道，曰柔与刚；立人之道，曰仁与仪。又曰：原始反终，故知死生之说，大哉易也，斯其至矣！

周敦颐对太极的描述是深层的描述，表达了周敦颐对太极的看法与认识。历代的易学家都从不同角度对太极做过精彩的解说。如现在有学者将太极原理与现代混沌学说中的"分形概念"相对比，发现其原理基本一致。还有的易学家根据太极图提出"宇宙全息统一学说"，认为宇宙是一个统一的整体，在这个整体中，包含着各个子系统，各个子系统之间、子系统与系统之间、系统与宇宙之间，在空间、时间和时空上都存在着泛对称性。在这些泛对称关系中，凡是对应部位，都比非对应部位在物质组成、重演程度、感应程度、对应程度等特性上，具有较大的相似性。同时还认为，在潜信息上，子系统包含着系统的全部信息，系统包含着宇宙的全部信息；在显信息上，子系统是系统的缩影，系统是宇宙的缩影。当然，对于太极图的研究，相信今后还会有更大的突破。不过在目前，作为一种基础知识，我们了解太极图的阴阳变化的原理便可以了。而八卦便是在这一原理指导下产生的。

下面我们来谈八卦。

广西月岭螺蛳井

此井又称太极井，是广西古镇上的一口古井，做成了立体的太极形状，独具匠心之作。

（2）八卦

两仪：

上面我们谈到太极的阴阳，亦是八卦中最基本的元素。太极中的两仪是阴仪和阳仪，在八卦中我们称之为阴爻（yáo）与阳爻。阴爻用符号"--"表示，阳爻用符号"—"表示。阴阳二爻是八卦最基本的符号，万物的性能即由这阴阳二气演化。

四象：

将阴爻与阳爻互相组合，一共可得到四种变化。即太阴（==）、少阴（==）、太阳（==）、少阳（==）。这就是两仪化分出的四象。四象与前面讲的一阴爻、一阳爻相组合，便得到了八卦。这就是《老子》中所说的"道生一，一生二，二生三，三生万物"的意思。即一爻变成两爻，两爻就成三爻，于是三爻组成的八卦便可变化成世间的一切。

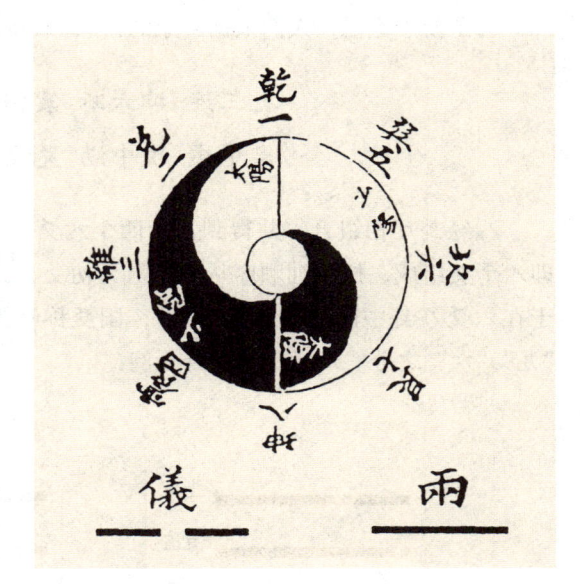

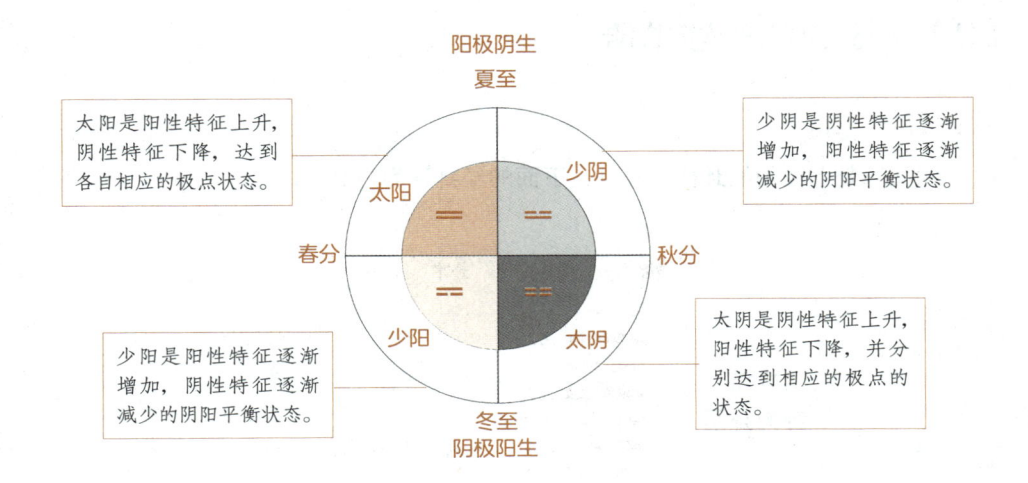

伏羲八卦方位图
来瞿唐 明朝

伏羲八卦方位，乾一、兑二、离三、震四、巽五、坎六、艮七、坤八，都有不假安排，自然之妙。

阳极阴生 夏至

太阳是阳性特征上升，阴性特征下降，达到各自相应的极点状态。

少阴是阴性特征逐渐增加，阳性特征逐渐减少的阴阳平衡状态。

太阳　少阴
春分　　　秋分
少阳　太阴

少阳是阳性特征逐渐增加，阴性特征逐渐减少的阴阳平衡状态。

太阴是阴性特征上升，阳性特征下降，并分别达到相应的极点的状态。

冬至 阴极阳生

第三章　《易经》基础知识

八卦：

由四象变化出来的八个卦称为八经卦，每个卦由三个爻组成，即乾（qiān）☰、坤（kūn）☷、震☳、艮（gèn）☶、离☲、坎☵、兑（duì）☱、巽（xùn）☴。

为了便于记忆，人们根据卦象的特点，编成了八卦取象歌，即：

乾三连　坤六断　震仰盂　艮覆碗
离中虚　坎中满　兑上缺　巽下断

八经卦互相组合，共得到六十四个六爻八卦。六爻八卦的每一卦有两个经卦，即六个爻组成，按排列顺序从下至上为初爻、二爻、三爻、四爻、五爻、上爻。由于在六爻八卦中阴爻称呼为"六"，阳爻称呼为"九"，所以在具体排卦时，应有"九""六"之分。现举乾坤两卦为例：

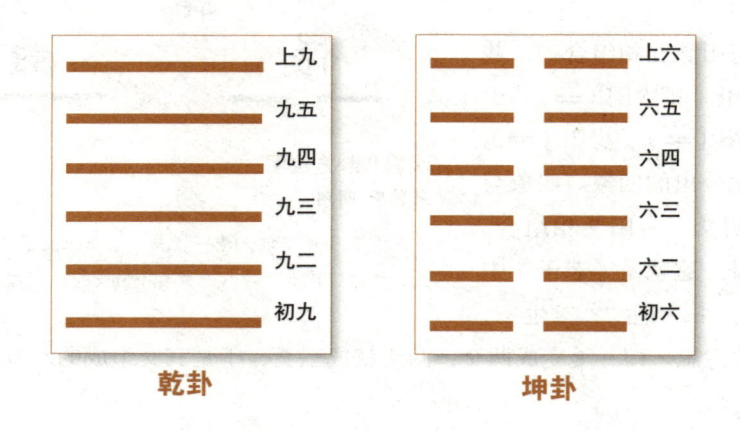

乾卦　　　　坤卦

（3）关于爻的一些术语

内外卦：

六爻八卦上面的经卦称为外卦，下面的经卦称为内卦。

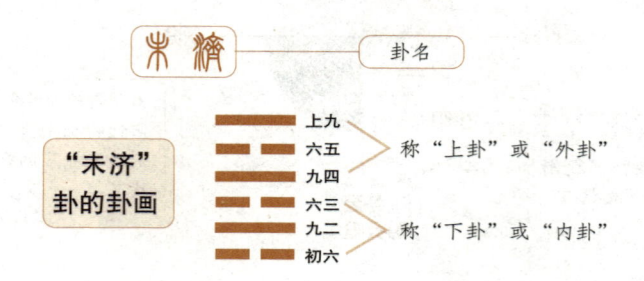

"未济"卦的卦画

- 上九、六五、九四 称"上卦"或"外卦"
- 六三、九二、初六 称"下卦"或"内卦"

三才：

六爻八卦每相临两爻一组，成形"天、地、人"三才。其在空间上，可分为天道、地道、人道三个层次；在时间上，代表未来、现在和过去。

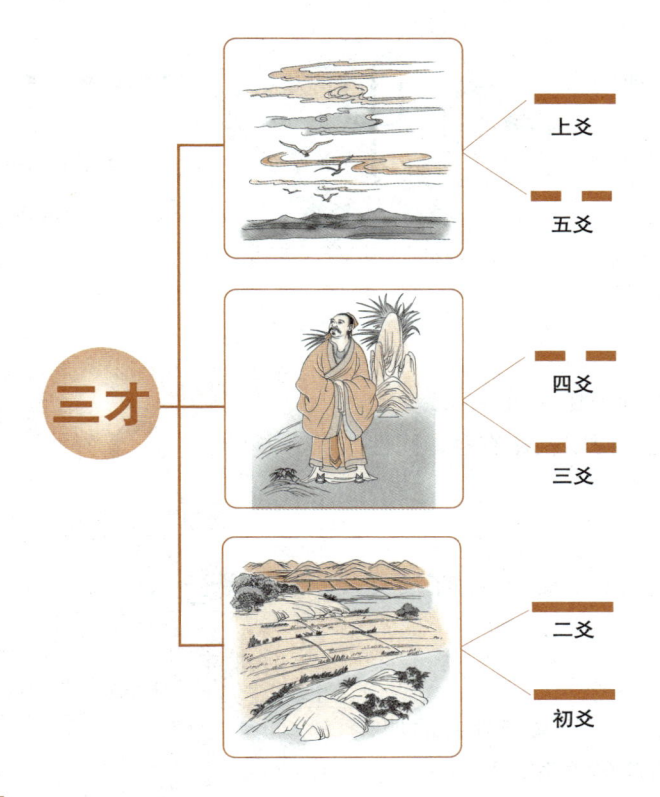

三才

- 上爻
- 五爻

- 四爻
- 三爻

- 二爻
- 初爻

当位卦：

也称正卦。卦中六爻，各有其位。一、三、五为奇数位；二、四、六为偶数位。阳爻居奇数位，阴爻居偶数位，为当位。否则，为不当位。

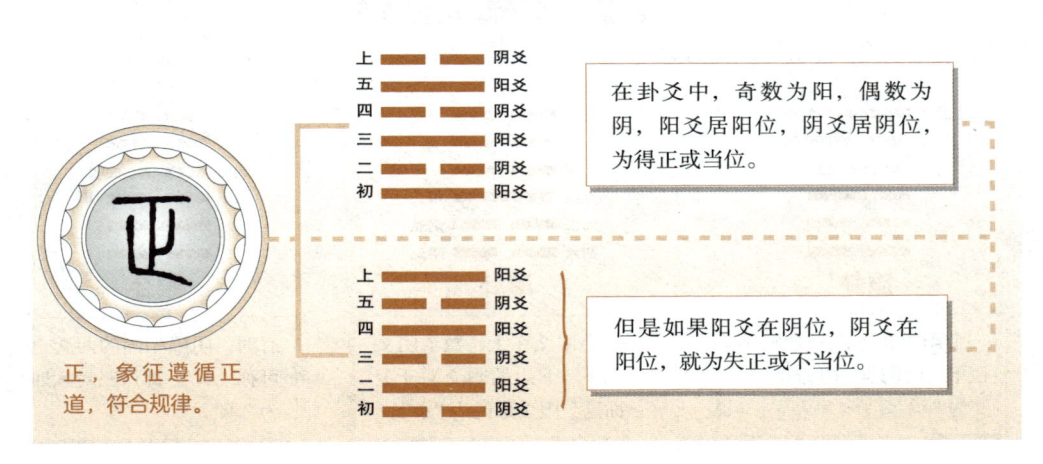

上	阴爻
五	阳爻
四	阴爻
三	阳爻
二	阴爻
初	阳爻

在卦爻中，奇数为阳，偶数为阴，阳爻居阳位，阴爻居阴位，为得正或当位。

上	阳爻
五	阴爻
四	阳爻
三	阴爻
二	阳爻
初	阴爻

但是如果阳爻在阴位，阴爻在阳位，就为失正或不当位。

正，象征遵循正道，符合规律。

第三章 《易经》基础知识

得中：

即居中。二、五爻为每经卦的中位，此爻为居中。其五爻为"九五之尊"，为君位。

九五	刚中之德		柔中之德	六五
六二	柔中之德		刚中之德	九二
观卦		**中**		**临卦**

中，象征守持中道行为不偏。

比：

两个相临的爻称为比。如一、二爻为比，三、四爻为比。阴阳相比有益，同性相比为相斥。

承与乘：

相临两爻，上爻对下爻为乘，下爻对上爻为承。

相应：

即内卦的一、二、三爻与外卦的四、五、六爻分别有对应的关系。即一、四相应；二、五相应；三、六相应。相应以异性为好，同性相斥。

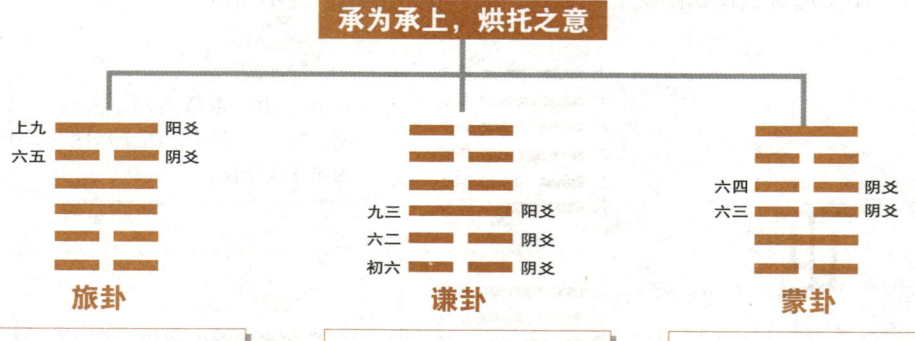

承为承上，烘托之意

上九	阳爻		九三	阳爻		六四	阴爻
六五	阴爻		六二	阴爻		六三	阴爻
			初六	阴爻			
旅卦			**谦卦**			**蒙卦**	

一个阳爻在上，一个阴爻在下，此阴爻对上面的阳爻为"承"。

一个阳爻在上，数个阴爻在下，下边的阴爻对于上面这个阳爻来说为"承"。

有时，阴阳相同的两爻也可称"承"。即六三对六四为"承"。

乘为乘凌，居高临下之意

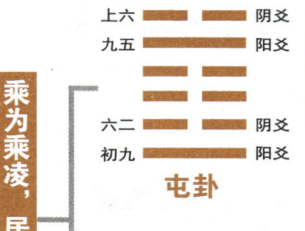

屯卦

上六	阴爻
九五	阳爻
六二	阴爻
初九	阳爻

一个阴爻在上，一个阳爻在下，此阴爻对下面的阳爻称为"乘"。

震卦

上六	阴爻
六五	阴爻
九四	阳爻
六三	阴爻
六二	阴爻
初九	阳爻

几个阴爻在一个阳爻之上，这几个阴爻对这一阳爻为"乘"。

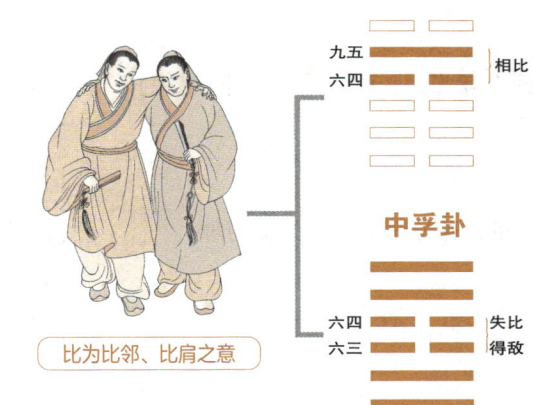

比为比邻、比肩之意

比卦

| 九五 |
| 六四 | 相比 |

在卦的六爻中相邻两爻，一爻为阴爻，一爻为阳爻，则善为"比"。

中孚卦

| 六四 | 失比 |
| 六三 | 得敌 |

以刚比刚，或以柔比柔，则无相求相得之情，失比，故称"得敌"。

应为相互对应的呼应关系

既济卦

上六	相应
九五	相应
六四	
九三	相应
六二	
初九	

在六爻卦中，初爻与四爻，二爻与五爻，三爻与上爻之间，有一种同志联盟的关系，称之为"应"。"应"也强调阴阳相"应"。

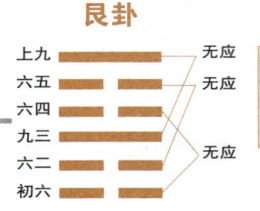

艮卦

上九	无应
六五	
六四	无应
九三	
六二	无应
初六	

若以柔应柔或以刚应刚，则无相求相得之情，是为"无应"或"敌应"。

第三章 《易经》基础知识

3.《易经》中的象、数、理

（1）卦象

卦象是指卦画的形象、表征及象征的意义。八卦作为一种古老的表意符号，它有很强的象形性。

前面所讲的关于爻的一些术语也属于卦象的范畴。还有一些关于卦的术语也属于卦象的范畴。列出如下：

互卦：

在一个六爻八卦中，把二、三、四爻与三、四、五爻重新组成一个卦，称为互卦。例如泰（☷☰）卦的互卦为归妹（☳☱），互卦一般反映主卦与变卦之间的过程，以体用分析卦象时较为常用。

上互、下互：

上互即互卦的上卦，如泰（☷☰）卦的上互为震（☳）；下互即互卦的下卦，如泰（☷☰）卦的下互为兑（☱）。

旁通卦：

两卦之间，如六个爻均是阴阳相反，即具有旁通关系，如乾与坤。

单卦：

即经卦，为三爻组成的卦。

重卦：

即经卦相重的六爻卦。

变卦：

即占卦时动爻所形成的新卦，也称卦变和之卦。如占得泰（☷☰）卦，三爻为动爻，那么泰卦便变成了地泽临（☷☱）卦，本卦为泰（☷☰），变卦为临（☷☱），记之曰"泰（☷☰）之临（☷☱）"。

错卦：

又称对卦。其特点为卦爻两两阴阳相对，并且另一卦阴阳相反。如临（☷☱）卦的错卦为遁（☰☶）卦。

综卦：

也称覆卦、反卦、倒卦。即将一个卦画倒过来形成的卦。如否（☰☷）卦倒过来正好是泰（☷☰）卦。

错卦

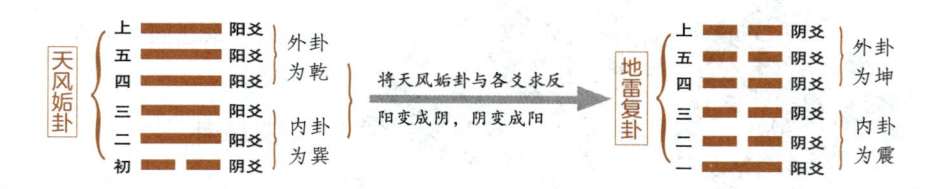

天风姤卦 { 上 ——— 阳爻　五 ——— 阳爻　四 ——— 阳爻 } 外卦为乾
{ 三 ——— 阳爻　二 ——— 阳爻　初 — — 阴爻 } 内卦为巽

将天风姤卦与各爻求反 阳变成阴，阴变成阳 →

地雷复卦 { 上 — — 阴爻　五 — — 阴爻　四 — — 阴爻 } 外卦为坤
{ 三 — — 阴爻　二 — — 阴爻　一 ——— 阳爻 } 内卦为震

天风姤卦第一爻是阴爻，其余五爻都是阳爻。

阴阳交错之后，天风姤卦变成了地雷复卦，第一爻是阳爻，其余五爻是阴爻。

综卦

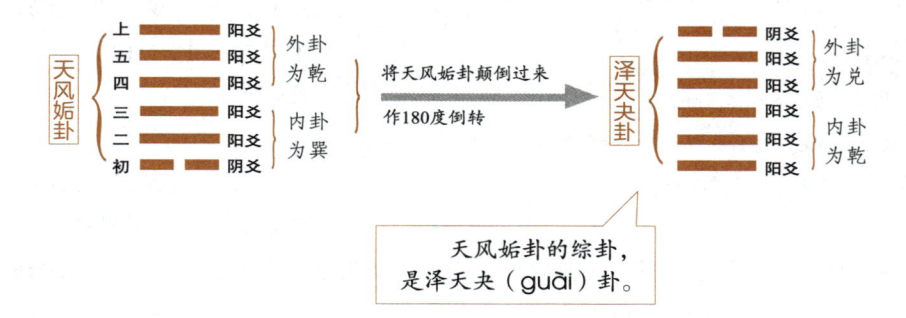

天风姤卦 { 上 ——— 阳爻　五 ——— 阳爻　四 ——— 阳爻 } 外卦为乾
{ 三 ——— 阳爻　二 ——— 阳爻　初 — — 阴爻 } 内卦为巽

将天风姤卦颠倒过来 作180度倒转 →

泽天夬卦 { — — 阴爻　——— 阳爻　——— 阳爻 } 外卦为兑
{ ——— 阳爻　——— 阳爻　——— 阳爻 } 内卦为乾

天风姤卦的综卦，是泽天夬（guǎi）卦。

像卦：

一个卦象与另一个卦象有相似的地方，称像卦。如中孚（☰）与三爻形成的离（☲）卦，小过（☳）与三爻形成的坎（☵）卦。

包卦：

初爻、上爻是阴爻，中间有阳爻的，称为阴包阳，如坎卦、大过、小过、咸卦、恒卦。初爻、上爻是阳爻的，叫阳包阴，如离卦、中孚、颐卦、损卦。

纯卦：

即上下经卦相同的六爻卦。共有八个，统称八纯卦。纯阳卦即乾卦。纯阴卦即坤卦。

四正卦：

代表东、西、南、北四方的四个经卦。

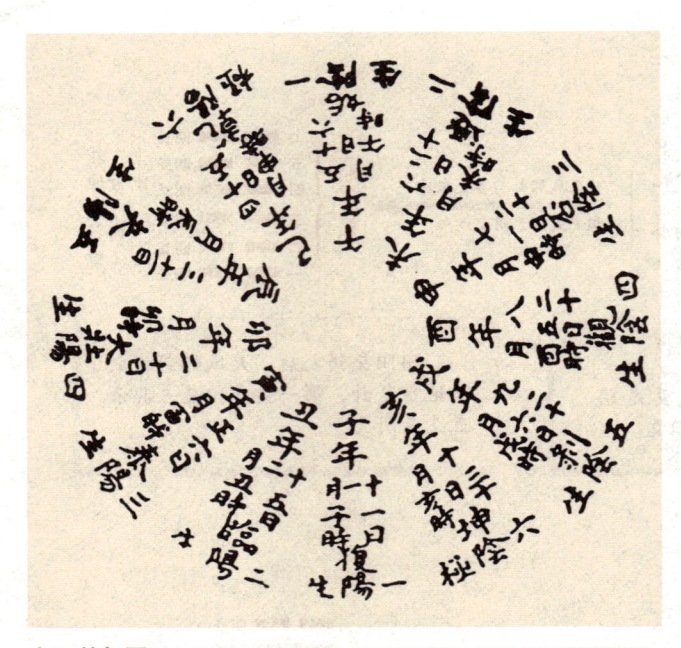

十二卦气图

明代 来知德《〈易经〉来注图解》

十二辟卦，就是中国古代对于天文的归纳方法，对于宇宙法则、每年四季的现象和变化归纳成十二个卦。

四维卦：

代表东南、西南、西北、东北四个方向的四个经卦。

消息卦：

指姤（gōu）、遁、否（pǐ）、观、剥、坤、复、临、泰、大壮、夬、乾十二卦。又称十二辟卦、十二月卦（一月泰，二月大壮，三月夬，四月乾，五月姤，六月遁，七月否，八月观，九月剥，十月坤，十一月复，十二月临）。

八卦的卦象包含两个方面，一个是具体的卦象，另一个是引申的卦象。具体的卦象如乾为天，坤为地，震为雷等。而引申的卦象则极其广泛，无所不包。如乾可为天，也代表马、父、王、国君、善人等等。这种引申的卦象也称为万物类象，即世间万物都可以归为八个类别。

下面先谈八卦物象，即以八经卦为基础卦象来分别象形八大类事物。

乾卦象天，坤卦象地，
震卦象雷，巽卦象风，
坎卦象水，离卦象火，
艮卦象山，兑卦象泽。

八卦各象根据其基本特征，又可分别引申出更多的卦象来。

如乾卦（☰）为三阳爻组成，象性纯阳，质刚；乾为天，象位在上，故不论自然事物还是社会事物，凡属阳性的、刚质的以及在上的事物都可以归为乾卦类。

坤卦（☷）为三阴爻组成，象性纯阴，质柔；坤为地，象位在下，故凡属阴性的、质柔的及下在的事物皆可归为坤卦类。

震卦（☳）为雷，属阳卦，质刚，性动，故象动性、阳性及刚性的事物。

八卦

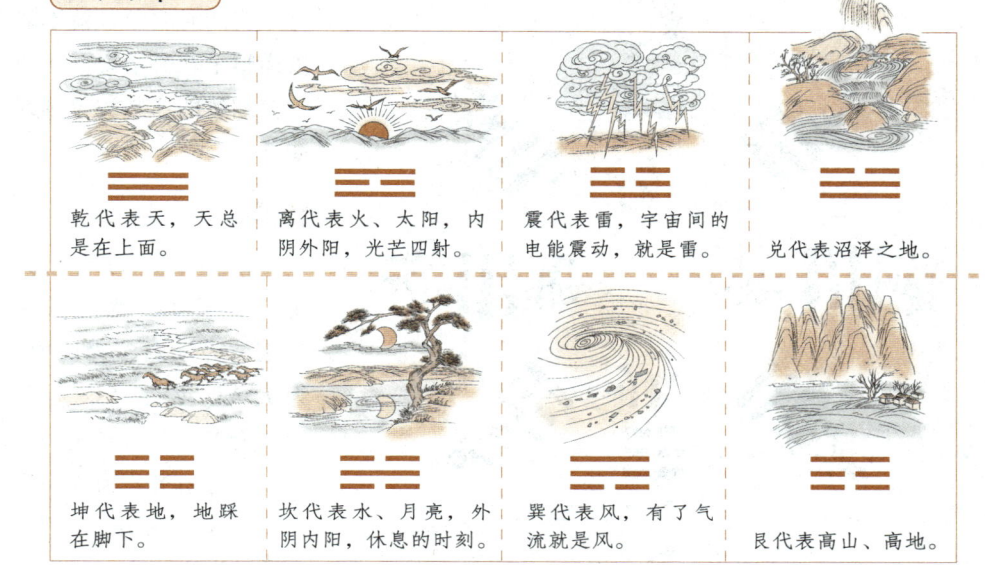

乾代表天，天总是在上面。	离代表火、太阳，内阴外阳，光芒四射。	震代表雷，宇宙间的电能震动，就是雷。	兑代表沼泽之地。
坤代表地，地踩在脚下。	坎代表水、月亮，外阴内阳，休息的时刻。	巽代表风，有了气流就是风。	艮代表高山、高地。

巽卦（☴）为风，属阴卦，质柔，性动，故凡阴柔、柔中有刚、静中有动的事物象于巽。

坎卦（☵）为水，属阳卦，阳刚，凡水雨、云、民众皆属于水象；坎为险卦，即坎坷险阻之意，这是因为江河之水形成险阻的缘故。

离卦（☲）为火，为阴卦，柔卦，象光明、明德，因为"离为日"，德普光明之意，为阳中有阴、柔中有刚的象性。

艮卦（☶）为山，阳卦，质刚，象高处、高贵、高德的事物，又因"艮，止也"，故也像山一般岿然不动。

兑卦（☱）为泽，阴卦质柔，象低下、阴柔之事物。

将其总结为"八卦类象歌"即为：

乾为君兮首与马，卦属老阳体至刚。

坎虽为耳又为豕（shǐ），艮为手狗男之详。

震卦但为龙与足，三卦皆名曰少阳。

阳刚终极资阴济，造化因知不易量。

坤为臣兮腹与牛，卦属老阴体至柔。

离虽为目又为雉，兑为口羊女之流。

巽卦但为鸡与股，少阴三卦皆相眸。

阴柔终极资阳济，万象搜罗靡不周。

第三章 《易经》基础知识

163

八卦物象内容庞杂，但不明八卦之象，就不能弄懂整个八卦学说。下面将较细致的八卦类象排列如下：

乾象：

乾为天、为君、为父、为天子、为王、为先王、为大君、为国君、为大人、为圣人、为君子、为善人、为武人、为行人、为祖考、为神、为人、为宗、为族、为龙、为马、为金、为玉、为寒冰、为斗、为衣、为郊、为野、为门、为顶、为首、为直、为健、为敬、为威、为严、为坚、为刚、为道、为德、为良、为生、为好、为祥、为庆、为嘉、为誉、为福、为禄、为先、为始、为大、为得、为盈、为治、为高、为远、为老、为大谋、为贞、为元、为荒、为包，等等。

坤象：

坤为地、为后、为臣、为妻、为民、为群、为众、为小人、为邑人、为匪、为母、为妇、为妣（bǐ）、为城邑、为阶、为田、为邦国、为家、为宅、为陆、为维、为泥、为闭关、为黄牛、为牝（pìn）马、为大舆、为腹、为器、为厚德、为甘、为肥、为身、为安、为富、为积、为经营、为欲、为形、为过、为丧、为夕、为十年、为朋、为财货、为方正、为光大、为顺从、为后得、为有终、为疆、为事业、为庶政。

震象：

震为雷、为帝、为长子、为主、为公、为诸侯、为百官、为丈夫、为行人、为草莽、为短木、为百谷、为坦道、为缶、为棺椁、为足、为鹿、为圭、为筐、为腓（féi）、为趾、为拇、为履、为鼓、为出、为生、为左、为举、为征、为行、为作、为起、为奔走、为振、为戒、为惊惧、为言、为笑、为音、为告、为乐。

先天八卦方位图
清代 黄宗炎《图学辩惑》

此图是伏羲所画的先天八卦方位图，但这个八卦图，在唐以前未见流传，在唐宋以后才出现。

先天八卦万物万象之形

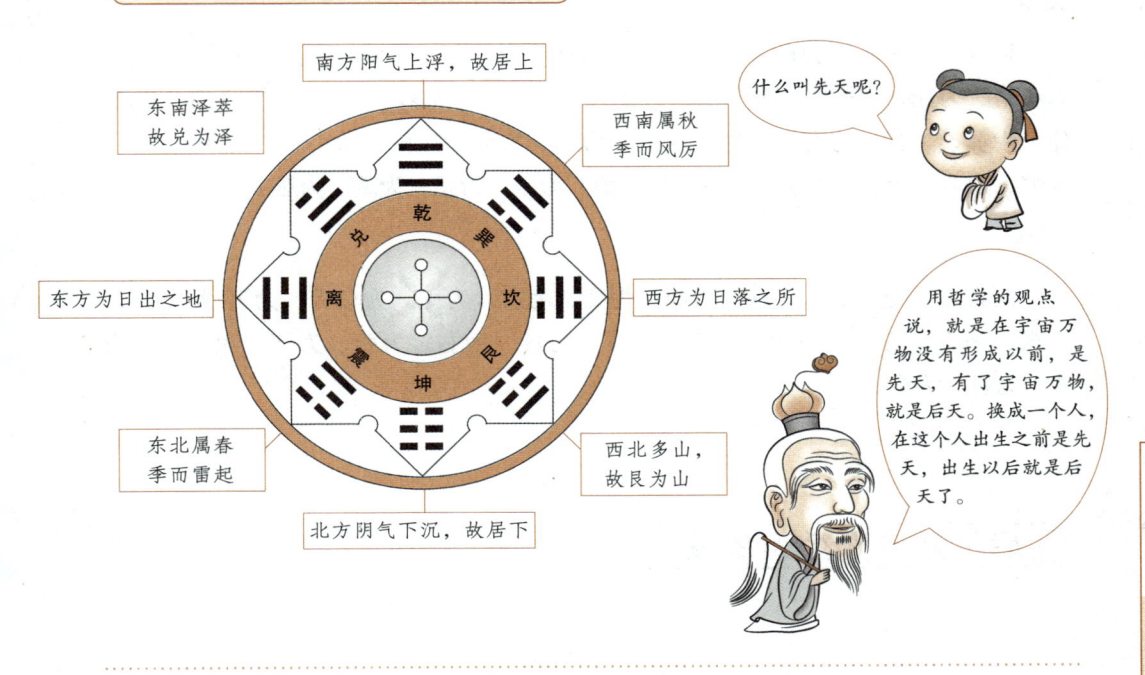

东南泽萃故兑为泽

南方阳气上浮，故居上

西南属秋季而风厉

东方为日出之地

西方为日落之所

东北属春季而雷起

西北多山，故艮为山

北方阴气下沉，故居下

什么叫先天呢？

用哲学的观点说，就是在宇宙万物没有形成以前，是先天，有了宇宙万物，就是后天。换成一个人，在这个人出生之前是先天，出生以后就是后天了。

巽象：

巽为风、为霜、为长女、为处女、为少妇、为妻、为宫人、为商旅、为长木、为白茅、为药、为鸡、为鱼、为束帛、为床、为耒耨（lěi nòu）、为绳、为维、为股、为肱（gōng）、为手、为视下、为舞、为歌、为解、为白、为高、为入、为伏、为不果、为号啕、为命、为号令、为风俗、为见、为资、为近利市三倍。

坎象：

坎为水、为月、为沟渠、为江河、为大川、为渊、为井、为寒泉、为云、为雨、为中男、为客、为寇、为盗、为三岁、为三百、为豕、为狐、为丛棘、为弓箭、为桎梏（gù）、为法、为律、为罚、为耳、为臀、为尸、为死、为血、为劳心、为志、为恤、为愁、为悔、为疑、为心病、为险阻、为隐伏、为凶事、为欲、为毒、为归、为来、为润、为酒食。

离象：

离为火、为日、为电、为中女、为母、为女、为妹、为大腹、为角、为戈兵、为牢狱、为网罟、为瓶、为灶、为刀、为斧、为矢、为飞、为禽鸟、为文采、为黄、为智、为丽、为大吉、为焚、为辉煌、为鼃首、为苦、为光明。

艮象：

　　艮为山、为石、为砂、为宗庙、为门庭、为宫室、为城、为庐、为舍、为巷、为经络、为丘、为幽谷、为少男、为坚人、为幽人、为弟子、为小人、为孤、为童仆、为鼻、为指、为背、为尾、为皮、为革、为虎、为鼠、为小木、为粟、为止、为慎、为节、为求、为纳、为厚、为积德、为信、为思、为羞、为居、为防。

兑象：

　　兑为泽、为少女、为娣、为妹、为妾、为友、为巫、为口舌、为言说、为口、为视、为教、为刑、为酌、为享、为羊、为牲、为右、为西、为下、为美容、为悦、为喜、为金。

后天八卦顺生万象图

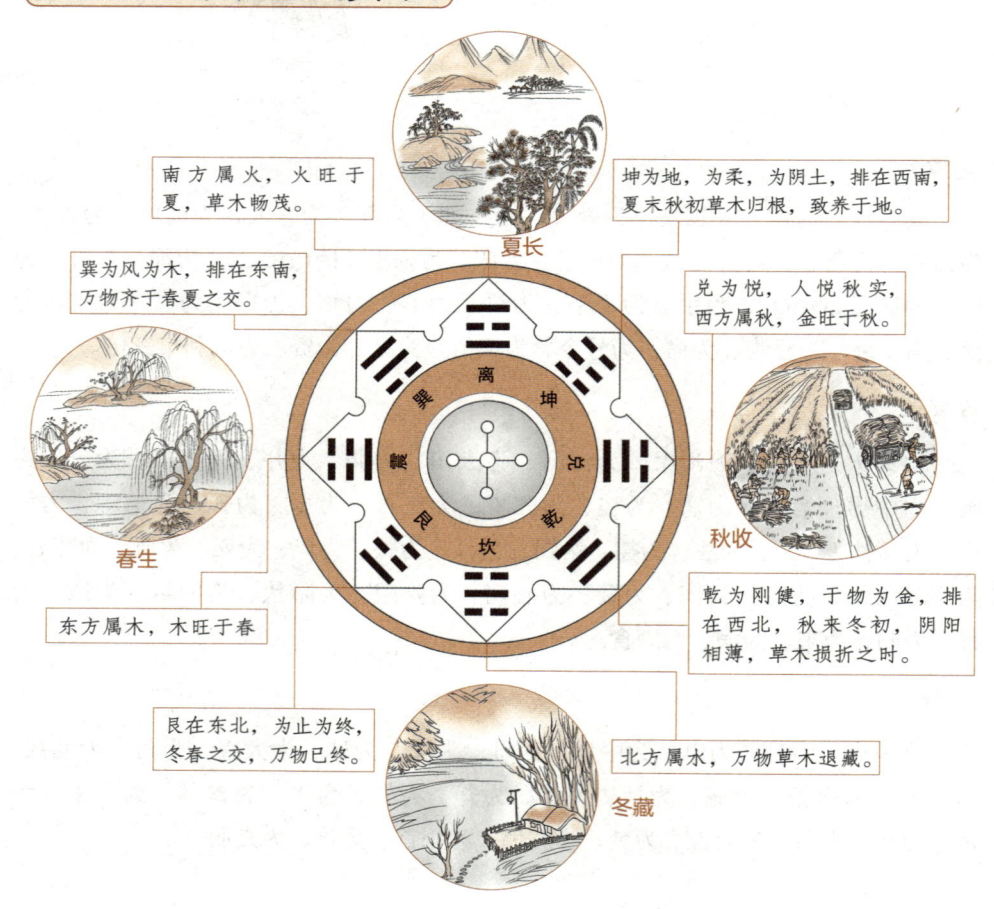

南方属火，火旺于夏，草木畅茂。

夏长

坤为地，为柔，为阴土，排在西南，夏末秋初草木归根，致养于地。

巽为风为木，排在东南，万物齐于春夏之交。

兑为悦，人悦秋实，西方属秋，金旺于秋。

春生

秋收

东方属木，木旺于春

乾为刚健，于物为金，排在西北，秋来冬初，阴阳相薄，草木损折之时。

艮在东北，为止为终，冬春之交，万物已终。

北方属水，万物草木退藏。

冬藏

（2）《易经》中的数

《易经》中有着极其丰富的数学知识与理论，数是创制《易经》的基础。前面我们已经讲过了，《易经》起源于上古时代的天文学，伏羲的先天八卦表现的是一年四季的时间坐标与阴阳二气的变化，所以八卦的数字中也含有卦象。

首先，河图、洛书便是一个精细而完备的数字系统。其用数字描述日月五星的运行轨迹，是上古人类天文观察最精辟的总结与表达。当时由于没有完备的文字，所以以数字记录对事物的感受。在一万年以前，人类便生活在数字时代里，比如考古中，最早的文字便是数字。今天我们进入了数码时代，而使我们能够以数码记录万物的，正是伏羲八卦中的二进制。不同的是，一万年前的数字时代没有计算机，没有现在的数字功能强大。但当时，已经对数字的演算有了相当完备的理论基础。关于河图、洛书的有关知识，我们将在后面做详细介绍，这里先从伏羲的八卦谈起。

伏羲八卦是参考河图、洛书制成的八卦历法。当时是十月太阳历，八经卦则代表一年的四时八节；伏羲的六十四卦圆图，则是将一年三百六十天分成六十等份，每一份为六十天，以一个八卦代表，其中乾、坤、离、坎为四正，即代表东、西、南、北四个方位。春分、秋分、夏至和冬至不算做天数。年终剩五天零四分之一为过年，不算在八卦计数内。这是伏羲八卦中的六十进制算术。

伏羲的六十四卦横图，则是二进制算术，其阴代表0，其阳代表1。

伏羲的八卦次序图是《易经》数的重要部分，其为乾一、兑二、离三、震四、巽五、坎六、艮七、坤八。

天干、地支也是《易经》中

方圆相生图
明代 来知德《易经来注图解》

这幅古图，宋朝陈抟时就有了。从这里可以看出中国古代由易学而衍生出的科技是何等辉煌发达。

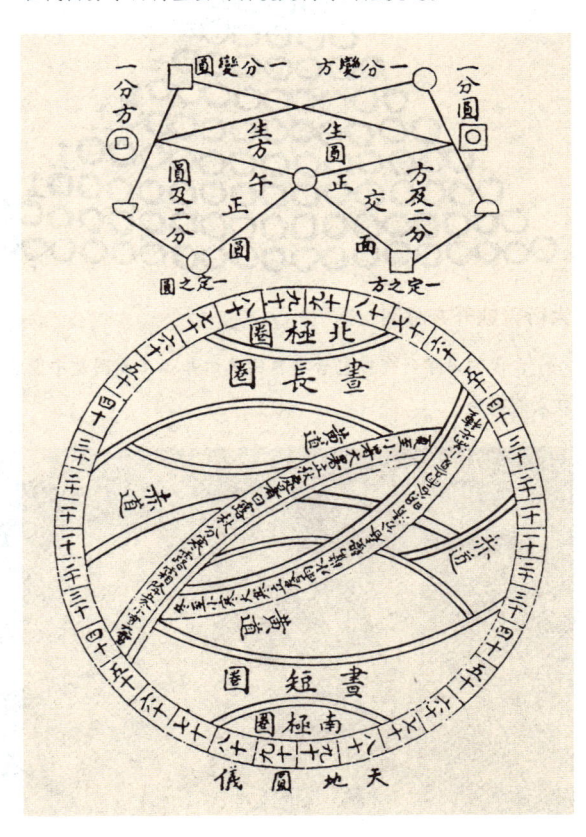

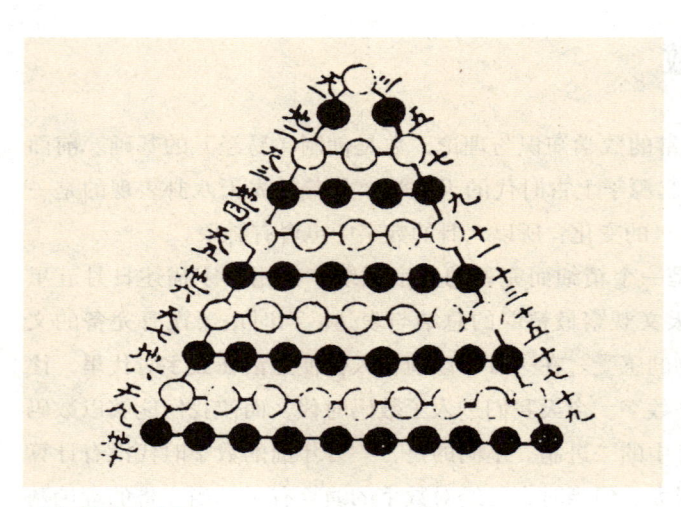

数的系统。十天干为十进制算术，十二地支为十二进制算术。

《系辞传》中说："天一，地二，天三，地四，天五，地六，天七，地八，天九，地十。天数五，地数五，五位相得而各有合。天数二十五，地数三十，凡天地之数五十有五。此所以成变化而行鬼神也。"这里所讲的天地之数即源自河图、洛书。

其天数为

1+3+5+7+9=25

其地数为

2+4+6+8+10=30

天地数相加共五十有五，此数为天地的极数。而《系辞传》中又说："大衍之数五十，其用四十有九。"大衍之数与天地之数有什么区别吗？对此，历代易学大师们仁者见仁，说法不

大衍乘数平方图

古代的易学研究中包含丰富的算术知识，此图是中国古代对于平方的记载。

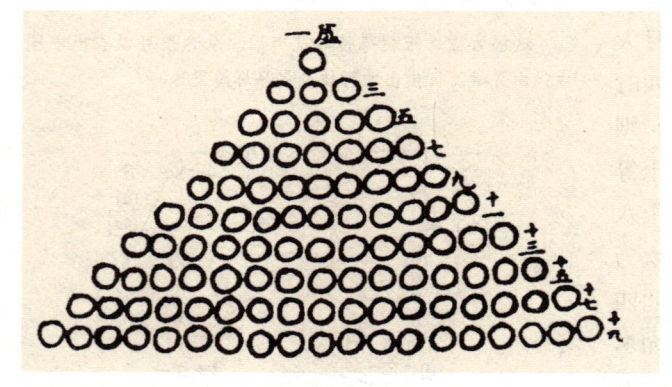

大衍乘数开方总图

古代的易学研究中包含丰富的算术知识，此图是中国古代对于开方的记载。

一。其实，大衍之数与天地之数是有区别的，天地之数起源于河图、洛书，而大衍之数则是占卜时演算天地变化之数。正如京房所说："五十者，谓十日、十二生辰、二十八星宿也。凡五十，其一不用者，天之生气，将欲以虚来实，故用四十九。"

以上，都是《易经》中的数字系统，当然，《易经》中还有很多数字系统，其中有乘法与开方的运算方法，在《易经》中都有记述。只是孔子所传的《易经》将其归为数术，认为是小术，不值得一提，所以《易经》中的数学知识才没有得到发展。要不然，有可能今天世界上人们所学习的数学正是易学中的数学。试想，一万年前的伏羲与女娲就拿着圆规与矩尺研究几何了，可见中国上古时期数学是很先进的。不过遗憾的是，孔子只想宣扬他的周礼，宣扬他的仁义，不想发挥《易经》中的数学知识。

（3）《易经》中的义理

《易经》中的"一阴一阳之谓道"是其最基本的哲学理念。以变化辩证的观点看问题，表现出《易经》哲理的正确性。

《易经》中的阴阳变化、五行生克关系、卦象及爻位的辩证关系、卦辞的理论依据等，形成了《易学》博大精深的哲学体系。这些，统统为《易经》的义理。

而《易经》中的这些哲理，则源于天文、地理知识的总结。《系辞下》中说："古者包牺氏之王天下也，仰则观象于天，俯则观法于地，观鸟兽之文与地之宜，近取诸身，远取诸物，于是始作八卦。"可见八卦是根据天象与地理等要素制作出来的。天象即指天体的运行，前面我们已经讲过，古人白天用圭表观察天象，夜里

五星二十八宿神形图
梁令瓒 唐代 长卷 绢本设色 （日）大阪市立美术馆藏

中国古代，对天文的观测和研究非常早就开始了。特别是当易学中的星宿学得到重视后，天上的星宿被赋予人、兽、鸟等形象，这就是五星二十八宿的由来。

则直接观察星宿的变化，于是形成了二十八宿之天文学说。

从《易经》的卦辞中，可以看出当时已经用天干记日，说明当时八卦与天干已经搭配在一起，其理论应当就是纳甲原理。由此也说明纳甲法并非京房所创，而是在《易经》成书前便已经有了。而纳甲原理，也应当是《易经》义理的重要组成部分。

总之，《易经》中含有博大精深的哲理，这些哲理是《易经》中最精华的部分，但却不是孔子所说的仁义之说，而是有着更广博的内涵。研究《易经》中的易理，可以挖掘出中国古代庞大而系统的哲学体系，对中国古代哲学的继承与发扬具有深远的意义。

4.《易经》中的占

《易经》讲的"象、数、理、占"中这个占字，也就是占筮的意思，是《易经》重要的功能之一。在古代，《易经》有很多种占筮方法，较为常用的有揲蓍布卦法、金钱卦、梅花易数等卦法，其中以揲蓍布卦法最为古老。

（1）占筮的原则

在介绍《易经》的占筮方法之前，我们有必要先了解一下古人的占筮原则。这里有几条自古流传下来的要遵循的注意事项，具体内容如下图示：

天坛

中国自古以来就对天地山川和日月星辰怀着深深的敬畏之情，这种神圣的感情演变成隆重的祭祀仪式。其实《易经》的占筮也可以算作一种简化的祭祀仪式，古人注重"心诚则灵"的原则。

占筮的原则

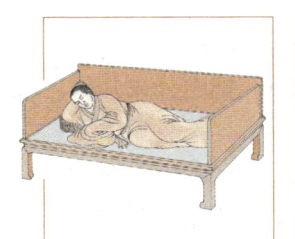

占筮前一晚早睡，不做任何事。

入厕后要洗手，即净身（净口、净手）。

晚上11点后不卜，因在两日交接之时，天地混沌未明。

以玩笑试之，或在嬉戏嘈杂，卧室厕所等环境下不卜。

心未定心不诚不卜、奸秽盗淫之事不卜。

一事只一占，今日占明日又占，如此即不灵。

唯挚诚可以感动神明，故无事切勿试卦。

心意已决、可以智慧判断不卜，以占卜术赌博坐吃山空不卜。

最好在神案或无杂物的书桌上进行，占卜之事，以简洁之词写在红纸上。

占卦须客观，且要心定，不受外物等所影响。

除此外，在古代，占筮的人还要先烧三支香，敬拜主神，后静坐片刻，闭目养神，待心静后，诚心默念祝告文：弟子×××一心诚意三拜请，拜请、拜请、拜请伏羲、文王、周公、孔子以及诸神明，弟子×××因某事忧疑未决，敬就诸神明、众仙佛之尊灵，伏求灵卦，祈求灵通感应，勿使卦乱，是凶是吉，尽判分明在卦爻之中。宗旨是静心、诚挚，使意念专一。

第三章 《易经》基础知识

（2）揲蓍布卦法

在《易经》占筮方法中，最古老的就是揲蓍布卦法，"蓍"是指蓍草，占卜时用其茎揲蓍（可以用竹签、火柴棍等代替），就是数蓍草的数目，把它分成几份，进行演算以来占卦，进而得出卦象。

《系辞》中说："极数知来之谓占。"就是指通过揲蓍的方法，尽天地大衍之数的演算来起卦，以推知事物。并进而论述了揲蓍的演卦过程和含义："大衍之数五十，其用四十有九。分而为二以象两（指两仪）；挂一以象三（指三才）；揲之以四以象四时；归奇于扐（手指之间）以象闰；五岁再闰，故再扐而后挂……是故四营而成易，十有八变而成卦。"具体内容如图示：

1 取蓍草五十根（或五十五根），也可用火柴棍、竹棍等代替。抽出一根（用五十五根时抽出六根）不用，占筮时只用余下的四十九根。

2 把四十九根蓍草，在手中任意分成两份，左手一份象天，右手一份象地，表示"以象两仪"。

3 而后从右手蓍草中任取一根，置于左手小指间，象征人，这就是"挂一以象三"。

4 再以四根蓍草为一组，先用右手分数左手的蓍草，然后再以左手分数右手的蓍草。这样一组组分数完两只手中的蓍草，即所谓"揲之以四以象四时"。揲为数的意思，是以四根蓍草为一组分数左右两手蓍草，象征四时春夏秋冬。

5 这样分数完后，每只手中的蓍草或余一根，或余两三根，或余四根。

6 "奇"就是以四根蓍草一组分数完后的余数。"扐"，宋人解作"勒"，就是将左手蓍草的余数，置于左手无名指与中指间，将右手蓍草的余数，置于左手中指与食指间。以这余数象征积余日而成闰月，前后两次闰月相去大约三十二个月，在五岁之中，故称"五岁再闰"。

7 这时两手蓍草的剩余数左手若余一根,则右手必余三根;左手若余二根,右手必余二根;左手若余三根,右手必余一根;左手若余四根,右手必余四根。这样,置于左手指缝间的剩余蓍草数(连同置于小指缝中象征人的那根)不是五根,就是九根。也就是说,这样分数完后,去掉余数,左右手中的蓍草数还余四十四根,或四十根。到这里,算是完成了以蓍草演算的第一道程序,古人称之为"一变"。

8 然后再将两手的蓍草合在一起(四十根或四十四根),再分成两份。

9 与第一次分时一样,将右手的蓍草取一根置于左手小指缝间,再用右手四四一组分左手的蓍草,随后用左手去分右手的蓍草,其他亦同第一变。

10 待第二变完成后,两手中的蓍草若左手余一根,则右手必定余两根,左手余两根,右手必定余一根;左手若余三根,右手必余四根;左手若余四根,右手必余三根。第二变后置于左手指缝的蓍草余数之和(连同二变开始时取出的那一根蓍草)不是四根就是八根。这样左右两手的蓍草总数在去掉此余数四或八后,还有四十根,或三十六根,或三十二根。演算的第二道程序至此结束,此谓"二变"。

11 然后将两手的蓍草(四十根,或三十六根,或三十二根)再合在一起,而后分成两份,仍取右手一根放在左手小指缝间,用右手四四一组先数左手的蓍草,再用左手去数右手的蓍草,两只手中的蓍草以四根为一组,一组组分数完后,其余数的处置亦完全同于一、二变。这时,左手若余一根,右手必余两根;左手若余两根,右手必余一根;左手若余三根,右手必余四根;左手若余四根,右手必余三根,其余数之和(连同开始从右手取出夹在左手小指的那根)不是四根便是八根。第三变至此结束。

12

36÷4=9
32÷4=8
28÷4=7
24÷4=6

36÷4=9(此老阳之数,以 ○ 表示)
32÷4=8(此少阴之数,以 − − 表示)
28÷4=7(此少阳之数,以 − 表示)
24÷4=6(此老阴之数,以 × 表示)

三变后,蓍草总数去掉余数四或八后,将出现四种情况:①还余三十六根;②余三十二根;③余二十八根;④余二十四根。再用四来除(取四象之意),这样一爻就定下来了。

第三章 《易经》基础知识

老阳须变少阴，老阴须变少阳。这就是"老变少不变"。《易经》以变为占，故以老阳数九作为卦中阳爻的标志，以老阴数六作为卦中阴爻的标志。这样经过三变，才得出一个爻画。一个"大成之卦"六个爻，就得经过十八变。

这种三变之后，将两手揲余的蓍草数除四，然后得出少阴、少阳、老阴、老阳的方法，为汉、唐及部分宋人所用，称之为"过揲法"。

三变后阳爻、阴爻的确定

表示数字	七	八	九	六
属性	少阳（不变爻）	少阴（不变爻）	老阳（变爻）	老阴（变爻）
记号	▬▬▬	▬▬ ▬▬	○	×

朱熹却对此不以为然，又另创了"挂扐法"。就是用扐于左手指间的蓍草余数，定阴阳老少之数。如第一变后扐之于左手指间的蓍草总数不是五根就是九根。第二变与第三变后，其挂扐数不是四根就是八根。这样，在三变中挂扐数会出现四种情况。

5——奇数（五中只含一个四）
4——奇数（四中只含一个四）
8——偶数（八中只含两个四）
9——偶数（九中只含两个四）

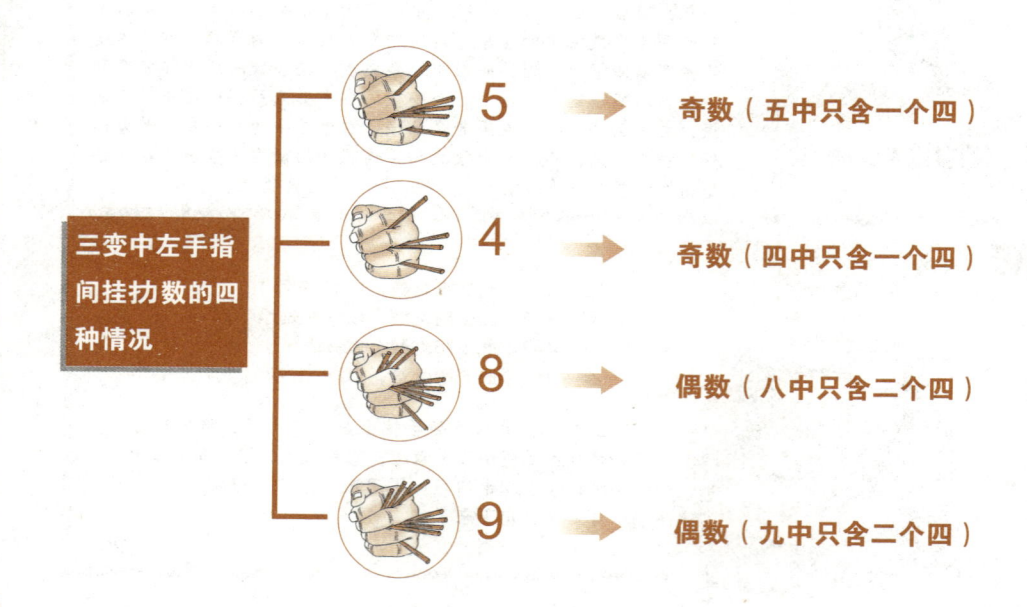

三变中左手指间挂扐数的四种情况

5 → 奇数（五中只含一个四）
4 → 奇数（四中只含一个四）
8 → 偶数（八中只含二个四）
9 → 偶数（九中只含二个四）

这是以蓍草余数中含有几个四（象征四时）来定奇偶，再以此奇偶之数定阴阳老少。譬如若三变之后，左手指缝中的蓍草余数（挂扐数）皆为奇数，则定此爻为老阳；若三变后挂扐数皆为偶数，则定此爻为老阴；若三变后一奇二偶，则定此爻为少阳；若三变后一偶二奇，则定此爻为少阴。然后以此法经十八变而定六爻。

挂扐数	皆为奇数	皆为偶数	一奇二偶	一偶二奇
属性	老阳（变爻）	老阴（变爻）	少阳（不变爻）	少阴（不变爻）
记号	O	×	——	— —

其实，挂扐法和过揲法求得的结果是相同的。用过揲法求得的是老阳之数，用挂扐法求得的也同样是老阳之数。

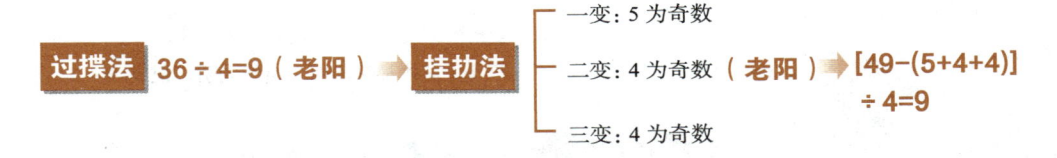

过揲法 36÷4=9（老阳） ➡ **挂扐法**
- 一变：5 为奇数
- 二变：4 为奇数 （老阳）➡ [49-(5+4+4)]÷4=9
- 三变：4 为奇数

比如用过揲法求得策数为三十六策，然后被四除得九，九为老阳之数。用挂扐法则第一变得蓍草余数为五，五中只含有一个四，是为奇数。第二变得蓍草余数为四，自是奇数。第三变也只能得四，为奇数。三变皆奇数，是为老阳之数。然而三奇数之和为十三策（第一变蓍草余数为五，第二、三变各为四，故其和为十三），四十九策去十三策，正得三十六策。

其余老阴、少阴、少阳之数的求法，均同此理。

（3）金钱卦

古人占筮用蓍草，通过三演十八变才求得一卦，其方法不但繁杂、浪费时间，还不易掌握。后人化繁为简，用铜钱摇掷的方法，代替了古人复杂的蓍草布卦法。这种以钱代蓍法，相传是战国时鬼谷子所创。具体内容如图示：

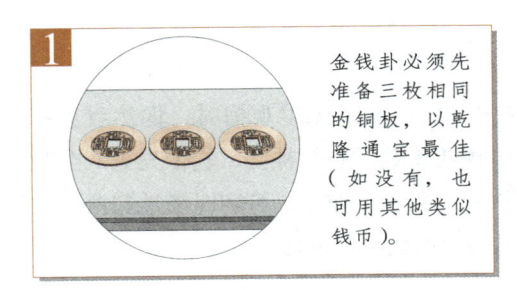

1 金钱卦必须先准备三枚相同的铜板，以乾隆通宝最佳（如没有，也可用其他类似钱币）。

2 将三枚铜板置于容器之内，传统以龟壳或竹筒为容器。

第三章 《易经》基础知识

3	4	5
或直接将铜板合在手掌中也可以。	在摇晃钱币之前，口中诚心默想欲问之事，或将要问的事情说出来。	问事之后，摇晃钱币，顺势将铜板轻轻丢到桌案上。

在丢掷铜板之前，先定阴阳两仪。事实上，以哪一面为阴阳都没关系，只要事先定出阴阳之后，不要再反复改动即可。

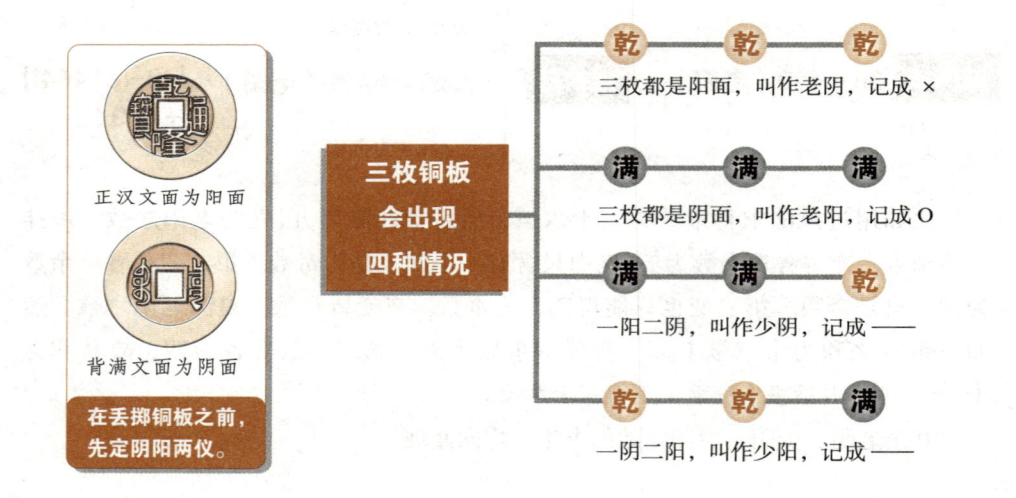

正汉文面为阳面

背满文面为阴面

在丢掷铜板之前，先定阴阳两仪。

三枚铜板会出现四种情况

乾 乾 乾
三枚都是阳面，叫作老阴，记成 ×

满 满 满
三枚都是阴面，叫作老阳，记成 ○

满 满 乾
一阳二阴，叫作少阴，记成 ——

乾 乾 满
一阴二阳，叫作少阳，记成 ——

看看自己的铜板是上述哪种情况，并记下结果。用同样的方法再做五次，将结果由下而上，分别记下来，如此便可得到六爻。

画卦时，从下往上画，从初爻至六爻，第一次摇钱为初爻，最后一次摇钱为上爻。老阳为阳极变阴，老阴为阴极变阳。

（4）数字占卜法

梅花易数，又名梅花心易。相传是北宋大儒邵康节先生观梅时，偶然看见麻雀在梅枝上争吵，以易理推衍成卦而得名。梅花易数重心领神会，它依先天八卦数理，即乾一，兑二，离三，震四，巽五，坎六，艮七，坤八，可随时随地起卦，取卦方式多种多样。这里我们先来介绍梅花易数中的数字占卜法。

数字起卦，大致可分为单位数和多位数两种起卦法，单位数起卦要加时辰作内卦。多位数一般用一分为二，即分二段各除以八，并分别取余数作上下卦。逢奇位数时数位少的一组作外卦，数位多的一组作内卦，以对应天清地浊，天轻地重，阳少阴多的自然法则。

在日常生活中凡所见数字均可以用来起卦，如扑克牌、电话号码、车牌号码、书页号码等等，其起卦方法类似于数字起卦法，如扑克牌，可任意先取一张牌为上卦，以其数除以八，除不尽者取本数，有余数者按余数起卦；然后取一张牌为下卦，方法同前；两数相加除以六的余数为动爻。如电话号码8523697，七位数，取前三位相加为上卦，取后四位相加为下卦，上卦为15，除以8余7，为艮卦；下卦为25，除以8余1，为乾卦，即得山天大畜卦。起卦时，凡得单数以上少下多，凡得双数为均分，均除以8取余数为卦；两数相加除以6的余数即为动爻。具体方法视具体情况而定，如下：

数字占卜法的五种情况

①单位数：单位数为外卦也就是上卦，加当时的时辰为内卦，也就是下卦，两数相加除以六为动爻。

②两位数：十位数为上卦，个位数为下卦，十位数与个位数之和除以六求动爻。

③三位数：百位数为上卦，十位数为下卦，个位数除以六求动爻。

④多位数：位数为奇数时，少一位的前段各数之和求上卦，多一位的后段各数之和求下卦，总数之和除以六求动爻。位数为偶数时，前后段均分，前段各数之和求上卦，后段各数之和求下卦，总数之和求动爻。

⑤特殊数的处理：如910，把910变成9+10，用9求上卦，用10求下卦，用9+10=19求动爻。 如103，用10得上卦和下卦（为上下重卦），用3求动爻。

（5）时间起卦法

时间起卦法，也是梅花易数起卦法中的一种，顾名思义，是以某一偶发状况，配合年月日与时辰起卦的方法。

用时间起卦的具体步骤与方法如下：

将偶发事件的年、月、日、时辰记下来（传统命理学的时间皆以农历为准，欲对照西历与农历时间者，请参阅万年历）。

将年支化成数字（可查阅万年历，找出该年的地支，例如：若是午年起卦，午数为七；又若是亥年起卦，亥数为十二，其余依此类推），再与月数、日数相加得到总数，将总数除以八，以所得余数为上卦。如果总数不满八，则直接以此数为上卦。

将年、月、日所得总数加上时辰数（时辰数求法与年数相同，例如巳时为五；戌时为十一），再将所得总数除以八，余数为下卦。

再以年、月、日、时的总数相加除以六，以余数为动爻。如此即得到本卦与变卦。

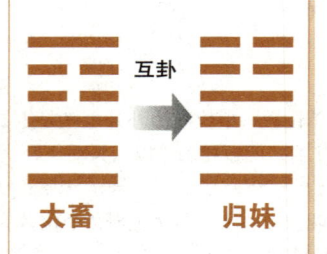

求互卦：互卦的求法是将本卦的上下二爻去掉，以三爻、四爻、五爻为互卦的上卦；二爻、三爻、四爻为互卦的下卦。

金钱卦中可能没有动爻，也可能不止一个动爻，梅花易数起卦法中却固定只有一个动爻，因此同样时间起卦法中的动爻只可能单独出现在上卦或下卦，不可能同时出现于上下卦。一般传统的易数断卦方法，是以不动者为体卦，有动爻者为用卦。体卦代表主体，用卦为对方或对应的事情。

时间起卦法是非常简便的起卦法。但是，用时间起卦固然简便迅速，断卦则须多积累经验。

（6）方位起卦法

方位起卦法，也属于梅花易数起卦法，即直接根据人或物及其所在的方位进行起卦。

根据人或物及其方位起卦进行预测，邵康节称之为"端法后天起卦"。其方法是："以物为上卦方位为下卦，合物之数与方位之数，加时数取动爻"。

比如从东方来则配以震卦，因震在东方；从南方来则配以离卦，因离在南方；从西方来则配以兑卦，因兑在西方；从北方来则配以坎卦，因坎在北方；从西北来，则配以乾卦，因乾在西北；从东北来则配以艮卦，因艮在东北；从西南来，则配以坤卦，因坤在西南；从东南来，则配以巽卦，因巽为东南。八卦配方位，均是用的后天八卦方位。

比如《梅花易数》中的《老人有忧色占》卦例，说在乙丑日那天的卯时，也就是一天早上的5点至7点，邵康节在路上行走，看见一位老人由巽方（东南方）来，且面带忧愁，问他因为什么事情而忧愁，老人回答说："没什么忧愁。"

先生感到很奇怪，于是起卦预测。老人为乾卦的卦象，便用乾卦做上卦，以巽方的巽卦做下卦，乾为天，巽为风，得天风姤卦。乾卦数一，巽卦数五，再加上卯时数四，共得十数，用十除以六，余四，九四

爻动。《易经》天风姤卦爻辞说："包无鱼，起凶。"

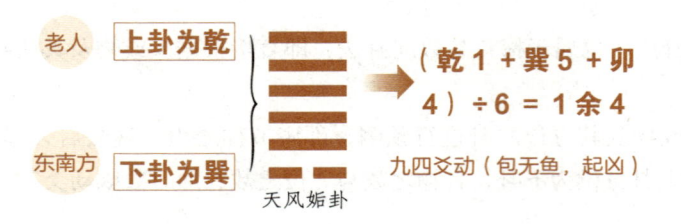

老人 上卦为乾
东南方 下卦为巽
天风姤卦

（乾1＋巽5＋卯4）÷6＝1余4

九四爻动（包无鱼，起凶）

此条爻辞很不吉利，用卦象来说，天风姤卦巽木为体，乾卦金克木，互卦中又出现了两个乾卦。

用卦 乾为金
体卦 巽为木
金克木 → 互卦
上乾
下乾
金助金

体卦又没有什么生克之气，况且被占测的人在路上行走，其应验是很快的。使用成数的十数，均分后取其一半，即是五。对老人说："你在五天之内，要谨慎小心，恐怕有重大灾祸。"果然在第五天，老人赴喜宴，因为鱼骨鲠喉而死。

方位起卦法，应卦的期限，一般看人的情况是处于动中还是处于静中，来决断事情的快和慢。行走的人应验的时间短，用成卦的数除以二，取其半数作为应验的日期。坐着的人应验的时间慢，用成卦数乘以二，作为应验的日期。站立的人应验的时间不快不慢，直接用成卦的数来定应验的日期。

（7）测字起卦法

梅花易数起卦法最大的特色就是只要有数就可起卦。因此，中国文字也可用来起卦。举凡一字二字三字，甚至多字皆可。

一字占

中国文字可约略分为有偏旁的合体字与不可分割的独体字，所以测字起卦，必须先判断是独体字还是有偏旁的字，若是不可分割的独体字，以其笔画总数平均分之，若笔画为偶数，则各分一半，若为奇数，则以笔画少者为上卦，笔画多者为下卦。若属有偏旁的合体字，可大致分为左右型、上下型、内外型三类。

（1）左右型的字：

如"判""搭""伴"等字，以左边的笔画数为上卦，右边的笔画数为下卦，再以总笔画数除以六，以余数为动爻数。

（2）上下型的字：

如"雷""些""奇"等字，以上字笔画为上卦，下字笔画为下卦。

（3）内外型的字：

如"国""因""问"等字，以外笔画为上卦，内笔画为下卦，总笔画数除以六的余数为动爻数。

一个字如何测

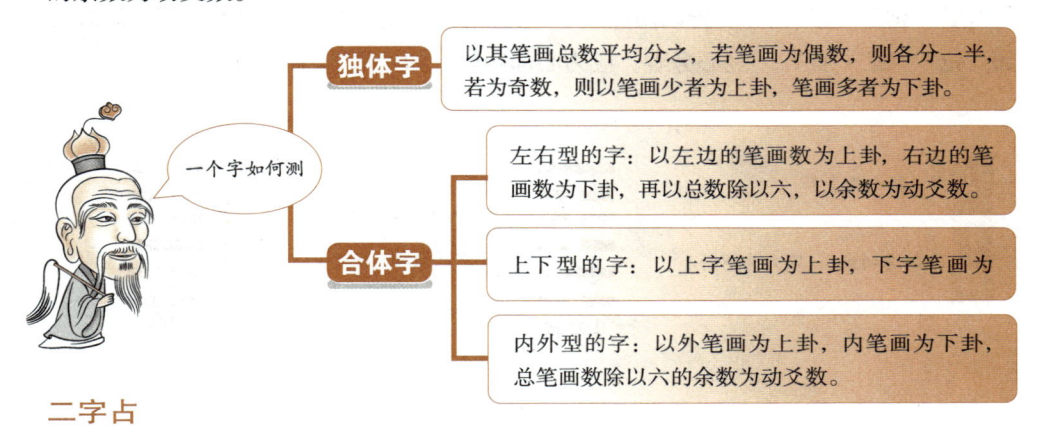

独体字：以其笔画总数平均分之，若笔画为偶数，则各分一半，若为奇数，则以笔画少者为上卦，笔画多者为下卦。

合体字：

左右型的字：以左边的笔画数为上卦，右边的笔画数为下卦，再以总数除以六，以余数为动爻数。

上下型的字：以上字笔画为上卦，下字笔画为

内外型的字：以外笔画为上卦，内笔画为下卦，总笔画数除以六的余数为动爻数。

二字占

二字占的方法，是以第一字的笔画除以八，余数为上卦；以第二字的笔画除以八，余数为下卦。再以二字的总笔画除以六，以余数为动爻。例如以"发财"二字占问财运，"发"字十二画，除以八余四，震木为上卦；"财"字十画，除以八余二，兑金为下卦。得本卦雷泽归妹，"发财"二字总笔画为二十二，除以六余四，四爻动，得变卦地泽临。上互卦坎水，下互卦离火。

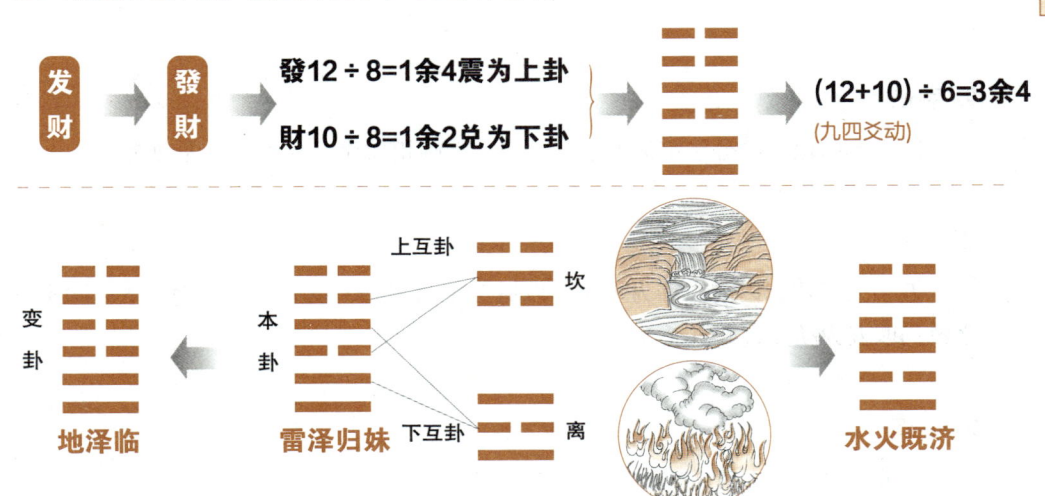

发财 → 發財 → 發 12÷8=1余4 震为上卦
　　　　　　　 財 10÷8=1余2 兑为下卦

→ (12+10)÷6=3余4
（九四爻动）

变卦 地泽临 ← 本卦 雷泽归妹（上互卦 坎，下互卦 离）→ 水火既济

姓名占

姓名占的算法，一般以姓的笔画数除以八，余数为上卦；名的总笔画除以八，余数为下卦。再以姓名总笔画数除以六，得余数为动爻。如"江小海"，"江"字七画，不满八画，不必除以八，直接以七为上卦，故艮七为上卦。"小海"总共十四画，除以八余六，坎六为下卦。姓名总笔画二十一，除以六余三，三爻动，故可得本卦山水蒙，变卦山风蛊。上互卦坤地，下互卦为震雷。

此外，须注意的是以姓名起卦比较特殊，必须以古字型的笔画为准，如①"清""河""江"等字，皆以四画"水"为部首。②提手旁者，应为"手"部四画，如"抢""提""捉"。③竖心旁者，应为心部四画，如"情""怀""忆"。

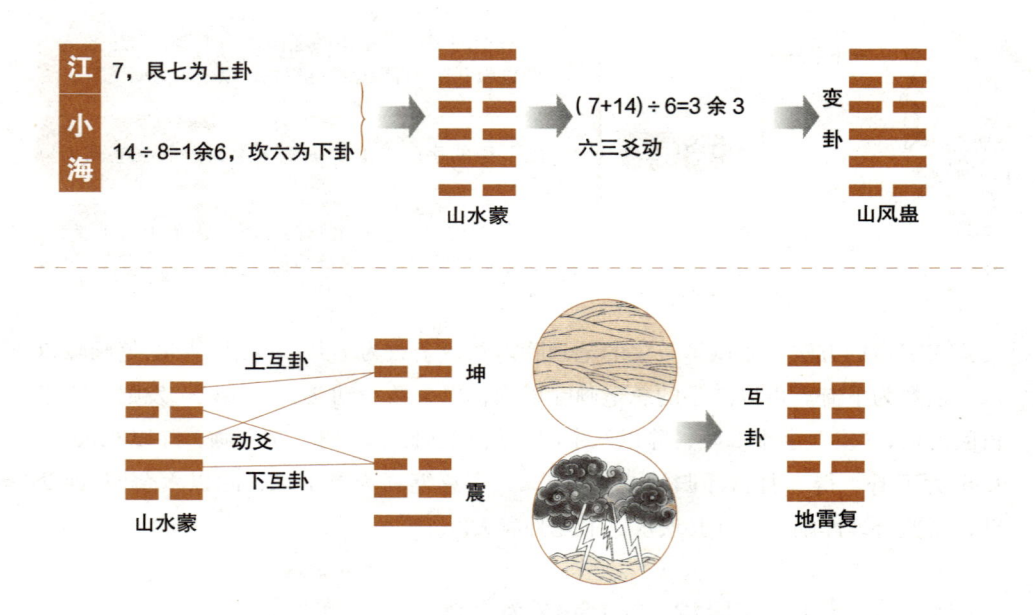

四字占

四字为四象，平分二字为上下卦，四字笔画相加除以六的余数为动爻。

五字占

五字为五行，以前二字为上卦，以后三字为下卦，以五字相加除以六，除不尽之数仍取五为动爻，即五爻动。

六字占

平分三字为上下卦，以六字为动爻，即六爻动。

七字占

以前三字为上卦，后四字为下卦，以七数除以六的余数为动爻，即初爻动。

八字占

平分四字为上下卦，以八数除以六的余数为动爻，即二爻动。

九字占

以前四字为上卦，后五字为下卦，以九数除以六的余数为动爻，即三爻动。

十字占

平分五字为上下卦，以十数除以六的余数为动爻，即四爻动。

十一字占

十一字以上至于百字，皆均分其数以起卦，或以少一字者为上卦，多一字者为下卦，以两数相加除以六的余数为动爻。

四字占	平分二字为上下卦，四字笔画相加除以六的余数为动爻。
五字占	以前二字为上卦，以后三字为下卦，以五字相加除以六，除不尽之数仍取五为动爻，即五爻动。
六字占	平分三字为上下卦，以六字为动爻，即六爻动。
七字占	以前三字为上卦，后四字为下卦，以七数除以六的余数为动爻，即初爻动。
八字占	平分四字为上下卦，以八数除以六的余数为动爻，即二爻动。
九字占	以前四字为上卦，后五字为下卦，以九数除以六的余数为动爻，即三爻动。
十字占	平分五字为上下卦，以十数除以六的余数为动爻，即四爻动。
十一字占	十一字以上至于百字，皆均分其数以起卦，或以少一字者为上卦，多一字者为下卦，两数相加除以六的余数为动爻。

5. 八卦与二十四节气

易学象数除了"太极图""河图""洛书""先天八卦""后天八卦"等学说外，还有一个很重要的学说便是卦气说。我们知道，八卦最早的主要用途是应用于历法，所以八卦与二十四节气有着重要的关系。

在世界天文史上，中国是最早使用阴阳合历的国家之一，而其以节气纪岁，以朔、望纪月的方法有着很强的科学性。

据《尧典》中记载："日中星鸟……以殷仲春，日永星火……以正仲夏；宵中星虚……以殷仲秋……日短星昴……以正仲冬。"文中的"日中""日永""宵中""日短"便相当于现在的春分、秋分、夏至与冬至。而鸟、火、虚、昴，是四个星宿的名称，就中国所在的北半球而言，太阳正照南回归线时为冬至，正照北回归线时为夏至，正照赤道时为春分或秋分。中国古代历法将两冬至之间的周期称之为"岁"，将一"岁"分为二十四等份，所以一年有二十四气（在使用十月太阳历时为四时八节，有十二月阴阳历时，则形成较完整的节气学说）。每一节气大约三十天，正好

文王十二月卦气图

胡一桂 元朝《周易启蒙翼传》
此图以四时的节气配本方之位，阴阳盛衰消长如环无端，实在妙不可言。

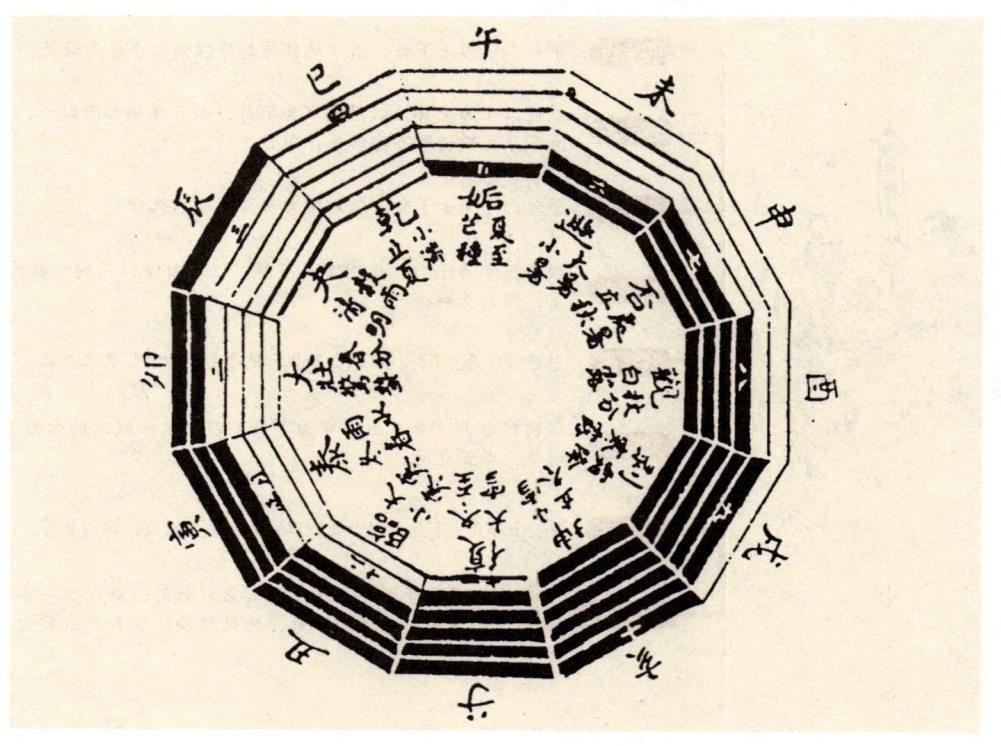

相当一个月,其中"节"和"气"各占大约十五天。二十四节气以太阳正照南回归线的冬至起算,历小寒、大寒、立春、雨水、惊蛰、春分、清明、谷雨、立夏、小满、芒种、夏至、小暑、大暑、立秋、处暑、白露、秋分、寒露、霜降、立冬、小雪、大雪,再至冬至为一岁,此二十四节气是根据地球绕太阳的黄道而划分,所以为阳历。其一节一气为一个月,以冬至起子月,也可称为节气历。到了夏朝,则以立春(即寅月)为一年的开始,一直沿用至今。

人们从伏羲六十四卦中抽取出十二个卦,来表示节气的变化规律。这十二个卦便是十二辟卦,也称十二消息卦、十二月卦、十二候卦。

二十四节气的含义

冬至:至为至有之义。冬至为阴极阳生。
小寒:初寒为小寒。
大寒:天气最冷为大寒。
立春:自即日起进入春季。
雨水:雨水者,雪散而为雨水、自上而下谓之雨,北风冻之谓之雪,东风解之谓之水。
惊蛰:惊蛰者,蛰虫惊醒而走出。
春分:分者阴阳之半,春分为阳半之始,此日白天与黑夜等长。
清明:物生清净明洁。
谷雨:谷雨者,雨以生百谷。
立夏:自即日起进入夏季。
小满:物长于此,小得盈满。
芒种:有芒之谷,可稼种。
夏至:至者至有之义。夏至为阳极阴生。
小暑:就其极热之中分为大小,月初为小暑。
大暑:就其极热之中分为大小,月半为大暑。
立秋:自即日起进入秋季。
处暑:暑将退伏潜处。
白露:阴气渐重,露汇白色。
秋分:二分者阴阳之半,秋分为阴半之始,此日白天与黑夜时间等长。
寒露:露气寒,将欲凝结。
霜降:霜降于地,阴气渐盛。
立冬:自即日起进入冬季。
小雪:天始降雪。
大雪:常有风雪。

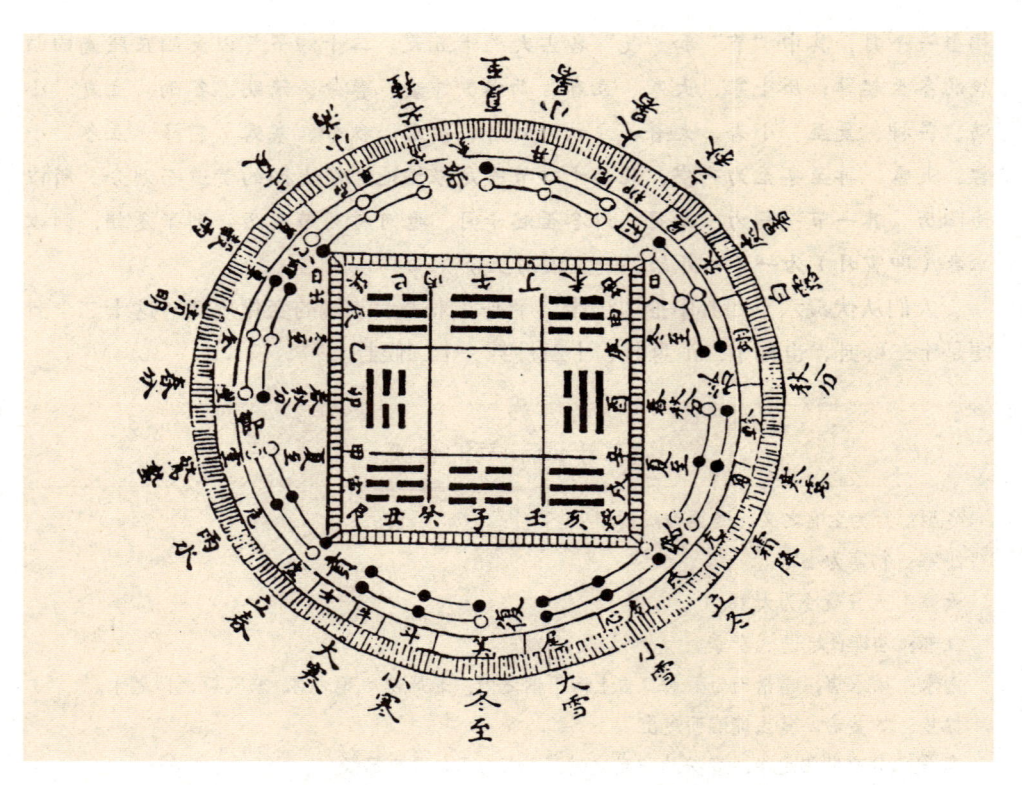

周天历象气节之图
张理 元代《易象图说外篇》

　　张理一生博览群书，尤精于两宋象数易之研究，并建立了自己独特的易学体系。图中卦画以黑白点代表阴阳爻，外圈三点为下卦，内圈三点为上卦，可见其深受宋朝河洛学之影响。张理认为，《易》有四象，以应四季；《易》有八卦，以应八节；八卦二十四爻，以应二十四节气；十二辟卦，以应十二辰；辟卦七十二爻以应七十二侯；反易之卦二十有八，以应二十八宿；六十四卦三百八十四爻，以应闰年阴历的三百八十四天。

　　据《玉函山房辑佚书》记载，十二辟卦的来源极早，此说法最早见于《归藏》：子复、丑临、寅泰、卯大壮、辰夬、巳乾、午姤、未遁、申否、酉观、戌剥、亥坤。而根据左传的记载亦可发现，春秋时代的人已普遍以"十二辟卦"代称"月"，例如称"子月"为"复月"，"寅月"为"泰月"。一直流传至东汉，乃至到清朝，治汉《易》的学者凡论易学亦莫不采用"十二辟卦"称"月"。

　　关于上古时期十二辟卦的应用，现在已经无法找到较为详细的资料了。我们现在的十二辟卦的相关理论来自西汉的孟喜。据有关学者考证，孟喜的卦气学说正是来源于上古时期的卦气学说。不过，孟喜的卦气学说则加入了后天八卦的内容。

　　孟喜用后天八卦中的四正卦——震、离、兑、坎，来表示春夏秋冬四时的阴阳消长。其中，震卦主春，离卦主夏，兑卦主秋，坎卦主冬。这四卦共有二十四爻。

分配二十四节气。震卦六爻主春分到芒种 6 个节气，离卦六爻主夏至到白露 6 个节气，兑卦六爻主秋分到大雪 6 个节气，坎卦六爻主冬至到惊蛰 6 个节气。即：

震卦	离卦	兑卦	坎卦
上六芒种	上九白露	上六大雪	上六惊蛰
六五小满	六五处暑	九五小雪	九五雨水
九四立夏	九四立秋	九四立冬	六四立春
六三谷雨	九三大暑	六三霜降	六三大寒
六二清明	六二小暑	九二寒露	九二小寒
初九春分	初九夏至	初九秋分	初六冬至

邵子卦气图
钱澄之 清代《田间易学》

"邵子卦气图"主张六日七分法，也是京房的气节分法。不过此图采用"先天图"六十四卦以分布气候，除掉了乾、坤、坎、离四正卦。

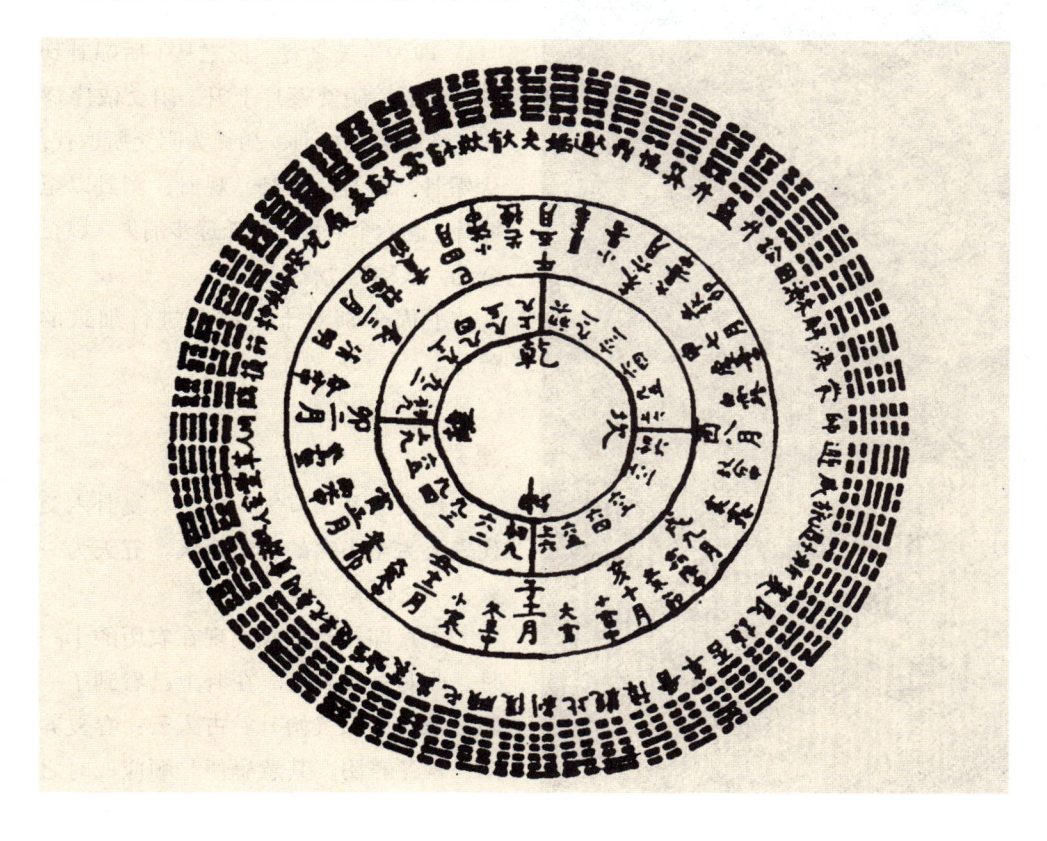

这样，六十四卦除掉四正卦则余下六十卦，共有360爻，每爻代表一日，则共有360日。然每年计有365.25日，所以尚有5.25日无爻可对，于是将此5.25日均分六十卦，如果每日为80分，则5.25日共为420分。将这420分均分六十卦，则每卦为7分，由于一爻生一日，一卦主6日，加上均来的7分，所以一卦配以6日7分。此即著名的孟喜"六日七分法"。

孟喜还以十二辟卦代表十二月，将十二辟卦的七十二爻代表七十二候。孟喜的二十四节气图及七十二候图概括了古代天文、历法、物候常识，显示了四时循环周期，以及天人统一的思想。

十二辟卦是以"阴爻""阳爻"喻示一年十二个月气候中阴阳消长的变化规律。十二卦中阳爻递生的六个卦，即从子月复卦到巳月乾卦，阳爻从初爻的位置逐次上升：复卦初爻为阳爻。临卦是初、二爻为阳爻。泰卦是初、二、三爻为阳爻（即三阳开泰）。大壮卦是初、二、三、四爻为阳爻。夬卦是初、二、三、四、五爻皆阳爻。而乾卦则全为阳爻。在此六个卦象中阳爻逐次增长，故称为"息卦"，"息"即为生长之意。反之从午后姤卦到亥月坤卦，阴爻逐序上升，阳爻依序递减。从乾卦到姤卦，初爻为阴爻所取代，从姤卦、遁卦、否卦、观卦、剥卦以至坤卦，此六个卦象中阳爻逐步消失，以至全无，故称为"消卦"。

下面分别对十二辟卦进行细致的解释。

复卦

代表子月，节气为冬至。复卦六爻代表大雪至小寒的三十余天。五天为一候，一爻代表一候。

子月即相当于我们现在农历的十一月，此时一阳来复。在卦上已看到了一阳之象，即阳气始升。古人云：春夏养阳，秋冬养阴。其意思便是顺应四时之

碑刻天文图拓片
黄裳 南宋

在公元13世纪之前，中国陆陆续续出现了许多尚未被西方认识的发明与发现，对天文的研究也已日趋精确。其中，易学在这些创造发明过程中起到了催化剂的作用。

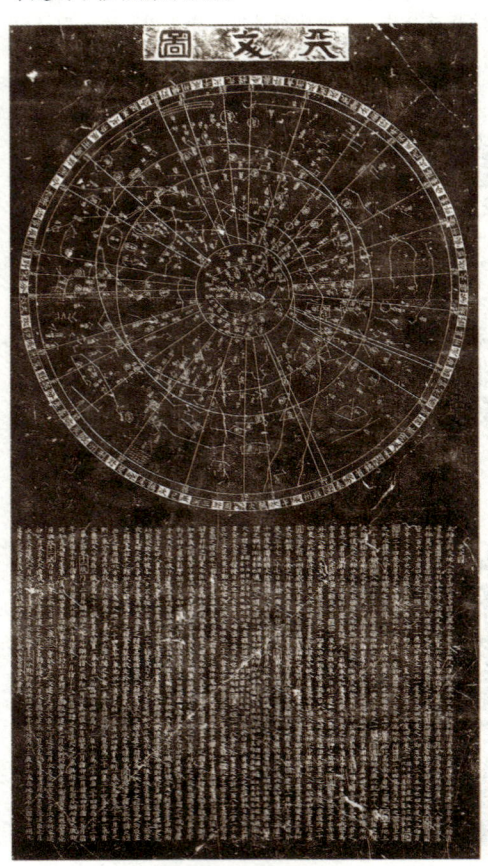

变。古人的春夏则是指冬至到夏至这段时间。此时天地阳气渐升，人也应当效法自然，开始补充自己体内的阳气。人们说冬令进补，其实指的便是冬至这一天。

临卦

代表丑月，节气为大寒。临卦六爻代表小寒至立春的三十余天。五天为一候，一爻代表一候。

丑月即相当于我们现在农历的十二月，此时卦象上已有两个阳了。虽然此时天地很寒冷，但春天已经快来临了，所以用临卦表示。这正如雪莱的诗所说："冬天来了，春天还会远吗？"

泰卦

代表寅月，节气为雨水。泰卦六爻代表立春至惊蛰的三十余天。五天为一候，一爻代表一候。

寅月即相当于我们现在农历的一月，也称正月。此时卦象上已有三个阳了。天地间至此时，地球已经是全部阳能充满了。这是春的开始，生命就要出土了。所以说"三阳开泰"，是一个令人欣喜的时节，是一个吉祥的时节。

芦汀密雪图
梁师闵　宋代　长卷　绢本设色　北京故宫博物院藏

图中是典型的南国的冬天，寒气逼人。但是请看几个江中的小洲，树芽已经略微显示出绿意，寒气弥漫在水面上，还有鸳鸯在轻轻地游弋，似乎感受到了水温的回升。

大壮

代表卯月，节气为春分。大壮六爻代表惊蛰至清明的三十余天。五天为一候，一爻代表一候。

卯月即相当于我们现在农历的二月。此时卦象上已经有四个阳了，是阳战胜阴的意思。阳主动，所以这时候的万物都开始活动起来，草木生长，动物们也开始繁衍。古时人类有"二八之月，奔者不禁"的规定，即是效仿大自然的勃勃生机，繁衍人类的后代。此时已过惊蛰，天上始有雷声，所以名之"大壮"。

夬卦

代表辰月，节气为谷雨。夬卦六爻代表清明至立夏的三十余天。五天为一候，一爻代表一候。

辰月即相当于我们现在农历的三月。此时卦象上已呈五阳之象，天地间只有一点阴气残余，现在的阳气正是最充足的时期，清明扫墓、郊游，天地间到处欣欣向荣。"夬"即"决"的意思，是指强大的阳将要彻底清除阴的余气。此时天地间阴气衰弱，所以人们不再担心受冻，吃东西也不怕凉食了。阳春三月，真是段好时光。

乾卦

代表巳月，节气为小满。乾卦六爻代表立夏至芒种的三十余天。五天为一候，一爻代表一候。

巳月即相当于我们现在农历的四月。此时卦象上六爻纯阳，天气已经没有一丝寒意，人们在水里游泳也不会觉得冷了，穿着单薄的衣服就可以了，小麦已经灌浆，草籽已结，是一个草木茂盛的季节。

虢国夫人游春图（部分）
张萱 唐代 长卷 绢本设色 辽宁博物馆藏

在易学中，对春天的赞美无以复加，例如"三阳开泰""阳春三月"等成语就来源于易学。画面表现八骑九人（内一人为儿童）春日出游的情景。前三骑、后三骑为侍从、侍女和保姆，中二骑为秦国夫人和虢国夫人。构图疏密得体，人物仪态从容。

姤卦

代表午月，节气为夏至。姤卦六爻代表芒种至小暑的三十余天。五天为一候，一爻代表一候。

午月即相当于我们现在农历的五月。此时天地之气阳极阴生,所以卦象上下爻出现了一个阴爻。此时天气由于温度过高,反而出现了潮湿的阴气。我国民间有五月五日端午节喝雄黄酒的风俗,便是祛除体内的湿气。

遁卦

代表未月,节气为大暑。遁卦六爻代表小暑至立秋的三十余天。五天为一候,一爻代表一候。

未月即农历的六月。此时卦象上已经有两个阴爻,由于阳动阴藏,所以此时有些农作物已经成熟。阴气的加重使天气更加闷热而潮湿,人与动物此时只能躲藏起来,以避暑气。如蟋蟀此时已躲到墙角阴处生存,人则躲在通风的屋中或树荫下避暑。遁即躲避的意思,即告诉人们此时要学会躲避生存。

否卦

代表申月,节气为处暑。否卦六爻代表立秋至白露的三十余天。五天为一候,一爻代表一候。

申月即农历的七月。此时卦象上已经有三个阴爻了。正所谓否极泰来,泰极否来,此时阴气已经变得强盛起来。天气虽然还很热,可是人们此时很容易着凉得病,消化力也减弱,所以常会发生腹泻一类的疾病。多事之秋盖指于此。而古人在遇到困难时便会有祭祖先的习俗,所以七月十五日为鬼节。人们通过祭祖先及鬼神,求得保佑,同时也检讨自己的过错,认为这样就可以获得吉祥了。

观卦

代表酉月,节气为秋分。观卦六爻代表白露至寒露的三十余天。五天为一候,一爻代表一候。

荷花图
清代 立轴 纸本设色 上海博物馆藏

姤卦、遁卦、否卦代表夏天的三个阶段,反映了阳消阴长的过程。图中荷花的红色由花瓣尖开始,渐渐变淡,与白色融合在一起。荷叶以浅色作底,又以深色画出叶脉,展现出夏天荷塘一角的景色。

酉月即农历的八月。此时卦象上已经有四个阴爻。天气渐冷，使秋天陷入一片萧瑟之气中。农作物此时已经成熟，而庄稼的生命也到了尽头。此时，早晚人们已经能够看到露水，一年的收成好坏也能看出来了，仲秋的明月使人们合家团聚，共赏美景，所以这一节气为观卦。另外，由于上古及中古时"二八之月，奔者不禁"，所以此为观卦，亦有观玩之意。

剥卦

代表戌月，节气为霜降。剥卦六爻代表寒露至立冬的三十余天。五天为一候，一爻代表一候。

戌月即农历的九月。此时卦象上已有五个阴爻，阴气强盛，将要排挤掉一点余阳。此时万物的生命活力大减，草木凋零，落叶纷飞。天地间的生气被剥夺，所以这一节气为剥卦。

坤卦

代表亥月，节气为小雪。坤卦六爻代表立冬至大雪的三十余天。五天为一候，一爻代表一候。

亥月即农历的十月。此时卦象

秋山行旅图
顾峰 清代 立轴 绢本设色 北京故宫博物院藏

观卦、剥卦和坤卦，展现的是秋季的三个阶段，体现了阴盛阳衰的过程。画中山石崎岖，古树寒鸦。小桥上三人赶着一架大车缓缓而行，主人骑一毛驴在后面静静地跟着。山石上染以淡淡的绿色，更显得秋意萧瑟。

六爻纯阴，为阴气最盛的时节。由于阴动阳藏，所以至此，万物皆隐藏起来。冬眠的动物已经在洞中进入睡眠状态，蛰虫也伏在洞中不再走动，天地闭塞成冬。冬即终，一年到了终点。又由于阴中有阳，阳中有阴，所以这坤卦当令的时节也会有两三天小阳春。而当阴气达到极盛时，正是冬至来临之日。此时，一阳复生，新的一年又开始了。

从孟喜的卦气学说中可以看出，孟喜所继承的卦气学说既有古老的先天八卦的内容，又有周朝时期的后天八卦的内容，可见他所继承的卦气学说已加入了先秦卦气学说的成就。

十二辟卦在人们生活中有着广泛的影响。在民间，农事之运作、医理之养生、保健乃至命理之推算都以"十二辟卦"为基准，例如：中国命理主流学派之一的子平推命，在阴阳五行的生克制化之中，尤重用神之推断，而其推断之准据则在于"气运流行"，也就是六候的体察，故有"月令提纲"之论，而后世一般人常不明了"月令提纲"不在于月之晦朔，而在于黄道的二十四节气。例如：造命论有"调候用神"之论，即：夏季至热，以水调候；冬季至寒，以火调候，但是，同是生于子月，冬至前后就不可同论。子月冬至前，尚是极寒，当以火调候；但若冬至后出生，正值一阳复始，从无到有，力道最强，即使八字中不见木、火，亦不以"寒"论。另外，北宋五大儒之一的邵雍所著的《皇极世经》，便是运用了十二辟卦的理论，不过他将一年四季的规律引申到更大的一个领域中，用来演示天地及整个人类的兴衰过程。其理论为元、会、运、世、年。即：

一元包含十二会（会是指每月的月初和月尾，即晦朔之间，便是日月相会的时间）；

后赤壁赋图
乔仲常 宋代 长卷 纸本水墨（美）纳尔逊艺术博物馆藏

古代十二辟卦的运用在军事上的作用尤其显著。三国时期孔明借东风的故事，正说明了易学在军事上的巨大作用。画面以长卷的形式，从出门登船、游览赤壁，直到回家梦见仙人，苏轼在画面中一共出现了九次。

第三章 《易经》基础知识

一会包含三十运（运是指每月之中，地球本身运转约三十周）；

一运包含十二世；

一世包含三十年（即每一时辰，有三十分）。

一元便是代表这个世界的文明形成到毁灭终结的基数，为129600年，在"大算数"里却仅相当于一年，由开辟以后到终结的中间过程之演变要经过十二会。用现代地球物理的概念来说，就是一个冰河时期。

一会是10800年，约一万年。天由子会开辟，即十二辟卦的复卦开始。约有一万多年后，形成了地球，是用丑会。十二辟卦的地泽临卦，如一年中的十二月天气最冷，这和现代的地球物理学说一样，在那个时代，地球因冷却而慢慢冻结起来，表面凸出的是高山，凹下的成为海洋。到了有人类存在时，已是进入了十二辟卦的泰卦，三阳开泰，为寅会。

皇极经世先天数图
宋代 朱震《汉上易传卦图》

此图为邵康节先生所传。皇极之数来源于伏羲先天八卦：乾一、兑二、离三、震四、巽五、坎六、艮七、坤八。

《皇极经世》中元、会、运世各有卦象表示，每年亦有卦象表示其天文、地理、人事发展变化。

现今，人们常用"天开于子，地辟于丑，人生于寅"来解释十二生肖所代表的时辰，而在《皇极经世》中，这子丑之间却相隔万年。

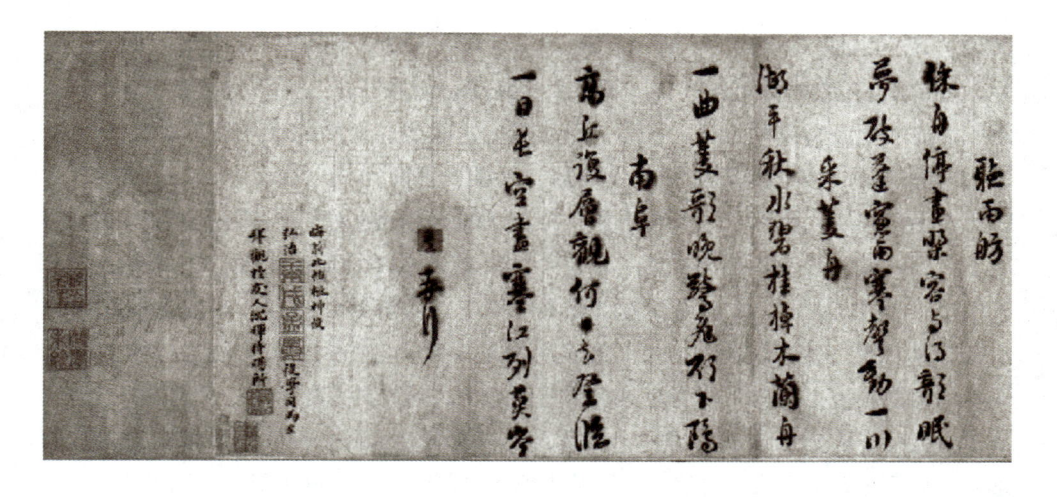

城南唱和诗卷

朱熹 宋代 纸本 手卷

朱熹是易学史上有突出表现的人物。我国明代以来的《易经》读本即为他作注。朱熹此诗卷是他为和张栻城南诗而作。

6. 朱氏九图

朱氏九图是宋本《易经》中的九张图表，也是朱熹所著的《易学启蒙》中的九张图。这九张图内容极其广泛，代表了易学最重要的几大理论，所以研究易学的人，对此不可不知。

朱氏认为这九张图"有天地自然之易，有伏羲之易，有文王、周公之易，有孔子之易。自伏羲以上皆无文字，只有图画最宜深玩，可见作易本原精微之意。文王以下方有文字，即今之周易。然读亦不宜各就本文消息，不可便以孔子之说为文王之说也。"可见朱熹并不认为《周易》的内容仅限于孔子所传的《易经》，所以他将包含着各种易学思想的"九图"列于《易经》正文的前面，以供人们"深玩"，以发现最初创作《易经》中的"精微之意"。

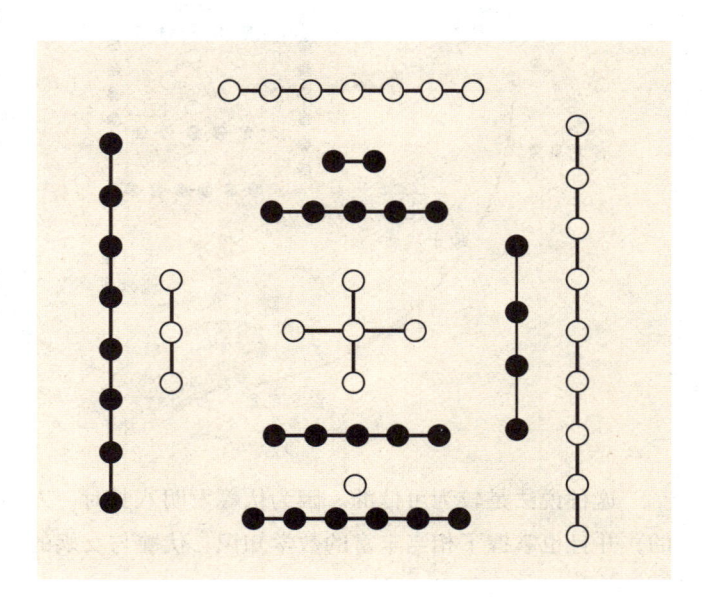

（1）河图

《系辞》中说"河出图，洛出书，圣人则之"，又说"天一，地二，天三，地四，天五，地六，天七，地八，天九，地十。天数五，地数五,五位相得而各有合。天数二十有五，地数三十，凡天地之数五十有五，此所以成变化而行鬼神也。"《系辞》中所说的这些数，其实就是河图中的数字。

　　河图中的白点代表阳，黑点代表阴。其排列规律为一六在北方，三八在东方，二七在南方，四九在西方，五和十在中央。汉朝的易学家对此的解释是"天一生水，地六成之；地二生火，天七成之；天三生木，地八成之；地四生金，天九成之；天五生土，地十成之。"由此可以看出河图中不仅包含着数学知识，还包含着五行的信息。其"天一生水，地六成之"的意思便是天数一与中央"五"相加等于六，其他以此类推。可见"五"在当时具有重要的地位，这有两个原因，一个是由于"五"数包含五行、五方的含义；另一个便是人类早期做算术时，一般以手指作为辅助工具，一只手有五个指头，自然"五"给人留下深刻印象，并赋予很多内涵了。

　　现在有学者通过研究，认为河图是人类早期观察天象的产物。

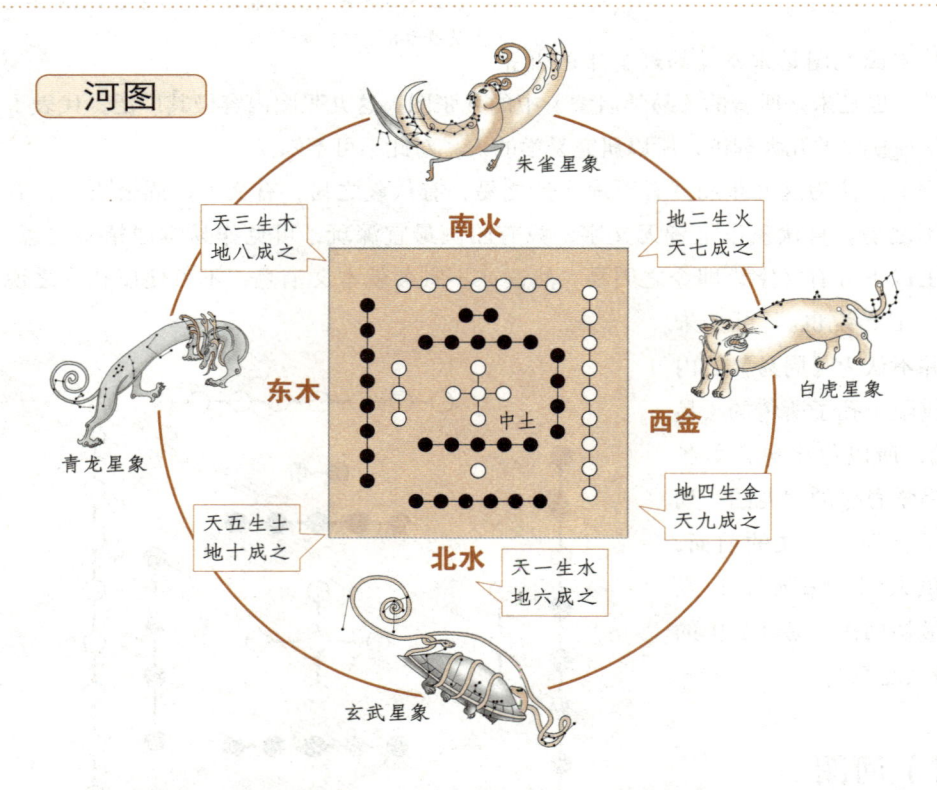

河图

朱雀星象
南火
天三生木 地八成之
地二生火 天七成之
东木
中土
西金
青龙星象
白虎星象
天五生土 地十成之
地四生金 天九成之
北水
天一生水 地六成之
玄武星象

　　这种说法是较为可信的。因为伏羲发明八卦时，人们的天文知识应当是很丰富的，并且也掌握了相当丰富的数学知识。伏羲与女娲的神像中一人手拿圆规，一人手拿矩尺，这都是我们现在还在使用的测量工具。当时这种工具的使用方法应当与我们现在的使用方法没什么区别。唯一不同的是，当时有可能也用这种工具测量天体的运行。因为当时对天体的观察有着重要的用途——可以确定四时八节而安排农作物的种植与收割时间，也可以根据时节合理地安排日常生活。

  河图与洛书很像"结绳记事"时代的产物，由此也可以推断出伏羲之前人们已经有了相当完备的易学知识。伏羲正是继承了上一代的文明而发明了八卦。传说中伏羲是见到了龙身上的纹理（即河图）和白龟背上的图案（即洛书）才发明了八卦的。虽然不能肯定真的有这么传奇，但伏羲是在前人的成就上发明的八卦应该是不会错的。

  不过年代太久远了，关于河图的具体含义，往往是仁者见仁，智者见智，至今还没有一个较为统一的说法。

（2）洛书

  洛书也是以白点代表阳，以黑点代表阴。朱熹认为，洛书是取自于"龟象"，即龟背上的图案。所以它的数字排列为"戴九履一，左三右七，二四为肩，六八为足"。

  有人认为洛书是在大禹时出世的。因为史料上记有大禹治水时乌龟献洛书，大禹于是根据洛书作《洪范》《九畴》。而事实上，洛书应该在伏羲时代就有了。因为伏羲以后的年代，还出现过河出图、洛出书的事件，大禹见到洛书只是其中的一例。正因为这样，孔子才会发出"河不出图，洛不出书，吾已矣夫"的感叹。因为古人认为如逢圣主，则会有河图、洛书问世。如今在河南淮阳伏羲画卦台附近的水中，还有白龟出现，据说白龟可以守护蓍草，当蓍草长到百年后便会有百茎，其下便必有白龟守护。

  洛书显示的数字排列极其工整。它的三行三列与两个对角线上的三个数相加起来都是十五，一共可以得出八组不同组合的十五。即：

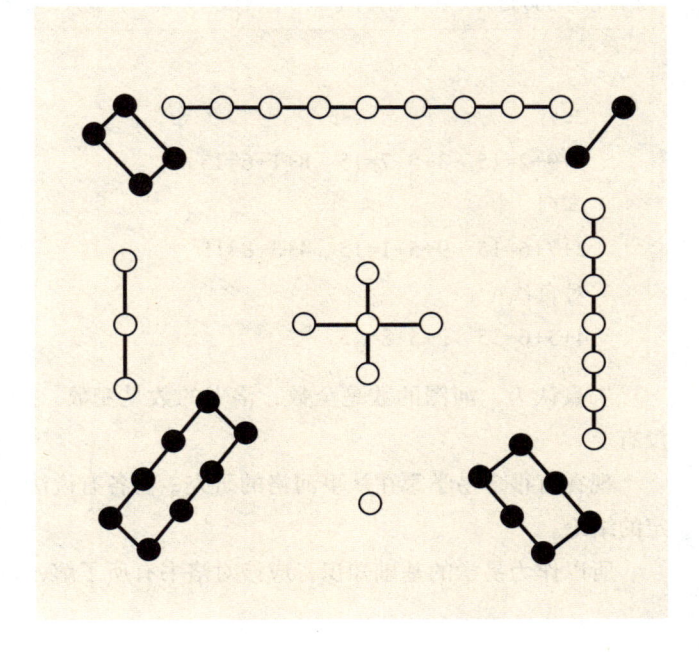

洛书

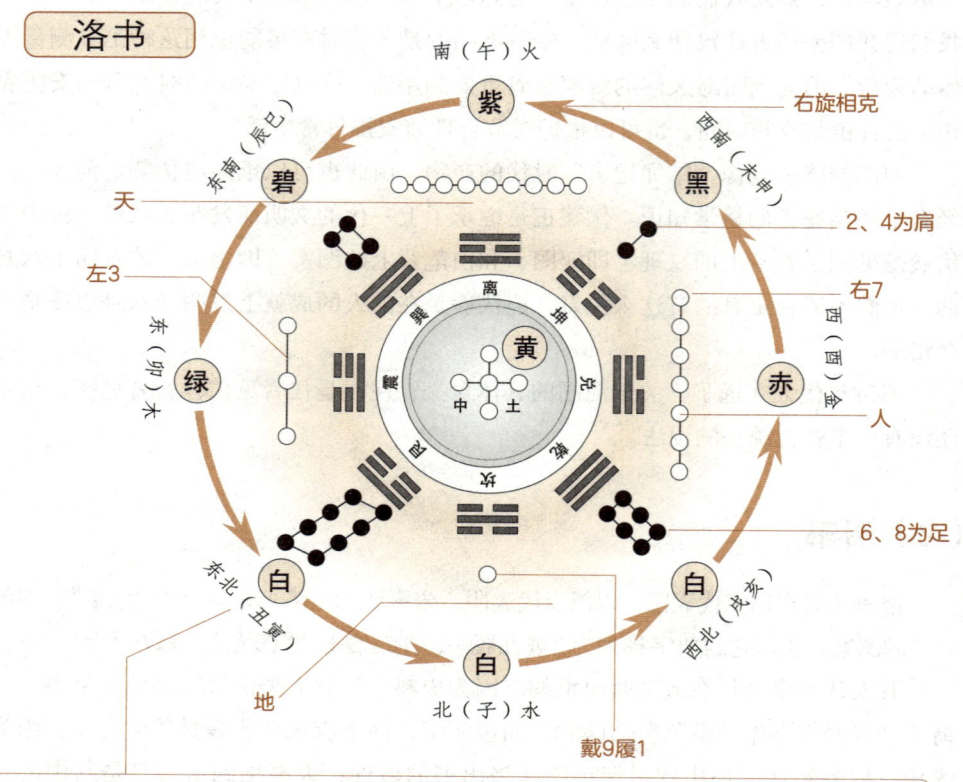

图中标注：
- 南（午）火
- 紫
- 右旋相克
- 西南（未申）
- 黑
- 2、4为肩
- 东南（辰巳）
- 碧
- 天
- 左3
- 东（卯）木
- 绿
- 离、坤、巽、震、兑、艮、坎
- 黄 中土
- 右7
- 西（酉）金
- 赤
- 人
- 东北（丑寅）
- 白
- 地
- 白
- 北（子）水
- 戴9履1
- 西北（戌亥）
- 白
- 6、8为足

《洛书》九星又称紫白九星，九星之数为逆行：九紫、八白、七赤、六白、五黄、四碧、三绿、二黑、一白，每年一星，一直运行到现在。九星用八卦，运数15，周流八方为120，共三才而合为360周天之数。同理，《洛书》阴阳总数45，周流八方也可以得360周天之数。

三行

4+9+2=15　3+5+7=15　8+1+6=15

三列

2+7+6=15　9+5+1=15　4+3+8=15

对角线

4+5+6=15　2+5+8=15

朱熹认为，河图的数是全数，洛书的数是变数。所以河图中有10，而洛书中没有。

现在有很多易学家在从事河洛的研究，但各有说法，目前还不能形成统一与确定的结论。

所以作为易学的基础知识，应该对洛书有所了解，但暂时还没必要对此进行太细致的讨论。

（3）伏羲八卦次序图

这张图极其形象地演示了八经卦的创作原理。即"易有太极，是生两仪，两仪生四象，四象生八卦"。其规律明显而工整有序。先天八卦的数字便由此而来。其乾一、兑二、离三、震四、巽五、坎六、艮七、坤八的数字规律经常运用于后天八卦的预测中。《梅花易数》中以数字起卦，便是根据这八个数字。

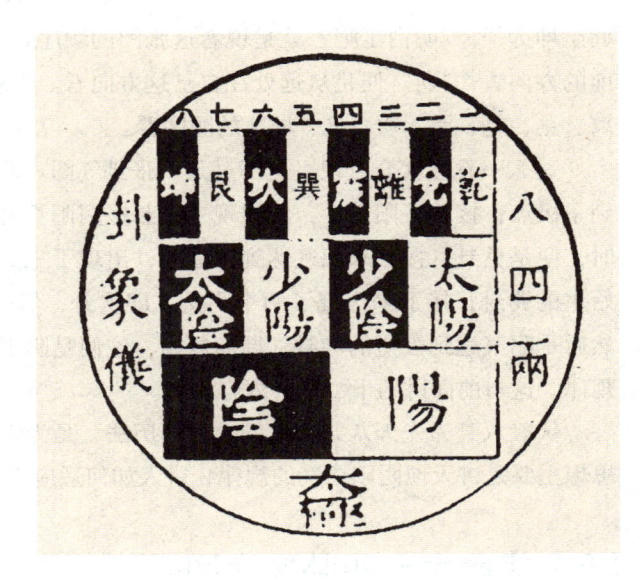

（4）伏羲八卦方位图

此图也称先天八卦图。为什么叫先天呢？其实只是相对于文王的后天八卦所言。先天八卦主要讲阴阳二气的运转，即一年四季的气候变化。其方位为乾南、坤北、离东、坎西、震东北、兑东南、巽西南、艮西北。

《周易·说卦》中对伏羲八卦的解释是："天地定位，山泽通气，雷风相薄，水火不相射，八卦相错，数往者顺，知来者逆。"是什么意思呢？就是说先天八卦的排列方式为乾坤相对，艮兑相对，震巽相对，坎离相对。其"数往者顺，知来者逆"是什么意思呢？关于这句话，其实很好理解。其"往者"指的是阳气，易学中一般以阳爻代表过去之事，所以这里说"数往者"，

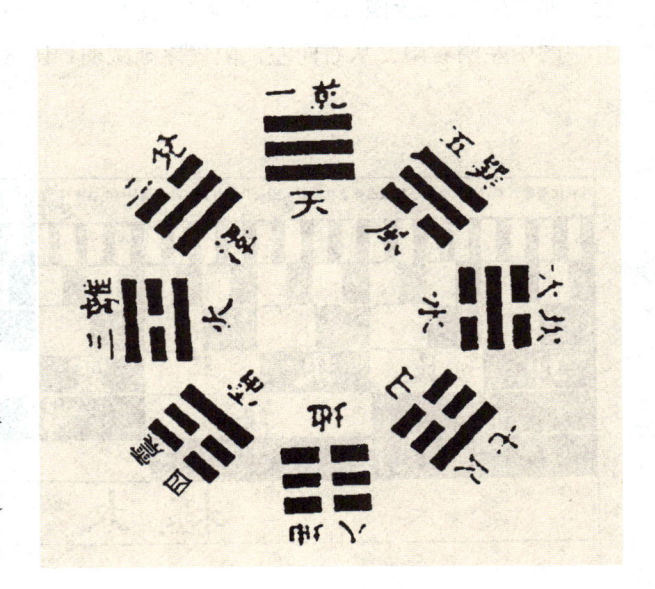

实际指的就是阳气；其"来者"，指的是阴气，易学中一般以阴爻代表未来的事情，所以这里说"知来者"，即指阴气。怎么样才能知道阴阳二气的变化呢？便是通过"顺"与"逆"来观察。什么叫"顺"和"逆"？邵雍解释说："自震至乾为顺，自巽至坤为逆。"明白了吧？就是说看这张图的顺序是顺时针地看。"顺"便是沿着往前的方向看，"逆"便是从远处往自己这方向看。也就是说看这张图的要顺着"震、离、兑、乾、巽、坎、艮、坤"的顺序看。

这么一看你就会发现，这不过是一张卦气图。北方坤卦三爻纯阴，代表阴气达到了极点；接着一阳始生，便出现了震卦；两阳爻时是离卦；一点阴气被强阳所驱时，便是兑卦；接下来阳气达到了鼎盛，出现了三爻纯阳的乾卦；再往下便是一阴始生的巽卦；接下来出现了两个阴爻，即坎卦；然后是强阴将要驱走余阳的艮卦；然后是阴气达到极盛的坤卦。周而复始，这便是阴阳二气的变化规律，寒来暑往的规律。这与前面讲的十二辟卦内容相似。

伏羲八卦为先天八卦，它是上古的历法，是为农耕服务的，所以先天八卦里的思想主要是讲天地阴阳二气的规律，讲人如何适应天地的规律。

（5）伏羲六十四卦次序图

此图为伏羲六十四卦次序图，也称伏羲八卦大横图。这张图便是讲解六十四卦成卦原理图，即伏羲采用什么方法将八经卦变为六十四卦的。从这张图中我们可以看出太极生两仪，两仪生四象，四象生八卦，八卦变六十四卦的演变过程。其实六十四卦的产生，便是两仪的六次方演变出来的。邵雍称这种方法为"加一倍"法。即一生二，二生四，四生八，八生十六，十六生三十二，三十二生六十四。

图中左阴右阳，从右向左，阳气逐渐减弱，阴气逐渐增强，排列极其规整。如

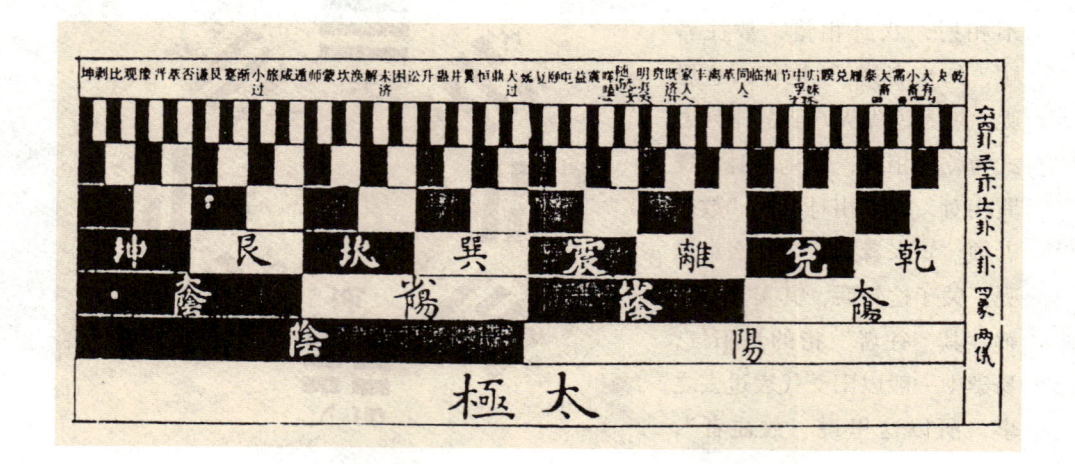

果我们将图中的阴爻与阳爻替换成0与1两个数字,那么我们便会发现它正好是二进制的排列方式——二进制的排列方式与先天六十四卦的排列顺序完全一样。

发明二进制的德国科学家莱布尼茨之所以会给中国的康熙皇帝写信,并要求加入中国国籍,便是因为这张图和后面的方圆图。因为他认为中国在很早以前便发明了二进制,不过它失传了,人们一直从《易经》中探索着其中的奥秘,结果都没有得到结果,只有他才真正破解了《易经》中的奥秘。

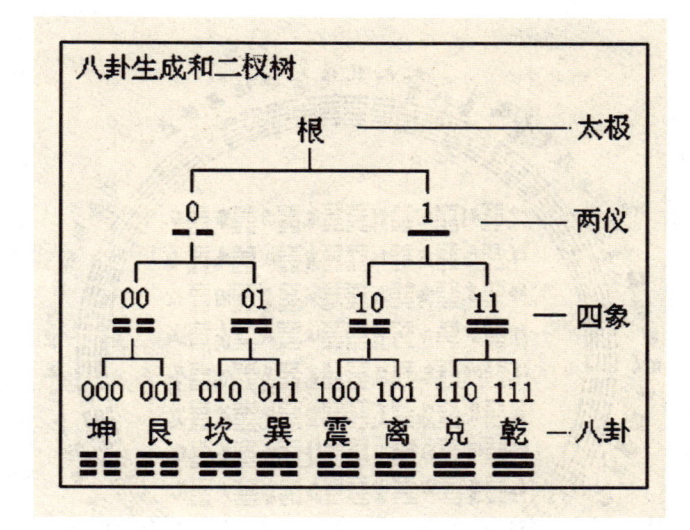

八卦生成与二杈树

《易经》八卦的生成,恰恰表达了二进制原理。此图是二者之间的对应图示。

事实上,八卦确实是以简单的两个数字来说明复杂的万物及其规律的,其中不单有二进制的数学,还有五进制、十进制、六十进制、六十四进制、十二进制等等数学知识,并且还有开方、几何及四则运算等很多数学知识,遗憾的是,中国历代君王禁止象数易学知识的传播,阻碍了中国数学的发展,所以我们今天要学习西方国家的数学。

(6)伏羲六十四卦方位图

下图是伏羲六十四卦方位图,也叫先天六十四卦图,简称方圆图或先天图。这张图里面包含着先天易学的所有方法和理论。

朱熹对此图的解释是,圆图代表天象,方图代表地理方位;圆图中乾卦位于午中,坤卦位于子中,离卦位于卯中,坎卦位于酉中;阳生于子而极于午,阴生于午而极于子;其阳在南,其阴在北;方图乾始于西北,坤尽于东南,其阳在北而其阴在南;圆图主动代表天,方图主静代表地。

其实,朱熹只是简单说明了一下这张图的含义。这张图所包含的还远不止这些。推演此图,宇宙、时空、人类、文明乃至万物,全在此图中。

图中乾、坤、离、坎即为先天八卦的四正卦,主一年中的四季。其余六十卦,

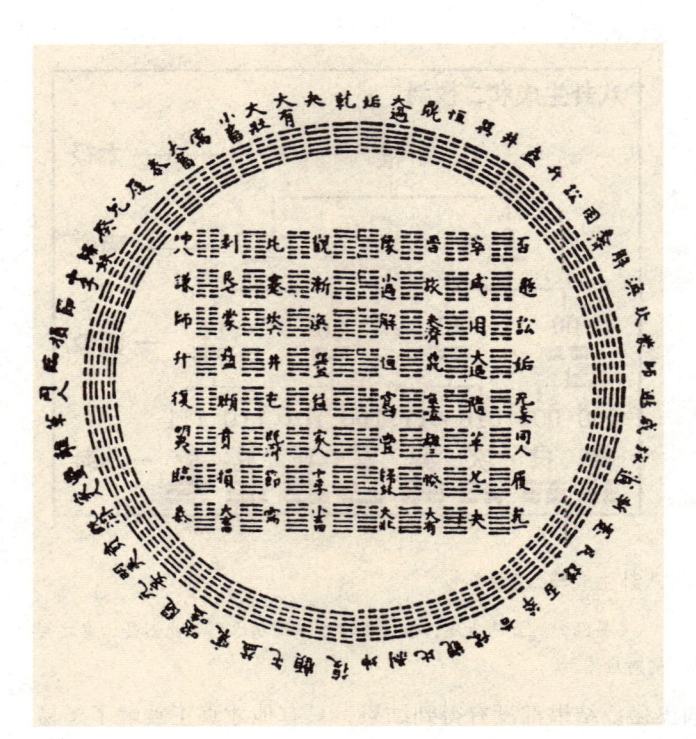

每卦代表六日，每爻代表一日。一年三百六十日、四时八节、二十四节气及阴阳变化全部包含其中。此图可分为两个半圆，左半圈为阳，从复卦至乾卦；右半圈为阴，从姤卦到坤卦。乾姤之间，一阴始生，为月窟；坤复之间，一阳始生，为天根。

此图极其微妙，其排列次序源于大横图，将六十四卦分为八宫（与京房的八宫不同）。其每宫八卦的内卦相同，外卦则按照先天八卦的次序排列。

六十四卦圆图

圆图的卦序就是伏羲六十四卦次序，从乾卦始逆时针排列一周而成圆形。

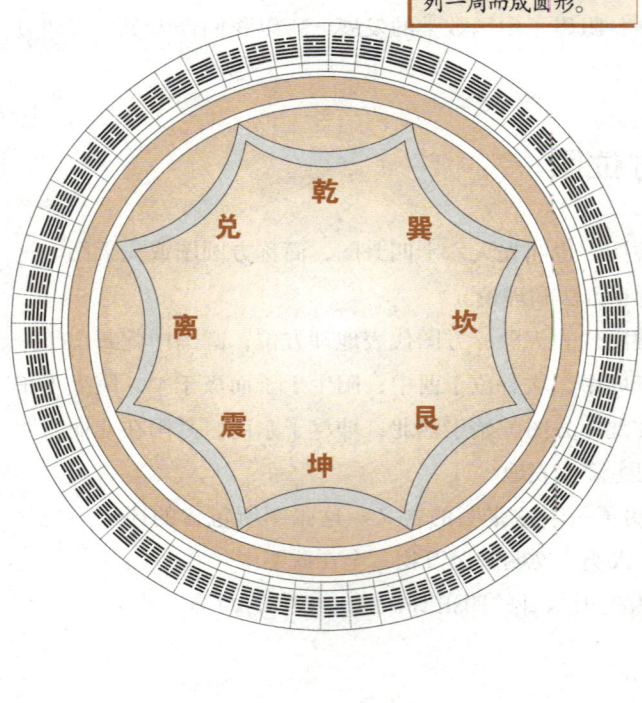

其八宫及卦序为：

乾宫八卦：乾、夬、大有、大壮、小畜、需、大畜、泰。

兑宫八卦：履、兑、睽、归妹、中孚、节、损、临。

离宫八卦：同人、革、离、丰、家人、既济、贲、明夷。

震宫八卦：无妄、随、噬嗑、震、益、屯、颐、复。

巽宫八卦：姤、大过、鼎、恒、巽、井、蛊、升。

坎宫八卦：讼、困、未济、解、涣、坎、蒙、师。

艮宫八卦：遁、咸、旅、小过、渐、蹇、艮、谦。

坤宫八卦：否、萃、晋、豫、观、比、剥、坤。

　　方图中也是按此八宫从下到上排列而成。依次称为乾宫、兑宫、离宫、震宫、巽宫、坎宫、艮宫、坤宫。乾、兑、离、震、巽、坎、艮、坤八个卦在每一横排中都可以找到，它们处在由乾至坤的一条对角线上。这八个卦是《易经》六十四卦中的八个主卦，也称八个重卦或纯卦。八个纯卦的卦序是：乾一、兑二、离三、震四、巽五、坎六、艮七、坤八。

　　其余六十卦的下卦是什么卦，就决定这一卦在方圆图中属于哪一宫；上卦是什么卦，就决定这一卦是哪一宫的第几卦。

　　方图中每一横排的下卦相同，每一竖排的上卦相同。如乾卦竖排八个卦每卦的上卦全是乾卦；离卦的竖排八个卦上卦全是离卦……

　　方图由里到外可分为四层，巽、震、恒、益为第一层，有"雷风相薄"之意；坎、离、未济、既济为第二层的四个角，有"水火相射"之意；艮、兑、咸、损为第三层的四个角，有"山泽通气"之意；乾、坤、否、泰为第四层（即最外层）的四个角，有"天地定位"之意。

　　先天八卦学说的代表就是宋代的邵雍。他"究天人之际，通古今之变"，是一

六十四卦方图

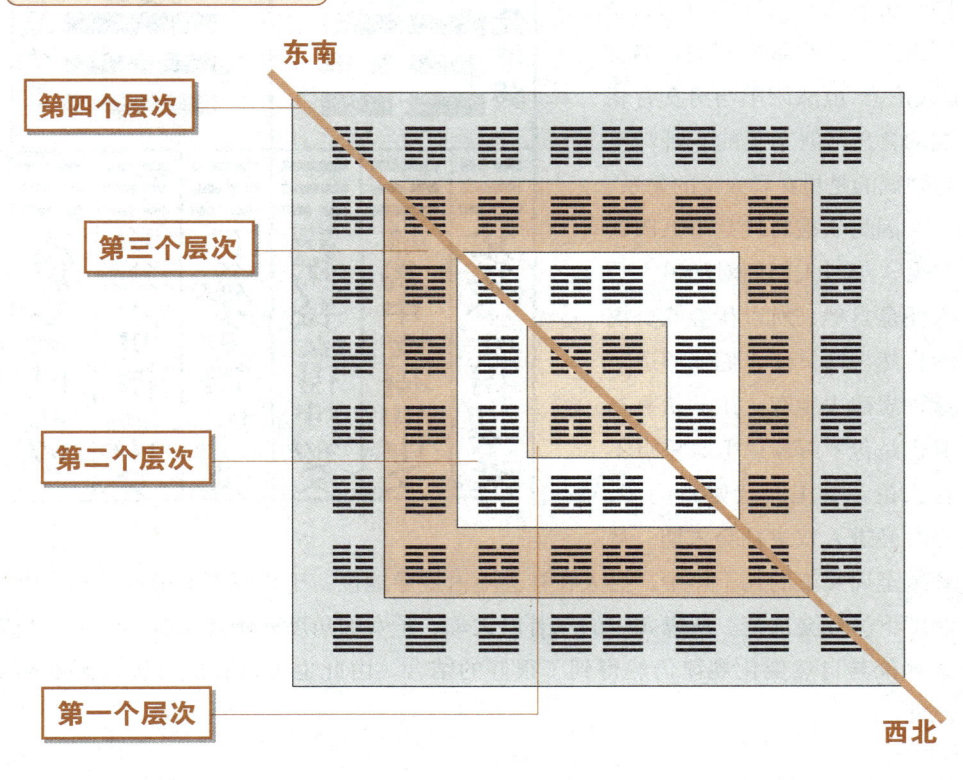

东南

第四个层次

第三个层次

第二个层次

第一个层次

西北

代相当了不起的易学大师。他所著的《皇极经世》便含有先天八卦的理论。先天八卦是阐明天地变化规律，使人适应这种规律而生存的学说。如《皇极经世》便是占卜世界大的演变过程，这种演变是不以人的意志为转移的，所以他采用先天八卦的理论。

而文王八卦的理论则重在如何在治理中求得生存与发展，所以一般小事吉凶的占卜，以后天八卦为准。如《梅花易术》中有很多后天八卦的理论。

现代有些学者认为伏羲的先天八卦图是宋代以后才出现的，而宋之前没有先天八卦的记载，认为伏羲四图及先天八卦学说为宋代伪托而作，其实这是不正确的，先天八卦在秦代时还在使用中。秦始皇墓便是一个很好的证明。有学者考证，秦始皇墓坐西朝东，便是根据先天八卦方位修建的，因为秦朝以水德王天下，先天八卦中水居西方，所以其墓便坐西朝东。关于具体的理论依据，可以查阅相关的资料，这里就不多述了。

（7）文王八卦次序图

文王八卦次序图与伏羲八卦次序图的排列与含义都不同。伏羲八卦次序图演示的是阴阳；文王八卦演示的是男女（人伦）。虽然阴阳与男女有相同的含义，但文王的八卦却重点强调的是男女和人伦的关系。

因为伏羲时代是母系氏族社会，当时人们面对的最大敌人便是自然，所以伏羲八卦揭示自然规律，使人们能够适应这种规律去生存。虽然伏羲八卦也是包罗万象，但其重点不在人伦。文王时代则不同了，当时已进入奴隶社会末期。从黄帝至周文王的几千年中，男人在社会上占主导地位，于是便逐渐形成了私有财产制度下的社会规范。所以文王的八卦以父母、子女的角度来阐述八卦的哲理。当然其理论与自然变化规律仍然得到了很好的结合，由此也可以看出后天八卦的高明之处。

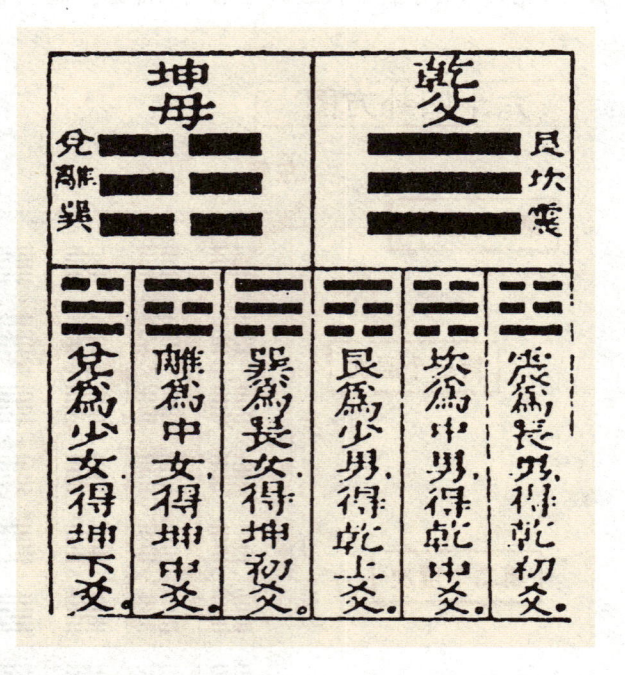

邵雍说："此文王八卦，乃人用之位，后天之学也。"即是说文王的八卦已经脱离了原来最初的用途，而转入了一个新的起点。它阐明的是人改造自然的理论，国君治理天下的理论，社会人伦相处的理论。这便是"人用之位"。

（8）文王八卦方位图

文王八卦方位图也称后天八卦圆图。这个八卦图是易学占卜最常用的一个图。此图以震、兑、坎、离代表东西南北，称为"四正卦"；以乾、坤、艮、巽代表西北、西南、东北、东南，称为"四隅卦"。古代的天文仪的设置便以此方位为准。

《说卦传》中对此八卦方位的解释是："帝出乎震，齐乎巽，相见乎离，致役乎坤，说言乎兑，战乎乾，劳乎坎，成言乎艮。"

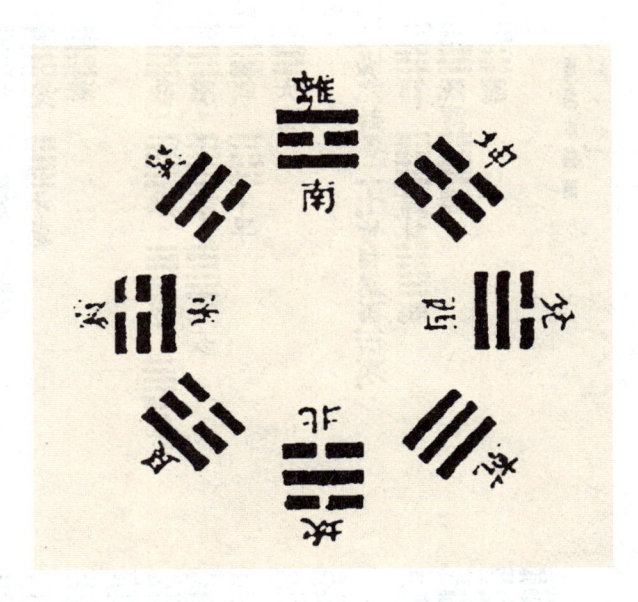

《周易尚氏学》中说"后天方位"是由"先天方位"演变而来的，其指出："八卦圆布四方，各有其位，而先后不同，盖《易》之道一动一静，互为其根……静而无为，唯阴阳相对必相交。坤南交乾，则南方成离；乾北交坤，则北方成坎；先天方位，遂变为后天，由静而动矣。《周易》所用者是也。然《周易》虽用后天，后天实由先天禅代而来，不能相离。故《说卦》首以'天地定位，山泽通气'演先天卦位之义，再明指后天。"

尚氏的观点还是能够被大多数人接受的观点，后天八卦与先天八卦的确是有联系的，而后天八卦更实用，所以其应用领域较广。

后天八卦图中蕴涵着五行运行规律以及"乾统三男居北，坤统三女处南"的排列规律，并在实践中广泛应用。

（9）卦变图

《象传》中有卦变之说，下面组图即卦变的原理。焦氏易学中的卦变便与此有着一定的渊源，有兴趣者可以深玩其意。由于此并非易学中的主要学说，故此不作细致介绍。

卦变图

此图是朱熹在《周易本义》中提出来的，用来说明《易传》中的卦变之说。方法是"以此卦生彼卦"，"以此爻生彼爻"。

7.《周易》卦歌

朱熹的《周易本义》中共有四首卦歌，分别是：①卦象歌；②卦变歌；③卦序歌；④八卦取象歌。

八卦取象歌前面已经介绍过了，即：乾三连，坤六断，震仰盂，艮覆碗，离中虚，坎中满，兑上缺，巽下断。

所以在这一节，只讲一下其余的三个卦歌。

（1）卦象歌

乾为天　天风姤　天山遁　天地否　风地观　山地剥　火地晋　火天大有
坎为水　水泽节　水雷屯　水火既济　泽火革　雷火丰　地火明夷　地水师
艮为山　山火贲　山天大畜　山泽损　火泽睽　天泽履　风泽中孚　风山渐
震为雷　雷地豫　雷水解　雷风恒　地风升　水风井　泽风大过　泽雷随
巽为风　风天小畜　风火家人　风雷益　天雷无妄　火雷噬嗑　山雷颐　山风蛊
离为火　火山旅　火风鼎　火水未济　山水蒙　风水涣　天水讼　天火同人
坤为地　地雷复　地泽临　地天泰　雷天大壮　泽天夬　水天需　水地比
兑为泽　泽水困　泽地萃　泽山咸　水山蹇　地山谦　雷山小过　雷泽归妹

这首卦歌非常重要，是易学中的一个重点。而这首卦歌并非孔子所传的《易经》中的内容，它是孟京易学的重点部分。要明白这首卦歌的内容，我们必须了解京氏的易学。否则，即使你将这张图背得滚瓜烂熟，也没有一点用途。

京房的八卦属于后天八卦系统。他将八纯卦按"乾坤生六子"，以及"六子分别有乾坤"以确定八纯卦的次序，即乾、震、坎、艮、坤、巽、离、兑，是为八宫卦。每宫各领七卦，七卦的排列，以宫卦为体，以爻变为用，由此形成爻变之序列，确定爻变之名义。每变一爻，即为此宫之一卦。其排列方法为，变动初爻为一世卦；变至二爻为二世卦；变至三爻为三世卦；变至四爻为四世卦；变至五爻为五世卦；五爻变尽然后返变四爻，即游徙复止于四爻位，为游魂卦；再变下体三爻，使之还复本位，即复归本宫卦，是为归魂卦。

这是另一种六十四卦卦序，与先天八卦和《易经》的正文的卦序不一样，八卦根据不同用途，可以组成许多种卦序。为了使读者更好地领悟这种卦序，现列表如下：

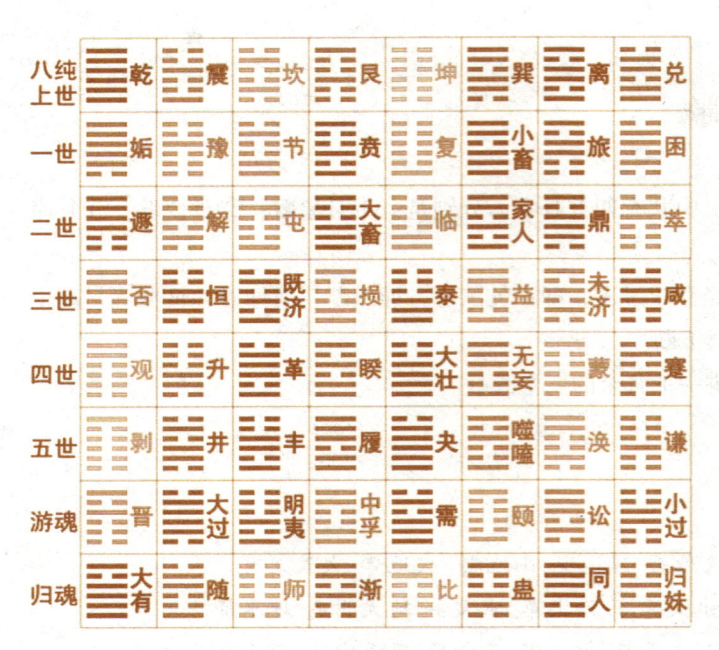

京房将除去八纯卦以外的五十六卦分别归属于乾、震、坎、艮、坤、巽、离、兑八宫之下，每一个纯卦下有七个杂卦。左表为《京氏易传》中的卦序图，其每宫的排列与"朱氏九图"中的"卦象歌"相同，不同之处是各宫的排列顺序不同。朱氏卦象歌的各宫排列是按照后天八卦的顺序排列的，即乾、坎、艮、震、巽、离、坤、兑。而京氏八卦的各宫排列顺序则按照阳消阴长的顺序排列的，即

	乾	震	坎	艮	坤	巽	离	兑
八纯上世	乾	震	坎	艮	坤	巽	离	兑
一世	姤	豫	节	贲	复	小畜	旅	困
二世	遁	解	屯	大畜	临	家人	鼎	萃
三世	否	恒	既济	损	泰	益	未济	咸
四世	观	升	革	睽	大壮	无妄	蒙	蹇
五世	剥	井	丰	履	夬	噬嗑	涣	谦
游魂	晋	大过	明夷	中孚	需	颐	讼	小过
归魂	大有	随	师	渐	比	蛊	同人	归妹

八宫六十四卦卦序表

六十四卦八宫卦的最后一卦是雷泽归妹，而《周易》卦序的最后一卦是火水未济，这就告诉我们，自宇宙开始，人生最后永远是未济，有始无终，没有结论。

"乾父统长、中、少三男，接坤母统长、中、少三女"：乾、震、坎、艮、坤、巽、离、兑。这主要由于后世的术数易学已不再重视卦气说，而主要以世、应、纳甲、飞、伏等预测吉凶，所以各宫的排列顺序便不太重要了。如北周卫元嵩所著的《元包经传》中的八宫排列为坤、乾、兑、艮、离、坎、巽、震。

现结合京氏的八宫卦序表，以乾宫为例说明每宫的变化规律。

六爻纯阳的乾卦，世居上九；其初爻变为阴爻后就成了姤卦，因为初爻为变，所以姤卦的世爻为初爻，简称一世；姤卦的二爻变为阴爻时，便形成了遁卦，因为此卦的变爻是根据姤卦变化来的，变爻为二爻，所以世爻为二爻，简称二世；遁卦三爻变为阴爻时，便变成了否卦，其世爻为三爻，简称三世；变至四爻时，便变成了观卦，其世爻为四爻，简称四世；五爻下面全成阴爻时便变成了剥卦，其世爻为五爻，简称五世；接下来不往上变了，因为再往上变就成了坤卦，就不属于乾宫了。所以接下来剥卦返回来变第四爻，于是就变成了晋卦，因为此时并没有变完，晋卦就好像正走在回家的途中一样，所以晋卦为游魂卦，占卦遇游魂则表示人未至的意思，此卦四爻为世爻；晋卦继续往回变，就该变第三爻了，由于此时已变至乾宫之末，所以只将下卦全部归回乾卦即可，于是便变成了大有卦，其世爻为三爻，所以大有卦也称归魂卦。其余各宫也是这种变化规律，就不赘述了。

京房纳甲

京房"纳甲"多用于占筮。先将六十四卦分八宫，四阳四阴八大纯卦。每宫一卦，下接七卦，由下至上，即本卦、一世、二世、三世、四世、五世、游魂、归魂。

	本卦	一世	二世	三世	四世	五世	游魂	归魂
乾宫	乾	姤	遁	否	观	剥	晋	大有
震宫	震	豫	解	恒	升	井	大过	随
坎宫	坎	节	屯	既济	革	丰	明夷	师
艮宫	艮	贲	大畜	损	睽	履	中孚	渐
坤宫	坤	复	临	泰	大壮	夬	需	比
巽宫	巽	小畜	家人	益	无妄	噬嗑	颐	蛊
离宫	离	旅	鼎	未济	蒙	涣	讼	同人
兑宫	兑	困	萃	咸	蹇	谦	小过	归妹

宫中每卦，均分别为世、应二爻，视卦爻世应纳得的干支五行，定出"六亲"等进行占断，这是京房纳甲的大概。

什么叫世应呢？

世和应是相对的，一般把世当作自己的方面，把应当作他人的方面。世爻与应爻总是隔着两位，如世在初爻，应则在四爻等。确定卦的世爻，依据的是卦的八宫位置，如八纯卦的世在上爻，一世卦世在初爻等，而游魂卦则世在四爻、归魂卦世在三爻。

虞翻纳甲

虞翻的"纳甲"以月之晦朔盈亏为依据，将十天干分配于八卦，"日月悬天成八卦象"。

这三个卦象为"望后三候"阳消阴息的月相。

这三个卦象为"望前三候"阳息（升）阴消（降）的月相。

纳甲的最大特点就是给卦中配以五行、天干、地支，充分发挥它们的生、克、冲、合关系，是我国古代术数预测的大宗之法。

纳甲

刚才谈到世爻，世爻有什么用途呢？世爻便是一卦的主体，是占卦最重要的条件。它在卦中代表自己，与它对应的便是应爻。应爻与世爻隔两位，代表对方。一个卦中有自己（世爻），有对方（应爻），便可以看出双方的生克与强弱关系了，古人以此预知吉凶。

那么怎么知道生克与强弱呢？这便要根据五行的理论来确定。怎样知道每爻的五行呢？那么只有给每个爻配上天干地支才行，这就叫八卦纳甲。京房在《京氏易传》中说："分天地乾坤之象，益之以甲乙壬癸。震巽之象配庚辛，坎离之象配戊己，艮兑之象配丙丁。八卦分阴阳六位、五行，光明四通，变易立节。"这便是爻配天干的方法。

那么地支如何配呢？有一首歌诀是这样的："乾坎艮震为阳位，子寅辰午初爻是。巽离坤兑卦为阴，丑卯未巳初爻寻。阳顺阴逆隔节数，用前纳甲并所属，若能以此手中推，浑天甲子不难知。"这首歌是说乾坎艮震的初爻分别配子寅辰午，巽离坤兑的初爻分别配丑卯未巳。其从下往上的排列顺序为隔一个地支往上排，阳卦（即乾坎艮震）的地支按照十二地支的顺序隔一个地支往上排，即按照子、寅、辰、午、申、戌的顺序往上排；阴卦（巽离坤兑）则按照十二地支的逆序排列，也是隔一个地支，即按照丑、亥、酉、未、巳、卯的顺序往上排。

根据上面的方法，可以得出八个纯卦的纳甲如下：

乾	坤	坎	艮
壬戌土	癸酉金	戊子水	丙寅木
壬申金	癸亥水	戊戌土	丙子水
壬午火	癸丑土	戊申金	丙戌土
甲辰土	乙卯木	戊午火	丙申金
甲寅木	乙巳火	戊辰土	丙午火
甲子水	乙未土	戊寅木	丙辰土

兑	离	震	巽
丁未土	己巳火	庚辰土	辛卯木
丁酉金	己未土	庚寅木	辛巳火
丁亥水	己酉金	庚子水	辛未土
丁丑土	己亥水	庚戌土	辛酉金
丁卯木	己丑土	庚申金	辛亥水
丁巳火	己卯木	庚午火	辛丑土

将上表总结为一首歌即为："乾金甲子外壬午，坎水戊寅外戊申，艮土丙辰外丙戌，震木庚子庚午临，巽木辛丑并辛未，离火己卯己酉寻，坤土乙未加癸丑，兑金丁巳丁亥辰。"

这是八纯卦的纳甲，那么其他各卦怎么纳甲呢？只要将其外卦取相对应的八纯卦外卦的纳甲，将其内卦取相对应的八纯卦的纳甲就行了。比如遁卦，其外卦取乾卦外卦的纳甲，遁卦下卦为艮卦，便取艮卦下卦的纳甲。所以遁卦的纳甲为：

壬戌土
壬申金——应
壬午火
丙申金
丙午火——世
丙辰土

六爻＼人事	初爻	二爻	三爻	四爻	五爻	上爻
社会	元士	大夫	三公	诸侯	天子	宗庙
医药	针药	酸药	甘药	苦药	辛药	医师
寻人	足	身	行李	道路	人家	人身
渔猎	渔猎	龟鳖	鱼虾	兔猪	豺狼	虎豹
田禾	耕	种	田段	秧苗	早禾	大禾
音信	飞信	口信	书信	仆信	喜信	吉信
逃亡	乡	市	镇	县	州	外道

六爻配置表

京房又将六爻分作六等，用以比拟社会人事。其配置为："初爻为元士，二爻为大夫，三爻为三公，四爻为诸侯，五爻为天子，上爻为宗庙。"其实，《易经》中的卦爻反映的是事物变化的过程，所以其可以给予任何配置。不过要明白其过程的变化规律。如《乾凿度》中说："天地之气，必有终始，六位之设，皆由上下。故易始于一，分于二，通于三，成于四，盛于五，终于上。初为元士，二为大夫，三为三公，四为诸侯，五为天子，上为宗庙。凡此六者，阴阳所以进退，群臣听以升降，万人所以为象则也。故阴阳有盛衰，人道有得失，圣人因其象，随其变，为之设卦，方盛则托吉，将衰则寄凶。"关于六爻配置，还有很多种，比如占医药时为：初针药，二酸药，三甘药，四苦药，五辛药，六医师。占寻人时：初足，二身，三行李，四道路，五人家，六人身。占渔猎时：初渔猎，二龟鳖，三鱼虾，四兔猪，五豺狼，六虎豹。占田禾时：初耕，二种，三田段，四秧苗，五早禾，六大禾。占音信时：初飞信，二口信，三书信，四仆信，五喜信，六吉信。占逃亡时：初在乡，二市，三镇，四县，五州，六外道……

为了预测更加准确，京房还把卦中加入六亲。六亲便是父母、子孙、妻财、官鬼与兄弟。其规律为：生我者父母，我生者子孙，我克者妻财，克我者官鬼，比和者兄弟。这是根据八卦的五行属性而言的。比如乾卦为金，那么在乾卦中的金爻为兄弟，火爻为官鬼，木爻为妻财，水爻为子孙，土爻为父母。其他卦以此类推。对于八纯卦以外的杂卦，其五行属性与其所在的宫相同，即其属于何宫卦，便属于何宫的五行属性。

第三章 《易经》基础知识

211

其六亲所代表的事物列在下面。

父母：父亲、母亲、祖辈、长辈、师长、城池、宅舍、屋宇、文章、文书、作品等；

官鬼：仕途、功名、求官、官府、丈夫、男朋友、乱臣、盗贼、尸首等；

兄弟：兄弟、姐妹、表兄、表妹、知己好朋等；

妻财：妻妾、嫂与弟媳、婢仆、财产、珠宝、货物等；

子孙：子孙、儿女、外甥、学生、僧道、兵卒、良将等。

另外，京氏的八卦还讲究飞伏的关系。在京氏看来，阴阳的变化往往呈现出隐显、明暗、往来等状态。所谓"六位纯阳，阴象在中，明暗之象，阴阳可知"。"飞"即显见如鸟飞起之意；"伏"即隐藏之意。概括地说，八纯卦与其旁通卦（即错卦）互为飞伏；八宫卦中的一世卦至三世卦，其飞卦为本卦的内卦，其伏卦则为所属宫的纯卦的内卦；四世至五世卦的飞卦为本卦的外卦，伏卦为所属宫的纯卦的外卦；游魂卦的飞卦为本宫外卦，伏卦为五世卦的外卦；归魂卦的飞卦为本卦的内卦，伏卦为游魂卦的内卦。

潮州古城木雕八卦大门

门上的八卦既有装饰的作用，也符合古代人们辟邪的心理要求。

而古人在实际预测中，往往只论爻之飞伏，即以本卦世爻为飞爻，而以伏卦中与飞卦世爻对应的爻为伏爻。下面以乾宫举例说明。

乾为纯卦，其世爻在上位，上爻又名宗庙，宗庙是不能变的，所以以不变应万变，故称特变。其飞卦为本卦外卦，飞爻为上九爻"壬戌土"，其伏卦为其旁通卦坤卦的外卦，所在乾卦的伏爻为坤卦的上六爻"癸酉金"。

乾宫一世卦为姤卦，姤卦的内卦为巽卦，所以巽卦便是姤卦的飞卦，其初六爻"辛丑土"为姤卦的飞爻。姤卦的内卦来于乾卦的内卦，所以乾卦的内卦便是姤卦的伏卦，乾卦的初九爻"甲子水"便是姤卦的伏爻。

乾宫二世卦为遁卦，遁卦内卦为艮卦，所以艮卦为遁卦的飞卦，其六二爻"丙午火"为遁卦的飞爻（即世爻），伏爻为乾卦的九二爻"甲寅木"。

乾宫三世卦为否卦，其飞爻为否卦的六三爻"乙卯木"，伏爻为乾卦的九三爻"甲辰土"。

乾宫四世卦为观卦，其飞爻为观卦的六四爻"辛未土"，其伏爻为乾卦的九四爻"壬午火"。

乾宫五世卦为剥卦，其飞爻为剥卦的六五爻"丙子水"，伏爻为乾卦的九五爻"壬申金"。

乾宫五世卦下面便是游魂卦晋卦，游魂卦的世爻在四位，是从五世卦的四爻变来的，所以晋卦的飞卦为本卦的外卦离卦，飞爻为晋卦的四爻"己酉金"。晋卦的伏卦为五世卦的外卦，即剥卦的外卦艮卦，晋卦的伏爻便是剥卦的六四爻"丙戌土"。

乾宫最后一个卦是归魂卦大有。归魂卦是从游魂卦变过来的，所以大有卦的飞卦为本卦内卦乾卦，飞爻为大有卦的九三爻"甲辰土"；其伏卦为游魂卦晋卦的内卦坤卦，其伏爻为剥卦的六三爻"乙卯木"。

其他宫的八卦的飞伏也是以此类推。

这种算卦法属于秦汉以前的隐士易，被京房继承后得以发扬，在占卜中被广泛应用。而孔子对这种易学应该也略知一二，只是他有可能不是很精通。比如《京氏易传》中说："孔子云，易有四易。一世、二世为地易，三世、四世为人易，五世、六世为天易，游魂、归魂为鬼易。"可见孔子之时已有世应之说。所以朱熹将"卦变歌"列入《易经》中是完全正确的，因为它本身便是后天易学的一部分。

黄帝六甲入伏羲六十四卦例图（局部）

此图以黄帝六甲配伏羲先天六十四卦，且分八宫以配之。

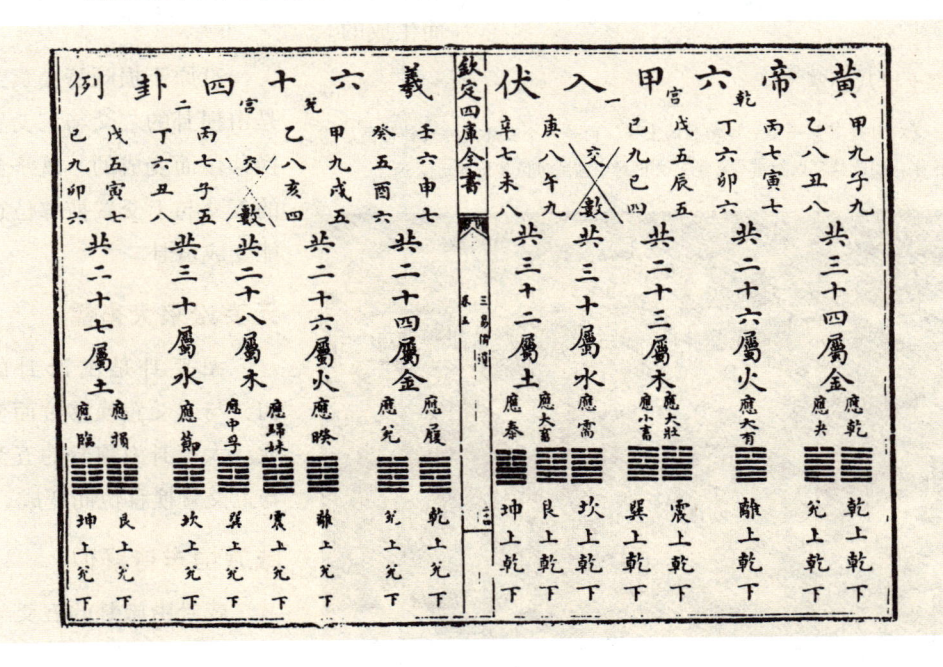

（2）卦变歌

讼自遁变泰归妹，否从渐来随三位。
首困噬嗑未济兼，蛊三变贲井既济。
噬嗑六五本益生，贲原于损既济会。
无妄讼来大畜需，咸旅恒丰皆疑似。
晋从观更睽有三，离与中孚家人系。
蹇利西南小过来，解升二卦相为赘。
鼎由巽变渐涣旅，涣自渐来终于是。

此歌诀也称作《上下经卦变歌》。是描述《易经》中各卦变化的又一种方式。通过"卦变歌"我们可以看出，"卦"不是死物，而是不断运动变化的，是变易，当然不是胡变乱变，有其一定的规律，这段歌特此举出几个例子来加以示范。

讼自遁来泰归妹

讼卦是由遁卦的二爻与三爻置换移位，就变成了讼卦。泰卦是由归妹卦的三爻与四爻置换移位就变成了泰卦。

否从渐来随三位

否卦是由渐卦的三爻与四爻移动置换而成。随卦的初爻与上爻置换移位也能变成否卦。或者将随卦的初爻与三爻置换移位和四爻与上爻置换移位，就变成渐卦。

首困噬嗑未济兼

困卦由噬嗑卦的初爻与二爻和五爻与上爻置换移位，就变成困卦。未济卦的五爻与上爻置换移位也能变成困卦。

蛊三变贲井既济

蛊卦的初爻与二爻置换移位，就变成了贲卦。蛊卦的五爻与上爻置换移位，就变成了井卦，蛊卦初爻与二爻和五爻与上爻，均置换移位就变成了既济卦。

噬嗑六五本益生

噬嗑卦的六五爻（即第五爻阴爻）本来就是由益卦的四爻与五爻置换移位而生成的。

贲原于损既济会

贲卦是由损卦的二爻与三爻置换移位而变成的。既济卦的五爻与上爻置换移位也能变成贲卦。

无妄讼来大畜需

无妄卦是由讼卦的初爻与二爻置换移位而变成。大畜卦由需卦的五爻与上爻置换移位而变成。

咸旅恒丰皆疑似

咸卦由旅卦的五爻与

深土镇八卦堡

八卦堡其实不是一座单独的土楼，而是一个五环式的八卦形民居的俗称。由此楼可以知道《易经》文化对中国民风民俗影响之深远。

上爻移动位置而成。恒卦由丰卦的初爻与二爻置换移位而成。

晋从观更睽有三

三晋卦是从观卦的四爻与五爻置换移位而成。若将睽卦的初爻、二爻与三爻一样变为阴爻，就是晋卦了。

离与中孚家人系

离卦由家人卦的四爻与五爻置换移位而成离卦。中孚卦为大离象，也是由家人卦的二爻与三爻置换移位而成中孚卦。

蹇利西南小过来

蹇卦由小过卦的四爻与五爻置换移位而成，小过卦为大坎象，可按坎卦断事，蹇难也，坎重险也，其义可通。

解升二卦相为赘

解卦由升卦的三爻与四爻置换移位而成，升卦也可以由解卦的三爻与四爻置换移位而成。

鼎由巽变渐涣旅

鼎卦由巽卦的四爻与五爻置换移位而来。渐卦由涣卦的二爻与三爻置换移位而来。旅卦由渐卦的四爻与五爻置换移位而来，或者由涣卦的二爻与三爻及四爻与五爻置换移位而为旅卦。

涣自渐来终于是

涣卦由渐卦的二爻与三爻置换移位而成。

黄崖关长城
明代 长城 天津市

黄崖关长城有布局精巧的八卦关城，城内街道由数十条死巷、活巷、丁头错位构成，称"八卦街"，以乾、艮、震、巽、离、坤、兑的图形和方位分布，易进而难出。

（3）卦序歌

乾坤屯蒙需讼师，比小畜兮履泰否，
同人大有谦豫随，蛊临观兮噬嗑贲，
剥复无妄大畜颐，大过坎离三十备。
咸恒遁兮及大壮，晋与明夷家人睽，
蹇解损益夬姤萃，升困井革鼎震继，
艮渐归妹丰旅巽，兑涣节兮中孚至，
小过既济兼未济，是为下经三十四。

此歌诀便是《易经》经文排列的顺序，是六十四卦的一种排列方式。此六十四卦的卦序，也包含着事物发生发展的顺序规律。有学者研究，其中还包含着殷周时代的历史。

下部

终于到了登堂入室的阶段，有必要向您介绍《易经》的结构。广义的《易经》除了介绍六十四卦的《上经》和《下经》外，还附有《易传》。《易传》又称"十翼"，"翼"就是翅膀，意思是说《易经》像只鸟，《易传》就像这鸟儿的翅膀。《易传》是全面解释《易经》的七种十篇文章的，即象上传、象下传、彖上传、彖下传、系辞上传、系辞下传、文言传、说卦传、序卦传、杂卦传。《易传》不但继承了《易经》经义，而且对《易经》有创造性的阐发，极富哲理韵味。

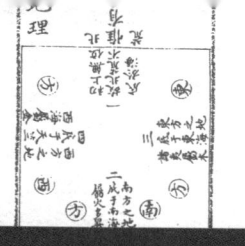

本部内容摘要

第四章 《周易·上经》

第五章 《周易·下经》

第六章 《易传》

第四章 《周易·上经》

由于有卦辞、爻辞的《易经》为周朝典籍，所以也称为《周易》。我们以光绪丙申年的《监本易经》为蓝本，完全忠实于该书的排列顺序并将其分为"周易上经"与"周易下经"两部分。

卦一　乾

壹·卦名、卦画与卦象

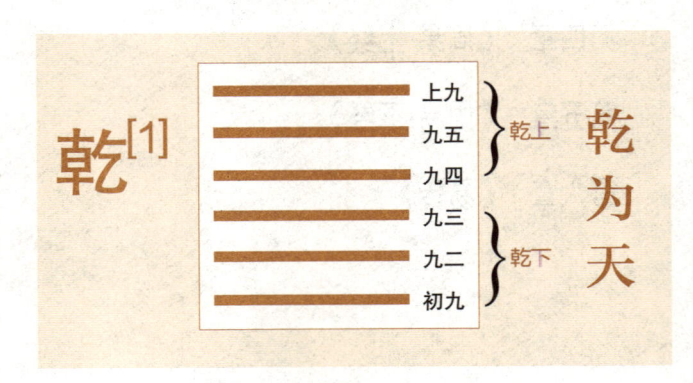

乾[1]

上九
九五　｝乾上
九四
九三
九二　｝乾下
初九

乾为天

【注解】

[1] 乾：卦名。象征天，含有"健"的意思，"健"也称为乾卦的卦德。《周易集解》："言天之体以健为用，运行不息，应化无穷，故圣人则之。欲使人法天之用，不法天之体，故名'乾'，不名天也"。

【释义】

《周易》六十四卦每一卦都有一个卦名，并且有由阴阳爻组成的卦画。这两部分在文王之前便已经形成了，只是卦名和卦画并不是统一的。

卦名还有其他的叫法，如《帛书易》中对八经卦的称谓为：称乾卦为"键"，称艮卦为"根"，称坎卦为"赣"，震卦为"辰"，坤卦为"川"，兑卦为"夺"，离卦为"罗"，巽卦为"算"。《帛书易》中对六爻卦的称谓与《易经》有的相同，如"同人""无妄""丰"等；有的则不同，如《易经》中的"大壮"在《帛书易》中称"泰壮"，《易经》中的"否"在《帛书易》中称"妇"。《帛书易》是战国时代的著作，由此可见在先秦时期，有不同版本的《周易》或《易》流传于世。

而卦画也有多种表达方式，如道教的表示法有些近似于河图、洛书的表达方式，以一个圆圈代表阳爻，以两个笔画较粗的圆圈代表阴爻；周朝以前还有用"-"表示阳爻，用"^"表示阴爻的表达方式。另外，还有用数字表达的数字卦。

孔子所传的《周易》的卦名与卦画从汉代以后成为主流，我们今天使用的卦名与卦画便是孔子所传《周易》中的卦名与卦画。

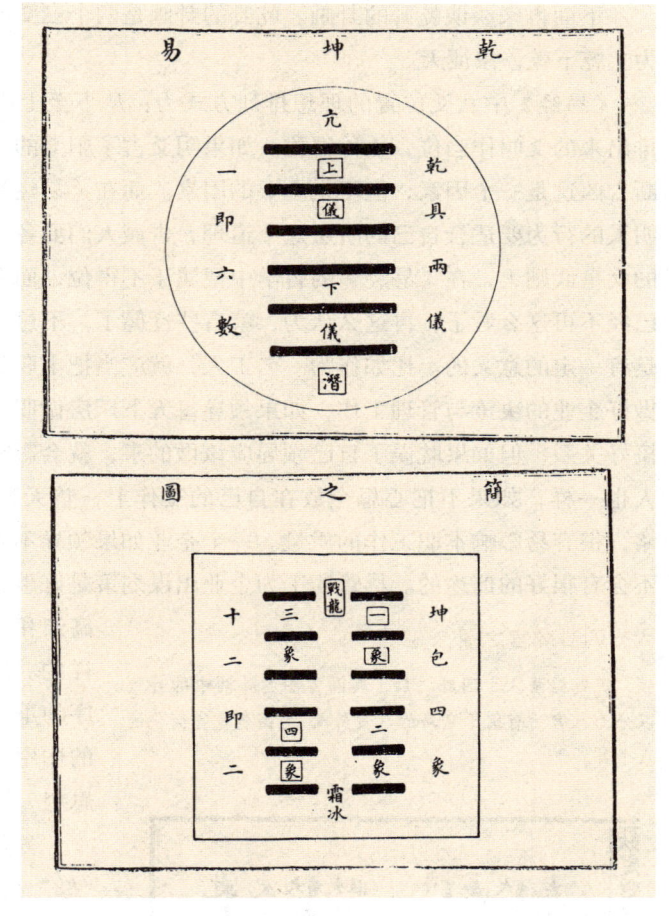

乾坤易简之图

古人认为乾坤在数上代表一和二，在形体上代表方和圆，在气上代表清与浊，在理上代表动和静。所以乾卦包含阴阳两仪，由此分成上下两部分。坤卦包括四象，即南、北、东、西。两仪四象，共数为六，再加上乾坤本身，就具有八卦的整数。

此卦名为"乾"而不称为"天"，这是为什么呢？古代的易学家认为这是因为圣人教导人们要"法天之用，不法天之体"，也就是说你不用学习天的形象，天那么大，空空如也，你怎么效仿它呢？所以人们应当效法天的精神，什么精神？就是"天行健，君子以自强不息。"告诫我们应当像天一样强健，永远自强不息。

之所以不用"天"命名这一卦，是因为与圭表有关。古人通过神圣的圭表了解天，感知天，获得上天的意图，所以圭表便是天的象征。圭表的日影每天变化，从不停息，所以圣人以此告诫人们要像圭表展现出的"天"一样，永远自强不息。

下面再来谈谈乾卦的卦画。乾卦的卦画是两个三爻的乾卦重叠而成,所以卦象为上乾下乾,象征天。

《易经》中六爻位置的理想排列方式为:从下至上先阳后阴,阴阳交错,这样排出来的爻叫作当位,也称得位。如果阴爻占了阳爻的位置就不叫得位了。一般判断吉凶这是一个因素,但不是主要的因素。而在《易经》的哲学思想中,它为了说明人的行为要适合自己的阶层这个道理,告诫人们要各得其位才会吉祥。比如唐朝的女皇武则天,在《易经》的哲学中便属于不得位,而在今天由于男女平等,我们已经不再这么看了,再这么认为,就有些迂腐了。不过这种得位的哲学,在今天还是有一定的意义的。比如作为一名工人,就应当把本职工作做好,做了领导就应当做好企业的决策与管理工作,如果领导每天下厂房做职工的工作,虽然能够与职工搞好关系,但如果耽误了自己领导应该做的事,就会影响企业的前途了;反过来工人也一样,如果不把心思全放在自己的工作上,整天替领导想些管理与经营的策略,很容易影响本职工作的质量。一个企业如果领导不像领导、员工不像员工,是不会有很好的前途的。尽管职工为企业出谋划策是好事,领导能到一线工作可以提高亲和力,但长此以往,是不会吉祥的。《易经》一方面阐明社会秩序的重要性,另一方面又强调变化的作用,这正是矛盾而统一的辩证思想。

六十四卦乾宫之图

伏羲始画六十四卦之后,其圆方图的外圆中的卦可以分为八宫(有别于京房的八宫卦),上图是乾宫衍化的八个卦。

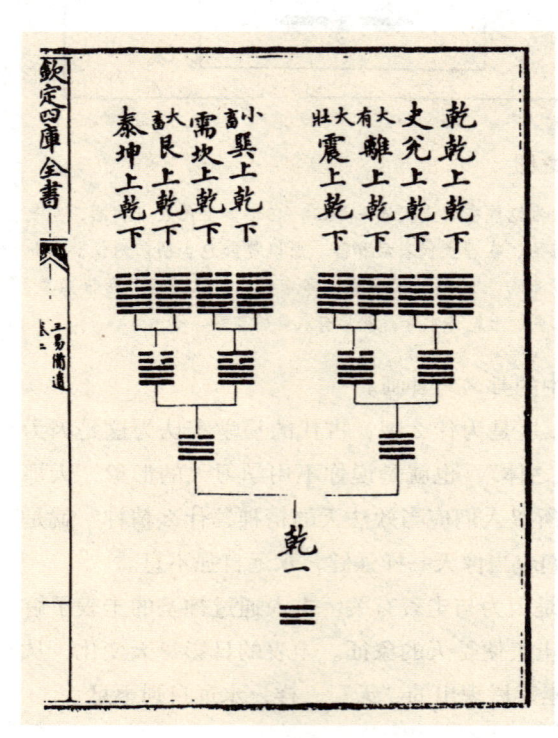

乾卦画六爻纯阳,以象征天的"健"之极。古人认为这一卦不是平常之卦,占得此卦的人可以位极天子。其实这是一种迷信思想。不过,正是这一迷信思想,使斩蛇起义的刘邦因这一卦拥有了推翻秦王朝的信心。

刘邦早年是一个游手好闲之徒,后来担任沛县泗水亭的亭长。一次他带一批民夫到骊山给秦始皇筑皇陵,途经芒砀山时,人已经跑掉了大半。晚上,他喝得酩酊大醉在山泽之间赶路,突然有人禀报说:"前有大蛇挡道,请回!"刘邦大喝一声:"男子汉大丈夫怕它作甚！"于是拔出七尺宝剑，上前把大蛇斩为两段。之后听闻，有一老妪啼哭说："我儿是白帝之子，化为蛇挡道被赤帝之子杀死。"说完，人突然不见。遂后斩蛇处就生出一片红草来。刘邦斩蛇之后一想：现在人都跑了一大半，自己到了骊山定被判处死刑。于是就在芒砀山隐藏起来。他的妻子吕雉（即后来的吕后）来看他，便在芒砀山起了一卦，所得之卦正是这一乾卦。于是，刘邦与吕雉返回沛县，杀了县令扯旗造反，最后成为汉朝的开国君主。至今在芒砀山仍存有刘邦斩蛇碑，刘邦藏身的山谷现在名为藏皇谷，其附近的瑞云寺也改名为藏皇寺，现成旅游胜地。

编造刘邦斩蛇这一传说的人，肯定是一位懂得易学知识的人。因为白帝为金，金之子者便是金生之水，正是秦朝的水德；赤帝为火，火之子为火生之土，正是汉代的土德。

河图序乾父坤母六子之图

乾坤代表天地，天地交合化生万物，所以称乾父坤母。乾所生三子为：震为长男，坎为中男，艮为少男。坤所生三女为：巽为长女，离为中女，兑为少女。

不过在文王之前，乾卦是没有这么神秘的。在伏羲的八卦中，乾卦表现的正是盛极始衰的象征，即从乾卦开始一阴生，然后阴气逐渐强盛，时节开始向秋天、冬天演变。而在文王的《易经》中乾卦已变成至高无上的象征，这正是几千年男权社会形成的社会秩序及行为规范的产物。不过周文王并非大男子主义者，他所创的后天八卦次序图中，乾父与坤母的地位是平等的，"乾坤下面六子横"，这也许正是文王以治家的原则来治国的基本国策。其实这也正是周礼的核心：在家言孝，在国言忠。所以忠孝二字便成为孔子极力宣传的两个字眼。

贰 • 卦辞

> 乾[1]。元亨，利贞[2]。

【注解】

[1] 乾：卦名。

[2] 元亨，利贞：历代儒家认为此四字为乾卦的四德，应写成"元、亨、利、贞"；《子夏传》："元，始也；亨，通也；利，和也；贞，正也。"现在考古学家通过考古与研究发现，此为古时占辞，应写作"元亨，利贞"，与"四德"风牛马不相及。

【释义】

卦辞传为文王于羑里所写，从古至今易学家基本上认同这一观点。这一句卦辞的意思是："初始亨通，有利于坚守正道。"用大白话来说便是目前处于开始阶段，还很顺利，不过要继续努力才会有好的结果。文王的卦辞平平常常，根本没有"乾"如何伟大的意思。也许有人会说，这么平淡，怎么会是圣人说的话？其实，这句话并非文王所创，而是早就有的占卜习惯用语，其含义可不是你想的那么简单。这四个字，含有丰富的哲学思想，懂得这一句话，会让你一生受益无穷。下面先讲解什么叫"元亨"。

图中有一鹿在云中象征天禄；巨石上有一块玉，放射着光芒，一匠人在琢玉，去其表可见宝；明月当空，一片光明，有一位读书人登云梯望月，是想折月宫丹桂。这是六龙行天之卦，包容万象。

打个比方说，一粒种子被埋在土里，当它有了生命开始发芽时，什么东西能够止它生长呢？你可以在上面压一块大石头，但这粒种子还会破土而出，因为最初的生命力是极其强大的，没有什么东西可以阻止它。这就叫"元亨"。太阳每天从东方升起，谁能够阻止它呢？这就叫"元亨"。当你心中刚刚产生理想的火花时，谁能够阻止它呢？这就叫"元亨"。当你心中萌生出对异性的爱慕之情时，谁能够阻止它呢？这就叫"元亨"。当你满怀信心开始做一件事情时，谁能够阻止你的行为呢？谁也阻止不了，这就叫"元亨"。

那么什么叫"利贞"呢？一粒种子，是否可以很好地成长，最后长成禾苗，最终结出丰硕果实，或者长得枝繁叶茂，最后成为参天大树，这就需要"利贞"；太阳每天按照自己的轨道运行，不紧不慢，在测日影的圭表下永远留下有规律的影迹，这就是"利贞"；当你心中产生伟大的理想与抱负后，坚守信念，不断向自己的目标迈进，最终到达理想的彼岸，这就叫"利贞"；当你心里萌生了爱情，你能够一直坚持你的追求，并且得到后一生一世不改初衷，这就是"利贞"；当你满怀信心地做一件事情时，是否能够持之以恒，坚持到底，这就需要"利贞"。

"元亨，利贞"表面上是一句吉辞，其隐含的意思却是告诫我们不要因为开始的顺利而忘乎所以，要明白事物的开始离成功还很遥远，只有始、中、终坚持不懈，才会到达美好的终点。

文王将乾卦列为首卦，这是当时男权制的社会性质决定的。因为男人长大以后，要在劳动（脑力或体力）中获得财富，然后才能娶妻生子，组成"乾坤下面六子横"式的家庭。所以文王在此给予初创业者最精辟的忠告。文王的卦辞已属于哲学范畴。

但历代易学大师们往往将"元亨，利贞"解释为四德，即认为这四个字包含着四种重要的理念，这是怎么回事呢？其实这主要是为了抬高乾卦的地位——乾卦的地位不抬高，怎么能宣扬男尊女卑的封建思想呢？

将"元亨，利贞"分成四个概念，可以加大乾卦的内涵。这样就可以增加乾卦（即男权）分量了。可是《周易》的六十四卦中有七个卦都有"元亨利贞"四字，这可怎么显出乾卦的与众不同呢？于是宋代的程颐便冥思苦想出一些道理来。他认为"乾、坤、屯、临、随、无妄、革"七卦卦辞虽然都有"元亨利贞"四字，但其

乾坤六子图
佚名 宋代《周易图》

此图中乾卦和坤卦各领三男三女，同时所有卦爻均纳甲。

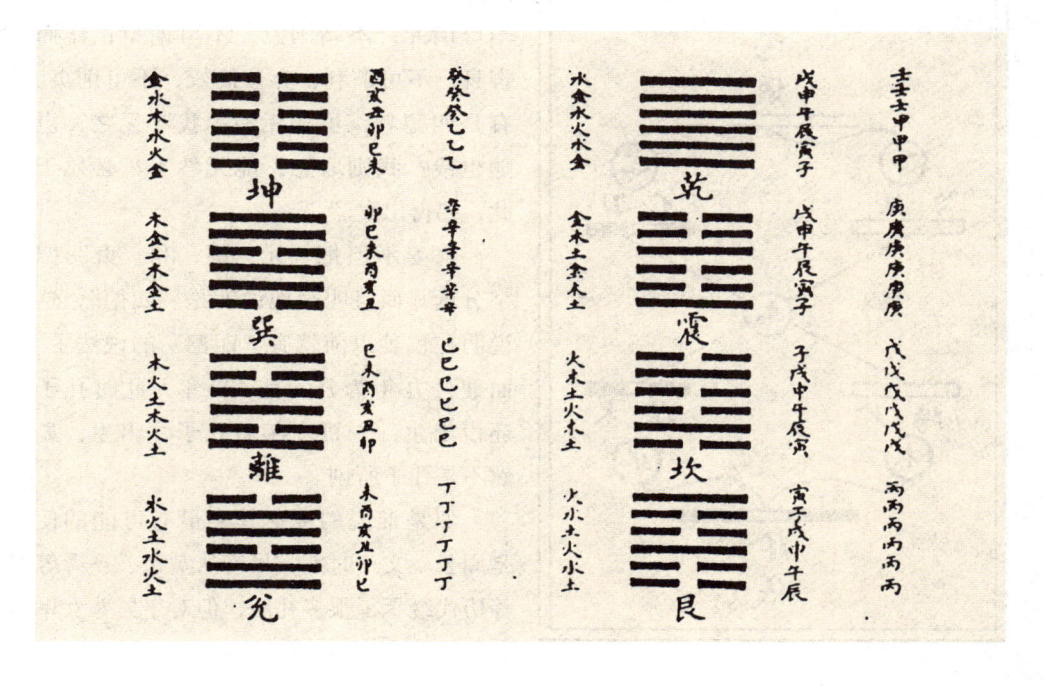

具体的含义不同：乾卦的"元亨利贞"是天道、君道、阳道，有刚健之德，四者是相辅相成，缺一不可的，是创生万物的原动力，有"始、长、遂、成"之义；坤卦的"元亨利贞"是地道、臣道、阴道，是柔顺之德，有生成化育之功，与乾同为天地之道，阴阳之本，但乾为主，坤为从；"屯、临、随、无妄、革"五卦的"元亨利贞"，是作二分法，即"大亨"与"利于贞正"的意思，与乾坤两卦"元亨利贞"意义有所不同，但又各有其特质，如屯卦有"始生"之德，无妄卦有"至诚"之德，随卦有"从"之德，革卦有"变"之德，临有"大"之德，此诸德在各卦中，若得以贞正，则必能大亨。

这种解释，适合当时的男权社会制度的需要，在当时是具有积极意义的。

开创"元、亨、利、贞"为《易》之四德的人，并非孔子，而是在孔子之前之人。例如：《左传·襄公九年》阐述经文"五月，辛酉，夫人姜氏薨"一事时说：穆姜薨于东宫。始往而筮之，遇艮之八。史曰："是谓艮之随。随其出也，君必速出！"姜曰："亡！是于《周易》曰：'随：元、亨、利、贞。无咎。'元，体之长也；亨，嘉之会也；利，义之和也；贞，事之干也。体仁足以长人，嘉德足以合礼，利物足以和义，贞固足以干事。然故不可诬也，是以虽随无咎；今我妇人，而与于乱，固在下位，而有不仁，不可谓元；不靖国家，不可谓亨；作而害身，不可谓利；弃位而姣，不可谓贞。有是四德者，虽随无咎；我皆无之，岂随也哉？我则取恶，能无咎乎？必死于此，弗得出矣。"

穆姜不但把"元、亨、利、贞"四字分读，而且明确地说就是"四德"，这说明在穆姜以前就有"四德"的说法了。而襄公九年为公元前689年，此时孔子还没出生，一百多年后孔子才出生，显然不是孔子所创。

那是谁说的呢？其实最有可能的便是周公。文王时期，尽管从黄帝、尧舜等等历代继承了很多礼法，但对于男尊女卑

乾坤成列图
张理 元代《易象图说内篇》

此图阳仪生奇，为太阳；生偶，为少阴。阴仪生奇，为少阳；生偶，为太阴。阳仪下一奇一偶，为阴阳，阴仪上一奇一偶，为刚柔。四象环转，循环不穷。

及君君、臣臣、父父、子子之类的理论应该是不太注重的。因为从文王的爷爷太王开始，便已有成霸业的野心了，怎么会重视这些礼教呢？文王的爷爷正是看到文王有出息，才传位给文王的爸爸，并预言过文王将得到姜子牙才能兴霸业。所以文王将姜子牙称为"太公望"，即"文王的爷爷期待的人"。不过后来周朝得了天下后，才需要君君、臣臣、父父、子子这些"亲亲"的礼教思想来维护社会的和平与安定。尤其是在武王去世、成王年幼的时期，周朝的政治更是动荡不安。周公称王替成王处理朝政，在姜子牙的配合下完成东征的胜利之后，进行制礼作乐，周礼正是这一时期完

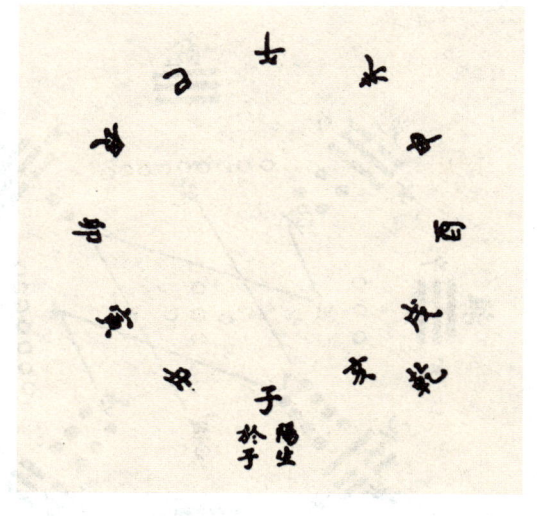

乾知太始图

此图一阳生于子，二阳在丑，三阳在寅，四阳在卯，五阳在辰，六阳在巳，而乾位在西北，居子之前，所以说：乾知太始，寓意为乾以父道创始天地。

备起来的。《周易》中的爻辞与十翼等方面的内容，也应当是这一时期的作品。

历代儒家认为《象辞》为文王所作，可是卦辞与象辞的风格显然不是出自一个人的手笔。卦辞简约隐晦，虽谈吉论凶但心态平和；象辞则长于抒情，词句铿锵，极似周公笔法。在伐纣战役中，周公所作的《牧誓》中便有"牝鸡无晨；牝鸡之晨，唯家之索"之句，虽然此句是前人的古语，周公此处引用则说明周公本人的立场是重男轻女的。所以周公在制礼作乐时要宣扬男尊女卑及君君、臣臣等礼教，在为《周易》作象辞时第一个喊出"大哉乾元"的口号，并且在释解经文时，有意增加乾卦的分量，提高乾卦的地位。男尊女卑的思想尽管早已有之，但周公的制礼作乐则加大了这种思想的力度。

周公为什么要这样呢？因为周公参与并指派卜官编写《周易》的经文，是有警诫当时的成王及官员要吸取殷商灭亡教训的目的。其宣扬男尊女卑的思想，是警示成王及后代君王不要让女人参政，吸取殷纣亡国的教训。"牝鸡司晨"一词后来成为女人夺权的代名词，无奈的是，西周还是因为女人而亡了国。

但有学者认为，由于男女生理和心理的天然差别，因此被《易经》赋予了不同的属性，以乾坤区分开来，但不涉及尊卑问题。《礼仪》中提到了一项叫"亲迎"的仪式，规定新郎必须在婚礼当天的黄昏时刻亲自迎娶他的新娘。在出发前，新郎的父亲要在祖先的祭坛前郑重地发表一个劝告，要求他像尊敬母亲与祖母那样尊敬他的新娘，并共同延续家庭的血脉，就说明了这个问题。

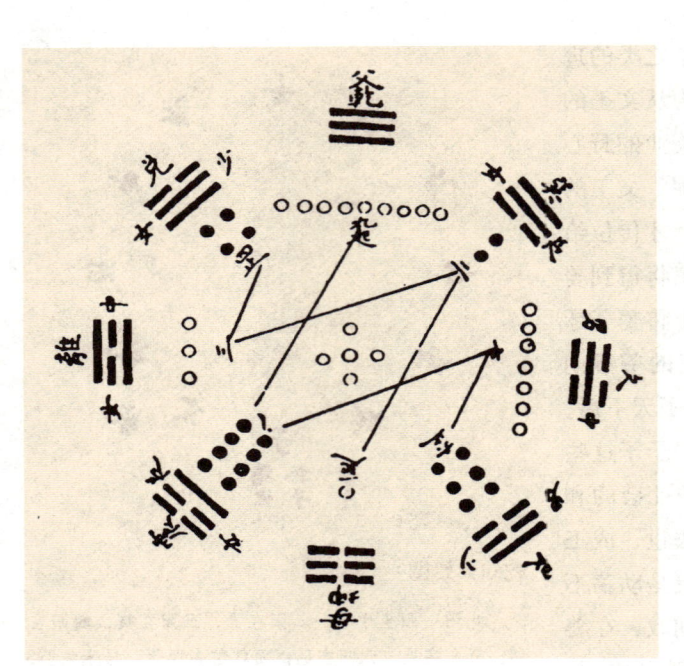

由于周公受封于鲁，所以在春秋末期鲁国的礼乐制度还是较为完备的，正是在这种文化的熏陶下，出了个孔圣人。而孔子之所以对周礼如此执着，前文已述，在此就不多讲了。

先天卦配洛书图

洛书之数，奇者居正，偶者居隅，是因为尊重阳气。卦因此配之，各从其类。乾为纯阳所以配九，因为九是阳的极至。

叁 ● 爻辞

初九[1] 潜龙勿用[2]。
九二　见[3]龙在田，利见[4]大人。
九三　君子[5]终日乾乾，夕惕若厉[6]，无咎。
九四　或跃在渊，无咎。
九五　飞龙在天，利见大人。
上九　亢[7]龙有悔。
用九[8] 见群龙无首，吉。

【注解】

[1] 初九：八卦六爻自下而上排列，阳者为九，阴者为六。

[2] 潜龙勿用：沈麟士曰："称龙者，假象也。天地之气有升降，君子之道有行藏。龙之为物，能飞能潜，故借龙比君子之德也。初九既尚潜伏，故言'勿用'"；干宝曰："阳在初九，十一月之时，自复来也。初九，甲子天正之位，而乾元所始也。阳处三泉之下，圣德在愚俗之中，此文王在羑里之爻也。虽有圣明之德，未被时用，故曰'勿用'"。

[3] 见：音 xiàn，出现之意。

[4] 见：看见。

[5] 君子：君王之子，泛指当时统治阶级、贵族阶层。如孔子在《系辞传》中

说："负也者，小人之事也；乘也者，君子之器也。"尧舜时代只有道德高尚的人才能继承君位，所以后来君子一词也泛指道德高尚的人。

[6] 夕惕若厉：若，如；厉，危。朝夕戒惧，如临危境，不敢稍懈。

[7] 亢：过度，极度。

[8] 用九：六十四卦只有乾坤两卦是纯阳纯阴卦，所以古时占卜占得六爻全是阳爻而没有动爻时以"用九"为占辞，占得六爻全是阴爻而没有动爻时以"用六"为占辞。

【释义】

为了使《易经》经文不致散乱，以便研读经文者玩其辞，所以我们将爻辞集中在一起进行逐条讲解。

初九 潜龙勿用。

这句经文的意思是："身居下位，时机还没有成熟，所以应当像潜藏的龙一样不要施展你的才干。"

东晋著名文史学家干宝极其精通易学，他对这句话的解释是，此时就好比周文王被囚于羑里。周文王在被囚于羑里之前，在商朝上下有很高的威望，同九侯、鄂侯并称三公。身为殷商的大臣，影响力太大了，这样就威胁到了商纣王的统治，所以纣王杀掉了九侯与鄂侯，并将文王囚于羑里。

初九处乾之始，位卑力微，须养精蓄锐，待机而行，所以"潜龙勿用"。

这一句经文是告诉人们韬光养晦的道理。身处下位而过于显露才干会对自己不利的。由此可见《易经》中的智慧有些狡诈的成分，但却很客观。比如现在有些前卫的学生，经常指责老师不对，这样对学生有好处吗？虽然说做人要心胸磊落，但有几人能做到呢？所以"潜龙勿用"的智慧还是有着现实意义的。但此句经文并非是让人消极地等待，而是教人在这样的时段要暗地里积蓄自己的力量。中国的龙是一个奇怪的动物，它奇怪在哪里呢？它能大能小，能屈能伸，能隐能现。所以君子要效法龙的精神，在时机不成熟时要在暗中积蓄自己的力量。如果只是消极地等时机，那么等时机来了，你力量却不足，又怎么能像龙一样大、伸、现呢？

如果你刚成为一家公司的职员，便开始对老总看不惯，认为自己比谁都强，这个经理的位子就适合你做，这样会有什么好处呢？虽说不想当元帅的士兵不是好士兵，想有更大的发展是好事，但也要学会暗地里下功夫，懂得"潜龙勿用"的道理才行。这样，当领导提拔你时，你才能胜任新的领导岗位，施展自己的才华，否则恐怕连自己职员的位子也不能保证。

俗话说："台上一分钟，台下十年功"，"要想人前显贵，就得背后受苦受罪"，世界上没有不下一番苦功便能够轻易成功的事情，所以人们只有懂得了"潜龙勿用"的道理，在创业的最初阶段，要忍隐，要吃苦，要暗地里积极积蓄力量，才能为成功打下坚固的基础。

九二　见龙在田，利见大人。

此句经文的意思是："龙出现在田野之上，有利于见到大人物来发展自己。"

什么是"见龙在田"呢？我们知道，八卦六爻从上至下，每两爻为一组，分别代表天、人、地三才。初九与九二同为地，但所处的位置不一样。初九为地下，为渊；九二为地上，为田。九二虽然不是五爻君位，但却具备居中的君王之德，即相当于你现在已经积蓄了足够的力量。可是阳居阴位，也就是说位置不是很吉利，虽有更高的能力，但在这个位置上发挥不出自己的才干，怎么办？"利见大人"。即告诉我们当处于这种情况时，要抓住机遇，求大人物帮助以使自己有更好的发展。

这一卦含有出潜离隐之象。所以干宝认为这一卦就好比是文王出于羑里的典故。周文王的大臣用重金与美女贿赂纣王，使纣王放了文王，文王一方面对纣王表忠心，经常给纣王送些礼物，并且征讨不归顺殷朝的诸侯，表面上对纣王不错，而实际上却在发展自己的军事力量，扩充自己的领地。这便是这一经文的含义。是说在时机成熟时，要抓住时机展现自己的才华，但是必须考虑到自己所处的地位，不要忽视大人物的力量。比如文王便是贿赂纣王从而在纣王那里得到了征讨诸侯的大权，因此壮大了自己的国力。

当然，文王虽然有谋略，但未免有些阴险，这个我们不能提倡。我们今天从这一爻的含义中要明白抓住机遇的重要性。

比如中国刚刚改革开放时期，有许多人迷惘，有许多人不信，然而也有一些人敢于成为第一个吃螃蟹的人。这些人由于抓住了政策给予的机遇，最终走上了富裕的道路。而迷惘与不信者，至今仍在旧的工作岗位上打工，有的甚至因为单位倒闭而陷入贫困。

机遇是转瞬即逝的。谁能抓住机

九二居中在地，阳刚渐增，头角初露，有利于有道德有作为的人出现。

遇，谁就更有希望成功。1982 年，刘永言、刘永行、刘永美、刘永好四兄弟看到时代赋予的机遇，便辞去自己国家单位的职务，变卖掉手表、自行车等家产，筹资一千元，到农村去创业——孵小鸡、孵鹌鹑。20 年后，刘氏兄弟的一千元已变为 83 个亿，并且其创立的希望集团已涉入养殖、饲料、食品、金融、房地产、生物化工、高科技等各个领域。是什么使刘氏兄弟有如此大的发展？两个字：政策。如果用四个字说便是：抓住机遇。用刘永好的话来说便是：顺潮流事半功倍。如果刘氏兄弟在禽流感期间去孵小鸡，怎么会有发展？

九三阳刚得正，但居位不中，应不断健强振作，保持警惕，才可免遭祸害。

九三 君子终日乾乾，夕惕若厉，无咎。

这句经文的意思是："君子终日自强不息，每天晚上对自己进行深刻反省，保持警惕的心，检查自己的失误之处，才不会给自己带来灾难。"

君子在上古与中古时期是代表统治阶级的贵族阶层，当时的书籍都是给这些人看的。而现在时代不同了，每个想发展自己而有所追求的人都可以称之为君子。当然道德上也得过关才行。

这个九三爻处于内卦中爻的上面，阳爻居奇位，虽然得位但不得中，所以不是很吉利。打个比方说就是没有实权但官位却比有实权的人高，处于这种地位，当然是很不利的了。所以要想没有灾难，就得谨小慎微才行。这就好比刚从羑里出来的周文王，他上面有纣王，周围有诸侯。自己的行为如果受到纣王的猜忌，则又要大难临头；自己的行为如果引起诸侯不满，诸侯会在纣王面前说坏话，那么也会有凶险。所以这一爻辞是告诫人们在这种情况下，表面上要大大方方，兢兢业业，自强不息地做事，但每天晚上（也就是暗地里）要对自己的每一步做好规划，做好周密的安排，把各种不利的因素都要考虑周全。只有这样，才能没有灾难。

在现实生活中，处于这种境地的人是很多的。有的人在这种情况下将内心的感受流露于外表，这样是很不明智的。

九四 或跃在渊，无咎。

这句经文的意思是："根据不同时机，可以一跃九天，也可以复沉于渊，都不会有什么灾难。"

九四爻阳爻而处于阴位，是不得位；但其处于三才中的"人上"之位，其位于"九五"之下，是一人之下，万人之上之位。可是伴君如伴虎，阳爻处于这种位置是不吉的。所以有"或"，"或"便是"惑"的意思，也就是说该怎么办呢？只有"跃"和"渊"才是解决的办法。跃者，便是来到九五的位置上；渊者，便是重新回到初九的位置上，即"狡兔死，走狗烹；飞鸟尽，良弓藏"，不得不"功成身退"。而一直处在九四的位置上，就凶险了。

九四上卦之初，如龙从深渊跃出，但需审时度势，待机奋进，这样才没有祸害。

这一爻就好比武王举兵盟津。文王去世后，武王继位，在姜子牙的配合下，四处征战，后来发展成当时最大的诸侯国。殷商三分之二的天下都是武王管辖的。处于这种情形，就是武王再给纣王送多少礼，纣王也明白心腹大患便是武王了。在这种情况下，武王只有两种出路，或者推翻殷纣，或者交出土地，开始归隐保全。

武王是怎么做的呢？武王采取了"跃"。武王九年，太公辅佐周武王在盟津举行了一次军事大检阅，对商纣政权进行试探性进攻。在此次战斗中，武王故意不称王，而自称太子发，并说是"奉文王以伐"，以鼓舞士气，其实文王早就死了。这是姜太公的安排，以德高望重的文王之名号令诸侯。大军出发时由师尚父姜太公为三军统帅，他左手持黄钺，右手拿白旗，向三军庄严地发布命令说："苍兕苍兕，总尔众庶，与尔舟楫，后至者斩！"（意思是苍兕呀，苍兕，整顿好你们各自统帅的队伍，准备好渡河用的船只，如果有谁故意迟到，就把他立即斩首示众！）

一路上军纪严整，号令森严，大军直奔盟津而来。行军途中，每到一处，无不受到士民欢迎。周武王乘船渡河，看到舟楫整齐，卒伍士气高昂，心里非常高兴。船行至中流，有一条白色的大鱼跳入船中。为了鼓舞士气，武王指着那条大鱼宣布说："殷人崇尚白色，这是殷人要自取灭亡的象征！"过河宿营，忽然一颗红色的流星划破长空，声音震天动地，更增加了战前悲壮、森严的气氛。传说中的这些吉祥征兆大大振作了士气，鼓舞了军心，在太公的直接指挥和带领下，兵至盟津，得到八百诸侯的响应，群情激愤，纷纷表示愿讨伐商纣。但武王和太公认为目前还没有取胜的绝对把握，于是暂时撤军还朝。

武王的这次会于盟津，无异于宣布了独立。这就是"跃"。两年后，武王在姜

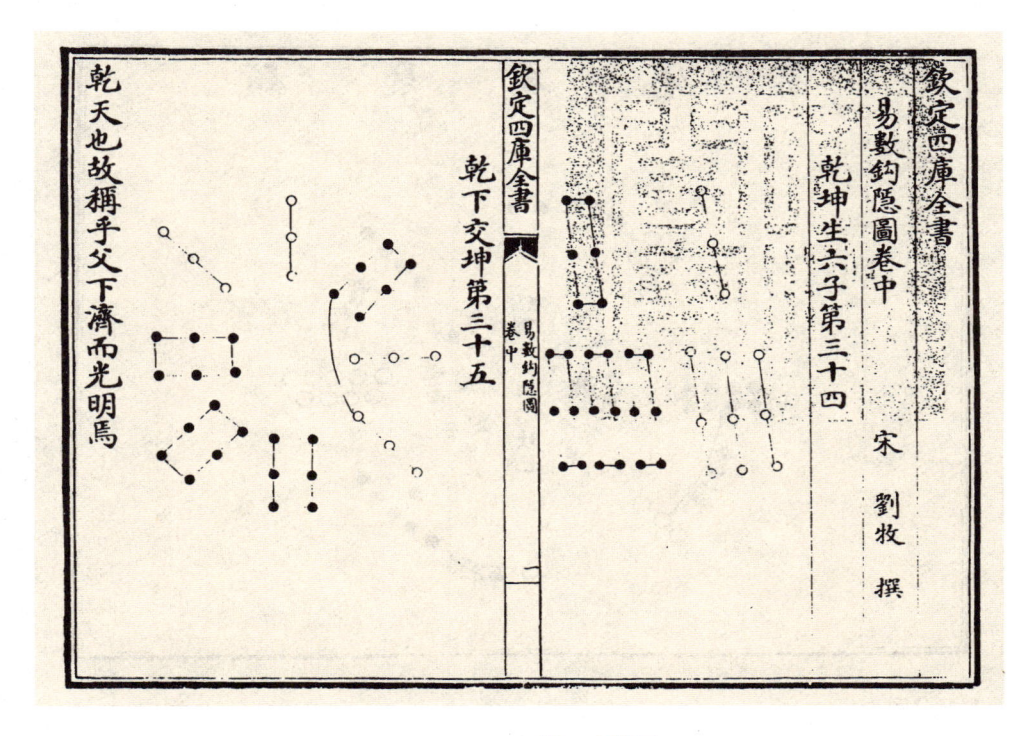

子牙的帮助下终于一举推翻了殷商王朝，建立了周朝。

而在现实中，大多数人采取了"渊"，为什么呢？因为力量还不够。比如范蠡与文仲帮助越王勾践打败吴国后，范蠡以"飞鸟尽，良弓藏"的话来劝大夫文种不要贪图富贵享乐，应该归隐保全。结果文种不听，最后被越王赐死。范蠡则与西施一起归隐于五湖之中，躲过了杀身之祸。

所以说四爻这个位置，阴爻尚可，如果是阳爻则必须选择"跃"或"渊"。为什么阴爻可以呢？因为阴爻主静，小人之道也，没有大作为，没有大想法，不会引起九五至尊的猜忌。

九五 飞龙在天，利见大人。

这一句经文的意思是："飞龙遨游于天际，有利于

乾下交坤图

乾天也，故称乎父，下济而光明焉。

九五阳刚中正，是本卦卦主。如巨龙高飞在天，圣人有龙德，德备天下，为万物瞻视。

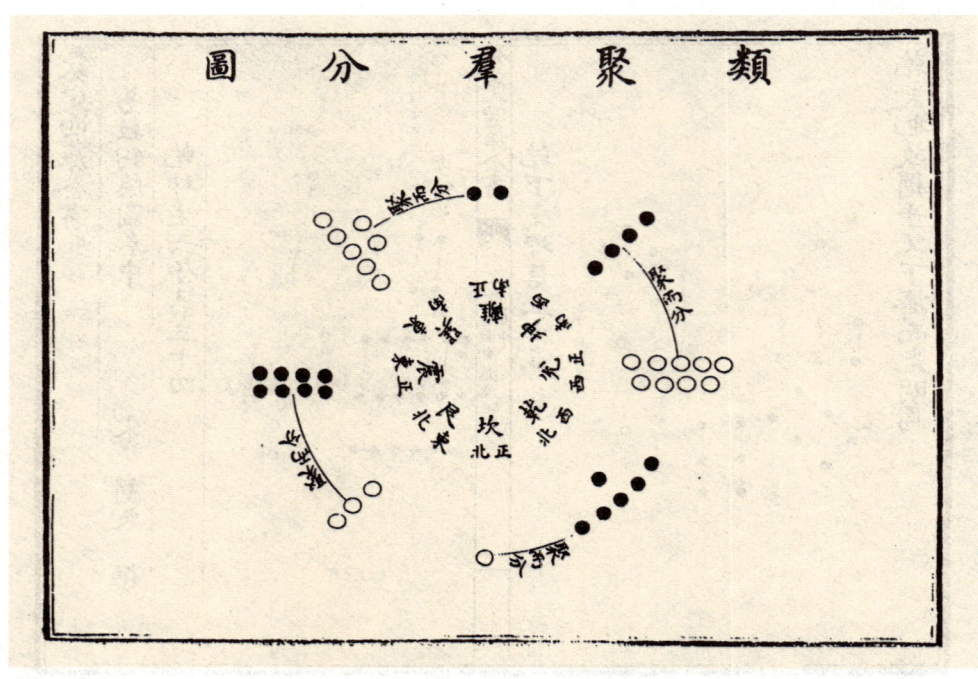

类聚群分图

见到大人物。"

九五至尊，便是君王的位置，在天、地、人三才中此为天道，所以有龙飞于天之象。而位在九五的君王还要见大人物吗？是的，天外有天，人外有人，君王之上仍然有大人物存在，是谁呢？按古代来说，便是天上的神，得祭祀祖先及天上的神灵了。而按现在的思维理解，应该是百姓中有能力辅佐天下的人。

九五之君位，不单指君王之位，也代表事物发展到最完美的阶段。比如当我们功成名就、事业有成时，都可以说是来到了人生的九五之位。而在古代，一个人建立功业之后，要祭祖，把这一喜讯告诉祖先，并且要祭神以求保佑，另外还要建立一个家谱。为什么要建家谱呢？因为有地位有钱了，妻子多了，后代也就多了，所以立个家谱，以便承传家族的丰功伟业。并且，这也是家史的一部分。

这一爻就相当于武王伐纣成功之时。武王会于盟津之后的第二年，打响了灭纣兴周的战役。当时武王通告诸侯，共同征伐。姜子牙精选了兵车300辆，勇士3000人，甲士45000人，一路浩浩荡荡向朝歌进发，最后发生了历史上著名的牧野之战。武王顺利地灭掉殷商王朝后，便登基为天子，祭祀先祖，分封各路诸侯及有功的谋士。于是出现了一个注重礼制的新的奴隶制国家。而周国的礼教（即周公所制定的礼乐）则在孔子的宣传下，影响了中国封建社会两千年。

上九 亢龙有悔。

上九阳极生阴，盈满过溢，巨龙高飞穷极，势必遭受挫折而后悔。应懂进退、存亡、得失之理。

这一句经文的意思是："龙向上飞得太高了，便会有后悔的事情发生。"

这句经文告诫我们，凡事不可以过、极，就像人不能吃得过饱，追求功名不可以知进忘退，做什么事情，太过分便不会吉祥。

阳九为六爻的最上层，由于阳升阴降，所以在这一位置的阳无法下降为九五之位，于是就会发生后悔的事情。就好比君王已经把位子传给了太子，结果自己没权力了，于是开始后悔了。

关于乾卦六爻的另一种解释为卦气说。因为乾卦为阳卦，所以它六爻的变化反映着阳气由衰至盛的过程。初九时一阳始生，相当于复卦；九二时二阳出现，相当于临卦；九三时三阳出现，相当于泰卦；九四时四阳出现，相当于大壮；九五时五阳出现，相当于夬卦；上九时六爻纯阳，相当于乾卦，所以到上九时物极必反，开始阳极阴生。

总之这一爻告诫我们的是做事不要知进忘退，才会吉祥。"知进忘退"并非只进不退，而是没有考虑好退路，到后来被迫而退，就只能后悔了。其实，处在九五至尊之时，便应当居安思危，做好以后的打算，才不至于以后"悔之晚矣"。

用九 见群龙无首，吉。

这一句经文的意思为："出现一群龙而没有首领，但每条龙都能各尽其职，这很吉祥。"

群龙无首怎么会吉祥呢？噢，原来是尽管没有首领，但每条龙都各尽其职，

第四章 《周易·上经》

乾卦

"用九"是乾卦中独有的断语，全爻都是"老阳"，必然向阴转化，此时应从初爻开始，冷静分析各爻变化，善加运用，不被变化约束，才能用九而不被九所用。一群巨龙，都不以首领自居，平等相处，和衷共济，这样当然不会凶险，反而大吉大利。

233

做好了自己分内的事。这当然吉祥了。这是统治者最高明的统治方法，其实也就是老子的"无为而治"。

你想，在各个诸侯国之间，平等互助，谁也不侵害谁，这不是很好吗？可是为什么会出现天子这个总盟主呢？因为诸侯国之间经常会有争端和战争，那么谁来主持公道？只有大家推出一个盟主了，这个盟主还必须得强盛，谁不听话就能把谁打败才行。这就是"首"的作用。由此可见"首领"的出现，应该说是时代的悲哀。但已经是这样一个时代了，毕竟是私有制社会嘛。那么首领该怎样去做呢？如果以阳刚之道用武力使下属屈服，是不能使人们完全信服的；可是如果以阴柔之道统领众臣，又无法起到切实的效果。那怎么办？所以周朝以礼乐治国。礼制使每个人都明白自己应该怎样做，自然可以维护好社会秩序。人人都懂得礼，人人都遵守礼，那么首领也就不用今天用武力抗击反叛的诸侯，明天用好言语劝慰刚被欺负的诸侯了。这样，自然也就显不出首领的地位了，而首领却仍然存在，只是不显，这种社会当然吉祥了。这就好比一群工人在工地上做工，都做得很好，其实里面有一个工头，可是外人却看不出，大家在一起齐心协力把工作做好，怎么会不吉祥呢？

肆 ● 象辞传

彖[1]曰：大哉乾元[2]，万物资[3]始，乃统天。
云行雨施，品物流形[4]。
大明终始，六位时成，时乘六龙以御天。
乾道变化，各正性命，保合太和[5]，乃利贞。
首出庶物，万国咸宁。

【注解】

[1]彖：音 tuàn，原义是一种牙齿锐利的兽的名字，据说这种兽能咬断金属。在《周易》中为断的意思，彖辞即对每一卦的断语，相当于卦辞与爻辞。而此处的"彖曰"应为"彖辞传曰"，是周公或孔子对卦辞的解释。不过现在人们将"彖辞传"简称为"彖辞"已成一种习惯。

[2]乾元：乾，即乾卦的卦名，其六爻纯阳，以代表阳气；元，始之意。二者结合在一起，即表示阳气始生之意。

[3]资：凭借之意。

[4]品物流形：品物，各类事物；流形，流布成形。品物流形即万物都得到生长，显出了本来的形象。

[5]太和：均衡和合的状态。

【释义】

在讲解经文之前，先谈一谈《周易》的《十翼》。此处的"象曰"并非《周易》的经文部分，而是传为孔子所作的《十翼》之一，即《象辞传》。

象辞原指《周易》中的卦辞与爻辞。相传为孔子所作的《十翼》中解说经文的文字，也称《十传》，总称《易传》，其包括《象辞传·上》《象辞传·下》《象传·上》《象传·下》《文言》《系辞传·上》《系辞传·下》《说卦传》《序卦传》《杂卦传》，共十篇。

不过这些并非孔子所作，这些文字应为周公时期的作品，且并非只有十篇。孔子对这些文献进行整理，然后口述给弟子。后来（应该是战国末期），孔子的弟子对这些内容进行整理，将其归类为十

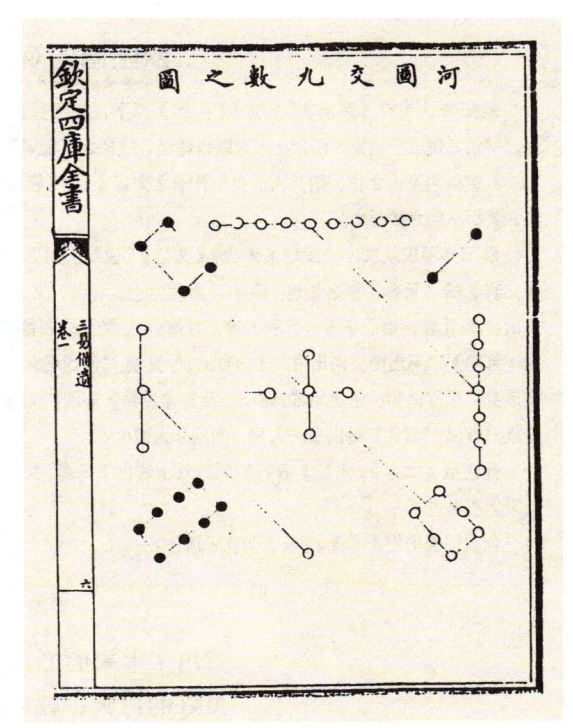

河图交九数之图

此图以河图奇偶之数案之先天之图，奇数自一左旋至三至五至七，复右旋以至于九。偶数自二右旋至四至六，复左旋至于八。

篇。至此才有文字的《十翼》问世。后来人们将《十翼》与《周易》编在一起，统称"易十二篇"。为了人们更方便地理解《易经》经文，人们后来又把《十翼》中的《象辞传》《象传》分别列入《易经》卦辞、爻辞的后面，将《文言》列在乾坤两卦的后面。这便是古代最常见的《易经》版本的排列样式。而《十翼》的内容，由于并非出自一人之手，其中既有周公的观点，也有当时卜官的观点，还有后来孔子和其弟子（即写成文字者）的观点，所以其内容庞杂，甚至有相互矛盾的地方。因此，我们在阅读《十翼》时，要有所鉴别。由于《十翼》对理解经文还是有一定帮助的，所以一直成为《易经》的一部分。

本书亦采用古代常用的排列顺序，在乾卦中按照卦名、卦画、卦辞、爻辞、象辞传、象辞传、文言的顺序排列。以后各卦，则将象辞传列入卦辞之下，将象辞传列入卦辞及爻辞之下。

下面言归正传，开始讲一讲象辞的意思。把上面的一段古文翻译成现代文便是：多么伟大啊，阳气始生！万物因它而生，乃至天体也被它控制着（即天气因阳生而转暖）。它使天空布云施雨，（在雨水的滋润下）万物开始了生长，在大地上显

欧阳修的观点

欧阳修认为自《系辞》《文言》《说卦》而下，都不是孔子所作。根据是："从说淆乱，亦非一人之言也。""谓其说出于诸家，而昔之人杂取以释经，故择之不精则不足怪也。谓其说出于一人，则是繁衍丛胜之言也。其遂以为圣人之作，则又大谬矣！孔子之文章《易》《春秋》是已。其言愈简，其义愈深，吾不知圣人之作，繁衍丛胜之如此也。"

欧阳修不仅从文字上发现《系辞》《文言》《说卦》而下不像孔子手笔，从内容上也发现种种矛盾之处："《文言》曰'元者，善之长也。亨者，嘉之会也。利者，义之和也。贞者，事之干也。'是谓《乾》之四德。又曰：'乾元者，始而亨者也。利贞者，性情也。'则又非四德矣！谓此二说出于一人乎，则殆非人情也。"又据《系辞》："河出图，洛出书，圣人则之。"又说："仰则观象于天，俯则观法于地，观鸟兽之文与地之宜，近取诸身，远取诸物，于是始作八卦。"及到《说卦》却说："观变于阴阳而立卦。"这样"八卦"共有三出。于是欧阳修说："谓此三说出于一人乎，则殆非人情也。"

他还从《文言》《系辞》等行文的口气上看出了问题："'何谓''子曰'，讲师言也，《说卦》《杂卦》者，筮人之占书也。"

但欧阳修仍相信《彖》《象》为孔子所作。

欧阳修像
上官周 清代《晚笑堂画传》

欧阳修对《易经》的怀疑，其实是当时疑古惑今思潮的一个表现。近百年来的历史经验表明，疑古风气的流弊极大，对传统文化的破坏力极强，并不可取。

露出了本来的形象；太阳反复运行，使六个时辰处于美好的白天；乾卦的六爻，控制着天体的寒来暑往。天体的运行规律，赋予万物不同的性质和寿命，经常保持阴阳的均衡和合，才是利于坚守的正道。阳气不但使万物拥有了生命，而且使万国都因此安宁。

这段彖辞，可以称之为"阳气赞"。它赞美了阳气强大的功能。冬至一阳生，此时大地上的万物都开始有了生命的萌生，植物的根在泥土中开始有了长势，人的身体也开始因阳气的初生而显得有了生命力，动物中阳气足的老虎在此时发情开始交配，可见这一阳初生真是了不起。随着阳气的不断上升，天气转暖了，于是开始下雨了。一场场的春雨，使大地上的植物都长高了，绿茵茵显示出一片生机。在时间上，乾阳代表白天，坤卦代表黑夜；在节气上，乾卦的六爻变化代表着阳气逐渐上升，天气逐渐转暖。由此可见阳气真是很伟大的。

可是文中的"保合太和"，也许你认为不是在谈阳气。"保合太和"是《周易》中最重要的哲学思想。《程氏易传》中说："保谓常存，合谓常和。"太和即大的和谐，连起来的意思就是：保持常和达到大的和谐。细观《周易》一书，无不表现天地氤氲有常生、阴阳和会以施化，刚柔相摩以成形，男女和合成夫妇、感应相通成变化的思想。《周易》的氤氲、和会、相摩、和合、相通，都涵含着和合、融和的意思，都是"保合太和"的具体表现。正是《周易》的这一和合思想，奠定了中国哲学重和而不重争，重合而不重分的特征。可见"保合太和"指的是阴阳之合，那怎么会在"阳气赞"中谈到阴阳之合呢？其实作者是在指出，阳气才是阴阳交合的重要基础。男权时代的文字当然要宣扬男性的阳刚之气的伟大了。不过仔细一想，确实也有一点道理。因为如果阳气不健，何以得合？比如男子阳痿，怎么能进行夫妇之合呢？

至于象辞的最后一句"万国咸宁"是怎么回事呢？阳气怎么还能使国家安宁呢？我想如果你了解了夫妇之合的道理，便不难理解这句话的含义了。国家的安宁，君臣之道也，君阳臣阴，君臣之合自然无政乱；国家的安宁，亦如夫妇之道也。夫阳妇阴，夫妇和合，夫唱妇随，夫健妇顺，家庭自然和睦。国君如夫，臣民如妇，自然家国安稳。君君、臣臣、父父、子子之道，当然可以使国家安宁了。

当然，这是古代的封建思想。不过只要有国家存在，就有阶级存在，这种不同阶级的道德约束理念就有着现实的意义。只是我们在今天如果像古代那样严格地束缚人们的思想与行为，显然不太可能，所以现在的精神文明建设还是比孔孟宣扬的周礼更符合时代的需要。

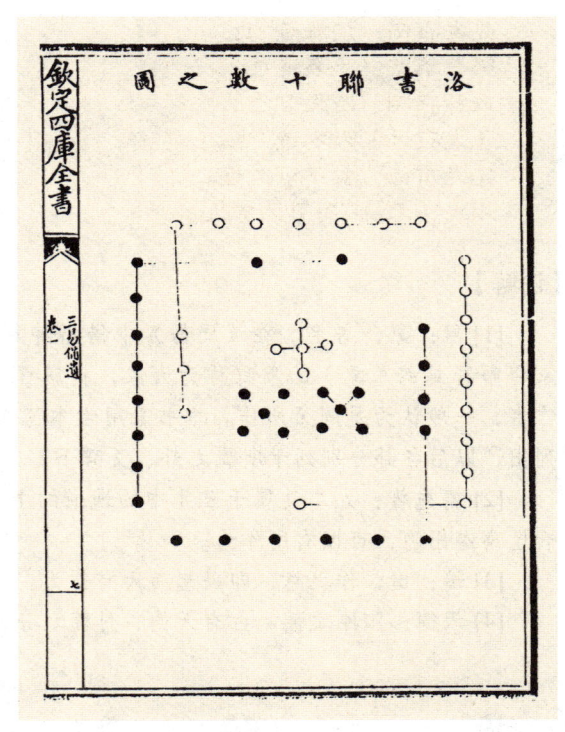

洛书联十数之图

在易学中，十是天地之数。河图中虚十数，四方四维都具有十数。洛书中实十数，四方也具有十数。河图一对九为十，洛书则生数之一联成数之九交于西北也是十数，诸如此类，不一而足。

伍 • 象传

（大）象[1]曰：天行健，君子以自强不息。
（小）象曰：潜龙勿用，阳在下也。

见龙在田，德施普[2]也。
终日乾乾，反复道也。
或跃在渊，进无咎也。
飞龙在天，大人造[3]也。
亢龙有悔，盈不可久也。
用九，天德[4]不可为首也。

【注解】

[1] 象：象，兽名。在《周易》中借指卦象。象传便是对卦象的解释。以前儒家将解释卦辞（象）的象辞称为大象，将解释爻辞（象）的称为小象。《象传》的作者，一般认为是周公所作。本书采用古本《周易》的排列方式，乾卦的象辞单独列出，以后各卦分别列于所属之卦、爻辞下。

[2] 德施普：九二爻属于三才中的地道的上爻，阳气的生养之德可以普及万物。喻已离潜出隐，可以有所作为。

[3] 造：造，作之意，即兴起而大有作为。

[4] 天德：阳刚之德。古有天德、月德之分，以示阴阳不同之德。

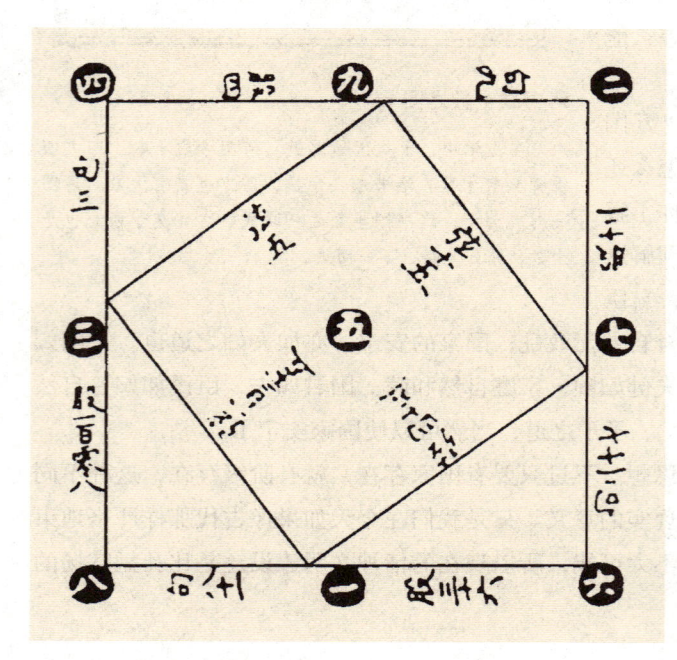

洛书勾股图

勾三，股四，弦五。勾九，股十二，弦十五。勾二十七，股三十六，弦四十五。勾八十一，股一百零八，弦一百三十五。此洛书图四隅合中方而寓四勾股之法，可推之至无穷。足见古人对易学中数术的重视。

【释义】

（大）象译文：天体运行刚健而永不停息，君子应当效法天道，自强不息。

（小）象译文：

初九之所以"潜龙勿用"，是因为此阳爻处于最下面的位置。

九二的"见龙在田"，指的是九二阳爻已来到地上，可以发挥它的养生万物之德了。

九三的"终日乾乾"，即反复运行，永不停息的意思。

九四的"或跃在渊"，是说前进（或归隐）不会有灾难的意思。

九五的"飞龙在天"，

是指大人物将会出现而大有作为的意思。

上九的"亢龙有悔",是说物不可以终盛,会盛极而衰,阳极而阴生之意。

用九的爻辞含义是,阳刚之德不会自以为是,显示自己首领的地位。

前面已说过,象传是辅佐人们理解经文的,是通过卦象解释经文,不过仁者见仁,智者见智,并非全部正确,只能作为参考。

在这里要谈一谈大象中的"自强不息"。我们说中华民族是一个自强不息的民族,其成语自强不息便是源于《周易》中乾卦的象辞。清华大学的校训是"自强不息,厚德载物",这八个字正是取自乾坤两卦的大象辞。1914年,著名学者梁启超先生应邀到清华以《君子》为题作讲演,并以乾坤两卦的"自强不息""厚德载物"勉励学生。从此这八个字便成为清华大学的校训,一直至今。在这90余年中,这八个字激励着一代又一代的清华学子,使清华学校人才辈出,成为中国最有名气的学府之一。

我们今天学习乾卦的经文,便是要学习这种自强不息的精神,激励自己要学有所成,做有所成。

陆 • 文言

文言[1]曰:"元者,善之长也,亨者,嘉[2]之会也,利者,义之和也,贞者,事之干也。君子体仁,足以长人;嘉会,足以合礼;利物,足以和义;贞固,足以干事。君子行此四者,故曰:乾,元亨利贞。"

初九曰:"潜龙勿用。"何谓也?

子曰:"龙,德而隐者也。不易乎世,不成乎名;遁世无闷,不见是而无闷;乐则行之,忧则违之;确乎其不可拔,潜龙也。"

九二曰:"见龙在田,利见大人。"何谓也?

子曰:"龙,德而正中者也。庸言之信,庸行之谨,闲邪存其诚,善世而不伐,德博而化。易曰:'见龙在田,利见大人。'君德也。"

九三曰:"君子终日乾乾,夕惕若厉,无咎。"何谓也?

子曰:"君子进德修业,忠信,所以进德也;修辞立其诚,所以居业也。知至至之,可与言几也。知终终之,可与存义也。是故,居上位而不骄,在下位而不忧。故乾乾,因其时而惕,虽危无咎矣。"

九四:"或跃在渊,无咎。"何谓也?

子曰:"上下无常,非为邪也。进退无恒,非离群也。君子进德修业,欲及时也,故无咎。"

九五曰:"飞龙在天,利见大人。"何谓也?

子曰:"同声相应,同气相求;水流湿,火就燥;云从龙,风从虎。圣人作而万物睹,本乎天者亲上,本乎地者亲下,则各从其类也。"

上九曰:"亢龙有悔。"何谓也?

子曰:"贵而无位,高而无民,贤人在下位而无辅,是以动而有悔也。"

潜龙勿用，下也；见龙在田，时舍也；终日乾乾，行事也；或跃在渊，自试也；飞龙在天，上治也；亢龙有悔，穷之灾也；乾元用九，天下治也。

潜龙勿用，阳气潜藏；见龙在田，天下文明；终日乾乾，与时偕行；或跃在渊，乾道乃革；飞龙在天，乃位乎天德；亢龙有悔，与时偕极；乾元用九，乃见天则。

乾元者，始而亨者也。利贞者，性情也。乾始能以美利利天下，不言所利。大矣哉！大哉乾乎？刚健中正，纯粹精也。六爻发挥，旁通情也。时乘六龙，以御天也。云行雨施，天下平也。

君子以成德为行，日可见之行也。潜之为言也，隐而未见，行而未成，是以君子弗用也。

君子学以聚之，问以辩之，宽以居之，仁以行之。易曰："见龙在田，利见大人。"君德也。

九三，重刚而不中，上不在天，下不在田。故乾乾，因其时而惕，虽危无咎矣。

九四，重刚而不中，上不在天，下不在田，中不在人，故或之。或之者，疑之也，故无咎。

夫大人者，与天地合其德，与日月合其明，与四时合其序，与鬼神合其吉凶。先天而天弗违，后天而奉天时。天且弗违，而况于人乎？况于鬼神乎？

亢之为言也，知进而不知退，知存而不知亡，知得而不知丧。其唯圣人乎？知进退存亡，而不失其正者，其唯圣人乎？

【注解】

[1] 文言：文言，依据经文讲解其中的道理。文言亦是周公制礼时的作品，孔子收集整理。文言中的"子曰"部分，当为孔子之言。

[2] 嘉：古代五礼之一。包括冠、婚、贺庆、飨、宴等的礼仪。引申义为美好之意。

【释义】

文言是在孔子出生前就有的解经文字。值得注意的是，文言的内容已脱离了《易经》卦辞与爻辞的本义，而带有更强的哲理性与政治色彩。古代儒家认为除了《彖》与《象》，其他《易传》的内容争议处颇多，所以将《彖》与《象》列入经文，而将文言列于乾坤两卦的最后面，而其余列于经书的最后，以分主次轻重。有些易学家认为应当是每一卦都有文言，但现在只存乾坤两卦的文言，疑为孔子所删（也就是说孔子没把这部分传下来），因为其他卦的大意可以根据乾坤两卦的文言进行类推。

好了，下面我们便分段讲解一下文言的内容。

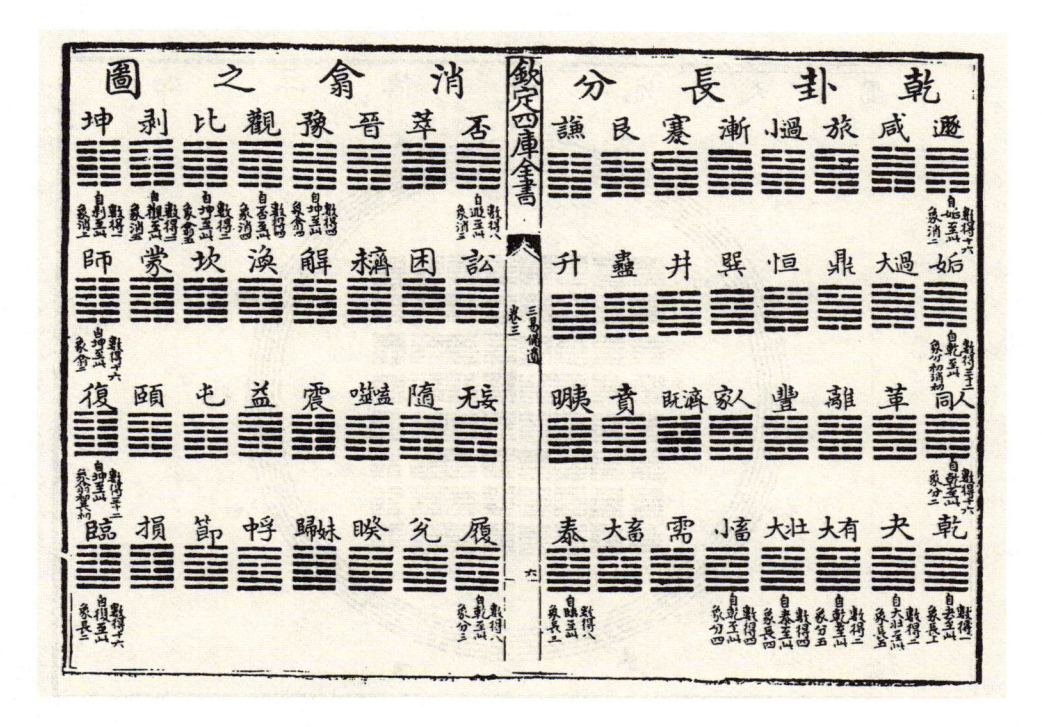

乾卦长分消翕之图

长分消翕的规律包含了连山易至精至神的变化之理，此理可从其象和数得到。

文言曰："元者，善之长也；亨者，嘉之会也；利者，义之和也；贞者，事之干也。君子体仁，足以长人；嘉会，足以合礼；利物，足以和义；贞固，足以干事。君子行此四者，故曰：乾，元亨利贞。"

这段文字是解释乾卦的四德。这段话翻译成现代文便是：元是仁善之首，亨是美好的相会，利是正义的和谐，贞是做事的主干。君子体仁，足以成为众人的首领；美好的聚会，足以符合礼教；利益万物就可以合于道义；坚贞守正就足以干成事业。君子要效法乾卦的这四种品德，所以说，"乾，元亨利贞"。

这段话在《左传·襄公九年》有记载，当时襄公的祖母穆姜与侨私通，由于与侨感情深厚，便想废掉成公，立她的情人侨为国君。由于阴谋没有得逞，被赶到东宫的穆姜便请太史占了一卦。得的是艮☶之随☱，即艮卦除二爻外其他爻皆变。太史说："随，其出也。君必速出。"意思是说灾难马上就要过去了。姜曰："亡。是于《周易》曰'随，元亨利贞，无咎。'元，体之长也；亨，嘉之会也；利，义之和也；贞，事之干也。体仁足以长人，嘉会足以合礼，利物足以和义，贞固足以干事。然固不可诬也，是以虽随无咎，今我妇人而与于乱，固在下位，而有不仁，不可谓元；不靖国家，不可谓亨；作而害身，不可谓利；弃位而姣，不可谓贞。有四

第四章 《周易·上经》 乾卦

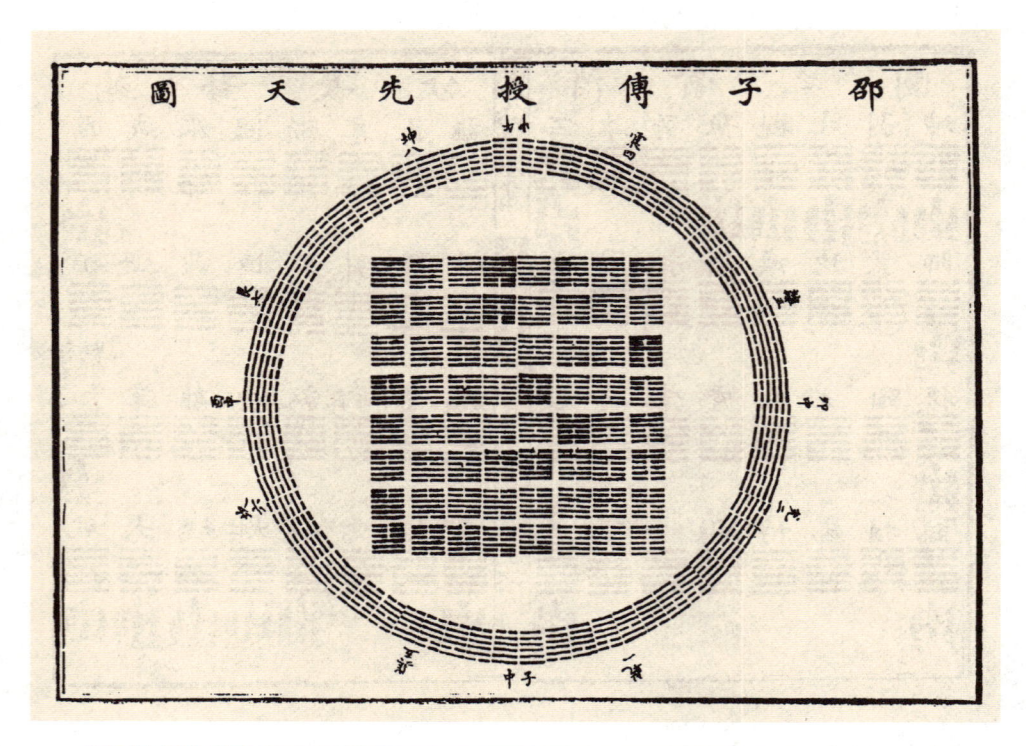

邵子传授先天图

　　此图甚是精微，并不一定为邵康节所创，在易学家陈希夷以前就有了。只是人们秘而不传，可能只是方士们口口相传。

德者，随而无咎。我皆无之，岂随也哉？我则取恶，能无咎乎？必死于此，弗得出矣。"

　　穆姜对卦辞的讲解很有哲理性，她不是只看断辞，而是结合经文进行推理。其对经文的理解，应当就是周公制礼乐时对《易经》原意进行引申而加大礼教思想力度的一些内容。

　　乾卦四德在古代影响极大，比如天坛的四个大门，便是以元亨利贞命名的。后来，元亨利贞四个字，还被引申为春夏秋冬的含义。

　　初九曰："潜龙勿用。"何谓也？
　　子曰："龙，德而隐者也。不易乎世，不成乎名；遯世无闷，不见是而无闷；乐则行之，忧则违之；确乎其不可拔，潜龙也。"

　　这段文字是解释乾卦初九爻经文的。应当是孔子的想法，也不排除是孔子继承了前人的观点。将其译成现代文便是：

　　问：乾卦的初九爻的卦辞说"潜龙勿用"，这是什么意思呢？
　　孔子说：这说的是具有龙的品德而隐藏起来的人啊。这种人不会因世俗的影响而改变自己，不去争逐世俗的功名；归隐而不因清贫而苦闷，也不因无官无禄而苦闷；做自己愿意做的事，不做违反自己意愿的事，坚定自己的志向而不动摇，这就是潜龙啊。

孔子将爻辞的含义上升到了更高的哲学范畴，更为细致地教导人们该如何"潜"。龙的品德是能大能小，能屈能伸，能隐能显。在此，孔子重点讲了龙的隐。在孔子看来，龙之隐，并非是委曲求全，而是自得其乐。这是隐者必须具备的道德修养。

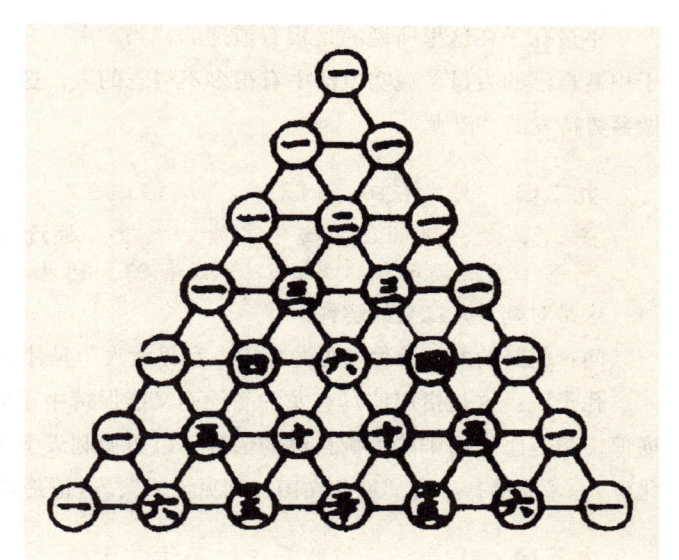

加倍变法图

此图用加一倍法，出于数学中的开方求廉。其法以左一为方，右一为隅，而中间之数就是其廉法。图中第三层为平方，第四层为立方，第五层、六层、七层为三乘、四乘、五乘方。

古彭祖一边拾麦穗，一边唱歌，这正是隐者的风范。而孔子本人却没有做到这一点，当他到处游说自己的礼仪之说时，许多隐者劝其归隐，可是孔子却没隐，一直战斗在游士的第一线。在《论语·微子》中，便描写了孔子见到许多隐士的故事。孔子先碰见楚狂接舆。接舆唱了一首歌就跑了，大家都很熟悉他的歌："凤兮凤兮！何德之衰？往者不可谏，来者犹可追。已而已而，今之从政者殆而！"李白也有"我本楚狂人，凤歌笑孔丘"诗句（《庐山谣寄卢侍御虚舟》）。《庄子·人间世》也提到过这件事，词句略有出入。他特意用"从政危险"来劝孔子避世，不过这对于信念坚定的孔子来说好像没有多大用处。接着孔子碰见长沮、桀溺这两个人，让子路去问他们渡口（"问津"出典处）。谁知这两个人，一个敷衍了事："是知津矣！"说孔子应该知道渡口在哪儿；一个答非所问，劝子路不要跟从孔子。孔子知道后闷闷不乐地说，"鸟兽不可与同群"。当与孔子走散的子路问一位隐士见到自己的老师没有，隐士竟没好气地说："四体不勤，五谷不分，孰为夫子！"意思是说从不自食其力从事劳动，五谷都分不清，哪里配称什么老师！为什么会这样呢？这其实就是"围城法则"，城里人想出去，城外人想进去。孔子虽然通过葬母获得了贵族身份，可一天贵族生活也没享受过呀，他为什么要归隐呢？那些隐士往往是过腻了富足生活的贵族，两者境界当然不一样了。

不过孔子在这里所说的是很有道理的，当"潜"之时，自得其乐的心态更有利于积蓄自己的力量。现实生活中有很多不得志的人，这些人应当按孔子所说的，去做蓄势待发的"潜龙"。

九二曰："见龙在田，利见大人。"何谓也？

子曰："龙，德而正中者也。庸言之信，庸行之谨，闲邪存其诚，善世而不伐，德博而化。易曰：'见龙在田，利见大人。'君德也。"

这是对乾卦九二爻的解释。

问：乾卦的九二爻辞"见龙在田，利见大人"是什么意思呢？

孔子说：这是指那些具有龙的品德而又能保持中正的人啊。说话守信用，做事谨慎，防范恶意的诽谤影响自己的信誉，以美德利天下不争不伐，以博大的道德感化世人。《周易》中说"见龙在田，利见大人"，这正是君王的道德啊。

九三曰："君子终日乾乾，夕惕若厉，无咎。"何谓也？

子曰："君子进德修业，忠信，所以进德也；修辞立其诚，所以居业也。知至至之，可与言几也。知终终之，可与存义也。是故，居上位而不骄，在下位而不忧。故乾乾，因其时而惕，虽危无咎矣。"

问：九三爻说"君子终日乾乾，夕惕若厉，无咎"是什么意思呢？

孔子说：君子提高自己的道德修养主要凭借的便是忠信二字，所以修养才能够得到提高。言语动听但要建立在诚实的基础上，所以能保持自己的业绩。知道时机来临，就想办法得到它；知道运势到了终点，便保存一颗正义之心。这就是，不因上位而骄傲，不因位下而忧郁。所以君子自强不息，时刻谨慎防范，虽然处于危地而不会有灾难。

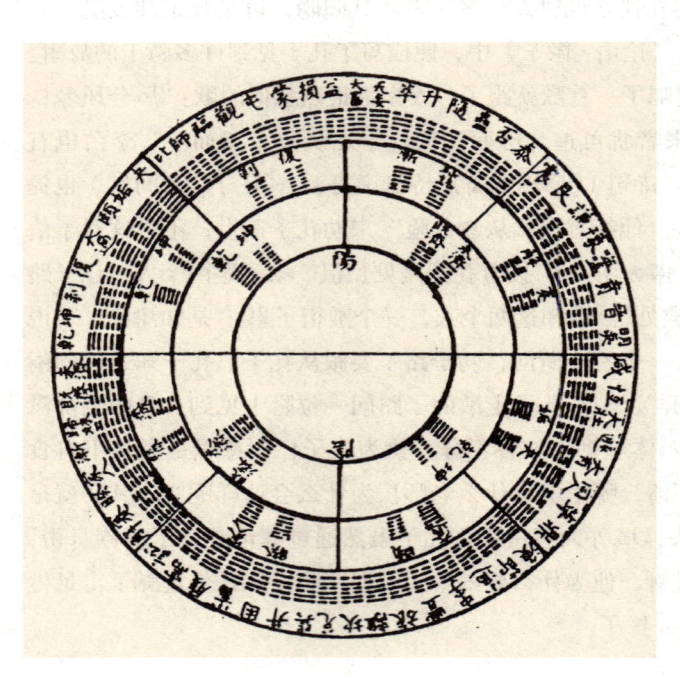

九四："或跃在渊，无咎。"何谓也？

互卦圆图
清代 李光地《周易折中》

此图以乾坤为体，以既济、未济为用，所以乾坤始之，以既济、未济终之。图之外层为六十四卦，次内一层为所互之十六卦，次内层为十六卦所互之四卦。

子曰："上下无常，非为邪也。进退无恒，非离群也。君子进德修业，欲及时也，故无咎。"

问：九四爻"或跃在渊，无咎"是什么意思呢？

孔子说：跃上去与退下来要审时度势，灵活掌握，这不属于邪恶。该进该退不是一成不变的，这样做不会脱离君子的群体。君子提高道德修养来建立功业，总是不想错过时机，所以没有灾难。

九五曰："飞龙在天，利见大人。"何谓也？

子曰："同声相应，同气相求；水流湿，火就燥；云从龙，风从虎。圣人作而万物睹，本乎天者亲上，本乎地者亲下，则各从其类也。"

问：（略）

孔子说：相同的音阶之间会产生共鸣，相同的气味之间会互相吸引（动物之间凭气味寻找自己同类的异性）；在平地之上水向湿润的地方流动，火在干燥的物体上火苗旺，云总是跟从着龙，风总是跟从着虎。圣人兴起，万物都可以看到。以天作为本类的事物会亲近天，以地作为本类的事物会亲近地，就是"各从其类"的道理啊。

上九曰："亢龙有悔。"何谓也？

子曰："贵而无位，高而无民，贤人在下位而无辅，是以动而有悔也。"

问：（略）

孔子说：尊贵却没有职位权柄，身份高却没有臣民，下面有贤人却无法来到上面给予辅佐，所以此爻为动爻便会有后悔的事发生。

潜龙勿用，下也；见龙在田，时舍也；终日乾乾，行事也；或跃在渊，自试也；飞龙在天，上治也；亢龙有悔，穷之灾也；乾元用九，天下治也。

前面的"文言曰"是第一部分，"子曰"是第二部分。这段文字，可以称之为文言的第三部分。文言的内容有些杂乱，所以欧阳修认为非孔子所作。其实，孔子对《周易》只是收集与整理，他应该没写过任何关于《周易》的理论。

这段文字主要说明各爻所处的时位，以此来指导人们在不同时位时应当怎样去做。意思是：

"潜龙勿用"，是因为位在下。"见龙在田"，是因为处于顺时进位的时候。"终日乾乾"是正在做事情。"或跃在渊"是试一试自己的能力。"飞龙在天"是临君而开始治理国家。"亢龙有悔"是因为穷途末路而带来的灾难。"乾元用九"中讲的是治天下最理想的方法。

潜龙勿用，阳气潜藏；见龙在田，天下文明；终日乾乾，与时偕行；

图(1)　图(2)
图(3)　图(4)

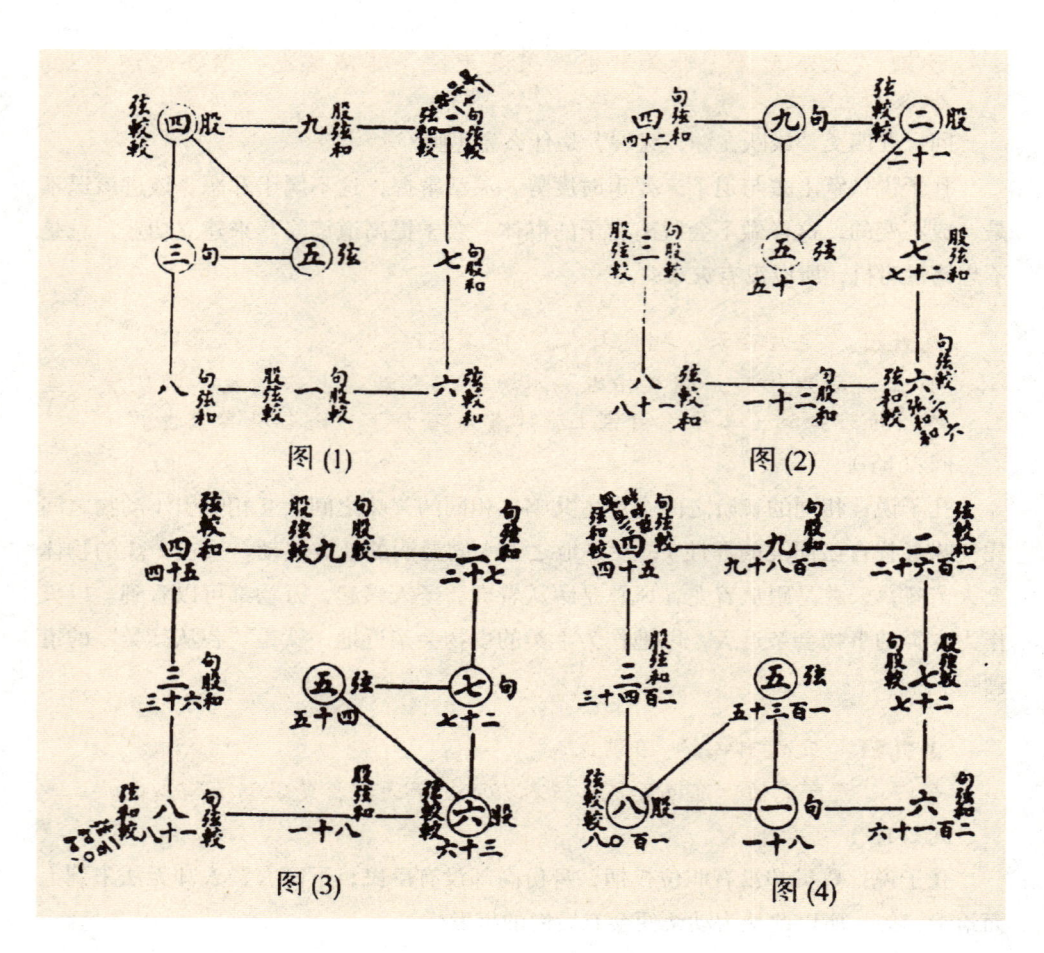

洛书四勾股图

　　河图具五勾股，弦数藏于勾股二幂之间，至洛书则以中五为弦，幂二十五。而东为三，东南为四，二幂适得二十五并而开方，得弦五，为勾股弦得整数者。

或跃在渊，乾道乃革；飞龙在天，乃位乎天德；亢龙有悔，与时偕极；乾元用九，乃见天则。

　　这是文言的第四部分。是从另一个角度对乾卦六爻进行解释。

　　译文："潜龙勿用"，是因为此时阳气处于潜藏时期；"见龙在田"是阳气来到地面，天下变得光明；"终日乾乾"是与时俱进；"或跃在渊"是因为乾道的变革；"飞龙在天"是以天德治天下；"亢龙有悔"是事物发展到了极限；"乾元用九"是天道的法则。

乾元者，始而亨者也。利贞者，性情也。乾始能以美利利天下，不言所利。大矣哉！大哉乾乎？刚健中正，纯粹精也。六爻发挥，旁通情也。时乘六龙，以御天也。云行雨施，天下平也。

此为文言第五部分。

译文：乾元，即是阳气初始而亨通。利贞，即是人之性情。阳气用美丽与利益使天下受益，却不表明自己的贡献。伟大啊！这难道不是乾的伟大之处吗？刚健而中正，是纯粹的精华啊。六爻发动，可以广通万物之情，六爻的变化，代表着天气的变化，云行雨施，润泽天下而享太平。

君子以成德为行，日可见之行也。潜之为言也，隐而未见，行而未成，是以君子弗用也。

此为文言第六部分。即是说：君子以成全美德作为自己的行为，这种行为在日常生活中便可以体现出来。

君子学以聚之，问以辩之，宽以居之，仁以行之。易曰："见龙在田，利见大人。"君德也。

九三，重刚而不中，上不在天，下不在田。故乾乾，因其时而惕，虽危无咎矣。

九四，重刚而不中，上不在天，下不在田，中不在人，故或之。或之者，疑之也，故无咎。

夫大人者，与天地合其德，与日月合其明，与四时合其序，与鬼神合其吉凶。先天而天弗违，后天而奉天时。天且弗违，而况于人乎？况于鬼神乎？

亢之为言也，知进而不知退，知存而不知亡，知得而不知丧。其唯圣人乎？知进退存亡，而不失其正者，其唯圣人乎？

这是文言的第七部分，也是最后一部分。也是对各爻辞的解释。译成现代文便是：

潜的意思就是隐伏而不显露，做事还没有成就，所以君子在这种情况下不发挥自己的作用。

君子学习要日积月累，积少成多，多向别人请教以解决不懂的地方，以宽容的胸怀与人相处，以仁爱之心去做事。《周易》中说"见龙在田，利见大人"，这是君王应具备的道德。

九三爻刚爻与刚爻重，上不在天道中，下不在地道中，所以只能自强不息，时刻谨慎。这样，虽然处危地却不会有灾难。

九四爻的处境与九三爻一样，所以会迷惑。惑的意思，便是怀疑。所以没有灾难。

大人物具有天地的道德，具有日月普照万物的品质，顺应四时变化的规律，懂得占卜预知吉凶。在顺应天道上为天下人做出表率，根据天时的变化安排所做的事务。天与他的行为是一致的，何况是人呢？何况是鬼神？

所谓的"亢"，是指知进忘退，知存忘亡，知得忘失。能够全面考虑到进退存亡，并且不失正道，大概只有圣人能做到吧。

卦二　坤

壹● 卦名、卦画与卦象

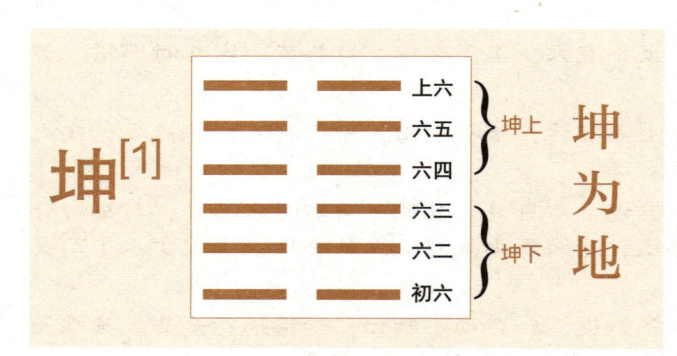

坤[1]

上六
六五　　坤上
六四
六三
六二　　坤下
初六

坤为地

【注解】

[1] 坤：卦名，象征地。在《帛书·易》中写作"川"字。

【释义】

坤卦的卦名为坤，象征地。地载万物，也可使万物归隐，所以坤有归与藏的意思。

坤卦的卦画六爻纯阴，代表阴之极至。

由于阴之成形莫大于地，所以坤卦的卦象首先代表地。因为母亲是慈祥而温柔的，母牛是温顺而任劳任怨的，布是柔软的，大众的本性是顺从，所以坤卦也象征母亲、母牛、布、众等等。自然、温顺、阴柔、顺从便是坤卦的卦德了。

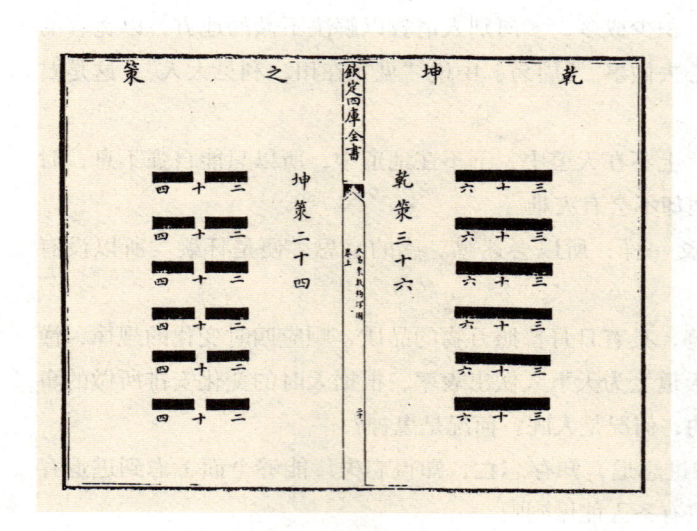

乾坤之策

古人以筮法占卜时，五十根蓍草而用其四十九根，三变而成一爻，计算三变所得挂扐与过揲之策，便知所得何爻。

贰 ● 卦辞

> 坤。元亨,利牝马[1]之贞。君子有攸往[2],先迷[3],后得主,利西南得朋,东北丧朋。安贞[4]吉。
> 彖曰:至哉坤元,万物资生,乃顺承天。坤厚载物,德合无疆[5]。含弘光大,品物咸亨。牝马地类,行地无疆,柔顺利贞。君子攸行,先迷失道,后顺得常。西南得朋,乃与类行;东北丧朋,乃终有庆。安贞之吉,应地无疆。
> 象曰:地势坤[6],君子以厚德载物。

【注解】

[1] 牝马:牝,音pìn,泛指雌性的禽兽;牝马即母马。
[2] 有攸往:有所往。即有所行动、作为之意。
[3] 迷:迷惘,迷失方向。
[4] 安贞:安守正道。
[5] 无疆:没有疆域,无边无际。
[6] 坤:此处为坤卦的引申义,即柔顺、温和之意。

【释义】

先解释卦辞,将其译成现代文便是:坤卦,初始亨通,利于像母马那样保持温顺的德行。君子有所行动,起初会迷失方向,后得到主人,到西南方向可以得到朋友,在东北方向则丧失朋友。安于正道则会吉祥。

"牝马之贞"是什么品质?为什么不以母牛代替它呢?这主要是由于马具有忠贞的本性。牝马更能体现出忠贞与温驯的品质,更适合表达坤卦的精神。在马群中,牝马有单独的配偶,而牡马则有多个

有十一个口字,主吉;一官人坐看一堆钱,指有才贵人;有一马,主禄马;金甲神人在台上,抛文书予官,乃文字得神力获助。生载万物之卦,君昌臣和之象。

配偶,牡马发脾气,牝马便顺从地忍受。牝马与牡马就像旧社会的一对夫妻一样,男尊女卑,相互恩爱。牝马另一个忠贞表现在对它的主人忠贞。驯服它的人便可以成为它的主人,只有它的主人可以骑它,别人则不行,如果主人让它驮着谁,它便会顺从地接受。你说在男权社会的男人怎么能不对牝马有好感呢?牝马对小马驹是非常温柔、关怀备至,并且牝马不会与自己的后代发生乱伦,所有这些,都是牝马之贞。

"先迷,后得主"是什么意思呢?因为坤卦代表臣道、妻道,君主、丈夫还没有出

现，大臣、女子过早地去寻找怎么会不迷失方向呢？只有理想的丈夫出现了，明君出现了，再去追求就会得到了，所以"后得主"。这是告诫为臣者如何选择明君，为妻者如何选择丈夫。

"西南得朋，东北丧朋"是什么意思呢？在文王八卦中西南方为阴，东北方为阳。到西南方可以见到自己的同类（即朋友），而到东北方那里是没有同类朋友的，所以"丧朋"。

象辞中更为细致地阐明了坤卦之德便是顺从天道这一原则，并且指出了"东北丧朋，乃终有庆"这一结论。为什么呢？因为臣可遇明主，女子可以找到自己终身的伴侣。现将象辞的译文列于下：

洛书序乾父坤母六子之图

河图把坤母所生巽、离、兑三女置于生数的一、二、三、四上，把乾父所生三男震、坎、艮置于成数的九、八、七、六上面。

至大无际啊，坤元的始生！万物都借助你得以生成，你顺应并秉承着天道。大地深厚负载万物，品德博大没有边际。包容无限而广大，各类事物都因你而亨通。牝马属于地上的动物，驰骋四野没有疆界。阴柔温顺利于正道。君子的行动开始会迷失方向，随后便会掌握行动的常规法则。西南得朋，是能够见到自己的同类；东北丧朋，却会得到结婚的喜庆。安于正道的吉祥，是与无边无际的地道相应的。

象传中的"厚德载物"一词，不单是清华大学的校训，同时也是中华民族的优秀品德之一。以深厚的道德负载万物，这正是我们学习这一卦要领会的精髓。

叁 ● 爻辞

初六　履[1]霜，坚冰至。
象曰：履霜坚冰，阴始凝也。驯[2]致其道，至坚冰也。

六二　直方大，不习[3]无不利。
象曰：六二之动，直以方也。不习无不利，地道光也。
六三　含章[4]可贞，或从王事，无成有终。
象曰：含章可贞，以时发也。或从王事，知光大也。
六四　括囊[5]，无咎无誉。
象曰：括囊无咎，慎不害也。
六五　黄裳[6]元吉。
象曰：黄裳元吉，文在中也。
上六　龙战于野，其血玄黄。
象曰：龙战于野，其道穷也。
用六[7]　利永贞。
象曰：用六永贞，以大终也。

【注解】

[1] 履：鞋。引申为踩之意。

[2] 驯：顺，沿着。

[3] 习：反复。

[4] 章：花纹，指文采与美德。

[5] 括囊：括，束缚；囊，口袋。

[6] 黄裳：黄，黄色；裳，下衣。古时的服装上衣为衣，下衣为裳。黄色居五色（青、赤、黄、白、黑）之中，有中正之意。另外，天玄地黄，黄即为大地之色也。

[7] 用六：六十四卦只有乾坤两卦是纯阳纯阴卦，所以古时占卜占得六爻全是阴爻而没有动爻时以"用六"为占辞。

【释义】

初六　履霜，坚冰至。

象曰：履霜坚冰，阴始凝也。驯致其道，至坚冰也。

这句爻辞的意思是，当脚踩到霜的时候，应该明白结冰的日子快到了。为什么坤卦的初爻会提到霜与冰呢？象辞的意思是：履霜而知冰，这是因为阴气始生的缘故，随着阴气的不断加重，天寒冰冻的冬天就来了。

可见这一爻的爻辞是告诫我们要有远见。任何事物都是循序渐进的，正所谓一叶知秋，从一片枯落的叶子可以知道秋天来了。而这种见识还不够高远，

初六位于最下边，似阴气开始凝积成霜，预示坚冰将至，可见微知著。

应该在夏天就预见到秋天的霜与冬天的冰，这便是文王的智慧。此时一阴始生，正是五月的夏天，而看到秋天要来了，冬天也不远了，这才是远见。

这是为臣者必须具备的远见。此时阴爻处于最下层，既不得位又不得中，所以应该怀着敏感的心，仔细感知事物的发展变化，做到未雨绸缪，这才是为臣者应当具备的素质。

"六二"柔顺中正，坤德至厚，正直端方，美德充沛，所行无不利。

六二 直方大，不习无不利。

象曰：六二之动，直以方也。不习无不利，地道光也。

这句经文的意思是：正直、方正、大方，不反复没有什么不利的。象辞对这句经文的解释是：六二为动爻，正直而方正，不重复没有不利的，这是因为地道的广大啊。

六二阴爻得中而得位，处于坤卦的主位，当然不会有不利的事情了。正直、方正、大方是为臣的品质。身为大臣做到这三点，并且做事不反复无常，自然会得到君王的重用。这里是告诫人们，当自己处于有利的位子上时，要充分发挥自己的能力，发挥自己的光与热，这样才会有更大的发展。

六三 含章可贞，或从王事，无成有终。

象曰：含章可贞，以时发也。或从王事，知光大也。

经文意思是：蕴涵美德可以坚守正道，或者效力于君王，虽然没有成就但却有好的结果。象辞对经文的解释是：含章可贞，是为了等待时机。为君王做事是因为智慧广大。

六三爻阴爻居于阳位，是不得位，又不居中，处境不是很有利。所以只能隐藏自己的才能坚守于正道。如果能为君王做事，则不要过于显露自己的才华，有功要归于君王，才会得到好的结果。此卦正相当于否卦，为阴党成群，丧失权柄之卦。所以处事

六三失正，多有艰难。蕴涵美德，谨守臣职，虽不成功，但结局还好。

要采取外表糊涂、内心明白的方式，这样才能得到善终。

六四 括囊，无咎无誉。
象曰：括囊无咎，慎不害也。

六四不中，处位不利。但得正，能处处收敛，谨言慎行。这样虽得不到赞誉，但可避免灾祸。

经文意思是：将口袋的口束紧，没有灾难也没有荣誉。象辞对经文的解释是，扎起口袋不会有灾难，是指谨慎能使自己免于灾害。

此时阳气衰弱，阴气强盛，是天地将闭之象。所以贤人应当隐退，怀着大智慧观察时局的动态，归隐保全以等待出仕的时机。在卦气上，此时相当于八月的观卦。

六五 黄裳元吉。
象曰：黄裳元吉，文在中也。

六五柔中居尊位，像美丽的黄色下衣，隐藏在上衣下面，其德谦下，所以吉祥。

经文意思是：黄色的下衣，大吉大利。象传对经文的解释是：黄裳之所以大吉，是因为六五有温文之德并且守于中道。

六五以阴柔之德临于君位，所以吉利。黄色为土的颜色，正是坤卦的本色，坤卦以怀柔之策治国，当然会吉祥了。这里是在告诫我们，做人要保持本色才会吉祥。

上六 龙战于野，其血玄黄。
象曰：龙战于野，其道穷也。

上六，阴极返阳，二气交互和合，像两条龙在野地相斗，滴下青黄色的血液。必然凶险。

经文意思是：与龙在旷野厮杀，旷野到处是青与黄色的血迹。象传对经文的解释是：

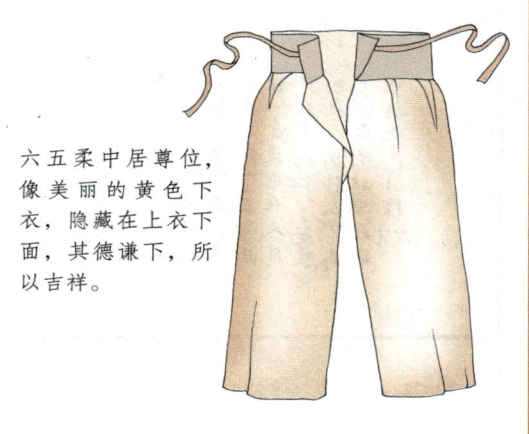

第四章 《周易·上经》 坤卦

253

与龙战于野，是地道走到了穷途末路的缘故。

上六已达到了阴的极至，所以阴盛阳生，阴阳开始交战。视野之内如被龙血所浸染，天玄地黄，萧条又苍凉。此时为消息卦的坤卦，正处于亥月，正是阴盛阳始生的阶段。

用六 利永贞。

象曰：用六永贞，以大终也。

经文意思是：利于永远坚守正道。象传对经文的解释是：用六的永贞，可以使坤卦的臣道得到大的善终。

在这里，说明了臣道的原则便是永贞，这也是为妻之道的原则。永远忠贞，才可以得到大的善终。这一卦就好比周公称王摄政。

灭商后第二年，武王病重。武王在临终前要把王位传给有德有才的周公，并且说这事不需占卜，可以当面决定。可是周公涕泣不止，不肯接受。武王死后，太子诵继位，是为成王。成王不过是个十多岁的孩子。面对国家初立，尚未稳固，内忧外患接踵而来的复杂形势，成王是绝对应付不了的。

在这关键的时刻，周公挺身而出，代替了成王的位置，开始君临天下，治理国家。可是他并不是想当天子，只是想尽一个臣子最大的忠心，等成王长大后，国家局势稳定了，再把王位还给成王。

周公在称王期间，平定了"三叔"之乱，并且在姜子牙的配合下，东征扫平了殷纣余党，从而巩固了中央政权。东征归来后的周公制礼作乐，开始以礼乐治国。成王长大后，周公把王位还给了成王，自己退回到臣子的位置上继续称臣，这便是"永贞"。周公的行为为臣子做出了表率，所以说为臣之道，只有永贞，才能获得大的善终。比如周公死后，成王把他葬于文王的墓旁，以示不敢以周公为臣。这表达

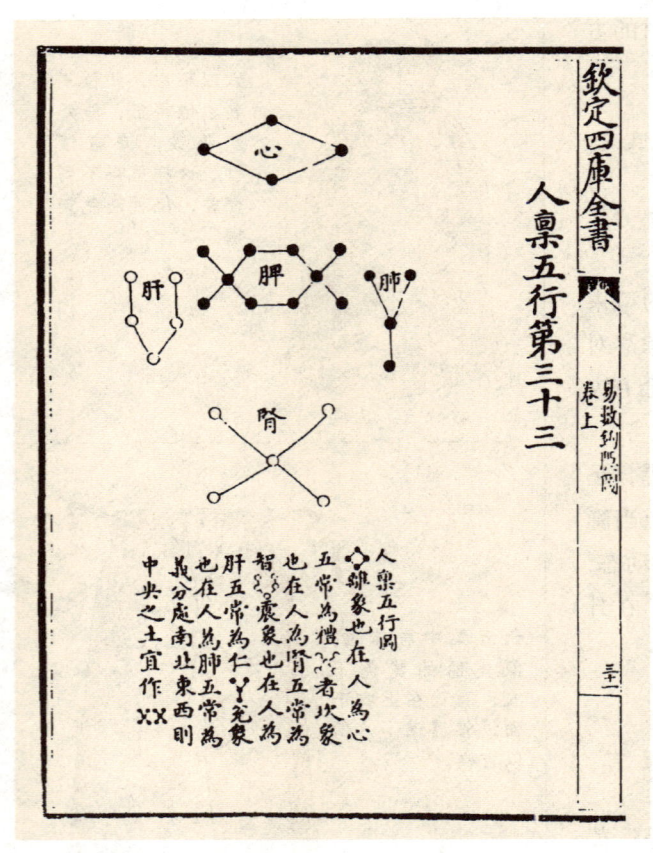

人禀五行图

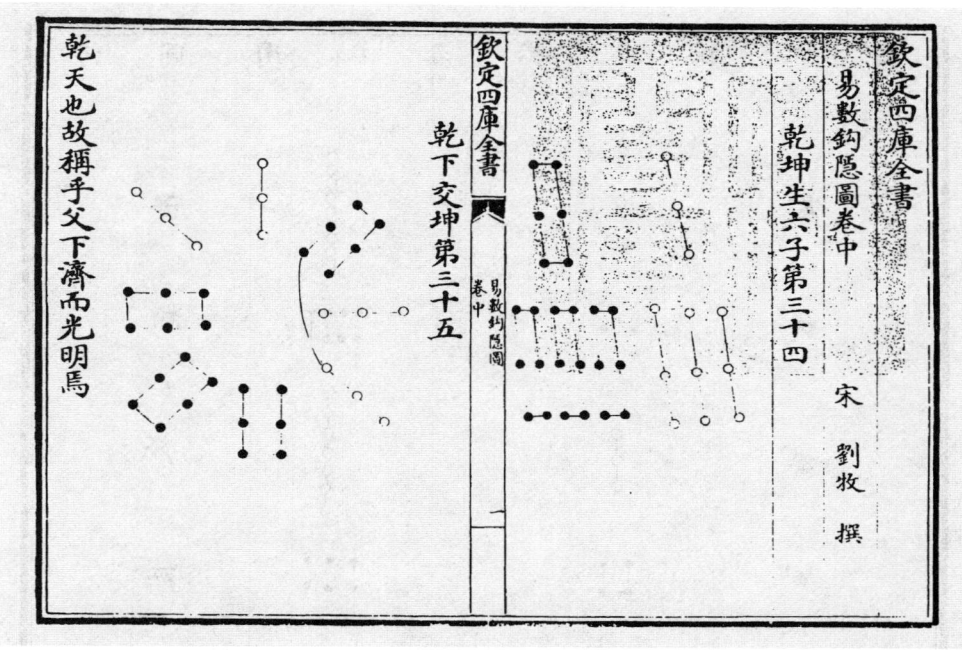

乾坤生六子图

了一个君王对忠臣的无限敬意。

肆 • 文言

文言曰：坤至柔[1]而动也刚，至静而德方，后得主而有常，含万物而化光[2]。坤道其顺乎？承天而时行。

积善之家，必有余庆；积不善之家，必有余殃。臣弑其君，子弑其父，非一朝一夕之故，其所由来者渐矣，由辩之不早辩也。易曰："履霜，坚冰至。"盖言顺也。

直其正也，方其义也。君子敬以直内，义以方外，敬义立而德不孤。"直方大，不习无不利；"则不疑其所行也。

阴虽有美，含之以从王事，弗敢成也。地道也，妻道也，臣道也。地道无成，而代有终也。

天地变化，草木蕃（fān）；天地闭，贤人隐。易曰："括囊，无咎无誉。"盖言谨也。

君子黄中通理，正位居体，美在其中，而畅于四支，发于事业，美之至也。

阴疑于阳，必战。为其嫌于无阳也，故称龙焉。犹未离其类也，故称血焉。夫玄黄者，天地之杂也，天玄而地黄。

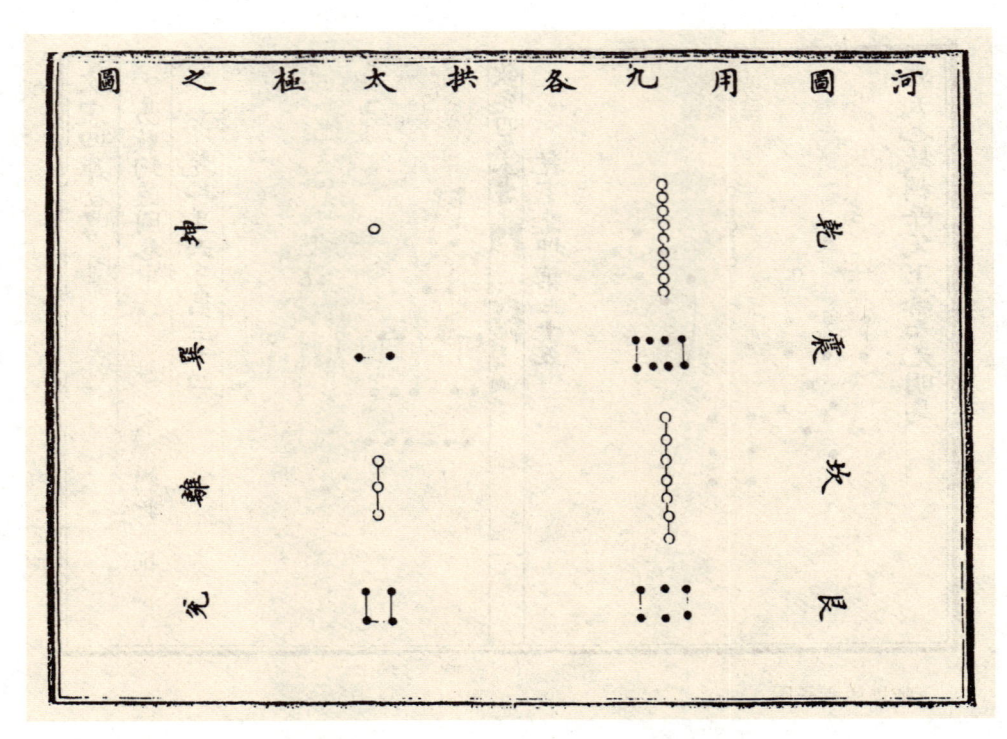

河图用九各拱太极之图

【注解】

[1] 至柔：极为柔顺。荀爽曰：纯阴至顺，故"柔"也。

[2] 光：广大。

【释义】

　　文言曰：坤至柔而动也刚，至静而德方，后得主而有常，含万物而化光。坤道其顺乎？承天而时行。

　　这一段是对坤卦的总述，这段话翻译成现代文便是：坤是最柔顺的，然而它却可以变得极其刚健；坤是安静的，但它的品德却是方正不邪。它是顺着乾阳运行的，但却有着自己的一定之规。它包容万物，化生的功能广大无边。坤道便是顺应之道吧？它顺应天道的四季运行。

　　在这里，文言对坤卦的为臣之道进行了更加深入的发挥。坤卦虽然六爻纯阴性质柔顺，但柔爻可以动而变为阳爻，即是说大臣对于君王不能总是唯唯诺诺，当君王有不正确的行为时，要勇于冒着生命危险指出君王的错误，这便是古代"武死战，文死谏"的为臣准则。为臣之道还要保持安静和有道德的尺度，要处乱不惊，心藏机谋，正直高尚，辅佐明君而默默为百姓的幸福做贡献。在这方面，北宋大臣吕端为官员们做出了表率。

吕端与寇准同朝为官，最初职位在寇准之上。可是当宋太宗选择宰相时，吕端却推荐寇准，表现了吕端作为臣子以全局为重的大度胸怀。当时朝廷将领李继迁叛逃西陲，宋太宗大怒，立即下令将李继迁的母亲抓了起来并决定杀掉。面对皇帝的金口玉言，大多数的大臣不敢反对，纷纷赞成宋太宗的决策英明。而吕端却冒着生命危险挺身而出，反对皇帝的这一决定。这确实是一件很危险的事情，因为这样不但会担上顶撞圣上的罪名，而且还会被扣上勾结、同情叛将的帽子。最后，宋太宗经过权衡利弊之后，终于同意了吕端的意见。叛将李继迁去世后，他的儿子感激宋朝没有杀害自己的祖母，便带兵归顺了宋朝。正是吕端的决策，巩固了边疆。

积善之家，必有余庆；积不善之家，必有余殃。臣弑其君，子弑其父，非一朝一夕之故，其所由来者渐矣，由辩之不早辩也。易曰："履霜，坚冰至。"盖言顺也。

这一段是对初爻的解说，翻译成现代文便是：积善行的人家，必定会有更多的吉庆留给后代；积恶行的人家，必定会有更多的灾难留给后代。臣子弑君篡位，儿子杀死父亲，这种事情都不是一朝一夕的缘故，而是长期积累逐渐发展成这样的，是因为对这种恶性事件没有及早防范造成的。《周易》中说"履霜，坚冰至"，指的就是这种发展趋势。

洛书用十各拱太极之图

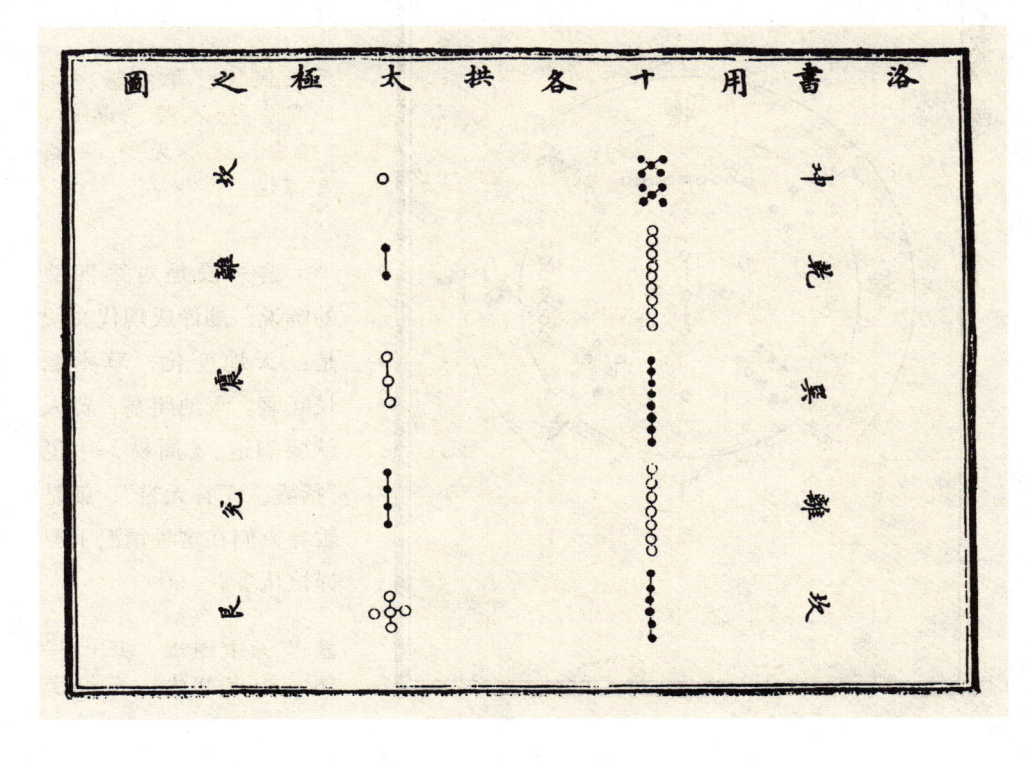

第四章 《周易·上经》

坤卦

"积善之家，必有余庆；积不善之家，必有余殃。"这是一句古语，应当在周公之前便已经有了。文言中借古语来阐明"履霜坚冰"的重要性，说明了仁义礼教对封建统治的作用。

直其正也，方其义也。君子敬以直内，义以方外，敬义立而德不孤。"直方大，不习无不利"；则不疑其所行也。

这一段是对第二爻的解说，翻译成现代文为：直指的是六二爻的正直，方指的是合乎道义。君子亦应当以恭敬的态度使内心保持正直，行为要合乎道义。"直方大，不习无不利"，是说有了这种品德，行为上就不会游疑不决，自然会把事情处理好了。

阴虽有美，含之以从王事，弗敢成也。地道也，妻道也，臣道也。地道无成，而代有终也。

这一段是对第三爻的解说，翻译成现代文便是：阴柔是一种美好的品质，含蓄而不显耀地为君王效力，不能居功自傲。这是地道的法则，这是妻道的法则，这是臣道的法则。地的法则就是不显示自己的功劳，而求得万事都有一个善终。

伏羲则河图之数定卦位图

天地变化，草木蕃；天地闭，贤人隐。易曰："括囊，无咎无誉。"盖言谨也。

这一段是对第四爻的解说，翻译成现代文便是：天地变化，草木滋长旺盛。天地闭塞，贤人就要隐退。《周易》中说"括囊，无咎无誉"，就是教导人们在这种情况下要谨慎从事。

君子黄中通理，正位居体，美在其中，而畅于

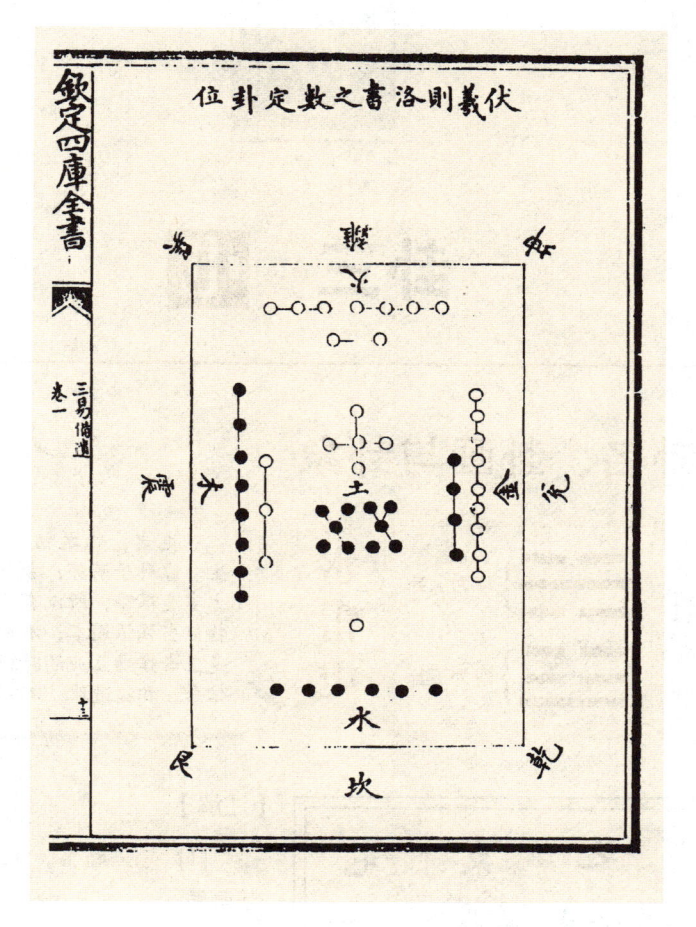

伏羲则洛书之数定卦位图

四支，发于事业，美之至也。

这一段是对第五爻的解说，翻译成现代文便是：君子处在六五爻的地位上，应当按照爻辞的提示保持自己中庸的本色，通达事理，立身处世要摆正自己的位置。内心舒畅则会使四肢的血脉畅通，怀着舒畅的心情从事功业，就会达到极其美好的效果。

阴疑于阳，必战。为其嫌于无阳也，故称龙焉。犹未离其类也，故称血焉。夫玄黄者，天地之杂也，天玄而地黄。

这一段是对第六爻的解说，翻译成现代文便是：阴气受到阳气的猜疑，必然要发动战争。因为六爻全是阴爻使阳气怀疑没有自己的地位，所以爻辞要说到"龙"。由于上爻仍是阴的类别，所以称之为血。夫玄黄者，天地相杂的颜色，天是青色的，地是黄色的。

卦三 屯

壹● 卦名、卦画与卦象

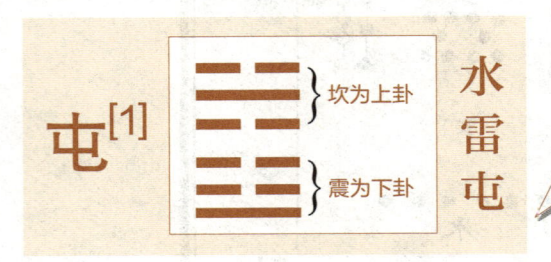

屯[1]

坎为上卦
震为下卦

水雷屯

屯者，物之初生也。故屯象征初生。像种子萌芽，破土而出，萌生、破土多有艰难，所以有"难"义。初生之物应当强根固本，不可轻动。但此时也是王者建功立业的时刻，所以应该坚定信念，积极进取，不可安居无事。

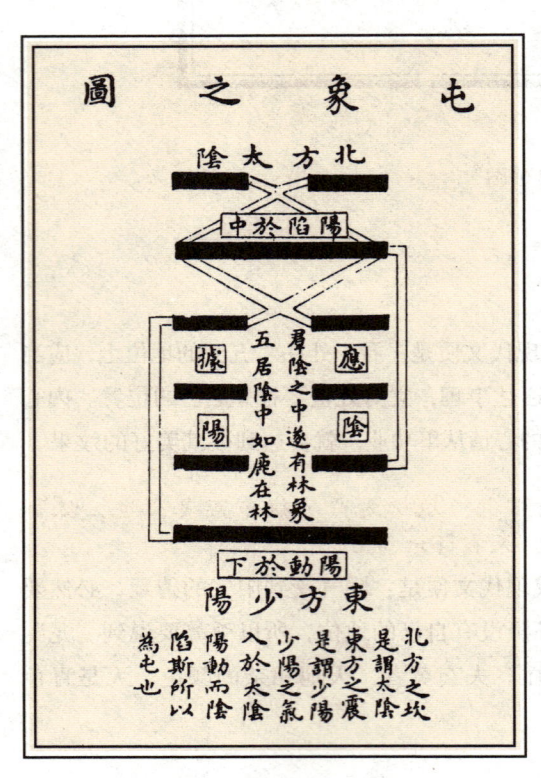

【注解】

[1] 屯：卦名，象征事物的初生与萌芽。

【释义】

此卦的卦名为屯，代表事物初生的萌芽时期。在甲骨文、金文、篆文中，"屯"是一个象形字，描绘的是幼苗破土而出的状态，"屯"字中的一折代表幼苗的根，表明幼苗正处于初生阶段。俗话说"万事开头难"，所以"屯"字也含有艰难的意思。

屯卦卦画是由两个阳爻、四个阴爻组成，初爻与五爻为阳爻，其余为阴爻。这六个爻代表什么意思呢？下面我们便从卦象上进行分析。

屯卦上卦为坎为水，下卦为震为

雷，所以屯卦的整体卦象为水雷屯。也就是说水与雷组合，便是屯卦的象征含义。可是"屯"字表示的是幼苗的形象，而卦象却是水与雷，这之间有什么联系呢？原来，坎在上代表云，震在下代表雷，乌云出现了，又出现了雷声，自然就会下雨了。只有下雨，地上的植物才能够生长，幼苗才有成长的希望。可见"屯"这个卦名与卦画之间是珠联璧合，结合得十分巧妙。

贰·卦辞

> 屯。元亨利贞，勿用有攸[1]注，利建侯。
> 彖曰：屯，刚柔始交而难生，动乎险中，大亨贞。雷雨之动满盈，天造草昧[2]，宜建侯而不宁。
> 象曰：云雷屯，君子以经纶。

【注解】

[1] 攸：放在动词之前，构成名词性词组，相当于"所"。

[2] 草昧：未形成秩序的蒙昧之初。草，草创；昧，蒙昧。

【释义】

经文意思是：屯卦，天始亨通，有利于坚守正道。不要到别处求取功名，利于在自己的地盘上建立功业。

彖辞的意思是：屯卦，刚柔开始交流而出生艰难。上卦坎为险，下卦震为动，在险难中运动求得生存，会得到大的亨通并且是正道。震又为雷，坎又为雨，所以打雷下雨使天地满盈。天地草创，适于建立侯王功业，因为天下还处于不安宁的状态中。

象辞的意思是：上卦为云，下卦为雷，这便是屯卦的卦象。君子应当从中得到启示，努力经营发展自己的事业。

卦辞中同乾卦一样，也有"元亨利贞"四个字，这是告诉我们，当自己的人生还处于萌芽时期，应坚守在自己的岗位上创业，有始、有中、有终地进行奋斗。这就好比人们对新职工的忠告：当你刚走上工作岗位时，不要急于跳槽，要先在这个岗位上认真干五年再说。因为刚走上工作岗位的员工就像幼苗难以移活一样，频繁改换工作只会浪费自己的青春，甚至会有失业的危险。所以"不要前往"，而适宜在自己的岗位上建立功业。

一人在盼望，有一竹竿立，谓望见不顾安危；车在泥中不能转动，犬头上有一回字，表示哭泣；一人射文书，占财意；刀在牛上，为角字；一盒子，意为和合。这是龙居浅水之卦，万物如生之象。

屯卦上卦为坎代表险难，下卦为震代表行动，在险难中行动，所以处处要小心。这就好比刚参加工作的员工，肯定会遇到这样或那样的困难，而处事谨慎，任劳任怨，最终会得到亨通。就好比豆芽菜一样，只有在上面压上大石头，才会长得粗壮。人也一样，需要在困境中磨砺自己，才能很好地成长。"不想当元帅的士兵不是好士兵"，所以在事物发展的最初阶段，要有建立功业的志向，对人生的未来做好规划，并且一步一步地朝自己的目标迈进。就像幼苗一样逐渐成长，最后长成参天大树。所以，象传辞告诫君子要"以经纶"。"经纶"本义为将丝理出头绪，编成丝织品。此处是告诫君子应当整理好自己的思绪，有选择地进行交往，形成自己的人际关系网；在事业上要做好规划，然后有条不紊地做事，积少成多，就像织布一样，最终建成自己的功业。

叁 ● 爻辞

初九：磐桓[1]，利居贞，利建侯。
象曰：虽磐桓，志行正也。以贵下贱，大得民也。
六二：屯如邅[2]如，乘马班如。匪[3]寇婚媾，女子贞不字，十年乃字。
象曰：六二之难，乘刚也。十年乃字，反常也。
六三：即鹿无虞[4]，唯入于林中，君子几[5]不如舍，往吝。
象曰：即鹿无虞，以从禽也。君子舍之，往吝穷也。
六四：乘马班如，求婚媾，往吉，无不利。
象曰：求而往，明也。
九五：屯其膏，小贞吉，大贞凶。
象曰：屯其膏，施未光也。
上六：乘马班如，泣血涟如。
象曰：泣血涟如，何可长也。

【注解】

[1] 磐桓：磐，大石头。桓，今音huán，古音xuān，古代立在驿站、官署等建筑物旁作标志的木柱，后称华表。后也泛指寺、墓、桥梁等用作标志或其他用途的柱子。《礼记·檀弓》注："四植谓之桓。"《周礼·大宗伯》注："双植谓之桓。桓宫室之象，所以安其上也。"

[2] 邅：音zhān，难于行走的样子。也形容境遇之不顺。

[3] 匪：通"非"字。

[4] 虞：神话传说中的兽名，即"驺虞"，白虎黑文，尾长于身，仁兽，食自死之肉。后泛指掌管山泽鸟兽的官吏。

[5] 几：苗头，预兆，此处借指机智。

【释义】

初九：磐桓，利居贞，利建侯。

象曰：虽磐桓，志行正也。以贵下贱，大得民也。

经文意思是：像大石与木柱一样坚定，有利于居守正道，宜于树立王侯的威信。

象辞的意思是：虽然徘徊难进，但前进的心愿符合正道。以高贵的地位平易近人地接近下贱的人，会广泛得到民众的拥护。

初九阳爻得位，就好比心怀大志而处于下层岗位的员工。在《周易》中阳尊阴卑，所以说初九爻是"以贵下贱"，即以尊贵的身份来到低贱的位置上。在今天，我们不能认为阳便代表男，阴便代表女。其实，每一个胸怀大志的人，都是尊贵的，因为他或她的志气都可以使自己成为尊贵的人。这种胸怀大志的人处于低贱的岗位中，要像磐石一样坚定，要像华表一样自立自强，只有这样才能成就大的事业。

"初九"屯之始，动则难生，但得正，仍可建国封侯，居正不出为宜。

许多年前，在日本的东京帝国酒店，来了一名应聘的妙龄女郎，酒店聘用了她，然而分配给她的工作却是洗刷厕所，并且要将厕所洗刷得光洁如新。她细皮嫩肉，素有洁癖，面对这样一份工作，感到非常反胃。可是这毕竟是她找到的第一份工作，该怎么办呢？正当她犹豫不决的时候，一位领导来到她的面前，给她做示范。这位领导极其耐心地将厕所清洗得光洁如新之后，做了一件令女郎一生难忘的事——他用杯子从马桶中盛了一杯水，然后把水一口气喝光了，然后意味深长地对她说："因为光洁如新，所以这水并不脏。这就是人生。"

这位妙龄女郎受到了启发，于是极其自信地打扫起了厕所。打扫完后她也自信地从马桶里盛一杯水喝下去。几十年过去了，这位女子后来成了日本的邮政大臣，她就是野田圣子。

野田圣子的行为正是准备"建侯"的人们初涉岗位的模范。人处在低贱的岗位上，可是因为胸怀大志，所以你并不下贱。你很尊贵，你的行动将会把你的尊贵展示给众人。

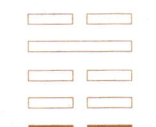

六二：屯如邅如，乘马班如。匪寇婚媾，女子贞不字，十年乃字。

象曰：六二之难，乘刚也。十年乃字，反常也。

经文意思是：坎坷难于行进，骑在马上盘旋前进。不是贼寇，

263

六二阴柔中正，并且已有意中人，所以并没有嫁给前来求婚的九五。

而是来求婚的人。女子坚守正道不出嫁，十年后才出嫁。

　　象辞的意思是：六二爻的艰难，是由于乘驾在刚爻之上的缘故。十年才能生育，是返回常规。

　　天地间云雨过后，万物便生长起来，植物吐出了新芽，动物受雷声的震动，纷纷走出巢穴，开始在大地上活动。食草的动物开始有嫩芽可食，食肉的动物也开始有了属于自己的猎物。同类的动物们求偶交媾，繁衍后代。而此时的人类，也开始有了婚姻活动。"屯如邅如，乘马班如。匪寇婚媾"是古老的歌谣，反映的是人们骑着马求婚的情景。很形象，还带着一丝诙谐。一队人马行进在路上，可是马团团打转就是不前进，人们以为是来了强盗（团团打转的强盗估计战斗力也不强），结果是来求婚的。十六个字，将求婚的喜庆场面描绘得很有味道。可是女子并没有嫁给前来的求婚者，这是怎么回事？原来，求婚者虽是有权势的九五，可是居中的六二与初九两小无猜，自然不想出嫁了。她在等自己喜爱的初九事业有成以后，可以与他成婚。看来六二这位中正的女子还是很有眼光的。

　　从这一卦中，我们可以明白择偶的要点：不在于金钱，不在于地位，只在乎是不是意中人，只在乎他是不是胸怀大志有发展。所以这位有眼光的六二，终于在十年后，嫁给了事业有成的意中人——初九。从这一爻，女读者应当受到启发，懂得如何选择自己的意中人哦！

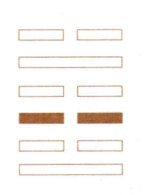

六三： 即鹿无虞，唯入于林中，君子几不如舍，往吝。

象曰： 即鹿无虞，以从禽也。君子舍之，往吝穷也。

六三失正不中，似无向导徒入林中无所获。此时不如舍弃，若执迷不已，必遭灾祸。

经文意思是：追逐野鹿却没有猎官做向导，只有迷入山林之中。君子胸怀机智，不如舍弃，再往前走会有灾难。

象辞的意思是：追逐野鹿却没有猎官做向导，只能跟着野兽跑。君子弃而不追，是因为前往会被困住。

六三爻处于震卦的最上面，震为行动，但处于最上面的六三难免会有行动过火的表现，并且再往上便进入了坎卦。坎便是险，前面有危险哪，所以爻辞用极其形象的比喻给予了十分中肯的忠告。君子追着一头鹿来到了森林中，这是一片陌生的森林，这位君子急于得到这只鹿，所以这次打猎没带有经验的猎官，于是面临迷路的危险。这可怎么办，继续追，还是放弃？这位君子是明智的，他选择了放弃。

台湾作家写了一本书，叫《学会选择，学会放弃》，其实全书讲的就是这个道理。人如果只想拥有，而不愿放弃，最终吃亏的是自己。象辞传说得太好了：没有向导去捉鹿，这是人跟着野兽走啊，明智的君子放弃了，因为再往前就会迷路被困了。在我们的人生中，很多人就是急于想得到"鹿"，让自己的行为随着欲望走，结果最终迷失了自己，在人生路上失去了自我。社会上这种情况发生得太多了，所以在此就不多举例了。但愿身为君子的读者读至这里，懂得明智地选择自己的人生，做到该出手时就出手，该放手时且放手。

六四： 乘马班如，求婚媾，往吉，无不利。

象曰： 求而往，明也。

经文意思是：骑马团团打转，前去求婚，前进吉祥，没有不利的后果。

象辞的意思是：为了求婚而前往，是明智的选择。

一队人马，乘着四匹马拉的车，行进缓慢，并且马队还团团打转，不过这不是去打仗，而是去求婚，所以没有什么不利的。如果是去打仗，这队人马肯定是会吃败仗的。由于是去求婚，这是光明正大的事情，而且不需要武力解决，所以搞点小幽默还是有不错的效果的。

这不禁使我想起美国一位喜剧大师的爱情经历。这位喜剧大师经济上很富有，但他一直没有意中人。这一天他骑自行车外出，在街上遇到一位姑娘，这位姑娘的美丽与气质深深打动了小伙子的心，使他一见钟情。为了引起对方的注意，使求婚成功，他便发挥自己的幽默天赋，在姑娘面前进行别致的自行车骑术表演。姑娘被逗乐了，可是这位小伙子却没有在舞台上那么幸运，表演过火，结果摔伤了。这位好心的姑娘把他送到了医院，于是两人建立了缘分，最后结为连理，过上了幸福美满的家庭生活。

六四得位，与初相应，似以上求下取刚济柔，有利于打通"屯难"，前往获吉。

心里有了意中人的小伙子们，可不要"爱你在心口难开"，要懂得在意中人面前好好表现自己，抓住幸福的机会呀。

九五：屯其膏，小贞吉，大贞凶。
象曰：屯其膏，施未光也。

经文意思是：屯聚云雨，雨小则吉祥，雨大则凶。

象辞的意思是：屯积云雨，是还没有广大施舍之意。

"膏"原意油脂，在这里指恩泽，由于屯卦的上卦为坎为水为云，所以这里的"膏"指的便是恩泽、滋润大地的云中之水，还没有降到地上，不过这云中的水如果太多，大地上就会发生涝灾，所以"小贞吉，大贞凶"。

这一卦告诉人们适当、适中的好处，凡事不可太过。比如丈夫爱妻子、爱子女、爱工作是好事，但如果太过分了，便会产生不好的后果。过分爱妻子，往往会使妻子产生依赖心理，最后会因为丈夫的一点过失而大吵大闹，造成感情不和；过

九五中正居尊位，下施膏泽，能克服初创艰难。

分溺爱子女，不利于子女的成长；过分热爱自己的工作，会忽略对家人的关心，影响自己的家庭生活。

上六：乘马班如，泣血涟如。

象曰：泣血涟如，何可长也。

经文意思是：骑在马上艰难行走，泣血涟涟，泪如雨下。

象辞的意思是：哭得血泪满面，这样的状况怎么会长久呢。

这句爻辞，主要说明了婚姻上的过火行为的害处。在我国上古时期，即从母系社会过渡到父系社会期间，婚姻方式是极其野蛮的。一般男权部落要到母系部落中抢新娘，抢回来后便是自己的财产，做妻做妾或做奴随男主人的心意。

上六屯极终通，但是不明时变，仍持"屯难"观念，徒增伤悲，但伤悲不会长久。

抢婚制经历了一个漫长的时期，至今世界上有些地区还有这种习俗，不过已是一种形式，没有了上古时代的血腥。在中古时期，人们便开始反对这种野蛮的婚姻方式。周朝的卦辞上也表明了对这种婚姻的看法。

这里求婚的人马也是"乘马班如"，但却没有一丝喜庆的成分。男方的人马抢了新娘子，结果新娘子在途中又跑了回去。男方再来抢，被抢的新娘子途中又跑了，于是形成了"乘马班如"的场面。六二的"乘马班如"，虽然新娘也不同意出嫁，但经过几番抢夺后，男方还是"乘马班如"地回去了；六四的"乘马班如"，是新娘子想嫁给男方，但舍不得父母，所以往回跑了几次后，还是随着男方"乘马班如"地建立甜蜜的二人世界去了；此处的"乘马班如"，却没有一丝喜庆成分，新娘子不想出嫁，男方还"乘马班如"地将新娘抢走了。被抢的新娘子泣血涟涟，泪如雨下。所以崇尚礼制的大才子周公也不免要感叹：这种婚姻怎么会长久呢！

当然，这种情景在现今社会是不会出现了。但也有不少男女结合并非是出于自己的心愿，有的是因为父母强迫，有的是由于年龄大了没办法，也有的是未婚先育不得不结婚，但愿人们能从古代的抢婚制中吸取教训，明白强扭的瓜不甜，不要"泣血涟如"地成就不幸的婚姻。

卦四 蒙

壹 • 卦名、卦画与卦象

蒙[1]

艮为上卦
坎为下卦

山水蒙

艮为山，坎为泉，山下出泉。泉水始流出山，则必将渐汇成江河，正如蒙稚渐启，又山下有险，因为有险停止不前，所以蒙昧不明。事物发展的初期阶段，必然蒙昧，所以教育是当务之急，培养学生纯正无邪的品质，是治蒙之道。

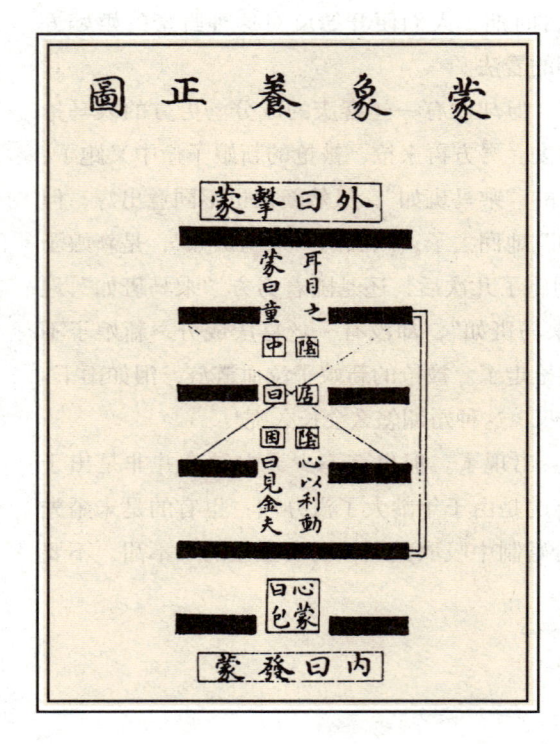

【注解】

[1]蒙：卦名，蒙昧之意。

【释义】

此卦卦名为蒙，"蒙"字在这里是细雨蒙蒙的意思，通"濛"。上一卦为屯卦，卦象表现的是乌云密布、雷声阵阵，不过雨点还没有掉下来，所以接下来这一卦便掉下了细小的雨点。

蒙卦的卦画同屯卦一样也是两个阳爻、四个阴爻，只是位置发生了变化。这一变其含义就变了，下面通过卦象来对蒙卦进行分析。

蒙卦的上卦为艮为山，下卦为坎为水，山下的水蒸腾而形成雾气，好一派山水蒙蒙的自然景致！这便是蒙卦的卦象。卦画形成的卦象与"蒙"字的含义结合起来，便是细雨蒙蒙，山水间雾气腾腾，一幅田园山水画。这种朦胧的景致，是天地初开，云行雨施造成的。所以屯卦表示事物的萌芽时期，而蒙卦则表示事物的进一步生长，于是它便有蒙昧初开的含义，也就是说即将走出蒙昧的状态。走出蒙昧，便是这一卦的含义。人类是怎样走出蒙昧的呢？下面我们通过卦辞进行分析。

贰 • 卦辞

蒙：亨。匪我求童蒙，童蒙求我。初筮告，再三渎，渎则不告。利贞。
彖曰：蒙，山下有险[1]，险而止，蒙。蒙亨，以亨行时中也。匪我求童蒙，童蒙求我，志应也。初筮告，以刚中[2]也。再三渎，渎则不告，渎蒙也。蒙以养正，圣功也。
象曰：山下出泉，蒙；君子以果行育德。

【注解】

[1] 山下有险：蒙卦上卦为艮为山，下卦为水为险，所以说山下有险。

[2] 刚中：指九二爻刚爻而居中。

【释义】

经文意思是：蒙卦，亨通。不是我要去求蒙昧的儿童，而是蒙童来求我。初次占筮就告诉他。两次三次占筮就亵渎了神灵，对于亵渎神灵的就不能告诉他，利于固守正道。

彖辞的意思是：蒙卦，上卦为艮，艮为山为止；下卦为坎，坎为水为险。所以说山下有险，遇险而止，这就是蒙卦的意思。蒙卦亨通，是由于顺应时序和中庸的原则。不是我去求蒙童，而是蒙童求我，这样蒙童的心志才能与我的心志相应。初次占筮可以告诉他，是因为九二阳爻处于下卦之中；两次三次地占筮是对神的亵渎，则不能把结果告诉他，因为他因蒙昧而亵渎神灵。要用启蒙的方法培养其纯正无邪的品质，这是圣人的功业。

象辞的意思是：山下流出清泉，这是蒙卦的卦象。君子效法此卦以果敢的行为来培养自己的道德。

"匪我求童蒙，童蒙求我"，这句卦

一鹿一堆钱，主有才禄；一合子主自然和合；李树一枝子折，尚有别枝；二人在江中撑船，珍宝填塞。人藏禄宝之卦，万物发生之象。

辞告诉我们，人类是自觉走出蒙昧的。不懂事的孩童，找长者求教知识，人类就是这样在求教中，在代代相传中，积累了知识，走出了蒙昧，进入了文明。

"初筮则告，再三渎，渎则不告"，这是告诉我们，人类走出蒙昧是靠占卜实现的。并且这种占卜知识是极其神圣的，如果孩童对其怀疑或亵渎，则不会告诉他这种知识。其实这一句话也是告诉人们占卜的注意事项，同一件事一般只能占卜一次，多次占卜便不灵验了。这是怎么回事呢？我们现在的哲学中有一个两难选择的问题，古人当时也会面临两难选择，怎么选择呢？便是通过占卜。可是如果占卜者对结果总是不满意，多次占卜也无法解决这个问题，所以在两难选择面前犹豫不决的人，确实神灵也帮不上忙。

彖辞则对蒙卦的卦象进行了进一步的发挥，告诫人们要遇险知止。而象辞则从另一个角度对人们提出忠告：君子要向山泉学习，培养自己的道德，像山泉源远流长、滋润万物一样用自己的道德为人类做贡献。

叁 • 爻辞

初六：发蒙，利用刑人，用说[1]桎梏[2]，以往吝。
象曰：利用刑人，以正法也。
九二：包蒙吉；纳妇吉；子克家[3]。
象曰：子克家，刚柔接也。
六三：勿用取女；见金夫，不有躬，无攸利。
象曰：勿用取女，行不顺也。
六四：困蒙，吝。
象曰：困蒙之吝，独远实也。
六五：童蒙，吉。
象曰：童蒙之吉，顺以巽[4]也。
上九：击蒙，不利为寇，利御寇。
象曰：利用御寇，上下顺也。

【注解】

[1] 说：同"脱"，解脱之意。

[2] 桎梏：桎，音zhì，古代拘系罪人的木制脚镣；梏，音gù，古代拘系罪人的木制手铐。

[3] 子克家：克，成立。即指儿子长大了，可以成家立业。

[4] 巽：随顺，谦逊。

【释义】

初六：发蒙，利用刑人，用说桎梏，以往吝。
象曰：利用刑人，以正法也。

经文意思是：蒙昧的初期，利于用刑法惩治坏人，给冤屈者解开枷锁，否则便会有忧吝。

象辞的意思是：利于用刑法惩治坏人，是为了加强人们的法制观念。

在蒙昧的初期，为什么有利于使用刑罚呢？原来，使用刑罚是为了使人们不受刑罚——"用说桎梏"。这就好比我们今天人人必须遵守法律的意思一样，为什么要遵守法律呢？是为了使社会安定，人们能更好地生活，人们不犯罪，不受刑罚处置。历史记载，我国在蚩尤时期便有了刑法。为什么会出现刑法呢？是因为私有制的出现，人们为了得到更多的利益，往往不择手段，使社会治安出现了混乱。为了社会安定，则必须用刑法进行治理。

"以往吝"是什么意思呢？就是以前的方法行不通了。以前是母系氏族，生产资料公有制，人人平等，那时候的道德规范与治理方法，自然不适合新的社会了。

初六蒙稚未开，应受启蒙教育。此时贵于树立典范。

九二：包蒙吉；纳妇吉；子克家。
象曰：子克家，刚柔接也。

经文意思是：包容蒙昧，吉祥。娶妇吉祥。儿子可以持家了。

象辞的意思是：儿子持家，是刚爻与柔爻相接的缘故。

初六代表蒙昧的初期，而九二与初六相临，并且阴阳相合，所以九二

九二阳刚得中，似"蒙师"正施教诲，且能包容，有教无类，故吉祥。

第四章 《周易·上经》 蒙卦

271

可以原谅初六的蒙昧与无知，并且可以娶初六为妻。九二有了妻室，自然就独立了，可以成为自己家庭的主人了。从爻辞中可以看出，"女子无才便是德"的思想在周朝便有了。

六三：勿用取女；见金夫，不有躬，无攸利。
象曰：勿用取女，行不顺也。

经文意思是：不要娶这个女子，她见到有钱的男人就失去了自身的体统，没有什么好处。

象辞的意思是：不要娶这个女子，是因为这个女子不具备女人的柔顺之德。

这句经文挺有意思，告诉人们不要娶这种见了有钱的男人就会失身的女子。这也许在今天还有一定的教育意义。俗话说："人比人，气死人"，再有钱的男人，也会遇到比自己更有钱的男人。所以对于"见金夫，不有躬"的女子，一般男人是不能娶为妻子的。六三爻代表女子，可是她既与九二阴阳相合，又与上九爻相应且合。所以从卦象上可以看出这个六三爻是一位多夫的女子，在男权社会，这种女人肯定没有市场。而在母系氏族，这种女人则是被社会认可的。可是在私有制的社会，谁娶了这种女人，肯定不会有好结果的。

六三阴柔失正，见了有钱的男子就忘了自己。娶这样的女子不会有好结果。

六四：困蒙，吝。
象曰：困蒙之吝，独远实也。

经文意思是：被困在蒙昧中，有忧吝。

象辞的意思是：受困于蒙昧之中而忧吝，是因为六四爻独自远离充实的阳爻的缘故。

六四爻上下全是阴爻，同性相斥，并且处于艮卦的下面像被一座山压着，自然难逃被困的命运了。在蒙卦中，

六四虽得正，但远离"蒙师"九二，故会陷于蒙稚，有所憾惜。

阴爻代表蒙昧，六四被同性所困，不能与阳爻相合相应，所以被困。不过由于六四得位，所以不会有凶险，只是有些忧吝。

六五：童蒙，吉。
象曰：童蒙之吉，顺以巽也。

经文意思是：儿童蒙昧，吉祥。

象辞的意思是：儿童的蒙昧之所以吉祥，是因为他柔顺而谦逊。

儿童蒙昧，是天真无邪的表现，自然吉祥了。没有人会因为儿童无知而生气，正因为儿童无知才会产生强烈的好奇心，才会产生强烈的求知欲望，并且儿童柔顺而谦虚，听大人的话，是大人保护的重要对象，怎么会不吉祥呢？

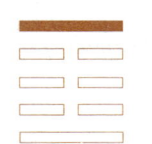

上九：击蒙，不利为寇，利御寇。
象曰：利用御寇，上下顺也。

经文意思是：用武力对付蒙昧，不利于追杀贼寇，利于防御贼寇。

象辞的意思是：利于防御贼寇，是因为上下顺从的缘故。

上九刚爻处于亢极的位置。上卦为艮，相对于人体来说代表手，手的亢极，所以有击打的意思。下卦为坎为贼寇，六三"见金夫，不有躬"而不与上九相合相应，又处于九二之上，所以上九自然不能对六三进行武力制裁。可是却有利于防御贼寇，因为上九下面有互坤为顺，所以会得到众阴爻的支持。

六五得中居尊位，上与上九相比，下与九二相应，似"童蒙"求教于师，故吉祥。

上九不中，阳刚极盛，似"蒙师"以严厉措施教育蒙稚者。教育不可太过暴烈，操之过急。

第四章 《周易·上经》 蒙卦

273

卦五 需

壹 • 卦名、卦画与卦象

需[1]

坎为上卦
乾为下卦

水天需

乾为天，坎为云，云气上集于天，待时降雨，为需。需象征需待。物初蒙稚，得养而成，因此也含有需待饮食的意思。

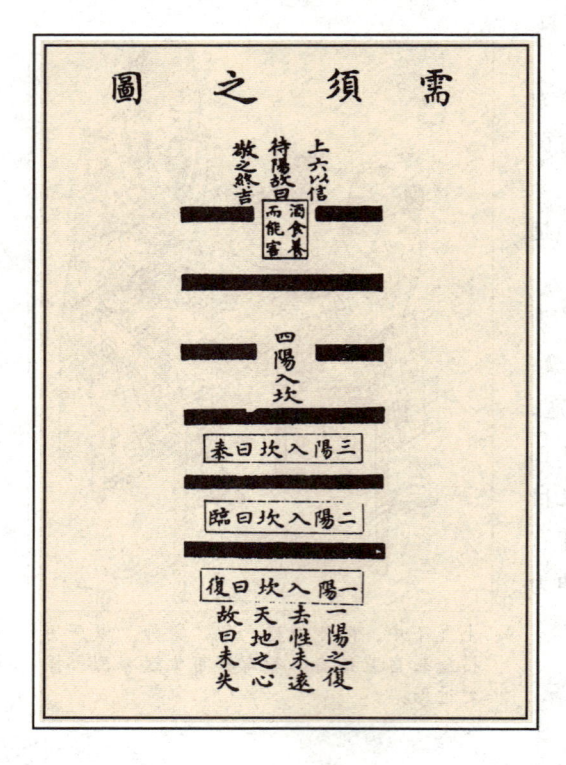

需须之图

上六以信待阳故曰敬之终吉
酒食需而能宽
四阳入坎
泰曰坎入阳三
临曰坎入阳二
复曰一阳之复坎入天地之心阳去性未远故曰未失

【注解】

[1] 需：卦名，等待之意。

【释义】

此卦卦名为需。"需"在《说文》中的解释是："需，须也，遇雨不进，止须也。"就是讲下雨了，必须找个地方避雨，等雨过天晴后再赶路。所以需卦便有等待的含义。前面屯卦是有云有雷表现的要下雨，蒙卦则是下起了蒙蒙细雨，此卦则是等待雨过天晴。所以《杂卦传》中说："履不处也，需不进也。"便是说需卦有等待的含义。而需卦还有另外一个意思，就是讲饮食之道。《序卦传》中说："物稚不可以不养，故受之以需。需者，饮食之道也。"这便是说，屯卦处于事物的萌芽时期，相对于人来说就是婴儿期；蒙卦处于事物的蒙昧时期，相对于人来说就是儿童期；需卦则处于事物的生长期，相对于人来说便是少年时期。在生长期，自然最重要的便是饮食之道了。雨水与阳光给植物提供了饮食所需，植物给食草动物提供了饮食所需，食草动物给食肉动物提供了饮食所需，动植物又给人类提供了饮食所需。生长期，必须要有充足的营养物质，所以需卦便也含有饮食之道的含义了。

需卦的卦画有四个阳爻、两个阴爻，可以看出阳气处于强势。下面通过卦象来对卦画进行分析。

需卦上卦为坎为水为云，下卦为乾为天为干燥，蓝天上面白云飘，这就是需卦的卦象，根本没有下雨的意思。这是怎么回事呢？其实这个卦象表示的是人们等待后的情景。天下雨了，人们在等待中避雨，结果天晴了，可以走了。需卦卦象表示的便是最后这一阶段，即雨过天晴阶段。需卦的上卦坎还有险的含义，下卦乾有刚健的含义，所以这一卦还有遇险而止的意思，这一卦象与"需"的含义便较为贴切了，都有等待停止的意思。可是以刚健涉险境，是可以走过险境的，所以这一卦的含义并非是让人们完全等待，也含有动的成分。孔子说："书不尽言，言不尽意。"的确卦画的内涵是无法用一两句话说清楚的，所以卦名与卦辞也只是表现了卦画的一部分内容。下面我们通过卦辞来对这一卦进行具体的分析。

贰 • 卦辞

> 需：有孚[1]，光亨，贞吉。利涉大川。
> 彖曰：需，须[2]也；险在前也。刚健而不陷，其义不困[3]穷矣。需有孚，光亨，贞吉。位乎天位，以正中也。利涉大川，往有功也。
> 象曰：云上于天，需；君子以饮食宴乐。

【注解】

[1] 有孚：有诚信。
[2] 须：等待之意。文中含义为，因为前面有险阻，所以适合等待时机。
[3] 困：被困。

【释义】

经文意思是：需卦，有诚信，光明而亨通，坚守正道吉祥。有利于渡过大川险阻。

彖辞的意思是：需就是等待的意思。为什么要等待？因为有险难在前面。性格刚健就不会陷于险难中，其象征的意义是不会困于穷途末路。需卦有诚信，光明而亨通，守正则吉祥。这是由于九五爻居于天子之位，既居中又居正位的缘故。所以利于涉过大川险阻，前进会建立功业。

象辞的意思是：上卦为云，下卦为天，天上有云便是需卦的卦象。君子从中受到启示，要饮食宴乐。

从卦辞上看，需卦还是有利于行动的，并且前途光明。但其主要的因素在于要有诚信，其次是具备刚健之德。天有诚信，所以云行雨施，使万物得到滋养，并且适时雨过天晴，使万物普受阳光。春去秋来，时节按时到来，分秒不差，人们根据圭表测日影而安排农事，春耕夏种，秋收冬藏，不会有任何失误，这便是天的诚信。天的刚健，在于日月运行，寒来暑往，永不停息。所以人如果具备天的诚信与刚健，就可以渡过大的险阻，走向光明与辉煌。

月当空，主光明；一门，主富门；一人攀龙尾，乃堕真龙变他；一僧引接，主得福禄人引接；一墓，主成年发福发禄。去需中天之卦，密云不雨之象。

有这么一个故事，可以说明诚信对人生的作用。在第一次世界大战期间，山本武信经营国际出口贸易，他的出口贸易生意火爆，赚了不少钱。为了扩大经营，他向银行进行大量借贷，以备足更多的货物供应市场的需求。可是，紧接着，世界大战结束后，出口生意被迫停止，导致库存货物滞销。他只得把库存货物进行低价甩卖，可是货款却无法收回来。于是山本武信的贸易公司破产了。为了偿还银行的贷款，他把自己所有的财物都交给了银行，包括自己的金怀表也交了出去，甚至连妻子戒指也交了出去。本来按照惯例，首饰一类的财物是可以保留的，可是尽管银行经理说怀表与戒指可以拿回去，但他执意不肯。银行被感动了，不但派人把他妻子的戒指送了回来，还送来了一大笔款子，使山本武信凭这笔巨款终于渡过了难关。山本的诚信，使一个日本人深受教育。后来这个日本人以诚信为原则，创立了享誉全球的大公司，他就是松下幸之助。

有诚信，而且自强不息，还有什么困难战胜不了的呢？

叁 • 爻辞

初九：需于郊，利用恒，无咎。
象曰：需于郊，不犯难[1]行也。利用恒，无咎；未失常也。
九二：需于沙[2]，小有言，终吉。
象曰：需于沙，衍[3]在中也。虽小有言，以终吉也。
九三：需于泥，致寇至。
象曰：需于泥，灾在外也。自我致寇，敬慎不败也。
六四：需于血，出自穴。

象曰：需于血，顺以听也。
九五：需于酒食，贞吉。
象曰：酒食贞吉，以中正也。
上六：入于穴，有不速之客[4]三人来，敬之终吉。
象曰：不速之客来，敬之终吉。虽不当位，未大失也。

【注解】

[1] 犯难：难，音 nàn；犯难即指冒险行动。

[2] 沙：沙滩。

[3] 衍：水满溢出，也指海潮上涨的样子。引申义为盛大、丰富、宽厚。

[4] 不速之客：速，邀请；不速之客即指未经邀请而自己来的客人。

【释义】

初九：需于郊，利用恒，无咎。
象曰：需于郊，不犯难行也。
利用恒，无咎，未失常也。

经文意思是：在郊外等待，有利于持恒，没有灾难。

象辞的意思是：在郊外等待，是不冒险前进。利于持恒，没有灾难，是没有失去正常的理智。

由于前面出现了阻碍，所以在郊外便停了下来。此处的"需"不单是停止的意思，还有饮食之意。也就是说在郊外停留，在郊外饮食。在人的一生中，大多数人处于这种状态中。一生无所树建，没有功名，不能进朝为官，或由于政治原因不能展示自己的本领，只能在郊区当一个农民。这

初九远离坎险，似在郊外等待，位卑体健，表示应恒心久待，不轻举妄动，才不会招致祸害。

就是"需于郊"。当处于这种生活中时，要有恒心，能坚持下来，才不会有过失。为什么呢？因为前面有险阻啊！远离险阻而能坚持，才会最终达到归隐保全的目的。

比如像春秋战国时期的隐士们，便是"需于郊"，虽然日子清苦，但毕竟远离了凶险。在朝为官，不是被王侯所杀，便是被别的诸侯国吞并后杀掉，处于那种年代，归隐自然是明智的选择。

可是如果不能坚持这种清苦的生活，便不会有好结果了。一些人想享受荣华富贵，结果由于时势原因使自己四处碰壁，甚至招来杀身之祸。比如孔子便是一例，

在"枪杆子里出政权"的年代他去宣扬礼教仁义，结果"斥乎齐，逐乎宋、卫，困于陈、蔡之间"，最后要不是靠弟子帮助，非得穷困潦倒、埋骨他乡不可。再如战国时期的风云人物苏秦，为了追求富贵以身犯险，结果自己虽然富比王侯、显赫一时，最终却难逃被人刺杀的命运。

九二：需于沙，小有言，终吉。
象曰：需于沙，衍在中也。虽小有言，以终吉也。

　　经文意思是：在沙滩上等待，有些小的口舌是非，最终是吉祥的。
　　象辞的意思是：在沙滩上等待，是因九二爻宽厚而居中，虽然有些口舌，但最终是吉祥的。

九二失正，虽未及坎险，却像水流在沙中漫延，接近险阻，略受言语中伤。但九二有静待不躁之象，仍获吉祥。

　　"需于沙"是说停留在沙滩上，即在沙滩上停留，自然是以捕鱼为生了。渔民的生活也不错，虽然比不上当朝的士大夫，却也悠哉游哉，可以吃到不少海鲜。只是会发生一些口舌事非。这是怎么回事呢？原来需卦下面的互卦为兑，兑即含有口舌之意，九二爻正处于兑卦的最下爻，并且九二与初九和九三同性相斥，所以会有些小口舌。不过兑卦也有喜悦的含义，并且九二居中，所以说九二这个渔民的生活还是悠哉游哉，最终吉祥的。

九三：需于泥，致寇至。
象曰：需于泥，灾在外也。自我致寇，敬慎不败也。

　　经文意思是：在淤泥中等待，导致贼寇来到。

象辞的意思是：在淤泥中等待，是因为外边有灾难。自己招来贼寇，是告诫人们要恭敬谨慎才不会陷于失败。

停留在淤泥中，在淤泥中求食物，处境就不是很好了。九三爻的上面是坎卦，坎含有贼寇的意思，所以"需于泥"的九三会招致贼寇的侵犯。这就好比一群人在淤泥中捕鱼或捕捉猎物，结果自己陷入泥中不能自拔，这时一群贼寇过来了，见到这种情景，自然明白很容易便可以抢走猎物。所以陷入淤泥的人们招来了贼寇。处于这种情况怎么办呢？只有恭恭敬敬与谨慎小心才可以避免灾难。因为人在矮檐下，不得不低头，好汉不吃眼前亏，所以"敬慎不败也"。在人类蒙昧时期，有一种聪明的捕猎方式，人们用惊吓的方法把猎物赶到沼泽地里，然后再进行捕捉，可是在捕捉过程中会有其他原始人群过来抢夺猎物，所以"需于泥，致寇至"是一句极古老的俗语，反映的便是这种捕猎的缺点。

九三濒临坎险，似将陷入泥水之中。又阳刚得正，刚亢躁进，会招来灾难。此时应敬谨审慎。

六四：需于血，出自穴。
象曰：需于血，顺以听也。

经文意思是：在忧患中等待，从洞穴中逃出。

象辞的意思是：在忧患中等待，是柔顺而听从才导致大难不死。

此处的"血"同"恤"，是忧虑、忧患的意思。六四上临九五君位，六爻中"二多誉，四多惧"，伴君如伴虎，所以会有忧虑与忧患。如何摆脱这种忧患呢？只有"出自穴"才是唯一的出路。这句爻辞告诉我们，处于君王之侧，要有忧患意识，不要被暂时的荣华富贵所迷惑，发现危险，应当急流勇退。

"出自穴"一辞还与需卦的变卦有关。需卦是从大壮卦变化而来。大壮卦的四、五爻互换，变成了需卦。大壮卦的六五爻来到了四爻的位置，坎为穴，所以有出穴的卦象。

六四处坎之下，似等待于"血泊"之中。但阴柔得正，下应初九，随机应变可脱离险境。

九五：需于酒食，贞吉。

象曰：酒食贞吉，以中正也。

经文意思是：在酒食宴乐中等待，守正道则吉祥。

象辞的意思是：酒食宴乐中的吉祥，是因为九五爻阳爻居中的缘故。

九五居于君王之位，自然可以享受酒食之乐了，可是必须守正道才会吉祥。古代的帝王们，大多数是因为酒食之乐逐渐走向堕落和腐败的。比如纣王，刚登基时是一位极其贤明的天子，后来做了一双象牙筷子，于是由一双象牙筷子发展到了酒池肉林，

九五有刚健中正之德，等待时机，好运即将来临。似已在酒宴前准备庆贺，但需纯正才会吉祥。

最后越来越奢侈，终于导致国家灭亡。所以说，酒食之乐要建立在正道的基础上才会吉祥。

上六：入于穴，有不速之客三人来，敬之终吉。

象曰：不速之客来，敬之终吉。虽不当位，未大失也。

经文意思是：进入洞穴，有不请自来的三位客人来到，尊敬他们，最终会得到吉祥。

象辞的意思是：不速之客来到，尊敬他们而最终吉祥；上六虽然位置不当，但没有大的损失。

爻辞"入于穴"，也是根据变卦而来的。大壮卦上卦为震为雷，没有"穴"的含义，可是变为需卦后，上卦为坎，坎有"穴"的含义。上六于是有"入于穴"的形象了。"不速之客三人"指的便是下卦的三个阳爻，这三个阳爻以刚健之德跋涉大川，大川便是上面的坎卦，所以上六会遇到这三个不速之客。

上六待极转躁，不复等待，故陷入坎穴。但应九三，若能以诚意敬待九三、初九、九二可脱险获吉。

卦六 讼

壹 • 卦名、卦画与卦象

讼[1]

天水讼

乾为上卦
坎为下卦

乾为天，坎为水，天西转、水东流，天与水是逆向相背而行的，像人与人不和而争辩。讼象征争辩争论，含诉讼之义。当不易和解时，便会导致诉讼。应该找有大德大才的人进行决断，不要逞强冒险。

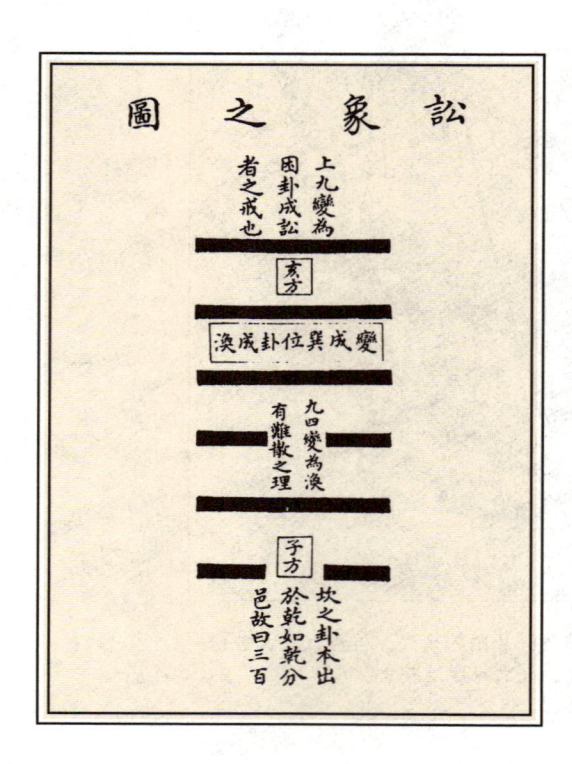

讼之象图

上九变为困卦成讼省之戒也
亥方
涣成卦位巽成变
九四变为涣有难散之理
子方
坎之卦本出於乾如乾分邑故曰三百

【注解】

[1] 讼：卦名，象征争论、诉讼。

【释义】

此卦的卦名为讼。《说文》中对讼的解释是："讼，争也。"便是说讼就是争讼、争斗的意思。前面的蒙卦处于事物的生长期，生长期需要饮食营养，万物都想得到更多的饮食营养，于是便发生了争夺，诚信的原则便失去了。怎么解决这个问题？只有进行诉讼了。

讼卦的卦画与需卦的卦画相似，都是两个阴爻、四个阳爻，只是排列顺序正好相反。古人称这种现象为"相覆"，就是颠倒过来的意思。

《周易》中的八卦排列往往是非覆即变，这是《周易》中八卦的排列规律。下面我们通过卦象来分析卦画的含义。

讼卦上卦为乾为天为阳，其性质向上；下卦为坎为水为阴，其性质向下。两卦同性相斥，并且天往上升，水往下流，目标相违背，这便是讼卦的卦象。这就好比人们各自怀着私心，都为自己的利益着想，思想不能统一起来。所以人们在争夺利益的同时，便会引发争斗，到头来只有通过诉讼进行解决了。

贰 • 卦辞

> 讼：有孚窒[1]。惕中吉。终凶。利见大人，不利涉大川。
> 彖曰：讼，上刚下险，险而健，讼。讼有孚窒，惕中吉，刚来而得中也。终凶，讼不可成也。利见大人，尚中正也。不利涉大川，入于渊也。
> 象曰：天与水违行[2]，讼；君子以作事谋始。

【注解】

[1] 窒：窒息，阻塞不通。

[2] 天与水违行：讼卦上卦为天，其性质向上；下卦为水，其性质向下。所以说天与水背道而行。

【释义】

经文意思是：诚信被窒息，在警惕中生存会吉祥，但最终还是凶。有利于拜见大人物，不利于跋涉大川险阻。

彖辞的意思是：讼卦，上卦乾为刚，下卦坎为险，阴险而又刚健，所以会发生争讼。讼卦"有孚窒，惕中吉"，是由于九二爻乘阳刚的德，而且得到中正之位。"终凶"，是由于持刚乘险将陷入深渊，所以争讼没有结果。"利见大人"，是由于九五爻处于中位。"不利涉大川"，是因为会陷入深渊之中。

有口舌二字，为祸端起因；山下有睡虎，主有惊恐；文书在云中，主远而未兴讼；人立虎下，主到尾有惊。占者若得之，宜慎出入。此为俊鹰逐兔之卦。

象辞的意思是：上卦为天，下卦为水，天的性质向上，水的性质向下，双方背道而驰，这就是讼卦卦象。君子做事要从中受到启发，做事时要预先谋划好。

人们各自怀着自私之心，在这种情况下，诚信自然会被窒息，因为靠诚信无法使自己获得更多的饮食与财物。这就好比战国时代，谁胳膊粗谁就拥有更多的财富,诚信已经没有任何价值了。可是在一个没有诚信的时代,人们怎么生活和保全自己呢?只有"惕中吉"了。也就是说只有时刻警惕,谨慎小心做事,才不会受害。可是如果社会成了这个样子,人们再警惕,最终也是难逃凶险的。在这种情形下,遇到难题,唯一的出路是求大人物帮助,可是不适合跨越大的险阻,因为这种时代只能逃避危险,哪能以身犯险呢!这种生活方式,就有些像小市民的生活方式。小市民寄生在贸易来往的城市里,可是自己没有地位,又没有权势。来城里做生意的商人都很奸诈,为了不上当,小市民必须学得"精"一点,自然对别人也不会讲诚信了。一遇到别人欺负,只能请有能力的大人物帮助解决,对于有危险的事情,离得远远的。小市民的这种生活方式是环境造成的。

可是君子处于这种时代该怎么办呢,总不能像小市民一样吧?象辞中对君子的忠告是"做事谋始"。也就是说在做一件事之前,一定要预先做好谋划,把不利的因素全考虑清楚,权衡利弊之后再行动。

叁 • 爻辞

初六:不永所事[1],小有言,终吉。
象曰:不永所事,讼不可长也。虽有小言,其辩明也。
九二:不克[2]讼,归而逋[3],其邑人三百户,无眚(shěng)。
象曰:不克讼,归逋窜也。自下讼上,患至掇也。
六三:食旧德,贞厉,终吉,或从王事,无成。
象曰:食旧德,从上吉也。
九四:不克讼,复即命,渝[4]安贞,吉。
象曰:复即命,渝安贞;吉,不失也。
九五:讼元吉。
象曰:讼元吉,以中正也。
上九:或锡之鞶带[5],终朝三褫[6]之。
象曰:以讼受服,亦不足敬也。

【注解】

[1] 事:指争讼之事。

[2] 克:制胜。

[3] 逋:音bū,逋的原始意义指奴隶逃亡。后泛指逃亡、逃跑。

[4] 渝:改变。

[5] 鞶带:音pán,皮制的束衣腰带。

[6] 褫:音chǐ,为夺去衣服的意思。

【释义】

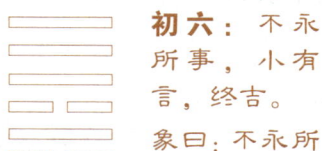

初六：不永所事，小有言，终吉。

象曰：不永所事，讼不可长也。虽有小言，其辩明也。

经文意思是：不要坚持诉讼，稍有议论，最终会吉祥。

象辞的意思是：不坚持诉讼，是因为争讼不能长期坚持。虽然有小小的责难，但通过辩论便可以明白是非曲直了。

这里向人们讲解诉讼时从一些言辞便可以判断出谁是谁非，根本不需要长时间地考察。由此可以看出，古人已经明白长期诉讼只会给双方带来更大的害处，所以主张裁决要果断迅速，不能拖拉。

初六阴柔居下，上应九四，九四言语中伤初六，但初六阴柔能退，可获吉祥。

九二：不克讼，归而逋，其邑人三百户，无眚。

象曰：不克讼，归逋窜也。自下讼上，患至掇也。

经文意思是：官司败诉，回来后便躲起来，他采邑中的三百户人家不会受到牵连。

象辞的意思是：官司败了，所以回来后便躲起来了。身为下位上告有权势的人，这灾祸是自己找的。

九二打官司输了，为了逃避惩罚，回来后便躲了起来。由于他管理的三百户人家不会受到案件

九二与九五同性无应，因而争辩，下与上争必失利。但九二阳刚居中，能于失利时及早避开，可免灾。

第四章 《周易·上经》 讼卦

的牵连，所以他能够在这里躲过灾难。九二为什么会官司败诉呢？象辞中说"自下讼上，患至掇也"。原来九二是在与九五打官司，这不是自找麻烦吗？如果九二不是居于中位，管理着三百户人家，那麻烦肯定大了。

六三：食旧德，贞厉，终吉，或从王事，无成。
象曰：食旧德，从上吉也。

经文意思是：吃祖宗留下的余荫，守正道有危险，最终会吉祥。或者为朝廷效力，没有成就。

象辞的意思是：吃祖宗留下的余荫，是因祖先的功德而获得吉祥啊。

六三爻与世无争，可以靠祖宗留下的余荫生活，不与人争，自然吉祥了。六三爻与上九爻相应，上九为宗庙之位，所以有六三受益于宗庙的卦象。

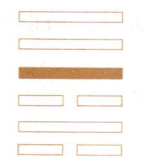

六三阴柔失正，继承先人德业，守持正固才可吉祥。但应上九，能辅助君王但不会有什么成功。

九四：不克讼，复即命，渝安贞，吉。
象曰：复即命，渝安贞；吉，不失也。

经文意思是：不能胜诉，回来后承认自己命该如此，开始变得安分于正道，吉祥。

象辞的意思是：回来后认命，变得安守正道，就不会有损失了。

九四阳爻居于偶位，自然不会安分。他自然也想争夺些什么，可是他与九五相争，怎么能胜利呢。识时务者为俊杰，吃了亏后变得老实了，开始安分守己，自然也会吉祥。

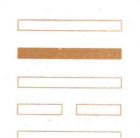

九五：讼元吉。
象曰：讼元吉，以中正也。

经文意思是：裁决人们的争讼，大吉。

九四性健能讼，与初六相犯而争辩，但能明辨是非，退之。安分守己终可吉祥。

象辞的意思是：裁决人们的争讼而大吉，是因为九五君位能守中正之道，秉公执法。

九五居中得位，处于君王的位置而公平地裁断人们的诉讼，自然会吉祥。

上九：或锡之鞶带，终朝三褫之。

象曰：以讼受服，亦不足敬也。

经文意思是：受君王赐给的腰带，一天之内就三次被夺。

象辞的意思是：因为打官司受赐官服，也不值得敬佩。

受到君王的奖赏，得到了漂亮的腰带，怎么竟然被人夺走，并且还不止一次被夺走呢？原来是"以讼受服"，也就是说这个奖赏是争论得来的。比如一场战役后，某个大臣说自己如何比别人功劳大，说得君王认为是这么回事，便对这个大臣进行奖赏，发给一条束官服用的皮带。可是有一人不服，对君王说这个大臣不应该拥有这个腰带，这个腰带应该发给自己。君王觉得这个人说得有道理，便把腰带夺回后给了这个人，结果经过多次争执，这位大臣第三次得到了腰带后，又被夺了回去。这种争功论赏的行为是不值得提倡的，所以周公在象辞中说"亦不足敬也"。

争功论赏在古代的大臣中是经常发生的闹剧，而有的大臣则能保持节气，不与这些人同流合污。比如春秋时期的介子推便是一例。当时重耳由于受到后母的陷害，不得不离开自己的国家，流亡在外。介子推及一些大臣因为相信重耳会大有作为，便一起跟着他流亡异国他乡。在重耳饥饿难忍的时候，介子推曾经割下自己腿上的肉给重耳吃，保住了重耳的性命。流亡十九年后，重耳在秦穆公的帮助下回国当上了晋国的国君。大臣们纷纷向重耳申诉自己曾经对重耳的种种帮助，重耳非常高兴地奖赏了这些大臣。而介子推非常鄙视这种争功讨赏的行为，所以他没有说一句话，结果重耳却贵人多忘事，把他的功劳真的给忘了。介子推见重耳忘恩负义，便离开朝廷带着母亲到绵山隐居起来。后来重耳想起自己忘记了奖赏这个贤臣，便亲自去请，可是介子推就是不出来。重耳知道他是个孝子，心想如果放火烧山，他定会背着母亲出来，于是下令火烧绵山。烧了三天三夜，但仍不见其出来，火熄后，只见介子推背着老母靠着一棵烧焦的大柳树根死去了。晋文公把他们母子安葬

九五阳刚中正为"君子"听讼明断曲直之象。争讼得到公正判决，大吉大利。

在绵山，并改绵山为介山，立庙纪念，下令每年从介子推烧死的这天开始的一个月内，全国禁止烟火，家家吃冷食，所以叫寒食节，又叫禁烟节。后来日期由原来的一个月变为十天，最后又变为清明前后的三天内，现在一般将清明这天称作寒食节。介子推正是因为以争功论奖为耻而受到历代人的尊敬与纪念，他的行为确实值得我们学习。

上九强讼不止，即使因取胜而获厚禄，也会一日内被多次下令收回。所以"讼不可极，禄不可争"。

卦七　师

壹 • 卦名、卦画与卦象

师[1]

坤为上卦
坎为下卦

地水师

坤为地，坎为水，地中有水。地中众者，莫过于水。师为众，部属兵士众多的意思。持正的"仁义之师"，才可攻伐天下使百姓服从；用兵胜负在于择将选帅，持重老成的人统兵可获吉祥，这样才没有灾祸。

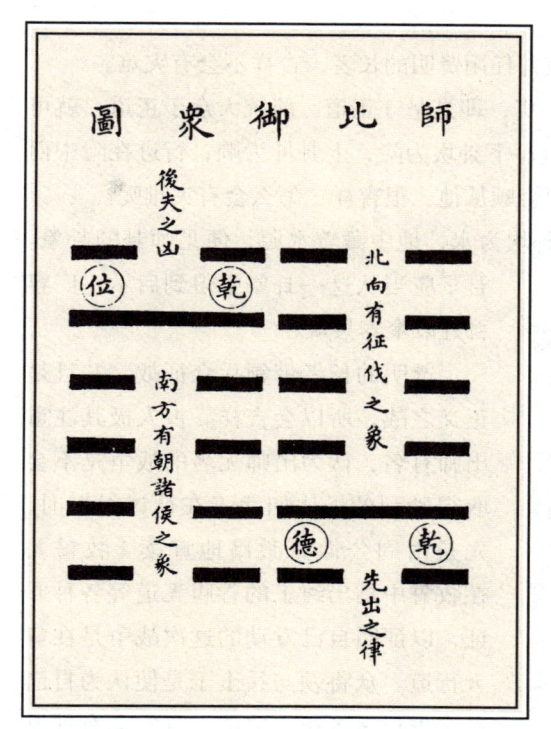

【注解】

[1] 师：卦名，民众、兵众之意。

【释义】

此卦的卦名为师。前面的讼卦是讲人们的争讼，不服从裁决，便会引起械斗与战争。所以讼卦之后便是师卦。师是兵众的意思，它是古代军队的一级编制，名称沿用至今。按《周官·大司马》中记载，藏兵于农，每户出一人，五人为一伍，五伍为一两，四两为一卒，五卒为一旅，五旅为一师，五师为一军。按这种推算，一师就是两千五百人。而师的引申义也就代表战争了。战争必然会使人产生忧患，所以师卦也有忧患的含义。

这就是《杂卦传》中所说的"比乐师忧"。

师卦的卦画一个阳爻、五个阴爻。阳爻代表统帅，阴爻代表兵众。下面我们便通过卦象来对卦画进行分析。

师卦上卦为坤为地为众，下卦为坎为水为险，地中有水、引众犯险，就是师卦的卦象。地中有水，则是比喻兵来源于民众中，平时务农，战时成兵。引众犯险则表示战争会带来大量的人口伤亡，表明了战争的残酷。

贰 ● 卦辞

师：贞，丈[1]人，吉无咎。
彖曰：师，众也；贞，正也。能以众正，可以王矣。刚中而应[2]，行险而顺，以此毒[3]天下，而民从之，吉又何咎矣。
象曰：地中有水，师。君子以容民畜众。

【注解】

[1] 丈：古时对长辈男子的尊称。《大戴礼记》："丈者，长也。"
[2] 刚中而应：指九二爻刚爻居中而与六五爻相应。
[3] 毒：通"督"，治理之意。

【释义】

经文意思是：师卦，用兵出于正道并任用贤明的长者，吉祥不会有灾难。

彖辞的意思是：师，是众的意思；贞，即是坚守正道。能统大众于正道，就可以兴旺了。九二刚爻中正，与六五相应。下卦坎为险，上卦坤为顺，行进在险中而能顺利，以这种方法治理天下，民众便会顺从他，很吉祥，怎么会有灾难呢？

象辞的意思是：上卦坤为地，下卦坎为水，地中藏着水源，便是师卦的卦象。君子应当从这一卦象中得到启示，广容百姓以聚养兵众。

有虎、马、牛指寅午未；将军立于台上，主掌兵权；执印者拜于地，指受赏。天马出群之卦，以寡服众象。

贤明的长者带领兵众征战，并且是正义之战，所以会吉祥。古人极其注重出师有名，认为出师无名的战争是不会取得胜利的。比如武王在征讨纣王时，先是由周公慷慨激昂地宣读《牧誓》，在牧誓中指出纣王的昏庸无道等各种罪证，以证明自己发动的这次战争是在替天行道。众将领与兵士于是便认为自己是在进行一场正义之战，肯定会有神灵保佑，所以作战更加英勇。这种策略，在今天的军事行动中，仍有着重要意义。

叁 ● 爻辞

初六：师出以律，否臧[1]凶。
象曰：师出以律，失律凶也。
九二：在师中，吉无咎，王三锡[2]命。
象曰：在师中吉，承天宠也。王三锡命，怀万邦也。
六三：师或舆[3]尸，凶。
象曰：师或舆尸，大无功也。
六四：师左次，无咎。
象曰：左次无咎，未失常也。
六五：田[4]有禽，利执言，无咎。长子帅师，弟[5]子舆尸，贞凶。
象曰：长子帅师，以中行也。弟子舆师，使不当也。
上六：大君有命，开国承家，小人勿用。
象曰：大君有命，以正功也。小人勿用，必乱邦也。

【注解】

[1] 否臧：失律，即不按军纪军法行事。
[2] 锡：同"赐"。
[3] 舆：大车。
[4] 田：打猎。后作"畋"。
[5] 弟：次。

【释义】

初六：师出以律，否臧凶。
象曰：师出以律，失律凶也。

经文意思是：军队出动要严格军纪，否则便会有凶险。

象辞的意思是：部队出征要严格军纪，没有军纪必有凶险。

军纪对部队来说是最重要的。从古至今，只有纪律严明的部队才能打胜仗。三国时曹操因为自己骑的马踏坏了农民的庄稼地而要将自己斩首示众，最后割发代首；穆桂英阵前要斩自己的丈夫杨

初六失正，"兵众"初出之象。须严明军纪，否则即使取得暂时胜利，也是凶事。

宗保；解放军的三大纪律八项注意，都是为了强调军纪的重要，让军人服从纪律。因为只有这样的部队，才能克敌制胜。如果不严明军纪，将领不听主帅的指挥，士兵不听将领的指挥，怎么能打胜仗呢？所以说"失律凶也"，便是说没有军纪的部队太凶险了。

九二：在师中，吉无咎，王三锡命。

象曰：在师中吉，承天宠也。王三锡命，怀万邦也。

经文意思是：身在军营中，吉祥不会有灾难，君王三次给予嘉奖。

象辞的意思是：身在军营中吉祥，会受到君王的宠信。君王三次进行嘉奖他，是因为他安抚万国有功。

九二阳刚得中，统率兵众持中不偏激而无害。与六五相应，深得君王宠信，委以重任。

九二身为三军主帅，重权在握，自然吉祥没有灾难。能够受此重任，说明天子对他的信任与宠爱。君王对他进行三次赐命，说明君王对他寄予了安邦定国的重望。九二爻与君位的六五爻相应，所以可以得到君王的赐命。在《周礼》中说："一命受职，再命受服，三命受位。"可见这所赐三命是给予极大的权力。古人认为，这一爻指的便是武王带兵有功而受文王的奖赏，由于此时武王还没有继位，所以还不能称为"君"。

六三：师或舆尸，凶。

象曰：师或舆尸，大无功也。

经文意思是：出兵可能会用车装着尸体回来，凶。

象辞的意思是：出兵后，结果用车拉着尸体回来，是大败而无功。

六三不中不正，既无帅才又刚愎自用，进无应，退无守，这样用兵自然会有凶险。

出兵回来，结果车上拉的不是战利品，全是阵亡将士的尸体，怎么能不凶险呢？一方面，肯定是战败而归，刚经历战场上的凶险；另一方面，主帅肯定也饶不了这次出征的将领，这是回来后的凶险。

六四：师左次，无咎。

象曰：左次无咎，未失常也。

经文意思是：兵众向左撤退驻扎防守，没有灾难。

象辞的意思是：向左撤防守没有灾难，是说明六四用兵没有违反用兵的通常法则。

六四无下应，但柔顺得正，不利时能速撤到安全地带，待时图进，这样没有灾害。

这里是告诉人们，打仗不一定非得求胜，当不能取胜时，要懂得退避以保存实力。只有这样，才不会有大的灾难。毛泽东倡导的游击战便体现出这一含义。敌进我退，敌驻我扰的战略方针，既保存了自己的战斗实力，又有效地消灭了敌人。古语云，胜败乃兵家常事。但败仗中要懂得保全实力，减少损失。比如诸葛亮六出岐山，都打了败仗，但撤退时巧妙布局，并没有造成大的人员伤亡，保存了战斗力，所以诸葛亮六出岐山虽然打了六次败仗，却仍然没有减损诸葛亮用兵如神的光辉形象。

六五：田有禽，利执言，无咎。长子帅师，弟子舆尸，贞凶。

象曰：长子帅师，以中行也。弟子舆尸，使不当也。

经文意思是：打猎获得了飞禽，有利于发表言论，不会有灾难。长子带兵出征，次子用车装着尸体大败而回，守正道也是凶。

象辞的意思是：长子为统帅，是行中正之道，次子战败归来，是用人不当。

通过一次打猎的成功，来进行演讲激发战士们的士气，没有什么过错。但是长子率兵出征，次子却打了败仗回来，这肯定不是吉祥的事情。次子是怎么打了败仗的呢？原来责任不在次子，而在于长子用人不当。这里告诫人们战事中用人的重要性。诸葛亮挥泪斩马谡，华容道放走曹操，这都是用人不当导致的失误。对于那些纸上谈兵的人，是不能委以重任的。赵王便是信任纸上谈兵的赵括而损失惨重。当时秦国的统帅白起为了能够成功攻打赵国，便散布流言说，白起并不害怕老将廉颇，

六五虽居"君位",但体柔只在被侵犯时被迫反击。如任用刚正长者为帅,又让小人参与,必大败。动机纯正,也难免凶险。

而是害怕赵奢的儿子赵括当将军,那样秦军就不敢侵犯赵国了。这位赵括只能纸上谈兵,并没有真才实学。了解自己儿子的赵奢在临终前留下遗言,叫赵王千万别让赵括当将军。可是赵王却听信了流言,以赵括来替代廉颇的职务。这可正中白起的下怀,因为廉颇坚壁不出的战略使秦军无法攻克赵军,正使白起左右为难。赵括当上了将军后,很快与秦军展开了大规模的实战,结果在长平被秦军围住,经过46天的激战,赵国的四十万大军全覆灭,赵括也丢掉了性命。这损失四十万条人命的血的教训,便是"纸上谈兵"的典故,以警示后人明白用人不当的可怕后果。

上六:大君有命,开国承家,小人勿用。

象曰:大君有命,以正功也。小人勿用,必乱邦也。

经文意思是:天子颁布命令,卦诸侯,赏大夫,不能重用小人。

象辞的意思是:天子颁布命令,是为了奖赏有功的人;不重用小人,是因为小人会扰乱国家。

这里讲的便是武王灭纣而分封诸侯的情景。此时武王已经登基为天子,成为众诸侯的盟主,所以称为"大君"。"开国承家",便是分封各位有功的将领及谋士。武王封赏的第一个谋士是姜子牙,姜子牙被称为周师齐祖,因为他是齐国的开国领袖，所以是"齐祖"。建立了新的政权，最应该注意的是什么呢？爻辞写得极其明白——"小人勿用"，战争中要讲究用人之道，治理国家更要讲究用人之道，其最重要的一条便是不要起用小人，因为小人会扰乱国家安定，会祸国殃民。春秋时期的第一个霸主齐桓公便是不听管仲的建议，而亲信小人，最终落得个被这些小人活活饿死的下场。

上六班师告捷君王论功行赏，大功封为诸侯，次之为大夫，小人不可重用。

第四章 《周易·上经》 师卦

卦八　比

壹●卦名、卦画与卦象

比[1]
　　坎为上卦
　　坤为下卦

水地比

坤为地，坎为水，地上有水。水得地而蓄而流，地得水而柔而润，水与地亲密无间。比者，辅也，密也。故比象征亲密比辅。彼此能亲密比辅自然吉祥，但应比辅于守持正固而有德的长者，择善而从。

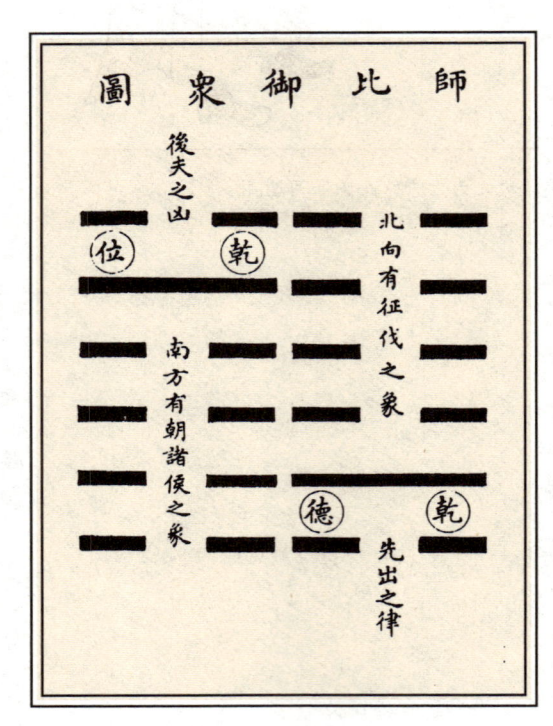

【注解】

[1] 比：卦名，亲比，亲密的辅佐。

【释义】

　　此卦的卦名为比。甲骨中的"比"字像两人步调一致、比肩而行的样子，所以本义为并列、并排之意。前一卦为师，是打仗的意思，打仗胜利后，该开始治理国家了，治理国家需要贤臣的辅佐，所以这一卦也有辅佐的意思。

　　比卦的卦画为一个阳爻、五个阴爻，与师卦的卦画相似，只是排列顺序正好相反，师卦中的九二阳爻在比卦中来到了九五君位，象征君临天下，群臣辅佐。下面便通过卦象来对卦画进行具体的分析。

比卦上卦为坎为水，下卦为坤为地，地上有水便是比卦的卦象。水在大地上流动，泥土因为有了水而湿润可以养育万物，这就像君王巡视四方，恩泽四方，群民与君王一条心，共同辅佐君王，而君王居安思危，能够严谨治国。可见，这一卦确实是充满了喜悦与欢乐的。

贰 • 卦辞

比：吉。原筮[1]元永贞，无咎。不宁[2]方来，后夫凶。
彖曰：比，吉也，比，辅也，下顺从也。原筮，元永贞，无咎，以刚中也。不宁方来，上下应[3]也。后夫凶，其道穷也。
象曰：地上有水，比。先王以建万国，亲诸侯。

【注解】

[1] 原筮：原来的筮辞。
[2] 不宁：不安宁。
[3] 上下应：指九五爻与六二爻相应。

【释义】

经文意思是：比卦是一个吉祥的卦。原来的筮辞是从开始便永远坚守正道，不会有灾难。表示从不安宁的状态刚刚走出来，迟迟不来新比的人凶。

彖辞的意思是：比卦吉祥，比是辅佐、下顺的意思。"原筮，元永贞，无咎"是因为九五刚健而中正。刚刚从不安宁中走出来，是因为六二与九五相应。迟迟不来亲比归顺的人凶险，是因为会无路可走。

象辞的意思是：上卦为坎为水，下卦为坤为地，地上有水便是比卦的卦象。先王在这样的时势下，封建万国，亲近诸侯。

这一卦反映了武王登基后，群臣辅佐治理天下的史实。武王分封各诸侯后，与诸侯相亲，诸侯也与武王相亲，武王有姜子牙、周公、南宫适等一班贤人佐助，使四海归顺，而不来归顺的则会有凶险，因为得不到武王的亲比，如果武王兴师问罪，自然有灭国的危险了。

月圆当空，主光明之象；秀才望月饮酒，乃举杯对月，自酌自饮，其乐盈盈之象；药炉在高处闲置，表示无病不需熬药；枯树开花，主晚发，此为众星拱比之卦，水行地上之象。

叁 • 爻辞

初六：有孚比之，无咎。有孚盈缶[1]，终来有它[2]，吉。
象曰：比之初六，有它吉也。
六二：比之自内，贞吉。
象曰：比之自内，不自失也。
六三：比之匪人[3]。
象曰：比之匪人，不亦伤乎！
六四：外比之，贞吉。
象曰：外比于贤，以从上也。
九五：显比，王用三驱，失前禽。邑人不诫，吉。
象曰：显比之吉，位正中也。舍逆取顺，失前禽也。邑人不诫，上使中也。
上六：比之无首，凶。
象曰：比之无首，无所终也。

【注解】

[1] 盈缶：盈，满；缶，音 fǒu，瓦器，圆腹小口，用以盛酒浆等。
[2] 有它：有意外的事。
[3] 匪人：指行为不正当的人。

【释义】

初六：有孚比之，无咎。有孚盈缶，终来有它，吉。

象曰：比之初六，有它吉也。

经文意思是：用诚信结交朋友不会有灾难。有诚信就好比美酒满缸，诚信会吸引更多的人来与你交往，吉祥。

象辞的意思是：处在最下层的初六广交朋友，会得到意外的吉祥。

初六处比之始，失正有灾祸，但能以诚信依附相亲于九五"君王"，可免遭灾祸。

初六处于比卦的最下层，严格来讲他还不能辅佐谁，他只能广泛结交一些朋友，由于他的这些朋友与他一样，都能一心辅佐九五，所以他会得到意外的吉祥。

六二：比之自内，贞吉。

象曰：比之自内，不自失也。

经文意思是：亲善内部人员，坚守正道吉祥。

象辞的意思是：亲善内部人员，会使自己不受到损失。

六二处于下卦的中部，得中又得位，又与九五相应，所以会吉祥。作为大夫级别的他能够搞好统治阶级内部的团结，并且坚守正道，一心辅佐九五的君王，所以不会有任何损失。

六二柔顺中正，上应九五，相亲相辅出自内心，这是正道，必然吉祥。

六三：比之匪人。

象曰：比之匪人，不亦伤乎！

经文意思是：与盗匪结交。

象辞的意思是：与盗匪结交，怎能不受到伤害呢？

六三不中不正，与二、四同性相斥，就像与一些行为不当的人亲近，会有凶险。

六三则与六二不一样了，他无法与九五相应，因为有六四阻隔，又无法与上六相应，因为同性相斥，而他面前的是一个坎卦，坎卦为险为盗匪，所以六三有"比之匪人"的爻辞，其结果便可想而知了——不亦伤乎！

第四章 《周易·上经》 比卦

六四柔顺得正，上承九五，依附相亲尊主，当然吉祥。

六四：外比之，贞吉。

象曰：外比于贤，以从上也。

经文意思是：结交外面的朋友，守正道则吉祥。

象辞的意思是：结交外面贤明的人，是为了一起顺从九五君王。

六四位于君王之侧，得君王的信任，又以阴爻居于偶位，他能够与下面的贤臣交往，并共同辅佐九五的君王，所以吉祥。

九五：显比，王用三驱，失前禽。邑人不诫，吉。

象曰：显比之吉，位正中也。舍逆取顺，失前禽也。邑人不诫，上使中也。

经文意思是：光明正大的交往，君王用三驱之礼狩猎，结果失去前面的禽兽。老百姓不惧怕君王，吉祥。

象辞的意思是：光明正大的交往之所以会吉祥，是因为九五保持中正。舍弃叛离，容纳归顺，所以失去前面的禽兽；百姓不惧怕君王，是因为君王以中正治国，平易近人。

君王亲比普天下的民众，以仁义之心治理天下。他打猎时用三驱之礼，三驱之礼是说打猎时得到了一等猎物送到宗庙进行祭祀，二等的猎物招待宾客，三等的猎物君王自己享用。君王这样善待群臣，连老百姓见到他也不感到害怕，这么贤明的君王，怎么会不吉祥呢？

九五居尊位，光明无私地亲密比辅众阴，顺其自然，百姓解除戒心自动团结在君王周围，当然吉祥。

上六：比之无首，凶。

象曰：比之无首，无所终也。

经文意思是：结交不到首领，凶。

象辞的意思是：结交不到首领，不会有善终。

上六处于比卦的最上面的位置，可是下面的众阴爻都比亲于九五，所以上六得不到众阴爻的比亲。而他本为最上位，又不能下来比亲九五，所以他的处境很凶险。

上六上位无位，不具备成为领袖的条件，无法得到属下的拥戴与亲近，所以凶险。

上六就好比殷商的外围势力，纣王被灭后，而他的外围势力还没有被消灭，这些人自然认为自己的身份要比武王高贵，所以他们不会来亲比辅佐武王的。而这些人的凶险，则是来自周公的东征。武王去世后，周公称王，平定了"三叔之乱"后，又乘胜东征，一举消灭了五十多个诸侯国，清除了纣王朝的外围势力，使西周实现了真正的大一统。

第四章 《周易·上经》 比卦

卦九　小畜

壹 • 卦名、卦画与卦象

小畜[1]

巽为上卦
乾为下卦

风天小畜

乾为天，巽为风，风飘行天上，微畜而未下行。畜有畜聚、畜养、畜止之义。小畜象征小有畜聚，所畜甚微之象。以小畜大，以下济上，有利于刚大者之行。但阴气从西方升起聚阳甚微，不足以成雨。

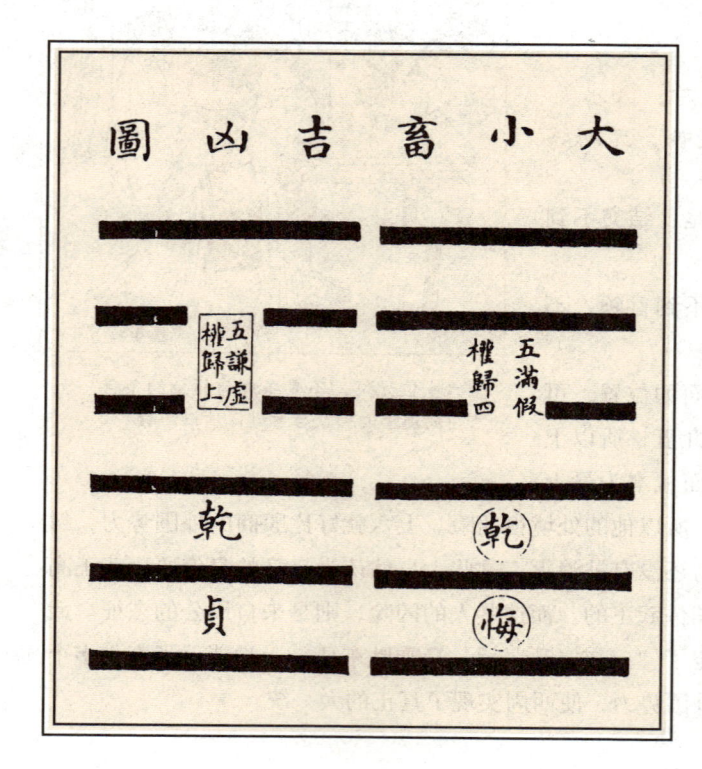

大小畜吉凶图

五谦归上虚
五满归假四
乾
贞
乾
悔

【注解】

[1] 小畜：卦名，代表小小的积蓄。

【释义】

此卦的卦名为小畜。甲骨文的"畜"字是一个会意字，表示的是牛鼻被牵引并出气的样子，说明是已被人类驯服豢养的家畜。《左传·昭公二十三年》疏："家养谓之畜，野生谓之兽。"所以畜的本义是指驯养家畜。前面的比卦是一个君臣比亲的社会，自然民众的生活水平会有所提高。人们生活水平提高了，私有财产便会增多，所以家家户户开始饲养家畜，当然也有人家畜养奴仆。在奴隶社会，奴隶与家畜是没有太大区别的，所以畜便也有积蓄的意思。《周易》中有小畜卦和大畜卦之分，其实就是积蓄少与多的区别。

小畜卦的卦画是一个阴爻、五个阳爻，一阴爻处于全卦的重要位置，五个阳爻全都亲合于阴爻。从卦象上分析，小畜卦上卦为巽为风为鸡，下卦为乾为天为马，所以说风行天上、畜养鸡马便是小畜卦的卦象。风行天上，则表示政令迅速普及全国；畜养鸡马，则表明人民的生活水平有所提高，财富有小小的积蓄。

象辞中说"君子以懿文德"，荀爽认为指的是周文王在西岐时还没有做天子，不能把恩泽、政令施于民，所以只能美化自己的道德。事实上，这一卦描述的应当是周公摄政的事。周公称王代替年幼的成王治理天下，而其依然自认为是臣民，所以以柔顺之德居于六四之位，周公东征，正是为周公之治的兴盛打下了基础，使西周的经济出现了小小的积蓄。

贰 • 卦辞

小畜：亨。密云不雨，自我西郊。
象曰：小畜，柔得位[1]，而上下应之，曰小畜。健而巽，刚中[2]而志行，乃亨。密云不雨，尚[3]往也。自我西郊，施未行也。
象曰：风行天上，小畜；君子以懿[4]文德。

【注解】

[1] 柔得位：指六四阴爻得位。
[2] 刚中：指九五刚爻居中。
[3] 尚：通"上"。
[4] 懿：音 yì，美好之意。

【释义】

经文意思是：小畜卦，亨通。浓云密布却没有下雨，从我西郊的上空压过来。

象辞的意思是：小畜卦，柔爻居四得位而与上下的阳爻呼应，这就是小畜卦。下卦乾为健，上卦巽为顺，所以健而顺，九五刚居中而且立志去施展抱负，于是亨通。密云不雨，是阳气往上升的缘故；我自西郊，是阴阳交合之气刚施行却还没有畅行。

两重山，乃出字；一人山顶，主险不可往，舟横岸上，望竿在草里，是望草头姓的意思；上有羊马，乃午未日见；匣藏宝剑之卦，密云不雨之象。

象辞的意思是：巽为风，乾为天，所以风行天上便是小畜卦的卦象。君子应当从卦象中受到启示，不断地提高自己的文明之德。

"密云不雨，自我西郊"，八个字描绘出一种雨前阴云密布的气氛。后世有诗云"山雨欲来风满楼"，与这句卦辞有异曲同工之妙。从这个压抑的气氛中可以看出，似乎马上就有一场政治风雨来临。可是到底来没来，卦辞上却没说。于是象辞解释说，没来。这种气氛正是武王去世后西周政局的真实写照。武王死后，太子诵继位，是为成王。成王不过是个十多岁的孩子。面对国家初立，时局尚未稳固，内忧外患接踵而来的复杂形势，成王是绝对应付不了的。武王的去世使整个国家失去了重心，形势迫切需要一位既有才干又有威望的能及时处理问题的人来收拾这种局面，这个责任便落到了周公肩上。周公称王却以臣子的身份效忠于西周，为了避免人们误会，他必须"以懿文德"，美化自己的道德，好得到更多的支持与理解。

叁 • 爻辞

初九：复自道，何其咎，吉。
象曰：复自道，其义吉也。
九二：牵[1]复，吉。
象曰：牵复在中，亦不自失也。
九三：舆说辐[2]，夫妻反目。
象曰：夫妻反目，不能正室也。
六四：有孚，血[3]去惕出，无咎。
象曰：有孚惕出，上合志也。
九五：有孚挛如[4]，富以其邻。
象曰：有孚挛如，不独富也。
上九：既雨既处，尚德载，妇贞厉。月几望[5]，君子征凶。
象曰：既雨既处，德积载也。君子征凶，有所疑也。

【注解】

[1] 牵：牵引之意。

[2] 舆说辐：舆，指大车；说，同"脱"；辐，车轮的辐条。

[3] 血：同"恤"，有忧患之意。

[4] 挛如：挛，维系、牵系、相连之意；如，语气助词。

[5] 望：月亮圆时。

【释义】

初九：复自道，何其咎，吉。
象曰：复自道，其义吉也。

　　经文意思是：回到原来的正道，怎么会有灾难呢？吉祥。

　　象辞的意思是：回到原来的正道，它的意义是吉祥的。

　　"复自道"便是回到原来的道路上。这就好比人走错了路，犯了错误，可是知错改过，重新回到了正道，这当然吉祥了。用毛泽东的话来说就是，不怕犯错误，改了就是好同志嘛。这就好比武王去世后一些纣王的外围势力蠢蠢欲动，由于周公文治武备，使有些人停止了危险的想法与行动，自然就不会遭到灭亡的危险了。

初九得正，上应六四，但力量不足，遂知几不进，返回自身，这样没有过失，所以吉祥。

九二：牵复，吉。
象曰：牵复在中，亦不自失也。

　　经文意思是：牵引而回，吉祥。

　　象辞的意思是：牵引回到正道，又在中位，自己不会有什么损失。

　　"牵复"，是说九二爻带动初九与九三一起回到正道上来。这怎么能不吉祥呢。比如在武王去世后，殷商的余党便想发动叛乱，可是箕子却没有这样做，而是劝别人也不要叛乱，所以后来周公东征结束后，将宋国封给了箕子。这便是带着大家走正道会吉祥的例子。

九二阳刚居中，本欲上行却被初九牵连。但以刚中之德，亦能得返，这样是吉利的。

第四章 《周易·上经》 小畜卦

305

九三： 舆说辐，夫妻反目。

象曰： 夫妻反目，不能正室也。

经文意思是：大车脱落了辐条，夫妻反目不和。

象辞的意思是：夫妻反目不和，是由于妻子在丈夫之上，家室关系不正确的缘故。

车的轮子掉了，这可是危险的事，就像一对夫妻本来应当共同主持家务，然而却反目成仇，怎么会不危险呢？九三本来应当与六四相合，怎么会"夫妻反目"呢？原来九三处于下卦的外面，下卦为乾卦属金，上卦为巽为木，金克木，所以有夫妻反目之象。夫妻反目是比喻国家中的大臣背叛了君王。并且，夫妻的关系，表明背叛君王的正是君王的亲戚。那么是谁呢？就是周公的哥哥管叔。周公称王后，周公的哥哥管叔有

九三刚亢躁动，比近六四，但四乘三，三受其制，终致冲突而反目。

意争权，于是散布流言："周公将不利于孺子（成王）。"于是管叔联合蔡叔并鼓动起武庚禄父一起叛周。起来响应的有东方的徐、奄、淮夷等几十个原来同殷商关系密切的大小方国。这对刚刚建立三年多的周朝来说，是个异常沉重的打击。

象辞说"夫妻反目，不能正室也"，便指出之所以会发生叛乱，是因为身为人臣者凌驾于君王之上，不能以臣子自居的缘故。这也是周公刚刚摄政时的政治背景。

六四： 有孚，血去惕出，无咎。

象曰： 有孚惕出，上合志也。

经文意思是：有诚信，不再忧虑，从惧怕中脱离出来，没有灾难。

象辞的意思是：有诚信并从惧怕中脱离出来，是九五君王与自己心志相合的缘故。

此处的"血"同"恤"，即忧虑、忧患之意。六四爻阴爻居偶位，上面得到君王的信任，又有众阳的相应相合，所以不再有忧虑与恐惧了。这便是周公得到成王及姜子牙的信任后的情景。而在此之前，周公内心充满了忧患与恐惧。因为他称王后，外部发生了叛乱，王室内部也开始有人对周公称王持怀疑态度。这种内外夹攻的局面，使周公处境十分危险。

周公必须得到成王与重要大臣的信任。他终于说服了姜子牙和召公奭，得到了强

有力的支持。周公统一了内部意见之后，第二年举行东征，讨伐管、蔡、武庚。周公摄政第三年顺利地讨平了"三监"的叛乱，杀掉了首恶管叔鲜，擒回并杀掉了北逃的武庚，流放了罪过较轻的蔡叔度。

周公讨平管蔡之后，乘胜向东方进军，灭掉了奄（今山东曲阜）等五十多个国家，把飞廉赶到海边杀掉，扫清了殷商的外围势力。

至此周公重权在握，终于没有太大的危机感了，并且得到了成王的信任，所以象辞中说"上合志也"。

六四以一阴畜众阳，本有伤害与忧惧。但柔顺得正，上承九五，因而能解除忧虑，没有什么危害。

九五：有孚挛如，富以其邻。
象曰：有孚挛如，不独富也。

经文意思是：诚信相连，使邻居也一起富有。
象辞的意思是："有孚挛如"，是不想独自富有。

九五阳刚中正，居尊位，以诚信之德带领众阳共信六四。

在这里，仍然讲的是周公的事。东征结束后，周公开始制礼作乐，用诚信礼乐治国，加强民众的凝聚力，并且发展经济，这就是"富以其邻"。至此，西周的经济才有所发展和积蓄。

上九：既雨既处，尚德载，妇贞厉。月几望，君子征凶。
象曰：既雨既处，德积载也。君子征凶，有所疑也。

经文意思是：需要的雨水已满，积德载物，妇女在危难中守于正道，月亮快要盈满，君子征战有凶险。

象辞的意思是：需要的雨水已积满，这是道德的积累。君子征战凶险，是有所疑虑的缘故。

天上下雨，大地会将雨水储存起来，就像人积累自己的德行一样。可是凡事都不可过度，雨下得太多，大地上便会出现涝灾，月亮满圆之后，就开始逐渐亏损，所以君子征凶。这里的君子，指的仍然是周公。

周公东征西讨，扩大了西周的领土；周公制礼作乐，创立了封建礼教的统治思想；周公"握发吐哺"，唯恐失去天下贤臣。这些都是周公的"德积

上九畜极必反，密云成雨而降，阳刚被畜止，就像妻压制夫，虽然和谐，用心正当，但结果危险。

载"，可是确实有些功高盖主了，所以"君子征凶"。也就是说再执掌军事大权东征西讨，就会有凶险了。为什么有凶险呢？因为"有所疑"。谁猜疑？自然是成王与一些大臣。他们一定会想：这周公称王以后，东征西讨，重权在握，不会是不想把政权还给成王了吧？

事实上，周公摄政第七年，将王位还给成王后，确实有不少大臣在成王面前说周公的坏话，使成王对周公也产生了一些误解。周公知道这件事后，害怕了，便急忙逃到了楚国进行政治避难。一次，成王翻阅库府中收藏的文书，发现在自己生病时周公的祷辞，见祷辞上写着："今成王还不懂事，有什么错都是我的。如果要死，就让我替他死吧。"成王被周公忠心为国的品质感动得流下眼泪，立即派人将周公迎回来。周公回国以后，仍忠心为王朝操劳。

卦十 履

壹● 卦名、卦画与卦象

履[1]

天泽履

乾为上卦
兑为下卦

> 乾为天，兑为泽，天在上，泽在下，为上下之正理。又乾为刚健，兑为和悦，有和悦应合刚健之象。履象征慎行，循礼而行的意思。遇事循礼慎行，即使有危也无害，所以诸事顺利。

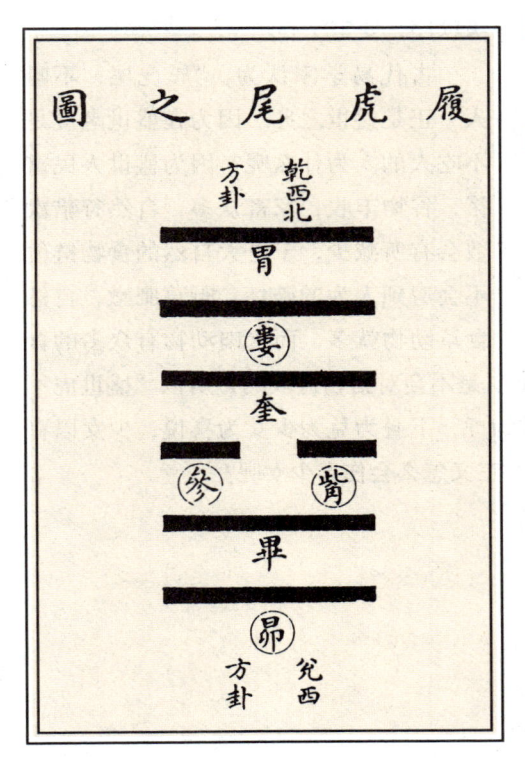

【注解】

[1] 履：卦名，象征履行、实践。

【释义】

此卦卦名为履。《说文》中说："履，足所依也。"也就是说履便是人们穿的鞋子。人穿上鞋子才可以走路，所以"履"的引申意为履行、实践的意思。

履卦的卦画与小畜卦的卦画相似，把小畜卦的卦画颠倒过来，便是履卦的卦画。从卦象上分析，履卦的整体形象很像一只鞋子，一个阴爻就像鞋口，又像一条乌篷船。所以履卦有行的含义，不仅表示步行还表示水行，引申为履行。履卦上卦为乾为天，下卦为兑为泽，天降恩泽便是履卦的卦象。意思是说君王言而有信，履行自己的承诺，广施恩泽于民众。

贰 • 卦辞

履虎尾，不咥[1]人，亨。
彖曰：履，柔履刚也。说[2]而应乎乾，是以履虎尾，不咥人，亨。刚中正，履帝位而不疚，光明也。
象曰：上天下泽，履。君子以辨上下，定民志。

【注解】

[1] 咥：音dié，即咬的意思。
[2] 说：同"悦"，喜悦之意。

【释义】

经文意思是：踩在老虎的尾巴上，虎不咬人，亨通。

彖辞的意思是：履卦是以柔顺有礼对待刚健。下卦兑为悦，上卦乾为天，兑心悦诚服于上面的乾卦，因此踩在虎尾上，虎也不咬人，亨通。九五刚正而居中，踏上帝王之位而不愧疚，是因为正大光明。

有笠，成立义；文书破，损义；女子乃好，有伞有所庇盖；卓旗官人边坐，门旗义；堞上有千里字，坐镇千里之候伯。

象辞的意思是：上卦乾为天，下卦兑为泽，这就是履卦的卦象。君子应当从卦象中受到启示，明白上下尊卑的等级秩序，安定民心。

古代易学家认为，"履虎尾，不咥人"正是盛世之兆。因为在盛世老虎是不吃人的。为什么呢？因为盛世人民富裕，谷物丰收，家畜众多，自然狩猎次数会有所减少，于是大自然的食物链便不会遭到人为的破坏。野草肥嫩，自然食草动物就多，而食肉动物有众多的食物来源，自然不会饥肠辘辘了。老虎吃饱了是不会对猎物进攻的，所以"盛世虎不食人"。从卦象上讲，履卦上卦为乾为君为虎，下卦为兑为少女为喜悦，少女以喜悦之心同君王相处，即使是"履虎尾"，君王又怎么会伤害少女呢？

叁 • 爻辞

初九：素履，往无咎。
象曰：素履之往，独行愿也。
九二：履道坦坦，幽人贞吉。

象曰：幽人贞吉，中不自乱也。

六三：眇[1]能视，跛[2]能履，履虎尾，咥人，凶。武人为于大君。

象曰：眇能视，不足以有明也。跛能履，不足以与行也。咥人之凶，位不当也。武人为于大君，志刚也。

九四：履虎尾，愬愬[3]终吉。

象曰：愬愬终吉，志行也。

九五：夬[4]履，贞厉。

象曰：夬履贞厉，位正当也。

上九：视履考[5]祥，其旋元吉。

象曰：元吉在上，大有庆也。

【注解】

[1] 眇：音 miǎo，有一只眼睛瞎了。

[2] 跛：瘸，腿或脚有毛病。

[3] 愬愬：音 shuò，恐惧的样子。

[4] 夬：音 guǎi，果断刚决。

[5] 考：考察。

【释义】

初九：素履，往无咎。

象曰：素履之往，独行愿也。

经文意思是：按照常规的原则履行，前往不会有灾难。

象辞的意思是：按照常规的原则往前行，是按照自己的愿望去行动。

按照常规的原则履行不会有灾难，这是因为初九有独立的原则，并且坚持自己正确的主张。比如李四光根据对中国的地质勘探，感到中国是存在油田的。可是国外的专家却认为这简直是天方夜谭，根本不可能。李四光仍认为自己的理论是正确的，他没有在意国外专家的意见，经过多次考察，终于在中国找到了可以开采的油田，使我国结束了石油主要靠进口的状况。

初九在履之始，远离九五，故无杂念，纯朴善良，循礼慎行，这样不会有什么过失。

九二：履道坦坦，幽人贞吉。

象曰：幽人贞吉，中不自乱也。

经文意思是：走在平坦的大道上，内心在谋划的人守正道吉祥。

象辞的意思是："幽人贞吉"，是因为九二居中而不怀乱坏之意的缘故。

九二与九五爻不相应，所以得不到九五的支持，可是他能够居中守正，并且做事提前做好谋划，虽然不得位也会吉祥。大大方方走在平坦的大道上，可是内心却早已把应对各种危险的方法考虑周全了，怎么会不吉祥呢？这就好比拿破仑所说，作为一名合格的将领，应当随时考虑好发生意外时的解决办法。这位世界军事奇才正是在平时养成了战略部署习惯，所以他才能够成为常胜将军。

九二阳刚得中，似心怀坦荡的隐士，执着纯正，不求闻达，不被世俗所扰，当然吉祥。

六三：眇能视，跛能履，履虎尾，咥人，凶。武人为于大君。

象曰：眇能视，不足以有明也。跛能履，不足以与行也。咥人之凶，位不当也。武人为于大君，志刚也。

经文意思是：瞎了一只眼还能用另一个眼睛看东西，跛了一条腿还有一条腿可以走路，踩到老虎尾巴上被咬伤，凶险。武士要做大王。

象辞的意思是："眇能视"，不能看清东西。"跛能履"，不能走多远。被老

六三不中不正，不循礼慎行，却盲动妄为。踩到了老虎尾巴，当然凶险。践履应当量力守分。

虎咬伤是因为六三所处的位置不当造成的。武士想当大王，只是心志刚强罢了。

六三爻是履卦的唯一一个阴爻，可是它却没有小畜的唯一的阴爻运气好。为什么呢？因为首先它居于奇位，既不得位又不居中；其次，它凌驾于两个刚爻之上，以柔乘刚自然得不到下面阳爻的拥护。所以这个六三爻就像瞎了一只眼的人看东西，跛了一条腿还要走路一样，是不会走得长远的，有凶险。六三虽然也想统治五个阳爻，但却像武士想当天子一样可笑。这句爻辞告诫人们，自己的目标要与自己的能力及所处的地位相适宜，否则只能招致凶险。

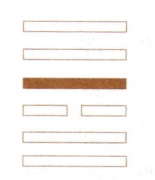

九四：履虎尾，愬愬终吉。

象曰：愬愬终吉，志行也。

经文意思是：踩在老虎尾巴上，心里战战兢兢，最终会吉祥的。

象辞的意思是："愬愬终吉"，是因为他能戒惧谨慎，立志施行自己的抱负。

九四位于九五君位之下，所以也会犯些错误——履虎尾，不过九四能够以恐惧之心对待这件

九四不中不正而近君，有踩虎尾的危险。但居阴位，能恐惧小心地走在虎后，终会吉祥。

事，明白自己的过失，内心反省，更加谨慎行事，所以最终吉祥。

九五：夬履，贞厉。

象曰：夬履贞厉，位正当也。

经文意思是：果断地行走，守正道以渡过危厉。

象辞的意思是：夬履贞厉，是因为处于有利的位置。

九五身居君王之位，具有阳刚之德，而且居中，所以能够通过坚守正道而脱离危险。对于"贞厉"，有些易学家认为是"守正道而有危险"的意思，可是通过象辞来判断，这种解释是不太妥当的。不过九五既然能够脱离危险，可见九五还是存在险境的。这个险境是什么呢？这个险境就是没有辅佐者。九五与下卦的九二同性相斥，不能相应；与九四这位大臣也是同性相斥，无法相合。所以这个领导人物处于孤立状态中，自然处境不妙了。这就好比一位刚来到新岗位的领导，既受到其他干部的排斥，又得不到员工的支持，是极其容易被挤走的。怎么办呢？只有"夬履"与

"贞"才能摆脱这种困境。下面举一个真实的例子来说明这个道理。

某国营运输公司的经理退休了，上级部门从别的单位调来了一位新经理。在原经理退休前，运输公司的副经理、人事主任、财务主任等干部，都通过各种渠道走关系，想得到这个经理的位置，可是谁也没有如愿以偿。面对新来的经理，这些原来想当经理的人不谋而合，都想把这位新经理排挤走，然后自己得到经理的位置，所以在工作中便故意给这位新经理出些难题，并且有意纵容职工找经理闹事。在这样的大背景下，工人们进行了一次有组织的罢工，要求领导提高待遇。有几个工人因为工作失职被新来的经理扣过钱，也想借这个乱子出口气，准备趁着人多起哄时把新经理揍一顿。

九五中正，刚断果决。但以刚居刚，独断独行，前途凶险。所以必须循礼果决，但这样也难免有危难。

工人们蜂拥而至，来到经理办公室，其他的干部都站在一旁看笑话。可是这位新经理并没有被这个阵势吓住，而是仍然保持着一个领导的威严，对大家说："待遇问题，下个月发工资时每个人都会得到一份奖金，只要努力工作，待遇肯定会越来越好。你们这种解决问题的方式不对，赶快回到岗位上去，一分钟后谁还停在这里，我马上让他回家反省！"

一句话，大家散去了。只剩几个想报复却没得逞的人还站在那里不甘心，可是一分钟很快就过去了。新经理对这几个没走的人说："你们可以回家了，什么时候想通了找我。这个期间只发基本工资。"说完，新经理穿着工作服到车间检查去了。这几个想闹事的职工站在那里竟然呆住了。本来他们平时脏话不离口，心里不顺就想动手，可是今天却被新经理的果断与威严给镇住了。

发工资时，职工果然每个人都得到了五十元奖金。新经理把大家聚集在一起开了一个会，会上对大家说："这个月的奖金不多，可是会越来越多的。因为这些奖金不是我能够创造的，它需要大家努力工作，我相信大家会更加努力的。"话虽不多，却得到了工人们的理解。这位新经理于是得到了众人的支持。

接下来，新经理通过从工人那里的调查和自己平时的观察，及时调整了领导班子，将一些心怀恶意和有贪污嫌疑的领导从领导岗位上拿了下来，换上了忠于自己、忠于企业的新的领导班子。

就这样，这位新经理用果断而且坚守正道的方法很好地保住了自己的位置，并且发展了公司的经济。这就叫"夬履"，这就是果断行使自己的权力，坚守正道而使自己脱离险境的例子。

身为九五之尊，如果不懂得行使自己的权力去解决困境，后果肯定不堪设想。与其被排挤走，不如用"夬履"来改善处境。

上九：视履考祥，其旋元吉。

象曰：元吉在上，大有庆也。

经文意思是：审视自己的行为考虑周详，就会胜利归来。大吉。

象辞的意思是：大吉居于上位，是有大的喜庆之意。

能够时刻检查自己的行为，改掉缺点，发扬优点，这种习惯自然会使人生减少失误，所以会吉祥。这正如曾子所说："吾日三省吾身。"能做到这一点，一生就会有大的收获，有大的成就，所以象辞中说"大有庆"也。

上九在履之终，刚能转柔，能冷静考察福祸得失，又下应六三阴柔，这样大吉大利。

卦十一　泰

壹 • 卦名、卦画与卦象

泰 [1]

坤为上卦
乾为下卦

地天泰

乾为天，坤为地，天气下降，地气上升，天地阴阳交合，万物的生养之道畅通。泰为通，泰象征通泰，即安泰亨通。通泰之时，阴者衰而往，阳者盛而来，所以既吉祥又顺利。

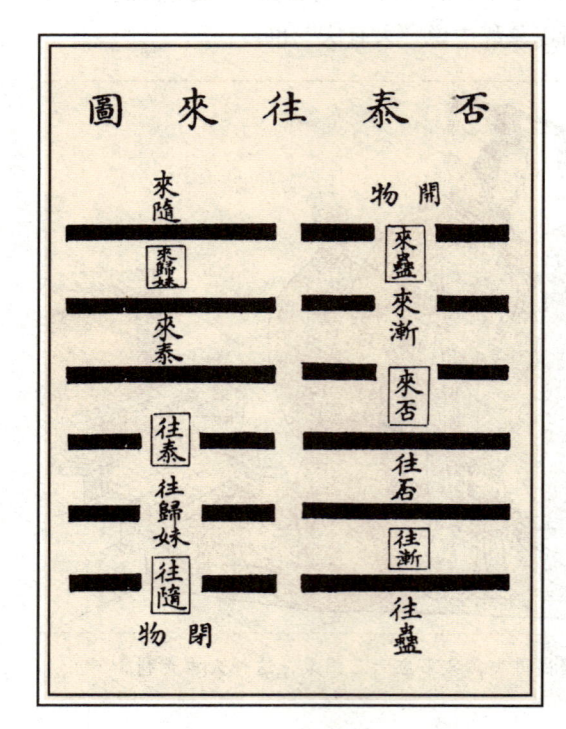

【注解】

[1] 泰：卦名，象征通泰、平安。

【释义】

此卦的卦名为泰。《说文》中说，"泰，大也。"《礼记·曲礼上》疏，"泰者，大中之大也。"可见泰的意思是极其的博大。地大物博，人们自然就富裕，所以泰也有富裕、宽裕的意思。人们丰衣足食，社会就会和平安定，所以泰还含有平安、稳定的含义。

泰卦的卦画是下面三个阳爻，上面三个阴爻，阴阳平衡。从卦象上分析，泰卦上卦为坤为地，下卦为乾为天，地在天上便是泰卦的卦象。这个形象让人有些费解：地怎么会跑到天上去呢？当然，也许有些易学家会认为地球是圆的，所以地可以在天上。不过我想当时的天文学应该还没有那么发达，应该还不知道地球是球形的。其实，这一卦的另一卦象是，上卦为坤为母，下卦为乾为父，反映的是母系氏族社会的繁荣阶段。这才是这一卦的真正含义。只是后来封建社会的大男子主义文人们不想说"女上男下"，尽管明显是坤卦在上面，乾卦在下面，也硬说是"天地交"，这样一交，便不会抹杀男人的尊严与地位了。八卦卦象在文王之前即已形成，不过不统一，周公根据文王的八卦写了《象辞传》《象传》等内容，有些内容是前人的知识，有些则是后人的发挥。所以《易经》中的泰卦已没有了最初的含义，而只代表天地相交，社会稳定太平之意了。前面的小畜卦代表小的积蓄，人们在积蓄中不断实践发展，接下来便过上了更富裕的生活，所以泰卦被安排在履卦之后。

泰卦也是十二消息卦之一，其阳爻代表阳气，其阴爻代表阴气。卦中有三个阳爻，便是"三阳开泰"，在节气上代表雨水节。泰卦的六爻代表立春至惊蛰的三十余天。五天为一候，一爻代表一候。所以泰卦代表春天的来临，春天万物开始生长，古人认为是天地交使万物繁衍，所以泰卦有"天地交"的含义。并且，上卦的坤代表阴与地，其性质向下；下卦乾代表阳与天，其性质向上；一上一下，所以意志可以相交。这是"天地交"的又一含义。

贰 • 卦辞

> 泰，小往大来，吉亨。
> 彖曰：泰，小往大来，吉亨。则是天地交[1]而万物通也；上下交而其志同也。内阳而外阴，内健而外顺，内君子而外小人，君子道长，小人道消也。
> 象曰：天地交，泰，后[2]以财[3]成天地之道，辅相天地之宜，以左右民。

【注解】

[1] 天地交：泰卦上卦为坤为阴卦代表地，下卦为乾为阳卦代表天，所以说天地交。

[2] 后：古代帝王的通称。

[3] 财：通"载"。

【释义】

经文意思是：小的逐渐消失，大的逐渐来到，吉祥而亨通。

彖辞的意思是：泰，失小得大，吉祥亨通。这就是天地阴阳二气的交合，万物生养之道畅通，君臣志同道合，思想统一。里面是阳卦乾，外卦是阴卦坤，象征君子之道兴旺，小人之道削弱。

象辞的意思是：天地相交便是泰卦的卦象。君王按天地的法则制定出人的法则，助成天地法则的推行，以指导民众。

"小往大来"历来易学家们说法不一。其实这一句很好解释。往，便是离去；来，就是来临。那么大与小指什么呢？当然是指阴阳二气了。虽然八卦初创的时候本来阴阳是平等的，但是自从黄帝以后，几千年的男权思想，使阴变小了，变低了，变卑了，变贱了；阳则自然显得大、高、尊、贵了。俗话说冬至一阳生，用八卦表示便是复卦；大寒时则二阳生，用八卦表示便是临卦；雨水时三阳生，用八卦表示便是泰卦。到了泰卦，阳气已明显处于强势，天气逐渐转暖，万物开始生长。按照这个趋势往下发展，自然是阳长阴消，所以说"小往大来"，直译过来就是"小的要走了，大的来临了"。而《易经》已同伏羲时代的太阳历有所不同，它是一门哲学，是一门学术思想，所以它有引申的深刻含义。这个含义是什么呢？就是君子之道的正气来临，小人之道开始削弱，人们开始过好日子了。

月中桂开，官人登梯，主足摄云梯以攀月中丹桂；鹿衔书，主天赐禄书；小儿在云中，主少年步青云；一羊回头，表示未年月见喜。天地交泰之卦，小往大来之象。

叁 • 爻辞

初九：拔茅[1]，茹[2]以其汇[3]，征吉。
象曰：拔茅征吉，志在外也。
九二：包荒，用冯河[4]，不遐[5]遗，朋亡，得尚于中行。
象曰：包荒，得尚于中行，以光大也。
九三：无平不陂(bēi)，无往不复，艰贞无咎。勿恤其孚，于食有福。
象曰：无往不复，天地际也。
六四：翩翩不富，以其邻，不戒以孚。
象曰：翩翩不富，皆失实也。不戒以孚，中心愿也。
六五：帝乙归妹[6]，以祉元吉。
象曰：以祉[7]元吉，中以行愿也。
上六：城复于隍[8]，勿用师。自邑告命，贞吝。
象曰：城复[9]于隍，其命乱也。

【注解】

[1] 茅：茅草。
[2] 茹：植物根部相连的样子。

[3] 汇：相连的同类。

[4] 冯河：徒步过河。

[5] 遐：远。

[6] 帝乙归妹：古代易学家认为讲的是周文王的母亲嫁给周文王的父亲姬季的故事。周文王的母亲是商王朝近畿的一个诸侯国（挚国）的二公主，根据古代同宗封侯的习惯，文王的母亲应当是纣王父亲帝乙的同宗妹妹。此处讲的便是帝乙将自己的同宗妹妹嫁给姬季的故事。不过从时间上推算，这种可能不大，因为帝乙继位时周文王的父亲已经四十七岁了，所以帝乙嫁妹应当是嫁给了周文王。

[7] 祉：福。

[8] 隍：干涸的城壕。古人筑城墙时就近取土，城墙修成后，城墙下挖成了大壕沟，里面注满水便成为护城河，没有注水的便称作隍。

[9] 复：倒覆之意。

【释义】

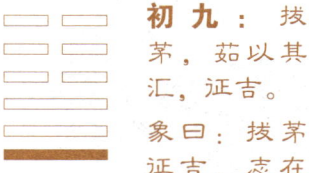

初九：拔茅，茹以其汇，证吉。

象曰：拔茅证吉，志在外也。

经文意思是：拔茅草，茅草长长的根将它的同类也带离了土地，征战吉祥。

象辞的意思是：拔出茅草征战吉祥，是因为他的心志在向上进取。

初九阳刚处下，上应六四，九二、九三皆有外应，一阳动则三阳并动，如此进取，能通达获吉。

拔茅草是古人的农业生产项目之一。有什么用呢？其一是将茅草从田间拔掉，利于庄稼的生长；其二是可以当作家畜的饲料；其三是可以用来做祭祀的物品，即将祭品放在茅草上面。

"拔茅，茹以其汇"，这句话的意思就相当于今天人们常说的"拔出萝卜带出泥"，是揪出主犯也带出从犯的意思。不过，"茹以其汇"比现在这句俗语更形象、更生动。因为茅草的根很长，所以把茅草拔出来，其长长的根可以带出许多其他的茅草或草类。在这里"茹以其汇"象征不归顺的诸侯国，所以说征吉。当时的天子便是众诸侯国的盟主，有不服从盟主的，天子便要带兵讨伐。一打仗，被讨伐的诸侯国的友邦也会帮忙，所以天子讨伐成功，便可以把不忠于盟主的所有诸侯国灭掉。所以说"茹以其汇"，这种征讨很有价值。

泰卦是社会和平稳定，怎么一上来就谈征讨之事呢？其实只要翻翻历史书就会发现，古代的太平盛世没有不发生战争的。人民富裕了，国家就会富强，富强以后做什么？扩充地盘，扩充领地，这是历史规律。因为太平盛世的条件之一便是国土广大，泰的本义是大中之大，不打仗怎么行呢？

九二：包荒，用冯河，不遐遗，朋亡，得尚于中行。

象曰：包荒，得尚于中行，以光大也。

经文意思是：包容八荒，徒步涉河，不遗失偏远之地的朋友，不结党营私，这是中正的行为准则。

象辞的意思是：包容八荒，以中正为行为准则，这说明九二的道德广大。

战争的结果是什么？包容八荒，国土得到了极大的扩张。可是还需要好好治理，所以得"不遐遗"。"不遐遗"用一句成语来说便是"野无遗贤"。可是这只是九二的地盘，还不是盟主的领地，盟主的领地可以想象是"泰"大了。九二处于大夫之位，所以还必须忠心于盟主，怎么忠心呢？便是"朋亡"，用今天的话来说便是不拉帮结派，不结党营私。这些都是太平盛世的统治阶级所必须具备的，所以爻辞中要谈到这些。

九二得中上应六五，有心胸开阔，广纳远方贤者之象，用无私的胸怀辅佐君主，所以通泰。

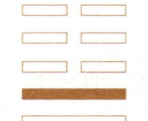

九三：无平不陂，无往不复，艰贞无咎。勿恤其孚，于食有福。

象曰：无往不复，天地际也。

经文意思是：没有只有平地而没有斜坡的，没有只有往而没有返的。艰难而守正道不会有灾难。不必过分忧虑，内心要诚信，在饮食方面有福可享。

象辞的意思是：没有只往而不返的，这是因为天地也是有边际的。

"无平不陂，无往不复"这句话真是太富有哲理了。这世上哪能到处都是平地而没有斜坡呢？人哪能一直往前走而不返回呢？确实是很实在的道理。这句话现在有人理解为"没有平地就显不出斜坡，没有往就没有来"，虽然与原意有些偏差，但大体上说的还是同一个道理。在这里，这句话是告诫人们，即使在太平盛世，也会有不平的事情发生，也会有黑暗的事情，所以要心态放端正，保持诚信不必忧虑，高高兴兴地享受人生。

象辞解释"无往不复"很有意思，告诉人们，天与地是有边际的，你走到了尽头只能返回了，因为前面没路可走了呀。"无往不复"一词后来表示人们之间的交往，即人与人之间要有来有往，才会很好地得到友谊。所以孔子说："来而不往，非礼也。"

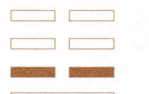

六四：翩翩不富，以其邻，不戒以孚。

象曰：翩翩不富，皆失实也。不戒以孚，中心愿也。

经文意思是：轻飘飘的不富足，与邻居来往，没有戒备，心存诚信。

九三得正，为上下卦的转折点，应防通泰转向否闭。不可处泰忘忧，应守持正固，诚信于人。

象辞的意思是：轻飘飘的不富足，是因为他们都缺少殷实。不戒备而心存诚信，是因为心中愿意。

六四爻身为国家重臣，怎么会是轻飘飘的不富裕呢？原来呀，他是一个清官！太平盛世，没有清官怎么能行。如果国家重臣一个个既富又贪，百姓怎么能富足呢？怎么会出现太平盛世呢？所以说盛世不但需要好皇帝，也需要好官。六四这个大官就不错，平易近人，内心诚实讲信用，人们与他交往不必存有戒心。电视里演的纪晓岚、刘罗锅，就是这样的清官。

六四不可轻率冒进。但阴柔得正，下应初九，又得到六五、上六的信任，可不约而同一起行动，但仍需居安思危。

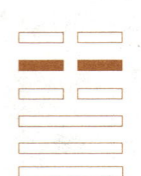

六五：帝乙归妹，以祉元吉。

象曰：以祉元吉，中以行愿也。

经文意思是：帝乙嫁妹，以此得福，大吉大利。

象辞的意思是：以此得福，大吉大利，是行中正之道而实现自己的愿望。

诸侯国富强了，盟主就该跟你拉关系了。怎么拉呢？就是把妹妹或女儿嫁给你。这是封建社会的经典治国方法。在秦朝以前，都是分封制，诸侯之间以联姻的方式加强团结，结果导致了窝里斗、窝里反。从黄帝时期至战国时代，大部分战争都是有血缘关系的统治阶级的争权夺利之战。

六五阴柔得中，下应九二上下通泰。像帝王下嫁贵女配贤者，可称大吉。

在《易经》中，三番五次提到"帝乙归妹"的事，可见周朝认为这是一件引以为荣的事情。殷商的天子帝乙将妹妹嫁给了周文王，这确实对周朝是一件大事。因为周朝正是因为沾了殷商血缘关系的光而壮大了起来，并且纣王没杀文王，也与这血缘关系是有些关系的。因为文王是纣王的姑父，并且文王又比较老实，纣王自然没有坚决除掉文王的想法。

"帝乙归妹"的手段，在今天也存在着一定的意义。比如两个相互竞争的大公司，往往因为一桩婚事而化敌为友，化友为亲。解放前"宋氏三姐妹"的例子就是很成功的联姻典范，由于关于"宋氏三姐妹"的书籍很多，在此就不多说了。

上六：城复于隍，勿用师。自邑告命，贞吝。

象曰：城复于隍，其命乱也。

经文意思是：城墙倒塌在城壕里，不可用兵。自己在城中宣布命令，守正道也有忧吝。

象辞的意思是：城墙倒塌在城壕里，说明泰卦发展到上六爻已由治转为乱了。

到了上六，泰卦走到了顶点，也就是说走到了物极必反的地步。九三爻有"无平不陂，无往不复"的爻辞，说明了阴阳循环、盛衰往复的事物变化规律。这里又有一个"复"字，与九三的"复"意思相同。"城复于隍"便是说，城墙倒塌了，填满了城壕沟。古人建城墙时是就地取土，城墙建好了，城墙外面便形成了一道很深的壕沟，壕沟里注入水，便成了护城河，这是一举两得，一次劳动，给城市建造出两重防御系统。城墙出自壕沟，现在又回到了原位，喻示着事物鼎盛至极后，又回到了衰落状态中。同时也喻示着毁坏来自内部，即城中之人推倒了城墙。"勿用师"则是告诫人们在这种情况下，不宜采取武力行动。因为事物的盛衰是人无法控制的，但只要适时而行，就可免除灾难。在走向衰落时动用武力，大搞征伐，只能加速自己的灭亡。那该怎么办呢？只能"自邑告命"，就是说在城里宣布自己的命令，什么命令？自然是维护和平统一的命令了。也就是说要加强内部的团结，维持和平的状态，让衰落来得缓慢些。但最终还是"贞吝"，即最终守正道也会有忧吝的事发生，因为事物的发展变化是不以人的意志为转移的。这就好比李隆基正与杨贵妃花前月下时，李白从牡丹根部发霉暗示了盛唐已开始走向衰落。结果安禄山的叛乱，使唐朝从盛世发展到了"路有冻死骨"的状态。清朝的盛世也是由于白莲教的起义而宣告结束。

当然，适时而动是明智的选择，古人认为兴衰皆由命的思想也是存在片面的。其实在鼎盛时期只要励精图治治理天下，到鼎盛的终点应该是没有期限的。但无奈的是，人的意志却有期限，到了一定程度，必然会有所变化，这确实是很难改变的。人吃饱了，便会有淫欲之心，淫欲之心起后，必然会奢侈堕落，堕落必然腐败，腐败必然灭亡。可见人最大的敌人还是自己，因为自己最难以战胜。

上六泰极必反，如城墙已倾覆到干涸的护城河里，此时不可出兵作战，应改革弊政，坚持自守，但这样也难免蒙羞。

第四章 《周易·上经》 泰卦

卦十二 否

壹 • 卦名、卦画与卦象

否[1]

乾为上卦
坤为下卦

天地否

坤下乾上，天气上升，地气下沉，天地阴阳二气互不交合，万物生养不得畅通，为否。否者，闭也。所以否象征否闭、闭塞。否闭之世，人道不通，天下无利。是小人得势，君子被排斥的形象。

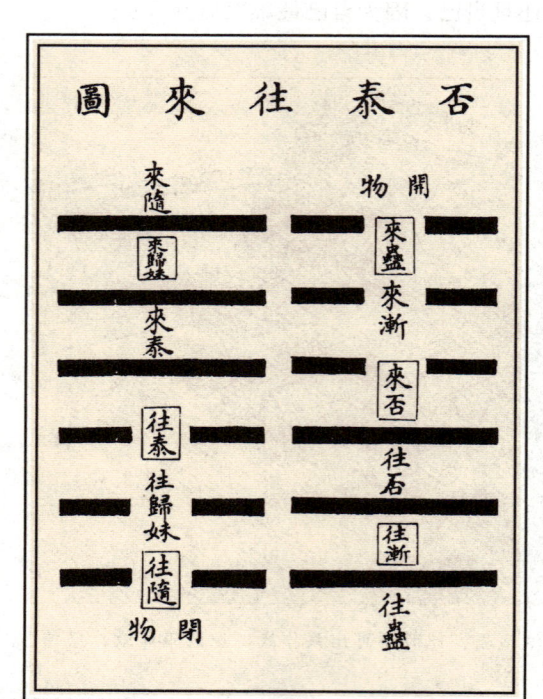

否泰往来圖

來隨
來歸妹
來泰
往泰
往歸妹
往隨
物閉

開物
來蠱
來漸
來否
往否
往漸
往蠱

【注解】

[1]否：音pǐ，卦名，象征闭塞不通。

【释义】

此卦的卦名为否。"否"的意思是闭塞、阻隔不通、变坏、灭绝。正所谓泰往否来，前面亨通了，博大了，太平了，由于达到了极点，所以物极必反，出现了否卦。《周易》中的八卦次序，卦画上是非覆即变，其含义也是相连有序，极其连贯地表达出事物的变化规律。

否卦的卦画正好与泰卦相反，变成了天在地上。这本来是自然的真实情形，怎么会代表极不吉祥的意思呢？原来，乾卦为天为阳，具有向上的性质；坤卦为地为阴，具有向下的性质；天与地目标不同，不能同心同德，就像君王与民众不一条心，怎么会亨通呢？

君王怎么与民众不一条心了呢？这是因为太平盛世导致的。太平盛世的君王开始好大喜功，开始注重享乐，注重排场与奢侈，可是这种生活从哪里来？是从民脂民膏中来的。搜刮民财以享帝王之欲，可是欲壑难填啊，把民众骨头里的油脂都抽出来，也填不满君王的欲壑，于是君王与民众之间便产生矛盾了，而盛世也就由盛转衰了。怎么说衰就衰了呢？是啊，这就是欲壑的厉害之处。纣王因为一双象牙筷子而逐渐走向了灭国，其实就是把全国的大象都杀了，也不至于灭国呀。悲惨的是纣王由这一双象牙筷子产生了欲壑，因为欲望这条沟是什么东西也填不满的。下面我们便分析一下泰极否来之后该做些什么吧。

贰 • 卦辞

> 否：否之匪人，不利君子贞，大往小来。
> 彖曰：否之匪人，不利君子贞。大往小来，则是天地不交[1]，而万物不通也；上下不交，而天下无邦也。内阴而外阳，内柔而外刚，内小人而外君子。小人道长，君子道消也。
> 象曰：天地不交，否。君子以俭[2]德辟难，不可荣以禄。

【注解】

[1] 天地不交：上卦为乾为阳卦为天性质向上，下卦为坤为阴卦为地性质向下，所以天与地不能相交。

[2] 俭：自我约束，不放纵。

【释义】

经文意思是：否卦，闭塞而没有人道，不利于君子坚持正道，大的离去，小的来到。

彖辞的意思是："否之匪人，不利君子贞，大往小来"，这是天地不交感而致使万物不会亨通。君王高高在上，臣子位卑于下，天下的国家就无法治理。内卦为坤为阴，外卦为乾为阳，内柔弱而外表刚强，内小人而外表君子，这是小人之道强盛，君子之道削弱的表现。

象辞的意思是：天地不交便是否卦

有一男子臣病，一明镜破为二，说明明中有损；有一人坐于路上，还未到家；一人张弓射箭头落地，未射中；一人拍掌大笑，主乐极生悲，有口舌两字。天地不交之卦，人口不圆之象。

的卦象。君子应当从这一卦象中得到启示，收藏自己的美德归隐保全，不可追逐荣耀与俸禄。

闭塞而没有人道的时期来临了。在这种情况下，君子守正道只能吃亏，所以说"不利君子贞"。孔子的人生经历便是典型的例子。孔子宣扬仁义道德，本来是属于正道的事。可是时代不同了，周室衰落，诸侯称霸，谁胳膊粗力气大土地便是谁的。结果孔子到各个国家去宣扬仁义道德思想，诸侯国的王侯们怎么会采纳他的意见呢？因为一点用都没有。在当时的情况下，靠仁义道德连饭都吃不上，这种道德怎么会有市场呢？再比如五代十国时期，都到了人吃人的地步了，道德还能起到治理社会的作用吗？所以说在这种时代，君子就无法守正道了。这种时代是"大往小来"的时代。什么叫"大往小来"呢？便是阳气渐衰，阴气渐盛，秋天来了，开始向严冬过渡。否卦在十二消息卦中代表的节气为处暑。六爻代表立秋至白露的三十余天。五天为一候，一爻代表一候。秋天来了是什么样子呢？秋风扫落叶，万物开始凋零，动物们开始换毛，万物开始处于躲藏之中。所以在这个时期，君子应当"俭德辟难，不可荣以禄"。意思是说，小人得志的时候来到了，小人妒贤嫉能，所以君子得把美德收藏起来才能避免灾难的到来。由于是小人的天下了，自然就没君子的位置了，所以君子在这种情况下要甘于清苦，不要追求荣华富贵而到朝中为官。如果不识时务，只能引来杀身之祸。春秋时期以老子为代表的一帮隐士就是明智的君子，他们隐居起来，不再为官，从而逃过了小人的迫害。不过隐士们也是身隐而心不隐，仍然观察着天下大势的变化，随时准备因时势而动。这就是处于泰极否来时，君子所应当做的。

叁 ● 爻辞

初六：拔茅，茹以其汇，贞吉，亨。
象曰：拔茅贞吉，志在君也。
六二：包承[1]。小人吉，大人否，亨。
象曰：大人否，亨，不乱群也。
六三：包羞。
象曰：包羞，位不当也。
九四：有命无咎，畴离祉[2]。
象曰：有命无咎，志行也。
九五：休否，大人吉。其亡其亡，系于苞桑[3]。
象曰：大人之吉，位正当也。
上九：倾否，先否后喜。
象曰：否终则倾，何可长也。

【注解】

[1] 包承：包，包容，阴包阳，即指六二包容九五；承，顺承，六二爻顺承于九五爻。

[2] 畴离祉：畴，范畴，同类；离，依附；祉，神降福泽。

[3] 苞桑：苞，植物的根茎很深；桑，即桑树。

【释义】

初六：拔茅，茹以其汇，贞吉，亨。
象曰：拔茅贞吉，志在君也。

经文意思是：拔茅草，茅草长长的根将其他的茅草也带离了土地，守正道吉祥，亨通。

初六阴柔处下，像茅草的根相互牵连，但小人的面目还未显露，君子应团结，坚守纯正，防患于未然。

象辞的意思是：拔茅草之所以守正吉祥，是心里想着君王的缘故。以喻清理君侧小人。

否卦的爻辞与泰卦相对应。泰卦的初爻有"拔茅，茹以其汇"，而否卦的初爻也有"拔茅，茹以其汇"。不过此一时，彼一时，此处的"拔茅"所指的对象已经与泰卦不一样了。泰卦指的是天子征讨不服的诸侯，是何其威武。而此处指处于下层的志士受君王重臣的邀请去清理君侧。

这就好比三国时期天下义士驱逐董卓。如果成功而坚持正道，肯定是吉祥的。曹操、刘备、孙权皆是因此而成为英雄人物，可见乱世出英雄不无道理。

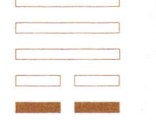

六二：包承。小人吉，大人否，亨。
象曰：大人否，亨，不乱群也。

经文意思是：包容承受，小人吉祥，大人物闭塞，亨通。

象辞的意思是：大人物闭塞，亨通，说明九五的君王不被小人的群党所乱。

泰卦的二爻是"包荒"，包容八荒，何等气魄！而此时却是"包承"，包容承受，何其的胆怯！不过不这样不行，因为小人得志，大人只得受气。只有忍辱负重才能躲过灾难。不过九五的君王完全明白六二的苦处，君王不会被小人的群党所乱，内心非常明白时局的状态，所以六二会亨通。

327

这就好比鲁昭公当年的处境一样。虽为鲁国国君，但自己却没有一点权利。大权完全控制在季氏家族手中，当时的诸侯盟主已名存实亡，周天子被霸主所挟持，自然也没法管这件事了。鲁昭公为了保存自己，只得在季平子面前忍气吞声。不过这位鲁昭公因"斗鸡之变"终于忍不住了，想煞一煞季氏的威风，结果却被季氏驱逐出了鲁国。由此可以看出泰极否来后的凶险，所以在此告诫人们处于这种情况时要能忍得住。

六二中正，上应九五大人，一时可得吉祥。但大人能否定小人之道，不入小人之群，方可顺利。

六三：包羞。
象曰：包羞，位不当也。

经文意思是：包容羞耻。

象辞的意思是：包容羞耻，是因为六三爻居位不当的缘故。

这里讲了时代变坏的一个现象，就是人们不再有廉耻心，男女之间会有淫乱邪恶的事情发生。为什么六三只有这两个爻辞呢？因为乾卦为阳，坤卦为

六三不中不正，上应上九，当否之时，阿谀奉承，妄作非为，终致羞辱。

阴，六三处于阴阳相接处，有男女授受之象，所以会"羞"。六三阴爻居于阳位又不得中，紧临九四，九四与六三处于全卦的中部，所以有"包"的形象。这里是说六三小人媚上欺下，不知廉耻，所以说"包羞"。

九四： 有命无咎，畴离祉。
象曰： 有命无咎，志行也。

经文意思是：得到君王授命，没有灾难，众人依附同受福禄。

象辞的意思是："有命无咎"，这是说明九四扭转小人之道的志向正在施行。

九四身为重臣，得到了君王的授权。授什么权呢？就是清理君侧。九四于是请与自己相应的初六来成就这件事，终于成功，所以"畴离祉"。也就是说清理君侧成功了，于是众人都跟着得到福禄。九四阳爻而居于偶位，又不得中，所以处境不是很好。并且阳代表健而动，所以有行动威猛、出风头的意思。可是他得到了君王的授命，是君王让他清理君侧的，所以不会有过失。

九四处乾之始，闭塞时期过半，开始露出曙光。九四有排除阻力的才能，但缺乏刚毅，如果联合九五、上九，才是福。

九五： 休否，大人吉。其亡其亡，系于苞桑。
象曰： 大人之吉，位正当也。

经文意思是：小人之道停止，大人物吉祥。要灭亡，要灭亡，系在大桑树上。

象辞的意思是：大人物的吉祥，是因为九五居位中正得当。

此时，君王身边的小人终于被除掉了，所以说"休否"。也就是说小人开始没有市场了。重新掌权的君王于是吸取这次教训，时刻不忘居安思危。"其亡其亡，系于苞桑"是一首很古老的诗歌。意思是说"要灭亡呀要灭亡，结果却像

九五中正居尊位，可休止闭塞的局面获得吉祥。但要时时自警，才可安然无恙。

大桑树一样坚固。"是警告人们不要忘掉危险才能更好地生存。对于君王来说,便要常有忧患意识,国家才能长久。

上九: 倾否,先否后喜。
象曰: 否终则倾,何可长也。

经文意思是:小人之道倾覆,先闭塞后欢喜。

象辞的意思是:小人之道到了终极就会倾覆,怎么会长久呢?

至此,小人之路已经走到了尽头,所以"倾否"。倾否便是将否倒过来,否卦倒过来,正好又回到了泰卦,所以这一句爻辞与泰卦的上六相对应,这里是否极泰来的意思;泰卦的上六则是讲泰极否来的意思。否泰的变化充满了辩证推理,是以运动的观点看问题,这正是《易》的主旨。

否卦卦辞告诉人们处于这种时期应当隐藏,而爻辞则告诉人们怎样隐藏真意,用行动驱除小人的势力。其中需要审时度势,又需要机智与勇气,能够懂得否泰的道理,将会使人受益匪浅。

上九乾健至盛,必然倾覆闭塞使天下通泰,通则喜,否极必然泰来。

卦十三 同人

壹 • 卦名、卦画与卦象

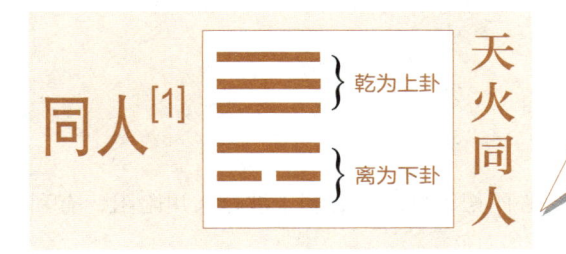

同人[1]

天火同人

乾为上卦
离为下卦

离为火，乾为天，火光上升，即天、火相互亲和，为同人。象征和同于人。天下为公，有和睦、和平之义。促成世界大同，必须有广阔无私、光明磊落的境界，方顺利畅通，而这也是君子的正道。

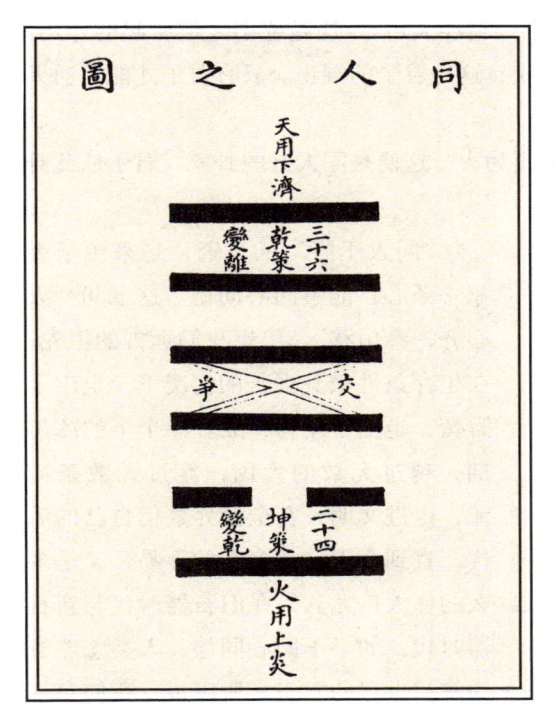

同人之图

天用下济
乾策三十六
变离
交争
坤策二十四
变乾
火用上炎

【注解】

[1] 同人：卦名，象征大家同心同德之意。

【释义】

这一卦的卦名是同人。"同"字在《说文》中的解释是："同，合会也。"也就是聚集的意思。"同人"便是聚集众人。上面一卦是否卦，经历了大的磨难后，人们开始懂得团结的力量，所以接下来便是同人卦。

同人卦的卦画是一阴五阳。从卦象上分析，上卦为乾为天，下卦为离为火，在天底下生起一堆火，便是同人卦的卦象。这个场面，正是上古时期，甚至是原始时期人类的生活写照。大家聚集在一堆篝火旁取暖，烧烤食物，一同商论有关生存的大问题，或者一同载歌载舞，共同享受欢乐的时光。在当时的条件下，没有精致而豪华的住房，没有精美而实用的饮食器具，乐器没有后来的先进，音乐没有后来的动听。尽管条件艰苦，但是大家聚在一起，同心同德，极其快乐。这便是同人卦的内涵。

贰 • 卦辞

同人：同人于野，亨。利涉大川，利君子贞。
彖曰：同人，柔得位、得中，而应乎乾[1]，曰同人。同人曰："同人于野，亨。利涉大川。"乾行也。文明以健，中正而应，君子正也。唯君子为能通天下之志。
象曰：天与火，同人。君子以类族辨物。

【注解】

[1] 应乎乾：指六二爻与九五爻相应。

【释义】

经文意思是：大家聚集在野外，同心同德，亨通。有利于涉过大川险阻，有利于君子守正道。

彖辞的意思是：同人卦，柔顺的六二爻居于中位，与上卦的九五相呼应，所以称为同人卦。同人卦说："同人于野，亨，利涉大川。"这是乾阳之道所起的作用。即文明又刚健，六二与九五中正而相呼应，这是君子的端正。只有君子才能沟通天下人的心志。

象辞的意思是：上卦乾为天，下卦离为火，这便是同人卦的卦象。君子从此卦中得到启示，以不同种类分辨事物。

一人捧文书上有心字，心专名利；一人张弓射向山上，主高中；一鹿饮水，主爵禄源源而来；一溪，主前程远大。浮鱼从水之卦，二人分金之象。

"同人于野"的亨通，是来源于大家一条心，能够同心同德。这就叫"人心齐，泰山移"。想想我们远古的祖先，在生存条件极其艰苦的情况下，走出了野蛮，走出了蒙昧，战胜一个个的冰川期，越过无数的大山，渡过无数条河流，走进文明，在全世界繁衍自己的后代，直到今天，是多么的不易，又是多么的伟大！尤其是在旧石器时代与新石器时代，如果不同心同德，人类怎能成为统治世界的君王。所以说，我们每一个人都应当懂得同人的力量。桃园三结义是同人，朱元璋起义成功靠的是同人。同人，用今天的话来说，便是"万众一心"，能够万众一心，还有什么困难克服不了的呢？怎么会不亨通呢？

然而，让天下的人都一条心，是无法做到的。尤其是在私有制社会，人心不可能达成一致。那么君子在这种大气候中应该怎样去"同人"呢？象辞说："君子以类族辨物。"就是说，君子在人群中要寻找与自己志同道合的"同人"。俗话说"鱼找鱼，虾找虾，王八找王八。"自然界中总是物以类聚，人以群分的。君子就应当明白这个道理，与自己的同类人聚集在一起。人类的群体比动物界复杂，所以君子要谨慎选择好属于自己的群体。这对一个人的一生有很大影响。较为典型的例子便是孟母三迁的典故。

孟子的父亲死得早，他从小便和母亲一起生活。孤儿寡母，生活穷困，所以生活环境相对来讲便差一些。起初他们生活的周围是一些专门以为死人办丧事为生的群体，这一点和孔子的早期也有相似之处。结果孟子与周围的小伙伴们每天玩的游戏便是模仿给死人办丧。孟子的母亲一看这样可不行，为了孩子不受环境的影响，便带着孟子搬到别的地方去住了。可是过了一些日子，孟子的母亲发现孟子与小伙伴们喜欢在一起打打杀杀的，有一次他们竟然把别人家的猪给杀死了。孟母给猪的主人赔偿了钱财，一打听，原来是附近有一些专门从事屠宰行业的人家，孩子们是受了屠夫的影响才做出了这件事。孟母于是带着儿子又搬到了另一个地方去住。这个地方离一所学校不远，所以孟子便受到学生们的熏陶，每天都背诗文。孟母看在眼里，喜在心头，便在那里定居下来。结果不负孟母的苦心，孟子最后果然学有所成，成为儒家的代表人物。

君子就应当向孟母学习，要懂得哪些人是应该积极交往的，哪些人是不应该交往的。举个现在的例子。福建省公安厅原副厅长兼福州市公安局局长庄如顺与赖昌星成了"铁哥们儿"，收下了赖昌星54万余元的好处费，结果成了阶下囚。这就是没有选择好属于自己的群体。事后，成为阶下囚的庄如顺说："说实话，我从来就没有把赖昌星当成朋友。我理解的所谓朋友不说志同，起码要道合，我跟赖昌星谈什么？跟他谈哲学？哲学两个字是什么他都不懂。跟他谈体制？他懂得什么？我觉得我跟赖昌星只能谈很实在的问题：我要你办什么，你能给我哪些帮助。"

可见庄如顺心里明白赖昌星不属于自己应当交往的群体，可是明知故犯，结果导致可悲的下场。所以说"君子以类族辨物"的道理不可不知，并且也必须按照这一规则去"同人"。

叁 · 爻辞

初九：同人于门，无咎。
象曰：出门同人，又谁咎也。
六二：同人于宗[1]，吝。
象曰：同人于宗，吝道也。
九三：伏戎[2]于莽，升其高陵，三岁不兴。
象曰：伏戎于莽，敌刚也。三岁不兴，安行也。
九四：乘其墉[3]，弗克攻，吉。
象曰：乘其墉，义弗克也；其吉，则困而反则也。
九五：同人，先号咷而后笑。大师克相遇。
象曰：同人之先，以中直也。大师相遇，言相克也。
上九：同人于郊，无悔。
象曰：同人于郊，志未得也。

【注解】

[1] 宗：宗族内部。
[2] 伏戎：伏，隐伏；戎，兵戎。
[3] 墉：城墙。

【释义】

初九：同人于门，无咎。
象曰：出门同人，又谁咎也。

经文意思是：出门与人同心同德，没有灾难。

象辞的意思是：一出门便与人同心同德，又有谁会给他带来灾难呢？

走出家门，去与志同道合的人相聚，怎么会有过失呢？有了问题，到外面寻求众人的帮助，怎么

初九处同人之始，上无应，在家门外与人聚集，但并没有什么坏处。

会有过失呢？走出家门，脱离自己的小圈子，到民众中去，怎么会有过失呢？这就是"同人于门，无咎"。在我国古代，一般有了大事，君王不能解决的大事，便要贴皇榜，请天下有能力之人前来解决。这皇榜一般贴在午门外或城门口，可以使更多的人看到。这就是"同人于门"。所以说，"同人于门"即有求天下贤人辅佐的意思，又有与民众打成一片的意思。能做到这些，肯定不会有过失的。

六二：同人于宗，吝。
象曰：同人于宗，吝道也。

经文意思是：只与同宗的人同心同德，心胸狭窄会有忧吝。

象辞的意思是：只与同宗的人同心同德，是自取忧吝之道。六二处于大夫之位，他只"同人于宗"，就难免会遭遇到忧吝之事了。为什么呢？因为他只团结自己宗族内的人，有事只在宗族内商量。这样做，不但无法集思广益，并且也不代表大众的志愿。这就相当于现在的小集体主义思想。比如一些国营企业的老板，把公司看成是自己和几个主要领导的公司，有事总是几个人聚在一起商谈，总是想着自己的利益，这样的公司怎能不面临倒闭的危险呢？再比如现在的许多民营企业，总是家族式管理，父亲总经理，儿子副经理，女儿、儿媳是主任，这种管理模式是闭塞的，跟不上时代步伐的。如果这一家子各个都是人才，都是管理界的精英，那还好些。可惜大多数不懂管理之道，结果使企业无法得到更大的发展，总是昙花一现，火爆一下后，便夭折了。现在有些民营企业吸取以往的教训，走出家庭这个小圈子，向社会广招贤才，做到唯德唯才是举，结果使企业得到了很大的发展。

六二中正与九五相应，但只是同宗族的人和睦相处，没有什么错，但也不值得赞扬。

九三：伏戎于莽，升其高陵，三岁不兴。

象曰：伏戎于莽，敌刚也。三岁不兴，安行也。

经文意思是：埋伏兵甲于草莽之中，登上高陵观察，三年不发动战争。

象辞的意思是：伏兵甲于草莽，是敌人太强大了。三年不发动战争，是稳中求胜。

埋伏兵甲于草莽中，三年都不敢与敌人进行正面的交锋，这可真是够谨慎的。可是谨慎总不会犯大错误，虽然伏于草莽中日子清苦，但却可以保存实力。这里讲的可能仍是商朝高宗讨伐鬼方的事情。鬼方是我国古代西北的一个部落。历来我国北部的民族勇猛好战，所以高宗这次征伐最初肯定是出师不利。敌人太强大，怎么办？只能等待时机。伏兵于草莽中，研究新的作战部署，寻找可以一举歼灭敌人的战机。"三年不兴"，其实也是说三年后始兴。也就是说三年后打败了敌人。这是面对强敌必须采取的战略战术。

九三刚而不中，与九五相争，在丛林中埋伏军队，又登高窥视九五，谨慎小心，三年也不敢出兵。

毛泽东在陕北建立了根据地，便是受敌强我弱的形势所迫，这种情况下与敌方正面交战，只能是损失惨重。所以毛泽东在陕北带领部队一边务农，一边练兵，最终保存了实力，赢得了天下。

九四：乘其墉，弗克攻，吉。

象曰：乘其墉，义弗克也；其吉，则困而反则也。

经文意思是：登上敌方的城墙，不占领全城，吉祥。

象辞的意思是：登上敌方的城墙，道义上不能攻打；吉祥，是遇到窘困而能返回到正当的法则上来。

已经占领了敌人的城池，可是并没有对敌人进行毁灭性的打击。这里讲的仍然是高宗讨伐鬼方的事情。打败了敌人，但由于战争的目的不是杀人，而是使对方归顺，使自己得到更多的人与土地，所以"弗克攻"，不用武力把对方全部杀死。这正是一种怀柔之策。中古时期，贵族永远是贵族，尽管贵族诸侯之间经常会发生战争，但只是为了归顺的问题。就像现在打扑克输了的一方要进贡一样，当时战争的主要目的便是要求对方进贡。诸侯的总盟主管理着天下的诸侯，诸侯年年要向总盟主进贡。我们

九四不中不正，又无相应，但阳居阴位有能退之象，如果改过可获吉祥。

打扑克都知道，输了的一方要把最大的一张牌进贡给赢家。当时的战争也是这样，诸侯国总是把本地最好的物品进贡给总盟主。可是有些诸侯觉得这样不公平，为什么好东西自己不能享用呢？于是就不再进贡了，并且还仗着自己武力雄厚到别的诸侯那里抢好东西。结果总盟主就得带兵讨伐这个反叛的诸侯，诸侯败了以后，只能继续给总盟主年年进贡。所以一般情况下，总盟主打败了对方，仍然不会将对方斩尽杀绝。

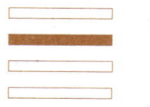

九五：同人，先号咷而后笑。大师克相遇。
象曰：同人之先，以中直也。大师相遇，言相克也。

经文意思是：与人同心同德，先号咷大哭，后放声大笑。大部队相遇，克敌制胜。

象辞的意思是：与人同心同德地先号咷大哭，是因为九五有中正直率的正义感。大部队相遇，是说克敌制胜。

这里描述的便是被别的诸侯国欺负了的诸侯求助于总盟主的情景。比如某个诸侯国被另一个诸侯国侵袭了，结果这个倒霉的诸侯来到总盟主那里又是哭又是号，为什么呢？因为土地被别人抢了，钱财也没了，妻子也没了，奴仆也没了，弄不好还几天没吃饭，所以伤心啊。总盟主一看他这惨样，马上说："别难过了，我帮你收拾他。"有总盟主做主，自然这个被抢的诸侯就破涕为笑，自然是先悲后喜。这就是"同人"的力量，你受别人欺负有人给你主持正义。因为九五的君王是一位以天下为己任的君王，诸侯的事就是天子的事，所以有这么一位天子做总盟主，大家都会受益。

九五中正,与六二同心相应,但因九三、九四为敌相应不顺,只有将他们击败,才可与六二相遇而"笑"。

上九:同人于郊,无悔。
象曰:同人于郊,志未得也。

经文意思是:与郊外的人同心同德,没有忧悔。

象辞的意思是:与郊外的人同心同德,是还没有得志。

上九处于乾卦的最外面,乾为郊野,所以此爻有"同人于郊"爻辞。其实在任何一个社会,都有不得志的人。有能力而不得志,只能隐居于平淡之中,这种人可以称之为隐士。上九就是一位隐士,虽然不得志,但是能够与其他隐士一起安守于偏僻的郊区,因为能够守于平淡之中而无非分之想,所以不会发生悔恨的事情。这就如同诸葛亮在《诫外甥书》中所言:"夫志当存高远,慕先贤,绝情欲,弃凝滞,使庶几之志,揭然有所存,恻然有所感。忍屈伸,去细碎,广咨问,除嫌吝,虽有淹留,何损于美趣?何患于不济?"在平淡之中能做到这些,则自然会成可进,败可守了。

上九独居荒郊野外,无人与他和同。但也远避了内争,超然自乐,没有什么可懊悔的。

卦十四 大有

壹 • 卦名、卦画与卦象

大有[1] ☲ }离为上卦 ☰ }乾为下卦 火天大有

> 离为火，乾为天，火焰高悬天上。即太阳当空照耀，大地五谷丰登，大获所有。故大有有收获之义，象征大获所有。又卦中一阴居尊位，获五阳之应，故为"大有"。

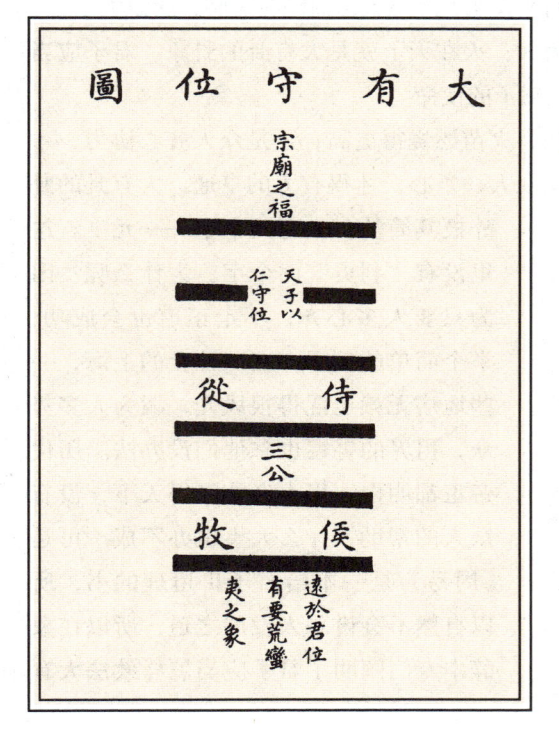

【注解】

[1] 大有：卦名，象征大有收获。

【释义】

此卦卦名为大有。甲骨文的"有"字是一个象形字，即表示的是手中拿着肉，是拥有的意思。大有即是大的拥有，大的收获。前面一卦为同人，众人同心同德，自然会有大的收获，所以接下来是大有卦。

大有卦的卦画是一阴五阳，与同人的卦画相似，而排列顺序正好相反。可见大有与同人是有着必然联系的，是相辅相成的。大有卦的卦象是上卦为离为火，下卦为乾为天，火着到了天上便是大有卦的卦象。俗话说"众人拾柴火焰高",大家围在一个火堆旁构成同人卦,每个人给火堆添一把柴便可以让火焰烧到天上去,可见众人团结起来才会有更大的力量,才会有更大的收获。另外,离为日,乾为天,大有卦的卦象还有明日中天的形象。中午的太阳是最亮的、最热的,所以古代常以日中表示事物的鼎盛时期。

贰 • 卦辞

大有:元亨。

彖曰:大有,柔得尊位[1],大中[2]而上下应之,曰大有。其德刚健而文明,应乎天而时行,是以元亨。

象曰:火在天上,大有。君子以遏恶扬善,顺天休命。

【注解】

[1] 柔得尊位:指六五爻以柔顺之德居于君王之位。
[2] 大中:博大而中正。

【释义】

经文意思是:大有卦,大的亨通。

彖辞的意思是:大有卦,阴柔居于九五君位,博大而中正,上下刚柔相呼应,所以说"大有收获"。它的卦德是性刚健而又文明,顺应天道而随时运转,所以大亨通。

象辞的意思是:上离为火,下乾为天,火在天上就是大有卦的卦象。君子应当从中得到启示,除恶扬善,以顺应上天赋予的使命。

正是由于众人拾柴,使火烧得更旺,火苗燃烧得更高;正是众人齐心协力,才使人类社会发展到文明盛世阶段;正是众人一条心,才得有大的亨通。大有卦的卦辞极其简洁,只有两个字——元亨。这里没有"利贞"两个字。为什么呢?因为只要人多心齐,不走正道也会成功。举个简单的例子。在旧社会的上海,一些地痞无赖也混得很风光,因为人多势众,租界的警察也拿他们没办法。历代帝王都明白,得人者才能得天下,没有众人的帮助,什么大事也办不成。可是《周易》是一本给君子讲道理的书,所以自然不会讲恶人发展之道,所以在象辞中专门阐明了君子应当怎样效法大有

有一妇人,腹中有一道喜气冲天,气中两小儿,主有双胎;一药王,主临产遇良医;药有光,灵药定验;女人受药,主受灾;一犬,主戌日有喜。金日满堂之卦,日丽中天之象。

卦的精神。象辞传说："君子以遏恶扬善，顺天休命。"便是说君子是不能利用人多势众胡作非为的。君子应当"遏恶扬善，顺天休命"。也就是说，君子应当与善良的人组成正义之师，消灭罪恶的势力。因为君子是代表天道的，具有天的善良与正义，具有天的自强不息、普济万物的精神，所以君子不能同罪恶势力同流合污，应当建立自己的正义之师，替天行道。

叁 • 爻辞

初九：无交害[1]，匪咎，艰则无咎。
象曰：大有初九，无交害也。
九二：大车以载，有攸往，无咎。
象曰：大车以载，积中不败也。
九三：公用亨[2]于天子，小人弗克。
象曰：公用亨于天子，小人害也。
九四：匪其彭[3]，无咎。
象曰：匪其彭，无咎；明辨晢也。
六五：厥[4]孚交如，威如；吉。
象曰：厥孚交如，信以发志也。威如之吉，易而无备也。
上九：自天祐之，吉无不利。
象曰：大有上吉，自天祐也。

【注解】

[1] 无交害：没有交往的害处。

[2] 亨：此处指宴会。

[3] 彭：此字子夏本《易经》为"旁"字；虞翻本《易经》为"尫"字；干宝本《易经》为"彭"字，是"彭"亨骄满的意思。

[4] 厥：其。

【释义】

初九：无交害，匪咎，艰则无咎。
象曰：大有初九，无交害也。

经文意思是：没有交往的灾害，不会有灾难，艰难自守就没灾难。

象辞的意思是：大有卦的初九爻，

初九与九四无应，九三不相交往，故不惹祸，但位卑，必须牢记艰难，戒惧谨慎才可免祸。

是没有交往的灾害。

大有卦一阴五阳，除了初九以外，其他阳爻都与六五可以产生一定的关系，九二与六五相应，九三通过互卦与六五建立关系，九四处于六五之下，可以阴阳相合，上九处于六五之上，也可以与六五相合，所以初九爻有无法交往的含义。可是正因为没有交往，所以也不会有交往的害处。这就是"祸兮福所倚，福兮祸所伏"的道理。事物的好与坏都是一分为二的。初九无法与六五交往，但却能够安于自己艰苦的生活而没有非分之想，所以他不会有过失。

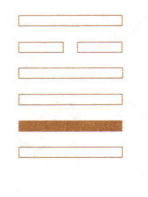

九二：大车以载，有攸往，无咎。
象曰：大车以载，积中不败也。

经文意思是：用大车装载，有所前往，没有灾难。

象辞的意思是：用大车装载，积量适中，就不会毁坏。九二与六五相应，所以有利于前往。去哪里

九二得中，上应六五，有见信于"君"，任重道远之象。前往没有什么过失或灾祸。

呢？自然是去与六五交往了。"大车以载"是什么意思呢？大有卦是大有收获的意思，九二身为大夫之位，收获自然是不小了，他用大车装着货物去见六五的君王，怎么会有过失呢？前人认为九二爻之所以有"大车"的词句，是因为大有卦是从夬卦变化来的，而夬卦则是由坤一阳复出而逐渐变化过来的。九二原为坤卦的下卦之中爻，坤为大车，所以这里也提到"大车"二字。这种解释不是让人很信服，太绕了。如这样变，任何一卦都可以变成大有卦。这里的大车是因为人们富裕了，送礼不再小家子气了，用大车盛着礼物去，所以说"大车以载"。大有卦就是大有收获的意思，人们在积累中富裕起来了，自然交往中的礼物就越来越贵重了。这就好比我国改革开放前后的情形。改革开放前，朋友或亲戚家里有女性生小孩坐月子，一般只是送些红糖或鸡蛋之类的礼物以表示关心与祝贺，数量也很有限。现在则不同了，人们生活富裕了，送礼都送高级的滋补品，朋友或亲戚家里有女性生小孩坐月子，如果你拿着两斤鸡蛋和一袋红糖去送礼，肯定让人觉得你是大脑有问题。九二爻是属于大夫之位，平时也要用车给君王送礼，但是现在更富裕了，改用更大的车给君王送礼，怎么会有过失呢？

象辞中对"大车以载"的解释是，将小车满载的货物改换大车来装，由于不满载，所以不会因充盈而使大车损坏。这里表面上看是在说用大车装货的优点，实际上却向人们阐明一个道理。什么道理呢？就是宽裕、留有余地的道理。我们在乘坐火车外出时，坐在车厢里总会听到咕隆咕隆的声音，很有节奏，这是怎么回事？这是车轮行驶到钢轨接缝处发出的声音。铁路线是由一段一段的钢轨铺成的，每两节钢轨中间都有一个缝隙，这个缝隙是必须要有的，如果没有就该发生交通事故了。因为钢轨会随着温度的变化而热胀冷缩，如果没有这个缝隙，膨胀后的钢轨便会鼓出地面，列车就会脱轨了。这就是留有余地的作用。我们说话、办事、做人都要留有余地，否则就会出现过失。大车装载货物而保持适中的载量，就是一种留有余地的学问。这是古人从生活中积累的知识，逐渐把它应用于生活的各个方面，于是形成了一种哲学思想。

九三：公用亨于天子，小人弗克。
象曰：公用亨于天子，小人害也。

　　经文意思是：公侯受到天子邀请而参加宴席，小人则不能这样。
　　象辞的意思是：公侯受到天子的宴请，如果宴请小人则会有害。
　　天子举行盛大的宴会，王公贵族都受到了邀请，君王与大家一起分享收获的快乐。可是小人却没有这个福分，君王不会请小人参加这个宴会的。为什么呢？因为小人会搬弄是非，会对安定团结有害。所以贤明的君王是不会亲近小人的。
　　这里是告诫大家，要做正人君子，不要做小人。因为小人是不会受到君王重用的。从卦象上讲，九三是王公的位置，六五为天子之位，三爻正是大有卦的下互卦兑卦的中爻，兑为口为喜悦，所以有到天子那里吃宴的爻辞。
　　春秋时期的晋文公曾经就占到过这一卦。当时的情形是这样的。周襄王与自己的同母兄弟王子带争位，由于王子带势力大，所以周襄王没有如愿以偿，被迫逃到郑国避难。当时秦穆公拥兵于黄河岸边，准备送周襄王回国。晋文公的大臣狐偃劝晋文公也参与这件事，说："帮助周襄王回国当国君可是一个好机会，既可以伸张正

九三下卦之上，公侯之象，刚而得正，能任向"天子"献礼致敬的工作，但必须修德守正。

义，又可以在诸侯中树立威信，应该参与。"于是晋文公让卜官进行占卜，结果很吉利。卜官说，这一卦正好是黄帝在阪泉之战击败炎帝的一卦。晋文公认为自己没法和黄帝相提并论，于是命令卜官再占。再占卜的结果是大有之睽，也就是占得大有卦，九三爻为动爻。卜官说："很吉祥啊，肯定是不但能打胜仗，而且还能得到天子的盛情款待。这一卦下卦为乾为天，变互卦为兑为泽，上卦为离为日，是天变为泽来承受日光，表示天子会降驾来迎接您，大有卦为归魂卦，正是表明天子会复位回到君王之位。"于是晋文公便带兵进攻周朝，杀了王子带，护送周襄王归国成为周朝的国君。晋文公因此受到周襄王的宴享款待。当时周室衰落，诸侯便是借助辅佐天子的名义而争夺霸主之位的。这段故事记载于《左传·僖公二十五年》，由此可以看出变卦、互卦、卦象及归魂、游魂的解卦方式在孔子出生前就有了，只是孔子没有把《易》的内容全部传下来，因为《易》博大精深，孔子是不可能完全掌握的。由此也可以看出孟喜《易》与京房《易》也是在孔子之前就有了，并非孟喜与京房所创。

九四：匪其彭，无咎。
象曰：匪其彭，无咎；明辨皙也。

经文意思是：不骄傲自满，没有灾难。

象辞的意思是：不骄傲自满，没有灾难，是由于他能够明辨事非。

人们常说"骄傲使人落后，谦虚使人进步"，说的就是"匪其彭"的道理。也许你会说，怎么现在的很多俗语都与《周易》中的道理能够结合起来呢？其实，我们生活中的俗语往往是世代相传的经验之谈。中国上古时期的经验之谈是古歌，后来融入《周易》中。从《周易》问世以后，《周易》中的哲理便深入到人们生活的各个领域，于是世代相传，逐渐演变，形成了中国古代的一些成语与俗语。这些道理随着时代的洗涤，于是表达形式便有了新的版本。但万变不离其宗，我们今天说的"理"，其实还是几千年前的"理"。这些"理"不是孔子与孟子所创立的，而是创立于周公时代。但也不是周公发明的，而是中国从黄帝至周公几千年形成的社会规范，周公进行整理并加以创新，后来孔子进行继承得以发展，到今天这些

九四居近君位，是大有之盛者，但阳居阴位，谦恭顺承六五，这样不会有什么灾害。

"理"已经经历了许多变化，但不杀人、不做坏事、讲诚信、讲正义、做君子等这些主要宗旨不会变。从黄帝到现在，仍然是王字旁的理，什么意思呢？有人说是君王才有理，老百姓没理。其实，理的意思是，谁的道理正确，谁是谁非，需要君王的裁决。从私有制诞生直到今天，如果没有裁决"理"的人，那么社会上也就不存在理了。因为私有制嘛，谁都想为自己打算，于是公说公有理，婆说婆有理，怎么能分清谁有理呢？

"匪其彭"即是告诫人们不要骄傲自满，身为诸侯，往往会认为自己很了不起，但别忘了在上面还有天子，还有总盟主。如果自己比总盟主还牛，那只能给自己带来灾难。文王为什么会被囚于羑里呢？因为他的势力太大了，当时他与九侯、鄂侯并称为"三公"，在商朝上下有着很大的权势，为此纣王不得不想办法除掉他们。不过文王总算是懂得韬光养晦之道，躲过了杀身之祸。再来谈谈尽忠报国的岳飞，岳飞是以"莫须有"的罪名被杀的，手握重兵，势力越来越大，怎么能不引起君王的猜忌呢？大臣谋反与外邦入侵都会使君王亡国，这点道理恐怕是哪个皇帝也明白的。所以说杀岳飞并非是要表示不抵抗政策，而实在是必须在两大忧患中先除一患。

六五：厥孚交如，威如；吉。
象曰：厥孚交如，信以发志也。威如之吉，易而无备也。

经文意思是：交往有诚信，有威信，吉祥。

象辞的意思是：以诚待人，是以诚信引发他人的意志。有威信之所以会吉祥，是因为平易近人而无人戒备。

六五以阴柔统御众阳，阴阳相吸相合，所以他可以与其他阳爻交往而得到吉祥。但是有一个原则是要保持诚信与尊严。这个六五的处境，不禁让我想起一个关于海盗的故事。故事中说有一位极其美丽的公主与一个海盗头领相爱了。海盗要出海了，由于每次出海都要走很长时间，所以公主割舍不下，决定随爱人一起出海。这个要求使海盗头领为难了，因为按照习惯女人上船是很不吉利的，会给男

六五柔居君位，以诚信胸怀结交众阳，为大获人心、富有至盛之象，平安吉祥。

人带来灾难。并且，这些海盗一个个残暴成性，烧杀淫掠，无所不为。美丽的公主在海盗船上是否安全，这确实让海盗头领很伤脑筋。但是海盗头领也有些割舍不下美丽的公主，于是冒着生命危险同意了公主的请求。结果，这只海盗船在海上航行了好几个月，公主不但没有遭到危险，而且受到了所有海盗的尊重，他们把她当成女王、女神一样。为什么会这样呢？因为公主有道德而不轻浮，她用诚信与善良建立了威信。如果公主有轻浮的举动，那么极有可能发生意想不到的危险。

有一位哲学家曾经说："你的知己永远会是你的异性。"这句话被不少人推崇，但比起《周易》中的道理，显然是小巫见大巫了。《周易》说"一阴一阳之谓道"，不知要比这位哲人所说的内涵丰富多少倍。

人们总爱说《周易》反映的是中国古代朴素的唯物思想。这"朴素"两个字用得非常好，它确实是朴素的，但要说明的是，它并不代表不成熟。上古人们在说明道理时总是愿意讲实话，所以你会从字里行间看到权衡利弊的思想。可是后来的人们就不再朴素了，怎么不朴素了呢？因为虚伪了，不爱讲实话了。事实上从孔子开始，直到今天的文人，都不再那么朴素了（包括我自己吧）。孔子一生在追求什么，其实仔细研究他的一生，曾经追求功名利禄，可是孔子不这样说，他说他在追求仁义道德。

上九：自天祐之，吉无不利。
象曰：大有上吉，自天祐也。

经文意思是：自有天来保佑，吉祥没有任何不利的。

象辞的意思是：大有卦上九爻的吉祥，是来自上天的保佑。

人们往往会认为天上的神灵会保佑人类吧。其实这句"自天祐之"指的不是这个意思，而是指天道。也就是说你顺应天道，就会得到天的保佑。其实能保佑你的，还是你自己的言行。你的一举一动是否符合天道的规律，才是决定你是否吉祥的关键所在。大有卦讲的是大有收获，上九已经是收获到了极点，该发生物极必反了，还怎么会"自天祐之"呢？因为要想在大有收获的基础上得到进一步的发展，天道的法则是谦虚，所以接下来便是谦卦。

上九阳刚在上，以刚顺柔、崇尚贤者履信君子，所以有"天神保佑"之吉。

卦十五 谦

壹 • 卦名、卦画与卦象

谦[1]

坤为上卦
艮为下卦

地山谦

艮象征山、止，坤象征地、顺，地中有山。山体高大，但在地下，高能下，下谦之象。卑下之中，蕴其崇高，屈躬下物，先人后己，所以谦象征谦虚。如此谦虚地待物、待事，所以诸事顺利。但是只有君子才能始终保持谦虚的美德。

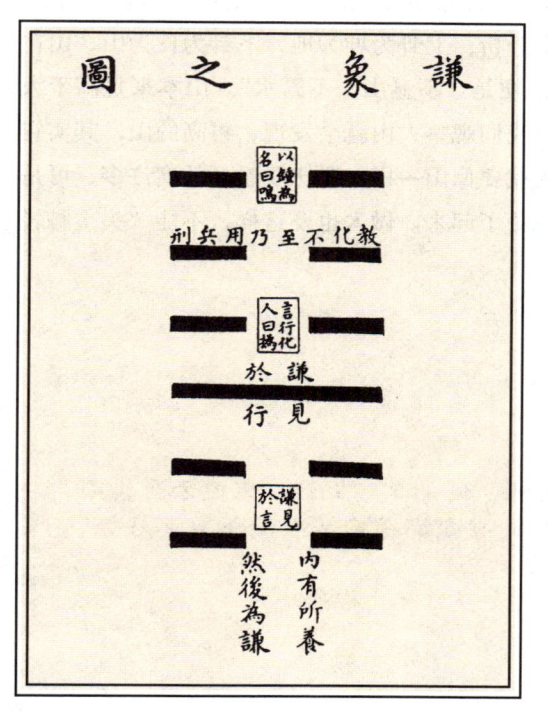

【注解】

[1] 谦：卦名，象征谦虚、谦逊。

【释义】

此卦卦名为谦。《说文》中对谦的解释是："谦，敬也。"也就是恭敬、谦虚、谦逊的意思。古人说"谦受益，满招损"，便是来自《周易》的思想。上一卦是大有卦，人们生活富裕了，富裕之后就会有一种不良风气。是什么风气呢？就是攀比风。比谁钱多，比谁有势力，比谁有能力，这就是攀比。现在人们都富裕了，所以现今也有这种不良风气。学校的孩子们，只要有一个人穿了双进口的鞋，接下来便会有很多人跟着穿。

只要有一个学生有了一个高档手机，很快学校里马上就会有很多学生有这种高档手机。现在一个学生的一双鞋往往就在千元左右，可是有什么用呢？穿上这双鞋能把体育搞上去还是能把学习成绩搞上去？这是盲目的攀比。可是这却是经济发达的产物。经济社会，人们追求享受，追求富贵，是无可非议的。因为它正是刺激经济发展的一个因素。但盲目攀比，极尽奢侈，却不会有好结果。

举个例子来说，世界著名拳王泰森从1985年19岁从事职业拳击运动以来，曾日进斗金，人们往往用"印钞机"来形容他。他除了缴纳税金，支付经纪人、中间人、教练、律师、医生、陪练手、保镖及其他人员的酬金和工资外，属于他本人的收入大约2000万美元。他先后买过80多部汽车。几乎世界上所有的名贵汽车他都要买来过把瘾。他每到一处都要买一辆新车玩玩，往往一离开此地，就把车子丢在那里。

因此，泰森不得不以每年4万美元的年薪，雇了6名司机专门把他丢在美国各地的汽车开回他在纽约、新泽西或俄亥俄州的三处家中。有时，他把玩过了几回的车子，就像递给人家一支香烟一样，送给一些朋友或有一夜幽情，甚至是素不相识的漂亮姑娘。他在结婚时花了400万美元买豪华别墅，并装修得如同皇宫一样。

然而，在与妻子离婚的时候，他由于挥霍过度，连离婚的起诉费都是从唐·金那里借的。离婚后，他不但成了穷光蛋，而且还有大量欠单。一个曾经收入一亿美元的人，竟然最后变得负债累累。这就是攀比与奢侈造成的后果。泰森想要享受有钱人的贵族生活，结果他却因此成为穷人。所以在大有收获之后，切不可忘记"谦逊"二字。

谦卦的卦画是一阳五阴。从卦象上分析，上卦为坤为地，下卦为艮为山，山在地中便是谦卦的卦象。按现在的话来说便是"不显山，不露水"。山本来是高于大地的，但由于谦逊，它甘于埋于地中。我们观察大山就会发现，再高的山，其实它的大部分也是埋于地中的。所以，做人就要像山一样，要比所看到的高许多，可是因为谦逊，把很大一部分埋入地中，隐藏了起来。做人也要这样，不能"头重脚轻根底浅，嘴尖皮厚腹中空"。

贰 • 卦辞

谦：亨，君子有终。

彖曰：谦，亨，天道下济而光明，地道卑而上行。天道亏盈[1]而益谦[2]，地道变盈而流谦，鬼神害盈而福谦，人道恶盈而好谦。谦尊而光，卑而不可逾[3]，君子之终也。

象曰：地中有山，谦；君子以裒[4]多益寡，称物平施。

【注解】

[1] 亏盈：使盈满亏损。即减盈补亏。
[2] 益谦：使谦虚得到增益。
[3] 逾：逾越，超过。
[4] 裒：音 póu，聚集，汇聚。

【释义】

经文意思是：谦卦，亨通。君子会把事情做到底，得到好的结果。

彖辞的意思是：谦卦，亨通，天的阳气下降，带来光明，可普济万物，地的阴气上升而与阳气交合。天的法则是使满盈逐渐亏损而使谦虚受益；地的法则是把满盈的变少，流入低下之处；鬼神的法则是祸害骄傲自满而保佑谦虚的人；人的法则是厌恶自满而喜爱谦虚。谦虚受人尊重而荣耀，使地位卑下的人不逾越礼制。这就是君子的善始善终。

象辞的意思是：谦卦的上卦为坤为地，下卦为艮为山，地中有山便是谦卦的卦象。君子从中得到启示，取多余以补不足，称量财物的多少而平均施舍于人。

谦卦的卦辞也简练，只有五个字：亨，君子有终。可是其内涵却极为丰富。谦虚使人受益，使人进步，所以会亨通。君子能够做到这一点，便会得到善终。我们知道人们一般都是能够做到善始的，但做到善终的却没几个人。善终者才是最后的成功人士。世界上的成功人士与非成功人士的比例是10∶90。可见大多数人是做不到善终的。为什么呢？只因为人往往会因为一点小小的成绩而骄傲自满。谦受益，满招损。只有谦虚才能使你得到更多，这就像一个瓶子，只有空瓶子才能装入水，如果已经装满了水，那么再往里倒水，便会流到外面。而人与瓶子不同的是，人这个容器是可大可小的，内心谦虚，你的容量就大；内心骄傲，你的容量就小。谦虚意味着你还能接受，骄傲则意味着你已经什么都容不下了。所以说一个人富贵了就骄傲起来，无异于向人们宣布：我已经无法再富下去了。如果一个人因为自己有学识而骄傲，则无异于在对人们说，我再也学不到知识了。如果一个人因为自己的业绩而骄傲，则无异于在向人们说：我再也创造不出更大的业绩了。你真的想成为这种人吗？如果不，那么你就必须谦虚。

月当空，无私也；一人骑鹿，主才禄俱至；三人脚下乱丝，乃牵连未解；贵人捧镜，乃遇清官之意；文字上有公字，主公事得理。地上有山之卦，仰高就下之象。

象辞传中说："君子以裒多益寡，称物平施。"什么意思呢？这里是向身为君王的人提出一点忠告，是从另一个角度发挥《周易》中的哲理。电视剧里的和珅，比皇帝都富有。正是由于有和珅这样的人物存在，清朝的盛世很快便结束了。据有关资料统计，清嘉庆年间，白莲教起义后，乾隆末年户部存银7000余万两耗费殆尽。嘉庆后期，由于鸦片走私，白银外流，到鸦片战争前夕，中国每年外流白银1000余万两。由盛世转为国库空虚竟然如此之快，这不能不让人感叹贪污的厉害。由于贪污腐败，造成官逼民反，发生了白莲教起义。嘉庆帝刚登基时大权还掌握在太上皇乾隆手中，所以他没法惩治贪官和珅。嘉庆四年，乾隆去世，嘉庆帝便命和珅给乾隆守三九二十七天孝，在这二十七天，嘉庆切断了和珅同外面的联系，巩固了自己的政权后，便迅速处决了和珅这个大贪官，将和珅的两万万两家财归入国库，填补了国库的空虚。这就叫君子的"裒多益寡，称物平施"。

历史上往往认为杀和珅是嘉庆帝做的唯一一件漂亮事，事实上，清朝的衰落与嘉庆没有关系。衰落的直接原因正是康乾盛世时期的三位皇帝造成的。为什么呢？因为"满招损"。自认为很英明，很了不起，实现了盛世格局，认为自己是泱泱大国之君，富甲天下，怎么还能有更大的发展呢？可是欧洲此时已走出黑暗的中世纪，继文艺复兴之后开始了启蒙运动和工业革命，并且以海盗起家的欧洲诸国已开始了世界范围的侵略。到了嘉庆年间，内忧外患一齐袭来，就是康熙再世也不见得能应付得了啊！因为好大喜功的乾隆帝已把江山治理得百孔千疮了，乾隆帝宠信的一帮贪官污吏已经把社会搞得动荡不安了，所以说嘉庆帝并非是很糟糕的一位皇帝。他杀和珅，便是"裒多"；他减少百姓的税收，便是"益寡"。嘉庆曾有感于白莲教的起义而写过一首诗，诗中说："内外朝臣尽紫袍，何人肯与朕分劳？玉杯饮尽千家血，银烛烧残百姓膏。天泪落时人泪落，歌声高处哭声高。平时漫说君恩重，辜负君恩是尔曹。"表达了一个君王的忧患意识，表明了对贪官的痛恨之情。如果没有嘉庆帝，那么大清国有可能在盛世之末便会亡国。

叁 ● 爻辞

初六：谦谦君子，用涉大川，吉。
象曰：谦谦君子，卑以自牧也。
六二：鸣谦[1]，贞吉。
象曰：鸣谦贞吉，中心得也。
九三：劳谦[2]君子，有终吉。
象曰：劳谦君子，万民服也。
六四：无不利，撝[3]谦。
象曰：无不利，撝谦，不违则也。

六五：不富，以其邻，利用侵伐，无不利。
象曰：利用侵伐，征不服也。
上六：鸣谦，利用行师，征邑国。
象曰：鸣谦，志未得也。可用行师，征邑国也。

【注解】

[1] 鸣谦：雄鸣则雌应，所以此处的"鸣"有共鸣的意思。鸣谦即指六二爻与九三爻以谦虚而产生共鸣。

[2] 劳谦：有功劳而谦虚。

[3] 扬：音huī，《九家易》"扬犹举也"，与现在的"挥"字意思相近，有指挥的意思。

【释义】

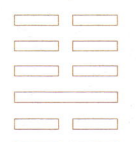

初六：谦谦君子，用涉大川，吉。
象曰：谦谦君子，卑以自牧也。

经文意思是：谦谦有礼的君子，以谦德跋涉大川险阻，吉祥。

象辞的意思是，"谦谦君子"，是以谦卑自守，把自己管理好。

初六爻处于谦卦的最下面，所以他是最谦逊的人，即谦而又谦的君子。能够以谦而又谦的态度做事，怎么会遇到困难呢？所以卦辞说吉祥。

象辞说"谦谦君子，卑以自牧也"是什么意思呢？这是说，谦而又谦的君子之所以会吉祥，是因为他能够心怀谦卑地管理好自己。人能够谦虚谨慎地对自己的言行进行反省，自然不会犯大的过失，所以吉祥。

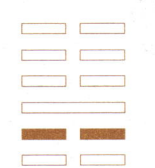

初六处谦之下，谦而又谦，凭着这种谦虚的美德，涉过大河，克服险难，会吉利。

六二：鸣谦，贞吉。
象曰：鸣谦贞吉，中心得也。

经文意思是：宣扬谦德，守正道吉祥。

象辞的意思是：宣扬谦德，守正道吉祥，是内心中正所得的吉祥。

六二阴爻居偶位为得位，并且居中，所以因守正道而能保持谦虚之德而得到吉祥。爻辞中的"鸣"字很难找到合适的现代词进行翻译，因为它有"共鸣"的意思，可是翻译成"共鸣谦虚"又有些生硬。所以只能讲解一下"鸣"的具体含义来加强对原文的理解了。这也正是孔子所说的"书不尽言，言不尽意"。有些古文里的东西，往往只能靠意会来理解。

《周易》中的中孚卦九二爻有"鸣鹤于阴，其子和之"的爻辞。就是说大鹤鸣叫，它的儿子小鹤也跟着应和。动物中雄鸣则雌和，母鸣则子和。古文中的"鸣"不单有现代汉语中认为的叫声的意思，还含有相和的内容。与六二相鸣和的是谁呢？就是九三爻。九三爻是一位有功劳而谦虚的君子，六二也效法九三爻，所以与之相鸣和。所以"鸣谦"的内涵指的便是，懂得谦虚的人互相提倡谦虚的美德，互相有共鸣，所以守正道吉祥。

六二中正，谦虚美名远扬，守持中正之道，必获吉祥。

九三： 劳谦君子，有终吉。
象曰： 劳谦君子，万民服也。

经文意思是：有功劳又谦虚的君子，最后结果会吉祥。

象辞的意思是：有功劳又谦虚的君子，万民都愿意顺服。

有功劳而又谦虚谨慎的君子，最终会吉祥的。因为有了功劳而不居功自

九三卦中唯一的阳爻，但位不居中，只有勤劳谦虚，才获吉祥。

傲，其一不会遭人妒忌；其二因为心怀谦虚之德，所以可以接受新生事物，还会有更大的发展。比如清朝的康熙皇帝，如果真的是一位"劳谦君子"，那么就应当看出中国当时与国外的差距，追求更大的发展。不过康熙六岁登基，一生做了许多大事情，确实是一位很了不起的人物，让他懂得谦虚是不大可能的。如果雍正是一位"劳谦君子"，那也会改变清朝衰落的命运；如果乾隆是一位"劳谦君子"，也不会使清朝走向衰落。可是到了嘉庆帝，再"劳谦"，确实有些晚了。嘉庆当时只杀了和珅一人，并没有"茹以其汇"地牵连其他人。为什么呢？因为贪官已形成庞大势力，要像拔茅草一样整治贪官，恐怕自己的皇位也保不住，实在是没办法。

六四柔顺得正，对上对下均能发挥谦虚的美德，因此没有不利。

周公是一位"劳谦君子"，他东征之后，使西周成为泱泱大国，政权也得到了统一与巩固，但他并没有居功自傲。制礼作乐期间，他为了不失去天下贤臣，"握发吐哺"，聆听贤臣的治国策略，西周因此而逐渐走向繁荣富强。

六四：无不利，撝谦。
象曰：无不利，撝谦，不违则也。

经文意思是：没有任何不利的，只要发挥谦虚的美德。

象辞的意思是：没有任何不利的，只要发挥谦虚的美德，这是不违背法则的缘故。

六四爻处于六五君王之下，柔爻居于偶位为得位，虽不居中，但能够做到谦虚谨慎，发挥自己谦虚的优势，所以尽管不与六五之君阴阳相合，也不会有什么不利的因素。

六五柔中，本身不富有，却因为谦虚得到邻居的爱戴，这样的统治者，不得已时才使用武力，没有不利。

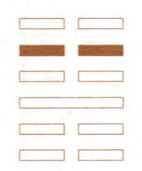

六五：不富，以其邻，利用侵伐，无不利。
象曰：利用侵伐，证不服也。

经文意思是：不富足，凭借邻邦的帮助，利于出征讨伐，没有任何不利的。

象辞的意思是：利于出征讨伐，是征伐不服的人。

六五处于谦卦上卦坤的中位，坤有吝啬的含义，所以"不富"；坤又为众，所以可以得到众人的帮助；坤又为柔顺，所以六五也是一位谦谦君子。谦谦君子虽然不富有，但是可以得到众人的帮助，所以可以征讨不归顺的诸侯，而不会有什么不利的因素。

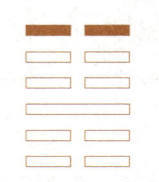

上六：鸣谦，利用行师，证邑国。
象曰：鸣谦，志未得也。可用行师，证邑国也。

经文意思是：宣扬谦逊的美德，宜于行军打仗，征伐邑国。

象辞的意思是：宣扬谦逊的美德，是因为还未得志；可以出兵打仗，但只能征伐邻近的小国。

上六的"鸣谦"，指的是与九三相鸣。上六虽然没有太多的权势，但是以谦虚之德能够得到公侯的响应，所以他可以与"劳谦"的九三联合起来，去征伐小的邑国。上六既然"鸣谦"，怎么还要打仗呢？其实，他"鸣谦"是要与有谦虚美德的侯王联合起来，去攻打傲慢自负的小国家。一些小国家的国君太骄傲了，表现在哪些方面呢？比如不再朝见柔顺谦虚的天子，也不给天子进贡，觉得自己可以称王称霸了。所以上六要与"劳谦"君子联合起来，讨伐他们。"谦受益，满招损"，这些骄傲自负的小国的下场也就可想而知了。

上六谦虚美名远近有闻，利于兴兵征战。但阴柔无位，只能征讨那些邻近小国诸侯叛逆。

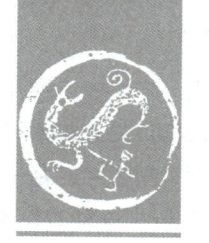

卦十六　豫

壹 ● 卦名、卦画与卦象

豫[1]

震为上卦
坤为下卦

雷地豫

震为雷，坤为地，雷生于地，预示春天来临，大地震动。春意盎然，喜悦愉快。故豫象征愉快、欢乐、喜悦。春天来临，大地振奋，充满喜悦、欢乐。此时利于建侯立业，兴兵作战。

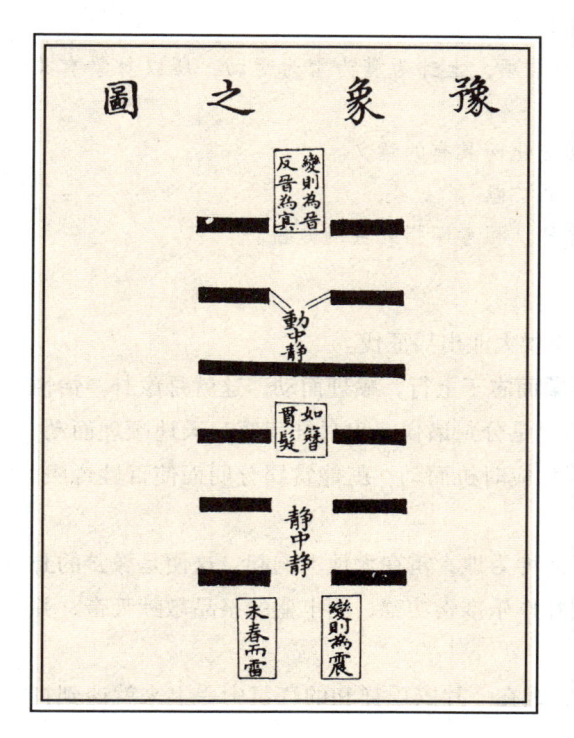

【注解】

[1]豫：卦名，象征和乐、喜悦。

【释义】

此卦卦名为豫。《说文》中说："豫，象之大也。"由此可见豫的本义是指大象。大象的特点是走路缓慢，一副悠然自得的样子，并且象骨与象牙可以加工成精美的器具，所以豫的引申义为娱乐。正如《尔雅》中所说："豫，乐也。"能够大有收获，并且以谦虚之德自居，必然可以尽享喜悦与娱乐。所以谦卦之后便是豫卦。《序卦传》中说："大而能谦必豫，故受之以豫。"说的便是这个意思。《杂卦传》中说："谦轻而豫怠也。"意思是说，谦卦是谦卑自处，豫卦是心志怡悦。其"怠"字，与"怡"字全是"心"与"台"相合，古代通用，实为一个字。《经典释文》中认为豫还有预备的意思，不过从卦辞与爻辞分析，这种意思不是很明显。

豫卦卦画为一个阳爻、五个阴爻，与谦卦的卦画相似，而排列顺序完全相反。谦豫相覆，可见两者之间存在着一定的联系。从卦象上分析，豫卦上卦为震为雷为木为动，下卦为坤为地为土为顺，雷声震动大地，草木在土地上生长，顺应物性而动，这就是豫卦的卦象。雷声震动大地，可以使大地上万物复苏，开始展示生命；草木在土地上生长，顺应四时而变化；万物顺应四时而动，人也应当效法万物，劳逸结合，顺应时势而动。

贰 • 卦辞

豫：利建侯行师。
彖曰：豫，刚应[1]而志行，顺以动[2]，豫。豫顺以动，故天地如之，而况建侯行师乎？天地以顺动，故日月不过，而四时不忒；圣人以顺动，则刑罚清而民服。豫之时义[3]大矣哉！
象曰：雷出地奋，豫。先王以作乐崇德，殷荐[4]之上帝，以配祖考[5]。

【注解】

[1] 刚应：指豫卦一阳爻与五阴爻相应。

[2] 顺以动：豫卦下卦为坤为地为柔顺，上卦为震为雷为运动，所以卦象有柔顺而动之象。

[3] 时义：随着时间、时机的发展变化而具有的意义。

[4] 殷荐：殷，殷实、盛大；荐，同"献"。

[5] 祖考：考，对死去的父亲的尊称。祖考即指死去的先祖。

【释义】

经文意思是：豫卦，有利于建立王侯大业出兵征伐。

彖辞的意思是：豫卦，一刚应五柔而志于上行，顺理而动，这就是豫卦。怡悦顺物性而动，所以天地与此相同，何况是分封诸侯，出兵征伐呢！天地顺理而动，所以日月运行不会出现差错。圣人因顺应时机而动，就能赏罚分明而使百姓悦服。豫卦所表现的顺应时序的意义真大啊！

象辞的意思是：上卦震为雷，下卦坤为地，雷在大地上响起，这便是豫卦的卦象。先王从这一卦象中受到启示，制礼作乐推崇功德，用丰盛的祭品敬献天帝，并且同时祭祀自己的祖先。

豫卦的卦辞是"利建侯行师"，怎么在一片安乐祥和的气氛中一上来就谈到打仗的事情上了呢？这与上一卦谦卦的上六爻有关。上面我们讲了，谦卦的上六爻"鸣谦"，于是联合"劳谦君子"征伐自负而不归顺的小国。现在天下都过上了富足的生活，可正是由于安乐与富足，便会滋生出一些骄傲自负的小国君。所以即使处于富足的和平年代，战争还是会发生的。在和平富足的年代中谦虚谨慎的盟主会得到很多诸侯的支持，所以有利于征伐，极其容易成功。并且这种征伐既在诸侯中树立了威信，又可以伸张正义，所以"利建侯行师"。

有两重山，为出字；官人在中，出求贵义；一鹿一马，指禄马运动；金钱数锭一堆者，乃厚获钱钞无数，占者得之求才遇贵吉利之兆。凤凰生雏之卦，万物发生之象。

富足安乐的社会，君王的所作所为应当更加谨慎，所以象辞中特别谈到了君王应当如何去做。象辞中说："先王以作乐崇德，殷荐之上帝，以配祖考。"是什么意思呢？就是说在这种和平年代，从前圣贤的君王开始制礼作乐，宣扬道德思想来维护社会的治安。其道德的具体内容是什么呢？便是孝字当头。举行祭祀活动，祭祀上帝与祖先。这便是宣扬君君、臣臣、父父、子子的礼教思想的一种手段。人们都懂得敬神，懂得孝道，国君像国君的样子，大臣像大臣的样子，父亲像父亲的样子，儿子像儿子的样子，家庭不就和睦了吗？社会不就安定了吗？这便是和平时期君王应当做的。按现在的话来说，就是物质文明建成了，接下来该搞精神文明建设了。精神与物质，两种文明是保证社会安定团结的重要因素，缺一不可。

叁 • 爻辞

初六：鸣豫，凶。
象曰：初六鸣豫，志穷凶也。
六二：介[1]于石，不终日，贞吉。
象曰：不终日，贞吉；以中正也。
六三：盱[2]豫，悔。迟有悔。
象曰：盱豫有悔，位不当也。
九四：由豫[3]，大有得。勿疑。朋盍簪。
象曰：由豫，大有得；志大行也。
六五：贞疾，恒不死。
象曰：六五贞疾，乘刚也。恒不死，中未亡也。
上六：冥[4]豫，成有渝，无咎。
象曰：冥豫在上，何可长也。

第四章 《周易·上经》 豫卦

【注解】

[1] 介：介立，独立。

[2] 盱：音 xū，扬眉张目，比喻阿谀奉承。

[3] 由豫：由，指树木生新枝，亦泛指萌生。由豫即萌生喜乐之心。

[4] 冥：幽暗。

【释义】

初六：鸣豫，凶。
象曰：初六鸣豫，志穷凶也。

经文意思是：宣扬逸乐之风，凶。

象辞的意思是：初六沉迷于享乐，是心里没有一丝志向，所以凶险。

初六爻阴爻居于阳位，并且与九四阳爻相应，由于豫卦的背景是和平年代的娱乐，所以初六与九四有贪图享乐的含义。谦卦的初六爻辞为"鸣谦"，前面已经讲过了，是宣扬谦虚之德。而这里是"鸣豫"，即宣扬享乐之意。其"鸣"的含意与谦卦所述的意思相同。所以此处的"鸣豫"指一种享乐的思想。和平年代人们追求享乐本无可厚非，但是如果一味贪求，过分享乐，则会有凶险。所以初六的爻辞为凶险。这就好比李隆基和杨玉环纵情享乐的时候，而等待他们的却是一个盛世的结束，叛乱的开始。所以说和平年代，应当提高精神文明建设，以杜绝人们的奢欲。

初六阴居阳位，以失正之体上应九四，有欢乐过度、自鸣得意之象。乐极生悲，必致凶险。

六二：介于石，不终日，贞吉。
象曰：不终日，贞吉；以中正也。

经文意思是：正直如磐石，不整天享乐，坚守正道吉祥。

象辞的意思是：不混日子，坚守正道吉祥，是因为六二爻居中而得正位。

六二爻阴爻居于偶位，而且又居中，所以他能够用道德来约束自己，使自己不过分追求享乐，所以吉祥。"介于石"是什么意思呢？"介"字在甲骨文中像人身上穿着铠甲。中间是人，两边的四点像连在一起的铠甲片。所以"介"字的本义是指铠甲。它的引申义是坚硬、坚定、耿直的意思。在这里是指坚定、不改变自己的美德的意思。这种坚定之心就像石头一样。我们知道最容易改变自己形状的是水，所以人们说女人如水，意思是女人像水一样温柔，另外也指女人不忠，如"水性杨花"。而石头则是不易改变自己的形状的。人们总是用石头来比喻坚贞不屈，比如"宁为玉碎，不为瓦全""坚如磐石"。此处的"介于石"便是说六二坚持自己的美德不改初衷的意思。因为六二有道德、有志向，所以他不混日子，不追求享乐，坚守正道，这样怎么会不吉祥呢？这位六二的行为，就像文景之治时期的董仲舒，董仲舒虽然身逢盛世，可是他却不安于享乐，每日只读圣贤之书，最后终于成为学问的集大成者。

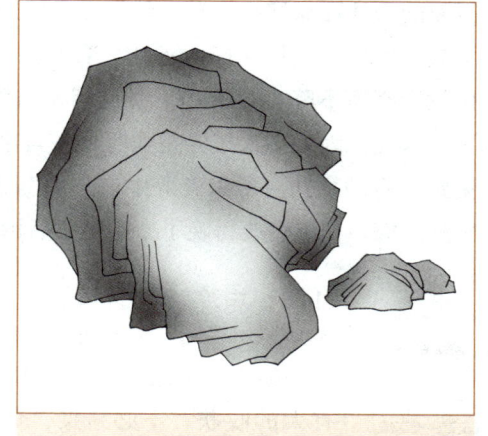

六二阴柔中正，耿介如石，上交不谄，下交不渎。但有知机速悟之德，可获吉祥。

六三：盱豫，悔。迟有悔。
象曰：盱豫有悔，位不当也。

经文意思是：小人媚上以逸乐惑主，会有忧悔。悔恨太迟更要后悔。

象辞的意思是：小人媚上以逸乐惑主的忧悔，是因为六三爻阴居阳位的缘故。

"盱"在《周易集解》中认为是"睢盱，小人喜悦佞媚之貌也"。《庄子·寓言》中有"而睢睢盱盱，而谁与居"之句，其注解为："睢睢盱盱，跋扈之貌。人将畏而疏远。"可见盱是指小人对自己上面的人物献媚奉承，对下面的人物则不屑一顾、傲慢无礼的样子。这种人是典型的小人，也是和平年代较容易出现的一种人。因为在和平年代靠这种手段便可以享受荣华富贵，而不像战争年代，敢打敢杀、心怀谋略才能有发展前途。这便是和平年代与战争年代所需人才的不同之处。比如在古代的和平年代，人们喜欢娱乐，于是戏子便有市场，这种

六三阴柔失正，媚上求乐会有悔恨。若悔悟迟，则将导致更大的悔恨。

行业的人往往靠演技生存，他们给人们的生活增添了乐趣，所以收入很高。可是到了战争年代，这种人打不能打，杀不能杀，又没有什么谋略，所以没有市场了，身份就会有所下降。尽管和平时代容易出现小人，但小人最终还是不会有好下场的。为什么呢？因为小人搬弄是非呀，一旦事实澄清，小人的罪恶就显露出来了，就会受到应有的惩罚。所以爻辞中说"悔"。意思是说，这种小人最终会为自己的行为感到后悔，如果悔改得晚了，则更要后悔。

九四：由豫，大有得。勿疑。朋盍簪。
象曰：由豫，大有得；志大行也。

经文意思是：喜乐自来，有大的收获。不必猜疑，像簪子聚拢头发一样将朋友们聚合在一起。

象辞的意思是：喜乐自来，有大的收获，是万众一心的结果。

九四爻是卦中唯一的阳爻，他可以得到众阴爻的应和。所以喜乐自来，会有大的收获。"朋盍簪"是什么意思呢？"朋"便是朋友；"盍"便是相合；"簪"就是聚拢头发用的发针，古代男人也留长发，所以男人与女人都用簪子聚拢头发。这三个合起来便是说将朋友聚集起来，就像用簪子聚拢头发一样。从卦象上看，豫卦九四爻就像一根发簪，其他阴爻则像盘在一起的头发，所以九四的爻辞有"朋盍簪"的说法。众阴爻应和、归顺于九四阳爻，所以会有大的收获，可以得志。

九四本卦唯一阳爻与各阴爻呼应，更得君王信任，成为安和乐利中心人物。然而当诚信，朋友才会聚会。

六五：贞疾，恒不死。
象曰：六五贞疾，乘刚也。恒不死，中未亡也。

经文意思是：正在患病，病期长但不会因此而死亡。

象辞的意思是：六五之所以会患病，是因为乘驾在刚爻九四之上的缘故。病期长但不会死亡，是因为六五身居中位。

六五爻得了病，这是怎么回事呢？对此，虞翻的解释是："坎为疾，坤为死，震为反生，位在震中，与坤体绝，故'贞疾，恒不死'也。"意思是说，豫卦上互卦为坎，坎含有疾病的意思，所以六五处于疾病的边缘。又由于坤为归藏，代表死，可是豫卦的上卦为震，与坤没有一点关系，震有起死回生的含义，六五处于震卦的中位，所以他患有疾病，但不会因此而死亡。但六五得的是什么病呢? 是心病。为什么这样说呢? 因为坎便代表心病。六五的心病便是对九四的心病。打个比方说，九四是一个男人，众阴爻是他的五个妻子，有一个妻子在家里处于领导地位，凌驾在丈夫之上，这个妻子便是六五爻，为什么六五会有心病呢? 因为丈夫更爱六二与六三这两个妻子，有权势的六五自然会吃醋而生心病了。可是由于六五居中，能够做到以中庸之道持家，所以她尽管受了心灵的伤害，但还不至于因此丢掉性命。不过这种醋劲也使她徘徊在生与死的边缘。

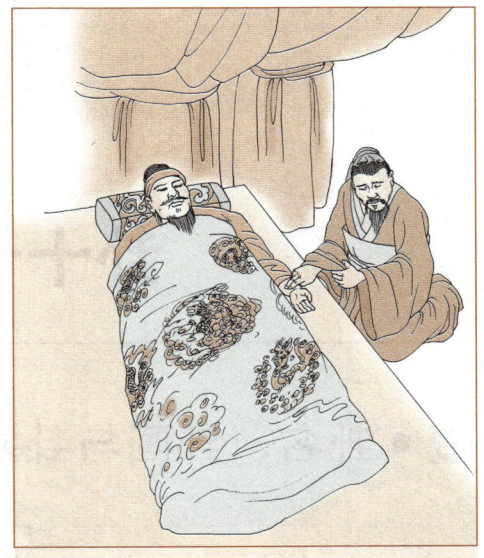

六五得中"欢乐"之世但以阴乘阳，难免危患。居中守正，才能长久健康避免灭亡。

上六：冥豫，成有渝，无咎。
象曰：冥豫在上，何可长也。

经文意思是：昏昧不明地沉迷于喜乐，养成的恶习有所改变，没有灾难。

象辞的意思是：一味沉迷享乐的人高居上位，又怎么会长久呢?

上六沉溺于喜乐昏了头，可是能够及早地发现自己的过失，及早地改正，所以不会有大的过失。因为喜乐一过度，喜乐的害处马上就要显现出来了，也就是说接下来就喜乐不成了。不能拥有喜乐了，而能够认识到喜乐的害处，当然不会再有过失了。

上六"昏冥纵乐"之象，乐极生悲。若能吸取教训，才不会有灾祸。

比如汉武帝便是一个例子，他一心想成仙，结果召至了不少方士。可是这些方士不但骗了他许多钱，还令他失去了儿子和妻子，到了晚年，汉武帝悔过了，认识到了自己追求享乐和一心想成仙的过错，于是改正错误。这样还会有什么过失呢?

卦十七 随

壹 • 卦名、卦画与卦象

随[1]

泽雷随

兑为上卦
震为下卦

> 震为动，兑为悦，内动之以德，外悦之以言，天下人因喜欢他的言行而随从之。随象征随从，随和之义。又震为雷，兑为泽，雷震于泽中，泽随震而动，为随之象。能虚心随和他人，他人也会来随和自己，这样相互随和通顺畅达，自然没有什么灾祸。

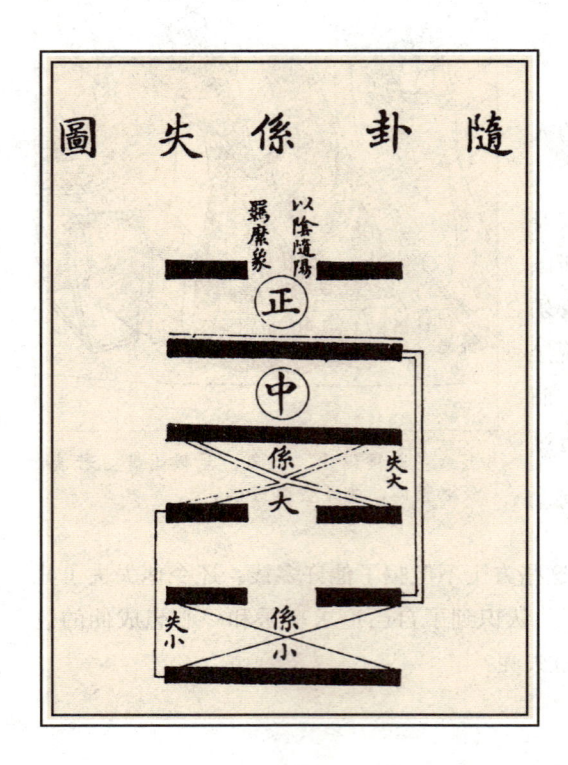

【注解】

[1] 随：卦名，随顺、跟随之意。

【释义】

此卦卦名为随。《说文》中的解释是："随，从也。"可见随的本义是跟从的意思。而跟从者必然顺从领导者，于是"随"也有顺从的含义。所以《广雅》中说："随，顺也。"即随含有"依顺、顺从"的意思。人们为什么要跟随、顺从你呢？因为你能给人们带来喜悦而没有伤害。所以《周易》将随卦安排在豫卦之后，这便是《序卦传》中所说的："豫必有随，故受之以随。"《杂卦》中说："随，无故也。"指的便是因为没有伤害，所以有人追随。打个比方，中国人民为什么要跟共产党走呢？因为共产党为人民谋福利，共产党是人民的大救星。再比如西方人为什么相信耶稣呢？因为耶稣能够给人们带来喜乐而远离伤害和罪恶。豫卦表示和平盛世人们尽享欢乐，所以接下来是人民拥护君王，跟随君王的随卦。

随卦的卦画是三阳三阴，阴阳平均。从卦象上分析，豫卦上卦为兑为泽为喜悦，下卦为震为雷为动，雷在泽中、心喜而动便是豫卦的卦象。雷怎么会藏在沼泽地里呢？原来，古人通过观察，发现春雷响过之后，惊醒了蛰伏的动物，于是万物苏醒，大地上开始呈现出勃勃生机。可是到了秋天的阴历八月以后，便没有雷声了，一些动物开始为冬眠做准备。通过这个现象，古人认为这就是天道的善意，天气转暖了，天用雷声唤醒大地上的万物；天气转凉了，天便把雷藏了起来，不再惊动大地上的万物了。由于此时沼泽地里也会发出一种声音，所以人们便认为雷到了秋天便藏到了沼泽地里了。从这个卦象中可以看出，随卦还有随时而动的含义。而震卦代表动，兑卦代表喜悦，所以有随着喜悦而动，追随喜悦的含义。

贰 • 卦辞

> 随：元亨利贞，无咎。
> 彖曰：随，刚来而下柔[1]，动而说[2]，随。大亨贞，无咎，而天下随时，随之时义大矣哉！
> 象曰：泽中有雷，随；君子以向晦[3]入宴息。

【注解】

[1] 刚来而下柔：随卦从否卦变化而来。否卦最上面的刚爻与最下面的阴爻互换位置便是随卦。所以说刚爻来到了下面。

[2] 动而说：随卦上卦为兑为喜悦，下卦为震为运动，所以说行动而喜悦。

[3] 向晦：向晚。晦，昏暗不明，比喻日落。

【释义】

经文意思是：初始亨通，利于坚守正道，不会有灾难。

彖辞的意思是：随卦，刚健居于阴柔之下，以自己的行动使下民喜悦，这就是随卦。大亨通，守正道没有灾难，天下百姓顺应时势而做事，顺应时势的意义太大了！

云中雁传书，主信至；一堆钱，有才义；朱门内有人坐，主坐官府；一人在门外立，主士人求进，欲得变身。凡事值此，得贵人力。良石琢玉之卦，如水推画之象。

象辞的意思是：上卦为兑为泽，下卦为震为雷，所以泽中有雷便是随卦的卦象。君子从这一卦象中得到启示，到了晚上回房间休息。

人们追随喜悦，随时势而动，这怎么会有灾难呢？所以爻辞说："元亨利贞，无咎。"打个比方，我国20世纪80年代的改革开放政策，由于发展了国民经济，人民生活得到了改善与提高，政策深入人心，所以人人拥护党中央的英明决策，这怎么能不亨通呢？所以说，随时势而改变政策，老百姓随时势而追求生活的娱乐，只要坚守正道，就不会有灾难发生。

象辞中说："君子以向晦入宴息。"便是告诫君子要明察时势，随时势而动。秋天来了，雷隐藏到了沼泽地里，君子也应当像雷一样，该隐则隐。"向晦入宴息"按现在的话来说便是白天工作，晚上休息，与"日出而作，日入而息"的意思相同。古代为什么要强调晚上要休息呢？这与当时的生活条件及社会治安有关系。当时人们已经有了照明设备，由于夜幕会给人带来一种神秘的感觉，所以烛火（或篝火）通明的夜晚，往往可以提高人们的享乐兴趣。所以古诗也说"春宵一刻值千金"，这就像现在有些人喜欢夜生活一样。神秘的夜色与篝火、烛光相映，人们在这种环境中饮酒作乐，载歌载舞，常常会忘却疲倦。而睡得晚了，明天就起不来了，便影响了第二天的工作。对于君王来说，有更为丰富的夜生活，可是这样会影响第二天的国事安排。所以君王不能太贪图享受夜生活，得适可而止。第二，由于私有制的出现，社会治安逐渐变得混乱，一些人利用夜幕的掩护从事偷抢的活动时有发生，所以正人君子一般不晚上出来活动，要以身作则，维护社会的治安。但夜里来了贼寇怎么办呢？所以古人在夜里安排了打更人员，发现险情可以通知大家。

列宁说过，懂得休息的人，才能做好工作。因为人的精力太有限了，晚上休息好了，第二天才能够以饱满的精力投入到工作中去。所以这一句话在今天仍然有着重要的意义。现在人们的夜生活丰富了，更应该明白"向晦入宴息"的道理，不要夜生活过度。只有这样，才能保持更好的体力与精力，才能劳逸结合，而不会因享乐而影响正常工作。

叁 • 爻辞

初九：官有渝，贞吉。出门交有功。
象曰：官有渝，从正吉也。出门交有功，不失也。
六二：系小子，失丈夫[1]。
象曰：系小子，弗兼与也。
六三：系丈夫，失小子[2]。随有求，得，利居贞。
象曰：系丈夫，志舍下也。
九四：随有获，贞凶。有孚在道，以明，何咎。

象曰：随有获，其义凶也。有孚在道，明功也。

九五：孚于嘉，吉。

象曰：孚于嘉，吉；位正中也。

上六：拘系之[3]，乃从维之。王用亨于西山。

象曰：拘系之，上穷也。

【注解】

[1] 系小子，失丈夫：指六二阴爻与初九相系恋而不能与九五相应。

[2] 系丈夫，失小子：指六三阴爻与九四相系恋而舍弃初九阳爻。

[3] 拘系之：拘，拘禁，关押；系，捆绑，束缚。

【释义】

初九：官有渝，贞吉。出门交有功。

象曰：官有渝，从正吉也。出门交有功，不失也。

经文意思是：官职有变动，守正道吉祥。出门与人交往会有功效。

象辞的意思是：官职有变动，安守正道则会吉祥。出门与人交往，不会有过失。

随卦是从否卦变化而来的，否卦的上九与初六互换位置，便形成了随卦。可见这个初九爻本来是否卦的上九爻，上九爻来到初九爻，从卦象上看有降职的意思，所以说"官有渝"。原来高高在上，现在来到了最下层，与民众打成一片，所以说"出门交有功"。在社会中，高高在上的人总会有变为平民的可能。可是，正是这样才能体察民间疾苦，才能增加自己的人生阅历，

初九处下守正，与九四无应，一个人的思想能跟随时代的变化而变化，又守持正固，这样有利于与人交往。

才能使自己的人生走上一个新台阶。比如春秋时期的晋文公重耳，正是十九年的流亡生活，磨砺了他的意志，丰富了他的阅历，从而使他回国后励精图治，成为春秋五霸之一。

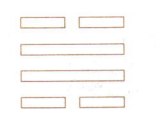

六二：系小子，失丈夫。

象曰：系小子，弗兼与也。

经文意思是：联系小人，失去了丈夫。

象辞的意思是：六二爻倾心于初九的小人，就不能同时兼有九五的丈夫了。

六二阴爻居偶位，既得位又居中得正。可是它却面临着一个双向选择。怎么回事呢？这六二就好比一位女子，与其相邻的是一个地位低下的小伙子，可是有一位有权势的人（九五）也喜欢她，她该怎么选择呢？由于小伙子离她近，她选择了小伙子。这就是"系小子，失丈夫"。可是六二的地位相当于大夫之位，他是搜刮民膏民脂进贡给上面的君王呢？还是爱民如子，减轻税收，少给上面的君王进贡呢？这便是六二的两种选择。两者他不能兼顾。从卦象上看，六二选择了爱民，因为得人者得天下嘛。

六二中正，本应与九五相应，但阴柔少主见，就近服从初九，因小失大。

六三：系丈夫，失小子。随有求，得，利居贞。
象曰：系丈夫，志舍下也。

经文意思是：亲近丈夫，远离小人。跟随有追求的人会有所得，利于坚守正道。

象辞的意思是：亲近九四的丈夫，她决心舍弃在下位的小人。

六三的地位比六二高些，所以向上爬的欲望也大。六三就好比一位富贵人家的小姐，与贫民阶层的小伙子们没有什么来往，所以不会与他们发生爱情。她愿意与比自己更高贵的人交往，

六三无应，近承九四，依附于九四，有求必得。但不可妄求，宜于安居守正。

于是便看上了上面的九四。九四在六三的上面，所以地位比六三要高，自然六三就得处处顺从九四的安排了。所以说六三失去了小伙子（初九），而到了丈夫（九四）。可是要想维持好这个婚姻关系，女方必须入乡随俗，坚守忠贞之道。因为富贵人家规矩多嘛。并且六三是随卦下互卦艮卦的中爻，有止的意思，所以"利居贞"。

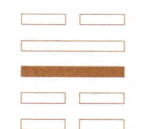

九四：随有获，贞凶。有孚在道，以明，何咎。
象曰：随有获，其义凶也。有孚在道，明功也。

经文意思是：跟随而来并从中有所收获，守正道也凶。如果诚信守正道，光明磊落行事，怎么会有灾难呢？

九四失正，近君九五而有能力，虽有所获，但难免凶险。但只要心存诚信，光明正大，灾祸可免。

象辞的意思是：跟随别人去得到利益，卦辞的含义是有凶险。有诚信守正道不会有灾难，这是做事光明磊落的功劳。

九四的"随"指的是什么呢？指的便是六三的追随。从男女关系来说，六三追求九四，九四所以得到了六三而"有获"。另外，九四相当于王侯的地位，又相当于君王的重臣，六三为阴为小人，小人追随有权势的九四，给九四送礼，送糖衣炮弹，九四对人家的好意一概照收，所以"随有获"。可是这样却会导致有凶险。为什么呢？因为九四不知道随时势而动。随卦中，初九随六二，六二随九五，六三随九四，可是九四却无所随。随卦主要讲随时势而动的意义，可是九四却不能做到随时势而动，自然有凶险了。九四阳爻居于偶位为不得位，又不居中，又不能与上面的九五相合，怎么能不凶险呢？这就好比一个大臣，权势很大，很多人追随他，可是他性格耿直，不懂得讨皇上的欢心，这怎么不凶险呢？功高盖主，又不懂得讨好皇上，肯定会受到皇上的猜忌。可是处于这种情况该怎么办呢？就必须得学会阿谀奉承吗？不用，这种情况必须做到"有孚在道，以明"，才不会有灾难啊。就是说有诚信而守正道，做事光明磊落，就不会有灾难了。比如周公由于功高盖主，确实受到了成王的猜忌，可是周公用诚信与做事光明磊落感化了成王，所以化险为夷，使成王对他更加敬重。

九五：孚于嘉，吉。
象曰：孚于嘉，吉；位正中也。

经文意思是：诚信于美善，吉祥。

象辞的意思是：诚信于美善，吉祥，这是因为九五位置居中而得正。

身为九五的君王，自己有诚信的美德并且懂得宣扬诚信这种美德，当然会吉祥了。君王有诚信的美德，就会得到民众的信任；君王宣扬诚信的美德，就会得到有诚信美德的人的辅佐。所以说吉祥。

上六：拘系之，乃从维之。王用亨于西山。
象曰：拘系之，上穷也。

经文意思是：把他拘囚起来，然后又捆起来，大王在西山上祭祀。

九五阳刚中正，居尊位，竭诚向善，可获吉祥。

象辞的意思是：被拘囚并捆起来，是因为上六爻处在上面穷途末路的缘故。

这句爻辞讲的典故便是文王拘于羑里的事情。纣王娶了九侯的女儿，但是由于九侯的女儿不喜欢纣王的荒淫，导致纣王把她给杀了，余怒之下把九侯也给剁了。鄂侯出面指责纣王，结果被纣王杀死做成了肉脯。文王对此只是轻叹了一声，便被关进了羑里的国家监狱。"拘系之，乃从维之"指的便是文王被拘禁、关押之事。后来纣王认为文王还是比较听话，比较顺从的，便把文王给放了。文王脱离大难，于是在岐山举行祭祀，这便是"王用亨于西山"。

上六处于极亢之位，而随卦是讲顺从、跟随及随时势而动的道理的。所以上六是顺从到了极点。被拘禁，被关押，此时不一味顺从也不行了。所以说随时势而动，处于这种情况下，就得完全顺从。

上六居随之极，不愿随从于人，但被九五强令依附随从，这样出于诚信，诚意之极，可通神明。

卦十八　蛊

壹 ● 卦名、卦画与卦象

蛊 [1]

艮为上卦
巽为下卦

山风蛊

　　艮为山，巽为风，山下有风，风遇山而回，则万物散乱，为有事之象。蛊者，事也，惑也。物既惑乱，当为治理。故蛊象征惩弊治乱，革新之义。但革新时，应先考虑革新前的状况，再推断革新后将出现的事态，来制定措施。这样才能根治蛊乱，畅通顺利。

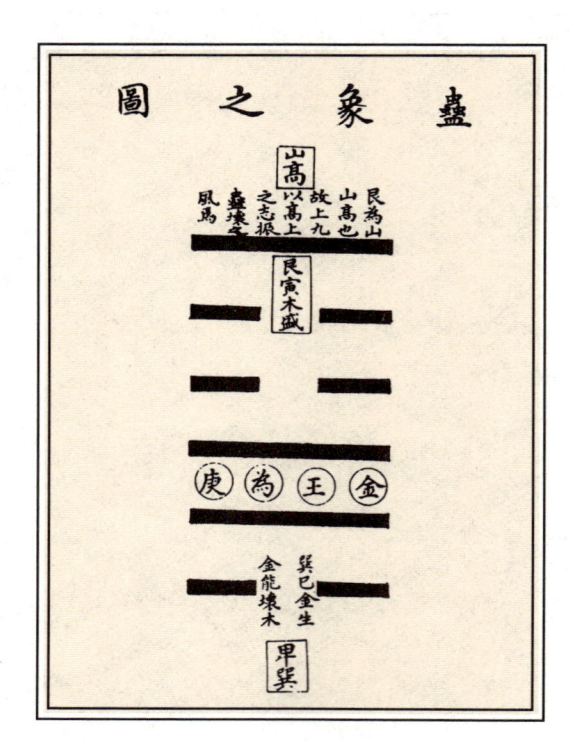

【注解】

　　[1] 蛊：卦名，象征过失、腐败。

【释义】

　　此卦卦名为蛊。《说文》中说："蛊，腹中虫也。"也就是说"蛊"的本义是指人肚子里的虫子。现在我们知道，人肚子会有寄生虫，可是《说文》中的"腹中虫"却不单指寄生虫，还指人吃下的虫子跑到了肚子里。远古时代有些人会一种巫术。他们将一百种有剧毒的虫子放到一个坛子里，然后把坛口封住埋在地下。若干年后，坛子里的毒虫互相攻击，最后只剩下一条最毒的虫子，这条虫子便叫"蛊"。这条虫子可太厉害了。

谁要是被这条虫子咬伤，必死无疑。谁要是不小心把这条虫子吃了，后果更是不堪设想。并且，这条虫子不单可以使人死亡，还可以迷乱人的心志，使被蛊者完全听从于蛊的主人的安排。这个蛊可以使人毫无察觉地受到伤害，所以这个"蛊"字，不但有寄生、腐败的含义，还有诱惑、迷乱、淫邪等含义。前面从同人卦开始到随卦，讲的都是和平富足的社会现象。到了随卦，众望所归，社会更加富足。可正是由于富足，人们开始更多地追求享乐，于是暴露出一种危害。这种危害便是腐败与淫邪。这种现象是逐渐形成的，人们毫无察觉，可是它的害处却相当大，人们就像被养毒虫的主人蛊了一样。所以豫、随卦之后便是蛊卦。

　　蛊卦的卦画是三个阴爻三个阳爻，随卦的所有阳爻变为阴爻，所有阴爻变为阳爻，便形成了蛊卦。可见《周易》中的蛊卦与随卦是有一定联系的。从卦象上分析，蛊卦上卦为艮为山为少男，下卦为巽为风为长女，山下有风便是蛊卦的卦象。少男与长女处在一起，是女蛊男的形象，所以此卦也有男女淫欲过度的含义。风在山下刮，怎么会与"蛊"有相同的含义呢？原来，古人观察到，风可以吹走沙尘，一座山，被风成年累月地吹走沙尘，最终会使大山变为平地。刮风时人们丝毫不会感觉到风对大山的威胁，可是经过许多许多年以后，一座山没了，哪里去了？古人通过研究发现是被风给分解了，被风给吹走了。所以这风太厉害了，就像"蛊"一样。而古文中的"风"，兼有"男女相合"之意，所以"山下有风"可谓是一语双关，比喻得极其微妙。

贰 • 卦辞

> 蛊：元亨，利涉大川。先甲三日，后甲三日[1]。
> 彖曰：蛊，刚上而柔下[2]，巽而止，蛊。蛊，元亨，而天下治也。
> 利涉大川，往有事也。先甲三日，后甲三日，终则有始[3]，天行也。
> 象曰：山下有风，蛊。君子以振民育德。

【注解】

　　[1] 先甲三日，后甲三日：古代以十天干记日，先甲三日即辛日，后甲三日即丁日。蛊卦自泰卦而来，按八卦纳甲法，泰卦的下卦乾纳甲，乾三爻的最下爻来到上卦坤卦的最上爻，即初九从乾卦的前三位移到了坤卦的后三位，所以说先甲三日，后甲三日。

　　[2] 刚上而柔下：上卦艮为刚，下卦巽为柔。另一种说法为蛊卦从泰卦变化而来，泰卦的初九爻与上六爻互换便成为蛊卦，所以刚爻上升，柔爻下降。

　　[3] 终则有始：有终结就会有新的开始。

【释义】

经文意思是：蛊卦，大亨通，有利于跋涉大川。适宜于甲日的前三天与后三天。

象辞的意思是：蛊卦是刚健在上阴柔在下，柔顺而静止，这就是蛊卦。蛊卦大亨通，是因为天下因柔顺而得到治理。利于跋涉大川，是因为要去做事。甲日的前三天和后三天，是事情终结后又有新的开始，这是天道的运行规律。

象辞的意思是：上卦为艮为山，下卦为巽为风，所以山下有风便是蛊卦的卦象。君子从这一卦象中受到启示，教化人民培育美德。

一小儿在云中，主有子荣贵；雁衔一书，主喜信将至；一鹿与傣禄的禄字谐音；一串钱，主有钱财；有男女互拜，有喜事庆贺义。大抵遇此卦，半凶半吉。乃三蛊食血之卦，以恶言害义之象。

蛊卦卦辞中有"先甲三日，后甲三日"，这句话不是很好理解。历代易学家的释译极其不统一，大概有六七种说法。但较为正确的应当还是虞翻的纳甲说。依据纳甲原理，十天干与八经卦的配置是乾纳甲、壬，坤纳乙、癸，艮纳丙，兑纳丁，坎纳戊，离纳己，震纳庚，巽纳辛。蛊卦从泰卦变化而来，泰的下卦为乾卦，所以纳甲。变为蛊卦后，泰卦的初爻变成了蛊卦的上九爻，成为艮卦的上爻。也就是说成为蛊卦后，泰卦的初九爻从乾卦的前三爻升到了乾卦的后三爻的位置上，所以有"先甲三日，后甲三日"的说法。

象辞中对"先甲三日，后甲三日"的释译是"终则有始"，这是为了阐明事物发展变化周而复始的循环规律。用现在的话来说就是"十年河东，十年河西"，"此一时，彼一时"。细致地来讲就是，繁荣昌盛了，腐败也就会滋生起来；既然腐败来了，就该走向衰落了；衰落中通过自强不息的奋斗，又迎来了新的辉煌；而新的辉煌造就的繁荣昌盛，又会滋生出腐败。所以说事物有终结，就会有开始。一个事物的终结，则意味着另一个事物的开始。

在繁荣昌盛中，腐败滋生蔓延，这种情况下，君王该怎么办呢？象辞说"君子以振民育德"，这便是解决的方法。意思是说在这种情况下，应当加强精神文明建设，应当反腐倡廉。什么叫"振民"？不是让人民振奋，而是让人民振动。怎么振动呢？下面举一个例子。

唐朝的盛世被安史之乱画上了句号。社会上腐败滋生蔓延，代宗继位后，便派一个侠客把当朝的大贪官李辅国给暗杀了，并且把割下的人头扔到了猪圈里。于是老百姓都震惊了，这么大的贪官被杀死了，可见贪官是没有好下场的。大臣也震惊了，明白贪的凶险了。而代宗则不对人讲是自己做的这件事，还派人刻了一个木头脑袋给李辅国安上，然后进行安葬。这就是"振民"。

这个李辅国小时候家境贫寒，家里靠养马为生。后来由于生活越来越穷困，家里人便把李辅国阉割了，送到宫里做太监。他虽然没有文化，却很会养马，所以在宫里被派到东宫给太子养马。接着安史之乱爆发了，李辅国劝太子争取这个机会继位，肃宗继位后，李辅国便开始官运亨通了，最后升到中书令，成了宰相。一个没有文化的小太监坐到了宰相之位，靠的自然是小人的口蜜腹剑、阿谀奉承之道，得了势，也难免会专横跋扈、贪赃枉法，于是也就难免得到一个悲惨的下场。如果李辅国是一位君子，懂得"防蛊"之道，又何至于落得个尸首分离的下场呢？

叁 ● 爻辞

初六：干[1]父之蛊，有子，考无咎，厉终吉。
象曰：干父之蛊，意承考也。
九二：干母之蛊，不可贞。
象曰：干母之蛊，得中道也。
九三：干父之蛊，小有悔，无大咎。
象曰：干父之蛊，终无咎也。
六四：裕[2]父之蛊，往见吝。
象曰：裕父之蛊，往未得也。
六五：干父之蛊，用誉。
象曰：干父之蛊，承以德也。
上九：不事王侯，高尚其事。
象曰：不事王侯，志可则[3]也。

【注解】

[1] 干：本义为干犯，此处指救正、纠正的意思。

[2] 裕：此处为宽容、姑息之意。

[3] 则：成为准则，效法。

【释义】

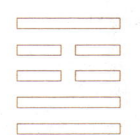

初六：干父之蛊，有子，考无咎，厉终吉。
象曰：干父之蛊，意承考也。

经文意思是：纠正父辈的过失，有这样的好儿子，父辈可免去

"初六"柔处卑位，但意在继承前人的事业，进行革新，使先辈免除灾祸。革新虽有险阻，但是大势所趋，终归吉祥。

灾难，虽有危难但最终会吉祥。

象辞的意思是：纠正父辈的过失，意在振兴父亲的家业。

这里是说，儿子继承了家业，应当纠正父亲遗留下来的弊病，只有这样才能保住家业，家业保住了，死去的父亲自然在阴间也会过得安稳，所以"考无咎"。如果儿子不这样做，家业保不住，家族的香火都有断绝的危险，躺在坟墓里的父亲自然也会有灾难了。由于纠正弊端是会带来好处的，所以即使有危险，也要纠正，因为最终会得到吉祥。这就好比汉武帝"独尊儒术，罢黜百家"一改窦太后的治国方法，嘉庆帝杀贪官和珅改变乾隆时期的政治格局一样，为了最终的吉祥，必须要这样做。

九二： 干母之蛊，不可贞。
象曰： 干母之蛊，得中道也。

经文意思是：纠正母亲的过失，不可固执守正。

象辞的意思是：纠正母亲的过失，符合中庸之道。

九二与六五上下相应。六五为泰卦坤母的中爻，变蛊后坤象隐去，所以代表亡母。在男权社会中，女人是不参政的，所以"母之蛊"无非是偏心、溺爱、宫闱余党和生活作风问题。对母亲的这些问题是不能太严格地给予纠正的。因为母亲的问题是家庭问题，而父亲的问题是社会问题，有轻重之分。过分纠正母亲的不是，则会有伤孝道，而于治国没有多大益处。

"九二"刚而能柔，能因势利导，采用刚柔适中的方法，匡正以往的弊乱。

九三： 干父之蛊，小有悔，无大咎。
象曰： 干父之蛊，终无咎也。

经文意思是：纠正父辈的过失，会有小的忧悔，但无大的灾难。

象辞的意思是：纠正父辈的过失，

"九三"无上应，匡正先辈的弊乱稍有悔恨。但毕竟阳刚得正，不会产生大的灾祸。

最终不会有灾难。

九三爻处于下卦的最外面，所以做事会有些过火的现象。纠正父亲的过失是应当的，但不能太过火，一过火就会有悔恨的事情发生了。但也不能不纠正，因为这样做会对以后的发展有利，所以不会有大的灾难，最终结局会很好。

六四：裕父之蛊，往见吝。
象曰：裕父之蛊，往未得也。

经文意思是：纵容父辈的过失，前往会遇到忧吝。

象辞的意思是：纵容父辈的过失，前往不会有所得。

六四没有"干父之蛊"，而是容忍父亲的错误继续发展下去。这种做法是不值得提倡的，因为再这样发展下去便会有忧吝的事情发生了。比如乾隆把皇位禅让给嘉庆帝后，却仍然大权独揽，嘉庆帝当时只能"裕父之蛊"。据史书记载，在朝中乾隆坐在嘉庆帝的右边，乾隆大笑，嘉庆帝便跟着干笑；乾隆恼怒，嘉庆帝便不知所措。没办法，自己没有实权，只能"裕父之蛊"。可是结果呢？导致民众起来反抗朝廷，导致国库逐渐空虚，导致嘉庆帝后来充满忧患而无从下手。

"六四"阴柔懦弱，对弊乱不能速治，这样容恶养弊，发展下去必有遗憾。

"裕父之蛊"的典型例子还有秦二世。秦二世胡亥在赵高、李斯的帮助下，登上了王位。可是他并没有纠正他父亲秦始皇的政治弊端。他完全继承了父亲的弊病，也像秦始皇一样四处巡幸，刻石以歌颂秦朝的功德。并且像他的父亲一样以严格的刑法治理国家，尤其是加重了"诽谤罪"的惩罚力度，凡是有向皇帝进谏的，一概格杀勿论，导致再也没有人敢提意见了。

秦二世像他的父亲一样喜欢大兴土木，他征集几十万人为秦始皇修骊山陵墓。秦二世还继承了他父亲的贪图女色，父亲没有修完的阿房宫，他继续修建。面对人民的怨声载道，叛乱四起，丞相李斯、去疾与将军冯劫三人劝二世免除徭役，停修阿房宫，以使人民得到养息。结果却被二世定罪，去疾、冯劫不得已只得自杀，李斯以为自己帮助二世继位有功，可以逃过杀身之祸，结果被囚于狱中，也惨遭杀害。

由于秦二世"裕父之蛊"，却没有"承父之德"，所以他没有做出像秦始皇一样惊天动地的大事，最终被奸臣赵高所杀，使秦王朝走向了灭亡。

"六五"柔中居尊位,应二承上,任用贤者匡正以往的弊乱,受到赞美。

六五: 干父之蛊,用誉。

象曰: 干父之蛊,承以德也。

经文意思是:纠正父亲的过失,用荣誉治理天下。

象辞的意思是:纠正父辈的过失,是因为能够用道德继承大业的缘故。

六五身居君位,以阴柔之德纠正父亲遗留下来的弊端,并且提倡人们以勤俭、正直、仁义、廉政为荣,对勤俭节约、正直仁义、廉洁奉公的人给予高度的赞誉,这样加强精神文明建设无疑会收到很好的效果。比如新中国成立初期,毛泽东同志倡导人民勤俭节约、廉洁奉公、无私奉献、不怕牺牲,结果社会风气得到了很好的改善。人们不羡慕有钱有势的人,却赞扬道德高尚的人,这样就使小人的势力受到了制约与打击,使正义的君子之道得以伸张。这种以德治天下的方法才能够很好地"防蛊",所以象辞说"承以德也"。

上九: 不事王侯,高尚其事。

象曰: 不事王侯,志可则也。

经文意思是:不侍奉王侯,并使自己的行为高尚。

象辞的意思是:不去侍奉王侯,这种志向是可以效法的。

上九处于蛊卦的最上面,处蛊的顶点。也就是说社会上淫邪之风、腐败之风已经发展到了极至。这时候君子该怎么办呢？是同流合污，还是与之抗争？可是既然"蛊"已经发展成了大气候，与之抗争无异于以卵击石，自取灭亡。那样一来，社会上的正人君子会更少了。那怎么办呢？所以只能"不事王侯，高尚其事"了。也就是说不在朝中为官，离开淫邪腐败的环境，进行归隐保全。也就是说去当隐士。可并不是说归隐后两耳不闻窗外事，什么事也不管了。而是应当"高尚其事"，自己认为是高尚的事，并且力所能及，那么这种事情还是要做的。

从卦象上看，蛊卦的上互卦为震，震代表王侯，而上九处于震卦之外，所以有"不事王侯"的卦象。

"上九"居蛊之终，上位无位，不为王侯做事，超然物外，像隐士一般高洁自守。

卦十九　临

壹● 卦名、卦画与卦象

临[1]　地泽临

坤为上卦
兑为下卦

兑为泽，坤为地，泽上有地，泽卑地高，高监下，为临。临象征监视、监察。含有由上视下，以尊临卑之义，也有统治的意思。以德临人、临事、临天下，必然亨通顺利。但阴阳消长，监临盛极，就有转向衰落的危险。

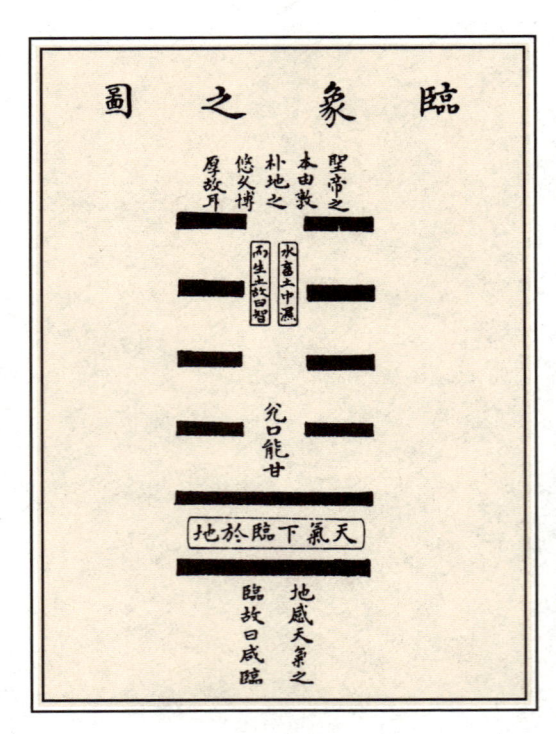

临之象图

聖帝之本由教
朴地之悠久博厚故曰
水畜上中澤
而生土故曰習
兌口能甘
天氣下於地臨
地感天象之臨故曰咸臨

【注解】

[1] 临：卦名，象征君临、壮大、来临、临视。

【释义】

此卦卦名为临。"临"字是一个会意字。在金文中，右边是人，左上角像人的眼睛，左下角像众多的器物。整个字的形象是人俯视器物的样子。所以"临"的本义是从高处往低处察看。前面是蛊卦，是讲如何去除盛世中的淫邪与腐败，但进行整治之后就没事了吗？不，君王还要经常巡视，观察社会的势态，以达到防患于未然的目的。所以蛊卦接下来便是临卦。

临卦的卦画为下面两个阳爻，上

面四个阴爻。从卦象上分析，下面的两个阳爻代表阳气逐渐增强，也可引申为正气的增长。临卦是十二消息卦之一，代表的节气为大寒。临卦六爻代表小寒至立春的三十余天。五天为一候，一爻代表一候。此时卦象上已有两个阳了，表示阳气逐渐在壮大，所以临卦也有壮大的意思。另外，临卦的上卦为坤为地，下卦为兑为泽，所以泽上有地便是临卦的卦象。什么叫"泽上有地"？意思是说，沼泽的外边是无边的土地，而土地的位置是高于沼泽的，所以说"泽上有地"。站在沼泽边的土地上往沼泽里看，这就是临。可见卦象与卦名的含义还是较为一致的。

贰 ● 卦辞

临：元亨，利贞。至于八月有凶[1]。
彖曰：临，刚浸而长，说而顺，刚中而应，大亨以正，天之道也。
至于八月有凶，消不久也。
象曰：泽上有地，临。君子以教思无穷，容保民无疆。

【注解】

[1] 八月有凶：临卦为十二消息卦之一，此时已经有两个阳爻，时间上代表十二月，喻示春天就要来临。而到了八月为观卦，卦中虽然也是两个阳爻四个阴爻，但位置不同，观卦四个阴爻将要驱除掉上面的阳爻，所以说到了八月有凶险。

【释义】

经文意思是：临卦，初始亨通，利于正道。到八月有凶险。

彖辞的意思是：临卦，阳刚之气正在逐渐增长，喜悦而柔顺，九二刚爻与六五阴爻相应和，大亨通而属于正道，这是天的运行法则。到了八月有凶险，是因为阳刚不久就会削弱了。

象辞的意思是：下卦为兑为泽，上卦为坤为地，所以泽上有地便是临卦的卦象。君子从卦象中得到启示，居安思危，教化民众，以无穷的思想教化民众，以广博的胸怀包容民众。

临卦的"元亨利贞"与乾卦的"元亨利贞"意思相同。区别是，这里的"元亨"指的是改革后的"初始亨通"，"利贞"则是说改革要坚持下去，守于正道，不要半途而废。而"八月有凶"则是阐明了阳消阴长、循环往复的道理。临卦时阳气在逐渐增强，天气渐渐转暖。可是到了八月，则是阴气开始逐渐强盛，天气逐渐转凉，代表八月的正是临的覆卦，也就是排列顺序与临卦正好相反的观卦。卦辞中提示"八月有凶"，则是告诫君子要争取有利时机，不要等到小人的势力强盛后再铲除邪恶势力，那时就晚了。那么君子在坚持改革中应做到哪些呢？象辞说"以教思无穷，容保民无疆"。也就是说用无穷的思想教化民众，以广博的胸怀包容民众。

这正如同广博的大地包容沼泽地一样。古人言"防民之口，胜于防川"，说的是人民就像水，采用"堵口"的方法是危险的。那么怎样防止民众叛乱呢？便是包容，就像广博的大地包容沼泽一样。"无穷的思想"指的是什么呢？便是坤卦的卦德，也就是柔顺之德，对民众宣扬柔顺之德，讲道德，讲正气才可以维护社会的太平。"容保民无疆"指的是什么呢？便是用宽容得到民众的拥护。怎么宽容？减少民众的劳役，减轻民众的赋税，减少对民众的压迫，让民众富起来，让民众不受欺负，让民众享受欢乐富足的生活，这就是宽容。只有这样，才能使和平的盛世继续发展下去。所以君王要"临"，就是要经常察看民间的疾苦。

一妇人乘风，主风举，得阴才；一车上有使旗，为太守之车；在山顶头，主危道；虎在山上坐，可防危；一合，主和合；人射弓，乃得非人牵引之象。风入鸡群之卦，以上临下之象。

叁 ● 爻辞

初九：咸[1]临，贞吉。
象曰：咸临贞吉，志行正也。
九二：咸临，吉无不利。
象曰：咸临，吉无不利，未顺命也。
六三：甘临，无攸利。既忧之，无咎。
象曰：甘临，位不当也。既忧之，咎不长也。
六四：至临，无咎。
象曰：至临无咎，位当也。
六五：知临，大君之宜，吉。
象曰：大君之宜，行中之谓也。
上六：敦[2]临，吉无咎。
象曰：敦临之吉，志在内也。

【注解】

[1] 咸：感，感应。
[2] 敦：敦厚。

【释义】

初九：咸临，贞吉。
象曰：咸临贞吉，志行正也。

经文意思是：感应来临，守正道吉祥。

象辞的意思是：感应来临，守正道吉祥，是由于心志与行为公正。

初九爻处于社会的最下层，可是他却能感受到上层人物对他的视察，所以他必须守正道才会吉祥。初九阳爻居于奇位为得位，说明他能够安分守己，做好自己分内的事情，并因此而受到领导的赏识。一个管理完善的企业，下层、一线职工的业绩是企业领导必须要掌握的。因为一个企业只有做到这些才能把产品质量搞上去，才能减少损耗，控制成本，提高质量。但总经理不能整天盯着工人干活吧？是。总经理可以通过他手下的干部了解情况，再加上自己的抽查，便对自己的下层员工有了整体的了解。初九与六四相应，也就是说他的一举一动，都会通过六四的观察而反映到总经理那里。

当然，君王也是这样，他必须要了解他所有的臣民。管理办法也如总经理是一样的。由于上层领导能够巡视民众，所以下层民众表现好能得到上面的奖励，表现不好会受到批评，自然每个人都开始从严要求自己了。

"初九"其德足以临人、临事，但毕竟处卦之下，尚不宜大用，故须守持正固可获吉祥。

九二：咸临，吉无不利。
象曰：咸临，吉无不利，未顺命也。

经文意思是：感应来临，吉祥没有任何灾难。

象辞的意思是：感应来临，吉祥没有任何灾难，是因为天下还没有归顺于王命。

"九二"居中且上应六五，故德威并重，施行监临是吉祥的，无所不利。

九二是大夫之位，九二阳爻居偶位，虽不得位但是能够居中。能够以中正之道做事，自然也会得到上面的嘉奖。九二与身为君王的六五相应，他的一举一动可以受到君王的赏识，怎么会有不利的因素呢？做得好可以得到君王的嘉奖，九二自然也就更加好好表现了。

六三：甘临，无攸利。既忧之，无咎。
象曰：甘临，位不当也。既忧之，咎不长也。

经文意思是：甘美地对待来临，来往不会有利益。能为处境忧虑，则不会有灾难。

象辞的意思是：甘美地对待来临，是位置不当的缘故。如果能对这种处境有忧虑，则灾难不会长久。

六三处于下卦兑卦的最上面，所以有喜悦之象，并且临于两个阳爻之上，所以会得到好处。但是他虽然权力大于两个阳爻，但却无法得到上面的赏识，所以"无攸利"。六三阴爻居于奇位，又不得中，所以处境不是很好。不过他能够发觉这种隐伏的危机，心存忧患，想办法解决，所以不会有灾难。

"六三"不中不正，当"临"之时，以花言巧语诱骗百姓，如果觉悟到这种态度的不妥，可以避免灾祸。

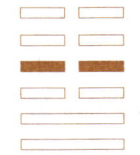

六四：至临，无咎。
象曰：至临无咎，位当也。

经文意思是：最大的来临，没有灾难。

象辞的意思是：来临而没有灾难，这是由于六四阴爻居于偶位，得位的缘故。

六四为诸侯之位，他能够与初九相应，所以称之为"至临"。也就是说六四体察民情，深入到最下层，与下层民众心连心，这种视察就是"至临"。领导能做到这一点，是难能可贵的，怎么会有灾难呢？

六五：知临，大君之宜，吉。
象曰：大君之宜，行中之谓也。

经文意思是：用智慧监临天下，适于天子的统治，吉祥。

象辞的意思是：适合天子的统治，是施政适中的缘故。

用智慧去体察民情，这正是天子必须掌握的一种本领。六五以智慧体察民情，能够得到真实的情况，所以吉祥。身为国君，必须要了解自己的子民。天安门的两个华表上，分别有两个小兽，兽头的方向一个朝南一个朝北，这就是两个华表的不同之处。有什么说法吗？有，兽头朝南便是警示国君不要忘记常到民间去体察民情。为什么要这么做呢？因为大臣们会粉饰太平，对君王说假话。举个例子，袁世凯当了皇帝后，举国一片反对之声。一些人为了讨好袁世凯，便给袁世凯专门印制了一份报纸，这个报纸每天只印一份，只给袁世凯一个人看。上面全

"六四"柔居正位，又善用贤才初九，且能十分亲切地领导百姓，这样没有什么灾害。

"六五"居尊位，下应九二。象征本身不必动，可完全委任下方，以智慧监临。这对伟大的君主来说，是最适宜的统治态度，因而吉祥。

第四章 《周易·上经》 临卦

是形式一片大好之类的话，袁世凯看后开心。结果，登基八十一天后，他便被人从龙椅上撵了下来。所以说君王必须要用自己的眼睛去看一看百姓的生活。清朝盛世期间，康熙、乾隆屡次来到江南，便是巡视，体察民情。天安门华表上朝北的兽头，则是警示君王在外面巡视游玩不要忘了国家朝政的安危。总在外面巡视，朝廷出了奸臣叛乱怎么办？所以君王在外面巡视不要时间太长，还必须回来巩固自己的政权。

但身为君王，不能外出时间长了，怎么能掌握真实的民情呢？这就需要"智临"。怎么"智临"呢？电视里演的康熙、乾隆的微服私访便是"智临"。当然除了微服私访，还可以利用忠臣去巡视获得准确的消息。但关键在于"智"，只有"智"才能达到真正的"临"。

上六：敦临，吉无咎。
象曰：敦临之吉，志在内也。

经文意思是：以敦厚的性情接近人民，吉祥，没有灾难。

象辞的意思是：以敦厚的性情接近人民之所以吉祥，是因为胸中怀有大志的缘故。

上六处于太上皇的位置，自然失去了一些君王的威风，所以他要以敦厚的性情去巡视民众。在古代，天下是统治者家族的天下，所以太上皇也得为天下的和平做些贡献。他平和地与民众相处，是为了得到真实的民情，然后帮助皇上谋划治理天下的决策。

上六又属于隐士阶层，在古代，隐士阶层对社会的贡献是很大的。他们表面上隐居山林，但实际上心系国家。由于没有地位与权势，所以他们更能了解到民众内心的真实想法。并且，隐士往往与统治者有一定的往来，统治者也很重视这一阶层，所以隐士往往会对君王提出一些对治理天下有价值的忠告。

按今天的社会阶层来讲，这上六就相当于可以发挥余热的退休干部，他们从高位上退了下来，开始与平民百姓有了更多的接触，以敦厚的性情与平民相处，自然可以了解到社会的真实情况。而将这些情况反映到有关部门，就能够解决社会上的许多问题。

"上六"处临之极，本不吉，但上六正，其性柔和敦厚。统治有道，能免灾获吉。

卦二十　观

壹 ● 卦名、卦画与卦象

观[1]

巽为上卦
坤为下卦

风地观

坤为地，巽为风，风行地上，万物广受感化，为观。观象征观仰，含有展示的意思。以伟大的德行，被万民瞻仰，使天下人顺从美好的教化。而下者看到盛德，在不知不觉中信服。观仰重形象，更重心诚。

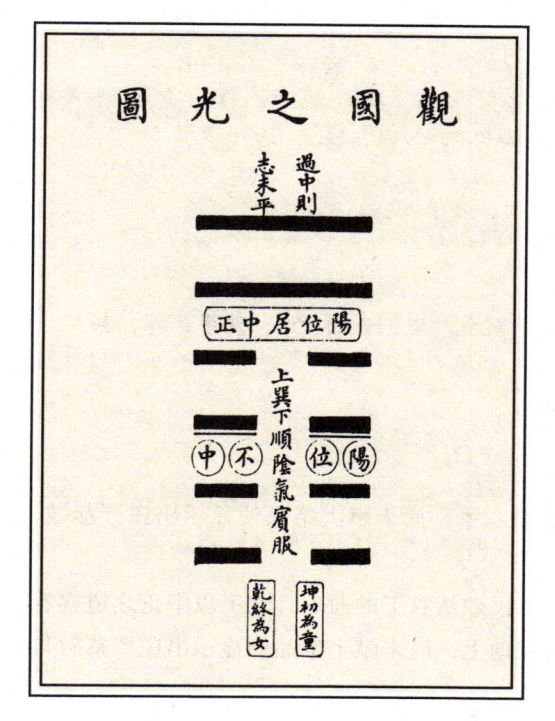

【注解】

[1] 观：卦名，象征观看、观仰之意。

【释义】

此卦卦名为观。《说文》中说："观，谛视也。""谛视"就是仔细、详细地察看、审察的意思。前面的临卦也有察看的意思，而观卦也有察看的意思，它们之间有什么不同呢？《杂卦传》中作出了解释："临观之义，或与或求。"两个卦都是看的意思，但临卦的出发点是给予，而观卦的出发点是求取。也就是说，临卦的巡视是为了掌握老百姓的真实情况，最终目的是给予老百姓更优惠的政策，给老百姓带来好处；观卦则是仔细观察大自然的变化，观察天地运转及神灵的相关信息，最终目的是为了掌握这种变化规律与哲理。简单来说，临是发现问题解决问题，观是探索未知而掌握知识。《序卦传》中说："物大然后可观，故受之以观。"这种解释是从卦气上来说的，但解释有些片面。前面我们讲了，《十翼》部分并非一个人、一个时期的产物，所以里面有正确的，也有不正确的，不能把它当成解经的唯一途径。从卦气学说来讲，临卦是指阳气逐渐增强，所以有盛大的意思。可如果按卦气的十二消息卦进行排列，下面应该是三阳开泰的泰卦，怎么能是观卦呢？所以《序卦传》的说法是片面的。观卦排在临卦之后，主要是它与临卦的含义相反的缘故。临卦代表阳气渐长，观卦代表阴气渐长；临卦表示的是发现问题解决问题，观卦则是探索未知掌握知识；卦画上也是排列顺序正好相反，所以将观卦排列在临卦之后。"非覆即变"是《周易》排列八卦的特点，其内涵便是让人明白事物都是一分为二的，都有正反两个方面，好让人懂得从双方面思考问题，对利弊都要考虑。按现在的话来说这就叫换位思考。

观卦的卦画是下面四个阴爻，上面两个阳爻，与临卦的卦画排列顺序正好相反。从卦象上进行分析，观卦上卦为巽为风，下卦为坤为地，风吹拂着大地就是观卦的卦象。风无处不在，无孔不入，人也应当像风一样，无所不观，观察万物而得到更多的知识。

贰 · 卦辞

> 观：盥而不荐[1]，有孚颙[2]若。
> 彖曰：大观在上，顺而巽，中正以观天下，观。盥而不荐，有孚颙若，下观而化也。观天之神道，而四时不忒，圣人以神道设教[3]，而天下服矣。
> 象曰：风行地上，观。先王以省方，观民设教。

【注解】

[1] 盥而不荐：在没有献上祭品前洗净双手。盥，音 guàn，洗手；荐，祭品。

[2] 颙：音 yōng，庄严而恭敬。

[3] 以神道设教：以敬神之道教化百姓。

【释义】

经文意思是：观卦，在祭祀之前洗净双手，尚未献上祭品便显示出庄严恭敬、无比虔诚。

彖辞的意思是：君王在上面观看，臣民顺从君王的命令，君王以中正之道察看天下，这就是观卦。祭祀之前先将酒浇在地上，尚未献上祭品便显示出庄严恭敬与虔诚，民众也会因此而受到感化。观察天上的神道，顺应四季运行而做事就没有偏差。圣人用天上的神道教化百姓，天下人都会信服的。

象辞的意思是：上卦为巽为风，下卦为坤为地，风吹在大地上就是观卦的卦象。君王应当效法这一卦的精神，像风吹遍大地一样巡视四方民情，教化百姓。

中古时期，祭祀是很有讲究的。一般主祭的天子先要散斋七日，这七天在饮食、仪容、声色等方面要做到洁净。七日之后是致斋三日，这三天要吃素食，并且要住在洁净的房间里，不能回寝室与女人同居，要在专门的一间洁净的房间里睡觉，并且焚香沐浴。致斋三天后便开始进行祭祀了。在献上祭品前，主祭的天子要洗手，这个洗手很有讲究，首先要心怀虔诚，其次要符合规范要求。一般的方法是侍者用特制的水壶匜（yú）盛水，主祭的天子把双手伸出来放在接水的盆子上方，侍者用匜将水徐徐倒出，主祭的天子便用这流动的水洗手。这种洗手的仪式就称为盥。洗完手后，主祭的天子斟满一杯酒，虔诚地将酒浇在茅草上，象征被神享用了，这叫灌。接下来，便按照"三献而荐腥，五献而荐熟"的规矩献上祭品，并求先祖或众神的保佑。

在卦辞中，并没有讲祭祀的具体细节，只是讲了献祭品前要洗手。为什么不讲别的，只提到洗手呢？这与"观"有什么联系呢？其实卦辞想要表达的意思是，洗手时表情极其虔诚，还没有献上祭品便显示出庄严恭敬、无比虔诚，这是为了给周围的人看。外表的虔诚是给周围的众人看的。这就是卦辞要表达的"观"的意思，是让众人看天子。这就是卦辞的本义。这个意思与临卦的天子去看民众正好相反。为什么说虔诚的外表是给众人看的呢？因为神是不需要看这些的，神可以直接看到你的内心。外表再虔诚，而内心不虔诚，神是不会保佑的。即使没有外表的虔诚，只有内心的虔诚，神也会因你的虔诚而保佑你。可是为什么要表现出一付虔诚给众人看呢？就是要给众人树立一个虔诚的模范，让民众也这样虔诚地做事敬神。

可是接下来的象辞则对卦辞进行了较大的发挥，不过这种发挥已经与原卦辞的内涵有所区别了。由此也可以看出卦辞、彖辞、象辞、爻辞绝对不是出自一个人的手笔，应是不同时期不同人对《周易》的解释。象辞中只有"盥而不荐，有孚颙若，下观而化也"这一句，是解释卦辞的，其余的都属于发挥部分了。

下面我们从爻辞上进行分析，就会发现爻辞与卦辞的内涵也不是很吻合，所以说卦辞与爻辞并非一人所作。

日月当空，普照大地，有官人立于香案边，一鹿在山上，主高官厚禄；金甲神人执印秤，为权柄。云卷晴空之卦，春花竞发之象。

第四章 《周易·上经》 观卦

387

叁 • 爻辞

初六：童观，小人无咎，君子吝。
象曰：初六童观，小人道也。
六二：窥[1]观，利女贞。
象曰：窥观女贞，亦可丑也。
六三：观我生，进退。
象曰：观我生，进退，未失道也。
六四：观国之光[2]，利用宾于王。
象曰：观国之光，尚宾也。
九五：观我生，君子无咎。
象曰：观我生，观民也。
上九：观其生，君子无咎。
象曰：观其生，志未平也。

【注解】

[1] 窥：从门缝里偷偷看。

[2] 观国之光：即观礼。古代君王举行大型庆典活动时，会邀请诸侯前来观礼，这些庆典中的礼仪往往体现着一个国家经济、文化、艺术、科技、政治、民俗等丰富内涵。

【释义】

初六：童观，小人无咎，君子吝。
象曰：初六童观，小人道也。

经文意思是：以幼童的眼光看问题，小人没有灾难，君子会有麻烦。

象辞的意思是：初六爻辞的"童观"，是小人看问题的方法。

用幼童的眼光看问题，只能发现肤浅的问题，毕竟儿童的生活阅历不多，无法领悟到更深的内涵。小人具有这种眼光不会有灾难。为什么呢？因为小人浅薄是正常的事。在《周易》中小人与君子是相对的两个阶层，君子代表统治阶级，小人代表贫困的百姓。在中古时期，百姓有文化的实在是太少了，所以

"初六"阴柔在下，像幼童一样观察问题，所观甚浅。如果是老百姓，不算什么过失，但若是大人君子，则是耻辱。

小人就是无知的代名词。后来社会越来越文明，识字的人越来越多了，自然百姓就不是小人了。所以"小人"这个词又被赋予了新的内涵，成为浅薄、无知、无德、无礼等等低劣的代名词了。曹刿说："肉食者鄙。"可见春秋时小人已不再单指百姓了。可是在中古时期，最下层百姓及奴隶阶层是不需要知识的，他们只要能完成主人分配的工作就行了，这些人头脑简单怎么会有灾难呢？可是君子就不行了，他得治理天下，如果眼光短浅，国家得不到治理不说，很有可能会国破家亡，所以说君子"童观"就会有忧吝了。

放在当今社会，君子应当指那些想有所作为、有所发展的人。如果你想有所作为、有所发展，那么你便不能"童观"。

六二：窥观，利女贞。
象曰：窥观女贞，亦可丑也。

经文意思是：从门缝里向外观看，女子守正道有利。

象辞的意思是：从门缝里向外偷看对守正道的女子有利，但对于君子来说就显得不够体面了。

像女人一样从门缝里看人，这对于君子来说是不体面的。但对女人则不属于过失。女人天生比男人害羞，比男人腼腆，这无可厚非，并且还能显示出女人的阴柔美。六二阴爻居于偶位为得位，又居中且与九五相应，所以女人的这种行为是很正常的。但是这种"窥"得是出于正道的偷看。如果见到美男子就想入非非，偷偷观看，就不吉祥了。所以说"利女贞"，即这种行为要符合道德规范。

"六二"虽中正，但当观之时，不能尽见其美。似从门缝中观察事物，这是不出户门的妇女行为。

象辞对爻辞进一步发挥，引申出君子这样属于丑态的意思，其实爻辞本无此意。不过，象辞的意思也可能是：女人从门缝里偷看，也是一种不良的表现。这可能出自于周公制礼作乐时，对女人又有了严格的要求，毕竟是男权社会嘛，男人对女人的严格管理，就如同君王对臣民的管理一样重要。当然，这种思想在今天是行不通的。

六三：观我生，进退。
象曰：观我生，进退，未失道也。

经文意思是：观察自己生存的环境，以做好进退的选择。

象辞的意思是：观察自己生存的环境以决定进退，是没有离开正道。

六三既不得位，又不得中，并且上下又无阴阳相合，所以处境不是很理想。所以他需要仔细观察自己的生存环境，以做好进退的选择。不过六三与上九相应，能靠祖上的余荫生活，这也是六三的优势，所以若能够谨慎地做好进退的选择，便不会迷失正道。

"六三"阴柔失正，其位多"惧"。当观于外而修于内，审时度势，决定今后的进展。

六四：观国之光，利用宾于王。
象曰：观国之光，尚宾也。

经文意思是：观看国家典礼的光辉，利于成为君王的宾客。

象辞的意思是：观看国家典礼的光辉，是为了推尚宾主之礼。

六四为诸侯之位，天子举行国家典礼，便邀请他前来观看，说明君王对他很有好

"六四"柔顺得正，亲比九五，易于观仰国家的光耀盛治，接受美好的教化，成为君王的座上宾。

感。既然君王喜欢他，他也就应当在君王面前好好表现自己，做好君王的宾客。六四虽不居中，但柔爻居于偶位为得位，又与上面的九五阴阳相合，所以会受到君王的器重。

九五：观我生，君子无咎。
象曰：观我生，观民也。

经文意思是：观察自己的生存环境，君子不会有灾难。

象辞的意思是：观察自己的生存环境，对君王来说便是体察民情。

身为九五之尊的君王，也要随时观察自己的生存环境，不过他观察这些不是为了进退，而是为了治理。君王怎样观察自己的生存环境呢？象辞解释说"观民也"。就是说，君王要想了解自己所处的环境对自己是否有利，就要体察民情，了解民众所想和民众的生活状态，就能明白自己的生存环境是好是坏了。为什么呢？因为民众富裕了，欢乐了，自然就会拥护君王，这样君王的生存环境就好。如果民不聊生，怨声载道，君王的生存环境就差。因为民众都快要造反了，君王的日子怎么会好过呢？

"九五"中正，以盛德为天下人所观仰。应经常自我反省，丰富完善自己，这是有益无害的。

上九：观其生，君子无咎。
象曰：观其生，志未平也。

经文意思是：观察其他人的生存环境，君子不会有灾难。

象辞的意思是：观察其他人的生存环境，说明上九志气不凡。

上九相当于太上皇的位置，他观察他人的生存环境，能够了解民间的风土人情，了解民间的疾苦，以这种观察他人的方式来考虑自己的处境，所以不会有灾难。因为能够引以为戒。

"上九"虽属虚高，没有实权，但人们依然观仰他的行为。所以上九必须有君子之德，才不会有什么灾祸。

第四章 《周易·上经》 观卦

卦二十一　噬嗑

壹●卦名、卦画与卦象

噬嗑[1]

离为上卦
震为下卦

火雷噬嗑

震为雷，离为电，雷动而威，电动而明。用刑之道，威明相兼。雷电咬合而为噬嗑。噬，啮也。嗑，合也。象征啮合，含有刑罚的意思。卦形似口腔，口中有物，正可啮合。事物在相间相隔之时，利于施用刑罚，除去间隔之物，若能咬合嚼碎，则亨通顺利。

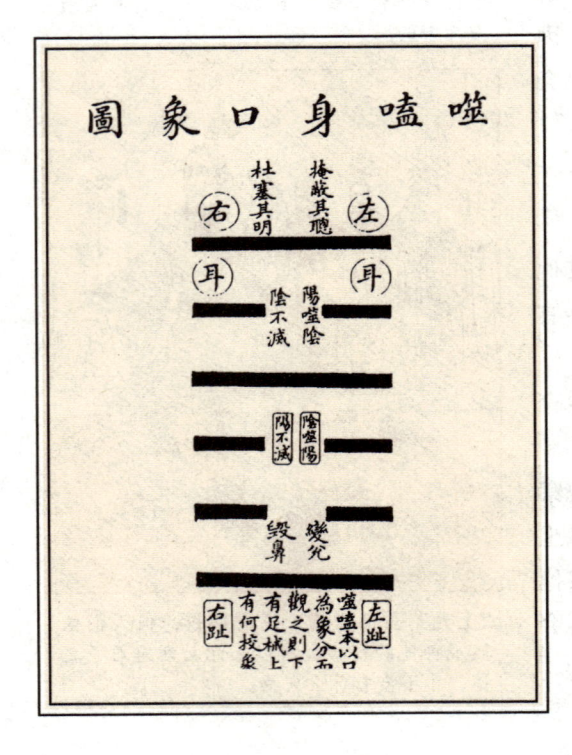

【注解】

[1] 噬嗑：音 shì kè，卦名，卦象有合着嘴嚼东西的形象，引申为刑狱的意思。

【释义】

此卦卦名为噬嗑。"噬"即咬的意思。"嗑"是用上下门牙咬有壳的或硬的东西。"噬"与"嗑"合在一起，便是用上下牙齿将口中硬物咬碎的意思。而它的引申义则是用刑罚、监狱治理国家。也许有人会说，这咬东西与法律有什么关系呢？其实，上下牙齿相合，是象征君民相合，口中硬物则象征一小撮不法分子。怎么对待这一小撮不法分子

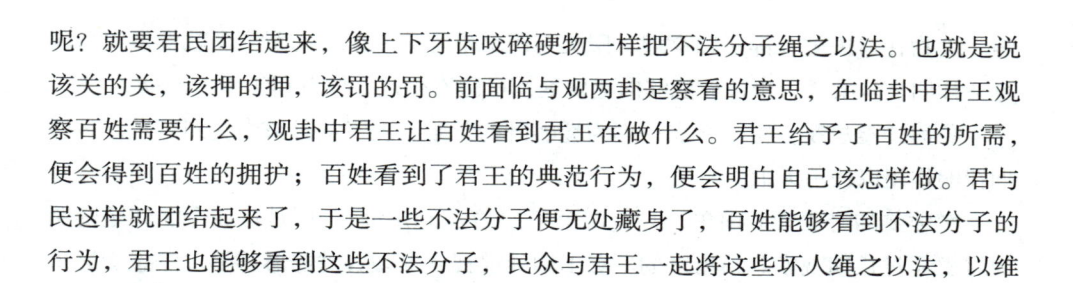

呢？就要君民团结起来，像上下牙齿咬碎硬物一样把不法分子绳之以法。也就是说该关的关，该押的押，该罚的罚。前面临与观两卦是察看的意思，在临卦中君王观察百姓需要什么，观卦中君王让百姓看到君王在做什么。君王给予了百姓的所需，便会得到百姓的拥护；百姓看到了君王的典范行为，便会明白自己该怎样做。君与民这样就团结起来了，于是一些不法分子便无处藏身了，百姓能够看到不法分子的行为，君王也能够看到这些不法分子，民众与君王一起将这些坏人绳之以法，以维护社会的治安。所以临卦、观卦之后，便是噬嗑卦。

噬嗑卦的卦画是三个阴爻与三个阳爻。从卦象上分析，噬嗑卦上卦为离为火为电，下卦为震为木为雷，闪电雷鸣，击中物体使其燃烧起来，这就是噬嗑卦的卦象。下雷阵雨时，一些建筑物遭受雷击会倒塌，一些动物与人遭受雷击会死亡，森林遭受雷击会发生火灾。古人看到这个自然现象，认为是天神在惩罚罪恶。君王效法天神的做法，所以也像雷电击中物体一样打击犯罪分子。雷电是迅猛的，所以也表示打击犯罪要迅捷，要彻底，力度要狠。当然，前提必须是打击犯罪分子，如果对方不是犯罪分子，就不能这么狠了。否则，就不会得到人民的支持，而成为暴政了。比如秦二世，对于反叛进行镇压是应该的，但有人进点儿逆耳忠言也被关进了监狱，这就属于暴政了。

贰 • 卦辞

噬嗑：亨。利用狱。
彖曰：颐中[1]有物，曰噬嗑，噬嗑而亨。刚柔分，动而明，雷电[2]合而章。柔得中而上行，虽不当位，利用狱也。
象曰：雷电噬嗑。先王以明罚敕[3]法。

【注解】

[1] 颐中：颐，两腮的部位。颐中即口中。

[2] 雷电：噬嗑卦上卦为离为火为电，下卦为震为木为雷，所以有雷电之象。

[3] 敕：音chì，通"饬"，整治、整饬的意思。

【释义】

经文意思是：噬嗑卦，亨通。利于决断讼狱。

彖辞的意思是：口中有物就是噬

北斗七星，主人之灾福；妇人烧香拜，禳谢之意；忧字不全，无忧之义；喜字全，主有喜庆事；一雁食稻，一钱财，一鹿，爵禄皆足，无不称心。日中为喜之卦，顺中有物之象。

嗑。食物在口中被咬碎所以亨通。阳爻与阴爻平均分配，变动明了，就像雷声与闪电一样明显。柔爻得中位而能够向上发展，虽然不得位，但有利于听讼治狱。

象辞的意思是：雷电合在一起为噬嗑卦的卦象。先王从卦象中受到启示，声明刑罚的作用以法治天下。

噬嗑卦的卦辞极其简单，只有四个字："亨。利用狱。"可是这四个字却是贤明的君王通过长期观察总结出来的。君王四处巡视，发现百姓的愿望不过是想安居乐业，可是现在社会没有得到很好的治理。君王于是又以身作则，在行言上做出典范，让百姓明白应该怎样诚信做人，怎样敬神而怀有虔诚之心，怎样做好君君、臣臣、父父、子子。可是社会仍然出乱子，淫邪腐败现象仍然存在。于是君王明白了，必须用刑罚惩治这些淫邪腐败分子，正是这一小撮坏人扰乱了社会秩序与治安。所以说"利用狱"。

在加强法治建设方面，君王应注意些什么呢？象辞说："先王以明罚敕法。"这是说以前贤明的君王能够做到赏罚分明。"赏罚分明"这四个字，听起来简单，能做到可不那么容易。为什么呢？因为坏人不会在脸上写个"坏"字，好人也不会在脸上写个"好"字。并且常是大奸若忠，大忠若奸。坏人常常把自己装扮得像好人一样。这怎么区分呢？所以就需要君王拥有超乎常人的智慧。人们常说古代贤明的君王少，为什么呢？因为有这种智慧的人本来就不多，更何况是在世袭贵族的圈子里，能拥有这种智慧的人就更少了。所以说做到赏罚分明不容易，但如果你做到了，你就会得到人民的爱戴与拥护。

叁 • 爻辞

初九：屦（jǔ）校[1]灭趾，无咎。
象曰：屦校灭趾，不行也。
六二：噬肤[2]灭鼻，无咎。
象曰：噬肤灭鼻，乘刚也。
六三：噬腊肉，遇毒；小吝，无咎。
象曰：遇毒，位不当也。
九四：噬干胏[3]，得金矢，利艰贞，吉。
象曰：利艰贞吉，未光也。
六五：噬干肉，得黄金，贞厉，无咎。
象曰：贞厉无咎，得当也。
上九：何校[4]灭耳，凶。
象曰：何校灭耳，聪不明也。

【注解】

[1] 屦校：戴上木制的脚镣。
[2] 噬肤：噬，咬；肤，柔嫩的肉，《经典释文》曰"柔脆肥美曰肤"。
[3] 干胏：胏，音 zǐ，指连骨头的干肉。干胏即骨头上的干肉。
[4] 何校：何，通"荷"，负荷，扛着；校，木制枷锁。

【释义】

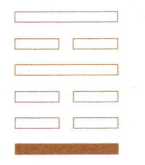

初九： 屦校灭趾，无咎。
象曰： 屦校灭趾，不行也。

经文意思是：戴上脚镣，遮住了脚趾，没有灾难。

象辞的意思是：戴上脚镣，只是不能行动了。

双脚被套了脚镣，肯定是犯了刑法，怎么会没有灾难呢？因为套上脚镣只是不让初九行动了，初九如果不再行动，怎么会有灾难呢？这里是告诉人们，能够因惩戒而改过守法，便不会再有灾难了。统治者将犯人关在监狱里，并给戴上脚镣，并不是想杀死犯人，目的是让其改过。被套上脚镣，说明犯的罪的确不轻，可是如果能改过，仍然可以免刑。

从卦象上看，整个噬嗑卦就像一个犯人肩扛枷锁，脚戴脚镣的形象。最上面的阳爻代表枷锁，枷锁太大了，以至于没过耳朵而看不到头；最下面的阳爻像脚镣，脚镣也很大，盖住了脚面而看不到双足。初九与九四相敌，所以必然会因犯上而被惩罚。可是初九与六二相合，所以会得到他人的帮助而没有灾难。

"初九"处卦之始，如犯小错误会得到小小的惩罚，若能改正，不会有什么灾祸。

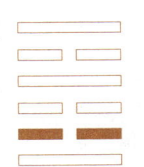

六二： 噬肤灭鼻，无咎。
象曰： 噬肤灭鼻，乘刚也。

经文意思是：咬肉吃，鼻子陷入肉中，没有灾难。

象辞的意思是：咬肉吃，

"六二"柔顺中正，施刑顺利。因为乘刚，不免有伤鼻之灾，但灾祸不大。

鼻子陷入肉中，是因为六二爻乘驾在初九的刚爻之上。

六二身为大夫之位，吃肉时太贪婪了，竟然把鼻子陷到了肉里面。这么吃东西肯定是很不文明。不过只是形象问题，没有什么大的过失，所以没有灾难。由于六二凌驾于初九之上，所以有乘刚的形象。一般来讲，阴乘刚指女夺夫权。这个六二身居偶位为得位，又能够居中，可见还是有道德的。可是其乘驾于初九之上，所以爻辞中描写的吃肉的"贪"，实际上是暗示六二对初九之"贪"，也就是说六二太想控制住初九了。

六三：噬腊肉，遇毒；小吝，无咎。
象曰：遇毒，位不当也。

经文意思是：咬腊肉干，却中了毒，小有不顺，没有灾难。

象辞的意思是：中毒，是六三爻居位不当的缘故。

六三柔爻居于奇位，是不得位，并且又不得中，正好是噬嗑卦上互卦坎卦的下爻，坎为毒，所以有"遇毒"之象。但六三爻又是下互卦艮卦的中爻，遇险而止，所以中毒不深，不会有大的灾难，只是有些小小的忧吝。按现在的话来说就是，吃了发霉的腊肉，及早发现口味不对，没有再往下吃，所以不会对身体造成伤害。

"六三"失正，受刑者不服生怨。好像吃坚硬的腊肉又遇到毒物，但只有小碍，无大灾祸。

九四：噬干胏，得金矢，利艰贞，吉。
象曰：利艰贞吉，未光也。

经文意思是：吃骨头上

"九四"不中不正。像吃干硬带骨头的肉又咬到了箭头，但其秉性阳刚纯直，可在艰难中守正，获得吉祥。

的干肉，得到铜箭头，利于在艰难中持守正道，吉祥。

象辞的意思是：在艰难中守正道，是因为还没有进入光明的境地。

九四爻在噬嗑卦中，就相当于口中所咬的硬物，就像一根骨头，所以爻辞中有"噬干胏"，"干胏"便是指骨头上的干肉。古代人经常可以吃到打猎的野味，所以从肉中吃出箭头是一件平常的事情。在这里是指有意外的收获，也就是说在艰苦的生活中能够坚守正道，会获得吉祥。

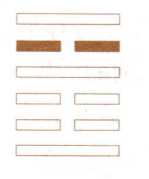

六五：噬干肉，得黄金，贞厉，无咎。
象曰：贞厉无咎，得当也。

经文意思是：吃风干的肉，得到黄金，守正道并感到危机，没有灾难。

象辞的意思是：守正道没有灾难，是因为六五所处的位置得当。

身为九五之尊的天子也吃肉干，说明能够与天下臣民共同节俭。能够这样简朴地生活，自然国库就充实，所以"得黄金"。

"六五"阴柔失正。像吃干肉又咬到了黄金，施刑不甚顺利，但因为具"刚中"的气质，如果能守持正固以防危难，不会有什么大的灾祸。

鲜肉不吃而吃肉干，说明节省。为什么这么说呢？因为在远古时代，人们以鲜肉为美味，一般捕杀到猎物后便进行烹煮食用。可是后来捕获的猎物多了，吃不了，剩下的肉有的腐烂掉了，有的被风吹干还可以食用。于是人类逐渐掌握了保存鲜肉的技术。怎么保存呢？便是风干、腊制。经过不断改进，今天腊制食品已成一种美味，而在当初却是将吃不了的鲜肉进行长期保存的一种方法。保存干肉以防没有食物充饥时享用，另一方面也是为了不浪费。而君王以身作则，饮食节俭，自然会使百姓也跟着节俭起来，这样社会财富才能得到积蓄。这其实是盛世中极其重要的一种治理手段。盛世在鼎盛之后便迅速陷入贫困，主要原因是奢侈之风盛行，使社会财物被过度地挥霍，结果造成太平盛世走向了衰落。

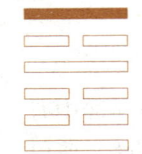

上九：何校灭耳，凶。
象曰：何校灭耳，聪不明也。

经文意思是：戴着枷锁，遮住了耳朵，凶险。

象辞的意思是：带着枷锁，遮住了耳朵，是耳不聪眼不明的缘故。

上九肩上扛着沉重的大枷锁，这是为了给众人看的，让众人引以为戒，不要像这个人一样犯法。只有重刑犯才会戴枷锁，戴上枷锁主要是为了警示后人，而不是为了让犯人改正，因为这种犯人示众之后就该斩首了，所以凶险。这个上九怎么会得到这样的下场呢？象辞给出了答案："聪不明也。"也就是说这个人耳不聪、眼不明，所以导致现在的下场。他为什么眼不明？因为他没有看到当前的形势。当前的形势正在惩治坏人坏事，奖励好人好事，他却继续从事罪恶活动，结果罪过越来越大，走到了今天。他为什么耳不聪？因为他不听劝告。君王一再申明法律，可是他当作耳旁风；别人对他进行善意规劝，他也不以为然；有人批评他，他却怀恨在心进行报复。他虽然长着耳朵，但是却没有大用处。所以顽固不化，最终犯了大罪，被戴上枷锁，游街示众，午门问斩，成为警示民众守法的典型。

"上九"居卦之上，过极之阳，积恶深重，遭到戴枷、割耳的险恶刑罚。

卦二十二 贲

壹 • 卦名、卦画与卦象

贲[1] ｝艮为上卦 ｝离为下卦 山火贲

> 离为火，艮为山，山下有火。山下燃烧着火焰，山形焕彩，为贲。贲为贝壳的光泽，引申为饰，故贲象征文饰。事物加一些必要的文饰，可以亨通，特别是柔小的东西加以文饰，才更显其美。

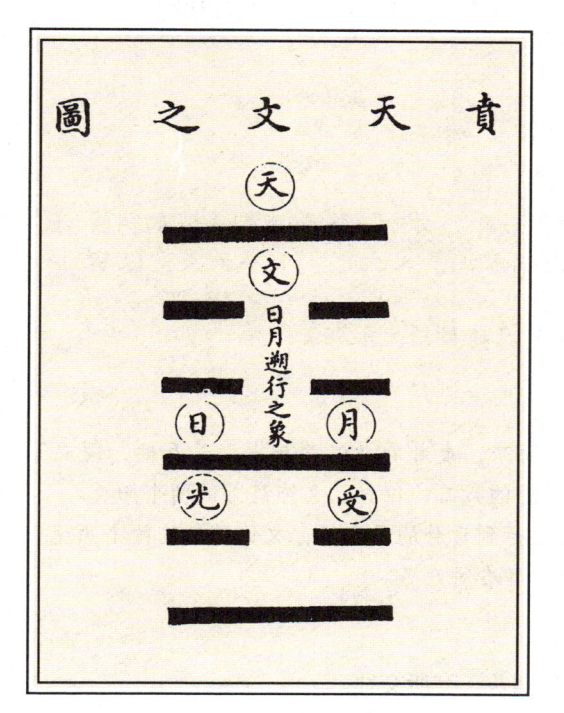

贲天文之图

（天 文 日月躔行之象 日光 月受）

【注解】

[1] 贲：音bì，卦名，有修饰、装饰的意思。

【释义】

此卦卦名为贲。《说文》中说："贲，饰也。""贲"字的本义是装饰、打扮。从字结构上分析，贲由"卉"与"贝"组成，花草与贝壳都是古代人的装饰品，花草与贝壳都有斑斓的色彩，所以贲卦讲的便是用斑斓的色彩修饰。在盛世中，人们富足了，便会滋生淫邪与腐败，君王惩治这股歪风邪气后，要经常体察民情，还要以身作则，做出表率，于是社会便平安与兴旺了，人民安居乐业，对生活的追求便会有所提高，开始追求修饰的艺术。所以噬嗑卦之后便是贲卦。贲卦其实表示的是艺术的发展。一个穷困的社会，是不可能盛行艺术的，只有社会财富积蓄多了，人们才会对生活有更高的要求，艺术便开始在生活中唱主调了。住房要讲究装潢艺术，吃饭要讲究饮食艺术，穿衣要讲究服饰艺术，写文章也要讲究表达艺术，……总之盛世是艺术大发展的时代。贤明的君王会把道德的教育同艺术结合起来，使民众可以普遍受到教育，提高修养。

贲卦的卦画也是三阳三阴，与噬嗑卦的卦画排列顺序正好相反。从卦象上分析，贲卦上卦为艮为山，下卦为离为火，山下有火就是贲卦的卦象。山下的火是怎么装饰山的呢？远古人类居于山中的洞穴，晚上点燃篝火照明，人们围着篝火载歌载舞，享受美好的夜生活。现在我们仍然有篝火晚会的活动，这便是模仿远古人类的生活方式。我们在参加篝火晚会时总是极其兴奋，感到特别新鲜，这就是篝火对夜色的装饰效果。远古时一座大山上会住着许多部落，所以晚上的篝火也不止一处。从远处望去，一处处的篝火构成一幅美妙的图案。这就是贲的意思。上古时期，帝王的服饰非常讲究，衣服的上部要绣上日、月、星、山、龙、花、锦鸡等图案，衣服的下部要绣上虎、水草、火、农作物等图案，以表示天文与地文。所以郑玄对贲卦卦象的解释是：山是地文，火是天文。装饰的艺术林林总总，五花八门，但其主旨不外乎阴与阳、柔与刚的两种线条的变化。易学中讲究"曲则有情"，说的便是曲线的美。绘画要讲究线条的变化，文章也要讲究曲折生动，音乐的旋律也是以婉转为动听，……总之，修饰的艺术便在于变化，在于阴阳线条的变化。

贰 • 卦辞

贲：亨。小利有攸往。
彖曰：贲，亨；柔来而文刚[1]，故亨。分刚上而文柔[2]，故小利有攸往。刚柔交错，天文也；文明以止，人文也。观乎天文，以察时变；观乎人文，以化成天下。
象曰：山下有火，贲。君子以明庶政[3]，无敢折狱。

【注解】

[1] 柔来而文刚：贲卦从泰卦变化而来，泰卦的九二爻与上六爻互换，便成了贲卦。此句意思是泰卦的上六爻来到贲卦的六二的位置，文饰离卦的两个阳爻。

[2] 分刚上而文柔：指泰卦九二爻上行到贲卦的最上爻，文饰艮卦的两个阴爻。

[3] 庶政：庶，众；政，政务。庶政即各种政务。

【释义】

经文意思是：贲卦，亨通，有小的利益，有所交往。

象辞的意思是：贲卦亨通，柔爻来文饰刚爻，所以亨通。分出刚爻到上边去文饰柔爻（即泰卦变贲卦之意），所以只利于小的行动（即六二爻）。阴阳相错就是天象的特征；用文教礼制来约束人们的行为，这就是人类文明的特点。所以观看天象以考察四时的变化，观看人文礼教以教化天下百姓。

象辞的意思是：上卦为艮为山，下卦为离为火，山下有火便是贲卦的卦象。君子从这一卦象中得到启示，修明政事，不草率判案用狱。

雨下，润泽万物；车行路，有转运之意；舟张帆于江中，遇顺风；官人着官服登梯，主踏云梯攀月桂；仙女云中执桂，乃嫦娥爱少年意。猛虎靠岩之卦，光明通泰之象。

卦辞简练而朴实，讲明装饰只有小的利益，会对人与人交往有帮助。为什么会有小的利益呢？现在一谈到艺术，人们往往同"价格不菲"等同起来，所以艺术家都很有钱。可是在当时的社会，人们明白装饰只是为了突出主体，所以饰品永远没有被装饰者更贵重。有句成语叫"买椟还珠"，说的便是一个人来到珠宝店，发现一个精美的盒子里放着一颗珍珠，盒子装饰得极其精美，珍珠也很大，所以价格不菲。这个人问珠宝店的老板这个货物值多少钱，老板说出价格后，这个人也没讨价，如数付了钱。老板把珍珠与盒子一起交给这个人，没想到这个人把珍珠又还给了老板，原来他认为这精美的盒子才值钱。

估计现在不会有人这么傻了，肯定懂得大珍珠比装饰珍珠的盒子值钱。可是人们往往会在其他方面犯"买椟还珠"的毛病。比如现在人们买东西时总是先看包装，总认为包装好的东西一定质量好，而事实上却不是这个样子。现在从国外传进来的一些励志及管理方面的理念，总是强调衣着的重要性，所以在招聘新员工时要从应聘者的服装上做文章，一看衣冠不整，一概不予录用，认为这是精神颓废的标志。而事实上，服饰永远不会与一个人的能力画等号。但是如果你既有能力，又着装整洁，去应聘工作肯定更容易些。这就是贲卦的"小利有攸往"。可是，如果聘用单位一概以貌取人，以着装取人，便犯了"买椟还珠"的毛病了。试想，如果长得漂亮就可以成为部门经理，穿着整齐就可以成为部门主管，这种单位在市场竞争中真的会更具有生命力吗？

其实中国的老祖宗在几千年前就研究了修饰的学问，并且比现在的理论还要丰富而科学。贲卦卦辞便是告诫人们，修饰物永远不会比被修饰物更有价值。

那么君王在一个艺术大发展的时代应怎么做呢？象辞中说："君子以明庶政，无敢折狱。"也就是说君子应当把礼教思想注入艺术当中，使人们加强思想道德教育，从而杜绝犯罪。"无敢折狱"，便是说尽量不要把犯人关到监狱里，而要加强思想道德教育，减少犯罪的发生。所以君王统御之道，重要的是统御思想，而不是用武力制止人的行为。比如文王就是一位用思想统治民众的代表。他从思想上教育民众，让百姓明白什么是该做的，什么是不该做的，犯了罪的人能够自觉伏法。画地为牢的成语故事便是文王以法制国的典型事例。文王在没有被纣王囚禁之前，以礼教治理天下，使国家出现路不拾遗、夜不闭户的局面。一次，有一个名叫武吉的打柴人到西岐城来卖柴。在南门，正赶上文王驾车路过。由于市井道窄，武吉一边给文王的大队人马让路，一边将柴担换肩。可是由于扁担一头的柴草掉落，他翻转扁担时正好打在一个守门军士的耳门上，一下就把这位军士打死了，于是被众人拿住来见文王。文王说："武吉既然打死了人，理当抵命。"便命令在南门地上画个圈做牢房，竖了根木头做狱吏，将武吉关了起来。

杀人重犯，竟然在地上画个圈就能把犯人关起来，这在今天肯定是不可能的。但当时为什么行呢？因为人们的思想，已经被礼教给统治了，每个人都懂得守法。并且周围的行人都知道站在圈里的是一个犯人，这个武吉就是想跑也跑不了。所以说"无敢折狱"便是告诉君王们，治理国家不能只靠监狱，最重要的还是道德思想教育。

叁 ● 爻辞

初九：贲其趾，舍车而徒。
象曰：舍车而徒，义弗乘也。
六二：贲其须[1]。
象曰：贲其须，与上兴也。
九三：贲如濡[2]如，永贞吉。
象曰：永贞之吉，终莫之陵也。
六四：贲如皤[3]如，白马翰如[4]，匪寇婚媾。
象曰：六四，当位疑也。匪寇婚媾，终无尤也。
六五：贲于丘园，束帛戋戋[5]，吝，终吉。
象曰：六五之吉，有喜也。
上九：白贲，无咎。
象曰：白贲无咎，上得志也。

【注解】

[1] 须：胡须。

[2] 濡：湿润，润泽。

[3] 皤：音 pó，本义为白色。这里指肤色白净之意。《周易集解》："白素之貌。"

[4] 翰如：翰，鸟的羽毛。翰如即像鸟飞一样。

[5] 束帛戋戋：束，量词，五匹为一束；帛，音 bó，丝织品总称；戋戋，音 jiān jiān，既可形容数量少，又可形容数量多，此处是大量的意思。

【释义】

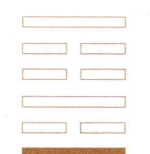

初九：贲其趾，舍车而徒。
象曰：舍车而徒，义弗乘也。

经文意思是：文饰脚趾，舍弃车子步行。

象辞的意思是：舍弃车子步行，是道义上不必乘车。

初九代表社会的下层，社会的下层一般是不坐车的。由于生活富裕了，所以为了走路方便，便开始对脚进行修饰。怎么修饰呢？剪剪趾甲，把脚洗净了，穿上舒适而结实的鞋子，这就是"贲其趾"。当然，古时的女人还可以在趾甲上涂各种颜色，来美化双脚。

象辞是周公所作，其总要强调礼教思想，所以说"义弗乘也"。也就是说道义上初九是不能乘车的，因为初九还没达到乘车的地位。从卦象上来讲，贲卦的下互卦为坎，坎代表车，可是初九不在坎卦之内，所以有"不具备乘车资格"的含义。

"初九"处下位卑，不敢贪求华饰，只能自饰其足，给他车也不会坐，宁愿徒步行走。

六二：贲其须。
象曰：贲其须，与上兴也。

经文意思是：修饰胡须。

象辞的意思是：修饰胡须，是为了与上司（九三）一起兴起。

在今天男人们都懂得刮胡子了，所以修饰胡须这个观点对现在人意义不大，可是对古人却很有用。古人认为"身体发肤，受之父母"，不能轻易剪头发、刮胡子。所以胡子会越长越长，如果不加以修饰，确实是影响形象。不过如果修饰得当，也会显示出一种男人的气质。古人对胡子的称呼根据部位不同而有所不同。长在嘴上面的叫作髭，嘴唇下面的叫作须，下巴附近的叫作胡，两颊的叫作髯。有的胡须太长了，就得做一个锦囊将胡须包起来。

九三：贲如濡如，永贞吉。
象曰：永贞之吉，终莫之陵也。

经文意思是：修饰成润泽的样子，永远守正道吉祥。

象辞的意思是：永远守正道的吉祥，是因为最终不会有人凌驾在他的上面。

这里讲的是对全身的打扮，用油脂把皮肤涂抹得湿润而有光泽，穿上焕然一新的衣服。内心守正道就会吉祥。这就是说，不能只打扮外表，也要注重心灵美。心中有道德，并且能坚持这种美德，就会吉祥。在太平盛世，一个衣着得体整洁，显得光彩照人，并且内心既善良又纯正，也就是说外表美与心灵美相统一，表里如一的人，怎么能不吉祥呢？对于这种人，

"六二"中正，与五无应，二专承三。异性相吸，就像须装饰下颚，与下颚一起行动，相得益彰。

"九三"阳居二阴之间，修饰得光彩而又柔润。但处"多凶"之位，守持正固才获吉祥。

领导也愿意任用他、提拔他，周围邻居、左右同事也愿意与他交往。

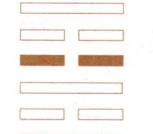

六四：贲如皤如，白马翰如，匪寇婚媾。
象曰：六四，当位疑也。匪寇婚媾，终无尤也。

经文意思是：修辞得白皙纯净，骑在白色的马上飞跑，不是盗寇，是来求婚的。

象辞的意思是：六四得位而多疑。不是盗寇而是来求婚，最终不会有什么忧怨。

穿着干干净净、漂漂亮亮的新衣服，骑上一匹白马，飞跑着去做什么？不是去抢劫，而是去求婚。由于是盛世，所以求婚时更加注重个人形象了。一般来说，每个时代都会出现新的风俗，移风易俗反映着时代的发展。古人求婚也是，最初是血腥的抢婚，接着是扮成鬼一样地去求婚，现在人们富裕了，出现了更健康的求婚方式。穿着干净漂亮的衣服，骑着干净漂亮的白马，这种求婚方式反映了人们追求整洁、追求健康的心理。

"六四"得正，下应初九，为了与配偶相聚，骑白马像飞一样奔驰前往，但疑初九为寇。初九不是强寇，而是与六四婚配的佳偶。

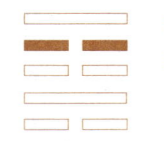

六五：贲于丘园，束帛戋戋，吝，终吉。
象曰：六五之吉，有喜也。

经文意思是：修饰山丘园林，用了大量的布帛，有忧吝，最终吉祥。
象辞的意思是：六五爻的吉祥，是有喜庆的事情。

六五身处君王之位，他的修饰就显得更大气了。他对皇家园林进行修饰，并且用了大量彩色的丝织品。这么做难免有些奢侈，所以会有忧吝，但最终是吉祥的。因为盛世之国常有喜庆之事，其他诸侯国会常来访问，对园林进行装饰，可以提高天子在诸侯心目中的地位。

上九：白贲，无咎。
象曰：白贲无咎，上得志也。

经文意思是：以白色来装饰，不会有灾难。

象辞的意思是：用白色来装饰，不会有灾难，说明上九具有朴素的心志。

白色是朴素的颜色，它的装饰效果也非常好。上九表示事物的极至，一般来讲，事物一发展到极至便不太好了。可是对于装饰则不然，因为装饰的极至是返回到朴素状态中来，是返回到简单的状态中来。我们通过穿着打扮就会发现，打扮的最高境界仍然是朴素。比如80年代以前，人们的穿着是统一的蓝、绿、红。80年代后，生活水平提高了，人们开始穿奇装异服，衣服的颜色也五颜六色，样式五花八门，但今天我们再一看，主领服装市场的还是朴素的单色服装。而白色服装一直是高贵的标志，从几千年前至今没有改变过；蓝色服装一直是销量最大的服装，也是人们穿着最多的一种服装。所以说，修饰、装饰的艺术，也有一个循环的过程，当发展到极至后，又回到初始。

"六五"柔中无华，修饰朴素，能持中行事，且承上阳刚。尽管有所遗憾，终吉祥喜悦。

"上九"饰终反归于素。故修饰得素朴洁净，没有什么灾祸。

卦二十三 剥

壹 • 卦名、卦画与卦象

剥[1]

艮为上卦
坤为下卦

山地剥

坤为地,艮为山,山石风化,崩塌于地,为剥。剥为剥落,有侵蚀的含义。又本卦五阴一阳,即小人极盛,万物零落,所以称为剥。阴盛阳衰,小人壮而君子病。内顺而外止,此时应顺从隐忍,不宜采取任何行动。

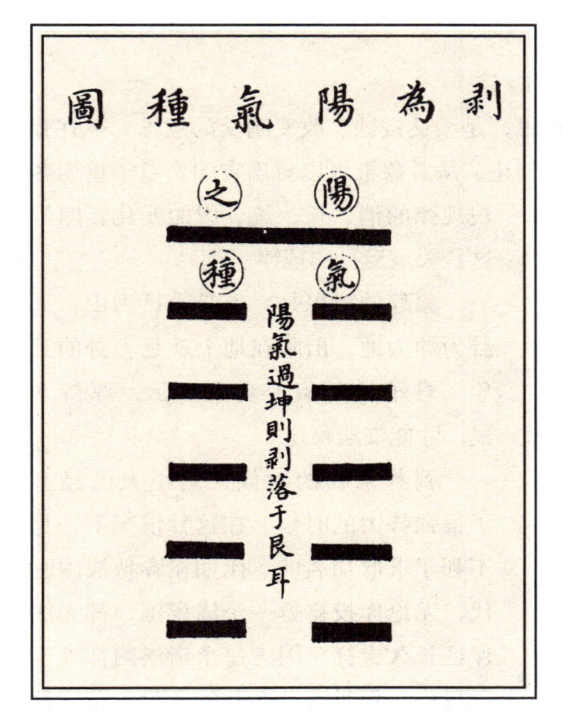

剥為陽氣種圖
之陽
種氣
陽氣過坤則剝落于艮耳

【注解】

[1]剥:卦名,象征剥落、侵蚀。

【释义】

此卦卦名为剥。《说文》中说:"剥,裂也。"《广雅》中说:"剥,离也。"可见"剥"字的本义是指去掉物体表面上的东西,也就是剥离、剥脱、剥落的意思。装饰的东西不会长久,最终都要脱落,就像我们搞家装一样,过几年,墙表面就会剥落,还得重新装修。所以贲卦的下面,便是剥卦。《序卦传》中说:"致饰,然后亨则尽矣,故受之以剥。"《杂卦传》中说:"剥,烂也。"可见《序卦传》与《杂卦传》是指社会变化而言的。盛世之时,人们讲究装饰，但过度的奢侈就像腐烂物一样，会逐渐剥蚀盛世的繁荣，使盛世走向衰落。

剥卦的卦画是下面五个阴爻，上面一个阳爻。从卦象上分析，五个阴爻代表阴气的强盛，强盛的阴气将剥蚀掉上面的弱阳，这便是剥卦表示的意思。剥卦是十二消息卦之一，代表的节气为霜降。剥卦六爻代表寒露至立冬的三十余天。五天为一候，一爻代表一候。此时万物的生命活力大减，草木凋零，落叶纷飞，天地间的生气被剥夺。另外，从上下卦的卦象分析，剥卦上卦为艮为山，下卦为坤为土，山附于地便是剥卦的卦象。其实这表现的是一个大形象，即地剥山的形象。它的性质与前面的蛊卦有些相似。大山逐渐沙粒化，最后变为土地，所以是地剥去了大山。

贰 • 卦辞

> 剥：不利有攸往。
> 彖曰：剥，剥也，柔变刚[1]也。不利有攸往，小人长也。顺而止之，观象也。君子尚消息盈虚，天行也。
> 象曰：山附于地，剥。上以厚下，安宅。

【注解】

[1]柔变刚：在十二消息卦中，从姤卦开始变去刚爻，到剥卦，已经将五个刚爻变成了柔爻，说明阴柔的势力在不断增强。

【释义】

经文意思是：剥卦，不利于有所前往。

彖辞的意思是：剥，就是剥蚀的意思，是柔爻侵蚀、改变刚爻的意思。不宜有所往，是因为小人得势。顺着规律加以制止，从卦象上可以看出吉凶。君子重视客观规律的消、长、盈、虚的变化，因为这是天道运行的规律。

象辞的意思是：上卦为艮为山，下卦为坤为地，山附在地上就是剥卦的卦象。君子从卦象上受到启示，厚待下民，才能安居稳定。

剥卦来临的时候，是小人已经有了很强势力的时候。在这种情况下，是不利于求取功名的。比如在春秋战国时代，无论你投靠哪一个诸侯国，都无法保证长久吉祥。因为每个诸侯国都处于危机中，随时有被吞并的危险。在这种

有一妇人坐于床上，需防女人有灾之义；烛在风中摇曳，不定也；有一葫芦，为盛药具；山下有一官人独坐，退居林泉；冠巾挂木上，已无职位；一束乱丝，主难收拾。去旧生新之卦，群英剥尽之象。

大背景下，礼制已经失去了对人们思想的束服力。所以只能静观时势，不利于急于前去求取功名，因为这是一个小人得势的时代。

这种局势是怎么形成的呢？同蛊卦一样，是在你毫无察觉的情况下形成的。社会经济发展了，人们富足了，于是人们便追求更高级的享乐。由于人的欲望是没有止境的，所以就会出现一些野心家，他们利用礼教的伪装，一步步去实现自己的目的。君王在和平的盛世利用礼教来维护社会的治安，野心家们则利用君王宣扬的礼教去实现自己的欲望。渐渐的，小人便掌握了权力，于是君王因失去权力就只能忍让小人的胡作非为而保全自己了。

比如鲁昭公因为宣扬仁义，结果导致大权落入季氏家族手中。鲁昭公想挽回这种局面，带兵征讨季氏，想削弱季氏家族的权势，结果却被季氏家族打败，被迫流亡齐国。鲁昭公客死他乡后，季氏家族拥立鲁昭公的弟弟为国王，鲁定公继位后，心里虽然也想掌握国家大权，但由于季氏家族的势力太强大，也只得做个傀儡皇帝。后来鲁定公重用孔子，想通过孔子削弱大臣们的势力，但孔子也没有成功，政权仍然掌握在季氏家族手中。鲁定公为了保全自己，也只得委屈于季氏的淫威之下，鲁定公自然就不会再重用孔子了，所以孔子离开鲁国，开始了四处流亡的生活。孔子离开鲁国的原因，并非孔子自己所说的"吾未见好德如好色者"，因见鲁定公好色而愤然离开鲁国，而是鲁定公见孔子并没有削弱季氏等家族的权势，于是为了保全自己的性命，不得不显得很好色，韬光养晦，在季氏的淫威下委曲求全。

鲁定公便是处于剥卦的情形中。所以象辞中认为，君王处于这种情况下，只能像山依附于大地一样，以卑谦的态度来依附于臣民，因为君王已经没有权力了，如果还想摆威风，只会招来杀身之祸。这真是一种无奈。

叁 • 爻辞

初六：剥床以足，蔑[1]贞凶。
象曰：剥床以足，以灭下也。
六二：剥床以辨[2]，蔑贞凶。
象曰：剥床以辨，未有与也。
六三：剥之，无咎。
象曰：剥之无咎，失上下也。
六四：剥床以肤，凶。
象曰：剥床以肤，切近灾也。
六五：贯鱼[3]，以宫人宠，无不利。
象曰：以宫人宠，终无尤[4]也。
上九：硕果不食，君子得舆，小人剥庐。
象曰：君子得舆，民所载也。小人剥庐，终不可用也。

【注解】

[1] 蔑：灭掉的意思。

[2] 辨：郑玄曰："足上称辨。近膝之下，屈则相近，申则相远，故谓之辨，分也。"这里指床腿。

[3] 贯鱼：贯，原意为穿钱的绳子。此处指鱼群在水中游动排成一行，如同被一条绳子穿着一样。

[4] 尤：过失，罪过。

【释义】

初六：剥床以足，蔑贞凶。
象曰：剥床以足，以灭下也。

经文意思是：剥落从床脚开始，邪恶会灭掉正义，凶险。

象辞的意思是：剥落从床脚开始，是从下开始毁坏。

在这里是告诫人们，剥蚀是逐渐产生的，虽然它刚出现时势力还很小，但它的损害却是相当大的。这股邪恶的势力不及早灭掉，它最终就会将正义灭掉。正如坤卦的《文言》中所说"臣弑其君，子弑其父，非一朝一夕之故"，不防微杜渐，最终只能导致凶险。

"初六"处位最卑，失正无应。剥落从下开始，就像床脚已经剥落，根基受损，所以凶险。

比如战国时期的蔡桓公就是一个不懂得防微杜渐的人。扁鹊发现他有病，劝他及早治疗，可是他觉得自己很健康啊，便没有听医生的劝告。过了些日子，扁鹊发现他的病情更严重了，说病已进入肌肉了，再不治就不好治了，结果蔡桓公还是没有听。后来真病了，请扁鹊来治，扁鹊说，您的病已经病入膏肓，没法治了。还有一例：齐桓公在成为霸主后，能够挟天子以令诸侯了，未免会贪恋享受。于是一些专门为齐桓公提供享乐的佞人成为齐桓公的宠臣。这些宠臣就是以阴剥阳的小人。管仲临死前，齐桓公竟想让佞人担任宰相之职。对此，管仲说了一番意味深长的话。桓公问："竖刁怎么样？"管仲说："不行。就人的常情来说，没有不爱惜自己身体的。君主你生性喜欢女色，竖刁就阉割了自己，以便帮你管理内宫。他连自己的身体都不爱惜，又怎么能爱惜他的君主呢？"桓公问："那么卫公子开方怎么样？"管仲说："不行。齐国和卫国之间不过十天的路程。开方为了侍奉你，迎合你，十五年不回去看望自己的父母，这不合人情。他对自己的父母都不亲近，怎么能亲近你呢?"桓公说:"那么易牙怎么样?"管仲说:"不行。易牙为你管伙食,君主没有尝过的食物只有人肉了,易牙把自己的儿子蒸了献给你,这是你知道的。人的感情没有比父子感情更深的,而易牙却蒸了自己儿子作为食物献给你,他连自己的儿子都不爱,又怎么能爱你呢?"

管仲死后,齐桓公按管仲所说的,把竖刁、开方和易牙给革职了。可是离开这三个人,齐桓公睡不好觉,吃饭也不香。没办法,又把三个人请了回来,并任用竖刁管理政事。后来齐桓公病重,竖刁就带着易牙、卫公子开方搞政变。齐桓公被围困宫中,因过度饥渴而死。他死了三个月尸体没有人收,尸体的蛆虫都从门口爬了出来。从齐桓公的故事可以看出,小人的势力一旦强盛起来,便会使君王陷于凶险。

六二: 剥床以辨,蔑贞凶。
象曰: 剥床以辨,未有与也。

经文意思是:剥落到床腿,邪恶势力在增强将要消灭正义,凶险。

象辞的意思是:剥落到床腿,是六二与六五没有相应的缘故。

剥蚀已经到了床腿,说明小人的势力更强盛了。由于这些小人往往与盛世的享乐相联系,所以君王很难除掉他们。于是小人势力会迅速变得更强盛,最终对天下构成威胁。汉朝的文景之治是中国历史上第一个盛世,可是腐败却同盛世一起发展起来。汉文帝一生勤俭节约,并且从小

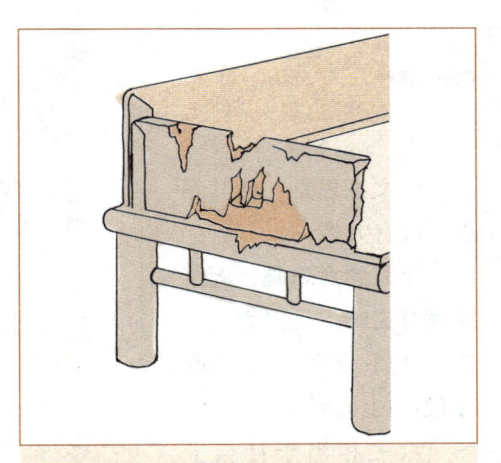

"六二"柔中得正,但无上应。剥落由下而上,剥落到床腿,邪恶更进一步,愈加凶险。

注重孝道。汉文帝小时候为母亲熬药,总要先尝一下然后才给母亲喝,这个事迹历来被传为佳话。可是邓通出现了,邓通凭自己的舌灿莲花与舔舐之术最终征服了汉文帝,使汉文帝对邓通极尽宠爱。汉文帝身上长了脓包,御医给抓的药又苦又涩,所以汉文帝不想吃药。邓通便每天用嘴把汉文帝的创口里的脓舔出来,这可把汉文帝感动坏了。汉文帝听相面的人说邓通最终要饿死,便把四川的铜山赐给邓通,并准他铸钱(自己印钞票)。小人之道就是这样增长起来了。邓通能够给汉文帝舔疮,汉文帝怎么会认为邓通是小人呢?可小人就是靠这种手段强盛起来的。

汉朝最有名的宠臣当属董贤。断袖之癖的成语典故便是出自董贤与汉哀帝的故事。董贤与汉哀帝在一张床上睡觉,汉哀帝醒来后想下床,结果发现董贤的身子正压着自己的衣袖。汉哀帝不忍心把董贤弄醒,便用刀子把自己的衣袖割掉了,可见

汉哀帝对董贤是多么宠爱。汉哀帝还为董贤建造了一栋与皇宫类似的宫殿,并将最好的御用品送给董贤,自己则用次品。他还向董贤说:"吾欲法尧禅舜,何如?"他想把天下让给董贤,吓得大臣们目瞪口呆。《汉书·董贤传》载,董贤"出则参乘,入御左右,旬月间赏赐累巨万,贵震朝廷"。这位董贤怎么会如此富贵呢?是他有安邦定国的谋略吗?还是他对治理天下有功?都不是,他不过是汉哀帝的一个"情人",也就是汉哀帝同性恋的妻子。

可见在盛世中容易出现小人,小人往往靠舔脓、舔痔、出卖身体、阿谀奉承等小人之道得到巨大的好处,巨大的权势。这些小人一旦得势便会为非作歹,扰乱邦国。可是在最初阶段,你又没法除掉这些小人,因为他们都是极其善于伪装自己。所以说盛世中的"剥",是最难以除掉的,凶险啊。

六三:剥之,无咎。
象曰:剥之无咎,失上下也。

经文意思是:任其剥落,没有灾难。

象辞的意思是:剥落而没有灾难,是因为六三爻与上下众阴爻无关联(而独与上九呼应)。

六三相当于社会上追求享乐的人,但是他没有灾难。为什么呢?因为六三不与群阴为伍。盛世之中,如果人人都能做到艰苦朴素,那就不叫盛世了。人们追求享乐是盛世的必然产物。六三也追求享乐,可是他不结朋党,不损害朝廷的利益,所以他没有灾难。举个例子来说,清朝的某个官员,每天也是吃好的喝好的,也是妻妾成群,纵情于享乐。可是他能够做好自己的本职工作,不欺压百姓,不贪污国库,他怎么会有灾难呢?电视剧中的纪晓岚大家都说是个清官,可是纪晓岚也追求个人享受。史料上记载,他性欲极其旺盛,一个妻子无法满足他,所以他妻妾也不少。可是他不强抢民女,不从国库中偷钱,不损坏国家利益,还勇于同大贪官和珅做斗争,所以他得到百姓与君王的敬重,不会有灾难。

"六三"不与小人同流合污,独与上九阳刚相应,支持君子的行动,没有什么灾祸。

六四：剥床以肤，凶。
象曰：剥床以肤，切近灾也。

经文意思是：剥蚀到了床板，伤及皮肤，凶险。

象辞的意思是：剥蚀到了床板而伤及皮肤，说明灾难已太近了。

这个六四爻重权在握，又贪得无厌，既欺压百姓又损害国家利益，所以他的势力太大了，罪恶太明显了，自然难逃凶险的命运。这就好比和珅，比皇帝都富有，他贪污的行径皇上怎么会不知道呢？

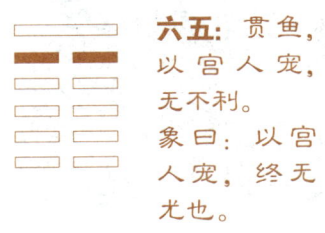

"六四"阴处上卦之初，就像已经剥落到床面，与人的皮肤连接，故有凶险。

六五：贯鱼，以宫人宠，无不利。
象曰：以宫人宠，终无尤也。

经文意思是：像鱼群排成一行一样跟随着首领，以宫人的身份受宠爱，没有不利的。

"六五"柔中，带领众阴承应上九，像皇后率领嫔妃鱼贯而入以承君王，如果从善，无所不利。

象辞的意思是：以宫人的身份受宠爱，最终不会有罪过。

六五身居君王之位，但却并非君王。他能够统领众阴爻，使天下井然有序，所以吉祥不会有任何不利。比如唐朝的武则天，当了皇帝后，仍然是以法制国，使天下得到很好的治理。她并不是想篡权，只是看到李氏血脉后继无人，所以代李氏掌管朝政，使国家能够继续兴旺下去。这怎么会有不利呢？唐朝的盛世之所以能够从武则天那里继续延续，与武则天以法制国是分不开的。

第四章 《周易·上经》　剥卦

413

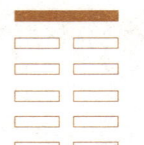

上九：硕果不食，君子得舆，小人剥庐。
象曰：君子得舆，民所载也。小人剥庐，终不可用也。

经文意思是：不吃硕大的果子，君子得到民众拥戴，小人遭到覆巢之灾。

象辞的意思是：君子得车，说明得到了人民的拥护。小人遭到覆巢之灾，说明小人最终不可用。

上九虽然是弱阳，却代表着众阴剥阳的形势已经走到了尽头。物极必反，所以小人的势力又开始瓦解了。上九有容忍退让之德，所以他不把大果子拿来自己享用，正因为这样，他得到了人民的拥护。因为人民拥护，使上九重新拥有了地位与权力，所以与他为敌的小人开始受到惩治。

"上九"其德刚直，有硕果未被摘食之象。若是君子，能驱车济世，吉；若是小人，则剥落万家，凶。

卦二十四 复

壹●卦名、卦画与卦象

复[1]

坤为上卦
震为下卦

地雷复

> 震为雷，性动；坤为地，性顺。震雷在地中微动，阳动上复而能顺行。复为归本，故象征回复、复归。又上卦剥，诸阴剥阳，而本卦一阳来下，阳气复反，故称复。此时阳刚开始伸长，有利于积极行为。

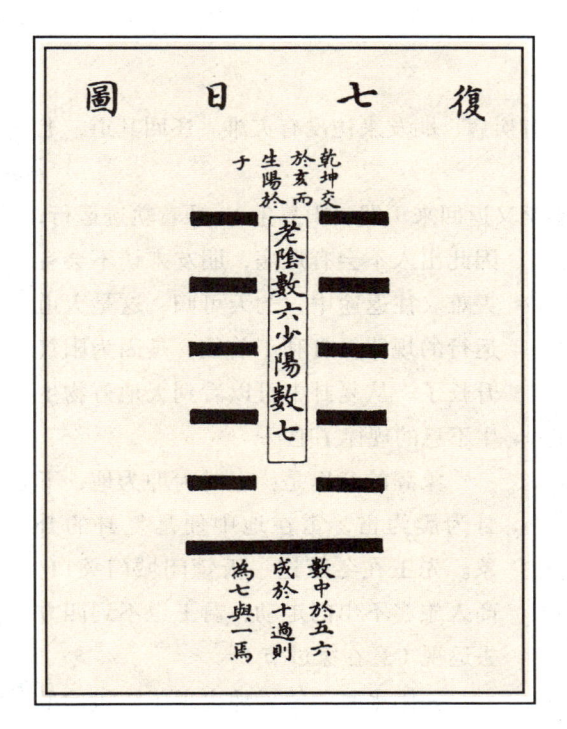

复七日图

乾坤交
於亥而
生陽於
子

老陰數六少陽數七

數中於五六
成於十過則
為七與一焉

【注解】

[1]复：卦名，一阳复来之意，象征阳气回复。

【释义】

此卦卦名为复。《说文》中说："复，往来也。"可见复的意思是返回、回来。前面泰卦的九三爻说"无往不复"，便是指没有一直往前走而不返回的。事物都有一个循环往复、周而复始的规律。前面剥卦群阴剥去阳爻，接下来便开始一阳复生，所以剥卦的下面是复卦。这正如《序卦传》所说："物不可以终尽，剥穷上反下，故受之以复也。"

复卦的卦画为下面一个阳爻，上

面五个阴爻，与剥卦卦画的排列顺序正好相反。从卦象上分析，复卦上卦为坤为地，下卦为震为雷，雷在地中便是复卦的卦象。也就是说此时天上还不会出现雷声，但惊雷已孕育于大地之中了。复卦最下面的一个阳爻，象征阳气的始生。复卦是十二消息卦之一，代表的节气为冬至。复卦六爻代表大雪至小寒的三十余天。五天为一候，一爻代表一候。此时一阳来复，阳气重新有了生命，也象征正义又开始出现了。古人云，春夏养阳，秋冬养阴。其所说的"春夏"便是指冬至到夏至的这段时间。古人效法自然，从这一天开始补充自己体内的阳气。

贰 • 卦辞

复：亨。出入无疾，朋来无咎。反复其道，七日来复，利有攸往。
彖曰：复亨，刚反[1]，动而以顺行，是以出入无疾，朋来无咎。反复其道，七日来复，天行也。利有攸往，刚长也。复其见天地之心乎？
象曰：雷在地中，复。先王以至日闭关[2]，商旅不行，后[3]不省方。

【注解】

[1] 刚反：即阳刚重新出现。

[2] 至日闭关：复卦在二十四节气中代表冬至日，这一天是上古时代最重要的节日，所以这天先王要关闭城门关口，人们都不外出而在家过节。

[3] 后：古代帝王的通称。

【释义】

经文意思是：复卦，亨通。出入没有疾病，朋友来访没有灾难。还回其道，七天往返一次，有利于前往。

彖辞的意思是：复卦的亨通，是刚爻又返回来（即一阳复生），顺着轨迹运行，因此出入不会有疾病，朋友来访不会有灾难。往返途中，七天可归，这是天道运行的规律。有利于前往，是因为阳气升长了。从复卦中可以看到天地万物生生不息的规律了吧？

象辞的意思是：上卦为坤为地，下卦为震为雷，雷在地中便是复卦的卦象。先王在冬至这一天锁闭城门关口，商人旅客不出门走动，君王也不到四方去巡视（意在家过节）。

一阳来复，使天地出现了生机，虽

官人乘车，为使车；车上两旌旗，为门旗；城墙上有东字，为江东侯职；一将持刀立，是武卒降；一兔一虎，主寅卯位求官显达。淘沙见金之卦，返复往来之象。

然表面上还看不出来，但这种孕育着的生机却有着极其顽强的生命力。冬至一阳生，复卦表示的便是冬至这一天。这一天在古代有着极其重要的意义，象征一年的开始，所以卦辞中说"亨"。

"出入无疾"是什么意思呢？是说从这一天开始，人体内的阳气复生了，体质会得到增强，不容易得病。它还有另一个意思是：出入不必讲究什么忌讳。为什么会有"不必忌讳"的意思呢？这与"反复其道，七日来复"有关。

"反复其道，七日来复"历来说法不一，但都没有说到点子上。虞翻认为："谓乾成坤，反出于震而来复，阳为'道'，故'复其道'。刚为昼日，消乾六爻为六日，刚来反初，故'七日来复，天行也。'"侯果认为："五月天行至午，阳复而阴升也；十一月天行至子，阴复而阳升也。天地运往，阴阳升复，凡历七月，故曰'七日来复'。"还有人认为从剥卦至复卦，中间要经过坤卦六爻，每爻为一日，所以坤卦代表六日，加上复卦的初爻正好七日，所以说"七日来复"。这些说法都很牵强，没有令人信服的根据。

那么"七日来复"究竟说的是什么呢？有人认为与伏羲六十四卦方位图有关。伏羲的六十四卦方位图其实是上古的太阳历。六十四卦的四正卦代表春夏秋冬，其余六十卦每卦代表六日，每爻代表一日。这样算下来，一年共有三百六十日。古人认为一年的天数就是三百六十天。实际上应该是三百六十五天零四分之一才对，剩下的五天零四分之一怎么办呢？古人将这五天零四分之一四舍五入算作五天，这五天不算在八卦记日之内，作为过年的时间。上古时代人们在冬至的前五天便停止了工作，可以自由活动了。因为这几天不在八卦记日之内，自然就不存在吉凶，所以这几天"百无禁忌"。我国民间有过年赶乱婚（即年前结婚不用选择良辰吉日）的习俗，便是起源于上古时期冬至日过年的习俗。后来过年改成了十二月历的最后一天（即立春时节），所以这一习俗的时间便也移到了春节前的几天。"七日来复"指的便是从坤卦的最后一爻至复卦的初爻，共经历七天。这七天正是由纯阴的坤卦至一阳复生的复卦所经历的时间。也就是说复卦的初爻算一天，坤卦的最后一爻算一天，中间经过五天，所以共七天。这就是"七日来复"。由于后来人们把这五天分别均分给六十卦的每个爻，使每个爻代表的天数多余一天了，所以这个"七日来复"便不被后人所理解了。

象辞中说："先王以至日闭关，商旅不行，后不省方。"这里的先王并非指周文王，而应当是更早时期的帝王，也就是使用十月太阳历记时的帝王。因为只有在十月太阳历的时代，才会存在冬至日过年的"七日来复"。先王把城门、关口关闭，则是效法天地的闭合以养阳气；冬至日后打开，则是象征新的一年的开始，迎接阳气的生长。

关于"七日来复"，还有一种说法认为是指天上的日月五星。由于日月五星是天上最明显的七个运动星体，所以人类很早就发现它们七日循环一次的规律，并因此发明了"七曜历"。所以象辞会说"七日来复，天行也"，意即天体运行的规律。只是"七曜历"太古老了，到了周朝已失传，所以后世一直无人能正确解释这句经文。并且爻辞本身，也与七曜历法没有任何关系了。

叁 • 爻辞

初九：不远复，无祗悔[1]，元吉。
象曰：不远之复，以修身也。
六二：休复[2]，吉。
象曰：休复之吉，以下仁也。
六三：频[3]复，厉无咎。
象曰：频复之厉，义无咎也。
六四：中行独复。
象曰：中行独复，以从道也。
六五：敦复，无悔。
象曰：敦复无悔，中以自考[4]也。
上六：迷复，凶，有灾眚。用行师，终有大败，以其国君，凶；至于十年，不克征。
象曰：迷复之凶，反君道也。

【注解】

[1] 祗悔：祗，很大。祗悔即很大的悔恨。

[2] 休复：休，停止，息止。休复即停止返回。

[3] 频：频繁。

[4] 自考：考，考察。自考即自我检查反省。

【释义】

初九：不远复，无祗悔，元吉。
象曰：不远之复，以修身也。

经文意思是：没走多远就返回，没有大的悔恨，大吉。

象辞的意思是：走不远便返回，是返回正道，提高自身修养。

古人在冬至日是不出门的，所以爻辞便从这个风俗开始引出人生的道理。冬至日不出门，可是有的人出门了，结果走

"初九"以一阳居诸阴之下，为复之始，偏行不远就可复上正道。无患无悔，大吉大利。

出家门不远一想，这天不应该出门，于是便返回了家中。这种行为是不会带来灾难的，会得到大的亨通。其引申的含义是告诫人们不要在错误的道路上走得太远，只要及早返回到正道中便会吉祥。

另外，初九象征阳气的返回，所以卦象有返回的含义。

六二：休复，吉。
象曰：休复之吉，以下仁也。

"六二"柔顺中正，亲仁下贤，为美好的回复，吉祥。

经文意思是：停止返回，吉祥。

象辞的意思是：停止返回的吉祥，是因为六二能亲近下边的仁人贤士。

不返回，也吉祥，这是怎么回事呢？因为六二与初九不同，初九代表阳气的生长，而六二则代表阴气的消退，所以六二必须前进才吉祥。六二的前进便是向上升，使下面的阳气得到更大的生长，这种行为是适应时势的，所以吉祥。六二阴爻居于偶位为得位，又居于下卦之中，且与初九相合，他柔顺中正而有顺应时势之德，所以他会明智地朝上发展。

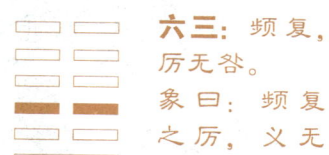

六三：频复，厉无咎。
象曰：频复之厉，义无咎也。

经文意思是：频繁地返回到起点，有危险而没有灾难。

象辞的意思是：频繁返回起点的危险，从道义上说不应当有灾难。

六三处于下卦的最外边，也就是处于震卦的最

"六三"有愁眉苦脸勉强复归之象，但能审慎力行"复"道，虽有危难但无灾祸。

第四章 《周易·上经》 复卦

上爻，震为动，所以他会有频繁活动的形象。他想回到中位，所以"频复"；但这种做法是不符合时势发展规律的，所以会有危险；他能够从"频复"的失败中吸取教训，所以没有灾难。按现在的话说就是"失败是成功之母"，总往回走却屡受挫折，便会明白这是错误的而选择正确的道路了。

六四：中行独复。
象曰：中行独复，以从道也。

经文意思是：在行列中能独自返回起点。

象辞的意思是：在行列中能独自返回起点，是能顺从正道。

"中行独复"，指的便是六四爻与初九爻相应，也就是他支持阳气的生长的。象辞中说"以从道也"，指的便是天地运行之道。一阳始生了，接下来就是阳气的逐渐强盛，阴气的逐渐削弱，这就是天地运行之道。六四懂得天地运行之道，所以他支持初九的生长。

"六四"得正，能置吉凶于不顾，而独复正道。

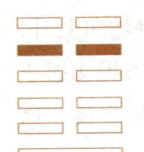

六五：敦复，无悔。
象曰：敦复无悔，中以自考也。

经文意思是：敦厚笃诚地返回，没有悔恨。

象辞的意思是：敦厚笃诚地返回而没有悔恨，说明六五中正并能自我反省。

六五居上卦之中位，复卦的上卦为坤，坤卦的精神是能够"厚德载物"，所以有"敦复"之象。"敦"即是"厚"的意思。六五能够顺应时势，重新认识自己，从而明白阳气生长不可阻挡，所以他能够顺时而退，不会有悔恨。

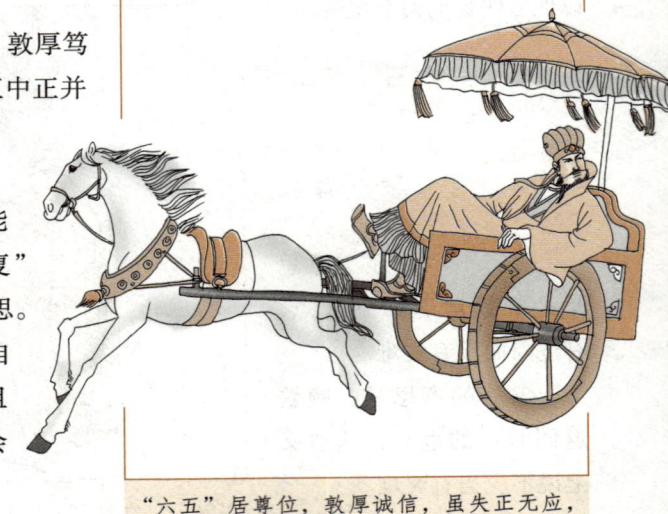

"六五"居尊位，敦厚诚信，虽失正无应，也能复行正道，免除悔恨。

上六：迷复，凶，有灾眚。用行师，终有大败，以其国君，凶；至于十年，不克征。

象曰：迷复之凶，反君道也。

经文意思是：迷失在返回的路上，凶险，有灾害。出兵打仗，最终要大败，上六的凶险来自于国君。在十年之内不能征战。

象辞的意思是：迷失在返回路上的凶险，是由于违反了国君治国之道。

上六爻处于复卦的最上爻，属于被初九阳爻第一个消灭的对象，他处于极亢的位置，与下面的爻不相应，也不相合，又不居中，所以他的处境是内忧外患，最为不利。爻辞中的"迷"、"行师"、"大败"、"十年"均取象于坤卦。在八卦万物类象中坤卦为众、为丧、为十年，所以爻辞中会出现"行师"、"大败"、"十年"的词句。爻辞中的"迷"来源于坤卦卦辞中的"先迷后得主"，在这里只有"迷"的象，而没有"得主"的象，所以更加凶险。他的危险来源于初九阳爻的威胁，初九阳爻相当于复卦中的君王，所以说上六爻的凶险来自于国君。

"上六"与初九背道而驰，会有天灾人祸。兴兵征战会大败；用以治国则国乱君凶，十年内还不能兴起。

卦二十五 无妄

壹 • 卦名、卦画与卦象

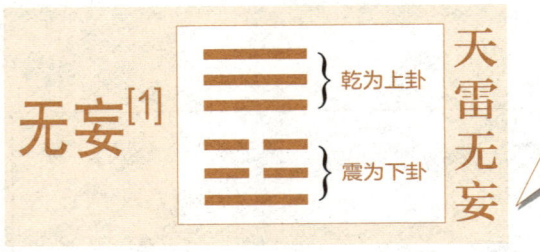

无妄[1]

乾为上卦
震为下卦

天雷无妄

乾为天，震为雷，天下雷行，万物不敢妄为，为无妄。无妄象征不妄为，合乎客观规律，不违事实。什么事情均不妄为时，亨通顺利，否则就会发生祸患，不利于发展。

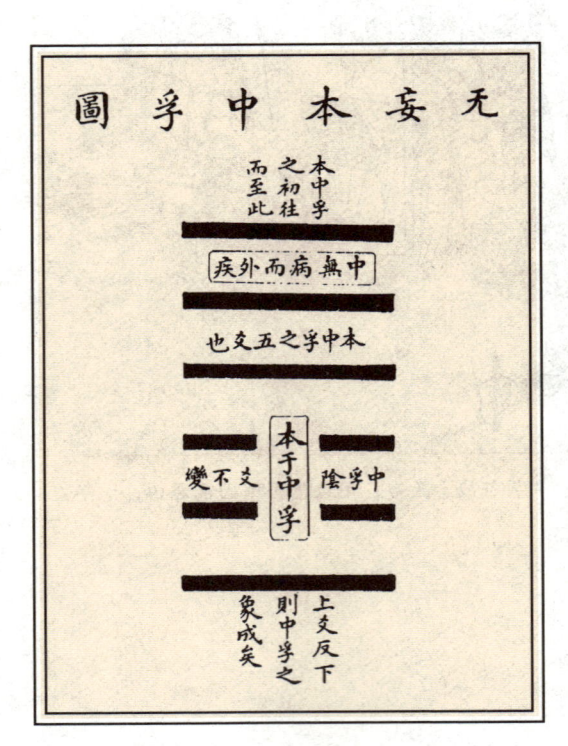

【注解】

[1] 无妄：卦名，不虚妄、不妄为的意思。

【释义】

此卦卦名为无妄。"妄"字的结构为"亡"字与"女"字相结合，本义是指女奴逃亡。《说文》中说："妄，乱也。"《广韵》中说："妄，虚妄。"可见"妄"的引申义为虚妄、极不真实、悖乱。所以"无妄"便是不虚妄、不妄为的意思。《序卦传》中说："复则不妄矣，故受之以无妄。"也就是说，阳气的复生使阴气不再妄为了，所以复卦之后便是无妄卦。而阳气的复生同时也是阴气的灾难开始，所以《杂卦传》中说："大畜时也，无妄灾也。"

无妄卦的卦画为四个阳爻两个阴爻，可以看出阴气此时处于虚弱状态。从卦象上分析，无妄卦上卦为乾为天，下卦为震为雷，天上响起惊雷使万物不敢胡作非为，这便是无妄卦的卦象。从生活常识来讲，雷声很大的雷雨天不宜出门，因为容易遭受雷击。古人很早就发现这一点，认为天上打雷是在惩戒坏人，把雷声看作是法律的象征。所以古人认为，在政治局势不稳定而以严法治国的时期，不适合到处走动，以避免不必要的伤害。

贰 • 卦辞

> 无妄：元亨，利贞。其匪正有眚，不利有攸往。
> 彖曰：无妄，刚自外来，而为主于内[1]。动而健，刚中而应，大亨以正，天之命也。其匪正有眚，不利有攸往。无妄之往，何之矣？天命不佑，行矣哉？
> 象曰：天下雷行物与，无妄。先王以茂对时，育万物。

【注解】

[1] 刚自外来，而为主于内：无妄卦从遁卦变化而来，遁卦的上九从外卦来到内卦的初爻位置而成为内卦之主。

【释义】

经文意思是：无妄卦，初始亨通，利于坚守正道。若不守正道则会有灾害，不利于前往。

彖辞的意思是：无妄卦，刚健（即初九爻）从外部来到内部成为内卦之主。震象征动而乾象征健，所以说"动而健"，九五刚爻居中与六二阴爻相应，所以大亨通而属于正道，这就是天命。如果不正则会有灾害，不利于前往。没有希望而前往，做什么去呢？这样上天不会保佑，能行得通吗？

象辞的意思是：天下有雷在运行，万物应声而起，这就是无妄的卦象。先王从卦象中得到启示，奋勉努力，配合天时变化，养育万物。

无妄卦表示的是社会改革以严法治国阶段。当社会风气淫邪腐败

一官人射鹿，主有禄；鹿衔文书，主禄书；钱一堆在水中，乃钱塘得禄；一鼠一猪，应于亥位。石中蕴日之卦，守旧安常之象。

时，就需要以严法治国了。比如在战国时代，社会处于大动荡、大变革之中，传统典章制度已不能规范人心。此时君王没有实权，很多政治大权掌握在家臣手中，百姓庶民也不再遵守道德规范，而是斗殴凶杀，兄弟相残，争夺财物，偷盗抢劫，男女私淫，诸如此类乱世风气，到处弥漫，正所谓"礼崩乐坏"。在这样的大背景下，秦孝公请商鞅实行改革，加强法制建设。商鞅先在秦国首都的南城门立个木头桩子，然后贴了一个告示，告诉大家谁能把这根木头搬到北城门，便可以得到重赏。大家都不相信，最后有一个人把这个木头桩子给搬到北城门了，商鞅便如数赏给这个人五十两黄金。做了这么点事就发了财，于是人们都相信商鞅的话了。其实这不过是一场大变革的开场白，接下来商鞅便在秦国开始了以严法制国，一些仍然不遵守法度的人受到了法律严厉的制裁。按现在的话说，赶在运动点子上了，本来该判两年，结果掉了脑袋；本来该判罚款，结果蹲了大牢。这些在严打期间犯法的人，便是没有看清时势。所以在这样的时段，要坚守正道，不利于有所行动。商鞅用搬木头来表明自己说话"不妄"，然后推行法律，以严法来约束人们行为的"无妄"，这就是严法治国的目的。

叁 • 爻辞

初九：无妄，往吉。
象曰：无妄之往，得志也。
六二：不耕获，不菑畬[1]，则利有攸往。
象曰：不耕获，未富也。
六三：无妄之灾，或系之牛，行人之得，邑人之灾。
象曰：行人得牛，邑人灾也。
九四：可贞，无咎。
象曰：可贞无咎，固有之也。
九五：无妄之疾，勿药有喜。
象曰：无妄之药，不可试也。
上九：无妄，行有眚，无攸利。
象曰：无妄之行，穷之灾也。

【注解】

[1] 菑畬：菑，音 zāi，通"灾"，本义为火灾；畬，音 shē，整理好的熟田。菑畬即指未经自己火烧而已经有草木灰撒在了田里。

【释义】

初九：无妄，往吉。
象曰：无妄之往，得志也。

经文意思是：没有虚妄，前往吉祥。

象辞的意思是：不妄为而前往，心志会得以实现。

初九阳爻居于奇位为得位，虽然处于无妄卦的最下爻，但他是无妄卦下卦震卦的双足，震有动的意思，得位而行动，不胡作非为，所以这种行动吉祥。初九就好比给商鞅搬木头的人，他遵从告示的内容把木头搬到了北城门，没有做什么不对的事情，所以他受到了奖赏。商鞅的变法也正如这初九爻，他言而有信，言必行，行必果，所以他推行的改革成功了。

"初九"处六二阴柔之下，有谦恭不妄为之象，前往行事必获吉祥。

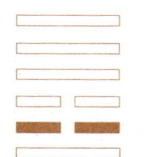

六二：不耕获，不菑畬，则利有攸往。
象曰：不耕获，未富也。

经文意思是：不耕种而有收获，不开荒而有熟田，有利于前往。

象辞的意思是：不耕种而有收获，是因为还不富裕。

不用耕耘就可以收获，不用开垦就能得到熟田，这当然是很有利的事情。古代将第一年开垦的田地称为菑，耕种两年的田地称为新田，耕种三年的田地称为畬。刚开垦出来的荒地杂草丛生，不利于种植，成为畬之后，杂草便少了。可是不开垦荒地怎么会得到人家已经耕种了三年的土地呢？只能是主人的赏赐或用钱买才能得到。所以六二爻便说

"六二"中正无私心，不妄为妄求，顺其自然，利于事情的发展。

第四章 《周易·上经》 无妄卦

"利有攸往"，前往会得到大的奖赏。

在古代没有土地的人属于穷人，所以象辞中说："未富也。"

六三：无妄之灾，或系之牛，行人之得，邑人之灾。
象曰：行人得牛，邑人灾也。

经文意思是：意想不到的灾难，就好比有人系牛于此，被路过的人牵走了，村里的人却遭到了怀疑。

象辞的意思是：过路的人得到了牛，村里的人却被怀疑偷牛而得到了灾难。

没招谁没惹谁，结果灾难却降临了，这就叫"无妄之灾"。在生活中，这种情况是普遍存在的。爻辞所举的例子很典型，别人把牛拴在村边的大树旁，可是有路过的人把牛偷走了，牛的主人怀疑是村里的人偷走了牛，于是带着一群人来兴师问罪，大闹一场，村子里有的人被打伤了，还蒙受了不白之冤。

这里是告诫人们，要想很好地逃避灾难，不单自己不要做坏事，还要谨防别人做坏事连累到自己。如果总是以"事不关己，高高挂起"的态度做事，迟早会蒙受不白之冤而招致灾难。

九四：可贞，无咎。
象曰：可贞无咎，固有之也。

经文意思是：可以保持正道，没有灾难。

象辞的意思是：可以保持正道而没有灾难，是九四爻本身固有的品质。

九四与初九不应而相敌，并且九四又以刚爻居于柔位，所以处境不是很好。但九四是下互卦艮卦的最上爻，同时又是上互卦巽卦的中爻，所以能够坚守正道，以随顺之德而免于灾难。

"六三"阴居下卦之上，失正躁动，虽无妄为，也可能引来意外灾难。

"九四"失正本有灾难，但刚而能柔，守谦不妄为，所以没有灾难。

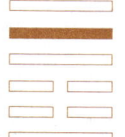

九五：无妄之疾，
勿药有喜。
象曰：无妄之药，
不可试也。

经文意思是：无缘无故的疾病，不必吃药治疗，会有喜庆的事情。

象辞的意思是：治无缘无故的疾病的药，不可轻易试服。

我国夏、商、周时期人们相信巫术，得了病，往往认为是得罪了神灵造成的。尽管当时也有治病的草药，但一般人们主要是以巫术治病的。而九五得的是"无妄之疾"，也就是说自己也没做过什么错事，却无缘无故地觉得身体有些不舒服。在当时得了这种病，有德行的人是不吃药的，因为他们认为自己的行为与天道不违背，不会导致重病不起的。不过象辞的解说还是很科学的，象辞说，这种病找不出原因，不能对症下药，怎么能瞎吃药呢？可见对于这种找不出病因的疾病，在当时的医疗条件下，也只能是不吃药了。

"九五"阳刚中正，患了无妄之疾，不用忙乱服药也可痊愈。

"上九"无妄之极，有无妄转有妄之势，所以不可向前逞强。

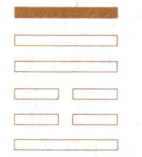

上九：无妄，行有眚，无攸利。
象曰：无妄之行，穷之灾也。

经文意思是：不要妄为，行动会有灾害，前往不会有利。

象辞的意思是：之所以不要妄为行事，是因为会有末路穷途之灾。

上九居于全卦的最上方，处于极亢之位。在这种位置上，更不能胆大妄为，最好少行动，什么事也别做。这就好比一个人，有过激情绪，说话做事都不能保持适中的原则。这种人在平时还不会有大的损失，但处于政治运动时期，这种人不检点自己，就要大祸临头了，因为极有可能被抓个典型。

第四章 《周易·上经》 无妄卦

卦二十六 大畜

壹 • 卦名、卦画与卦象

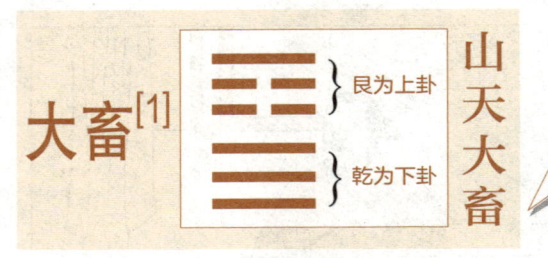

大畜[1]

☶ }艮为上卦
☰ }乾为下卦

山天大畜

乾为天，艮为山，天在山中，为大畜。畜有畜聚、畜止、畜养等义。大畜象征大为畜聚，有大量积蓄之义。这一卦表明，不坐食在家中，外出谋生定会吉利，宜于克服艰险。

【注解】

[1]大畜：卦名，象征大的积蓄。

【释义】

此卦卦名为大畜。前面我们讲过小畜，大畜的意思与小畜相近，只是大与小的区别。《序卦传》中说："有无妄然后可畜，故受之以大畜。"也就是人们都不妄为，都不妄想，社会财富就可以得到大的积蓄，所以在无妄卦的后面是大畜卦。大畜卦所表示的时代，比小畜卦的时代更加富裕。人们都拥有更多的家畜，有更多的奴仆，柴米油粮都有富余。另外，人们都富足了，就会安于现状，停滞不前，所以大畜也有大的畜止的含义。

大小畜吉凶图

五谦归上虚
五满假檀归四
乾贞
乾悔

大畜卦的卦画是四个阳爻两个阴爻，与无妄卦卦画的排列顺序正好相反。从卦象上分析，大畜卦上卦为艮为山，下卦为乾为天，天在山中便是大畜卦的卦象。天本来比山要大得多，可是山竟然把天装了起来，可见积蓄有多大。虽然有些夸张，但却很形象地表现了人们财物积蓄之巨。这就相当于汉朝文景之治时期，或者唐朝开元盛世时的情景。

贰 • 卦辞

> 大畜：利贞，不家食吉，利涉大川。
> 彖曰：大畜，刚健笃实[1]，辉光日新，其德刚上而尚贤。能止健，大正也。不家食吉，养贤也。利涉大川，应乎天也。
> 象曰：天在山中，大畜。君子以多识前言往行，以畜其德。

【注解】

[1] 刚健笃实：大畜卦下卦为乾具有刚健之德，上卦为艮具有笃信、厚实之德。

【释义】

经文意思是：大畜卦，守正道有利。不在家吃饭，吉祥。有利于跋涉大川险阻。

彖辞的意思是：大畜卦刚健厚实，日日放射新的光辉。刚爻居上位，象征国君崇尚贤能之士，刚健而能有所自制，是非常正确的。"不家食"的吉祥，是因为君王养贤士，故贤士不必在家里吃饭。利于跋涉大川，是顺应天道的。

象辞的意思是：天在山中就是大畜卦的卦象。君子从中得到启发，多学习前人的言论和行为，以积蓄自己的道德。

在这样的盛世，有能力的人便应该出来帮助君王治理天下了，所以卦辞中说"不家食吉"。并且这种能人的能力也是积蓄而来的，你的学问越来越多，积成"大畜"了，不出来为治理天下出力，那学习有什么用呢？这也就是孔子所说的"学而优则仕"。盛世还需要治理吗？等天下太平了才出来做官是不是有些太狡猾了？不是，因为在混乱的时代，群寇争夺，那时候出来求取功名无异于助纣为虐。所以古人认为有道德的人是不能在混乱的社会环境中做官的，在这种情况下只能甘于穷困的生活。比如孔门弟子曾子便是这样，他居住在卫国的时候，日子非常艰苦，但即使这样，他也

一鹿一马，主禄马如意；月下有文书，明且贵之义；官人凭栏，乃清闲且贵；栏内苍发茂盛，乃西液判苍之积，最利求官。龙潜大壑之卦，积小成大之象。

第四章 《周易·上经》 大畜卦

不出来做官。《庄子·让王》中描写了曾子的穷困："曾子居卫，缊袍无表，颜色肿哙，手足胼胝，三日不举火，十年不制衣，正冠而缨绝，捉衿而肘见，纳履而踵决。曳縰而歌《商颂》，声满天地。"曾子穷困潦倒得吃不上穿不上，浑身浮肿，手与脚就像猪蹄一样；三天不做一回饭，一件衣服穿十年了还不换新的；帽子戴得挺正，可是帽子缨却没有了；抬手系大襟上的扣子，胳膊肘就露出来了；虽然穿着鞋，可是露着脚指头跟没穿一样。就是穷成这样，他仍然把束头发用的绳子当作琴弦，弹唱歌谣《商颂》自得其乐，而且音色饱满，响彻天地。这段描写真是入木三分，把曾子的安于穷困描绘得淋漓尽致。这也就是孔子所倡导的"穷通"。

在盛世就不一样了，天下太平，四海归顺，可是在歌舞升平中却隐藏着危机，所以此时学有所成的人便要出来为治理天下效力了。比如汉代盛世的董仲舒便是一个很好的例子。董仲舒身逢汉代盛世，可是他无心于享乐，一心只读圣贤之书，最后终于成为诸子百家的集大成者。董仲舒出士为官，当时鼎盛的汉朝正处于种种危机中：中央政权虚弱，侯王势力强大，边界战争频繁，国家大臣营私舞弊，贪污成风。汉武帝于是根据董仲舒的"天人三策"废除了以前的无为而治的治国方针，改为"独尊儒术"，从而使社会得到了新的治理，延续了盛世的发展。

大畜卦之所以有利于学士出来做官，还有一个原因是可以得到君王的重用。盛世的君王懂得"文治武卫"的道理，会广纳贤才，听取贤士的治国策略。所以这一卦对君王的告诫便是："君子以多识前言往行，以畜其德。"是说君王要多学习以前贤者的言行从中受益，来提高自己的道德修养。这是君王的"大畜"，也就是"畜大德"。

叁 • 爻辞

初九：有厉利已[1]。
象曰：有厉利已，不犯灾也。
九二：舆说[2]輹。
象曰：舆说輹，中无尤也。
九三：良马逐，利艰贞。日闲舆卫，利有攸往。
象曰：利有攸往，上合志也。
六四：童牛之牿[3]，元吉。
象曰：六四元吉，有喜也。
六五：豮豕之牙[4]，吉。
象曰：六五之吉，有庆也。
上九：何天之衢[5]，亨。
象曰：何天之衢，道大行也。

【注解】

[1] 已：停止，完成，完毕。

[2] 说：通"脱"。

[3] 牿：绑在牛角上使其不能触人的横木。

[4] 豮豕之牙：豮（fén）为阉割过的公猪。公猪不劁（qiāo）则性暴烈，劁过之后便老实了。所以豮猪尽管还长着长牙，但已不会对人造成伤害。

[5] 衢：四通八达的街道。

【释义】

初九：有厉利已。
象曰：有厉利已，不犯灾也。

　　经文意思是：有危险，利于停止不动。

　象辞的意思是：有危险便停止，不会带来灾难。

　　卦辞中讲的是大的积蓄，而爻辞中则讲"大畜"时代应当注意的事项。大畜初九阳爻居于奇位为得位，但是爻辞却说有危险不能有所行动，利于停止不前。这是怎么回事呢？这是因为初九的上面有九二，九二居于中位，安于享乐而不想有所前进，所以初九的行动会受到九二的压制。按现在的话来分析，就是初九的行动不能与他上面的直接领导者有冲突，否则就会有些小灾小难了。

"初九"卦之始，阳德卑微，若急于求进则有危险。暂停不进，自畜其德有利。

九二：舆说輹。
象曰：舆说輹，中无尤也。

　　经文意思是：车厢从车轴上脱了下来。

　　象辞的意思是：车厢从车轴上脱了下来，但因为九二居中位不急于前进，所以没有忧患。

　　"輹"是大车的车厢与车轴相连的一个部件，輹与车厢相连，輹的槽可以卡住车轴。古代的车厢与车轴是可以分开的，"舆说輹"便是说将车厢从车轴上取下来。为什么要把车厢取下来呢？因为不需要远行了。既然家中有很多的积蓄，自然不必到处求取功名，而可以在家里享受生活了。古代苏杭的人们就是这个样子，不想当官，只愿意从事商贸活动，一有了钱便开始享乐，这是盛世中人们普遍的想法。九二既有一定的地位，又有很多财富，自然也会像大多数人一样，开始追求享乐了。

九三：良马逐，利艰贞。日闲舆卫，利有攸往。
象曰：利有攸往，上合志也。

经文意思是：良马互相追逐，有利于在艰难中守正道。每日演练战车防卫，前往有利。

象辞的意思是：前往有利，是由于九三与六四的意志相合。

在盛世时期，也有一些人会利用财富，积蓄自己的武力装备。有什么目的吗？有两种目的一种是出于自私的目的，便是使自己的武力增强，然后吞并其他诸侯国，甚至是推翻总盟主，成为天子。也有出于为朝廷效力的目的，想加强武力装备，备战备荒，随时准备替天子征伐叛乱的诸侯国。不过不管是出于自私的还是无私的目的，都会以为国效力为名，所以这种行为会得到天子的夸奖与支持，不会有灾难。

六四：童牛之牿，元吉。
象曰：六四元吉，有喜也。

经文意思是：小牛角上绑着防止顶人的横木，大吉大利。

象辞的意思是：六四大吉大利，是因为有喜庆之事。

牛是一种温顺的动物，但发起牛脾气也是很凶猛的。俗话说"初生牛犊不

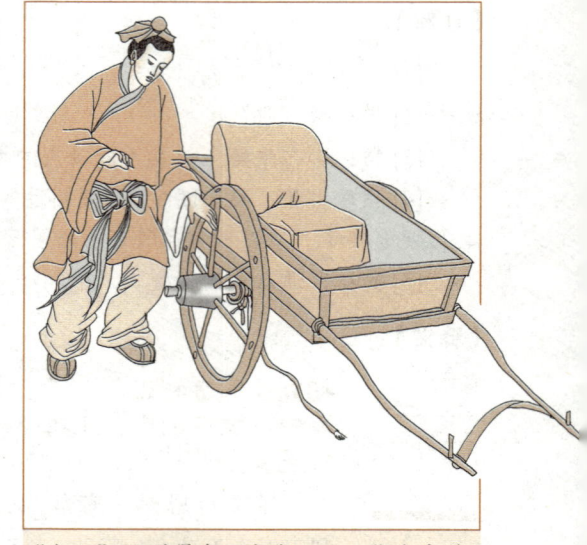

"九二"阳刚得中，上应六五，能自度其势，停止不前，不会有过错。

"九三"刚正强健至盛，可施展才能。但不可自恃其刚，坚持正道才会有利。

怕虎"，可见小牛发起火来也了不得。怎么防止小牛撞伤人呢？古人在小牛的双角绑上一根木棍，木棍上有一根细绳穿在小牛的鼻子上。只要牛一撞东西，就会因绳子牵动鼻子而感到疼痛，所以时间一长，小牛便明白撞人这种举动会给自己带来疼痛，于是养成习惯，长大后，即使角上没有横木，也不会轻易去撞人了。有可能牛之所以温驯，便是这样逐渐驯化的。

"六四"得正，像在小牛头上加横木，防患于未然，大吉。

从卦象上讲，六四处于上卦艮卦的下方，坤卦上面加一根横木便是艮卦，坤为牛，所以六四爻会有这样的爻辞。好的习惯需要培养，就像驯小牛一样，逐渐让人们养成习惯，而培养好习惯需要惩恶扬善政策的推行。

六五：豮豕之牙，吉。
象曰：六五之吉，有庆也。

经文意思是：割掉公猪的生殖器，猪嘴里的长牙便不会伤害人了，吉祥。

象辞的意思是：六五的吉祥是因为有值得庆幸的事。"豮豕"是指割掉生殖器的公猪。野猪是一种极其凶猛的动物，很难驯服。于是人们想出了一个办法，将野猪绑起来，然后把它的生殖器割掉，猪就老实了。古人就是用这个办法驯服了野猪而使它成为家畜。被驯服的野猪，虽然嘴里还

"六五"柔中居尊位，以柔制刚，似将公猪阉割后，其性情温驯，有利牙也不会伤人，吉祥。

第四章 《周易·上经》 大畜卦

长着长牙，可是性情温顺了，所以对人不会有伤害。

大畜卦的爻辞，反映的是古人驯服家畜的情形，这正是人类能够积累财富的重要条件。如果远古人类不驯服动物，那么生产资料便不会得到更大的积蓄，财物便不会得到更多的积累。而《周易》中引用古人驯服动物的事迹，其一是让后人不要忘记先人的业绩，其二便是让人们明白培养人类道德思想时要借鉴驯服动物的经验。

从卦象上看，大畜卦的三、四、五、六爻组成一个"口"的形象，柔爻就像口中的牙齿，所以此爻辞会谈到"豮豕之牙"。

上九：何天之衢，亨。
象曰：何天之衢，道大行也。

经文意思是：四通八达的天街大路，亨通。

象辞的意思是：四通八达的天街大路，是积蓄之道得到大的通行。

上九阳爻居于柔爻之上，所以具有刚柔相合之德，他与六五一起推行天道治理国家，所以能够亨通。上九的位置就相当于太上皇或皇帝的老师及隐士这一阶层，所以这些人以天道的法则辅佐君王，会使天道施行于天下。

从卦象上看，大畜卦的上卦为艮，六五相当于天子之位，象征天，而天上面的一横则象征天上的大街道，所以爻辞会有"何天之衢"。

"上九"不能再阻止刚健的下卦，莫如使其像天空一样畅通无阻，无不顺利通达。

卦二十七 颐

壹 ● 卦名、卦画与卦象

颐[1]　艮为上卦　震为下卦　山雷颐

震为雷，艮为山，山下有雷。山止于上，雷动于下，下动上止，如口嚼食物，供给营养，为颐。颐为养，故颐象征颐养。观察事物的颐养现象，当以正道自力更生来养活自己。

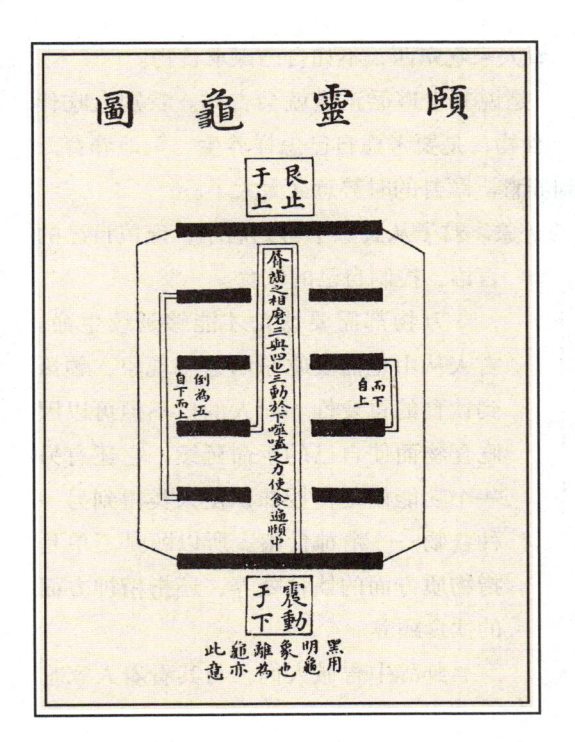

【注解】

[1] 颐：卦名，颐本指两腮的部位，此处象征饮食颐养。

【释义】

此卦卦名为颐。《方言》中说："颐，颔也。""颐"指的便是两腮的部位。这个部位也包括里面的牙齿与外面的嘴唇、下巴，所以它的引申义为饮食、颐养。财物有了极大的积蓄后，人们便开始注重饮食的养生之道了。按现在的话来说，便是人们富裕了，就会追求饮食文化。所以大畜卦之后便是颐卦，正如《序卦传》中所说的："物畜然后可养，故受之以颐。颐者，养也。"

颐卦的卦画上下分别是一个阳爻，中间是四个阴爻。从卦象上分析，中间的阴爻代表牙齿，上下的两个阳爻代表牙齿外围的两腮、嘴唇及下巴。颐卦上卦为艮为山，下卦为震为雷，山下有雷便是颐卦的卦象。山下怎么会有雷呢？其实指的是山中的巨响，由于地壳变化山中会发出巨大的声响，有时还会发生山崩或地震等自然现象，山崩或地震会使山倒塌而埋藏大山表面的万物，古人认为这是山在吃东西——这是最大的"吃"的形象，所以用这一形象代表所有的饮食之道。人吃东西时嘴中也会发出声响，所以与山吃东西有相通之处。

贰 • 卦辞

> 颐：贞吉。观颐[1]，自求口实[2]。
> 彖曰：颐贞吉，养正则吉也。观颐，观其所养也；自求口实，观其自养也。天地养万物，圣人养贤，以及万民。颐之时义大矣哉！
> 象曰：山下有雷，颐。君子以慎言语，节饮食。

【注解】

[1] 观颐：观，观看；颐，指两腮。观颐即指看着别人吃东西。
[2] 口实：口中的实物，指口中有吃的东西。

【释义】

经文意思是：颐卦，守正道吉祥。看人家吃东西，不如自己谋求食物。

彖辞的意思是：颐卦守正道吉祥，是说养生遵循正道就会吉祥。看别人吃什么，就是观察他的养生之道；自己谋求食物，是要考虑自己怎样养生。天地养育万物，圣人养贤士，并因此而使万民得到养育。颐卦的时势意义太大了。

象辞的意思是：山下有雷是颐卦的卦象。君子从卦象中得到启示，谨慎自己的言语，控制自己的饮食。

万物都需要饮食才能够延续生命。古人从山也需要吃东西这一现象，领悟到饮食的重要性。而人的口不但可以因吃食物而使自己的生命延续，它还有另一个功能便是传授知识使人类得到另一种食物——精神食粮。所以颐卦不单是指物质方面的饮食颐养，还指精神方面的饮食颐养。

卦辞中告诫人们，与其看着人家吃

雨下，主降泽；三少年，为年少沾恩之兆；日当天，是为君；香案，为御筵；金紫官人引一人，主得接引方得成功。龙隐清潭之卦，迁善远恶之象。

东西,不如自己去谋求食物。这就相当于"与其临渊羡鱼,不如退而结网",是一个很实在的道理。象辞则对这一含义进一步发挥,引申为借鉴别人吃东西的经验,然后懂得正确的养生之道。而其所真正要表达的,却是通过物质食粮引申到精神食粮。所以象辞中说:"君子以慎言语,节饮食。"这是说人不能吃得太饱了,人的言语也应当像吃东西一样,不能话说得太多。俗话说言多必失,话说多了就会出现失误,所以君王不能说太多的话。古人说皇帝都是金口玉言,便是与这一告诫有关。君王要言而有信,如果说错了话,便无法做到言而有信了。因为如果照自己说的去做,会出现过错,不照自己说的做便会言而无信,所以君王说话要慎重,教育民众时,一定要考虑周全后再发表言论。

叁 ● 爻辞

初九:舍尔灵龟,观我朵颐[1],凶。
象曰:观我朵颐,亦不足贵也。
六二:颠颐,拂经[2],于丘颐,征凶。
象曰:六二征凶,行失类也。
六三:拂颐,贞凶,十年勿用,无攸利。
象曰:十年勿用,道大悖[3]也。
六四:颠颐吉,虎视眈眈,其欲逐逐[4],无咎。
象曰:颠颐之吉,上施光也。
六五:拂经,居贞吉,不可涉大川。
象曰:居贞之吉,顺以从上也。
上九:由颐,厉吉,利涉大川。
象曰:由颐厉吉,大有庆也。

【注解】

[1] 朵颐:因口中放满食物而两腮鼓起的样子。
[2] 拂经:拂,违背;经,常理、常规。
[3] 悖:音 bèi,违反,违背。
[4] 其欲逐逐:形容欲望没有止境。

【释义】

初九:舍尔灵龟,观我朵颐,凶。
象曰:观我朵颐,亦不足贵也。

经文意思是:扔下属于你的灵龟,只看我吃东西,凶险。
象辞的意思是:看我吃东西,这是不高尚的行为。

什么是灵龟?灵龟便是有灵气的大龟。龟有什么灵气呢?龟寿命长，并且能够很长时间不吃东西，所以古人认为这是一种神奇的动物，并且模仿龟的饮食习惯而发明了一种养生术，便是武打小说里面说的龟息大法。乌龟呼吸极其缓慢，并且可以很长时间不吃东西，所以古人也这样去做，认为这样便可以修炼成神仙。初九就是一位懂得龟息术的人，可是他不安于自己的养生之道，看到别人吃东西便嘴馋，这样当然会凶险了。

初九本来应当安于自己清淡平静的生活，但他看到别人的荣华富贵便眼红了，所以急于去求取功名，这就是"舍尔灵龟，观我朵颐"，其结果自然是凶险了。急功近利是不会有好结果的。

"初九"阳刚在下，应于六四，似以阳刚之实求养于阴虚，失道，故凶险。

六二：颠颐，拂经，于丘颐，征凶。

象曰：六二征凶，行失类也。

经文意思是：躺着吃东西，违背养生常规。在土堆边吃东西，征讨有凶险。

象辞的意思是：六二征讨有凶险，是因为他的行为导致失去同类。

六二爻相当于大夫之位，所以生活较为富裕，于是养成了好吃懒做的习惯。这样就违背了养生之道，把身体养得又肥又胖，与人争斗自然不会成为赢家，所以"征凶"。

古代文献中记载，当时一些富裕的人是极其注重饮食享乐的，在吃的方面非常讲究，并且往往吃饱了之后还想吃，怎么办呢？有些医生便发明了一种可以使人呕吐的药方，人们吃完美味佳肴后便吃这种药，吐了之后，再接着

"六二"本中正，但不能自养，而颠倒向下求养，违背常理，向上无应，前往也有凶险。

吃。这么吃，又不运动，身体素质肯定不会提高，所以一旦出现争战之事，只能吃败仗了。

六三：拂颐，贞凶，十年勿用，无攸利。
象曰：十年勿用，道大悖也。

经文意思是：违背养生之道，守正道也凶险，会导致十年无所作为，没有利益。

象辞的意思是：十年无所作为，是因为与养生之道违背得太远了。

六三也是不遵守养生之道，结果导致体质很差。虽然六三行为上能够坚守正道，但由于饮食不科学，造成体质不佳，即使好好调养十年也养不过来了，所以前往不会有利益。宋代有个易学大家叫邵雍，他在易学界是无人不知无人不晓的，当时的皇上非常敬重他，请他到朝中做官，可是他却一直没有去。为什么呢？就因为他身体太差了。他既不贪图女色也不贪图享乐，可是由于每天苦苦研究学问，导致身体素质很差。他明白以自己这种体质，当朝为官不会有所作为的，明白"无攸利"，所以他不接受皇帝的美意。

爻辞通过养生之道告诉人们，坚守正道还需要一定的技巧，就像养生之道要懂得适度，这样坚守正道才会吉祥。比如作为一个大臣，耿直正派无可厚非，但如果不懂得处理事情的技巧，也会招致凶险。

"六三"不中不正，为达目的不择手段，以致在十年中都得不到供养，没有任何利益。

六四：颠颐吉，虎视眈眈，其欲逐逐，无咎。
象曰：颠颐之吉，上施光也。

经文意思是：躺着吃东西，吉祥。虎视眈眈，追逐欲求，没有灾难。

象辞的意思是：躺着吃东西吉祥，是因为六五君王布施广大。

六四也是违背养生之道，并且贪图享乐，欲望无穷，可是他却没有灾难。这是怎么回事呢？原来，他位于君王之侧，贪图享乐可以避免君王对他的猜忌。秦朝时有一位大将叫王翦，东征西讨为秦王朝立下了汗马功劳，秦王对他非常信任。可是王翦却极其贪婪，常常让秦王赏他土地与美女。一次，他的儿子觉得父亲贪婪的名声太大了，有些不好听，便劝父亲不要这样。王翦却对儿子语重心长地说："你这是不懂得处世之道啊。我拥有几十万兵卒，重权在握，极容易遭到君王的猜忌。我显

"六四"得正应初九，上者向下求养，养己、养人，取之于民，用之于民，获吉。

"六五"柔中居尊位，但阴柔失正，不足以养天下。但顺从依赖阳刚之贤，不犯难涉险，可获吉祥。

得很贪婪，君王便会觉得我胸无大志，不会想到我会与他争夺王位。我只有表现得贪得无厌，才不会引来杀身之祸，才能使咱们全家继续享受荣华富贵啊。"听了父亲的解释，儿子才明白父亲的良苦用心。

六四所处的位置与秦朝的王翦相似，所以他虽然贪心不足，却没有灾难。

六五：拂经，居贞吉，不可涉大川。
象曰：居贞之吉，顺以从上也。

经文意思是：违背养生常规，居守正道吉祥，不可跋涉大川。

象辞的意思是：居守正道吉祥，是因为六五柔顺地听从上九贤者。

六五身处君王之位，但没有实权，大权仍然在太上皇手中，所以他只能坚守正道，并且不易有大的作为。六五的处境就好比汉武帝刚刚登基时，政治大权掌握在窦太后手中。窦太后喜欢黄老思想，所以汉武帝虽然想"有为而治"，但也不敢提出来，只有等窦太后去世后，再施展自己的政治抱负。

上九：由颐，厉吉，利涉大川。
象曰：由颐厉吉，大有庆也。

经文意思是：由此得到养生，表面上危险实则吉祥，有利于跋涉大川。

象辞的意思是：由此得到养生，表面上危险实则吉祥，这是由于有喜庆的事情。

上九处于极亢之位，虽然养尊处优，但消退的危险迫在眉睫，所以显得处于危险之中。可是他有六三与之相应，也就是说可以得到下面众人或其他势力的支持，所以有利于渡过大的险阻，通过行动改变自己的处境。由于有其他势力的支持，最终会行动成功，所以最终会吉祥。

"上九"居颐之极，阳刚充沛，有君赖之以养天下之象。位高任重，知危能慎而获吉祥。

卦二十八 大过

壹·卦名、卦画与卦象

大过[1]

泽风大过

兑为上卦
巽为下卦

> 巽为木，兑为泽，泽本润木，但泽在树上，为大水淹没了树木，则过甚。过者，越也。大过象征大为过甚，含有过失的意思。大过内巽外兑，中庸、顺从、使人喜悦，能够得到协助，有可行之道，故前进亨通。

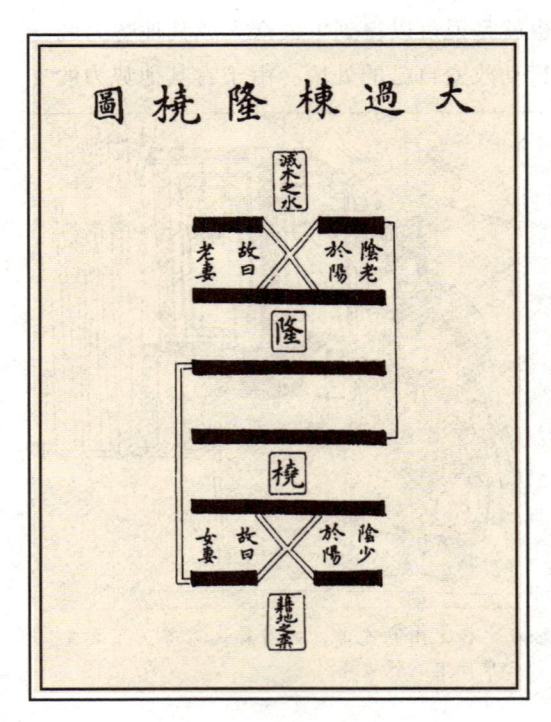

【注解】

[1] 大过：卦名，象征大的过度。

【释义】

此卦卦名为大过。《说文》中说："过，度也。""过"的意思便是经过、度过。其引申义是过度、超越。人们生活富裕了，就会追求饮食文化，可是这样会造成过度追求享乐，怎么才能避免呢？这就需要思想与行为的大超越。所以颐卦之后是大过卦。《序卦传》中说："不养则不可动，故受之以大过。"这是从另一个角度对颐卦进行解释，也就是说人只有吃好了，干活才有力气。

大过卦的卦画上下分别为一个阴

爻，中间为四个阳爻，与颐卦的卦画正好阴阳相反，两卦互为旁通。从卦象上分析，两个阴爻象征木头的两头软弱，中间四个阳爻象征坚实而厚重，这样的一根木头如果做成栋梁很容易弯曲，所以卦辞中会有"栋桡"的词句。从上下卦来看，大过卦上卦为兑为泽，下卦为巽为木，大泽湮灭了树木便是大过卦的卦象。从卦象上看，大过卦有灭顶之灾的意思。《系辞下》中说："古之葬者，厚衣之以薪，葬之中野，不封不树，丧期无数，后世圣人易之以棺椁，盖取诸大过。"就是说上古时期的圣人根据大过卦的卦象，改变了人们埋葬死人的习惯，用棺材盛殓死人下葬。其实这只是大过卦卦象的一个方面。大过卦两头虚中间实，又像一根独木桥，所以大过也有渡过的意思。另外，大过卦上卦兑为泽，也含有湿气的意思，下卦巽为木，代表树木，全卦也有栋梁因受潮而弯曲的含义。

贰 • 卦辞

大过：栋桡[1]，利有攸往，亨。
彖曰：大过，大者过也。栋桡，本末弱[2]也。刚过而中，巽而说行，利有攸往，乃亨。大过之时义大矣哉！
象曰：泽灭木，大过。君子以独立不惧，遁世无闷。

【注解】

[1] 栋桡：栋，栋梁；桡，曲木，木头弯曲，泛指弯曲。

[2] 本末弱：大过卦初爻与上爻为阴爻，中部为四个阳爻，从形象上看是两头虚弱，中间坚实。

【释义】

经文意思是：栋梁弯曲，前往有利，亨通。

彖辞的意思是：大过，即是阳刚过盛的意思。栋梁弯曲，是由于栋梁两头太柔弱。阳刚过盛却处于中部，柔顺、喜悦地前往，所以有利并能亨通。大过卦的时势意义太大了！

象辞的意思是：泽水淹没了树木就是大过卦的卦象。君子从卦象中得到启示，独立而不惧怕，隐身遁世也不烦闷。

卦辞中的"栋桡"指的便是栋梁因受潮而变弯曲。"利有攸往"则是取象于大过卦有桥梁的形象，大河的两岸之

官人乘车，上插两旗，旗上有喜字，主有喜庆事；入朱门，为君僚；门外有贵人立，门下省文书，主命令；一合子，指和合之兆。寒木生花之卦，本末俱弱之象。

间有桥梁，可以使人通过，所以"利有攸往"。"亨"则是可以通过的意思。

象辞根据大过卦的卦象进一步发挥，认为怀着随顺而喜悦的心情前往，会从交往中获利。俗话说"官不打送礼的"，你能够怀着随顺而喜悦的心情与对方相处，自然不会带来害处。象辞则继续引申发挥这一卦的卦象，由于大过卦上卦为兑为喜悦，下卦为巽为随顺，并且卦中的四个阳爻象征坚实，所以象辞中以四个阳爻比喻君子，告诫君子要有独立不惧的性格，虽然隐居生活清苦，但仍然能够以苦为乐。

在这一点上，孔门弟子做出了典范。比如孔门弟子原宪在鲁国隐居的时候，居住在远离闹市的偏僻处，房子小而简陋，四周没有道路可走，院子里长满了杂草，用桑树枝子当作房门，用破陶片放在窗口当窗户，再塞上破布来抵挡寒风，逢雨雪天，屋子里便水流成河。可是原宪却在这样的艰苦生活中自得其乐，弹着古琴放声高歌。一次他的同学子贡坐着马车去看他，竟然找不到可以通往他住处的路。子贡只得下了车走到他那里，一看原宪脸色像绿菜似的，便关心地问是不是病了。原宪却说："没有钱叫作贫，学有所成却没有用武之地叫作病，我算不上学有所成，所以我不是病了，是因为贫穷。"孔氏门徒像原宪这样的还有很多，因为他们都受周礼的熏陶，所以能够做到"遁世无闷"，安于贫穷。

叁 ● 爻辞

初六：藉[1]用白茅，无咎。
象曰：藉用白茅，柔在下也。
九二：枯杨生稊[2]，老夫得其女妻，无不利。
象曰：老夫女妻，过以相与也。
九三：栋桡，凶。
象曰：栋桡之凶，不可以有辅也。
九四：栋隆[3]，吉；有它吝。
象曰：栋隆之吉，不桡乎下也。
九五：枯杨生华[4]，老妇得其士夫，无咎无誉。
象曰：枯杨生华，何可久也。老妇士夫，亦可丑也。
上六：过涉灭顶，凶，无咎。
象曰：过涉之凶，不可咎也。

【注解】

[1] 藉：音 jiè，做衬垫的东西。

[2] 枯杨生稊：稊，音 tí，枯木长出的嫩芽。枯杨生稊即指已经枯萎的杨树上又长出了新的嫩芽。

[3] 栋隆：栋，栋梁；隆，向上弯曲。

[4] 华：通"花"。

"初六"阴柔处下,在盛大过度的时刻,戒惧谨慎,不会有什么过错。

第四章 《周易·上经》 大过卦

【释义】

初六:藉用白茅,无咎。
象曰:藉用白茅,柔在下也。

经文意思是:献上祭品时用白茅草垫在下面,没有灾难。

象辞的意思是:用白茅草垫在下面,说的是柔爻在下位。

祭祀时不但把地面与桌子打扫干净,还在祭品下面垫上白色的茅草,表现出对神的虔诚,所以不会带来灾难。对神敬重,怎么会有灾难呢?这就像我们与人交往一样,怀着极其敬重之心是不会引起反感的。这"白茅"本不是什么贵重的东西,但它表现了献祭者的尊敬之心,所以它会被神所看重。这与我们俗语所说的"瓜子不饱是人心"是一个道理。"礼轻情意重"的典故,说的也是这个道理。据说唐朝时,回纥国派使者给唐王献贡品,贡品中除了金银财宝之外,还有一只极其珍贵的白天鹅。由于路途遥远,使者为了不让天鹅死去,便经常给它喂水和食物。结果在沙漠中给天鹅喂水时不小心让天鹅飞走了,使者没抓住飞去的天鹅,只抓到了几根鹅毛。使者捧着几根雪白的鹅毛直发呆,心想:"这可怎么办?怎么去见唐王呢?回去吗?又怎敢去见回纥国王呢!"思前想后,使者拿出一块洁白的绸子,小心翼翼地把鹅毛包好,又在绸子上题了一首诗说明这个意外情况。到了长安,使者也把鹅

445

毛进献给了唐王。唐王听了使者的诉说后，不但没有怪罪他，反而被他的诚实与诚信所感动，重重地奖赏了他。从此"千里送鹅毛，礼轻情意重"的故事便成为历代传颂的佳话。

九二：枯杨生稊，老夫得其女妻，无不利。
象曰：老夫女妻，过以相与也。

经文意思是：干枯的杨树上长出了新的枝叶，老男人娶了一位少女做妻子，没有任何不利的。

象辞的意思是：老男人娶少女为妻，是说九二虽然阳刚过了头，但仍然能与初六爻和睦相处。

九二爻处于大过卦下互卦乾卦的最下爻，乾卦有老夫的含义，并且九二与初六阴阳相合，所以说有老夫得少妻之象。古代社会是男权社会，男人岁数大却娶到了年少的妻子，是一件值得高兴的事，所以"无不利"。

"九二"阳刚失正，但大过之时，阳居阴位为吉，似枯杨长出新芽，老汉娶年轻的妻子，无不利。

九三：栋桡，凶。
象曰：栋桡之凶，不可以有辅也。

经文意思是：栋梁弯曲，凶险。

象辞的意思是：栋梁弯曲，是得不到好的辅佐导致的。

九三与上六相应，从卦象上看，九三代表栋梁的一段，为坚实，而上六代表栋梁的一端，阴为柔弱为湿气，所以九三这段栋梁便会受潮而弯曲。从引申义来讲，是因女人而使体质下降，当然也可以理解为听信女人之言而使自己变节，其结果自然是凶险了。

"九三"得正应上，但刚爻刚位，过度刚强，就像房屋的栋梁弯曲，有倒塌的危险。

九四：栋隆，吉；有它吝。
象曰：栋隆之吉，不桡乎下也。

经文意思是：栋梁向上弯曲，吉祥，不过会有其他的麻烦。

象辞的意思是：栋梁向上弯曲之所以吉祥，是因为栋梁没有朝下弯曲。

同九三一样，九四也相当于一段受潮的栋梁。因为他与初六相应，所以也有受潮而弯曲或因女人变节的形象。不过庆幸的是九四处于上卦，所以他只会向上弯曲，而不会向下弯曲。对于一间房子来说，栋梁朝上弯曲不会引起房屋顶部的塌陷，所以吉祥。但会有其他的忧吝，这是为什么呢？因为他受潮了呀。其引申义是说，他听信女人的话，会因女人而变节，所以会有忧吝的事情。

九五：枯杨生华，老妇得其士夫，无咎无誉。
象曰：枯杨生华，何可久也。老妇士夫，亦可丑也。

经文意思是：枯萎的杨树长了花，老妇人得到了少壮的男子为丈夫，没有灾难也没有荣誉。

象辞的意思是：枯萎的杨树生出了花，怎么会长久呢？老女人得了个少壮的男士为夫，也是件丢人的事情。

在这里，九五指的是"士夫"，而"老妇"指的是他上面的上六。从整体

"九四"阳居阴位，像房梁隆起复平，可获吉祥。但若趋下应初，则过于柔和，会遭受羞辱。

"九五"刚健中正，与上六亲比，但难以完满成功。似枯杨开花，老妇嫁给年轻的丈夫，不值得称道。

卦象来说，下卦为巽为木，上卦为兑为花，所以会有"枯杨生华"的爻辞。而九五阳爻与上六阴阳相合，所以有"老妇得其士夫"的形象，即上六这个老妇得到九五这个丈夫。

上六：过涉灭顶，凶，无咎。
象曰：过涉之凶，不可咎也。

　　经文意思是：徒步过河被水淹没了头顶，凶险，没什么可指责的。
　　象辞的意思是：徒步过河遇到了凶险，没有什么可指责的。
　　上六处于大过卦的极亢之位，并且处于上卦兑卦的最上爻，兑为泽，所以有过河之象。而全卦卦象正是泽水没过树木顶端的形象，上六急于过河，又身临没过树顶的大泽中，所以说"过涉灭顶"。其结果肯定是凶险了。可这是无可指责的，因为必须得渡过河去才能生存，身临泽中不能不渡，所以尽管结果凶险，也没有可指责的地方。
　　古代易学家认为，这一爻辞所描述的，就相当于比干谏纣王的典故。当时纣王无道，比干尽管看出自己的忠言纣王不会采纳，但作为臣子又不能不对君王提出忠告，毕竟"武死战，文死谏"是封建社会臣子的做人原则。结果被纣王挖出了心脏，招来杀身之祸。但又怎么能指责比干做得不对呢？

"上六"下比九五阳刚，但才力过弱，难免有凶险。但其独自屹立毫不畏惧的精神，依然是壮举。

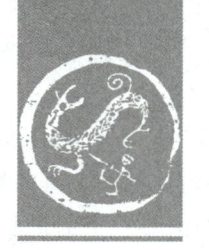

卦二十九 坎

壹 ● 卦名、卦画与卦象

坎[1]

坎为上卦
坎为下卦

坎为水

坎为水，特性陷，坎下坎上，水上加水，陷而再陷，坎象征险难。越是在艰险中越是向前的行为是崇高的，而退缩则没有出路。

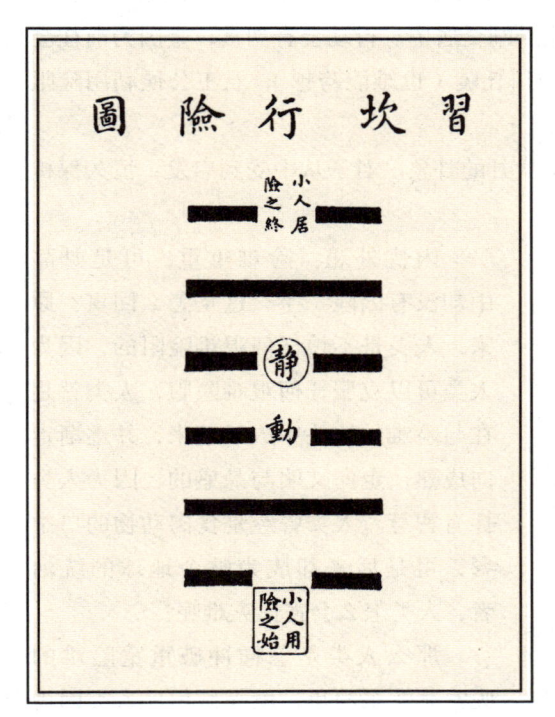

習坎行險圖

小人居險之終
靜
動
小人用險之始

【注解】

[1] 坎：卦名，象征水与险阻。

【释义】

此卦卦名为坎。《说文》中说："坎，陷也。"坎的本义是指坑与穴，但这种地方正是水的居留之地，"水就下，处卑下之地"，所以坎也代表水。事物不可能永远是顺利地得以通过，总会有坎坷阻挡，所以大过之后便是坎卦。这就是《序卦传》中所说的："物不可以终过，故受之以坎。"正因为这样，坎卦也有险阻的含义。

坎卦的卦画是四个阴爻两个阳爻，两个阳爻分别位于上下卦之中。从卦象上分析，坎卦是两个坎卦重叠而成，象征一个陷阱接着一个陷阱，一个险阻接着一个险阻，一个险难接着一个险难，大水泛滥，灾难重重，屡遭坎坷。上卦的坎代表天上的水，即雨、露、霜、雪、云、雾等，也代表外面来的灾难；下卦的坎代表地中的水，即河、海、泉、湖、泊等，也代表内部引发的灾难。总之坎卦是内忧外患，险难不绝。

贰 • 卦辞

坎：习坎[1]有孚，维心亨，行有尚。
象曰：习坎，重险也。水流而不盈，行险而不失其信。维心亨，乃以刚中[2]也。行有尚，往有功也。天险，不可升也；地险，山川丘陵也。王公设险以守其国，险之时用大矣哉！
象曰：水洊至，习坎。君子以常德行，习教事。

【注解】

[1] 习坎：指两坎相重，引申义为重重险阻。
[2] 刚中：指坎卦两阳爻居于上下卦的中位。

【释义】

经文意思是：在重险中有诚信，因为心诚而亨通，行动会有功赏。

象辞的意思是："习坎"便是双重危险的意思。水流动就不会溢出河床，行在险中而不失诚信。心诚而亨通，是由于坎卦刚爻居中。行动会有功赏，是因为前往会建立功业。天险高不可攀越，地险有山川丘陵（也难能跨越），君王公侯利用险阻守卫自己的国家，险阻的时势作用太大了！

象辞的意思是：水流叠连而至便是坎卦的卦象。君子从中受到启发，恒久保持美好的德行，不断提高教化人民的水平。

人陷于井中，一人用绳子引出，占者谋事遇大贵人方能获吉；一牛一鼠，主子丑日可进用；一人身虎头怪人，主有威望。船涉重滩之卦，外虚中实之象。

内忧外患，险难重重，可是卦辞中却没有凶险二字，这是怎么回事？原来，人类是不怕任何艰难险阻的，因为人类可以克服任何艰难险阻，人类就是在与险难的搏斗中成长起来，并逐渐走向成熟，走向文明与鼎盛的，因为人类拥有智慧。人类曾经是食肉动物的口中餐，可是后来却成为整个地球的统治者，人类怎么会害怕灾难呢？

那么人类是怎样冲破重重险难的呢？其实很简单，就靠诚信。人类因为诚信，可以得到神的保佑；人类因为诚信，可以团结成坚不可摧的长城；人类因为诚信，可以感动天地万物。所以卦辞中说"维心亨"，便是说人类在险难中会因诚信而得到亨通。可见诚信是人类的大智慧，靠小聪明是无法冲破重重险难的。所以君子应当保持自己美好的德行，不断提高民众的思想修养。只要这样，人类就能冲破任何险阻，走向辉煌。

叁 ● 爻辞

初六：习坎，入于坎窞[1]，凶。
象曰：习坎入坎，失道凶也。
九二：坎有险，求小得。
象曰：求小得，未出中也。
六三：来之坎坎，险且枕[2]，入于坎窞，勿用。
象曰：来之坎坎，终无功也。
六四：樽酒簋贰[3]，用缶，纳约自牖[4]，终无咎。
象曰：樽酒簋贰，刚柔际也。
九五：坎不盈，祗既平，无咎。
象曰：坎不盈，中未大也。
上六：系用徽纆[5]，寘[6]于丛棘，三岁不得，凶。
象曰：上六失道，凶三岁也。

【注解】

[1] 窞：音 dàn，很深的坑。

[2] 枕：通"沈"，深的意思。

[3] 樽酒簋贰：樽，盛酒的器具；簋，音 guǐ，用竹子编成的方形盛食品器具。樽酒簋贰即是一杯酒两盘菜的意思。

[4] 牖：音 yǒu，窗户。

[5] 徽纆：指捆绑犯人的绳子。徽，用三股拧成的绳子；纆，音 mò，用二股拧成的绳子。

[6] 寘：音 zhì，同"置"，安置，放置。

【释义】

初六：习坎，入于坎窞，凶。
象曰：习坎入坎，失道凶也。

"初六"处重险之下，阴柔失正，陷在最低层，无法脱身，所以凶险。

第四章《周易·上经》

坎卦

451

经文意思是：重重险阻，陷入危险的深渊，凶险。

象辞的意思是：身陷重重险阻中，是因为迷失道路而凶险。

初六阴爻居于阳位，又处于险难的最深处，与六四不应而敌，有陷入险难中不能自拔的形象，所以凶险。

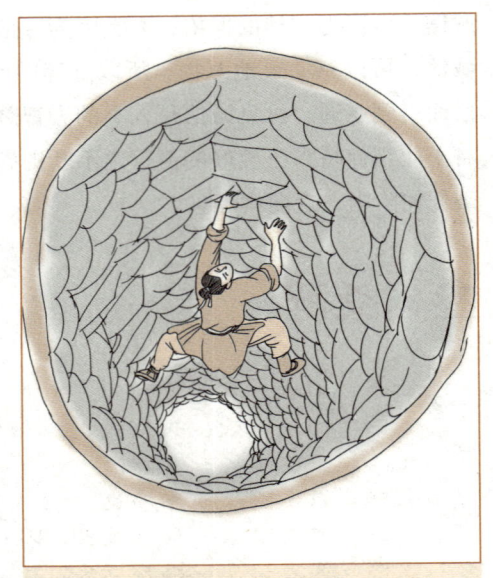

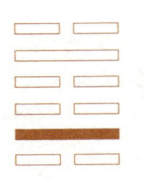

九二：坎有险，求小得。
象曰：求小得，未出中也。

经文意思是：坎中有险，小的要求会得到满足。

象辞的意思是：小的要求会得到满足，是还没有从险中走出来。

九二阳爻居于偶位为不得位，可是他能够居中，又有上下两个阴爻相辅助，所以会得到小的利益。可是为什么没有大的收获呢？因为三个爻同处于险难之中，初六与六三保住自己已经很困难，自然不会对九二有很大的帮助，并且九二与九五不应而相敌，所以只能得到小的利益。这种利益也不过是两个阴爻能够舍己救主而已。

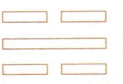

"九二"失正，但能以刚居中，且比上下二阴，故从小处谋求脱险，可达到目的。

六三：来之坎坎，险且枕，入于坎窞，勿用。
象曰：来之坎坎，终无功也。

经文意思是：来去都是险阻，险境很深，小心落入危险的深渊，不要有所行动。

象辞的意思是：来去都是险阻，最终不会成功。

六三处于上下坎卦的交界处，有内外临险的形象，所以有"来之坎坎"的爻辞。处于这种内忧外患、险象重生的情形下，是不利于有所行动的，所以爻辞说"勿用"。

"六三"阴居阳位，失正无应，前进有险，后退难安，落入陷穴深处，难以施展才用。

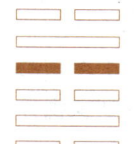

六四：樽酒簋贰，用缶，纳约自牖，终无咎。
象曰：樽酒簋贰，刚柔际也。

经文意思是：一樽酒，两盘供品，用瓦缶装着酒与供品，安置在窗户边，最终不会有灾难。

象辞的意思是：一樽酒，两盘供品，说明六四爻与九五爻阴阳相交。

祭品虽然微薄，但是心中虔诚，所以会得到神的保佑。并且六四心怀诚信，可以得到九五的帮助，所以他最终不会有灾难。这位六四就好比治水的大禹。舜治理天下的时候，水灾泛滥，而大禹则担任治水的重担。他不负众望，呕心沥血十三载，三过家门而不入，事迹感动鬼神，最后终于成功治理了水患。而舜因大禹治理水患有功于天下民众，便把天子的位子禅让给大禹。可见，心怀诚信的人最终不会有灾难，反而会得到好处。

"六四"柔顺得正，专承九五，在危难中，由窗户将简单的食物送给君王，这样没有什么灾祸。

九五：坎不盈，祗既平，无咎。
象曰：坎不盈，中未大也。

经文意思是：水流动而不满盈，仅与河床水平，没有灾难。

象辞的意思是：水流动而不满盈，是九五居中还没有发展壮大。

九五阳爻居于奇位为得位，又居于上卦之中，所以有中正之德。这种中正之德就像平缓的水流一样，不急不躁，顺着河床而流动，从不外溢而出。爻辞以水喻德，告诫人们很多灾难往往是由于骄傲气盛造成的，而持有中正之德的人是不会有灾难的。商中宗太戊便是一位有中正之德的君王。据史料记载，在太戊执政之前，商王朝出现了衰落的局面，内忧外患不

"九五"中正，下比六四。坑旁的小丘已被铲平来填深坑，不久就会脱出险境，没有灾害。

第四章 《周易·上经》 坎卦

453

断,天灾人祸频频,一些诸侯国趁机叛乱,以摆脱商朝的控制。太戊执政后任用伊陟和巫咸等贤臣,勤谨修德,励精图治。有一天夜里,在朝堂上忽然长出了桑树与榖树合为一体的连体树,并且这棵怪树一夜之间便长到合抱粗细。太戊看到这棵怪树心里有些害怕,便问伊陟是怎么回事。伊陟是名相伊尹的儿子,也遗传了父亲的智慧。他对太戊说:"这桑树与榖树本应生长于荒野,如今长在朝堂上,确实是不祥之兆。不过历来妖不胜德,邪不压正,我想如果君王能够提高修养,在处理政事上没有过失,妖异自然会自消自灭。"太戊听后,便更加勤勉地执政,并且恢复和完善祖宗的德政。结果三天后,这棵妖树就枯死了。太戊见到自己的德政有这么大的效果,便再接再厉,更加修德亲民。结果三年后,很多诸侯国都仰慕他的德行,有六七十个诸侯国前来归顺商朝,使商朝呈现"中兴"的大好形势。这就是中正之德的厉害。

上六: 系用徽纆,寘于丛棘,三岁不得,凶。
象曰: 上六失道,凶三岁也。

经文意思是:用绳子捆住,放到丛棘中,三年不能够解脱,凶险。

象辞的意思是:上六迷失道路,会有三年的凶险。

上六处于危险的顶端,又凌乘于九五阳爻之上,所以凶险。从爻辞上看,上六是犯了很大的罪,被用两股与三股的绳子捆绑后,扔到了荆棘遍布的林子里,三年都无法逃脱。荆棘是比喻退不能退,进不能进的处境。而古代监狱的围墙上,为了防止犯人逃跑,往往放一些有刺的荆棘,所以此处的"丛棘"也代指监狱。"三岁不得"按现在的话来说便是判了三年徒刑。上六为什么会犯罪呢?象辞的解释是"上六失道"。也就是说,水本该向下流,可是上六却居于坎卦的最上面,所以违背了水的运行之道而导致凶险。

"上六"以柔居险之极,又无应,就像被绳索重重束缚,放置在荆棘丛中,三年不能走出,所以凶险。

卦三十　离

壹 ● 卦名、卦画与卦象

离[1]

离为上卦
离为下卦

离为火

离为日，日为光，离上离下，光明接连升起悬附空中，即日附丽于天。离，为丽，象征附丽，有附着、结合的意义。但附着的对象必须正当，具备柔顺的德行，才能获吉。

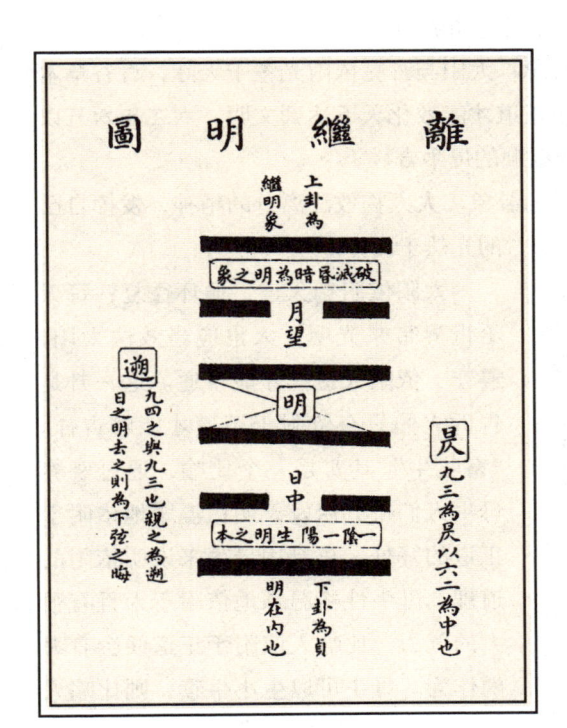

【注解】

[1] 离：卦名，象征光明与依附。

【释义】

此卦卦名为离。《说文》中说："离，离黄，仓庚也。""离"字的本义是指黄鹂鸟，"离"是"鹂"的本字，黄鹂也称仓庚。古人认为太阳便是一种神鸟，所以离的引申义也指日。由于日光是光明、温暖又酷热的，离又有光明、火、火热的含义。鸟不能总是飞翔，经常会停落在某处，于是离又有依附、附丽的意思。又由于黄鹂鸟总是成双成对地飞翔，所以离也有雌雄相依，阴阳相对的含义。《序卦传》中说："陷必有所丽，故受之以离。离者，丽也。"这是说陷入坑里，肯定会附着在一处地方，所以坎卦之后是离卦。而"丽"字指的是雌雄两只鹿一同行走的样子，所以"丽"的本义便是相依、相伴。

离卦的卦画为四个阳爻两个阴爻，两个阴爻分别位于上下卦的中位，离卦与坎卦互为旁通。从卦象上分析，阴爻在卦中很像网眼儿，所以离卦有网罟的形象。离卦的整体形象还像"日"字，所以也代表太阳。

贰 • 卦辞

> 离：利贞，亨。畜牝牛，吉。
> 彖曰：离，丽[1]也；日月丽乎天，百谷草木丽乎土，重明以丽乎正，乃化成天下。柔丽乎中正，故亨；是以畜牝牛吉也。
> 象曰：明两作离，大人以继明照于四方。

【注解】

[1] 丽：繁体字为"麗"，是一个形声字，鹿形丽声，指一对鹿相行相伴的意思。丽有附丽、依附的意思，也有光明与美丽的意思。

【释义】

经文意思是：离卦，利于守正道，亨通。畜养母牛，吉祥。

彖辞的意思是：离，美丽光耀的意思；太阳与月亮依附光耀于天际，百谷草木依附光耀于土地上，双重的光明依附于正道才能教化天下达到文明。六二与六五以柔顺之德居中位，所以亨通，所以畜养温顺的母牛吉祥。

象辞的意思是：两重光明就是离卦的卦象。大人物效法离卦的精神，发挥自己的光热于四方。

太阳依附于天道，循环往复，每天给世界带来光明。人也应当效法太阳，遵守、依附天道，才能亨通。这一卦是告诉人们只有依附于正道才能够吉祥。"畜牝牛"其实是一个比喻，通过驯养母牛人们得到启发，明白温顺地依附于正道的好处。离卦用母牛来说明依附的道理。母牛性格温顺地依附于人且有很大的气力，比喻人依附于正道便会有大的作为。母牛可以生小牛犊，则比喻人

人在虎背上立，主有惊险；一船在江心，主遇顺风。官人执箭立于岸上，主遇大贵人荐，箭为急。谋望先凶后喜之象，无咎。飞禽在网之课，大明当天之象。

的德智也应不断增长并且后续有人。

象辞中说："大人以继明照于四方。"这是告诉人们要像太阳依附于天空而给世界带来光明一样，发扬自己的美德，有益于天下。

叁 ● 爻辞

初九：履错然，敬之无咎。
象曰：履错之敬，以辟咎也。
六二：黄[1]离，元吉。
象曰：黄离元吉，得中道也。
九三：日昃[2]之离，不鼓缶而歌，则大耋[3]之嗟，凶。
象曰：日昃之离，何可久也。
九四：突如其来如，焚如，死如，弃如。
象曰：突如其来如，无所容也。
六五：出涕沱若，戚嗟若，吉。
象曰：六五之吉，离王公也。
上九：王用出征，有嘉。折首，获匪其丑，无咎。
象曰：王用出征，以正邦也。

【注解】

[1] 黄：黄色，根据五行学说居于五色之中央，在此比喻六二爻居中得位。

[2] 日昃：昃，音 zè，指太阳西斜。日昃即指西斜的太阳。

[3] 大耋：耋，音 dié，古代指七八十岁的老年人，也泛指老年人。大耋即指垂老之人。

【释义】

初九：履错然，敬之无咎。
象曰：履错之敬，以辟咎也。

经文意思是：做事井然有序，错落有致，恭敬行事不会有灾难。

象辞的意思是：做事井然有序，恭敬谨慎，是为了躲避灾难。

初九爻处于离卦的最下面，从整体形象来说，最底下相当于人的双足，所以爻辞以"履"做比喻。想说明什么道理呢？是说恭敬的益处。做事井然有序，错落有致，恭敬

"初九"阳刚，象征聪明。急于上进，有陷入危险的可能，但谦虚谨慎可避险。

行事不会带来灾难。像张良给黄石老人拾鞋，结果得到兵书，便是一例敬人受益的例子。另外，像周文王给姜子牙推车，结果得到姜子牙的辅佐，使周朝拥有八百年的国运，也说明恭敬别人的好处。身处下位而恭敬上位，会使自己受到提拔；身处上位而恭敬下位，则会使自己得到辅佐。可见恭敬是不会给人带来坏处的。

另有一种说法认为"履错然，敬之无咎"是指诚惶诚恐地恭敬别人，脚步都乱了，可因为出自恭敬之心，所以"无咎"。

六二：黄离，元吉。
象曰：黄离元吉，得中道也。

经文意思是：六二爻黄中文明，大吉祥。

象辞的意思是，"黄离元吉"，是因为六二爻居中位符合中庸之道。

黄色在五行方位中居中，在此处是比喻六二爻居于下卦之中位，并且柔爻居于偶位为得位，具有中正之德，就像中午的太阳，所以会大吉大利。

"六二"中正，以柔顺中正之德附着于物，大吉大利。

九三：日昃之离，不鼓缶而歌，则大耋之嗟，凶。
象曰：日昃之离，何可久也。

经文意思是：太阳西斜后，听不到人们敲打着瓦盆唱歌，只听到老人们的哀叹声，凶险。

象辞的意思是：太阳已西斜，光明不会太持久的。

"九三"处下卦之终，似人到暮年，如不击缶而歌，知天乐命，则必老暮穷衰，凶险难免。

九三不居中，就好比西斜的太阳。俗话说"夕阳无限好，只是近黄昏"，说的便是西斜的太阳会有快要落山的遗憾。快要落山的太阳又可比喻老人将逝，所以爻辞中的老人们会哀叹。九三的凶险，便是人老将逝的凶险。

九四：突如其来如，焚如，死如，弃如。
象曰：突如其来如，无所容也。

经文意思是：灾难突然而来，焚烧房屋，人死，丢弃亲人的尸体逃命。

象辞的意思是：突然来到的灾难，是无法逃避的。

此处的"突如其来如"，指的是逆子的出现。"突"的古文字是一个倒着的"子"字，即头朝上生下来的，引申为不孝顺的儿子。儿子长大了，可是突然发现他不孝顺父母。这也正是九三老人哀叹的原因。在这里则进一步指明，天黑了，不孝的儿子把年迈的父母赶出了家门，并且要烧死老人，抛弃老人的尸体。

"九四"阳刚失正，欲速则不达。像朝霞无法上附高天，会落得死无葬身之地。

这种不孝行为，存在于远古的野蛮时代。据史料记载，在远古的野蛮时期，人老了没有力气了便不再受人尊重，一般年过五十岁的老人，就会被儿子用筐装着丢在深山里喂野兽吃。这里所描述的正是远古时代老人遭弃的情形。

六五：出涕沱若，戚嗟若，吉。
象曰：六五之吉，离王公也。

经文意思是：泪水、鼻涕如大雨一样，悲伤哀叹，吉祥。

象辞的意思是：六五的吉祥，是因为其处于王公的位置。

六五是一位心怀仁慈的君王，面对这种不孝的社会习俗，他感到很伤心，所以痛哭流涕，愁眉不展地连连哀叹，他在为这种时代悲哀。正是他心怀仁慈与悲哀，给他带来了吉祥。因为他会得到更多人的共鸣，会得到更多人的拥护。《三国演义》中刘备的哭是很有名的。刘备没什么大本事，既好色又贪图享乐，并且武功不高，又没有雄才大略。可是他却能与曹操、孙权三分天下，他靠的便是哭。他一

第四章 《周易·上经》 离卦

459

哭，天下豪杰认为他仁慈，所以追随他；他一哭，谋士认为他善良，所以辅佐他，帮他出谋划策。所以说"男人哭吧不是罪"，既可减除内心压力，又可以让人看到你的真情实感，一举两得。

上九：王用出征，有嘉。折首，获匪其丑，无咎。
象曰：王用出征，以正邦也。

经文意思是：君王带兵出征，战绩很好。斩了敌人首领，俘虏了二头目，没有灾难。

象辞的意思是：君王带兵出征，是为了安邦定国。

这里描述的便是六五的君王带着王者之师，讨伐了这个不孝的国度。由于君王发动的是正义之战，所以取得了战争的胜利，斩了敌人的首领，二首领也给俘虏了。于是天下没有不孝之子生存的土壤了，于是人们懂得孝道，人人进孝道，所以天下太平了，"君君、臣臣、父父、子子"的礼教治国思想开始风行天下。

"六五"阴居阳位，为九四所迫，忧伤哀泣。但是居尊位，终获众助，而后有吉。

"上九"居离之极，能够明察，而且阳刚果断，用兵诛杀恶人不会受到责备。

第五章 《周易·下经》

卦三十一　咸

壹 • 卦名、卦画与卦象

咸[1]　泽山咸
兑为上卦
艮为下卦

艮为山，兑为泽，山上有泽。泽性下流，以山感泽，为咸。咸为无心之感，象征无心的感应，这是异性间自然、必然的现象。男女共相感应成夫妻可获吉祥。

【注解】

[1] 咸：卦名，象征夫妇之间的交感、感应。

【释义】

此卦卦名为咸，是《周易》下经的第一个卦。甲骨文的"咸"字是"戌"字与"口"字相合，表示用长柄大斧砍人头的意思。而此卦的"咸"字与"感"字是一个意思，即表示感应。《序卦传》中说："有天地然后有万物，有万物然后有男女，有男女然后有夫妇，有夫妇然后有父子，有父子然后有君臣，有君臣然后有上下，有上下然后礼义有所错。夫妇之道不可不久也，故受之以恒。"意思便是说明阴阳感应相合的重要性，并且着重阐明了人类社会中男女感应相合的重要作用。所以咸卦的"咸"字便是指男女阴阳感应相合的意思。《周易·上经》以乾坤两卦开篇，接下来讲的便是天道与地道；《周易·下经》以咸恒两卦开篇，接下来讲的便是人道。

咸卦的卦画是三个阳爻三个阴爻。从卦象上分析，咸卦上卦为兑为喜悦为少女为泽，咸卦下卦为艮为止为少男为山，所以山上有泽便是咸卦的卦象。泽为阴其性质向下，山为阳其性质向上，山与泽相互感应相合，这是从大的方面进行取象。而上卦为少女，下卦为少男，男女相互感应相合，这是从人类生活的特点进行取象。下卦为阳刚为停止，上卦为阴柔为喜悦，内心刚强而能止，外表柔顺而喜悦，这是从哲学的角度进行取象。卦辞与爻辞则主要通过男女之间的感应相合而触类旁通，阐明阴阳感应相合的规律与作用。

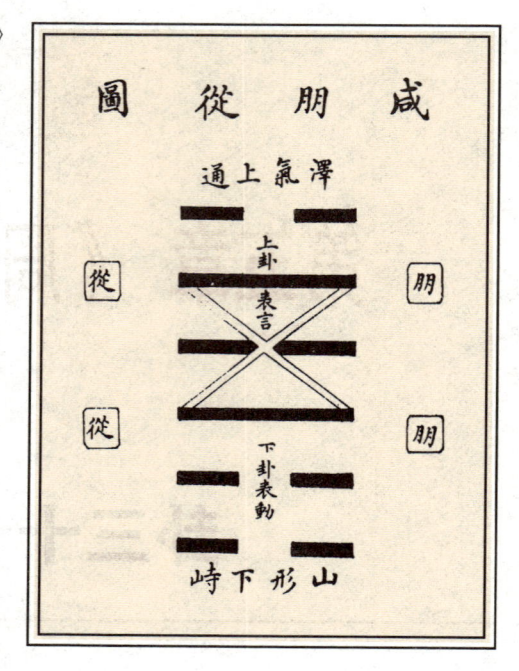

贰 • 卦辞

> 咸：亨，利贞，取女吉。
> 彖曰：咸，感也。柔上而刚下，二气[1]感应以相与，止而说，男下女[2]，是以亨利贞，取女吉也。天地感而万物化生，圣人感人心而天下和平；观其所感，而天地万物之情可见矣！
> 象曰：山上有泽，咸。君子以虚受人。

【注解】

[1] 二气：指阴阳二气。

[2] 止而说，男下女：咸卦下卦为艮为止，上卦为兑为悦，"说"即"悦"，所以"止而说"；艮代表少男，兑代表少女，少男在下面讨好少女，所以说"男下女"。另外，也可能原文为"男下女上"，经书中"上"字脱漏。

【释义】

经文意思是：咸卦，亨通，宜于守正道，娶少女为妻吉祥。

彖辞的意思是：咸是感应的意思。阴柔在上而阳刚在下，阴阳二气相互感应结合在一起。有所控制而喜悦，艮男在下兑女在上，所以亨通利于守正道，且娶少女为妻吉祥。天地相互感应而万物生成，圣人感化人心而天下太平；观察阴阳交感的现象，便可以明白天地万物的性情。

象辞的意思是：山上有泽便是咸卦的卦象。君子从卦象中得到启发，虚心接受别人的意见。

有这样一个故事，说的是刘墉与乾隆一起下江南微服私访，在路上乾隆看到江南女子长得漂亮，便东瞧西看地有些眼睛不够用了。于是刘墉问乾隆："万岁爷，您说天下什么东西力量最大？"乾隆说："是大象。"刘墉说："不对。"乾隆又说："那肯定是龙了。"刘墉说也不对。乾隆问刘墉："朕猜不出了，那你说什么力量最大？"刘墉："女人的力量最大。"乾隆不相信地说："女人有什么力量？"刘墉说："什么东西可以使龙颈弯过来？只有女人。"乾隆一听，明白这刘墉是在讽刺自己好色，便红着脸不好意思东看西瞧了。

空中有一拳，主枢中有人提挈；钱宝一堆，主空中得财宝；贵人在山顶上，乃高贵出身之义；女人上山，主夫妻俱显；合子为和合。山泽迫气之课，至诚感神之卦。

不过从人性的角度思考，男女之间确实存在着极其强大的感应力，这种感应往往会使男女双方产生一见钟情的心理，从而最终成就男女合为夫妇。但男女相合要守正道，不能是出于淫邪的目的，所以卦辞上说"利贞"。

而象辞则对男女相合的道理进一步发挥，将其内涵引申为人与万物的感应，圣人与天下众人的感应。也就是说人类像男女相互吸引一样对万物产生研究的兴趣，对天地万物进行研究，便可明白天地万物的发展规律。是什么规律呢？就是阴阳相合，异性相吸的规律。

象辞中说："君子以虚受人。"男女相合与虚心接受别人的意见有什么联系吗？有，而且有很大的联系。当一对少男少女一见钟情时，是不是会感到对方全是优点？人无完人，可是在恋人的眼中，对方永远是完美的。比如，对方会有任性的缺点，可是由于你喜欢对方，所以会认为这是有个性，你很乐意接受对方的任性；或者对方有些自私，可是由于你爱着对方，所以会认为这是人的天性，你乐意接受对方的缺点。总之，相爱的一对男女，总是能接受对方的缺点。可是人为什么不能像恋人相恋一样，而接受别人对自己的批评呢？孔子曾批评鲁定公："吾未见好德如好色者。"这是说人怎么不能像好色一样去追求美德呢？如果人能够像好色一样喜欢接受别人提出的批评，那么自己的修养才会不断提高。所以象辞从男女之间的相吸相合，引申到君子做人的标准上来。

叁 • 爻辞

初六：咸其拇[1]。
象曰：咸其拇，志在外也。
六二：咸其腓[2]，凶，居吉。
象曰：虽凶，居吉，顺不害也。
九三：咸其股[3]，执其随，往吝。
象曰：咸其股，亦不处也。志在随人，所执下也。
九四：贞吉悔亡，憧憧[4]往来，朋从尔思。
象曰：贞吉悔亡，未感害也。憧憧往来，未光大也。
九五：咸其脢[5]，无悔。
象曰：咸其脢，志末也。
上六：咸其辅[6]，颊，舌。
象曰：咸其辅，颊，舌，滕[7]口说也。

【注解】

[1] 拇：足大趾。
[2] 腓：小腿肚子。
[3] 股：大腿。
[4] 憧憧：心神慌乱的样子。
[5] 脢：音 méi，背脊肉，泛指腰背。
[6] 辅：人的上牙床。
[7] 滕：形容水滕涌之势。

【释义】

初六：咸其拇。
象曰：咸其拇，志在外也。

经文意思是：感应到脚的大趾上。

象辞的意思是：感应到脚的大趾上，是心里想着向外走。

爻辞按照从下到上的感应顺序，分别阐明了不同阶段的感应特点。这种感应即可以理解为男女之间的感应，也可以理解为天地之间的感应，以及人对万物的感应。

此处的"拇"指的是人的足大趾。

"初六"处咸之始，所感尚浅，似感于脚趾。吉凶未见。

从卦象上看，与初六相感应的是九四爻。"咸其拇"则是说明事物的感应有一个由浅及深的阶段，此时处于初级阶段，所以只能得到较肤浅的感应。

人与人之间是存在心灵感应的。比如曾子年幼时父亲便去世了，他与母亲相依为命。由于家里生活贫困，所以曾子一边读书，一边还要到深山打柴来维持生活。有一次，曾子去山中打柴，家中来了一位客人。曾子的母亲想让曾子知道，便用力咬破自己的手指。在深山打柴的曾子忽然觉得心里特别疼，感到母亲那里肯定有事，便急忙扛着柴回到家中。到家里见来了客人，便开始以小主人的身份招待客人。曾子是大圣人，由于他非常有孝心，所以在很远的地方便可以感应到母亲的召唤。

六二：咸其腓，凶，居吉。
象曰：虽凶，居吉，顺不害也。

经文意思是：感应到了小腿上，凶险，安于居所则吉祥。

象辞的意思是：虽然凶险，但安守于屋中则吉，顺应就不会受到伤害。

六二与九五相感应。此时的感应已经到了小腿上，说明感应有了进一步的发展。但爻辞说"凶"，这是怎么回事呢？原来，六二与九五的感应虽然到了小腿上，但感应的程度还没有达到最火热的地步。六二却急于跟随九五而去，这种举动，由于时机不成熟，当然会凶险了。所以爻辞又补充说"居吉"，意思是在家里不要外出才会吉祥。六二为什么有外出之象呢？因为六二是咸卦下互卦巽卦的最下爻，巽为随为入，所以有随人走之象。

六二中正，应于九五，所感在腿肚。动凶居吉。

九三：咸其股，执其随，往吝。
象曰：咸其股，亦不处也。志在随人，所执下也。

经文意思是：感应到大腿上，想随着别人行动却被控制住了，前往有忧吝。

象辞的意思是：感应到大腿上，也是安静不下来的意思。心里想随别人去行动，却受下边所控制。

九三与上六相互感应。他们的感应比前两爻有更进一步的发展，已经感应到了

第五章 《周易·下经》 咸卦

465

"九三"居"多凶"之位，阳盛性躁相感不专之象，前往必有遗憾。

"九四"失正，但阳居阴位有谦退之象，朋友间相互倾心，使悔恨消除。

大腿上。九三因处于下互卦巽卦的中位，所以他也有随人走的卦象。但九三的处境是既与上六相感应，又与下面的六二阴阳相合，所以他是鱼与熊掌不可兼得，急于行动会有忧吝。

九四：贞吉悔亡。憧憧往来，朋从尔思。
象曰：贞吉悔亡，未感害也。憧憧往来，未光大也。

经文意思是：守正道没有忧悔。心神不定地来往，朋友则与你的想法一样。

象辞的意思是：守正道没有忧悔，是还没感受到伤害。心神不定地来往，还不够光明正大。

这里的爻辞描述得很形象，把初恋男女的心理刻画得很细致而到位。"憧憧往来，朋从尔思"则是初恋男女的普遍心理，心里有些心神不定，怕被别人发现，行动较为诡秘。当然，现在人们搞对象不会这么小心了，不过那种心神不定的感觉还是有的。双方怀着这种心情交往，说明感应已达到了较为成熟的阶段。所以双方交往只要守于正道，便会吉祥而不会有悔恨。

九五：咸其脢，无悔。
象曰：咸其脢，志末也。

经文意思是：感应到后背，没有忧悔。

象辞的意思是：感应到后背，是心愿还没有实现。

脢指的是人后背脊椎附近的肉，也就是离心脏很近了，说明感应已经到了最敏感的部位。人的后背有着丰富的经络，所以感觉极其敏锐。可是九五之上是上六，九五尽管与六二相应，但迫于上六的缘故，不能与六二相合，所以象辞中说"志末也。"

上六：咸其辅，颊，舌。
象曰：咸其辅，颊，舌，滕口说也。

经文意思是：感应到牙床、面颊和舌头上。

象辞的意思是：感应到牙床、面颊和舌头上。是信口开河、无所顾忌地说话。

"辅"指的是人的上牙床。古人说"车辅相存，唇齿相依"，说的都是人口中的器官。"车"指的是下牙床，"车辅相存"便是说上下牙床互相依存，缺一不可。"唇齿相依"便是说嘴唇与牙齿互相依存，缺一不可，因为唇亡齿寒。咸卦的上卦为兑，兑为口，而最上面的阴爻就像牙齿一样，所以上六的感应到了牙齿附近。"滕口说也"则是说由于相互感应而有说不完的话语，像水流一样滔滔不绝。

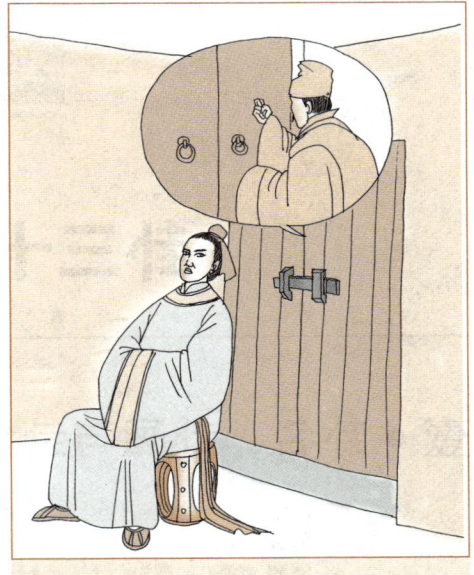

"九五"虽中正，居尊位，但不能专心感应于六二，仅获无悔。

"上六"感极必反，仅以言感人，所感浅微。吉凶难测。

卦三十二 恒

壹 ● 卦名、卦画与卦象

恒[1]

雷风恒

震为上卦
巽为下卦

巽为风，震为雷，雷震则风发，二者相依相助恒常不变，为恒。恒象征恒久。又震刚在上，巽柔在下，说明尊卑序次是恒常不变之事。有恒必然有成，所以亨通，不会有灾难。但必须以坚持纯贞为前提，才会有利。

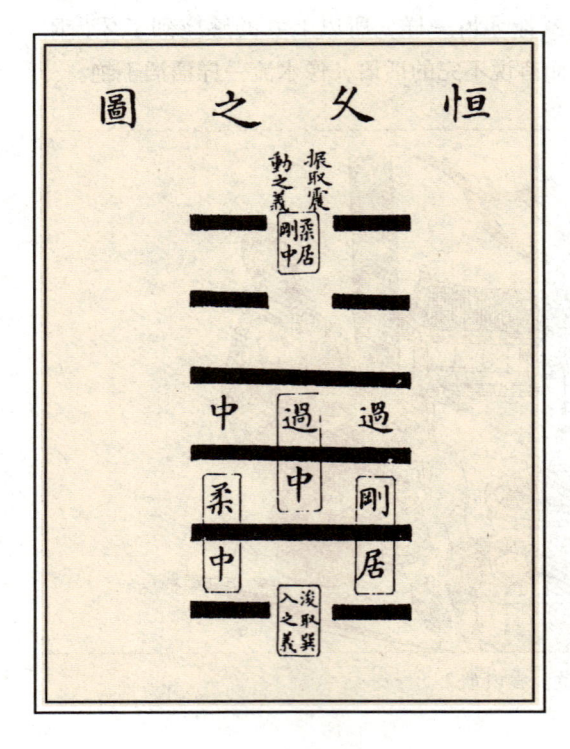

【注解】

[1]恒：卦名，象征恒久。

【释义】

此卦卦名为恒。《说文》中说："恒，常也。"也就是说"恒"是长久的意思。前面的咸卦讲男女感应相合，于是结为夫妇，但夫妇之道应当天长地久，白头到老，所以咸卦的下面是恒卦。

恒卦的卦画是三个阴爻三个阳爻，其排列顺序与咸卦正好相反。从卦象上分析，恒卦上卦为震为雷为长子，下卦为巽为风为长女，雷动风随，这是自然界最大的永远相随的形象，也是人们都能看到的形象。一打雷接着就会刮风，古人用这一自然现象来说明阴阳相随的道理，从而引申出夫妇亦应当像雷与风一样永远和睦相处。上一卦咸卦为少男与少女，这一卦则变为长子长女，这是喻示着男女由年少的相恋，到现在已经长大成熟，成为持久的夫妇关系。恒卦中内卦为巽外卦为震，则表示妻主内男主外的生活模式。

贰 • 卦辞

> 恒：亨，无咎，利贞，利有攸往。
> 彖曰：恒，久也。刚上而柔下[1]，雷风相与，巽而动，刚柔皆应[2]，恒。恒亨无咎，利贞，久于其道也。天地之道，恒久而不已也。利有攸往，终则有始也。日月得天而能久照，四时变化而能久成，圣人久于其道而天下化成。观其所恒，而天地万物之情可见矣！
> 象曰：雷风，恒。君子以立不易方。

【注解】

[1] 刚上而柔下：恒卦上卦为震为雷为长子为阳卦，下卦为巽为风为长女为阴卦，所以说"刚上而柔下"。

[2] 刚柔皆应：恒卦初六爻与九四爻相应，九二爻与六五爻相应，九三爻与上六爻相应，卦中六爻全都阴阳相应。

【释义】

经文意思是：恒卦，亨通，没有灾难，利于守正道，前往有利。

彖辞的意思是：恒即是持久的意思。阳刚在上而阴柔在下，雷风相激，顺势而动，刚柔呼应，这就是恒卦。恒卦亨通没有灾难，利于守正道，是持久坚持之道。是天地运作之道，永远不停止的意思。前往有利，是终结之后又会有新的开始的意思。日月运行于天际，永远发出光明；四时运转变化，永远不会停止；圣人长久保持自己的圣人之道，天下的百姓就会受到教化。明白恒久的道理，就能够明白天地万物的性情了。

象辞的意思是：雷与风组合在一起便是恒卦的卦象。君子效法这一卦的精神，立身修德而不改变自己的方向。

夫妇和睦相处，日子就会过得红火，所以卦辞说："亨，无咎，利贞。"而家

日在云中，太阳正照之义；风衔书，主证书；官人行路，主遇贵人；道士手指门，身入天门之义；鼠下两口，主子月日时官人可回。日月常明之卦，四时不没之象。

庭的建立，是需要一定的物质基础的，所以主外的男子必须从外界获取必需的生活资料。所以说一个家庭，光靠感情和睦是不能持久的，还需要一定的物质基础。也就是说家庭的持久，需要精神享受与物质享受相结合，两者缺一不可。所以"利有攸往"，男子要到外面工作去挣钱养家，这是封建社会的主要生产模式。

象辞对恒久的意义进一步发挥，将其引入更深更广的领域。通过天与地的恒久，日与月的恒久，圣人对追求道德的恒久，来阐明恒久的重要意义。

象辞则是从另一个角度对君子提出忠告，不过已经引申得有些太远了。象辞说"君子以立不易方"，就是说君子要坚定自己的立场，不轻易改变自己的初衷。这句话与象辞中"圣人久于其道而天下化成"有相似的含义。象辞将"君子以立不易方"与卦象联系起来，表达的意思则是君子对自己的立场要雷打不动，风吹不弯。

叁 • 爻辞

初六：浚[1]恒，贞凶，无攸利。
象曰：浚恒之凶，始求深也。
九二：悔亡。
象曰：九二悔亡，能久中也。
九三：不恒其德，或承之羞，贞吝。
象曰：不恒其德，无所容也。
九四：田[2]无禽。
象曰：久非其位，安得禽也。
六五：恒其德，贞，妇人吉，夫子凶。
象曰：妇人贞吉，从一而终也。夫子制义，从妇凶也。
上六：振恒，凶。
象曰：振恒在上，大无功也。

【注解】

[1] 浚：是深入水底进行淘挖，清理河床的意思。
[2] 田：打猎。

【释义】

初六：浚恒，贞凶，无攸利。
象曰：浚恒之凶，始求深也。

经文意思是：只顾恒久追求深度，守正道凶险，前往无利。

象辞的意思是：恒久求深的凶险，是刚开始便追求深度的缘故。

运动与守恒是辩证统一的，过分追求恒久就会一成不变，走上教条主义。天地的恒久之道有四季的变化，日月的恒久之道有消长盈虚的变化，而人也应当效法天地与

"初六"上应九四，求恒心切，但失正，即使动机纯正，也有凶险，前进无利。

日月的恒久之道，不可因恒而不变。恒久是相对的，恒久是会有好结果的。爻辞中以"浚恒"为例，说明了这个道理。古人择水边而居，于是河水泛滥之灾成为人们生活的隐患。所以古人要适时地对河床进行清理，以防止河床变浅导致水漫田庄。可是如果每天都清理河床，就没有必要了。这样做只能费力不讨好，因为人们不会因为每天清理河床而得到更多的生活资料。所以说天天清理河床，尽管出发点是好的，但是结果也会凶险。

九二：悔亡。
象曰：九二悔亡，能久中也。

经文意思是：不会有忧悔。

象辞的意思是：九二爻没有忧悔，是能持久于中庸之道的缘故。

九二爻居于下卦的中位，又与六五相应，所以不会有悔恨的事情发生。在恒卦中，九二能够恒久地守于中庸之道，既不过激也不过缓，所以可以恒而有成，不会造成悔恨。

"九二"失正之"悔"，但恒位于中，故可以消悔。

第五章 《周易·下经》 恒卦

九三：不恒其德，或承之羞，贞吝。

象曰：不恒其德，无所容也。

经文意思是：不能保持自己道德的持久，或受到羞辱，守正道而有忧吝。

象辞的意思是：不能恒久保持道德，这种人哪里都不会容纳他。

九三爻处于恒卦下卦巽的最上爻，巽有相随、随顺的含义，所以九三爻的性情应当是极其随和的，但怎么会"不恒其德"呢？原来九三爻处于下互卦乾卦的中位，有健而动的形象，并且又与上六相应，所以他的随顺不是一味的顺从，而是左右摇摆，一会儿跟随这个人，一会儿又跟随那个人，这种行为就叫"不恒其德"，这样也就难免会"承羞"、"贞吝"了。这位九三爻就好比三国中的吕布，虽然勇猛英俊，但总是对主人不忠，见谁势力大就跟谁，所以人们骂他是"三姓家奴"，到最后没人敢收留他了，落得被杀的下场。这就是象辞所说的"不恒其德，无所容也"。

"九三"位虽得正，但过刚不中，不能恒久保持道德，即使动机纯正，也难免耻辱。

九四：田无禽。

象曰：久非其位，安得禽也。

经文意思是：狩猎没有打到飞禽。

象辞的意思是：长时间不守在自己的位子上，怎么会捉到飞禽呢？

九四也是一位坚持恒久的人，可是阳爻居于偶位，又是上卦震的主爻，所以有喜动不静的形象，也就是说九四的恒久是恒久地运动。打猎四处游走，可

"九四"阳刚失正又不中，恒居不当之位，徒劳无益。

以捕到走兽，但这样经常走动却无法获得飞禽。为什么呢？因为鸟会受惊而飞走。我们捕鸟的时候必须要静悄悄地躲在一边，这样才会有鸟飞过来。如果大声喧哗，四处走动，鸟是不会飞过来的。

六五：恒其德，贞，妇人吉，夫子凶。
象曰：妇人贞吉，从一而终也。夫子制义，从妇凶也。

经文意思是：保持道德的持久，守正道，妇人吉祥，男人凶险。

象辞的意思是：妇人吉祥，是因为跟随一个男人白头偕老。男人应当受道义的约束，听从女人则会有凶险。

六五以阴柔之德居于尊位，虽不得位但是居中，所以能够坚守中庸之道。六五的恒久相对妇人来讲是吉祥的，因为跟一个男人白头到老符合封建的礼教思想。可是男人如果像女人一样就会凶险了，这是怎么回事呢？其实六五的夫子指的便是九二与九四。六五地位高于九二与九四，所以九二与九四必须听从六五的，可是男人听信妇人之言在中古时代认为是不吉利的事情，当时是男权社会，认为男人应当受道义的约束。故此爻辞中说六五的丈夫凶险。而六五的吉祥则来自于她在九二与九四之间选一个人作为自己的丈夫，并且能够从一而终，所以吉祥。从卦象上分析，她选择的应当是九四。也正因为这样，九四才会"田无禽"。因为九四与初六相应，有相恋之象，可是由于与六五的关系，他又无法与初六进一步发展，所以"无禽"。

"六五"得中居尊位，有妇人柔顺守贞从夫之象。故妇人可获吉祥，男子必有凶险。

上六：振恒，凶。

象曰：振恒在上，大无功也。

经文意思是：震动长时间不停，凶险。

象辞的意思是：上六在最上位摇摆不定，什么事也办不成所以有凶险。

上六处于全卦的最高处，由于又是震卦的最上爻，所以有剧烈摆动的形象。身临高位而摇摆不定，是不会有所作为的，所以上六凶险。《老子》中说："治大国，若烹小鲜。"什么意思呢？就是说治理大的邦国，政策不能频繁改动，因为古代信息不发达，如果朝令夕改，那么百姓很难明白国君的政策到底是什么。大国的君王要像烹饪小鱼小虾一样治理国家，小鱼小虾烹饪时不能经常翻动，如果经常翻动就会变成碎末，所以治大国也要这样。而上六就好比一个经常改变自己主意的君王，怎么会不凶险呢？

"上六"居上震之终，有"恒"极至反，振动无常之象，故有凶险。

卦三十三　遁

壹 ● 卦名、卦画与卦象

遁[1]

天山遁

乾为上卦
艮为下卦

> 艮为山，乾为天，天下有山。天若君子，山比小人，小人渐长，君子退避，若天远避山。故为遁。又作"遯"，故遯象征退避。退避之时，阴渐长而阳渐衰，君子退而顺利亨通，柔小者宜持正，不宜妄动以害阳刚获吉。

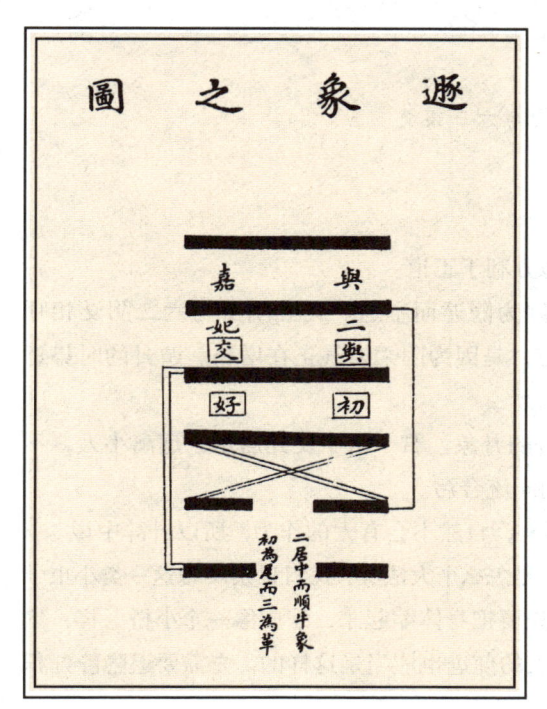

【注解】

[1]遁：卦名，象征隐退、躲避。

【释义】

此卦卦名为遁。《说文》中说："遁，迁也，一曰逃也。"《广雅》中说："遁，避也。"可见遁的本义便是逃跑、逃避，其引申义为隐遁、躲避。《序卦传》中说："物不可以久居其所，故受之以遁。遁者，退也。"意思是说，任何事物都不会永远在一个位置上而不变化发展，所以恒卦的后面是遁卦。这就好比我们用拳头打人一样，总是先要把拳头收回来，然后再出击，所以恒卦之后并没有向前发展，而是向后退。

遁卦的卦画是下面两个阴爻，上面四个阳爻。从卦象上分析，下面的两个阴爻代表阴气逐渐生长，虽然卦画中阳爻多，但是由于在八卦中的变化规律是由下往上升，所以遁卦的阴气已经开始强盛。遁卦是十二消息卦之一，代表的节气为大暑。遁卦六爻代表小暑至立秋的三十余天。五天为一候，一爻代表一候。暑伏天由于阴气加重使天气更加闷热而潮湿，人与动物此时只能躲藏起来，以避暑气。如蟋蟀此时已躲到墙角阴处生存，人则躲在通风的屋中或树荫下避暑，这就是遁卦的本义。而其引申义为阴气代表小人，阳气代表君子，由于小人的势力在增强，君子应当采取隐退的办法来保全自己。隐退到哪里去呢？遁卦上卦为乾为天，下卦为艮为山，天下有山便是遁卦的大形象。这也就是说，君子应当归隐山林中避难。古代有德的隐士，大多数都隐居于山林之中，便是根据遁卦的启示。山林是人类远祖居住的地方，这里不但有许多野生动植物可以作为食物，而且空气清新，很适合人们养生延年，可见古代的隐士是极其懂得择地而居的。

贰 ● 卦辞

遁，亨，小利贞。
彖曰：遁亨，遁而亨也。刚当位而应[1]，与时行也。小利贞，浸而长[2]也。遁之时义大矣哉！
象曰：天下有山，遁。君子以远小人，不恶而严。

【注解】

[1] 刚当位而应：指九五刚爻居中而与六二柔爻相应。
[2] 浸而长：指阴气在逐渐生长。

【释义】

经文意思是：遁卦，亨通，小的地方利于正道。

彖辞的意思是：遁卦的亨通，是因为隐遁而亨通。九五刚爻与六二阴爻相呼应，能够顺应时势。小的地方利于正道，是因为阴柔之气正在增长。遁卦的时势意义太大了！

象辞的意思是：天下有山便是遁卦的卦象。君子从中受到启示，远离小人，不厌恶他们，只是要严于律己，不与他们同流合污。

既然已经归隐，并且是小人开始得势，自然不会有大的作为，所以卦辞中说"小利贞"。象辞中说："遁之时义大矣哉！"是怎么个大法呢？我们观察尺蠖这一类小虫子的爬行就会发现，它每当前进时，总是先要把身体缩起来，缩成像一个小桥一样，然后再将身子伸直，这样便前进了一步。人的前进也应当是这样的，先需要退隐静处积蓄自己的力量，等自己的能力达到一定程度时，再到社会中发挥自己的能力。暑伏天，天气又闷又热，怎么办？到树荫下，到水边，到山林中避暑，这才是明智之举。俗话说"忍一时风平浪静，退一步海阔天空"，能够适时退隐，不是懦弱的表现，而正是强者所必须具有的素质。所以说"遯之时义大矣哉"！

有山有水，表明前面有阻；酒旗悬挂有一文字，主望事；一官人足踏龟，谐音为归；月亮被浮云遮盖一半，表示隐；头巾挂在树上，说明挂冠；树下有一人独饮，自得其乐。豹隐于南山之卦，守道玄恶之象。

象辞中说："君子以远小人，不恶而严。"这是针对小人势力渐长的大背景下，对君子提出的忠告。卦中下卦为艮为停止，上卦为乾为刚健，外表刚健，而内心岿然不动，这样就不会被小人的甜言蜜语所迷惑。又由于小人的势力开始增长，所以小人也得罪不得，君子在这种情况下，只能是从严要求自己，外表虽然不表现出对小人的厌恶，但内心应当明白不能与小人同流合污。古人常将这种品德以出污泥而不染的莲花作比喻，荷花的这种品德便是"远小人，不恶而严"。

叁 ● 爻辞

初六：遯尾，厉，勿用有攸往。
象曰：遯尾之厉，不往何灾也。
六二：执之用黄牛之革，莫之胜说。
象曰：执用黄牛，固志也。
九三：系遯[1]，有疾厉，畜臣妾吉。
象曰：系遯之厉，有疾惫也。畜臣妾吉，不可大事也。
九四：好遯[2]，君子吉，小人否。
象曰：君子好遯，小人否也。
九五：嘉遯[3]，贞吉。
象曰：嘉遯贞吉，以正志也。
上九：肥遯[4]，无不利。
象曰：肥遯，无不利，无所疑也。

【注解】

[1] 系遯：系，捆住；遯，逃跑的人。

[2] 好遯：全身而退、归隐保全之意。

[3] 嘉遯：功成身退。

[4] 肥遯：肥，通"飞"。肥遯即飞一样地退去。

"初六"居卦下,失正,退避不及,落在末尾,有危险,不宜前往。

【释义】

初六:遁尾,厉,勿用有攸往。
象曰:遁尾之厉,不往何灾也。

经文意思是:逃跑落在最后,危险,不要往前走。
象辞的意思是:逃跑落在后面危险,不前往怎么会有灾难呢?

小人得势的时代,贤明的君子总是能够及早看出势态变化而及早归隐,若归隐得不够及时,落在了归隐的最后一个,那么肯定是会遭到凶险的。比如小人掌握了大权,结果贤臣一个个都不在朝中为官,这样做会受到小人的迫害。所以说,隐遁一定要掌握好时机。

"遁尾"还有另一层意思,便是动物界的生存法则。在动物界,狮子以羚羊为食,狮子虽然凶猛,但不如羚羊跑得快,所以双方各存优势,谁也没有把谁灭掉。但是狮子也练习奔跑的速度,它的目的是只要比跑在最后的羚羊速度快,它就会得到食物而不至于饿死;羚羊们也不断在提高自己的奔跑速度,每只羚羊必须保证自己的速度不是最后一名,才能保存自己不被狮子吃掉,而跑在最后的一只羚羊,便属于"遁尾",会有危险。

现在有些企业,为了使员工们有竞争意识,便采取最后一名轮岗制的管理办法。也就是说谁的业绩排在最后一名,那么这个员工就得暂时脱离岗位,如果连续三次业绩落在最后,便会被除名。这种管理方法是从西方学来的,而实际上,我们的老祖宗在几千年前便提出了这样的理论。如果中国人都能够继承老祖宗的遗产,我想就不会盲目地崇拜外国的管理之道了。《周易》是一本写给君子的书,里面讲的全是怎样治理天下，如果能领悟《周易》中的管理之道，天下都可以得到治理，何况是一个小小的企业呢？

六二：执之用黄牛之革，莫之胜说。

象曰：执用黄牛，固志也。

经文意思是：用黄牛皮拧成的绳子拴住，没有人能够逃脱。

象辞的意思是：用黄牛皮拧成的绳子拴住，是为了巩固他的意志。

《西游记》中的唐僧骑着白龙马，并且给孙悟空戴上金箍，有什么意义吗？有，很有意义。中国有一句成语叫"心猿意马"，便是说人的心像在树上荡来荡去的猿猴一样，意念像脱缰的野马一样无法约束。这正是人的最大弱点，所以《西游记》中唐僧骑着白龙马则象征他征服了"意马"，给孙悟空戴上金箍则象征他战胜了"心猿"。这是中国古老的养生之道，既战胜心猿意马，使心志保持平静，调摄精神。这种理论便是来源于《周易》。此处六二用黄牛皮拧成的绳子拴住自己，不是拴住自己的身体，而是拴住自己的意志，使自己的意志不会动摇。

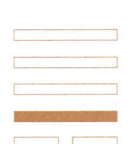

九三：系遁，有疾厉，畜臣妾吉。

象曰：系遁之厉，有疾惫也。畜臣妾吉，不可大事也。

经文意思是：系住逃跑的人，有大病一场的危险，畜养奴仆婢妾则吉祥。

象辞的意思是：系住逃跑者危险，

"六二"柔顺中正，上应九五，志在因守辅时，不随物退避。

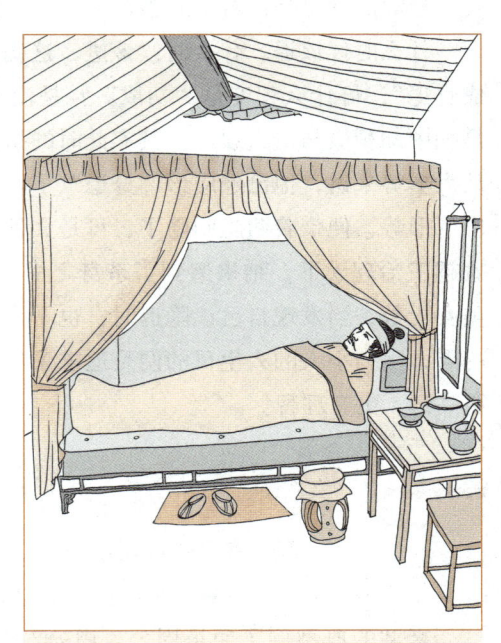

"九三"柔比六二，心为所系。似得了厉害的疾病，退避时迟疑不决，故有危害。

第五章 《周易·下经》 遁卦

479

是因为就像长期患病一样疲惫不堪。畜养奴仆婢妾则吉，是不可以办大事的意思。

在奴隶社会，奴隶们经常会为了获得自由而逃跑。捉回来后，绑起来，主人往往是先给一些体罚，当然这种体罚有时是相当严厉的，所以经过体罚后奴隶们就像得了一场大病一样。这在当时是一种惩罚奴隶逃跑的普遍做法，正是有这种惩戒的方法，所以"畜臣妾吉"，因为臣妾明白不忠于主人的下场。可是这毕竟不是治理天下的大道，所以"不可大事也"。

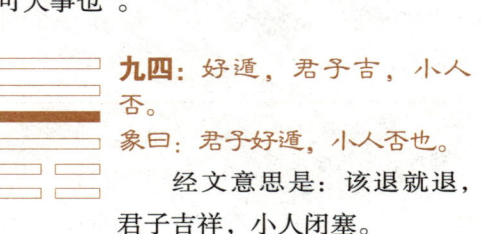

九四：好遁，君子吉，小人否。
象曰：君子好遁，小人否也。

"九四"下应初六，在应当隐退时，能摆脱所好，断然隐去，当然吉祥。

经文意思是：该退就退，君子吉祥，小人闭塞。

象辞的意思是：君子能够急流勇退，小人则做不到这一点。

什么时候该退，什么时候该进，这确实是一门很深的学问。一般来讲应该"功成身退"，可什么程度是"功成"？是没有一定标准的。岳飞一直在积极抗金，可是朝中却积极与金人议和，其实此时的岳飞尽管没有"功成"——直捣黄龙府，但从大形势来讲，他已经应该"身退"了。范蠡与文种帮着越王打败了吴国，范蠡看出了形势，便带着西施归隐了，可是文种却仍然贪图荣华富贵，觉得自己还应该帮着越王治理天下，结果遭到了杀身之祸。对于君子来讲，就是皇帝赐给金山银山，美女无数，当发现自己该隐退时，也不为金钱、美女所诱惑。可是小人就做不到这一点，因为小人的人生目的便是追求荣华富贵，追求享乐。君子的人生目标比小人更高远，更有理智。

九五：嘉遁，贞吉。
象曰：嘉遁贞吉，以正志也。

经文意思是：功成身退，守正道吉祥。

象辞的意思是：功成身退而守正道吉祥，是因为他明白正确的志向。

嘉遁的典型例子便是周公。周公对西周的贡献太大了，他平叛了"三叔"之乱，一举东征，不但扩大了西周的疆域，而且使西周的政权得到了巩固。东征归来后制礼作乐，总结前代贤人的治国之道，完善了礼乐治国的理论，为封建社会的治理开创了新的规范。可是他尽管这么有能力，却没有坐在君王的位子上不下来，而是功成身退，把君王的位子又还给了成王。如果周公当时被权势所诱惑而继续大权独揽，便会遭到篡权的骂名，并且还会因此而使天下大乱。

汉朝的韩信便是不懂得"嘉遁"之道而遭到了杀身之祸。韩信是一位军事奇才，据说可以呼风唤雨，撒豆成兵，当然按现在的说法，他只是懂得天气变化的道理，并且利用天气的变化与敌人作战。总之，他打败了楚霸王，为刘邦立下了汗马功劳，被封为楚王。他没有看出刘邦为了巩固自己的政权，正准备削弱诸侯势力，结果最终被吕后所杀。人不能靠自己的功劳而享乐一辈子，这就是"嘉遁"给我们的启示。

"九五"中正居尊位，虽可不退避，却能识微虑远，及时退避，守持正固可获吉祥。

上九：肥遁，无不利。
象曰：肥遁，无不利，无所疑也。

经文意思是：飞一样的隐遁，没有任何不利的。

象辞的意思是：飞快隐遁而没有不利，是因为无所顾虑。

隐遁如飞，像飞鸟一样迅捷而自由，肯定是没有任何不利的因素。古代的隐士们便是这样，他们非常自由，将情志寄托于山水之间，自得其乐。可是他们仍然关心国家大事，他们既可以受到帝王们的重视和召见，又可以深入百姓民众了解民间的疾苦；既可以向贤明的君王提出忠告而得到赏赐，又可以避开当权的小人明哲保身，闭口不言，归隐保全。所以，"无不利"。

"上九"下无应，上无阻，无所疑虑，高飞远退，能悠然自得，安度隐退的生活。

第五章 《周易·下经》 遁卦

481

卦三十四 大壮

壹 • 卦名、卦画与卦象

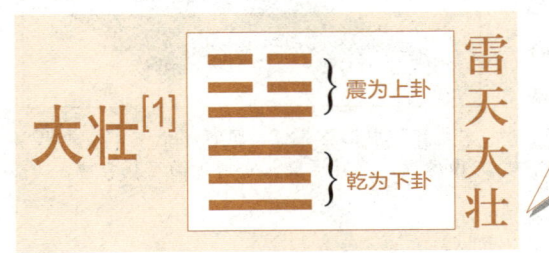

大壮[1]

震为上卦
乾为下卦

雷天大壮

乾为天，震为雷，震雷响彻天上，为大壮。壮，强盛。大壮象征大为强盛。又乾刚震动，阳气从下上升，阳气大动，为壮。君子壮大，当然亨通，然而，声势隆盛壮大，就必须严守纯正；否则，就有陷于横暴的可能。所以说，坚守纯正，才会有利。

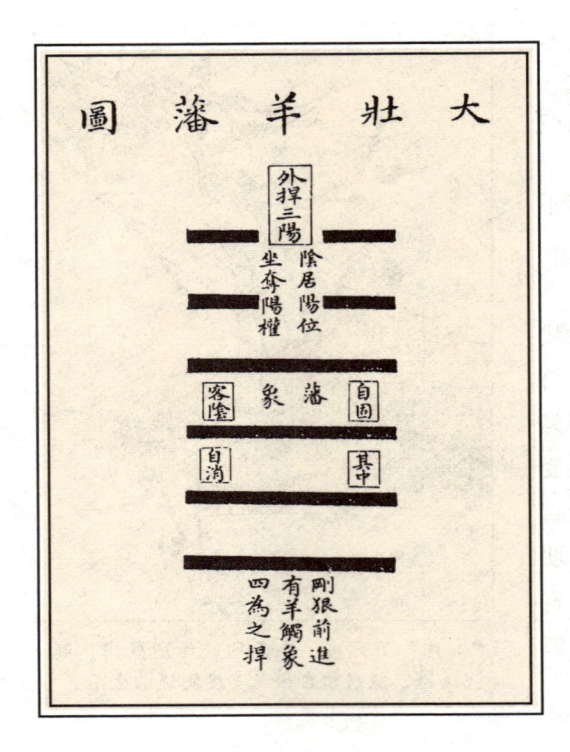

【注解】

[1] 大壮：卦名，象征壮大、强盛。

【释义】

此卦卦名为大壮。《说文》中说："壮，大也。"古人将三十岁的男子称为壮年，可见"壮"便是壮大、强壮的意思。遁卦是归隐保全，就好比隐者居于山林中积蓄自己的能力，经过不断的积蓄，现在终于变得能力强大了，所以遁卦接下来便是大壮卦。这就好比董仲舒经年苦读圣贤之书，最后终于学有所成，成为诸子百家的集大成者。这就是《序卦传》中所说的："物不可以终遁，故受之以大壮。"可是大壮卦并没有前进的意思，只是表示通过"遁"，已使力量得到了最大的积蓄，是蓄势待发的意思。

大壮卦的卦画是下面四个阳爻，上面两个阴爻，与遁卦的排列顺序正好相反。从卦象上分析，下面的阳爻象征阳气的强盛，上面的阴爻象征阴气的削弱。大壮卦是十二消息卦之一，代表的节气为春分。大壮六爻代表惊蛰至清明的三十余天。五天为一候，一爻代表一候。这时候万物都开始活动起来，草木生长，动物们也开始繁衍，并且此时已过惊蛰，天上始有雷声，所以大地上呈现出一派声势浩大的景象。大壮卦上卦为震为雷，下卦为乾为天，惊雷响彻天际，便是大壮卦最大的形象。

贰 • 卦辞

> 大壮：利贞。
> 彖曰：大壮，大者壮也。刚以动[1]，故壮。大壮利贞，大者正也。正大而天地之情可见矣！
> 象曰：雷在天上，大壮，君子以非礼勿履[2]。

【注解】

[1] 刚以动：大壮卦下卦为乾代表刚，上卦为震代表动，所以说"刚以动"。

[2] 非礼勿履：履，履行，做。非礼勿履即不做不符合礼教的事。

【释义】

经文意思是：大壮卦，利于守正道。

彖辞的意思是：大壮就是阳气强壮的意思。刚健而行动，所以强壮。大壮利于正道，是因为强大者纯正。保持正直而强大的德性，天地的情理便可以明白了。

象辞的意思是：雷声响自天上，这就是大壮卦的卦象。君子从卦象中受到启示，不做没有礼教的事情。

北斗星，主人命灾；天神执剑，乃凶神恶煞；一官人烧香拜佛，主祈福消灾；一猴一兔一犬，逢申卯戌则吉。为羝羊触藩之卦，先曲后顺之象。

叁 • 爻辞

> 初九：壮于趾，征凶，有孚。
> 象曰：壮于趾，其孚穷也。
> 九二：贞吉。
> 象曰：九二贞吉，以中也。

九三：小人用壮，君子用罔[1]，贞厉。羝羊[2]触藩，羸[3]其角。
象曰：小人用壮，君子罔也。
九四：贞吉悔亡，藩决不羸，壮于大舆之輹。
象曰：藩决不羸，尚往也。
六五：丧羊于易[4]，无悔。
象曰：丧羊于易，位不当也。
上六：羝羊触藩，不能退，不能遂，无攸利，艰则吉。
象曰：不能退，不能遂，不详也。艰则吉，咎不长也。

【注解】

[1] 罔：渔猎用的网。

[2] 羝羊：音 dī，公羊。

[3] 羸：音 léi，缠绕。

[4] 丧羊于易：与旅卦中的"丧牛于易"意思相近，指殷先祖王亥亲自赶着牛羊群，到河北的有易部落进行商业贸易活动，不幸被有易部落的首领绵臣所杀的历史事件。

【释义】

初九：壮于趾，征凶，有孚。
象曰：壮于趾，其孚穷也。

经文意思是：足趾强壮，征讨有凶险，但有诚信。

象辞的意思是：足趾强壮，有诚信会受到穷困。

初九只是足趾强壮了，便自以为可以用自己的强壮征服一切，结果导致凶险。这一爻是告诫人们，当自己的力量有所积蓄时，不要自以为就强盛了，应当对自己及当前形势有清醒的认识。如果自以为很强盛，去征讨别人，只能给自己带来凶险。因为初九爻的强盛是有限的，还没有积蓄到足以征服别人的地步。

"初九"处大壮之始，无名欲进，有壮于足趾之象。前进必有凶险，应以诚信自守，善处穷困。

九二：贞吉。
象曰：九二贞吉，以中也。

经文意思是：守正道吉祥。

象辞的意思是：守正道吉祥，是因为九二居于中位。

九二阳爻居于偶位为不得位，但是其居于下卦之中，能守中庸之道，并且有六五的应援，所以只要守正道，就会吉祥。也就是说九二爻能够在安稳中积蓄自己的力量，不盲目行动，这种行为会受到六五的支持与帮助，所以吉祥。

九三：小人用壮，君子用罔，贞厉。羝羊触藩，羸其角。
象曰：小人用壮，君子罔也。

经文意思是：小人靠力量，君子不这样，守正道有危险。公羊用角顶撞藩篱，角被挂住。

象辞的意思是：小人靠力量，君子则不这样（即君子用智）。

九三爻处于下卦乾卦的最上位，所以刚健之极，由于性格刚健，所以极其喜欢用武力征服别人。这种人，爻辞将其比作一只公羊。公羊一生气就用角去撞，公羊与同类争夺配偶时也是采用撞角的办法，前面有藩篱挡着，也用角去撞，结果角被缠住，进不能进，退不能退。在这里，公羊触藩的比喻，则是告诫人们依靠武力是解决不了问题的。

"九二"失正，阳居阴位，刚中守谦，守持正固，可得吉祥。

"九三"当位应上，刚元强盛。若为小人，必恃强妄动，凶险立至。若为君子，必不妄用强盛，守正善德。

象辞对爻辞进一步发挥，将这一道理引申到治理天下的手段上。就是说小人治世之道是采用武力镇压，君子之道则是用道德的网来笼络人心。比如夏桀一味采用武力镇压民众，大臣关龙逄以忠言上谏，竟遭杀身之祸，结果使夏朝走向了灭亡。而商汤则用仁义笼络人心，使商朝逐渐走向强盛，并一举灭掉了夏王朝。据《史记·殷本纪》中记载，一次商汤外出巡察，见到一个用网捕鸟的人在林中张开四面网，然后向天祈祷："愿天上的所有鸟，四方的所有鸟，都落入我的网中。"商汤听了，觉得这个人做得太过分了，便让随从将捕鸟人的网撤掉三面，只留一面网，并让捕鸟的人这样祈祷："往左飞的鸟尽管往左飞，往右飞的鸟尽管往右飞，想高飞的鸟尽管高飞，想低飞的鸟尽管低飞。不听从劝告、自寻死路的鸟，就飞到我的网上来吧。"这件事在诸侯中传开，各方诸侯认为商汤竟然对禽鸟都施以恩泽，便被商汤的仁政所感化，纷纷归附商汤。这就是"君子罔也"。商汤表面上给飞鸟网开一面，而实际上却用道德的网笼络了更多的人心。

九四：贞吉悔亡，藩决不羸，壮于大舆之輹。
象曰：藩决不羸，尚往也。

经文意思是：守正道吉祥没有忧悔，藩篱被冲破，羊角解脱出来了，羊角像大车的车辕一样强壮。

象辞的意思是：冲破藩篱，是因为一直往前顶。

九四爻位于大壮卦的阴阳爻交接处，并且又是下互卦的最上爻有极健之象，同时也是上卦的最下爻有行动的形象，综合起来便是九四爻与下面的众阳爻联合起来，冲破前面的阻碍。九四爻就好比公羊角已触在藩篱上，已经是角被藩篱所缠，这种情况怎么办呢？唯一的办法便是冲破藩篱，由于九四极其强健，所以他终于冲破了藩篱的缠绕。爻辞形容九四的强健极其形象——"壮于大舆之輹"，也就是说九四就像大车厢底下的横木一样强壮。

"九四"失正无应，本有悔，但阳居阴位为引谦持正之象。所以获"吉"，所行无阻。

六五：丧羊于易，无悔。
象曰：丧羊于易，位不当也。

经文意思是：在易这个地方失去了羊，没有忧悔。

象辞的意思是：在易失去了羊，是因为六五位置不当的缘故。

"丧羊于易"与旅卦中的"丧牛于易"意思相近，说的是殷先祖王亥的故事。殷朝的先祖王亥很会驯服牛马，一天他养了很多的牛、马、羊，于是他坐着牛车，赶着牛群羊群，到河北的有易部落进行商业贸易活动，结果被那里的人杀害并抢走了他的牛羊。而这里引用这个典故说明一个道理，是什么道理呢？就是不断积蓄财物是好事，但是如果不守在自己的职位上，则会导致凶险。王亥本是一国之君，结果却离开君王之位到远方做生意，这便是"位不当也"。而六五以柔爻居于尊位，也属于"位不当也"，但是他能够与九二相应，并且还与九四相合，所以不会发生悔恨的事情。

"六五"失正，似刚壮之举丧失于田畔，不再强壮。但前进也不会后悔。

上六：羝羊触藩，不能退，不能遂，无攸利，艰则吉。
象曰：不能退，不能遂，不详也。艰则吉，咎不长也。

经文意思是：公羊顶撞藩篱，角被挂住，结果不能退，不能进，没有好处，艰难自守就会吉祥。

象辞的意思是：不能退，不能进，这种处境是由于当初没有考虑详细所致。艰难自守则吉祥，是因为灾难不会太长久。

大壮卦上卦震为藩篱，上互卦兑为羊，所以有羊触藩篱之象。但是上六处于极亢之位，所以行动鲁莽。他又是阴爻而不具备九四一样的强壮，所以被藩篱所困，进退不得。处于这种情形，只能是在艰苦中忍耐了，只有这样才会吉祥。为什么呢？因为事物不会总是这个样子，最终是要发生变化的，形式一变上六的困境就解脱了。所以象辞中说："咎不长也。"

"上六"求进心切，但体柔质弱，进退两难，无所利益。但坚贞自守，终可获吉。

第五章 《周易·下经》 大壮卦

487

卦三十五 晋

壹 • 卦名、卦画与卦象

晋[1]   离为上卦   火地晋
       坤为下卦

坤为地，离为日为光，日之出地上。即光明出现在地面，万物柔顺依附的样子。就像臣下依附天子，得到晋升。晋，为进，含进长、前进的意思，故晋象征进长，主吉祥。

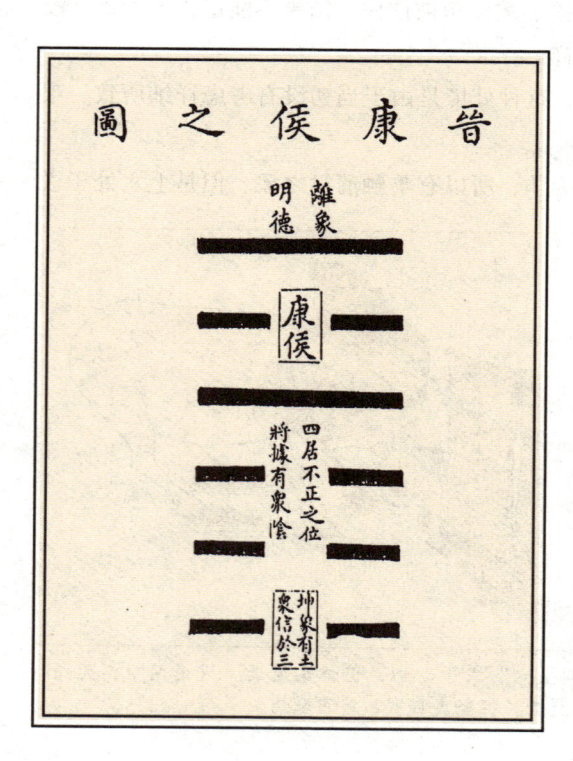

【注解】

[1] 晋：卦名，象征前进、晋升。

【释义】

此卦卦名为晋。《说文》中说："晋，进也。日出，万物进。"也就是说万物随着太阳一起前进、生长的意思。俗话说"万物生长靠太阳"，说的就是这个意思。太阳出来了，植物开始向上生长，越来越高。如果将太阳比作君王，则是众人受到君王的恩泽而有所作为的意思，当然君王对臣民最大的恩泽就是加官进爵了，所以"晋"也有升官的含义。《序卦传》中说："物不可以终壮，故受之以晋。晋者，进也。"就是说事物不可能总是停留在强壮的状态，强壮后必有所前进、发展，所以大壮卦的后面是晋卦。

晋卦的卦画为两个阳爻四个阴爻。从卦象上分析，晋卦上卦为离为日为光明，下卦为坤为地为柔顺，所以太阳从东方的大地上升起来就是晋卦的卦象。旭日东升，正是晋升的大形象，这是人们每天都能看到的。而贤明的君王会对有功的臣民进行奖赏，所以臣民的加官进爵也是晋升的形象。

贰 • 卦辞

> 晋：康侯[1]用锡[2]马蕃庶[3]，昼日三接。
> 彖曰：晋，进也。明出地上，顺而丽乎大明，柔进而上行。是以康侯用锡马蕃庶，昼日三接也。
> 象曰：明出地上，晋。君子以自昭明德。

【注解】

[1] 康侯：即康叔封，文王的第八个儿子，武王的同母弟弟，为周的司寇，初封于康，所以称康侯。周公平定武庚叛乱后，封康叔于卫（河南淇县朝歌），所以后世也称卫康叔。一些易学家正是因为晋卦的卦辞反映的是文王之后的事情，所以认为卦辞并非文王所创。

[2] 锡：同"赐"。

[3] 蕃庶：蕃息而众多。

【释义】

经文意思是：武王的弟弟康侯用武王赐给的良马生育许多良种马，武王因此而一天三次接见他。

彖辞的意思是：晋，进升的意思。太阳出现在大地上空，顺服地带给天地间美丽的光明，柔顺之气前进而上升。所以康侯用天子赏赐的良马繁殖，一日之内被天子接见三次。

象辞的意思是：太阳出现在大地上，这就是晋卦的卦象。君子效法此象，发扬光明的美德。

卦辞引用了一个历史故事。说的是武王的弟弟康侯用武王赐给的良马作为种马，种马交配生下许多良马

有一文字破，主不全；官人掩面而哭，水中有一球，说明事沉；一鸡口衔秤杆，说明鸡鸣有准，枯树开花，说明晚而发迹；鹿含书，说明有任命文件；一堆金宝，说明有财有利。为龙泉入匣之卦，以臣遇君之象。

种。在当时良马是战争中重要的交通工具，所以武王对他大加奖赏，一天就接见了他三回。这"昼日三接"是一种极其隆重的礼节。《周礼》中记载："诸公三飨，三问三劳；诸侯三飨，再问再劳；子男三飨，一问一劳。"可见在周朝，不同级别，天子招待的礼节也不同。一白天就接待了三回，说明武王对康侯是极其厚爱的。卦辞通过这个典故说明只要对朝廷有大的贡献，就会得到朝廷的赏赐和加官进爵。

象辞通过晋卦的卦象，告诫君子应当像天上的太阳一样，发光发热，为天下做贡献。这里的君子又代表君王又指大臣。当然，现在我们都应当像《周易》中的君子那样去做事。

叁 • 爻辞

初六：晋如摧如[1]，贞吉。罔[2]孚，裕无咎。
象曰：晋如摧如，独行正也。裕无咎，未受命也。
六二：晋如愁如，贞吉。受兹介福[3]，于其王母。
象曰：受兹介福，以中正也。
六三：众允[4]，悔亡。
象曰：众允之，志上行也。
九四：晋如鼫鼠[5]，贞厉。
象曰：鼫鼠贞厉，位不当也。
六五：悔亡，失得勿恤，往吉无不利。
象曰：失得勿恤，往有庆也。
上九：晋其角[6]，维用伐邑，厉吉无咎，贞吝。
象曰：维用伐邑，道未光也。

【注解】

[1] 摧如：摧，受排挤。摧如即受排挤的样子。

[2] 罔：无，没有。

[3] 受兹介福：兹，此、这个；介，大。受兹介福即受到这样的大福。

[4] 允：上升之意。

[5] 鼫鼠：鼫，音shí。对于鼫鼠，历来有多种说法。在《古今注》《广韵》中认为鼫鼠是喜食土豆的蝼蛄；《子夏传》中将其写作"硕鼠"，即认为是田鼠；《九家易》中称"鼫鼠"为"五穷"，即蝼蛄；蔡邕在《劝学篇》中称鼫鼠为可以飞的"鼯鼠"。因"五能不成一技"，所以也称"五穷"。其五能指"能飞不能过屋，能缘不能穷木，能游不能渡谷，能穴不能掩身，能走不能先人"。

[6] 角：顶点。

【释义】

初六：晋如摧如，贞吉。
罔孚，裕无咎。
象曰：晋如摧如，独行正
也。裕无咎，未受命也。

经文意思是：追求上进却受到排挤，守正道吉祥。不受信任，心放宽没有灾难。

象辞的意思是：追求上进却受到排挤，是因为只有你走正道。心放宽没有灾难，是因为还没有受到任命。

晋卦下卦的三个阴爻都想向上发展，就好比官场上的明争暗斗。初六虽然处于最底层，但却有九四相应，所以就相当于领导眼中的红人，这种人也往往是官场中最容易受排挤的一类人。怎么办呢？俗话说"人在矮檐下，不得不低头"，只能是忍为上策，可总是忍着是要生病的，所以还要把心放宽，才能没有灾难。

"初六"始"晋"即受挫折。但宽裕待时，终必消难，应该没有什么灾难。

六二：晋如愁如，贞吉。受兹介福，于其王母。
象曰：受兹介福，以中正也。

经文意思是：晋升了忧愁也来了，守正道吉祥。受到这样的大福，是来自于王母。

象辞的意思是：受到这样的福泽，是因为六二居中而得其位。

六二在官场上虽然有一定的地位，但是他却很忧愁。为什么呢？因为他与六五相敌不应，并且紧临上互卦坎卦，坎为险为多忧，所以六二总是顾虑重重，如置身于边缘险境一样。正是由于这样，六二才因行为谨慎而没有灾难。六二得位而居中，又具有中正之德，所以尽管他同六五同性相斥，但是他却能够受到六五的嘉奖。这就是"受兹介福，于其王母"。

"六二"欲进有愁，但柔顺中正，又与六五同具中德，守持正固可获吉祥。就像从祖母那里得到福气。

"六三"不中不正,应有悔。但与下二阴有上进之志,取信于众,又应上九,悔恨消失。

六三:众允,悔亡。
象曰:众允之,志上行也。

经文意思是:借着众人之势向上升,没有悔恨。

象辞的意思是:受到众人的信任,是因为他的志向是上进的。

六三爻下面的两个阴爻都有上升之势,所以六三也可以借助下面的力量往上升。并且六三与九四阴阳相合,与上九相应,所以他的上升会很顺利。打个比方来说,六三就相当于现在某单位的一位主任,底下的人都想升官,可是由于六三上边有人,上边的领导很看重他,所以当下面的人员得到了他的职位后,他便自然而然地被提拔到更高的领导岗位上。这种水到渠成的晋升,怎么会有悔恨呢?

九四:晋如鼫鼠,贞厉。
象曰:鼫鼠贞厉,位不当也。

经文意思是:像鼫鼠一样晋升,守正道也会有危险。

象辞的意思是:鼫鼠守正道也会有危险,是因为所处的位置不当。

六五被众阴所包围,又身陷上互卦坎卦,并且又是下互卦的最上爻,并且刚爻居于偶位为不得位,所以九四是处于险境却不能自拔。爻辞中以"鼫鼠"来比喻九四爻,说他是会飞却飞不了多远;会攀援却爬不到树上去;会游泳却游不到河的对岸,只能在小水坑里游来游去;会打洞却打不出一个可以藏身的洞穴;几条腿紧忙活,跑了半天还没有人一步的距离远。这种样样都懂但没有专长的人士,社会上比较普遍，而其一生的命运也就像"鼫鼠"一样了，这种人即使守正道，也不会逃脱危险的。这里的爻辞实际上是告诫人们要学有所长，没有一技之长的人，最终只能是"贞厉"。

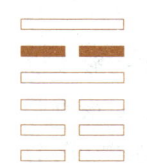

六五：悔亡，失得勿恤，往吉无不利。

象曰：失得勿恤，往有庆也。

经文意思是：没有忧悔，不要顾虑得与失，前往吉祥没有任何不利。

象辞的意思是：不计较得与失，前往才会有喜庆之事。

俗话说"舍得舍得"，没有失哪里有得？这就好比塞翁失马，会因失一匹马而得到了成群的马。如果塞翁把自己的马拴得很牢，那么这匹马怎么会给他带回来成群的马呢？人生往往是得失并存的。我们去参加一个舞会，心情特别喜悦，可是在你获得喜悦的同时，却也失去了宝贵的学习时间；当你正为失恋而苦闷的时候，其实你刚刚获得了一份真正的自由，并且又拥有了选择的权利。所以说人生在世，对于得与失不应当顾虑太多。

六五身处尊位，有上下阳爻相拥相辅，所以无论前进还是后退，无论是得是失，他都

"九四"阳刚失正且不中，似野鼠般贪婪的人，晋升到高位，就是行为正当前途也有危难。

"六五"失正，当有悔。但委任得人，下者服从，悔恨就消失了，且不计较得失，前往获吉。

第五章 《周易·下经》 晋卦

会拥有值得喜庆的事。

上九： 晋其角，维用伐邑，厉吉无咎，贞吝。
象曰： 维用伐邑，道未光也。

经文意思是：晋升到了顶点，只有用征讨小国来建立功勋，危险中会有吉祥，没有灾难，守正道会遇到困难。

象辞的意思是：只能用征讨小国来建立功勋，说明上九的晋升之道还不能光大。

晋升到了极点，反而失去了权力。古代晋升与现在有所不同。现在一般来说是越升越大，越来越有权力。古代升到最上面便成了太上皇，所以名誉上是最重要的人物，连皇上都怕三分，可是实际上却没有了实权。这位上九是一个追求功名的人，所以他要想继续提高自己的荣誉，只能去征讨一些小国家了。由于是同一些小国家作战，虽然争战有危险但最终还会吉祥的。可是由于上九处于穷途末路，很快便会被众阴排挤掉，所以一味坚守正道就会有忧吝的事发生。

"上九"为转化矛盾，宜向邻邦用兵建功。这样虽有危险，但可获吉祥。但用武毕竟有憾，不免羞辱。

卦三十六　明夷

壹 • 卦名、卦画与卦象

明夷 [1]

地火明夷

坤为上卦
离为下卦

离为日为明，坤为地。日落地下，光明没入地中，为明夷。夷者，伤也。明夷象征光明损伤。暗主在上，明臣在下，不敢显其明智，引申为天下昏暗。在光明受阻之时，贤者因明德被创伤，面对的局势非常艰难，唯有守持正固，刻苦忍耐，韬光养晦以自保。

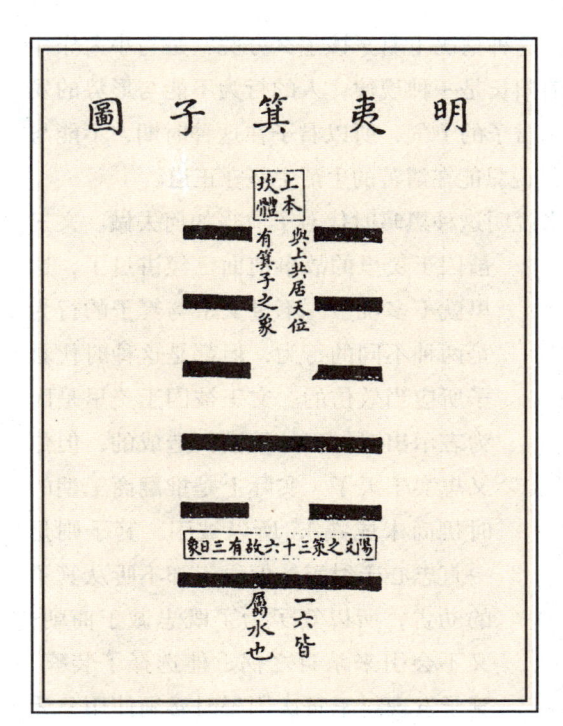

【注解】

[1] 明夷：卦名，象征受伤、倒霉。

【释义】

此卦卦名为明夷。夷是夷毁、受伤的意思。明夷就是光明受损受伤之意。前面以天空中的太阳比喻晋升，可是太阳不会永远停在天空中，也有日落的时候，所以晋卦的后面是明夷。其引申义则是说明人生不可能永远晋升顺利，也有受伤害的时候。所以《序卦传》中说："进必有所伤，故受之以明夷。"

明夷卦的卦画为两个阳爻四个阴爻，卦画的排列顺序正好与晋卦相反，明夷卦与晋卦互为覆卦。从卦象上分析，明夷上卦为坤为地，下卦为离为日，太阳进入地中便是明夷卦的卦象。明夷卦喻示着黑暗的来临，也代表小人势力的强盛。

贰 • 卦辞

> 明夷：利艰贞。
> 彖曰：明入地中[1]，明夷。内文明而外柔顺，以蒙大难，文王以之。利艰贞，晦其明也，内难而能正其志，箕子以之。
> 象曰：明入地中，明夷。君子以莅（lì）众，用晦而明。

【注解】

[1] 明入地中：明夷上卦为坤为地，下卦为离为光明，所以说"光明进入地中"。

【释义】

经文意思是：明夷，利于艰难中守正道。

彖辞的意思是：太阳沉入地中，便是明夷。内卦文明外卦柔顺，因此蒙受大难，周文王就是这样。利于艰难中守正道，韬光养晦，内部有难也能坚持自己的志向，箕子就是这样的。

象辞的意思是：太阳落入地中，这就是明夷的卦象。君子从中受到启示，治理民众要隐去自己的才能，做到外愚内智。

光明受损，黑暗来临，小人得势。这种情况下君子该怎么办呢？是与小人作斗争，还是随波逐流？《周易》认为阴消阳长是一种规律，人的行为不能与形势的发展相违背。可是《周易》中又极其强调君子的节气，所以君子在这种时期，不能与小人同流合污，只能"利艰贞"，也就是说只能在清苦的生活中坚守正道。

彖辞中引用了文王与箕子的故事来说明这种黑暗时代君子应当如何去做。文王被囚于羑里的故事前面已经讲过了，这里就不多说了。不过文王与箕子的行为是两种不同的行为，但都是这种时代君子所应当效仿的。文王被囚于羑里是因为表示出对纣王的不满而造成的，但他又忠实于天子（实际上是推翻商王朝的时机尚未成熟），所以被囚。箕子则是一直忠心于纣王，但纣王却不听从箕子的劝告，所以箕子为了既忠诚于商朝，又不会引来杀身之祸，他选择了装疯。箕子发现纣王每次用餐时必须使用象牙

妇人陷井中，虎在井上防伤之义；钱缺，主才不可望；人逐鹿，乃逐其禄。占得此卦为大凶。凤凰重翌之课，出明入暗之卦。

做的筷子，便预感到纣王会由象牙筷子的追求而逐渐演变成玉杯的追求等更加奢侈的生活追求，这样就会变得腐败，腐败必然亡国。所以箕子劝纣王不要这样，可是纣王不听，箕子便预感到了商朝的亡国已不可避免。于是他披散头发，开始装疯。纣王一看箕子疯了，为了防止他胡说八道，便把箕子囚禁了起来。后来武王灭掉商王朝，才把箕子放了出来。箕子不想臣服于周朝，便带着自己的宗族来到了朝鲜，在那里建立了箕子王国。箕子迁移途中经过朝歌的时候，见那里荒草丛生，宫室毁坏，内心极其伤感，便作了一首《麦秀歌》："麦秀渐渐兮，禾黍油油。彼狡童兮，不与我好兮。"诗中的"狡童"指的便是不听劝告的纣王，据说当时箕子的吟唱使朝歌遗民动容流涕。箕子来到朝鲜后，便一直没有回过中原，现今朝鲜平壤有箕子陵，是其遗迹。

值得一提的是，纣王为什么要用象牙做成的筷子呢？原来象牙筷子有一个优点，便是能发现食物中是否有毒。如果食物中有毒，那么象牙筷子的颜色就会变黑。纣王之所以用象牙筷子，是怕别人在食物中放毒谋害他。可是身为天子，如果以道德治天下，用道德来笼络天下民众，又怎么会有人害他呢？所以说，一个君王对自己的安全失去自信时，往往意味着他不再以正义与道德治理天下了。这样，自然会导致亡国，所以箕子要对纣王进行忠告。如果不是这样，身为诸侯总盟主的天子，怎么会因一双象牙筷子亡国呢？

叁 • 爻辞

初九：明夷于飞，垂其翼[1]。君子于行，三日不食。有攸往，主人有言。
象曰：君子于行，义不食也。
六二：明夷，夷于左股，用拯马壮，吉。
象曰：六二之吉，顺以则也。
九三：明夷于南狩[2]，得其大首，不可疾，贞。
象曰：南狩之志，乃大得也。
六四：入于左腹，获明夷之心，出于门庭。
象曰：入于左腹，获心意也。
六五：箕子之明夷[3]，利贞。
象曰：箕子之贞，明不可息也。
上六：不明，晦，初登于天，后入于地。
象曰：初登于天，照四国也。后入于地，失则也。

【注解】

[1] 垂其翼：指天黑鸟儿垂下双翼入巢休息。
[2] 南狩：南，南方；狩，狩猎。

[3] 箕子之明夷：箕子是纣王的亲戚，见纣王做了一双象牙筷子，便预感到纣王会因此而逐渐淫佚起来，箕子劝告纣王却没有效果，于是箕子便开始装疯为奴，不想暴露纣王的昏庸而显示自己的明智。这就是箕子隐晦明智的典故。

【释义】

初九： 明夷于飞，垂其翼。君子于行，三日不食。有攸往，主人有言。
象曰：君子于行，义不食也。

经文意思是：光明进入地中，鸟儿都回到了巢里不再飞翔。君子要离开，三天不吃东西。有所往，主人有责怪之言。

象辞的意思是：君子决意要离开，道义上不能再接受食禄。

明夷卦是从小过卦变化而来，小过卦的九四爻与初六爻互换，便成为明夷卦。小过卦有飞鸟的形象，小过的初六为鸟翼，现在来到了明夷卦六四的位置，所以有鸟收拢双翼的形象（即垂其翼）。

天黑了，鸟儿都收拢双翼不再飞翔，回到了巢里。而一个时代开始变得黑暗时，君子便要离开国朝去归隐了，由于哀伤，所以在离开的前三天不想吃东西。这种行为，尽管会受到国君的怪罪，但是在朝中已无法发挥自己的能力，所以也只能离开。

"初九"明夷之初，能及早潜隐避难，但识时过早，未必为人所理解，会遭到主人责怪。

"六二"柔顺中正，但其志难行。故使左大腿损伤，再借助良马逃离险地，吉祥。

六二：明夷，夷于左股，用拯马壮，吉。
象曰：六二之吉，顺以则也。

经文意思是：光明进入地中，左股受伤，用强壮的马来拯救，吉祥。

象辞的意思是：六二爻吉祥，是由于他既顺从又有原则。

这就好比一个人走夜路，结果把大腿摔伤了。可是由于自己有一匹强壮的马，所以被马所拯救。遇险而有救，所以最终吉祥。六二爻是明夷卦下互卦坎卦的下爻，坎为美脊马、曳马，又代表险，所以有遇险而有马救的爻辞。马是极其通人性的，在故事片中我们经常看到马怎样救主人的情景。有这样一匹好马，他的主人当然会吉祥了。

九三：明夷于南狩，得其大首，不可疾，贞。
象曰：南狩之志，乃大得也。

经文意思是：光明进入地中，在南方狩猎，捕捉到大首领，但不可操之过急，要坚守正道。

象辞的意思是：南方狩猎的事件，说明可以得到大的收获。

天黑了，动物们都在熟睡，这种情况去捕捉动物，则更容易获取猎物。相对于战争来说，夜袭也是一种极容易克敌制胜的战术。爻辞中所描述的便是一次成功的夜袭经过，不但打败了敌人，而且还俘获了敌人的头领。但是在这种情况下，由于黑暗不明，所以不利于穷追不舍，将敌人斩尽杀绝，所以"不可疾"。

"九三"阳刚得正，志在诛灭上六暗君。但天下昏暗已久，除暗复明须慎重，持正待时。

爻辞中之所以"南狩"，主要是因为九三是明夷卦的下卦离卦的最上爻，离在文王八卦方位图中代表南方。

六四：入于左腹，获明夷之心，出于门庭。
象曰：入于左腹，获心意也。

经文意思是：进入近臣内侧，获悉光明损伤的内情，走出了院子。

象辞的意思是：进入近臣内侧，可以获得君王的真实想法。

见到君王不安于朝政，要通过君王的近臣了解君王的真实想法。当发现君王

实在不可救药时，就要离开君王了。这句爻辞是告诫为臣者要弄明白君王是否真的昏庸无道，不能只从表面上看君王无所作为便毅然离去。在战国时期，齐国有一个身材只有四尺多高的人，叫淳于髡。当时齐威王刚刚继位，他整日沉湎于酒色，对天下大事不问不闻。这位淳于髡想了解齐威王的真实想法，一天便对齐威王说："大王，我给您出一个谜语猜一猜吧。"齐

"六四"身在暗地，柔顺得正，下应初九，能知"明夷"内情，毅然出门远遁。

威王说："好啊。"淳于髡便说："齐国有一只大鸟，栖息于宫苑的巢中有三年了，它既不飞又不鸣叫，您说这是一只什么鸟？"齐威王笑着说："这只鸟啊，不飞则已，一飞冲天；不鸣则已，一鸣惊人。"淳于髡通过齐威王的话明白了齐威王是一位有志向的明君，所以他便开始努力在自己的岗位上工作了。因为他已经了解到，齐威王表面上不理朝政，而实际上却暗地里酝酿着整理朝纲的大计划。果然不出几日，齐威王开始召见全国的官员，对于尽职尽责的给予奖赏，对于腐败无能的给予惩罚。原来齐威王暗中一直在关注着全国官员的动态，所以很快便清理了贪官，使齐国迅速走上了振兴之路。后来，其他诸侯国见齐国越来越强盛，不但不敢再来侵犯，甚至把原先侵占的土地也都归还给了齐国。如果淳于髡当时没有"入于左腹，获明夷之心"，那么很有可能离开这个表面上很昏庸的明君。

六五：箕子之明夷，利贞。
象曰：箕子之贞，明不可息也。

经文意思是：像箕子一样受到伤害，利于像箕子一样守正道。
象辞的意思是：箕子的坚守正道，使光明不致熄灭。

箕子受到的伤害是什么呢？是一颗赤诚之心的受伤，这个伤来自于纣王的昏庸无道。箕子所坚守的正道，则是生为商朝人，死为商朝鬼的忠心。箕子是纣王的叔叔，当时纣王无道，箕子完全可以发动一场政变而自己掌握君权，但是他没有这样做。他也可以联合其他诸侯国灭掉无道的纣王，可是他也没有这样做。他忠于商朝，又无能无力挽救商朝的灭亡，在这种情况下，箕子选择了装疯。表面上

看箕子是有些在乎个人的安危,没有像关龙逢死谏夏桀那样尽忠而不惜献出生命。但箕子的做法则是顺从时势、顺从天道的一种做法,所以说"箕子之贞,明不可息也"。

上六:不明,晦,初登于天,后入于地。

象曰:初登于天,照四国也。后入于地,失则也。

"六五"柔顺得中,最近"暗君"上六,似箕子近商纣,伤害自己以避祸,不为昏暗所没。

经文意思是:不光明,晦暗。起初升上天空,后来落在地上。

象辞的意思是:起初升上天空,可以光耀四方。后来落在地上,是失去了法则。

上六处于黑暗的极至之处,而最黑暗的时代,同时也是光明快要来临的时代。这就是所谓的黎明前的黑暗。这里向人们说明了光明与黑暗的轮回与交替现象。"初登于天",描写的是日出;"后入于地",描写的是日落。所以在最黑暗的时刻,要明白光明就要来临了。

象辞对爻辞作进一步的发挥,认为日落导致的黑暗,是因为失去了法则造成的。这里的日落,已不是我们在傍晚所看到的日落,而是指一种政治上的腐败,是文明制度的日落,是黑暗腐败的意思。

"上六"为"暗君"之象,不仅不发出光明,反而带来黑暗,所以坠入地下,遭致失败。

卦三十七 家人

壹 • 卦名、卦画与卦象

家人 [1]

巽为上卦
离为下卦

风火家人

> 离为火，巽为风，内火外风，风自火出，似家事自内影响至外，谓之家人。故家人象征一家人，含家庭之义。又六二阴柔居内卦中正，似女子主家内事；九五阳刚居外卦中正，似男子主家外事，谓"家人"。家道之事，女子为主要因素，因此，女子应以正持家。

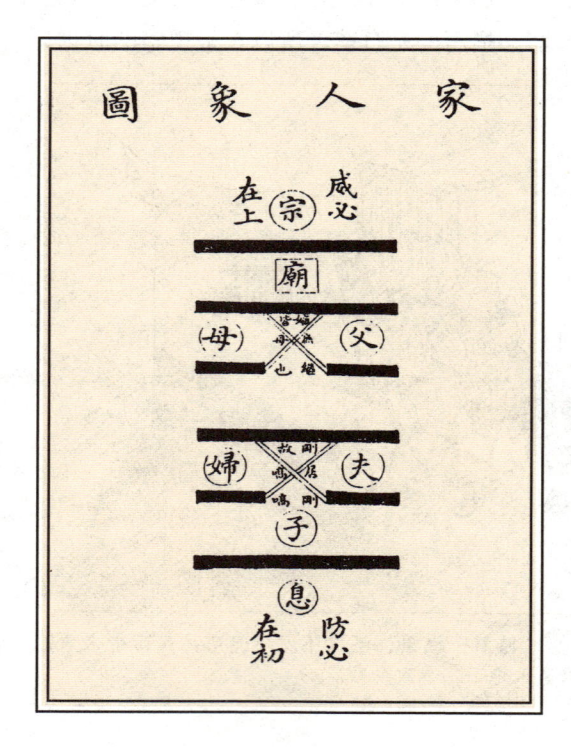

家人象图

- 咸心在上 宗
- 庙
- (母) 父 嫁妇也 刚
- (妇) 夫 故刚居刚
- 子
- 息 防心在初

【注解】

[1] 家人：卦名，象征家庭伦理与治家之道。

【释义】

此卦卦名为家人。甲骨文中，"家"字下方的"豕"字表示的是猪，猪在屋中便是最早的"家"的含义。怎么家里没有人而只有猪呢？原来，远古人类在择穴而居的时代，便已经开始驯养野猪了。当时人住在洞穴中，但是给猪却盖了一个猪圈，其主要目的是为了防止其逃跑和被别人偷走，并且饲养也方便。后来人类离开山里赶着猪群（当然还有羊群与牛群等）来到平原居住，便不单为猪建造了猪圈，还给自己建了房屋。据有些学者考证，这一时期，人畜同居，房屋的中央便是猪圈，所以"家"的概念便由猪窝变为人的居室了。上面的明夷卦代表受伤，人受伤后便会回到家中养伤，所以明夷卦之后是家人卦。这就是《序卦传》中所说的："伤于外者必反于家，故受之以家人。"家人就是家里人，所以这一卦主要讲述家庭伦理道德方面的事情。

家人卦的卦画为四个阳爻两个阴爻，与下面的睽卦的卦画排列顺序正好相反，家人卦与睽卦互为覆卦。从卦象上分析，家人卦上卦为巽为风，下卦为离为火，风自火出便是家人卦的卦象。另外，巽卦又为木，离卦为火，所以家人卦还有在木结构的房屋中生火的卦象。房屋中有火，在冬天才可以取暖，并且家里的人才能吃到熟食。所以对于一个家庭而言，火灶在家中占有重要的地位。

贰 • 卦辞

家人：利女贞。
彖曰：家人，女正位乎内，男正位乎外[1]，男女正，天地之大义也。家人有严君焉，父母之谓也。父父，子子，兄兄，弟弟，夫夫，妇妇，而家道正。正家而天下定[2]矣。
象曰：风自火出，家人。君子以言有物，而行有恒。

【注解】

[1] 女正位乎内，男正位乎外：家人卦六二爻居于内卦之中而得位，所以说"女正位乎内"；九五爻居于外卦之中而得位，所以说"男正位乎外"。

[2] 正家而天下定：家道正，则天下安定。意思是说，如果天下的家庭成员都能各得其位，那么以家道治国也会使天下安定。

【释义】

经文意思是：家人卦，有利于女人守正道。

彖辞的意思是：家人卦，女子（指六二）得位居中于内卦，男子（指九五）得位居中于外卦，男女的位置正确，符合天地的礼义。家里面严肃的君长，便是父母。父亲像父亲，儿子像儿子，兄弟像兄弟，丈夫像丈夫，妻子像妻子，这样的治家之道才是正确的。这种治家之道可以使天下安定（即也是治国之道）。

一人张弓，主遇贵人主张；一带在水边，主事迟滞；云中，文书，主恩命；贵人受拜，主拜命；妇人携手，必因妇人得贵而利求妇之兆。入海求珠之课，开花结子之象。

象辞的意思是：风从火中生出，这就是家人卦的卦象。君子从中受到启示，说话要讲究实际，做事要持之以恒。

家人卦的卦辞极其简单，只有三个字——利女贞。然而这三个字却说出了家庭中女人的重要作用。俗话说"妻贤夫祸少"，有夫妇才能组建成一个新的家庭，然而这个家庭要想过上幸福和睦的生活，其必要条件便是女人是否贤惠。所以男子在选择未来的妻子时，一定要选择贤惠的女人做自己的妻子。比如晏子有一个车夫，身高八尺，他为自己是当朝宰相的车夫而自豪，甚至有些骄傲，每天赶车时趾高气扬，而晏子则是一位谦逊的宰相，并且个子很矮，所以两个人的形象在马车上形成了鲜明的对比。一次车夫的妻子见到了这种情形，便教育了狂妄自大的丈夫，使车夫懂得了谦逊做人的道理。车夫变得谦逊了，晏子感到很意外，便问车夫这是怎么回事？车夫把妻子教育自己的事告诉了晏子，晏子称赞车夫的妻子为"贤内助"。后来，晏子把谦逊的车夫提升为朝中的大夫。晏子的车夫就是因为有一个"贤内助"而受到了益处。所以说，家庭是否和睦幸福，女人是起决定作用的。

象辞对卦辞进一步发挥，提出了"父父，子子，兄兄，弟弟，夫夫，妇妇"的观点，这种观点更加详备地说明了治家之道，说明了家庭中的人伦道德关系。而这种治家之道被延伸到治国的策略上，成为周礼中最重要的核心思想。这也是中国封建礼教思想的重要组成部分。

象辞根据卦象，告诫君子说话要讲究实际，做事要持之以恒。表面上看似乎与家庭伦理观念联系不太大，而实际上这是告诫一家之主如何在家中树立威信。当然相对于国家来说，象辞中所告诫的君子指的便是国王了。常言说"上梁不正下梁歪"，一家之主能够坚守正道，对一家人会有良好的表率作用。

叁 ● 爻辞

初九：闲有家[1]，悔亡。
象曰：闲有家，志未变也。
六二：无攸遂[2]，在中馈，贞吉。
象曰：六二之吉，顺以巽也。
九三：家人嗃嗃[3]，悔厉吉；妇子嘻嘻，终吝。
象曰：家人嗃嗃，未失也；妇子嘻嘻，失家节也。
六四：富家，大吉。
象曰：富家大吉，顺在位也。
九五：王假有家，勿恤吉。
象曰：王假有家，交相爱也。
上九：有孚威如，终吉。
象曰：威如之吉，反身之谓也。

【注解】

[1] 闲有家："闲"字的构造是门中放木，即在门前立一个栅栏，把家里与外面隔开，所以"闲"字有防范的意思。"闲有家"即是说在家中做好防范。

[2] 无攸遂：攸，所；遂，即遂心所欲。"无攸遂"即不能遂心所欲（即要顺从九五）的意思。

[3] 嗃嗃：音 hè，即表示大声训斥的样子。

【释义】

初九：闲有家，悔亡。
象曰：闲有家，志未变也。

经文意思是：在家中做好防范，不会发生悔恨的事情。

象辞的意思是：在家中做好防范，是因为对家的观念没有改变。

远古时代的房屋虽然简陋，但却都有院落。院子的大门像两片木栅栏，关上门后插上一根横木，外面的人就进不来了。这根横木就叫作"闲"。这根横木不但可以防止外人进来，还可以当武器用，当打开门发现来者心怀恶意时，可以用这根横木自卫。所以对于一家人来说，平时懂得用横木把门插好，就不会有悔恨的事情发生了。

这只是一个比喻，而实际上所要表示的意思是，家中人懂得家里与外面的区别，在家中懂得做好防范，随时保卫自己的家园，所以不会有悔恨的事。

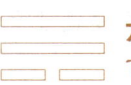

"初九"阳刚，家道初立，宜于严防邪恶，才能保有其家，没有后悔的事情发生。

六二：无攸遂，在中馈，贞吉。
象曰：六二之吉，顺以巽也。

经文意思是：不自作主张，到了中午开始吃饭，守正道吉祥。

象辞的意思是：六二之所以吉祥，是因为顺从而谦逊。

"六二"柔顺中正，有妇人顺夫之象。无所成就，只管家中饮食，这是正当的，吉利的。

第五章 《周易·下经》 家人卦

六二与九五相应，就好比一个家庭中夫妻和睦。六二居于内卦之中且得位，代表家中持守中正之道的妻子。妻子在家中不是一家之主，按现在的话说不是户主，所以做事不能擅自做主，有事要与丈夫商量。而妻子在家中主内，主要任务便是给一家人做饭，每天中午给家中人准备好可口的饭菜，听从丈夫的命令，守持正道，就会吉祥。这个吉祥，既是六二的吉祥，同时也是一家人的吉祥。当然，这是古代封建时期的思想，现在男女平等，有不少男子正逐渐担当起六二爻的职责，所以这种思想对现代家庭不是很合适。时代不同了嘛。

九三：家人嗃嗃，悔厉吉；妇子嘻嘻，终吝。
象曰：家人嗃嗃，未失也；妇子嘻嘻，失家节也。

经文意思是：家里人被嗃嗃训斥，治家严厉吉祥；妇女、孩子嘻嘻哈哈，最终会有忧吝。

象辞的意思是：家里人被训斥，是没有失去家法；妇女、孩子嘻嘻哈哈，是失去了家的节制。

九三爻为下卦离的最上爻，下卦主内为家，所以九三爻在这里就相当于家长。家长该怎样去做呢？家长就应用道德、家法来约束每一位家庭成员，要严厉。所以爻辞中说"家人嗃嗃，悔厉吉"，便是说家长每天大声训斥，又吹胡子又瞪眼睛，使家里的每一个成员都不敢大声言笑，表面上似乎严厉过度了，但对每个家庭成员会有好处，对这个家会有好处。如果家中

"九三"阳刚亢盛，有治家过严家人愁怨之象，但不失正道仍获吉祥。若反严为宽，最后会带来羞辱。

没有家法，长幼不分，没有秩序，孩子与妇人整日嘻嘻哈哈，最终会发生忧吝的事情。因为没有礼教的约束，人们会做出越轨的行为，并且没有礼教在社会上也会受到排斥。这些理论都是维护封建家庭礼教的重要法宝，但对于今天已经不是很适合了。

六四：富家，大吉。
象曰：富家大吉，顺在位也。

经文意思是：家庭富裕，大吉大利。

象辞的意思是：家庭富裕大吉大利，是因为六四爻柔顺而得位。

六四爻处于上卦巽卦的最下爻，巽含有"近利市三倍"的意思，所以六四会使

家庭很富裕。按现在的话来说就是六四有致富的本事。一个家庭是否幸福，物质条件是不可缺少的，富裕是家庭幸福的基础，所以爻辞中说"大吉"。

九五：王假有家，勿恤吉。
象曰：王假有家，交相爱也。

经文意思是：君王治国就像治家一样，不忧愁则吉祥。

象辞的意思是：君王治国如治家，是让人们都像一家人一样相亲相爱。

九五为君王之位，在家人卦中，君王的家庭在哪里呢？不在宫中，君王的家庭就是国家。君王让天下人都像一家人一样相亲相爱，于是天下人紧密地团结在一起，国家才能安定，这就是各个民族大一统的思想。古代的天子是所有诸侯国的总盟主，所以天子必须要宣扬大一统的思想。并且不单是从思想上进行宣传，还要通过联姻的关系促成大一统的格局。比如纣王的父亲见西周强盛了，便把自己的同宗妹妹嫁给了周文王。再如刘邦推翻了秦王朝后，便建黄帝陵与蚩尤庙，并且拜孔子庙，这些行为都是为了宣扬大一统的思想，为的是有利于各民族的团结，使国家上下安定团结。

"六四"柔顺得正，下应初九，上承九五，故得增富其家，大为吉祥。

"九五"中正，阳刚居尊位，下应六二柔正，相亲相爱，故无须忧虑，吉祥。

第五章 《周易·下经》 家人卦

上九：有孚威如，终吉。
象曰：威如之吉，反身之谓也。

经文意思是：有诚信有威望，最终吉祥。

象辞的意思是：有威望的吉祥，说的便是能反身自律。

上九是家庭中位置最高的人物，就相当于国家的太上皇，民间家庭的老太爷。这些老人受到家庭成员的普遍尊重。所以上九必须不负众望，要有诚信有威望。按现在的话来说就是要老而有德。中国历来尊重老年人，可是如果老人无德，便会失去应有的尊重了。

"上九"居一家之上，能心存诚信，威严治家，身教重于言教，终获吉祥。

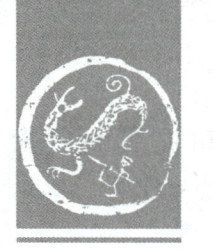

卦三十八 睽

壹 ● 卦名、卦画与卦象

睽[1]

火泽睽

离为上卦
兑为下卦

兑为泽，离为火，火焰向上烧，泽水向下浸，两性相背，为睽。睽者，乖，两目相背，不和谐。故睽象征睽异、离散。以万物的事理来说，形态虽然违背，但却有看不到的同一性存在，所以应以柔顺的方法，细心寻求可合之处，才能转离为合，变摩擦为和谐。

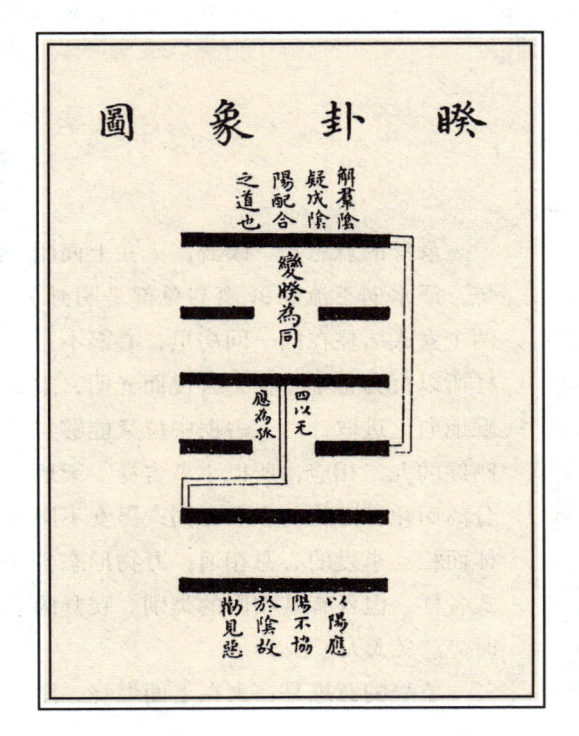

【注解】

[1] 睽：音 kuí，卦名，象征乖异、离异。

【释义】

此卦卦名为睽。《说文》中说："睽，目不相视也。"也就是说睽的本义是两只眼睛不朝一个地方看，其引申义为互相分离、背离、不合。《序卦传》中说："家道穷必乖，故受之以睽。"也就是说家中变得穷困了，离异、不合的现象就会出现，所以家人卦的后面是睽卦。前面我们说了，物质条件是家庭和睦的一个重要条件，失去了物质基础，一家人就会出现不合。比如夫妻会离异，儿子会以武力把父亲赶出家门，当然也可能是家庭成员为了糊口不得不各奔他乡。所以《杂卦传》中说："睽者，外也。"说的便是一家人由于穷困不能久居于家中，得到外面去谋生。

睽卦的卦画为两个阴爻四个阳爻，其排列顺序与家人卦正好相反，睽卦与家人卦互为覆卦。从卦象上分析，睽卦上卦为离为火为中女，下卦为兑为泽为少女，上火下泽就是睽卦的卦象。火苗向上着，泽中水向下流，所以二者目标相反，互相违背，这便是"睽"的含义。另外，中女与少女居于一室，由于没有长者介入，所以两个人都不互相谦让，并且人生目标不同，所以也有"睽"的含义。

贰 • 卦辞

> 睽：小事吉。
> 彖曰：睽，火动而上，泽动而下；二女同居[1]，其志不同行；说[2]而丽乎明，柔进而上行，得中而应乎刚；是以小事吉。天地睽，而其事同也；男女睽，而其志通也；万物睽，而其事类也。睽之时用大矣哉！
> 象曰：上火下泽，睽。君子以同而异。

【注解】

[1] 二女同居：睽卦上卦为离为火为中女，下卦为兑为泽为少女，所以卦象中有二女同居之象。

[2] 说：同"悦"。

【释义】

经文意思是：睽卦，对于小事吉祥。

一人执斧在手，掌握权柄意；文书半破，不全之义；牛鼠，子丑位见喜；桃开，春至花开；门掩，人未归；雁飞鸣，传信之意；猛虎陷井之卦，二女同居之象。

彖辞的意思是：睽卦，火在上面燃烧，泽水向下流动；（离与兑都是阴卦）两个女人居住在同一间房里，心愿不一样所以行为也不一样；喜悦而光明，柔顺地向上进取，六五占据中位又能够与刚健的九二相应，所以小事吉祥。天地分离而化育万物的事业相同；男女不同体而相互求爱的心愿相通；万物形态各式各样，但各有其相同的类别。睽卦的时势意义太大了！

象辞的意思是：火在上面燃烧，泽

水在下面流动，这就是睽卦的卦象。君子从卦中受到启示，应求大同而存小异。

睽卦的卦辞只有"小事吉"三个字，说明这一卦大体上还是吉祥的，但不利于从事大的事业。因为家道穷困，人们离家出走，做些小事还是可以糊口的，但是要想一口吃个胖子，开个大公司，显然是不可能的。所以卦辞中告诫家道穷困的人要想扭转穷困的局面，要从小处做起，不可大处着手。

象辞对睽卦的含义进一步发挥，指出"睽"的重要意义。古人认为最初天与地是合在一起的，正因为后来清气上升，浊气下降，所以形成了天地。而天地的分离则使万物有了生存的空间，天与地虽然不在一起，但它们化育万物的行为是一致的。而男女也是如天地一样，分别有不同的工作，但目的是一样的，都是为了拥有更美好的幸福生活。象辞由天地、男女推演到万物，从而阐明睽卦的重要意义。

象辞中，特别对君子的行为提出了忠告。君子是当时的统治阶级，所以在这里提出了一个领导艺术问题。也就是说君王治理天下时，要分清人们的共同点及不同点。每个人都想幸福美满，这是人们的共同点；但每个人都有不同的人生目标，都有不同的能力，万物也是都有各自的特点，所以用人时要把各种人安排在最适合他的岗位上。这就是当权者的领导艺术。

叁 • 爻辞

初九：悔亡，丧马勿逐[1]，自复；见恶人无咎。
象曰：见恶人，以辟咎也。
九二：遇主于巷，无咎。
象曰：遇主于巷，未失道也。
六三：见舆曳，其牛掣，其人天且劓[2]，无初有终。
象曰：见舆曳，位不当也。无初有终，遇刚也。
九四：睽孤，遇元夫，交孚，厉无咎。
象曰：交孚无咎，志行也。
六五：悔亡，厥宗噬肤[3]，往何咎？
象曰：厥宗噬肤，往有庆也。
上九：睽孤，见豕负涂，载鬼[4]一车，先张之弧[5]，后说[6]之弧，匪寇婚媾，往遇雨则吉。
象曰：遇雨之吉，群疑亡也。

【注解】

[1] 逐：追赶，寻找。

[2] 天且劓：天，黥刑，即在脸上烙上字，此处指因跌倒把脸碰破；劓，音yì，劓刑，即割掉鼻子，此处指因跌倒使鼻子受伤。

[3] 厥宗噬肤：厥，音jué，他（她）的；宗，宗族；噬，吃；肤，肥嫩的肉。

[4]鬼：指根据图腾的形象打扮的人。迎亲的人用图腾打扮自己，以显明自己的宗族。

[5]弧：弓。

[6]说：同"脱"。

【释义】

初九： 悔亡，丧马勿逐，自复；见恶人无咎。

象曰： 见恶人，以辟咎也。

经文意思是：没有忧悔，丢失马匹不用去追赶，它自己会回来；出现恶人，但没有灾难。

象辞的意思是：出现了恶人，所以要避免灾难。

初九爻处于全卦的最下位，但是由于阳爻居于奇位为得位，所以处逆境而不忧，内心积极向上，不会有悔恨。初九的处境很不好，既处于最下位，又受九二的压迫，并且与九四相敌，就好比一个因家贫外出谋生的小伙子，困难一大堆，但他内心喜悦，性格开朗，不被困难所压倒。九四位于上互卦坎卦的中爻，坎为马，所以有失马之象；坎又为贼寇，所以有"见恶人"之象。其实整体理解应当是初九这个小伙子性格开朗，马被贼寇偷了也不生气，也不往回找，并且见到偷他马的恶人仍然平静地与对方交往，所以恶人受感动，把马放了，于是马又回到了小伙子那里。这里是告诫身为下层人要性格开朗，处处与人为善，那样恶人也就不再侵害他了。这是穷困的下层人生存的智慧。

九二： 遇主于巷，无咎。

象曰： 遇主于巷，未失道也。

经文意思是：在巷子里遇到了主人，没有灾难。

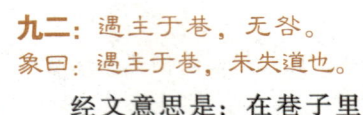

"初九"位卑无应，本有悔，但应当背离反而相合，想象中的后悔消除于无形。

"九二"失正，但守谦顺时，又与六五相应，不期而遇，"睽违"遂合，故无灾难。

象辞的意思是：在巷子里遇到主人，说明九二爻没有失去主仆相合之道。

九二爻就好比一个已经潦倒的富人家的奴仆，主人因为穷困四处谋生，没有能力畜养奴仆了，所以奴仆也被主人遣散了。结果一天，主人与奴仆在一条小巷子里相遇了，奴仆仍然把旧主人当作主人看待，这种忠诚怎么会有灾难呢？既然是在小巷子里相遇，说明主仆二人当时都混得不是很好，但二人同心，其利断金，主仆相合，还有什么困难克服不了的呢？

从卦象上看，九二的主人便是六三，因为六三为内卦的最上面，象征一家之长，下卦为兑表示喜悦，正是反映了主仆相遇后的喜悦之情。而六五与九二相应，九二的行为会受到六五的赏识，所以九二有被提升的可能，不会有灾难。

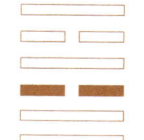

六三：见舆曳，其牛掣，其人天且劓，无初有终。
象曰：见舆曳，位不当也。无初有终，遇刚也。

经文意思是：见到大车被拽住，牛向前用力拖，赶车人摔了个四脚朝天，鼻子也碰破了。起初不好，最终会有好结果。

象辞的意思是：大车往后拽，是因为位置不当。起初不好最终会有好结果，是因为得到了强者（上九）的帮助。

六三的处境很不好，他赶着牛车，可是车上的东西很多，牛也不听话，结果从车上摔了下来，脸与鼻子被摔破了。但是前面我们说了，他得到了别人的帮助，所以最终会有好的结果。谁帮助他呢？应当是上九、九四和九二帮了他，因为象辞中解释说"遇刚也"，也就是说六三遇到了刚爻的帮助，使他"无初有终"。

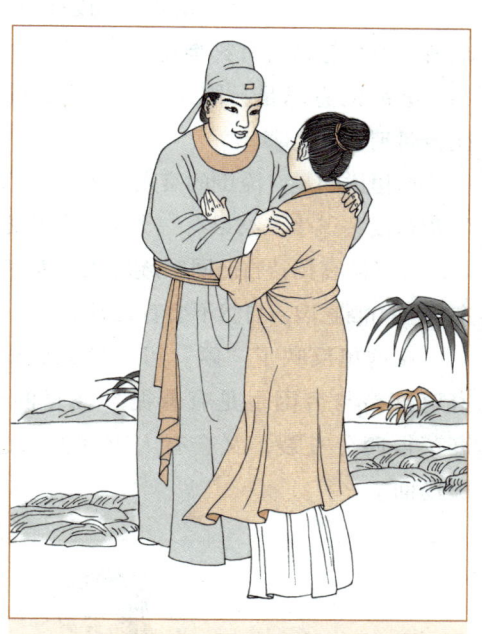

"六三"阴柔失位，睽违至极，处境艰难。但专恋上九，使上九对六三的疑虑消失而欢合。

九四：睽孤，遇元夫，交孚，厉无咎。
象曰：交孚无咎，志行也。

经文意思是：乖异孤独，遇到大丈夫，以诚信交往，虽遇危险但没有灾难。

象辞的意思是：以诚信交往没有灾难，是因为心思能一致。

九四是一位阳刚十足、桀骜不驯的人物，他处于上互卦坎卦的中位，所以有陷入险中之象。但他遇到了一位大丈夫，与这位大丈夫诚信交往，所以遇到了危险也能闯过去，不会有灾难。这位大丈夫就是初九，九四还了初九的马，于是两人建立了友谊，能够互相帮助。

六五：悔亡，厥宗噬肤，往何咎？
象曰：厥宗噬肤，往有庆也。

经文意思是：没有悔恨，同宗设宴吃肉，前往怎么会有灾难呢？

象辞的意思是：同宗设宴吃肉，前往会遇到喜庆之事。

这里说的是，潦倒的富人家里的人们各奔东西去谋生，结果有一个人混出了功名，所以设宴招待自己同宗族的人，大家在一起喝酒吃肉，自然不会有灾难了。

"九四"失正，以求同存异的信念与同处下卦的初九相交。虽有"求睽"之危，但无灾难。

在这里反映了"睽"可以使家族成员在逆境中得到磨练而使家族振兴起来。家道富裕与穷困也是有着循环往复的规律的。富足到一定程度便会走向衰落，衰落得四分五裂，又会有人重新振兴起来。这里讲的便是家族得到振兴后的喜庆场面。

"六五"不当位，但以柔中之德下应九二，九二亦以和顺之道期待遇合，故没有祸害。

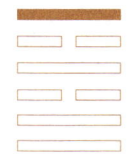

上九：睽孤，见豕负涂，载鬼一车，先张之弧，后说之弧，匪寇婚媾，往遇雨则吉。

象曰：遇雨之吉，群疑亡也。

经文意思是：乖异孤独，见到猪满身污泥，拉了一车鬼，先张弓要射，后来又放下了弓箭，因为来者不是盗寇，而是来求婚的。前往遇到下雨就会吉祥。

象辞的意思是：遇到雨就会吉祥，是因为许多疑虑都没有了。

上九处于极度穷困中，他的"睽孤"与九四的"睽孤"有所不同，九四是由于性格而孤独，上九的孤独则是由于穷困。睽卦的主要意思便是家境穷困导致的不合与离异。上九处于极位，所以是穷困之极。正在他为下顿饭发愁的时候，突然发现远处来了一伙强盗，这真是屋漏偏逢连阴雨。这些强盗赶着浑身是泥的猪群，坐在马车上，脸上涂抹着五颜六色的鬼脸。上九急忙拿出弓箭抵御强盗的入侵，可是他又放下了。为什么呢？原来这些人不是来抢劫的，而是来向他求婚的。这就是说物极必反，上九穷到了尽头，该交好运了。从卦象上看，向他求婚的应该是与上九相应的六三。六三位于上互卦坎卦的下爻，坎为水为雨，所以"往遇雨则吉"。

"上九"不理解六三所处之境，妄生猜疑。后查实无恶，而是和自己婚配的佳丽，故往必获吉。

卦三十九 蹇

壹 • 卦名、卦画与卦象

蹇[1]

坎为上卦
艮为下卦

水山蹇

艮为山，坎为水，山上有水。山路本就艰险，水积山上，行路更难，为蹇。蹇为跛，行走不便，引申为难。故蹇象征行走艰难，是困难的意思。在困难的时刻，需要伟大人物的协助，而且必须坚持正道，才能得救。

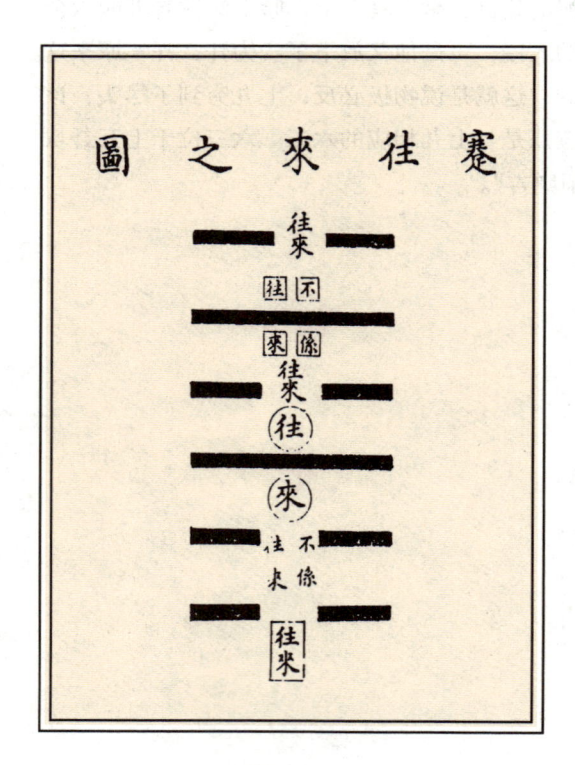

【注解】

[1] 蹇：音 jiǎn，卦名，象征跛足、行走困难、不顺利。

【释义】

此卦卦名为蹇。《说文》中说："蹇，跛也。"足跛则难于行走，所以蹇卦的意思是行走困难，不顺利。前面的睽卦表示家道衰落，俗话说"家贫百事哀"，家道衰落会带来百事不顺，所以睽卦的后面是蹇卦。

蹇卦的卦画为两个阳爻四个阴爻，其特点是，蹇卦既是上一卦睽卦的旁通卦（即变卦），又是下一卦解卦的覆卦。从卦象上分析，蹇卦的上卦为坎为水，下卦为艮为山，山上有水便是蹇卦的卦象。大山本已构成险阻，但山中又有水流重重，所以山重水复，险象环生，使人举步维艰。艮卦又有停止的意思，所以此卦还有行人被前面险阻所困，进退两难的含义。

贰 • 卦辞

> 蹇：利西南，不利东北[1]。利见大人，贞吉。
> 彖曰：蹇，难也，险在前也。见险而能止，知矣哉！蹇利西南，往得中也；不利东北，其道穷也。利见大人，往有功也。当位贞吉，以正邦也。蹇之时用大矣哉！
> 象曰：山上有水，蹇。君子以反身修德。

【注解】

[1] 利西南，不利东北：蹇卦从小过卦变化而来，即小过卦的九四与六五互换，便成为蹇卦。九四的上升使小过的上互卦兑卦变成蹇卦的上互卦离卦，所以九四是在兑与离中升进的。离代表南方，兑代表西方，所以"利西南"。全卦的下卦没有变动，即小过与蹇卦的下卦都是艮，艮代表东北，所以"不利东北"。

【释义】

经文意思是：蹇卦，西南方有利，不利于东北方。宜于拜见大人物，守正道吉祥。

彖辞的意思是：蹇，即艰难的意思，前面有险阻。遇到险阻而停止前进，这是智慧的选择。利于往西南走，因为那边路平好走；不利于往东北去，因为那边山路崎岖不平无路可走。利于拜见大人物，是因为前往可以建立功业。有地位又守正道自然吉祥，这样可以达到安邦治国的目的。蹇卦的时势意义真是太大了！

象辞的意思是：山上有水便是蹇卦的卦象。君子从卦象中受到启发，反省自身提高修养道德。

在文王八卦方位图中，东北方为艮，艮有停止的含义，俗话说山高水险，所以不利于往东北方前往。西南方为坤，坤代表地，由于没有险阻，所以容易行走。"利见大人"，则是说蹇卦的九五尊位居中得正，可以帮助受难的人渡过难关。按现在的话来说就是"有困难，找政府"，政府会帮助灾民渡过难关的。这一卦告诫人们在险难面前要懂得正确选择，做到趋吉避凶。虽说"不

日当空，乃光明之象；有旗一布有使字，乃使旗也；鼓五面，其中有一鹿，主兴旺之禄；一砖堆上面插有千里二字，主远才。为飞雁衔芦之卦，背明向暗之象。

入虎穴，焉得虎子"，但这只是相对于想得到虎子这一目的来说的。而对于生存来说，是没有必要到虎穴里走一遭的。人类的进化过程，其实就是一种趋吉避凶的选择过程。刚开始冰川期来了，由于天气寒冷，树上不结果子了，所以古猿群离开树枝，来到地上。因为地上有以前从树上掉下来的坚果，人们可以捡拾坚果为食。但是林中猛兽太多了，并且经常会发生火灾，林中地上的坚果也越来越少，于是古猿群来到了草原。到了草原，人类完全暴露在野兽的视线里，所以人类不得不寻找野兽少的地方居住。为了得到食物，为了不至于被野兽吃掉，所以人类又发明了更先进的武器。人类在这样不断的选择中完善自己，最终成为统治世界的主人。所以说是选择决定了人类的命运，这也就是象辞中所说的"蹇之时用大矣哉"！

象辞中对君子的忠告是，在险难中要时刻反省自己，时刻对自己的错误行为与错误选择进行改正，只有这样才能最终脱离险境。

叁 • 爻辞

初六：往蹇，来[1]誉。
象曰：往蹇来誉，宜待也。
六二：王臣蹇蹇，匪躬之故。
象曰：王臣蹇蹇，终无尤[2]也。
九三：往蹇来反。
象曰：往蹇来反，内喜之也。
六四：往蹇来连[3]。
象曰：往蹇来连，当位实也。
九五：大蹇朋来。
象曰：大蹇朋来，以中节也。
上六：往蹇来硕，吉；利见大人。
象曰：往蹇来硕，志在内也。利见大人，以从贵也。

【注解】

[1] 来：归来。
[2] 尤：过失。
[3] 连：通"辇"，用人力拉的车子。

【释义】

初六：往蹇，来誉。
象曰：往蹇来誉，宜待也。
经文意思是：前往遇险，

"初六"阴柔失正，上无应，勉强前进必遇艰难。识时退处，等待时机，才有美誉。

回来有荣誉。

象辞的意思是：前往遇险，回来有荣誉，说明应当等待时机。

初六身为蹇卦的最下爻，又是柔爻居于奇位为不得位，所以他没有力量跨越险阻。初六与六四相应，六四正是上卦坎卦的下爻，即险阻的边缘，也就是说初六虽然没有跨越险阻的能力，但是他的预见能力很强，所以还没有到危险的边缘，便知险而退。这种后退使自己减少了损失，自然会受到人们的赞誉。在现实生活中，我们经常会看到一些胆子小的人，这种人其实也有优点，就是能够及早预感到危险而做到防患未然，使自己不受损失。

六二：王臣蹇蹇，匪躬之故。
象曰：王臣蹇蹇，终无尤也。

经文意思是：君王与大臣的处境困难重重，不是自己造成的。

象辞的意思是：君王与大臣的处境困难重重，最终不会有过失。

六二爻居中而得正，所以具有中正之德，与他相应的是九五爻，九五爻也居中而得正，也具有中正之德。九五为君，六二为臣，六二与九五都具有中正之德，所以不会犯任何错误，然而却险难重重。这险难来自于哪里呢？从卦象上看，九五处于上卦坎卦的中位，坎为险为难，所以有身陷险难之中的含义；六二爻为下互卦坎卦的下爻，所以也有身临险境的含义。可是这些灾难不是自己的错误导致的，所以

"六二"中正，上应九五，如王公大臣不计私利，奋力排难。

第五章 《周易·下经》

蹇 卦

最终不会有过失。

这里是告诉人们，只要自己能够做到谨慎小心，不犯过失，就不怕任何艰难险阻。比如红军二万五千里长征，虽然险难重重，但是这一方针是正确的，所以走过了草地，跨过了雪山，渡过了江河，粉碎了敌人的"围剿"，最终走向了胜利，推翻了反动统治，建立了中华人民共和国。

九三：往蹇来反。
象曰：往蹇来反，内喜之也。

经文意思是：前往遇险又返回来。

象辞的意思是：前往遇险又返回，是说内卦的两个阴爻都喜欢九三爻回来。

九三爻处于下互卦坎卦的中位，所以有身陷险中的含义，怎么办呢？他想走出险境，可是结果却遇到了更大的险。因为他前面正是蹇卦的上卦坎卦，所以他只得退了回来。由于九三爻是下卦艮的上爻，所以他在更大的险难面前停止了。这就好比一个男人见家里日渐穷困，为了给家里带来财富，他不得不离开家门，结果遇到了大的险阻，不得不返回到家中继续过贫穷的日子。可是他的返回，却使他的两个妻子非常高兴，因为虽然穷，但毕竟一家人又可以团圆了。

"九三"当正，前临坎险，下据二阴，前行艰难，须暂退"安内"，然后求进。

六四：往蹇来连。
象曰：往蹇来连，当位实也。

经文意思是：前往遇到险阻，回来时坐着人力拉的车子。

象辞的意思是："往蹇来连"是因为六四有一定的地位并且富有。

六四爻在行进的途中也遇到了险阻，但他回来时却坐着人力拉的车子。怎么遇到险阻回来后变得富有了呢？从卦象上看，六四是上卦坎卦的下爻，又是下互卦坎卦的上爻，可见他遇到了重重的河流挡住了去路；然而可喜的是，六四又是上互卦离卦的中爻，离为网罟，在水中设网，必有收获，所以他回来时发了财。这就好比现在广为流传的一个励志故事，说的是两个推销皮鞋的推销员来到了非洲，结果一个人大失所望，因为非洲人不穿鞋，他只得极度失望地回到了美洲；另一个却喜出

"六四"虽柔顺得正,但下乘九三,与初六又无应,且身处坎险,故进也难,退也难。

望外,因为他想这里的人都需要他推销的皮鞋,于是在这里开始推销,结果他使非洲人都穿上了皮鞋,并且因此而大发了一笔。

六四爻就好比这位成功的推销员,他在险阻面前看到了利润,所以他结网捕鱼,回来时大发了一笔。

九五:大蹇朋来。
象曰:大蹇朋来,以中节也。

经文意思是:遇到大的险阻,朋友们都来帮忙。

象辞的意思是:有大险阻而得朋友的帮助,是因为九五阳刚中正合乎节度。

九五为上卦坎卦的中爻,虽然居中而得正,但也身陷于险难中。可是他有上六、六四与之阴阳相合,并且有六二相应,所以他有很多朋友帮助他克服难关。在险难之中他既

"九五"中正居尊位,下应六二,行走"艰难"之时,朋友纷纷而来,共济危难。

第五章 《周易·下经》 蹇卦

获得了友谊，又得到了帮助，这就是所谓的患难见真情。

上六：往蹇来硕，吉；利见大人。
象曰：往蹇来硕，志在内也。利见大人，以从贵也。

经文意思是：前往遇到险阻，回来有大功劳，吉祥，有利于拜见大人物。

象辞的意思是：前往遇到险阻，回来有大功劳，是上六爻与大家齐心协力的结果。有利于拜见大人物，说明上六爻跟随了尊贵的君主。

上六处于艰险的极至上，他的险难不是山川险阻之难，而是穷途末路、无处可走的险难。怎么办呢？只有退回来，退回来与众人一起渡过眼前的险难。上六与九三相应，与九五相合，所以他有回来的意愿。他回转后便可与九五相合，所以"利见大人"。上六的吉祥就在于能够在无路可走的情况下退回来。这就好比一个部落中发生了水灾，上六从水灾中逃了出来，可是他发现前面虽然没有水的灾害，却无路可走了。在这种情况下，他又回到了灾区，与大家团结在一起，共同抵抗灾害。俗话说"人多力量大，人心齐泰山移"，上六的回来增添了抗灾的力量，当然会吉祥了。

"上六"处难之终，前行艰难。但附从九五贵君，共济艰难，可建大功，终吉祥。

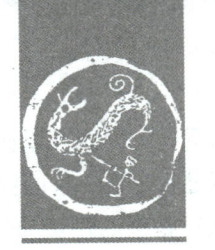

卦四十　解

壹 • 卦名、卦画与卦象

解[1]　雷水解

- 震为上卦
- 坎为下卦

坎为雨，震为雷，雷雨兴起，万物当春，纷纷舒发生机，为解。解为缓。故解象征舒缓，解散。舒解险难，应当用柔，使群情共获舒缓，与民休息，不再烦琐百姓，才有利；不使纷扰延续下去，才获吉。

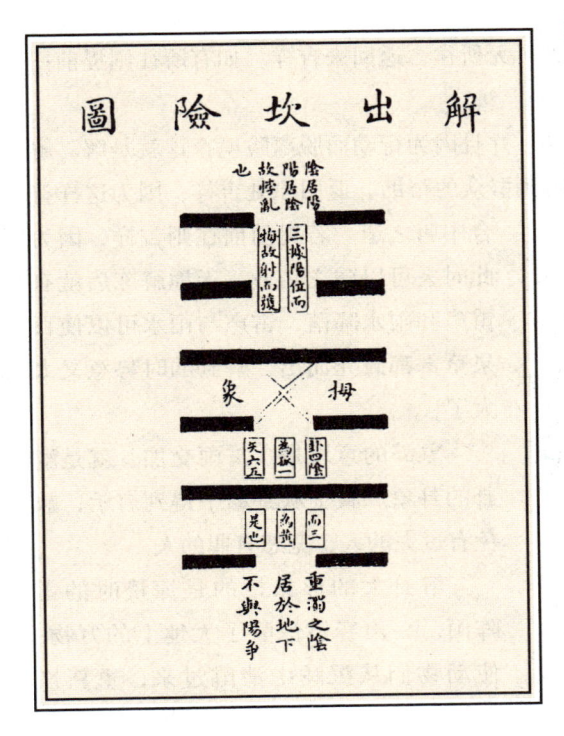

【注解】

[1] 解：卦名，象征解脱、解除险难。

【释义】

此卦卦名为解。"解"字通"懈"，是解脱、宽松、缓解的意思。《杂卦传》中说："解，缓也。"前面的蹇卦代表险阻重重，行进艰难，但人生不会总处于不顺利的状态，总会有缓解与解脱的时候，所以蹇卦的后面是解卦。

解卦的卦画为两个阳爻四个阴爻，其排列顺序与蹇卦正好相反，解卦与蹇卦互为覆卦。从卦象上分析，解卦上卦为震为雷，下卦为坎为水，天上打雷下雨便是解卦的卦象。雷声与雨滴可以使久旱的大地解决旱情；雷声与雨滴又可以清除天上的乌云，使雨过后出现一片晴空；雷声与雨滴使大地走出冬天的冰封雪冻，转为生机勃勃的春天；雷声与雨滴又象征天降恩泽，使天下万物受益。这就是解卦的含义。另外，坎卦代表险难，震卦代表行动，所以解卦还有用行动去脱离险难的含义。

贰 • 卦辞

解：利西南，无所往，其来复吉。有攸往，夙[1]吉。
彖曰：解，险以动，动而免乎险，解。解利西南，往得众也。其来复吉，乃得中也。有攸往夙吉，往有功也。天地解，而雷雨作；雷雨作，而百果草木皆甲坼，解之时义大矣哉！
象曰：雷雨作，解。君子以赦过宥罪[2]。

【注解】

[1] 夙：及早，提前（行动）。

[2] 赦过宥罪：赦免有过失的人，宽恕有罪的人。宥，音yòu，本义为广厦容人之意，引申义为宽恕、赦免。孔颖达疏，"宥谓宽宥，罪谓故犯，过轻则赦，罪重则宥，皆解缓之义也。"

【释义】

经文意思是：解卦，有利于西南方，无所往，返回来吉祥。如有所往则提前一些吉祥。

彖辞的意思是：解卦是在险中行动，并且因为行动而脱离险境，这就是解。解卦于西南方有利，因为在西南方可以得到群众的帮助。返回原处吉祥，因为这样符合中庸之道。若提前前往则吉祥，因为此时去可以建立功业。天地解冻后就有雷声和雨水降落，雷声与雨水可以使百果草木都破壳而出，解卦的时势意义太大了！

象辞的意思是：雷雨交加，就是解卦的卦象。君子从卦象中得到启示，赦免有过失的人，宽恕有罪的人。

解卦大的形象指的是惊蛰时的雷阵雨，一声春雷惊醒了大地上的万物，使动物们从沉睡中清醒过来，重新恢

旗上有一提字，主奏功；一刀插地，为练武；一兔走，为无疑；贵人在云中，步云梯之意；一鸡在边鸣，闻声远之意；道士手指门，为身入天门；道人献书，因上表彰得功勋之兆。

复了生机，植物也从沉睡中醒来，开始抽芽生长。尤其是伴随春雷而下的毛毛细雨，使大地得到滋润可以养育万物。由于我国西南方土地层最厚，这里更需要雨水的滋润，所以"利西南"。如果惊蛰这一天没有出现春雷和下雨，那么整个春天就会出现倒春寒的现象，所以说"其来复"。由于出现倒春寒的现象是正常的，所以"吉"。如果惊蛰这一天出现了春雷并且下起了春雨，那么最好是在惊蛰这一时辰之前出现好，这样整个春天雨水充足，会使一年的收成大丰收，所以"夙吉"。

象辞对卦辞的解释则是根据变卦。指解卦是由小过卦变化而来，即小过卦的九三与六二互换位置便是解卦。九三爻没有向上发展，而是返回到了二爻的位置上，所以"其来复吉，乃得中也。"

象辞中说："君子以赦过宥罪。"是说君王要效法天降恩泽于大地，赦免有过失的人，宽恕有罪的人。古代有"皇恩大赦""天解日""地解日"等说法。当天子逢喜庆的日子，往往要大赦犯人，这便是"皇恩大赦"。对于"天解日"与"地解日"，是在《周易》预测中，逢此日则官事易散。象辞中告诫君王要适时地赦免有过失的人，这其实是一种统治手段，即所谓的怀柔之策。

叁 ● 爻辞

初六：无咎。
象曰：刚柔[1]之际，义无咎也。
九二：田[2]获三狐，得黄矢，贞吉。
象曰：九二贞吉，得中道也。
六三：负且乘，致寇至，贞吝。
象曰：负且乘，亦可丑也，自我致戎，又谁咎也。
九四：解而拇，朋至斯孚。
象曰：解而拇，未当位也。
六五：君子维有解，吉；有孚于小人。
象曰：君子有解，小人退也。
上六：公用射隼[3]于高墉[4]之上，获之，无不利。
象曰：公用射隼，以解悖也。

【注解】

[1] 刚柔：指初六与九二阴阳二爻。
[2] 田：打猎。
[3] 隼：音 sǔn，指鹰等凶猛的各种鸟类。
[4] 墉：城墙。

【释义】

初六：无咎。
象曰：刚柔之际，义无咎也。

经文意思是：没有灾难。

象辞的意思是：初六与九二刚柔相济，合乎道义，所以没有灾难。

初六爻是解卦下卦坎的最下爻，坎为险，所以初六处于险难的边缘，并且初六柔爻居奇位，处境不是很好。可是由于与九二阴阳相合，并且与九四相应，所以初六不会有灾难，因为九二与九四可以解除初六的灾难。也就是说初六虽然有难，但可以解脱，所以"无咎"。

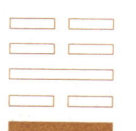

"初六"当危难初解之时，以柔处下，上应九四，故没有什么灾难。

九二：田获三狐，得黄矢，贞吉。
象曰：九二贞吉，得中道也。

经文意思是：田猎捕获到三只狐狸，得到黄色的箭，守正道吉祥。

象辞的意思是：九二爻守正道吉祥，是因为处于中正之道。

九二爻身处于险难中，并且刚爻居于偶位，所以处境也不是很好。但是九二与初六、六三相合，与六五相应，可以得到众人的帮助脱离险难，爻辞中的"三狐"指的便是这三个阴爻。九二又居于下卦之中，能保持适中的原则，这就是爻辞中的"黄矢"。黄色在五行中居中，在此比喻九二有居中之德。初六、六三、六五和九二本身所具备的适中之德可以解脱九二的困境，所以九二只要坚守正道便会吉祥。

"九二"失正，但有刚直中和的美德，又上应六五之君，故能不负清除隐患的使命，可获吉祥。

六三：负且乘，致寇至，贞吝。
象曰：负且乘，亦可丑也，自我致戎，又谁咎也。

经文意思是：本来是背负东西的穷人却乘坐在豪华的马车上，所以招来贼寇，守正道也有忧吝。

象辞的意思是：本来是背负东西的穷人却乘坐在豪华的马车上，这是件丑事（君子才可乘车），自己的行为招来贼寇，又能怨谁呢？

在中古时期，等级制度较为严格，当时只有统治阶级的贵族外出才乘坐车马，而穷人只能以步代车，当然穷人也买不起车马。六三爻是一位穷人，他背着沉重的货物，然而却乘坐在一辆豪华的马车上，这种行为会招来盗寇的抢劫，因为六三的行为会使人愤愤不平。

从卦象上看，六三爻既是下卦坎卦的最上爻，又是上互卦坎卦的最下爻，坎为盗寇，所以有身陷于盗寇被抢劫的形象。六三爻从穷困中解脱出来，然而却招来了盗寇之灾。这是告诫人们穷人乍富，不要招摇，否则只能是招致灾难。

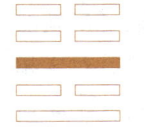

九四：解而拇，朋至斯孚。
象曰：解而拇，未当位也。

经文意思是：解开足大趾上的束缚，朋友来到，这才是可以相信的。

象辞的意思是：解开足大趾上的束缚，这是因为九四把自己的位置摆错了。

九四爻刚爻居于偶位为不得位，又处于上互卦坎卦中位，所以有身陷险难的形象。坎为绳索，所以有被缚之象。

"六三"乘九二阳刚又攀附于九四，如小人乘贵人的车，会招来强盗，难免羞辱。

"九四"不中失正，下比六三，似足趾生患，故须解其趾患，才能与初六以诚心相应。

第五章 《周易·下经》 解卦

然而九四与六五、六三相合，又与初六相应，所以可以解脱困境。九四又是解卦上卦震的最下爻，震为足为动，所以有足大趾被解开束缚的含义。九四的朋友便是初六、六三与六五，这些人帮九四解除了灾难，所以这些人才是九四可以信任的人。

六五：君子维有解，吉；有孚于小人。
象曰：君子有解，小人退也。

经文意思是：君子解脱了困境，吉祥；用诚信感化小人。

象辞的意思是：君子得到解脱，小人势力消退。

六五处于尊位，相当于国君。可是他处于上互卦坎卦的上爻，所以有险难与被缚之象。但谁能够把国君缚束起来呢？一般来讲是没有人敢这样做的。但是一些小人围靠在君王左右，就像绳子将君王捆住一样。君王如何摆脱这种困境呢？只有亲贤臣远小人。六五做到了，他与九四这位贤臣相合，与九二这个贤臣相应，所以他解除了小人对自己的羁绊。能够自我解除羁绊，当然吉祥了。君王这样做，其实正是在感化小人，让小人成为君子。

汉文帝"却千里马"的典故便是"君子维有解"的典范。汉文帝开启了汉朝的盛世，功不可没，这与他能够亲贤臣远小人是分不开的。汉文帝一生节俭，对于超出法度的珍玩玉器一概拒之门外。一次，有人献给汉文帝一匹千里马。汉文帝明白这个人是想用千里马来换取名利，便冷冷地对他说："千里马对我毫无用处，我外出巡幸的时候，前有鸾旗引路，后有属车保护；我去参加典礼，一天最多走五十里路程；我率师亲征，只走三十里便会安营休息。骑着这匹千里马，有什么用处呢？"汉文帝拒收稀世宝马，其实是用行动堵住了想通过进献而邀宠的小人的进身之道。

汉文帝"却千里马"，使汉朝出现了盛世；纣王因喜欢一双象牙筷子，使商朝走向了灭亡。这足以说明，君子解开小人羁绊的重要意义。

"六五"柔中居尊位，下应九二，不但能解难获吉，还能以诚信感化小人。

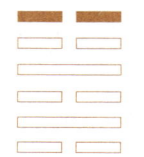

上六：公用射隼于高墉之上，获之，无不利。

象曰：公用射隼，以解悖也。

经文意思是：王公在高墙上射大鹰，射中了，没有不利的。

象辞的意思是：王公射大鹰，是为了解除悖逆者。

上六处于解卦的最上爻，所以为"高墉"。王公为什么要站到高墙上射大鹰呢？这是为了给天下人看。王公射大鹰，其实喻示的是征讨不归顺的诸侯国。征讨叛乱的诸侯国，是为了使天下统一和平，是以战争解除战争的威胁。对于一个国家来说，既需要用"却千里马"的方式解除小人的羁绊，也需要用武力去解除叛乱的威胁，这就是文治武备。王公讨伐叛乱获得成功，当然不会有不利的因素了。

"上六"处解之终，射获不该居于高墙上的恶鸟，正当其时，故无不利。

第五章 《周易·下经》 解卦

卦四十一 损

壹 ● 卦名、卦画与卦象

损[1]

艮为上卦
兑为下卦

山泽损

> 兑为泽，艮为山，泽在山下。泽卑山高，以泽之自损以增山高，所以损象征减损。减损之时，只要心存诚信，就会获得吉祥而没有什么灾难；只要守持正固，就利于有所前往。"损"之道只要心诚，微薄之物也可以奉献出来，但须合时。

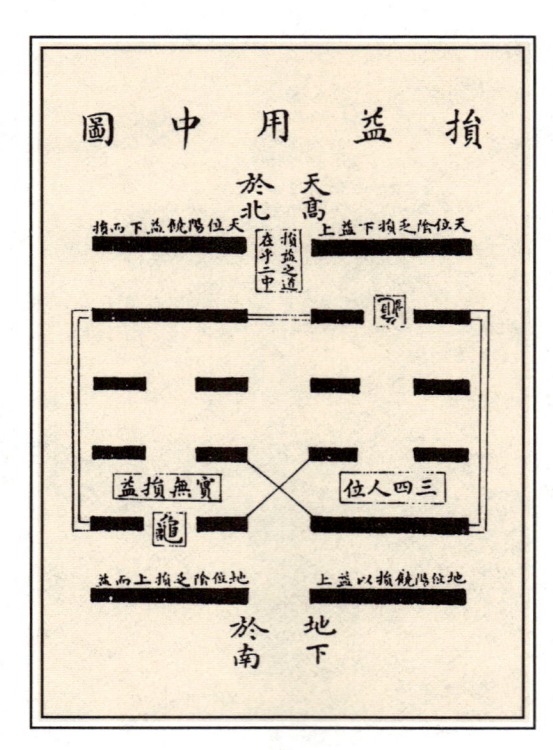

【注解】

[1] 损：卦名，象征损失、减损。

【释义】

此卦卦名为损。《说文》中说："损，减也。"也就是说"损"字的本义是减少的意思。前面的解卦是缓解、解除危机的意思，但解除危机必然会带来损失，就像我们打官司解决合同纠纷，可是打完官司后除去律师费、取证费等，最后拿到手里的钱已经有所损失。所以解卦的后面是损卦。《杂卦传》中说："损益，盛衰之始也。"这里体现出《周易》中的辩证思想，任何事物都是物极必反，不断变化的。《周易》中认为阳气最强盛的时期正是阴气开始生长的时期，阴气最强盛的时期正是阳气开始生长的时期。而相对于损益也是这样，受损达到一定极限，正是开始走向强盛的起点；受益达到一定极限，正是开始走向衰落的起点。

损卦的卦画是外部三个阳爻，内部三个阴爻，与益卦的卦画排列顺序正好相反。从卦象上分析，损卦的上卦为艮为山，下卦为兑为泽，山下有泽便是损卦的卦象。也就是说，山下的沼泽增大，山的面积便会减少；山下的沼泽减小，山的面积就会增大。山与泽互相减损，一方受损，则另一方受益。从卦变来讲，损卦是从泰卦变化而来，即泰卦的九三与上六互换便成为损卦，其表示的含义是减损下面一个阳爻增益到上面，也就是说"损下而益上"。

贰 • 卦辞

损：有孚，元吉，无咎，可贞，利有攸往。曷[1]之用？二簋（guǐ）可用享。
彖曰：损，损下益上，其道上行[2]。损而有孚，元吉，无咎，可贞，利有攸往。曷之用？二簋可用享；二簋应有时。损刚益柔有时，损益盈虚，与时偕行。
象曰：山下有泽，损。君子以惩忿窒欲。

【注解】

[1] 曷：音 hé，疑问词，相当于"何"。

[2] 损下益上，其道上行：损卦自泰卦变化而来，泰卦的九三与上六互换便成为损卦。九三来到了最上爻，所以说"损下益上，其道上行"。

【释义】

经文意思是：损卦，有诚信，大吉，没有灾难，可守正道，前往有利。用什么？用两簋供品祭祀神灵。

彖辞的意思是：损卦是减损下体的阳刚，增益上体的阴柔（即泰卦变损卦），是阳刚之道逐渐上升。减损时能心怀诚信，就会大吉，无灾难，可以守正道，前往有利。用什么（祭祀）？两簋淡食便可以了。当然，两簋淡食应当适合时宜，减损阳刚以增阴柔也应适合时宜，无论事物的减损、增益、盈满与亏虚都要适合时宜。

有二人对饮，欢饮义；酒瓶倒案上，瓶空无指望义；蹴鞠在地上，所求未得手；文书二束有再告二字，主再求方吉。凿石见玉之卦，握土为山之象。

象辞的意思是：山下有水泽，这就是损卦的卦象。君子从中得到启示，克制自己的愤怒，杜绝欲望。

虽然受损，却仍然本着诚信与正直，这种可贵的品质可以使人大有作为。前面在需卦中我们讲了山本武信的诚信，他破产了，为了还清银行的贷款，把自己的金怀表和太太的金戒指也交给了银行，正是这种诚信，使山本武信得到了银行提供的更多资金从而渡过了难关。

美国的林肯也是一位诚信与正直的典范。他出生在一个贫穷的农民家庭里，可是他并没有因为贫穷而失掉诚信与正直。他十多岁时在村里的一家杂货店当店员，一次有一位顾客多付了几分钱，林肯为了退还这多付的几分钱，竟然跑了十几里的路程。1834年，25岁的林肯当选为伊利诺伊州的议员，开始了政治生涯。1836年，他通过考试当上了律师。成为律师后，有很多人找他帮着打官司。林肯为当事人辩护却有一个条件，就是：当事人必须是正义的一方。当时有很多穷人没有钱付给他劳务费，但他们只要对林肯说"我是正义的，请你帮我讨回公道"，林肯便会义不容辞地为他们当辩护人。

一次，一个有钱人请林肯为他辩护，林肯听了那个人的陈述后，发现这个有钱人在诬陷好人，便对他说："很抱歉，我不能替您辩护，因为您的行为是非正义的。尽管用一些辩护技巧便可以使您获胜，但是我不能这样说谎，我不能丢掉良心。"

诚信并有正义感的林肯就是这样成为了美国的总统，成为全世界人民都爱戴的总统。

象辞中说："君子以惩忿窒欲。"损卦与克制自己的愤怒、杜绝欲望有什么关系呢？原来这是从损卦的卦象上来说的，损卦上卦为艮为止，下卦为兑为喜悦，所以要心怀喜悦而有所停止。停止什么？对于受损的人来说，当然就是愤怒与急于拥有的欲望了。因为愤怒与多欲是解决不了问题的，它们无法帮你挽回损失。

叁 • 爻辞

初九：已事遄[1]往，无咎，酌损[2]之。
象曰：已事遄往，尚合志也。
九二：利贞，征凶，弗损益之。
象曰：九二利贞，中以为志也。
六三：三人行，则损一人；一人行，则得其友。
象曰：一人行，三则疑也。
六四：损其疾，使遄有喜，无咎。
象曰：损其疾，亦可喜也。
六五：或益之十朋之龟，弗克违[3]，元吉。

象曰：六五元吉，自上佑也。
上九：弗损益之，无咎，贞吉，利有攸往，得臣无家。
象曰：弗损益之，大得志也。

【注解】

[1] 遄：急忙，快速。
[2] 酌损：酌，斟酒；损，损失。"酌损"即喝酒方面的损失。
[3] 弗克违：不用拒绝。

【释义】

初九： 已事遄往，无咎，酌损之。
象曰：已事遄往，尚合志也。

经文意思是：办完祭祀事急忙去，没有灾难，只是少喝点酒的损失。

象辞的意思是：办完祭祀事急忙去，因为早往合乎心志。

初九与六四相应，就好比六四设宴邀请初九，初九由于身边有事，所以做完手头的工作后便去赴宴，结果去得有些晚了，大家都已经吃喝得只剩残局。这种损失，只是少喝点酒的损失，所以不会造成灾难。因为初九前去赴宴的目的，不是为了吃喝，而是为了与六四进行交往。

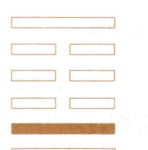

"初九"当正应上，可以停止自己的工作，速去协助。这是舍己为人，没有什么灾难。但是当量力而行。

九二： 利贞，征凶，弗损益之。
象曰：九二利贞，中以

"九二"上应六五，急于求进将有凶险；不自损，守持中道，即可"益上"。

第五章 《周易·下经》 损卦

为志也。

经文意思是：利于正道，征讨凶。不受损也不受益。

象辞的意思是：九二爻利于正道，是因为以中庸为心志。

九二处于下卦之中，可是阳爻居于偶位为不得位，并且他又是下互卦震的最下爻，所以有不安于现状的形象。他不满意的便是凌驾于他上面的六三爻，因为这个位置原来是上九的位置（即从泰变损），所以他想排挤掉六三爻，这种想法与行动是凶险的，所以爻辞中说"征凶"。这九二就好比一个单位的部门经理，本来他的直接领导者是一位有才干的人，可是调走了，上面派下来一个平庸之辈做自己的上级领导。于是这位部门经理便有些不服，想把这位新领导排挤走。这种行为肯定会遭到总经理的反对而不会成功。所以这位部门经理如果不想给自己带来不良后果，唯一的选择便是保持中庸之道，做好本职工作，不要做与上层组织意志相违背的事情。

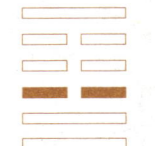

六三：三人行，则损一人；一人行，则得其友。
象曰：一人行，三则疑也。

经文意思是：三人同行就会减少一人，一人独行则会认识新的朋友。

象辞的意思是：一个人行走则得友，是因为三个人在一起就会产生猜疑。

"三人行"指的便是泰卦下面的三个阳爻，"损一人"则指的是变为损卦后泰卦的九三爻离开本位来到了损卦的上爻，"一人行"指的也是泰卦的九三爻来到了损卦的上爻位置。"得其友"则说的是损卦的上九爻与六五相合，与六三相应。

"六三"若专应上九，则得友朋。若与六四、六五同行欲求上九，则使上九生疑，为"损"上之举。

六四：损其疾，使遄有喜，无咎。

象曰：损其疾，亦可喜也。

经文意思是：减轻疾病痛苦，使病情快速好转，没有灾难。

象辞的意思是：减轻疾病痛苦，也是件可喜的事。

这里的"损其疾"指的是什么疾病呢？就是"窝里斗"的疾病。在泰卦

"六四"柔正得位，与初相应，能自损其疾患，迅速接纳初九阳刚，至为可喜。

中，上卦是三个阴爻，这种局面很容易因"窝里斗"而使集体力量造成损失。怎么办呢？只能减损一个阴爻到下卦中，从下卦减损一个阳爻到上卦来，这样就形成了损卦。由于这样变动便不会出现"窝里斗"现象了，所以集体的力量会得到增强。这就是损失便是强盛的开始的意思。

六五：或益之十朋之龟，弗克违，元吉。

象曰：六五元吉，自上佑也。

经文意思是：有人送给价值十朋的宝龟，不要拒绝，大吉祥。

象辞的意思是：六五大吉祥，是来自上九的保佑。

六五得到了价值十朋的宝龟，其实这宝龟正是权力的象征。六五居于尊位，是谁给他的这个位置呢？是上九，上九从泰卦的九三爻来到损卦的上九爻，便是要帮助六五巩固政权。所以六五不用拒绝，只要正确行使自己的权力，便会大吉大利。

"六五"柔中居尊位，下应九二。虚己谦下以"自损"，天下"益"，至为吉祥。

上九： 弗损益之，无咎，贞吉，利有攸往，得臣无家。
象曰： 弗损益之，大得志也。

经文意思是：没有减损而是得到了益处，没有灾难，守正道吉祥，前往有利，得到无私忘家的臣子。

象辞的意思是：没有减损而是有所收益，是志向可以得到大的施展。

泰卦的九三来到了上九的位置形成损卦，这不是使损卦的上卦受损，而是使损卦上卦的力量得到增强，所以爻辞说"弗损益之"。上九对上卦是有帮助的，怎么会有灾难呢？所以只要守正道自然吉祥。"得臣无家"则是说上九原为泰卦的九三爻，下卦为内为家，所以泰卦的九三爻为下卦的家长。可是到了损卦的上爻后，拥有了下面三个阴爻（即得臣），已经不再是下卦的一家之长了，所以"得臣无家"。

"上九"居损之终，使自己的多余让下面的人受益，这样方可得到广大臣民的拥戴而吉祥。

卦四十二 益

壹 • 卦名、卦画与卦象

益[1]

巽为上卦
震为下卦

风雷益

> 上三爻主自损，下三爻主受益。

震为雷，巽为风，风烈则雷迅，雷激则风怒，即风雷相益。益者，增长。故益象征增益。为损上益下，象征统治者减损财富，使人民增益。既行损上益下之道，利于有所前往，排难涉险。

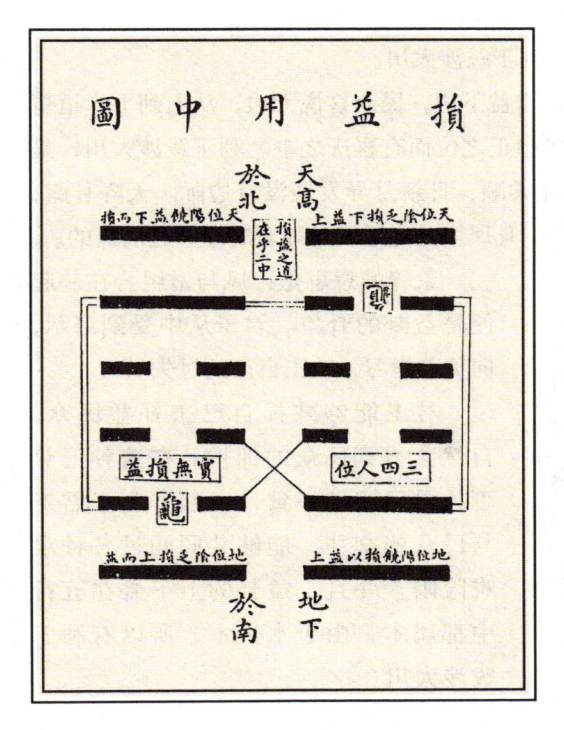

【注解】

[1] 益：卦名，象征增多、补益。

【释义】

此卦卦名为益。"益"的下面是一个器皿，上面指溢出的水，是"溢"的本字，本义为水从器皿中漫出。它的引申义为增加、增益、增强。不停地减损，就会出现损极而反的增益，所以损卦之后便是益卦。

益卦的卦画为外面三个阳爻，里面三个阴爻，其排列顺序正好与损卦的卦画相反。从卦象上分析，益卦的上卦为巽为风，下卦为震为雷，风雷相益便是益卦的卦象。雷在天空中震动，大地上会刮起疾风，风使雷声更显威猛，所以说风雷相益。益卦是从否卦变化而来，即否卦的九四爻与初六爻互换位置便成为益卦，九四爻来到下面补益下卦，所以益卦有"损上益下"的含义。

贰 • 卦辞

益：利有攸往，利涉大川。
彖曰：益，损上益下，民说无疆[1]，自上下下[2]，其道大光。利有攸往，中正有庆。利涉大川，木道乃行[3]。益动而巽，日进无疆。天施地生，其益无方。凡益之道，与时偕行。
象曰：风雷，益。君子以见善则迁，有过则改。

【注解】

[1] 损上益下，民说无疆：益卦从否卦变化而来，将否卦上面的三个阳爻减损一个（九四爻）补益到下卦的初爻位置上，所以称为"损上益下"。这种变化就相当于统治者能减损自己来增益在下面的人民，所以"民说无疆"。

[2] 自上下下：第一个"下"为动词，第二个"下"为名词，即从上面下到下面来。指否卦的九四爻来到最下面的位置上。

[3] 木道乃行：益卦下卦为震为木为动，上卦为巽为木为入，上下卦都有"木"的属性，所以说"木道"。震为动，巽为入，都有动的含义，所以"乃行"。

【释义】

经文意思是：益卦，前往有利，有利于跋涉大川。

彖辞的意思是：益卦，减损上面，增益下边，民众喜悦无边，从上到下，道德被发扬光大。利有所往，因为九五爻居中正之位而有喜庆之事。利于跋涉大川，是因为木船可以在水上航行。益卦动而能柔顺，日新月异发展没有边际。天降甘露，地养育万物，增益是没有固定的方式的。凡属增益之道，是随着时序一起前进的。

象辞的意思是：风与雷组合在一起便是益卦的卦象。君子从中受到启示，向美善学习，改正自己的过失。

君王能够减损自己来补益民众，自然会得到民众的拥护。在这种形势下，君民团结一致，自然有利于君王与民众的交往，能够共同闯过各种艰难险阻。并且，益卦的上下卦在五行中都属木，由于水生木，所以有利于跋涉大川。

官人抱合子，主与贵人道合；一人推车，主营运及时；一鹿一钱，乃才禄俱旺。鸿鹄遇风之课，河水溢出之象。

相对于国家来说，统治者能够减轻民众的徭役与税赋，便是损上益下之举。这种政策正是使国富民强的根本方法。比如刘邦在推翻秦王朝建立汉朝后，便采取老庄的无为而治的管理方法，减轻民众的徭役与税赋，使饱受战乱之灾的劳苦大众能够摆脱穷困。正是这一制度使汉朝逐渐走向了盛世，成为中国历史上第一个令人羡慕的富足时代。所以说损上益下是一项重要的治国策略，因为民不富，国家怎么会强盛呢？

象辞中对君子提出的忠告是，君子要从益卦中受到启示，向美善学习，改正自己的过失。这其实讲的也是一种损与益的关系。君子所损的是自己的过错、缺点，君子所益的是自己的美善、道德。只有这样，君子才能逐渐完善自己的美德，成为众人拥戴的对象。

叁 ● 爻辞

初九：利用为大作[1]，元吉，无咎。
象曰：元吉无咎，下不厚事也。
六二：或益之十朋之龟，弗克违，永贞吉。王用享[2]于帝，吉。
象曰：或益之，自外来也。
六三：益之用凶事，无咎。有孚中行，告公用圭[3]。
象曰：益用凶事，固有之也。
六四：中行，告公从。利用为依迁国。
象曰：告公从，以益志也。
九五：有孚惠心，勿问元吉。有孚惠我德。
象曰：有孚惠心，勿问之矣。惠我德，大得志也。
上九：莫益之，或击之，立心勿恒，凶。
象曰：莫益之，偏[4]辞也。或击之，自外来也。

【注解】

[1] 大作：大的作为。

[2] 享：祭祀。

[3] 圭：圭是一种古代官员佩带的信物，象征天子赋予的权力，形制如同琬圭、琰圭，有九寸长。由于益卦自否卦变化而来，益卦的初九原为否卦的九四爻，而否卦的上卦为乾为玉为圭。

[4] 偏："偏"在孟喜本中作"徧"，在虞翻本中也作"徧"，"徧"即今"遍"字。《释文》"偏音篇，孟作徧，云周匝也"，可见"徧"为遍的意思。

"初九"位卑，本难胜任大事，但受益于上可担当大事。但必须是善事，才不会有过错。

【释义】

初九：利用为大作，元吉，无咎。
象曰：元吉无咎，下不厚事也。

经文意思是：有利于发展大事业，大吉祥，没有灾难。

象辞的意思是：大吉祥没有灾难，是因为下民不用承受繁重的剥削。

初九位于益卦的最下层，由于益卦是损上益下，所以初九也是最大的受益者。君王使民众受益，民众怎么能不吉祥，怎么会有灾难呢？所以处于这种大好形势下，民众就应当有大的作为，积极发展经济。因为君王不再厚取于民，民众的劳作收入大部分是自己的，为什么不利用这种优惠的政策兴办大事？比如我国20世纪80年代，为了让民众中的一部分人先富起来，国家鼓励个人贷款。结果有不少人积极向国家贷款兴办企业，最终使自己成为大公司的老板。可是有些人却觉得这样做有些冒险，没有跟上这个形势，结果后来想发展也想向国家贷款，可是由于贷款的人太多，已经无法轻易贷出款项来了。

古代的统治者给民众的优惠一般是减少租税，使种田的农民受益。"利用为大作"指的便是大面积地种植农作物，因为种地的租税少了，所以种的地越多得到的利益就越大。这一爻告诉人们在政策优惠时宜于采取大的行动。

六二：或益之十朋之龟，弗克违，永贞吉。王用享于帝，吉。
象曰：或益之，自外来也。

经文意思是：有人送给价值十朋的大龟，不要拒绝，永远守正道吉祥。君王祭祀先帝，吉祥。

象辞的意思是：有人给予增益，是从外面得到增益。

六二爻的爻辞与损卦的六五爻的爻辞基本上一样，但意思还是有区别的。损卦的六五是因为上九的帮助而拥有了实权；这里则指的是国家政策在与民休息、减轻税赋的同时，对于权力也开始下放，使身为大夫的六二也拥有了实权。虽然有了实权，但也不能滥用职权，所以爻辞中说"永贞吉"。"王用享于帝"则是说要虔诚地祭祀先祖，并且像举行祭祀一样虔诚地对待自己的本职工作，不滥用职权；像敬畏先祖一样敬畏君王，才会吉祥。

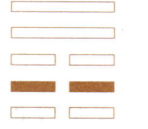

"六二"柔顺中正，受君之益，似获得价值"十朋"的大宝龟。此时，君王举行祭天大典，必获吉祥。

六三：益之用凶事，无咎。有孚中行，告公用圭。
象曰：益用凶事，固有之也。

经文意思是：用收到的礼物救助灾区，没有灾难。有诚信而行中庸之道，用圭璧为信物向王公告急。

象辞的意思是：用收到的礼物拯救灾区，可以巩固自己原有的利益。

六三为王侯之位，所以他可以收到很多礼物，当然，这些礼物不是来自于灾区。他用自己收到的财礼救助灾区是一种无私的行为，所以没有灾难。"圭"是救灾用的凭证。《周礼》中记载："珍圭以征守，以恤凶荒。"这个"圭"是天子发给诸侯的信物，诸侯国如果因为受灾或受战事侵害向天子求救时，便以圭作为信物。六三爻身为侯王，所以他拥有圭这个信物。于是他让使者拿着这个信物求救于天子，以解救灾区的民众。

"六三"失正，受益至甚，但应心存诚信，持中慎行，努力施用于救凶平险，才不会有过失。

"六四"近承九五阳刚,有依附"君主"施益于"民"之象。但须持中慎行。

六四:中行,告公从。利用为依迁国。
象曰:告公从,以益志也。

　　经文意思是:行中庸之道,告诉王公的随从。利于依附强大的邦国而进行迁都。

象辞的意思是:告诉王公的随从,以增强众人的意志。

六四爻是下互卦坤卦的上爻,又是上互卦艮卦的中爻,同时也是益卦上卦的下爻,并且与下卦震相临,综合这些卦象,可以看出六四所居之地是旱涝不断的灾区,这个环境不好。怎么办?只有迁都了。将国都迁到离天子的都城较近的地方,一旦本国发生灾荒,则可以迅速求救于天子的帮助。所以六四是想通过易地而受益。

九五:有孚惠心,勿问元吉。有孚惠我德。
象曰:有孚惠心,勿问之矣。惠我德,大得志也。

　　经文意思是:有诚信惠心,不用问就知是大吉利。有诚信惠心于我的恩德。

象辞的意思是:有诚信惠心,是用不着问的。(天下人)报答我的德行,可以得到更大的发展。

九五为君位,他减轻民众的徭役,不厚取于民,所以民众对这位国君心存感激之情。这样的国君不用占卜也会大吉大利的。比如商汤在位时,他推行仁政,轻徭薄税,深得民众的拥戴,使天下呈现出一派太平景象。有一年,遇上大旱,中原一带晴空万里,一次雨也没下,庄稼都快旱死了。商汤于是找来史官进行占卜。史官卜过之后说:"当前的旱灾是由于对上天的祭祀还不够隆重,应当杀一个人祭天,便会下雨了。"商汤听后生气地说:"这怎么行!我求雨是为了救助众生,怎么能用杀人的方式求雨呢？如果非要杀死一个人才能下雨的话，就从我开始吧！"于是，商汤沐浴斋戒后，乘着白马拉的素车，身上缠着白茅草，将自己作为祭天的牺牲，在桑林环抱的原野举行祭天仪式。他从各个方面省察自己的过错："我在政事上没有合乎法度吗？我使民众失去了谋生手段吗？我的宫室太高太华丽吗？我将行贿者升官加爵了吗？……"商汤正这样向苍天询问自己都犯了哪些错误，天马上阴了下来，接着便下起了绵绵的细雨。可见君王的美德可以感动天地，所以"勿问元吉"。

"九五"中正尊居君位，下应六二，以惠心得天下人，天下人也必将感惠报答他的恩德。

上九：莫益之，或击之，立心勿恒，凶。

象曰：莫益之，偏辞也。或击之，自外来也。

经文意思是：没有人增益它，有的人打击它，树立决心不够坚定，凶险。

"上九"阳刚亢盛，贪求不已，故天下无人增益他，并群起而攻之，会有伤害。

象辞的意思是：没有人增益它，是国内普遍的情况。有的人打击它，则是来自外部。

上九位于益卦的最上爻，是损上益下发展到了极至，可是这样却造成了凶险。举个例子大家就会明白了。某单位的领导都很廉政，并且注重职工的利益，结果导致职工失去一点利益就会找领导的麻烦，好像领导做了什么大错事似的。然而在这些领导中，职位最高却没有实权的党委书记往往是最容易受职工欺负的对象。这个党委书记就相当于这个上九爻。为职工谋福利是应该的，他不会因为这个而得到名与利的收益；可是一旦职工发觉自己的利益受损，便会先找党委发脾气，毕竟职工也不敢得罪拥有实权的厂长或总经理。这就是损上益下太过造成的弊端。对于国家也是一样，天子总是损上益下，结果诸侯强大起来了，不但不进贡，还要带兵侵袭天子的地盘，最终使总盟主失去原有的地位。所以说损上益下要有一个度，不能太过，凡事太过，都不会有好的结果。

卦四十三 夬

壹●卦名、卦画与卦象

夬[1]

兑为上卦
乾为下卦

泽天夬

乾为天，兑为泽，天上水气腾腾，欲降成雨，为夬。夬为决断、果决，有清除邪恶的意思。君子制裁小人时，应光明正大，公开公布小人的罪过，并告诫人们引以为戒。施"仁政"，建章立法，不乱用武施暴，这样才会有利。

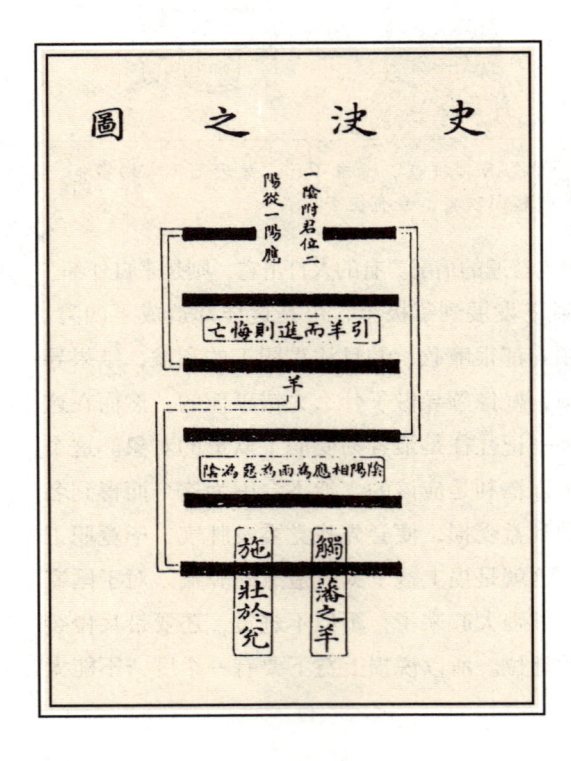

【注解】

[1] 夬：音 guǎi，卦名，象征决裂、决断。

【释义】

此卦卦名为夬。"夬"便是"决"的意思。决是什么意思呢？大水冲破堤岸或溢出便是决。上面益卦表示的是受益，但受益不断便会益极而溢出，就像河中的水一样，积蓄过多的水便会溢出河床，所以益卦的后面是夬卦。这就是《序卦传》中所说的："益而不已必决，故受之以夬。夬者，决也。"

夬卦的卦画是相临五个阳爻，最上面一个阴爻。从卦象上分析，夬卦的五个阳爻象征阳气的强盛，一个阴爻表示阴气即将消失，强大的阳气将要驱除弱小的阴气，这便是夬卦所表达的含义。夬卦是十二消息卦之一，代表的节气为谷雨。夬卦六爻代表清明至立夏的三十余天。五天为一候，一爻代表一候。从上下卦象上分析，夬卦上卦为兑为泽，下卦为乾为天，泽上于天便是夬卦的卦象。泽中的水高高在上，比天还高，这虽说是有些夸张，但泽水涨成这样子，肯定会向四面八方溢出的，所以还是表明了"夬"的含义。另有一种解释认为泽中的水被烈日烤晒变为水汽升腾到了天上，表明强大的阳气将阴气驱逐到天上。

贰 • 卦辞

> 夬，扬于王庭，孚号，有厉。告自邑，不利即戎，利有攸往。
> 彖曰：夬，决也，刚决柔[1]也。健而说[2]，决而和，扬于王庭，柔乘五刚也。孚号[3]有厉，其危乃光也。告自邑，不利即戎，所尚乃穷也。利有攸往，刚长乃终也。
> 象曰：泽上于天，夬。君子以施禄及下，居德则忌。

【注解】

[1] 刚决柔：夬卦下面有五个阳爻，将要驱除在上面的弱阴，所以说"刚决柔"。

[2] 健而说：夬卦上卦为兑有喜悦的含义，下卦为乾有强健的含义，所以说"健而说"。说，通"悦"。

[3] 号：召唤，呼唤，疾呼。

【释义】

经文意思是：在王庭上大声宣扬，竭诚地哭号将有危险。告诉同邑的人们，不利于立即采取军事行动，与对方建立交往有利。

彖辞的意思是：夬，即决的意思，阳刚决断阴柔。刚健而喜悦，决断而能和谐，宣扬于王庭，是柔爻登乘在五个阳爻之上。心怀诚信哭号有危险，说明这种危险已经很明显了。告诉同邑的人们，不利于立即采取军事行动，因为崇尚武力是行不通的。与对方建立交往有利，是因为随着时间的推移，阳长自然阴消。

象辞的意思是：泽水化气升腾于天，这就是夬卦的卦象。君子从中受到启示，将福禄施予百姓，稳居在上只想获取是应当禁止的。

二人同行，前有水后有火及虎蛇当道，主出行多惊恐；竿上有文字，竿下有钱，主历经艰难可望名利。

卦辞中主要说明了阴爻的处境，当即将被阳爻所驱除的时候，上六的弱阴在王庭上不敢发自内心地哭号，因为这样会有危险。他只能告诉同邑的人们，不要用武力与强阳对抗，因为阴爻的消亡已成必然，谁也无法改变时势的变化规律。

象辞中告诫君子，要"以施禄及下，居德则忌"。也就是说，泽水化气升腾于天，象征民众纳税于君王，所以君王要从这一卦象中明白是民众养育着自己，要将恩泽广施到民众中去。

叁 ● 爻辞

初九：壮于前趾，注不胜[1]为咎。
象曰：不胜而注，咎也。
九二：惕号[2]，莫夜有戎，勿恤。
象曰：有戎勿恤，得中道也。
九三：壮于頄[3]，有凶。君子夬夬，独行遇雨，若濡有愠[4]，无咎。
象曰：君子夬夬，终无咎也。
九四：臀无肤，其行次且。牵羊悔亡，闻言不信。
象曰：其行次且，位不当也。闻言不信，聪不明也。
九五：苋陆夬夬[5]，中行无咎。
象曰：中行无咎，中未光也。
上六：无号，终有凶。
象曰：无号之凶，终不可长也。

【注解】

[1] 胜：胜任。

[2] 惕号：受惊而呼喊。

[3] 頄：音 qiú，指颧骨。

[4] 愠：恼怒的样子。

[5] 苋陆夬夬：苋，音 xiān。苋陆的解释一直有争议。虞翻认为苋陆为"莞睦"，是喜悦和睦的意思；王弼则认为苋陆是泽中的水草；荀爽认为苋与陆分别是两种水草；孟喜则认为是一种动物；现今有人认为苋陆即马齿苋。本人认为王弼与荀爽的说法较为确切，因为从卦气上来讲，此时浮萍已生，类似于浮萍的水草浮在水面上，故此有"夬夬"之象。

【释义】

初九：壮于前趾，注不胜为咎。
象曰：不胜而注，咎也。

经文意思是：前脚趾健壮，前往不能胜任而造成灾难。

象辞的意思是：不能胜任而前往，自找灾难啊。

初九代表阳气渐生，相对于人体来说就好比脚趾，相对于人的能力来说表示能力较弱，所以前往会有不能胜任之忧。这就好比一个还在学校学习的大学生，品学兼优，但是凭这些就想承担某个企业的主要领导职位，显然是能力还有些欠缺。现在大学生流行一边打工一边学习，但是如果这位大学生找到一份兼职经理来做，只会因为不能胜任而自找麻烦。

九二：惕号，莫夜有戎，勿恤。
象曰：有戎勿恤，得中道也。

经文意思是：受惊感叫，在夜里有兵戎经过，不用忧虑。

"初九"阳刚处下，上无应。似强盛在足趾尖，躁进而往，必难取胜而有灾难。

象辞的意思是：夜里有兵戎经过，因为九二处于中正之道，所以不必忧虑。

九二有警惕之心，并且保持适中的原则，所以即使夜里有兵戎经过，也用不着忧虑。这就有些像俗话所说的"平生不做亏心事，夜半敲门心不惊"。不过从爻辞来看，九二还是因为兵戎的经过而受到了惊吓。可是这一点正说明九二的处事小心谨慎。谨慎而持中，所以不会有灾难。

九三：壮于頄，有凶。君子夬夬，独行遇雨，若濡有愠，无咎。
象曰：君子夬夬，终无咎也。

经文意思是：颧骨强壮，有凶险。君子一个人走得很急，遇到下雨被淋湿而有怨气，没有灾难。

象辞的意思是：君子走得很急，最终没有灾害。

"九二"得中，既果断又谨慎，故能时刻呼号鸣警，遭夜袭也有备无患。

第五章 《周易·下经》 夬卦

547

众阳爻意在排除上面的弱阴，可是九三却与上六正应，九三阳爻居于奇位为得位，并且又是下卦乾卦之上爻，所以他异常刚健，不与众阳同处，"壮于頄"则是表现出不与群阳为伍的态度。他一个人急急向前走，是要救助上六的弱阴，"遇雨"则说明与上六阴阳有合。九三的凶来自于不与群阳为伍，九三的"无咎"来自于与上六的应和。

"九三"若制裁小人，怒形于色，有失美善之道。若与小人周旋往应上六，虽然遇雨淋衣被人不解，但无过失。

九四：臀无肤，其行次且。牵羊悔亡，闻言不信。

象曰：其行次且，位不当也。闻言不信，聪不明也。

经文意思是：臀部受伤，行走艰难。牵着羊没有悔恨，不听别人的话。

象辞的意思是：行走艰难，是九四的位置不当。不听别人的话，是不聪明。

"九四"失正，越趄难进。若依附九五，跟随其后，不会后悔。但九四容易冲动，听到这样的忠告，也不会相信。

李鼎祚说："凡卦初为足，二为腓，三为股，四为臀。当阴柔，今反刚阳，故曰无肤。"也就是说，四爻相当于人体臀部的位置，本属阴柔之位。可是九四爻以阳刚居于柔位，就好比是人的臀部有骨无肤，所以说"臀无肤"。臀部受伤连皮肤都没了，走起路来自然是极其艰难。由于九四爻是上卦兑卦的最下爻，兑为羊，所以有牵着羊走路的形象。由此可见九四爻是极其被动地行走着，他臀部受了伤，而后面的众阳爻的上行迫使他必须往前走，他不想让他的羊跑掉，所以被羊所牵引，盲目地行进，既不能停下来，又不能按自己的方向走。"闻言不信"是什么意思呢？是说被动的九四此时已听不进别人的劝告了，因为他既不想失去羊，又忍受不了臀部的疼痛。所以象辞中说他是"聪不明也"。

就好比这样一个故事,有一个人从悬崖上摔了下来,在下落的过程中他抓住了一棵灌木。此时山上的人没办法救他,因为他离上面太远了。可是他这样一直抓着灌木也没法求生,因为他很快就会因为力气耗尽而松开手。这时山上有一位僧人大声对他说:"放开手!"此时这个抓住灌木的人怎么会听信这句话呢?其结果也就可想而知了。

九五:苋陆夬夬,中行无咎。
象曰:中行无咎,中未光也。

"九五"居尊位,中正,能像斩除马齿苋一样清除小人,但持中慎行才无过失。

经文意思是:水中的苋陆脱离土地浮在水面上,以中正之道行事没有灾难。

象辞的意思是:以中正之道行事没有灾难,是因为九五居中但还未光大。

九五紧临上六,并且与上六相合,但是从大的局势来说,他必须顺从众阳的意愿,将上六驱除掉。可这不是他自己的心意,所以他只能保持适中的原则,一切顺从时势的安排了。九五就好比开元盛世中的李隆基,当安禄山造反后,朝中的众军士要求斩杀杨玉环时,身为国君的李隆基也救不了自己的爱妃。

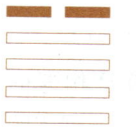

上六:无号,终有凶。
象曰:无号之凶,终不可长也。

经文意思是:不用痛哭喊叫,最终有凶险。

象辞的意思是:不用痛哭的凶险,是因为弱阴终究不会长久。

大势已去,上六的灭亡已不可避免。人在最悲伤的时候反而没有眼泪了,上六就是这样。他只能等待着凶险的来临,却没有一点办法。因为众阳的势力太强大了,自己无法与之抗衡。

"上六"是要被决断的小人,在被穷追不舍时大声呼号,也无人理会,难逃凶险。

第五章 《周易·下经》 夬卦

卦四十四 姤

壹 • 卦名、卦画与卦象

姤[1]

天风姤

乾为上卦
巽为下卦

巽为风，乾为天，风行天下，无物不遇，为姤，同逅，即邂逅，意外相遇。本卦一阴爻周旋在五阳爻之间，疑此女不守贞节，而且身体强壮，相遇不可娶其为妻。但也不一定都恶劣，刚遇到中正的柔，刚柔相济，才能使其抱负大行于天下。

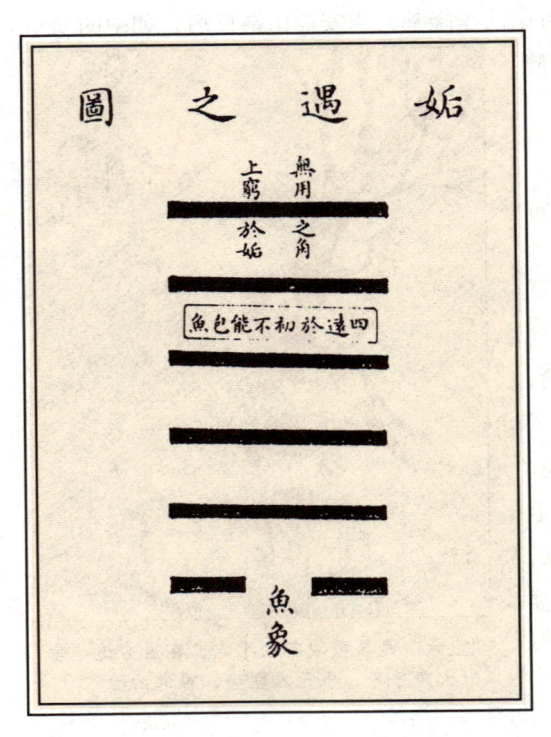

【注解】

[1] 姤：音 gòu，卦名，象征相遇，女遇男交互为婚姻。

【释义】

此卦卦名为姤。姤就是相遇的意思，在此卦中指的是柔爻遇到了刚爻。上一卦是众阳爻驱逐了阴爻，这个阴爻被驱逐后又会与新的阳爻相遇，所以夬卦的后面是姤卦。这也就是《序卦传》中所说的："决必有所遇，故受之以姤。姤者，遇也。"

姤卦的卦画为下面一个阴爻，上面五个阳爻，与夬卦的卦画排列顺序正好相反，夬卦与姤卦互为覆卦。从卦象上分析，姤卦下面的一个阴爻代表阴气始生，上面的五个阳爻代表阳气尚处于强盛时期。姤卦是十二消息卦之一，代表的节气为夏至。姤卦六爻代表芒种至小暑的三十余天。五天为一候，一爻代表一候。此时天地之气阳极阴生，所以卦象上下爻出现了一个阴爻。这一个阴爻反映在天气上，便是出现了潮湿的气候。姤卦上卦为乾为天，下卦为巽为风，天下刮起了风便是姤卦的卦象。风无孔不入，所以也说明相遇在任何地方都会出现的。在郑玄本中"姤"为"遘"字，即邂逅的"逅"，指的是没有约定的不期而遇。这种相遇自然是最容易出现的了。另外，姤卦的上卦乾代表老男人，下卦巽代表成熟的女性。老人娶少妇在《周易》中认为是一件好事情，但此处的老人所相遇相合的却是一位成熟、强壮的女性，所以就会对老人不利了。

贰 • 卦辞

姤：女壮[1]，勿用取女。
彖曰：姤，遇也，柔遇刚也。勿用取女，不可与长也。天地相遇，品物咸章[2]也。刚遇中正，天下大行也。姤之时义大矣哉！
象曰：天下有风，姤。后以施命诰四方。

【注解】

[1]女壮：女人强壮。姤卦一阴始生，喻示阴柔开始生长强盛，故有"女壮"的卦辞。

[2]天地相遇，品物咸章：天与地交合，使万物得以生长繁盛。品，各种、各类；咸，都；章，通"彰"，彰明、明显、显著。

【释义】

经文意思是：女子强壮，不要娶这个女子为妻。

彖辞的意思是：姤，就是相遇的意思，阴柔遇到阳刚。不要娶这个女子，因为娶强壮的女子不会相处长久。天与地的阴阳之气相遇，天下万物才能生长繁衍。阳刚如果遇到居中守正的阴柔，那么天下化育之道就可以盛行了。姤卦的时势意义太大了！

象辞的意思是：天下有风就是姤卦的卦象。君子从卦象中受到启示，发布命令，传告四方。

在卦辞中，对人们提出的忠告是："女壮，勿用取女。"这里的女壮指的不

有一官人用箭射鹿，有文书带喜字，有两个牵连，有绿衣贵人指路。风云相济之卦，或聚或散之象。

是女人身体强壮，因为在上古及中古时代，女人身体强壮是一种美。这里的强壮指的是性欲强烈。古人将性欲强烈的女人称为"淫妇"，认为谁娶了这样的女人便会倒霉。所以卦辞中才会说，不要娶这个性欲强烈的女人为妻。

象辞虽然也不赞同娶这个强壮的女人为妻，但却将姤卦的内涵进行了引申，赞扬了阴阳交合的伟大，说明了阴阳交合才能产生万物这一道理。由此可见《周易》中可以通过卦画与卦象引申出许多道理，并不拘泥于一事一物。

象辞则是从卦象中进行引申与发挥，对君王提出关于治理天下的忠告。也就是说要让自己的命令像风一样传遍四方，不能将自己的命令只局限于自己的都城内。这按今天的话来说就是要加强全民的普法教育，让百姓知法守法。如果法律只有律师才知道，便对民众无法起到束缚的作用了。

叁●爻辞

初六：系于金柅[1]，贞吉。有攸往，见凶，羸[2]豕孚蹢躅[3]。
象曰：系于金柅，柔道牵也。
九二：包有鱼，无咎，不利宾。
象曰：包有鱼，义不及宾也。
九三：臀无肤，其行次且，厉，无大咎。
象曰：其行次且，行未牵也。
九四：包无鱼，起凶。
象曰：无鱼之凶，远民也。
九五：以杞包瓜[4]，含章，有陨自天。
象曰：九五含章，中正也。有陨自天，志不舍命也。
上九：姤其角，吝，无咎。
象曰：姤其角，上穷吝也。

【注解】

[1] 金柅：金，金属；柅，缫车上的横木。
[2] 羸：音léi，通"累"，缠绕、困住的意思。
[3] 蹢躅：徘徊不进的样子。
[4] 以杞包瓜：杞，杞柳。即用杞柳将瓜包起来。

【释义】

初六：系于金柅，贞吉。有攸往，见凶，羸豕孚蹢躅。
象曰：系于金柅，柔道牵也。

经文意思是：系缚在金属的织具上，守正道吉祥。有所往，会遇到凶险，拴缚住的猪还要挣扎行动。

象辞的意思是：系缚在金属的织具上，就是阴柔受阳刚的牵制。

初六就好比一个单身女子来到了一个光棍村，结果被一名男子抢到了自己的家中，成为这名男子的妻子，每天从事纺线的工作。在远古时期有抢婚的风俗，所以这种事情不属于违法。"系于金柅"则既表明阴柔被阳刚所牵制，又表明了这位女子所从事的工作。处于这种情况怎么办呢？如果在今天，大家肯定要说："想办法逃跑呗，要不到法院告他。"可是在当时，这是一种婚姻形式，所以这名女子只能安守妇道，做个好妻子才会吉祥。"有攸往，见凶，羸豕孚蹢躅"则是说，如果逃跑便会凶险，就像被拴住的猪一样挣扎是没有用的。

"初六"在此时将小人制止，就像使用金属的刹车一样容易，吉祥。但小人依然像一只瘦弱的猪不断徘徊，应严加防备。

九二：包有鱼，无咎，不利宾。
象曰：包有鱼，义不及宾也。

经文意思是：包裹里有鱼，没有灾难，不利于招待宾客。

象辞的意思是：包裹里有鱼，从道理上讲是不想给宾客吃的。

九二的"包有鱼"，其实指的便是得到了初六这位妻子。一个光棍有了妻子，当然是件好事了，男耕女织，共同致富，并且抢婚又是当时的法律所允许的，怎么会有灾难呢？但却不利于招待宾客。因为自己的妻子怎么能用来招待宾客呢？虽说这是个光棍村，但有福也不能这么同享啊！可正是由于九二有了妻子，才使村里的光棍之间产生了一些小灾难。请看下面的九三就是一个受害者。

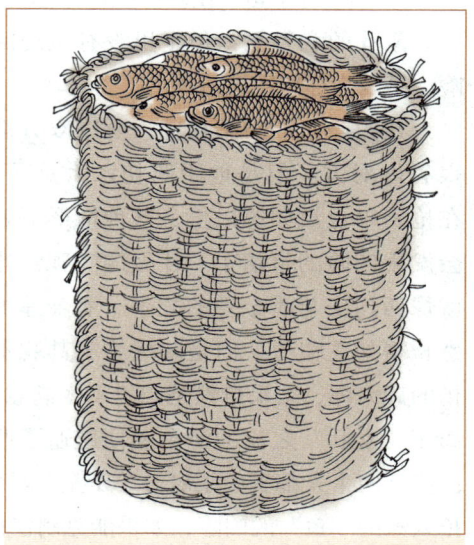

"九二"受初六近承，像草袋中的鱼不能动转，这没有害处，但不宜用来宴享宾客。

第五章 《周易·下经》 姤卦

九三：臀无肤，其行次且，厉，无大咎。
象曰：其行次且，行未牵也。

经文意思是：臀部受到重伤，走路艰难。有危险，但没有大的灾难。

象辞的意思是：走路艰难，是因为没有人搀扶。

九三自然也想抢初六这个女子为妻，所以他与九二争夺，结果被打伤了，臀部的皮肤都没了，走路都十分困难。这就是抢婚中造成的危险。不过由于九三并没有因此而失掉性命，并且抢婚也不属于违法的事，所以不会有大的灾难。只是没有抢到妻子，受了伤也没人搀扶，处境有点凄惨。

"九三"过刚不中，行止艰难而有危险。但得正，虽孤立无援，但没有大的灾难。

九四：包无鱼，起凶。
象曰：无鱼之凶，远民也。

经文意思是：包裹里没有了鱼，出现凶险。

象辞的意思是：包裹里没有鱼的凶险，是因为远离臣民造成的。

九四与初六阴阳相应，所以双方都很看好对方。但是他距离初六太远了，在抢婚中也没如愿以偿，这种情形下就会发生凶险的事情了。什么凶险呢？这就像西门庆与潘金莲的故事。潘金莲虽然长得如花似玉，但是却嫁给了其貌不扬的武大郎，结果自然是心里不太满意。属于"女壮"之流的潘金莲便邂逅了西门庆，两个人都看中了对方，于是一场凶杀案就这样产生了。所以九四的凶险是想抢人家的"鱼"的凶险，如果能克制住自己，自然也就不会有灾难了。

"九四"阳刚失正，包中没有鱼，凶险难免，这是远离民众，不能包容的结果。

九五：以杞包瓜，含章，有陨自天。
象曰：九五含章，中正也。有陨自天，志不舍命也。

经文意思是：用杞柳把瓜包起来，内藏文采，从天上陨落。

象辞的意思是：九五内藏文采，是因为位置居中而守正；从天上陨落，是不舍弃天命的安排。

九五就相当于这个光棍村的村长，可是光棍都要娶妻子，这个光棍村的村长便不再有威信了。因为他是一个不想让人们娶妻的村长，从卦象上说，九五是想克制阴爻的生长。可是大局势对他却不利，下卦为巽为阴为女为柳，上卦为乾为天为圆为瓜，所以卦象上有阴包阳的形象。九五的衰落便在所难免了，所以"有陨自天"。也就是说，按照天道的运转规律，九五该被阴柔所驱退了。

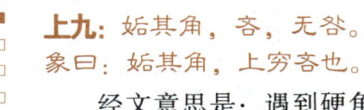

"九五"阳刚中正居尊位，屈己谦下，求遇贤才，则必有贤者自天而降，与之应合。

上九：姤其角，吝，无咎。
象曰：姤其角，上穷吝也。

经文意思是：遇到硬角顶撞，有麻烦，但没有灾难。

象辞的意思是：遇到硬角顶撞，是由于上九处在穷尽之地，所以有麻烦。

这位上九相当于村里最年老的一位光棍，所以他不会有与阴柔相遇的机会了，但是由于属于长辈，反而会受到下辈的顶撞。首先与他相敌的便是九四，九四因为没抢到妻子，自然迁怒于自己的长辈："你怎么这么穷啊，怎么不能给我抢一个妻子啊……"这种言语，九四肯定说得出来。上九还会受到九五的顶撞，因为迫于阴爻的增长，九五该退到上九的位置上了。在这种情况下，上九只能是忧心忡忡了，但是没有灾难。为什么呢？因为上九又穷又老，古人年老而死属于喜事，上九只有等死了，怎么会有灾难呢？

"上九"穷高极上，所遇无人，有被嘲笑为褊狭的羞辱，但没有被小人感染的顾虑，没有灾难。

总之姤卦六爻的凶，都是由于没有听信卦辞中的"勿用取女"造成的。不过娶妻生子是任何人无法制止的事情，阴长阳消的运行规律也不是人为所能控制的，所以因"女壮"而带来的灾难是无法避免的。

第五章 《周易·下经》 姤卦

卦四十五　萃

壹 • 卦名、卦画与卦象

萃[1]

兑为上卦
坤为下卦

泽地萃

> 坤为地，性顺；兑为泽，性悦。泽居地上，即水在地上聚集成泽，滋润万物，为萃。故萃象征会聚。天下会聚，顺利亨通。德高望重者主持会聚必遵循正道，用大的牺牲祭祀祖先会吉祥。聚集使物资丰富，民心一致，可积极前进，从事大的事业。

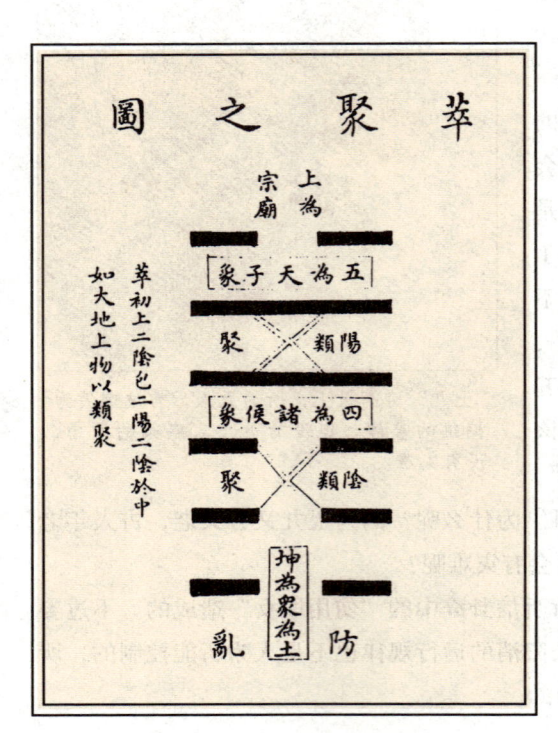

萃聚之图

上为宗庙
五为天子　象阳类
四为诸侯　象阴类
二阳已二阴於中
萃初上二阴
如大地上物以类聚
坤为众为土　乱　防

【注解】

[1] 萃：卦名，象征聚集、相聚。

【释义】

此卦卦名为萃。《集韵》中说："萃，草盛貌。"也就是说萃的本义是指草丛生长茂盛的样子，而其引申义便是人或物按照不同的类别聚集、聚拢的意思。姤卦讲的是阴柔与阳刚相遇，相遇必然会聚集在一起，所以姤卦的后面是萃卦。这就是《序卦传》中所说的："物相遇而后聚，故受之以萃。"

萃卦的卦画为四个阴爻两个阳爻，两个阳爻分别位于九四与九五的位置上。从卦象上分析，萃卦上卦为兑为泽为喜悦，下卦为坤为地为柔顺，沼泽本来比地面要低，可是由于不断积聚使泽水高出了地面，这便是聚集的大形象。另外，兑为喜悦，坤为柔顺。外表喜悦，内心柔顺，正是人与人良好交往得以相聚的必要条件。所以兑上坤下的卦象有相聚的含义。

贰 • 卦辞

> 萃：亨，王假有庙[1]。利见大人，亨，利贞。用大牲吉，利有攸往。
> 彖曰：萃，聚也；顺以说[2]，刚中而应，故聚也。王假有庙，致孝享也。利见大人亨，聚以正也。用大牲吉，利有攸往，顺天命也。观其所聚，而天地万物之情可见矣。
> 象曰：泽上于地，萃。君子以除戎器，戒不虞[3]。

【注解】

[1] 王假有庙：假，到；有，助词，无意义；庙，宗庙。"王假有庙"即君王来到宗庙里。

[2] 顺以说：萃卦上卦为兑有喜悦的含义，下卦为坤有柔顺的含义，所以说"顺以说"。说，通"悦"。

[3] 虞：猜度，预料。

【释义】

经文意思是：萃卦，举行祭祀时，君王来到宗庙里。有利于拜见大人物，亨通，有利于守正道。有利于用大牲畜作祭品，前往有利。

彖辞的意思是：萃，便是聚的意思。柔顺而喜悦，九五刚爻居中而与六二相应，所以能够聚集。君王来到宗庙里，是向死去的祖先尽孝心。有利于拜见大人物，亨通，是因为按照正道集聚。用大牲畜作祭品吉祥，有利于前往，是因为顺应天命。观看相聚的道理，可以了解天地万物的情况。

象辞的意思是：大地上面有水泽，便是萃卦的卦象。君子从卦象中受到启发，修治兵器，以防备意外事情的发生。

卦辞所讲的是君王如何把天下人聚集起来。怎么聚集呢？便是利用敬神来聚集。在中古时代，统治者新建国都时，最先建造的建筑物便是宗庙，建完宗庙后才开始建宫室。宗庙是国家的政治中心，上天的神命、祖先的福佑和民众的

有贵人磨玉，去瑕疵也；一僧指小儿山路，谓当作福佑小儿；一人救火，除灾殃之意；一鱼在火上，幸免于伤；一凤衔书，乃诏书至有喜之兆。鱼龙会聚之卦，如水就下之象。

信仰，都是围绕着宗庙中的祭祀体现出来。统治者自命为天子，并加强民众对神的信仰，让民众服从天神的旨意，这样就可以使民众思想得到统一，能够更好地服从天子。所以天子来到宗庙里祭祀是一种大的聚集，其目的是想聚集天下的民众。

《周易》是一本写给君王看的书，所以里面的理论大部分是管理之道，即告诫君王该怎样治理国家。当然现在这本书不但适合于君王，也适合所有的管理阶层。君王来到宗庙里祭祀，是向天表示自己的虔诚之心，这种以身作则的行为，也会感染百姓敬神而心怀虔诚。祭祀中之所以要用大牺牲当祭品，是因为祭品摆在那里神是不会吃的，最终还是分给君王身边的臣民。用大牺牲作祭品，则可以使更多的人分到这些肉食，使更多的人感受到这份虔诚，这样才能做到大的聚集。

象辞中说："君子以除戎器，戒不虞。"这便是告诉君王，民众的自发聚集会对统治带来威胁，所以要加强武力装备，防止民众的叛乱。虽然《周易》全书都在强调仁政的重要作用，但在这里提出了军队也是治世不可缺少的工具。君王把民众聚集起来，万众一心，会形成一股强大的力量。但是心术不正的人也会利用聚集民众的方式增加自己的力量，一些想消灭总盟主的诸侯国也会用聚集民众的方式达到自己的目的。总之，防民如防水，这是每一个君王必须谨慎对待的问题。

叁 ● 爻辞

> 初六：有孚不终，乃乱乃萃，若号，一握为笑，勿恤，往无咎。
> 象曰：乃乱乃萃，其志乱也。
> 六二：引吉，无咎。孚乃利用禴[1]。
> 象曰：引吉无咎，中未变也。
> 六三：萃如，嗟如，无攸利。往无咎，小吝。
> 象曰：往无咎，上巽也。
> 九四：大吉，无咎。
> 象曰：大吉无咎，位不当也。
> 九五：萃有位，无咎。匪孚，元永贞，悔亡。
> 象曰：萃有位，志未光也。
> 上六：赍咨涕洟[2]，无咎。
> 象曰：赍咨涕洟，未安上也。

【注解】

[1] 禴：音 yuè，指轻薄的祭礼。

[2] 赍咨涕洟：赍，音 jī，怀着；咨，叹息；涕，先秦时涕指眼泪；洟，音 tì，也音 yí，皆指鼻涕。"赍咨涕洟"即悲哀叹息，眼泪鼻涕一起流的意思。

【释义】

☱
☷

初六：有孚不终，乃乱乃萃，若号，一握为笑，勿恤，往无咎。

象曰：乃乱乃萃，其志乱也。

经文意思是：有诚信但没有坚持到终点，出现了混乱与新的聚集，混乱的哭号，相聚者大笑，不用忧虑，前往没有灾难。

象辞的意思是：出现了混乱与新的聚集，是由于众人的心志混乱不一造成的。

"初六"失正上应九四，但二、三两阴相阻，有诚意也难有结果。但若专情九四，两者将握手言欢，前往没有害处。

即使在和平繁荣的盛世，也会有不断聚集的小人势力；而在腐朽昏庸的社会环境中，各种势力不断聚集的现象就更普遍了。比如开元盛世，安禄山聚集自己的势力造反；嘉庆年间出现了白莲教起义；旧中国的上海滩有青红帮的聚集……

此处的聚集，指的便是乱世中的聚集。君王无法把民众的思想统一起来，所以出现了混乱局面。有些受到了不公平的待遇，受了欺负，所以"若号"。由于与众人聚集了起来，有了大的力量，所以"一握为笑"。这种聚集可以增加受害者的力量，使受害者不再受欺负，所以"勿恤，往无咎"。

☱
☷

六二：引吉，无咎。孚乃利用禴。

象曰：引吉无咎，中未变也。

"六二"柔中居正，上应九五，必得尊者牵引相聚，故获吉而无灾难。

第五章 《周易·下经》 萃 卦

经文意思是：（六二）得到上司（九五）的牵引，吉祥，没有灾难。因为有诚信，所以用轻薄的祭品便可以达到效果。

象辞的意思是：得到上司的牵引吉祥，是因为六二居中守正没有改变。

六二得位又居中，所以具有中正之德。他诚信而节俭，所以用轻薄的祭品献祭。轻薄的祭品，还说明他不厚取于民，给君王进贡心怀诚意，但不会为了给君王多进贡而增加民众的徭役税赋。并且六二不参与不利于朝廷的聚集。所以六二受到了君王的器重，这就是"引吉"，也就是君王给他的吉祥。比如孟尝君手下有一个游士就像这位六二一样。这位游士每天弹着宝剑唱歌，歌词大意是向孟尝君要吃的、要穿的、要车马，孟尝君一一满足了他的要求，心想这个游士有什么本事呢？于是便让他拿着账单去民间收债。没几天这位游士就回来了，并且对孟尝君说全办好了。孟尝君觉得奇怪，心想怎么这么快就把债务收回来了呢？便让他谈一下是怎么收的。结果这位游士说："我把所有欠债的人聚集到一起，然后把账单当着这些人的面全给烧了，并告诉他们您免除了他们全部的债务。"孟尝君一听就火了，说："这叫什么收账啊！"可是这位游士却说："我给您收回的是所有民众的心啊，黄金易得，但人心难收啊，我给您收回了最难收的东西啊。"孟尝君一听，不再说话了。

六三：萃如，嗟如，无攸利。往无咎，小吝。
象曰：往无咎，上巽也。

经文意思是：聚集而哀叹，没有好处。前往没有灾难，但会有小的忧吝。

象辞的意思是：前往没有灾难，是因为上面是柔顺的巽卦。

六三爻是坤卦的最上爻，相当于下面两个阴爻的家长，所以他也想把底下的人聚集起来。可是底下的人却不听他的。为什么呢？因为初六属于受人欺负的劳苦阶层，劳苦阶层聚集起来，防止再受欺负；六二身为大夫之位，他善待民众，与九五君王相合，所以不会与六三相聚。六三只有同九四相

"六三"求聚心切却不得其类，故徒自"嗟叹"，但与九四亲密协调，故相聚无灾祸。但有羞辱。

合，但九四却位于自己的上位，所以六三没有权威，心里感到很失落，不住叹息。由于六三是上互卦巽卦的最下爻，具有随顺之德，因此不会有灾难。也就是说毕竟六三还能够委曲求全。

九四：大吉，无咎。
象曰：大吉无咎，位不当也。

经文意思是：（占卜）大吉大利，（才能）没有灾难。

象辞的意思是：占卜大吉大利才能没有灾难，是因为九四阳爻居阴位的缘故。

九四是一位清官，他为初六的穷苦百姓做主，替他们伸张正义，并且又有六三与他阴阳相合，所以他非常吉祥。但这种吉祥不是获得多少利益，只是没有灾难而已。为什么呢？因为九四刚爻居于偶位，为不得位。也就是说身为臣子，但性格耿直，对皇上的错误与缺点毫不姑息。尽管他是为皇上好，但这样做毕竟不会使皇上对他太满意。

"九四"失正，广聚下卦三阴，本有灾难，却因为建树伟功获吉，才免除灾难。

比如唐朝的魏徵就是一例。魏徵一生冒死谏唐王达七十多次，每一次唐太宗都气愤地想把这个乡巴佬给杀了。可是由于唐太宗也知道魏徵进谏是对的，并且有贤惠的长孙皇后给魏徵说情，所以魏徵并没有因为进谏而给自己带来灾难。

九五：萃有位，无咎。匪孚，元永贞，悔亡。
象曰：萃有位，志未光也。

经文意思是：因聚集而获得地位，没有灾难。得不到信任，开始恒守正道，没有悔恨。

象辞的意思是：因聚集而获得地位，是其志向还没有发扬光大。

九五身为一国之君，自然想聚集天下人。可是他登位不久，还没有得到民众的普遍信任。但只要他一直坚守正道，就不会有悔恨的事情发生。从卦象上分析，初六、六三与九四相聚，九四与九五又同性相斥，所以只有六二与九五相聚，这样

"九五"中正居尊位，广聚天下，但尚未完全取信于民，所以守持正固，才能感化天下，使悔恨消除。

九五的君王便显得有些势孤。该怎么办呢？只有继续坚守正道才能取信于民，达到聚集天下人的目的。比如康熙大帝刚登基时便是处于这个九五爻的状况中。康熙八岁登基成为大清国的皇帝，当时他的个人生活还需要苏麻喇姑料理，大清朝的众官员及百姓怎么会对这么一个小皇帝抱有太大的希望呢？虽然当时孝庄太皇太后在竭力辅助康熙执政，但政治大权仍然掌握在鳌拜手中。鳌拜结党营私，擅权跋扈，诛杀异己，觊觎皇位，对康熙的执政造成重大威胁。康熙只能是表面若无其事，心中运筹帷幄。三年后，他利用一群会摔跤的小孩制服了鳌拜，然后对朝纲进行了整治，逐渐巩固了自己的政权。就这样，万民瞩目的一代明君出现了，他开创了大清盛世，成为中国历史上在位时间最长的一位皇帝，不但得到了当时臣民的拥护，也被后世的人们称颂不已。

上六：赍咨涕洟，无咎。
象曰：赍咨涕洟，未安上也。

经文意思是：哀叹痛哭，没有灾难。

象辞的意思是：哀叹痛哭，是不安于上位的缘故。

这位上六与九五联系起来，就相当于大清国的孝庄太皇太后了。孝庄太皇太后身为妇人，自知与康熙两人的势力无法与朝中的四大辅臣抗衡，所以她也忧心忡忡，这种忧虑是担心康熙的人身安全与大清国的命运。

从卦象上看，上六爻为兑卦的最上爻，表现的正是泽中之水，泽水已高过地面，必然要溢出，所以有"涕洟"的形象。并且上六除了与九五相合外，再没有相应与相合之爻，所以处境孤单，势力弱小，难免被排挤出局。所以上六爻的爻辞较为伤悲。但是却没有灾难，因为可与九五君王相合。与君王一条心，怎么会有灾难呢？

"上六"穷极无应，又乘凌九五，求聚不得，悲泣知惧不敢自安，众所不害才不会有灾难。

第五章 《周易·下经》 萃卦

卦四十六 升

壹● 卦名、卦画与卦象

升[1]

｛坤为上卦
｛巽为下卦

地风升

巽为木，坤为地。地中生出树木，为升。升象征上升。事物上升，亨通吉利。但卦中阳爻不当尊位，有所忧虑，故须德高望重者才能长保刚中美德。朝着光明前进，必获吉祥。

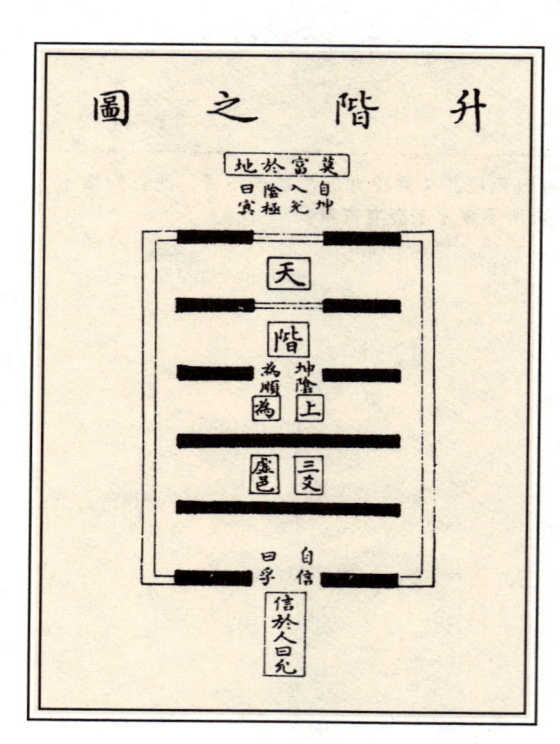

升阶之图

葵於富地
日陰入自
寅极兌坤

天

階
為坤陰
順為上

虛三
邑爻

自
日孚
信
信於人曰允

【注解】

[1] 升：卦名，象征上升、发展。

【释义】

此卦卦名为升。升就是上升的意思。《序卦传》中说："聚而上者谓之升，故受之以升。"也就是说，堆积物不断地向上聚集，越来越高，这就叫作升。前面的萃卦表示聚集，所以萃卦的后面便是升卦。

升卦的卦画为两个阳爻四个阴爻，其排列顺序与萃卦的卦画正好相反，升卦与萃卦互为覆卦。从卦象上分析，升卦的上卦为坤为地，下卦为巽为木，树木从地中向上生长便是升卦的卦象。有一个成语叫根深蒂固，说的便是升卦所表现的情形。植物的根向下生长,植物的茎向上生长,这就是升卦的大形象。

贰 • 卦辞

升:元亨,用见大人,勿恤[1],南征吉。
彖曰:柔以时升,巽而顺,刚中而应[2],是以大亨。用见大人,勿恤,有庆也。南征吉,志行也。
象曰:地中生木,升。君子以顺德,积小以高大。

【注解】

[1]恤:忧郁。
[2]刚中而应:指九二刚爻居中而与六五爻相应。

【释义】

经文意思是:升卦,大亨通。需要拜见大人物,不用忧虑,向南征讨吉祥。

彖辞的意思是:柔顺的德行按时上升,随和而柔顺,九二刚爻居中而与六五相应,所以大亨通。需要拜见大人物,不用忧虑,是因为有喜庆之事。向南征讨吉祥,是因为志向可以得到实现。

象辞的意思是:大地上长出树木,这就是升卦的卦象。君子从卦象中得到启发,心怀柔顺之德,不断积累,获得壮大。

当一粒种子在土里萌生出新的生命,这种力量是极其强大的,甚至没有什么可以阻碍它的生长,这就是大亨通。从卦象上来看,九二爻与六五爻相应,象征君王与臣民一心,所以可以大亨通。从性格来说,升卦上卦为坤代表柔顺,下卦为巽代表顺从,内心顺从外表柔顺,这种态度自然有利于自己的成长,并且拜见大人物会吉祥。埋在土壤里的种子长出嫩芽时,有可能它的上面正压着一块石头,也有可能有树根草根在阻挡着嫩芽的生长。可是嫩芽面对坚硬的石头,会采取绕行的办法继续生长;当面对的是较嫩的草根时,它会穿破草根继续向上生长;当遇到较硬的树根时,嫩芽则会采取绕行的办法继续生长。嫩芽的这种生长方式,就具备柔顺与顺从的品质,所以它最终能够长出地面,展现自己的生机,甚至最终长成参天大树。如果它特别刚

云中雨点下,主恩泽沾惠;一木匠下墨解木,主须凭雕刻方可成器;一人磨镜,乃渐渐分明之象;一架子有镜,主无尘垢。高山植木之课,积小成大之象。

强，一味笔直地朝上生长，那么它上面的大石头有可能使它永无出头之日。所以说，柔顺与顺从正是生长的奥妙所在，生长是韧性地向上发展。

爻辞中说"南征吉"，对于这句话，历来说法不一。一种说法认为升卦上卦为坤，在后天八卦方位中代表西南；下卦为巽，在后天八卦的方位中代表东南。所以升卦表现的大趋势是南方。还有一种说法认为升卦的初六爻向上发展到二爻的位置上，即变成明夷卦，明夷的下卦为离卦，离在后天八卦中代表南方，所以"南征吉"。

笔者认为，其实"南征吉"本没有这么复杂。《周易》中有不少卦辞反映向南方前进有利，这其实与中国的地理环境有关。我国北高南低，西高东低，如果两军对战，一般从北方向南方攻打或从西方向东方攻打的一方容易获胜，这是因为占有地利的优势。比如我国解放战争，便是从北向南，最终把蒋家王朝赶到了我国的孤岛台湾。而相对于在一小面积范围内狩猎来说，也是从北向南有利，因为人在走下坡路，不容易疲劳。

象辞中根据升卦的卦象对君王提出了忠告（大象辞往往是对身为统治者的君王提出的忠告，所以管理工作者应当仔细领悟其中的内涵），指出君子要像不断长高的树木一样，心怀柔顺之德，不断积累自己的美德，使自己能够壮大起来。这种美德的积累，一方面是素质的积累和能力的积累，按现在的话来说就是要不断充电，不要被时代淘汰；另一方面是行为的积累，按现在的话来说就是多做好人好事，树立在民众中的威信。

叁 ● 爻辞

初六：允升，大吉。
象曰：允升大吉，上合志也。
九二：孚乃利用禴，无咎。
象曰：九二之孚，有喜也。
九三：升虚邑[1]。
象曰：升虚邑，无所疑也。
六四：王用亨[2]于岐山，吉无咎。
象曰：王用亨于岐山，顺事也。
六五：贞吉，升阶。
象曰：贞吉升阶，大得志也。
上六：冥升，利于不息之贞。
象曰：冥升在上，消不富也。

【注解】

[1] 虚邑：没有防守的城邑。

[2] 亨：祭祀。

【释义】

初六：允升，大吉。
象曰：允升大吉，上合志也。

经文意思是：可以上升，大吉祥。

象辞的意思是：可以上升的大吉祥，是因为符合自己的志向。

初六阴爻居于奇位为不得位，并且又不得中，所以处境不太好。正因为这样，他便想改变自己的处境。打个比方说，他就相当于一个下层工人，他想当领导，于是便利用业余时间学习管理方面的知识。由于九二与初六阴阳相合，也就是说初六想当领导的想法得到了他上面领导的支持。这位领导传授他一些官场经验，这无疑对初六有很大的帮助。

"初六"柔顺在下，虽无应，但上承二阳，阴阳合志，宜于上升，大为吉祥。

九二为什么支持初六成为领导呢？初六一上去不就占了九二的位子了吗？其实，九二也对自己的位置不满意。因为他阳爻居于偶位为不得位，所以这个位子适合初六。他与初六换位，便成为明夷卦了，当然这是前代易学家从卦变上分析的。不过从九二阳升的性质来说，他向上升的可能性更大，所以不会与初六互换位置，而是九二会进一步高升，把位子留给了初六。这位初六怎么会不吉祥呢？

九二：孚乃利用禴，无咎。
象曰：九二之孚，有喜也。

经文意思是：心诚有利于用薄礼献祭，没有灾难。

象辞的意思是：九二爻的心诚，肯定会带来喜庆。

九二不厚取于民，也不过多向君王进贡，忠于职守，受民忠君，所以他的行为既受到了六五君王的赞赏，又使他深得初六的拥戴，这样的人，自然没有灾难了。九二爻又是升卦下互卦兑的最

"九二"禀刚中之德，上应六五，心存诚信，必升而不会有灾难。

第五章 《周易·下经》

升卦

下爻，兑为喜悦，所以九二会有喜庆的事情。什么事呢？自然是六五要提升他了。在升卦中，每一爻都有升的机会。

九三：升虚邑。
象曰：升虚邑，无所疑也。

经文意思是：升到没人设防的城邑。

象辞的意思是：升到没人设防的城邑，说明上升不必疑虑。

九三也得到了提升。到哪里了呢？被升到了"虚邑"中。"虚"字与"墟"同意，也就是被废弃的城邑。城邑怎么会被废弃呢？当然是由于战争了。纣王的朝歌虽然繁华，但是被武王攻克后，便成为一座废墟。谁来管理这一地区的殷商遗民？为了防止殷民造反，自然是武王最亲信的人才能担此重任，所以象辞中说"升虚邑，无所疑也"。这说明君王最信任你，为什么要有疑虑呢？

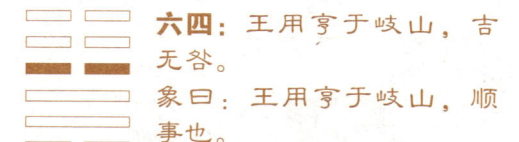

"九三"应于上六，将升至上卦之坤，坤阴为虚，畅通无阻，如入无人之地。

六四：王用亨于岐山，吉无咎。
象曰：王用亨于岐山，顺事也。

经文意思是：君王在岐山举行祭祀，吉祥没有灾难。

象辞的意思是：君王在岐山举行祭祀，是顺承先祖的事业。

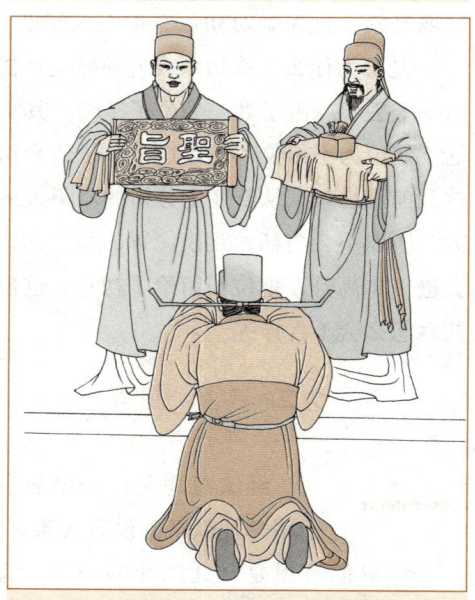

这里的爻辞讲的是周文王在岐山祭祀先祖的典故。因于羑里的周文王被纣王放回西周，周文王于是在岐山举行祭祀，感谢神灵对他的保佑。然后开始励精图治，治理国家。由于周文王并非天子，所以他的身份与六四的公侯职位相吻合。在这里借用这个故事说明六四爻是有惊无险，可以得到大的发展。并且指明要想得到大的发展，就得通过祭祀敬神以获得民心。当然这种政治手段在已破除封建

"六四"柔顺得正，顺从柔者，必将获升得吉，没有什么灾难。

迷信的今天，是不太合适了。

六五：贞吉，升阶。
象曰：贞吉升阶，大得志也。

经文意思是：守正道吉祥，升上台阶。

象辞的意思是：守正道吉祥，升上台阶，说明会步步高升，满足大的志向。

六五身处于君王之位，相当于诸侯的总盟主。天子与诸侯一起聚会时，是不会与诸侯们平起平坐的，天子的位置要高于诸侯的位置。天子的座位下面有台阶，可以使天子走下来，与诸侯近距离接触。但天子的位子，诸侯是不能走上去的。六五"升阶"，便是说六五是天子，有从台阶走向龙椅的资格。作为天子来说，守持正道，心怀正义才会得到诸侯的拥戴，所以说"贞吉"。

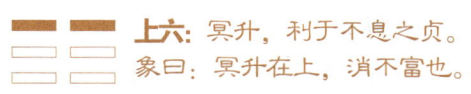

"六五"柔顺得中，居尊位，得九二阳刚相助，就像沿着阶梯上升，定能顺利登上王位。

上六：冥升，利于不息之贞。
象曰：冥升在上，消不富也。

经文意思是：在昏昧中上升，利于停止增长而守正道。

象辞的意思是：在昏昧中上升已经到了最上面，阴气削弱所以不富。

上六已升到太上皇的位置了，所以不能再升了。再升，就只能升天了。所以爻辞中说"利于不息之贞"，也就是说这位太上皇不能再升了，应当坚守正道。此处的"息"指的是增长的意思，它与"消"的意思正好相反。比如"阴消阳息"便是说阴气削弱阳气增强的意思。当然，现在"消息"一词已失去了原来的本义。上六与九三相应，所以停在太上皇的位置，还可以得到九四的贡品。可是再往上升，前面便无路可走了。

"上六"居坤阴之极，昏昧至甚，却仍上升不已，其势将消。当时应守持正固，不要妄动。

卦四十七 困

壹 ● 卦名、卦画与卦象

困[1]

兑为上卦
坎为下卦

泽水困

> 坎为水，兑为泽，水在泽下，泽中无水，干泽，为困。困象征困穷。君子处困之时，能努力自济必顺利亨通。只有持正之德高望重者才能获吉而无灾难。此时所言必难取信于人，当多修己德，少说为佳。

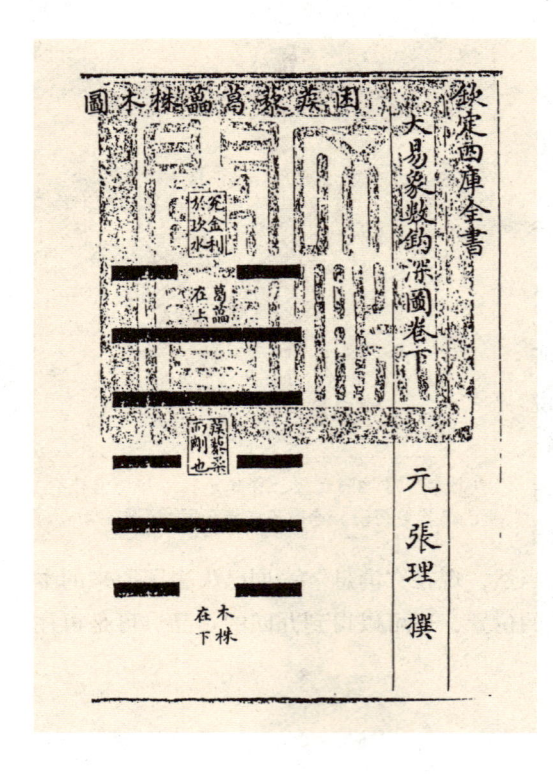

【注解】

[1] 困：卦名，象征穷困、受困。

【释义】

此卦卦名为困。甲骨文中的"困"字是一个房屋里面长着树木。屋子里面怎么会长着树木呢？原来是树木与杂草充满房屋的意思。这样的房子，肯定是没人住的。《说文》中说："困，故庐也。"也就是被人废弃的房子。可是这种房子真的没人住吗？有，流浪的穷苦人会临时把这里当作一个安身的家。所以困的引申义便是穷困、贫穷。俗话说"花无百日好，月无三日圆"，升官发财不会没有穷尽，最终也有削官剥职而陷于穷困的时候，所以升卦的后面是困卦。这就是《序卦传》中所说的："升而不已必困，故受之以困。"

困卦的卦画为三个阴爻三个阳爻。从卦象上分析，困卦上卦为兑为泽，下卦为坎为水，大泽的底下有水，则表示大泽水资源枯竭，所以泽上无水，这就是困卦的大形象。泽中没有水，那么泽中的鱼虾等必然无法生存，所以有被困的形象；泽中鱼虾因水少而亡，那么居于泽旁的人们自然会无所渔猎，所以会导致生活穷困，这是困卦表达的另一层含义。

贰 • 卦辞

困：亨，贞，大人吉，无咎，有言不信。
彖曰：困，刚掩也。险以说[1]，困而不失其所[2]，亨；其唯君子乎？贞大人吉，以刚中也。有言不信，尚口乃穷也。
象曰：泽无水，困。君子以致命遂志。

【注解】

[1] 险以说：困卦上卦为兑有喜悦的含义，下卦为坎为险，所以说"险以说"。说，通"悦"。

[2] 困而不失其所：困，困难、困境；所，目标。即处于困境中而不放弃自己的目标。

【释义】

经文意思是：困卦，亨通，守正道，大人物吉祥，没有灾难，说话没人相信。

彖辞的意思是：困卦，阳刚被阴柔所掩盖。处险地而喜悦，不因为困难而放弃自己的目标，所以亨通。这只有君子才能做到啊。守正道大人物吉祥，是因为刚爻居于中位。说话没人相信，说明只靠嘴说会导致穷困。

象辞的意思是：大泽上面没有水，这就是困卦的卦象。君子从卦象中受到启示，为了志向不惜牺牲自己的生命。

虽然穷困，但却能够亨通，这是怎么回事呢？其实这就是孔子所说的"穷通"。当然，孔子所提倡的"穷通"也不是孔子发明的理论，而是文王的卦辞中就有了。在《庄子·让王篇》中精彩地描述了孔子的穷通。

一轮在地下，贵人倾水救旱池鱼，主有复活之兆；池中有青草，主有生意。为河中无水之卦，守己待时之象。

第五章 《周易·下经》 困卦

一次，孔子带着他的弟子途经陈、蔡两国之间。结果被陈、蔡两国派兵围困在那里，使孔子等一行人无处可走。就这样，孔子及门徒渐渐没有粮食吃了。在一连七天没有吃饭的情况下，孔子却依然在室内弹琴唱歌，悠然自得。

颜回找了些野菜回来，在屋外择菜。听见子路与子贡小声说："先生两次被鲁国驱逐；在卫国也没能待下去；在宋国讲学，连背靠着的大树都让人砍了；到周朝拜访，结果被老子教训了半天；现在被困在这里，饭都吃不上了，先生还弦歌鼓琴，自得其乐，难道君子就应当这样没有羞耻心吗？"

颜回听后，便到孔子那里打小报告。孔子听后便让颜回把子路、子贡叫过来。

子路、子贡一进屋便对孔子说："夫子，咱们这是走到穷途末路了吧！"孔子却严厉地对他们说："这是什么话！君子明于道谓之通，昧于道谓之穷。我们在这里只是吃不上饭了，怎么能说穷呢？君子每天应当反省自己是不是失去了道德，临难是不是失去了节操。大寒至，霜雪降，因此才显出松柏的坚强。这次我们受的这些磨难，不也应该是件好事吗？"

说完，孔子又回到琴案旁，开始操琴而歌。子路受到感染，也跟着拿起兵器合拍而舞。子贡在一旁惭愧地说："我真是不知天高地厚啊！"

孔子的所作所为，便是象辞中所说的"困而不失其所，亨；其唯君子乎"。

晋代的陶渊明也是"困而不失其所"的典范。有人说陶渊明的隐居生活也是有经济力量作为依靠的。其实那可就冤枉五柳先生了。据史书记载，陶渊明生活极其贫困，每天吃不上饭，家中没有一粒米的存粮；冬天仍然穿着短衣，腰里系一根麻绳；住所院墙倒塌，屋子四处漏风，夏天遮不住太阳，冬天挡不住雪花。陶渊明喜欢喝酒，一年仲秋他当了县官，便开始与妻子盘算着，计划种五十亩秫，种五十亩粳。心想这些公田得到的利益，肯定可以买不少酒喝了。可是陶渊明从仲秋到冬至，只做了八十多天的官，便辞职不干了。结果他便只能继续过穷困潦倒的日子了。可是在这种穷困的生活中，他却能写出"采菊东篱下，悠然见南山"的田园诗，这真是"困而不失其所"。

叁 • 爻辞

初六：臀[1] 困于株木[2]，入于幽谷，三岁不觌（dí）。
象曰：入于幽谷，幽不明也。
九二：困于酒食，朱绂[3] 方来，利用享祀，征凶，无咎。
象曰：困于酒食，中有庆也。
六三：困于石，据于蒺藜，入于其宫，不见其妻，凶。
象曰：据于蒺藜，乘刚也。入于其宫，不见其妻，不祥也。
九四：来徐徐，困于金车，吝，有终。

象曰：来徐徐，志在下也。虽不当位，有与也。
九五：劓刖[4]，困于赤绂，乃徐有说，利用祭祀。
象曰：劓刖，志未得也。乃徐有说，以中直也。利用祭祀，受福也。
上六：困于葛藟[5]，于臲卼[6]，曰动悔。有悔，征吉。
象曰：困于葛藟，未当也。动悔，有悔吉，行也。

【注解】

[1] 臀：屁股。

[2] 株木：株，露出地面的树根。株木即木桩。

[3] 朱绂：绂，音 fú，古代作祭服的蔽膝，缝于长衣之前，为祭服的服饰。周制帝王、诸侯及诸国的上卿皆着朱绂。

[4] 劓刖：劓，音 yì，劓刑，割掉鼻子；刖，音 yuè，刖刑，割掉双足。

[5] 葛藟：藤，葛类蔓草名。藟，音 lěi。

[6] 臲卼：不安定的样子。臲，音 niè；卼，音 wù。

【释义】

初六：臀困于株木，入于幽谷，三岁不觌。
象曰：入于幽谷，幽不明也。

经文意思是：困坐在木桩上，进入幽暗的山谷，三年不见天日。

象辞的意思是：进入幽暗的山谷，是幽暗不光明。

初六处于坎卦的最下爻，为险所阻。就好比走在深山的幽谷中，结果被大河挡住去路，他坐在一根枯干的木头桩子上，三年也无法走出来。这种困境，确实是够艰险的。初六柔爻居于奇位为不得位，又不得中，虽有九四相应，但是相隔坎卦的险阻，也无法相救。所以初六的处境很危险。

初六的处境就如同我国著名画家韩美林在"文革"中被关进牢狱时的情景。一次，韩美林被押往淮南，途中押送他的人在一个小饭馆里吃饭。尽管此时韩美林已经两天没吃东西了，可是押送他的人为了划清界线，也不敢给他买吃的。这时，有一个村妇过来给孩子买了几个包子。这个孩子只吃馅不吃皮，结果几

"初六"处"困"之始，柔弱卑下，前无援，居难安，只得隐入"幽谷"，以待困情缓解。

个包子皮被孩子扔在了地上。韩美林见到地上的包子皮顾不上羞耻,抓起包子皮连土带沙地吃了下去。在监狱里,虽然条件艰苦,但韩美林始终没有放弃对艺术的追求。他用筷子在大腿上作画,裤子被划破了,就补上补丁继续画。最后一条裤子上竟有400多个补丁。等韩美林被平反后,他不但没有丢下绘画技艺,反而有了更大的长进。1980年他在美国举办个人画展,结果使美国民间掀起了"韩美林热",被美国人称为"中国的毕加索"。韩美林的执着,其实正是孔子所宣扬的"穷通"。

九二:困于酒食,朱绂方来,利用享祀,征凶,无咎。
象曰:困于酒食,中有庆也。

经文意思是:因酒食过量而受苦,富贵刚来,有利于祭祀先祖,征伐凶险,没有灾难。

象辞的意思是:因酒食过量而受苦,是居中位而有喜庆。

九二的被困不是由于穷困,而是由于酒食。身为大夫之职的九二有了天子赐给的官服,每天都可以饮酒作乐。然而这正是君子的被困。《周易折中》中解释说:"小人以身穷为困,君子以道穷为困。卦之三阳,所谓君子也。所困者,非身之穷,乃道之穷也。故二五则绂服荣于躬,四则金车宠于行。然而道之不通,则其荣宠也适足以为困而已矣。"也就是说,九二、九四、九五的被困,是政治抱负不能实现的被困。

"九二"得中失正,艰难坎坷,但刚中自守,终能荣禄临身,最后不会有灾难。

六三:困于石,据于蒺藜,入于其宫,不见其妻,凶。
象曰:据于蒺藜,乘刚也。入于其宫,不见其妻,不祥也。

经文意思是:被困在乱石中间,依靠有刺的蒺藜爬出来,回到家中,看不到妻子,凶险。

象辞的意思是:依靠蒺藜爬出来,是因为阴柔乘驾于阳刚之上。回到家里看不到妻子,这是不祥之兆。

孔子说:"君子固穷,小人穷斯滥矣。"这位六三就是一位"穷斯滥矣"的小人,所以他犯了法,被关进监狱里,监狱的围墙用石头砌成,并且上面铺满了蒺藜。等刑满释放,回到家中已经看不到妻子了。这个六三从监狱回来后,更穷困了,他肯定还会犯法,所以会凶险。

"六三"失正,前进时被石头绊倒,攀登时遭蒺藜刺伤。退居自家却看不到妻子,会陷入凶险。

九四:来徐徐,困于金车,吝,有终。
象曰:来徐徐,志在下也。虽不当位,有与也。

经文意思是:迈着缓慢的步子走来,被一辆豪华大车挡住去路,有麻烦,但有好结果。

象辞的意思是:徐徐而来,是因为他的志向在于求下。虽然位置不当,但会得到下面的援助。

九四刚爻居于柔位为不得位,他无法与九五相合,所以"困于金车"。金车指

"九四"与初六应,受九二所阻,行动迟缓。虽然羞辱,但邪不压正,能排除阻碍,如愿应合。

第五章 《周易·下经》 困卦

的便是九五之尊的君王。可是九四的志向不是向上发展，而是关心民众的疾苦，他可以得到六三与初六的支持，所以虽有忧吝，但最终会有好的结果。

九五：劓刖，困于赤绂，乃徐有说，利用祭祀。
象曰：劓刖，志未得也。乃徐有说，以中直也。利用祭祀，受福也。

经文意思是：就像被割去鼻子，砍掉了脚，被官服所困，渐渐可以解脱，有利于举行祭祀。

象辞的意思是：就像被割去鼻子砍去了脚，是因为还没有得志。渐渐可以解脱，是因为九五受到神的保佑。

九五的被困，是没有实权的君王的受困。比如清朝的光绪，虽然是皇帝，但是大权完全掌握在慈禧太后手中。光绪帝周围都是慈禧的亲信，所以当时的光绪帝与被割去鼻子砍掉双脚没什么两样。遗憾的是，光绪帝没有康熙的智慧，不懂得"徐有说，利用祭祀"的道理。结果与慈禧你死我活地进行权力之争，表面上光绪帝百日维新是想使中国强盛起来，而实质上做了些什么？不过是想去掉朝中慈禧的亲信，换成光绪自己的一班人马。慷慨就义的谭嗣同也只不过是拉拢了一个江湖侠客大刀王五，并且拉拢袁世凯发动政变想把慈禧赶下台。可是慈禧并不反对洋务派的路线和政策，她重用曾国藩、李鸿章、张之洞等洋务派大臣，也是想让国家富强起来。可是这种你死我活的权力之争，由于双方都想拉拢洋人做后台，又怎么不会丧权辱国呢？

慈禧虽然也有孝庄皇后一样的心愿，但可惜光绪不是康熙，所以大清国只能走向灭亡。只是背上

"九五"居尊位，用劓鼻截足的刑罚治理众人，众叛亲离。但九五有刚中之德，能改过取信于人，渐脱贫困。

罪名的却是慈禧，这确实是有失公平。

如果光绪懂得"徐有说"，与慈禧太后一条心共同治理好国家，等慈禧太后去世后再独揽大权，并且以"祭祀"来表现自己的虔诚，使统治阶级内部团结起来，光绪何致被废，中国何以会有那么多的土地割让与战争赔款！

上六：困于葛藟，于臲卼，曰动悔。有悔，征吉。
象曰：困于葛藟，未当也。动悔，有悔吉，行也。

经文意思是：被困扰在长刺的葛藤中，动一动就会后悔。有后悔的事，征讨则吉祥。

象辞的意思是：被困扰在长刺的葛藤中，是因为位置不当。动一动就会后悔，因后悔而吉祥，是因为行动起来才能走出困境。

上六爻就相当于垂帘听政的慈禧太后。她也想把国家治理得强盛起来，也想支持改革，但是保守派的势力也很强盛，如果自己一味提倡变法，很容易造成内乱。她想把权力交给光绪，可是光绪不见得能够像康熙一样巩固自己的政权；她也不见得想废掉光绪，只是慈禧的亲信也是可以载舟可以覆舟的一股强大势力。该怎么办？确实是像被困于长刺的葛藤中，一动就疼。这种情况下只有镇压各种明显的叛乱是属于必须做的事，因为叛乱对政权的威胁最直接，最明显。所以，"征吉"。

"上六"居困之极，困则谋通。此时若及时省悟，谨慎思谋，必解脱困境，可获吉祥。

卦四十八 井

壹 • 卦名、卦画与卦象

井[1]

{ 坎为上卦
{ 巽为下卦

水风井

> 巽为木，坎为水，木上有水，即以木桶汲水。故井象征水井。村落可以变迁，但井不会变动，人们来来往往汲水，井水依然洁净不变。当汲水的瓦罐快要到达水面时，吊绳没有伸开，而翻覆破裂，所以凶险。用人事比喻为修德惠人者应善始善终，不可功败垂成。

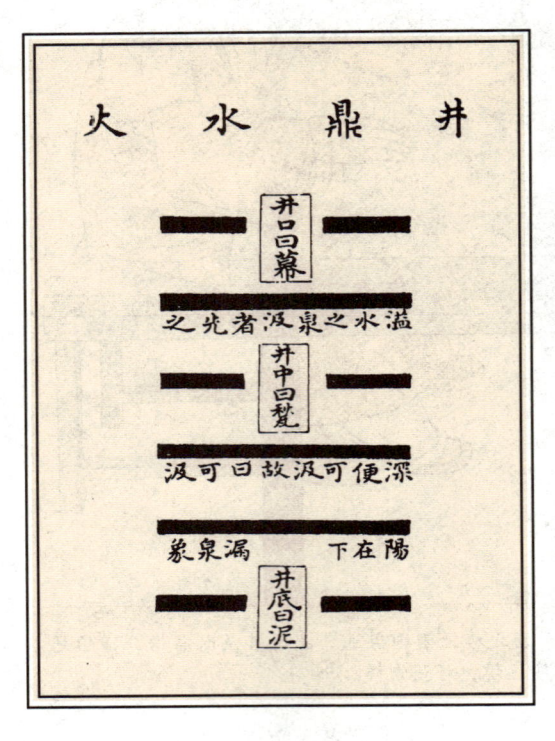

【注解】

[1] 井：卦名，象征水井。

【释义】

此卦名为井。井指的就是水井。《序卦传》中说："困乎上者必反下，故受之以井。"也就是说上升遇到困境必然会返回到下边来，所以困卦之后是井卦。这里讲的虽然有些牵强，但总之是给这种排序说出了一个理由。

井卦的卦画为三个阳爻三个阴爻，其排列顺序与困卦的卦画正好相反，井卦与困卦互为覆卦。从卦象上分析，井卦上卦为坎为水，下卦为巽为木，木上有水就是井卦的卦象。木头上怎么会有水呢？原来，远古时人们用一种木头制成的机械装置从井中提水，这种装置就叫桔槔。这种工具比辘轳还要原始，但同辘轳一样属于杠杆原理的应用。就是在井边立起一个支点，支点上横放一根长木棍，木棍的一头绑着绳子可以与打水的陶瓶相连，一头加上重物，由人操纵杠杆，打水时可以省力气。这就是井卦的大形象。

贰 · 卦辞

> 井：改邑不改井，无丧无得。往来井井。汔至，亦未繘井，羸其瓶，凶。
> 彖曰：巽乎水而上水，井。井养而不穷也。改邑不改井，乃以刚中也。汔至亦未繘[1]井，未有功也。羸其瓶，是以凶也。
> 象曰：木上有水，井。君子以劳民劝相。

【注解】

[1] 繘：音 jú，指井上汲水的绳索，也指用绳汲井水。

【释义】

经文意思是：城邑可以迁移，井却迁不走。没有丧失，也没有获得。人们来来往往到井边打水，提水未到井上的时候，陶罐被挂住被井壁碰碎，凶险。

彖辞的意思是：进入到里面可能提上水来，就是井。井中的水永远提不完。城邑可以迁移，井却无法迁移，是因为刚爻居中的缘故。提水未到井上的时候，陶罐被挂住，是还没有成功。井壁碰碎了陶罐，所以凶险。

象辞的意思是：木上有水便是井卦的卦象。君子从中受到启示，告诉劳作的民众要学会互相帮助。

古代种地采用井田制，将一平方里的土地按井字形划分成九份，中间的一份为公田，其余的八份为私人的田地。公田是给国家种的田地，井便在公田的中央，九份田地都可以用井水浇灌。其实"井"字的形象表现的不是井，而是被划分成九份的田地。由于统治者的变更，城邑有可能迁移，但是井田中的井却不会迁移，因为无论谁成为统治者，都需要井来浇灌田地。无论谁成为统治者，井田的大小不会改变，所以说"无丧无得"。其实也代表农民的任务不会变，也就是农民的地位不会变。井既可

一金神执符，主隆瑞；女子抱合，主好合；钱宝有光气，表示钱财有气；人落井中，主遭陷；官人用绳引出，表示贵人脱难。为珠藏深渊之卦，守静安常之象。

以浇灌土地和给人们提供饮用水，但是它也经常把提水的陶瓶打破，所以井会给陶瓶带来凶险。

表面上卦辞在描述井的作用，而实际上是以井喻君子，以井水喻美德。告诫君子要像井水浇灌田地一样，源源不断地以美德教育民众，让民众懂得团结、互相帮助。

叁 ● 爻辞

初六：井泥不食，旧井无禽[1]。
象曰：井泥不食，下也。旧井无禽，时舍也。
九二：井谷射鲋[2]，瓮敝漏。
象曰：井谷射鲋，无与也。
九三：井渫[3]不食，为我心恻，可用汲，王明，并受其福。
象曰：井渫不食，行恻也。求王明，受福也。
六四：井甃[4]，无咎。
象曰：井甃无咎，修井也。
九五：井洌，寒泉食。
象曰：寒泉之食，中正也。
上六：井收勿幕[5]，有孚元吉。
象曰：元吉在上，大成也。

【注解】

[1] 禽：飞禽走兽的总称。
[2] 鲋：小鱼。
[3] 渫：音 xiè，淘去泥污。
[4] 甃：音 zhòu，以砖瓦砌的井壁。
[5] 幕：遮蔽。

【释义】

初六： 井泥不食，旧井无禽。
象曰：井泥不食，下也。旧井无禽，时舍也。

经文意思是：井底的污泥不能食用，废旧的井水污浊，禽兽也不来饮水。

象辞的意思是：井中的污泥不能食用，是因为位置在最下面。废旧的井边

"初六"阴柔卑下，如井底污泥不可食用。未淘之井，连禽兽也不屑一顾，何况人呢？

没有禽兽，是因为随着时间的推移井被舍弃了。

人类在很早便懂得了要饮用洁净水的道理。"井泥不食"便是当时人们口头流传的生活常识，意思是说井中的污泥不能食用，污浊的井水也不能食用。所以井水一旦变污浊或含泥沙太多时，就得对井进行清理。如果清理完的井还不能用，比如水浅造成的泥沙过多等，就只能重新再打一口井。被废弃的旧井一般来说便是无法清理洁净的污井。所以"旧井无禽"，也就是说，旧井的水污浊，连禽兽也懂得那里的水不能喝。

而爻辞的本意，却不是想说明井水要洁净的道理，而是喻示人的道德要洁净。道德纯净才会使更多的人与他交往，因为人们能从他的言行中获得益处。

九二：井谷射鲋，瓮敝漏。
象曰：井谷射鲋，无与也。

经文意思是：用水罐投射井中的小鱼，结果水罐被碰破而漏水。

象辞的意思是：用水罐投射井中的小鱼，不会有收获。

到井里去打水，结果发现井里有许多小鱼，于是便想将井中的鱼打捞上来。他怎么打捞小鱼呢？他用打水的陶瓶投向水面的小鱼，想把鱼打死。可是不但没把鱼打死，陶瓶却碰到了井壁上破了。其实这是在告诉人们做事要明确自己的目的，不要因小失大，造成"占小便宜吃大亏"。生活中这种人很多，比如有些

"九二"失正无应，故有水却无人用。又水罐破漏，无法提上来，只得为摄小鱼之用。

员工，他来到一个单位上班的目的很明确，就是想有一个工作，挣钱养家。可是渐渐的，他忘记了自己这个目的。发现单位里管理不严格，便经常从单位里往外偷东西。结果被单位领导发现，不但受到了法律的制裁，也失去了工作。这种行为就是"井谷射鲋"。

九三：井渫不食，为我心恻，可用汲，王明，并受其福。
象曰：井渫不食，行恻也。求王明，受福也。

经文意思是：井已清理干净而没有前来饮水，使我感到伤心。可以来提水了，君王贤明，人们会一同受益。

象辞的意思是：井已清理而不来提水，这种行为使人悲伤。祈求君王贤明，是为了接受他的福泽。

污浊的井水已经被清理洁净，可还是没有人来饮水，这确实是让人感到伤心的一件事。爻辞所要表达的是不被人理解的痛苦。九三就好比一口刚刚清理过的井，本来很洁净了，可是人们却认为他仍然是脏的，尤其是君王也认为是这样，那这个被冤屈的九三是够痛苦的。

这个九三就相当于战国末期楚国的屈原。当时天下的形势是"横则秦帝，纵则楚王"，正是纵横家驰骋天下的时候。屈原对内积极辅佐楚怀王变法图强，对外坚决主张联齐抗秦，使楚国一度出现了国富兵强、威震诸侯的局面。可是由于张仪用重金收买了靳尚、子兰、郑袖等楚国大臣和王妃为内奸，使楚怀王不辨忠奸，最终

"九三"似水井已淘，井水清洁却未被饮用，但应上六终有"可用"之时，君臣共享受福泽。

疏远了屈原，与秦国结为联盟。结果楚国最终被秦国所吞并，屈原面对国破家亡心痛欲绝，自投汨罗江。我国端午节赛龙舟、吃粽子的习俗，便是为了纪念这位伟大的爱国诗人。司马迁在《史记·屈原列传》中便引用了这句爻辞来说明君王不辨忠贤的害处。可见这一爻辞历来是告诫国君要明察群臣，分辨忠奸。

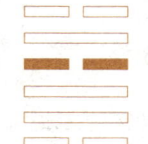

六四：井甃，无咎。
象曰：井甃无咎，修井也。

经文意思是：砌好井壁，没有灾难。

象辞的意思是：砌好井壁没有灾难，是修井带来的好处。

六四柔爻居于偶位为得位，又与九五相应，所以他不会有屈原一样的灾难。为什么呢？爻辞用砌井的比喻说明了原因。古代的井有用砖砌的，也有不用砖砌的。用砖砌井壁有什么优点呢？它的优点是可以使土与水隔离开来，这样井水就更清洁

"六四"得位下无应，当静守修德，不可急于进取。如井坏能修，补过则无灾难。

了。人们往井里一看，很容易发现这口井的水是洁净的，所以自然来饮用了。这其实就是说，六四的言行表现出对君王的忠诚，君王很容易了解到他是多么忠于君王，所以自然会得到君王的信任与宠爱，这怎么会有灾难呢？

九五：井冽，寒泉食。
象曰：寒泉之食，中正也。

经文意思是：井水清澈，清凉的泉水众人饮用。

象辞的意思是：清凉的泉水众人饮用，是因为九五居中而得位。

九五是一位贤明的君王，他可以给臣民带来源源不尽的好处。爻辞用洁净的井水作比喻，说这位君王就像清澈的井水，源源不断地把甘甜清凉的水奉献给大家。井水的清，喻示的是君王执政的清明公正。一个国家，如果君王英明，群臣就会秉公执法，这样天下就可以得到大治了。

上六：井收勿幕，有孚元吉。
象曰：元吉在上，大成也。

经文意思是：井口建成后，不加盖，有诚信大吉祥。

象辞的意思是：大吉祥于上位，是大功告成的意思。

一般来说，天下的井都不盖盖子。为什么呢？因为打井就是与人方便，盖上盖子人们怎么来打水呢？当然，北京故宫的珍妃井是加了盖的，因为珍妃被扔进那口井淹死了。盖上盖子，是为了其他人的安全。可是饮水用的井是不加盖的。

"九五"居尊位，亲比上六。如井淘后水清，既寒且洁，可供人饮用。

"上六"居井之终，下应九三。如井水已汲出井口，此时心怀诚信，广施"井养"之德，必至为吉祥。

这个不加盖的井，其实喻示的是君王要广纳天下忠言，才能使天下大治，才能更多地造福百姓。据史书记载，帝尧在位时，身边的大臣每天都向他称颂国泰民安、五谷丰登。对此，帝尧十分不安。为了听到真实的情况，他命人制作一面大鼓放在宫殿门外，并发布公告，让天下人无论高低贵贱都可以来这里击鼓进谏，任何人不得阻拦。后来，为了让一些不敢直言的人也发表意见，又在宫殿外立了一块大木牌，人们可以随意在上面写出君王的过失，无论措辞多么尖刻严厉，一律不予追究。由于帝尧能够诚心诚意地接受别人的意见，终于使天下大治而成为一代圣明的君主。这就是"井收勿幕"。

卦四十九 革

壹● 卦名、卦画与卦象

革[1]

兑为上卦
离为下卦

泽火革

离为火，兑为泽，泽中有火。火性燥，泽性湿，二物不相得，会有变动，所以泽中有火，为革。革是改的意思，象征变革。在面临必须变革的时刻，应果断采取行动。只要变革的动机纯正，群众就会拥护，变革就会成功。后悔也可以消除。

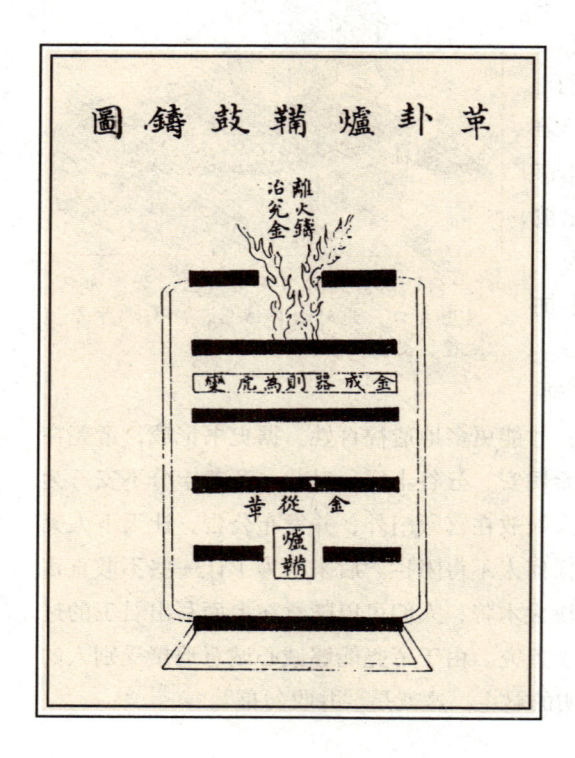

【注解】

[1] 革：卦名，象征改革、变革。

【释义】

此卦卦名为革。"革"字的金文是一个象形字，像被剖剥下来的兽皮。中间的圆形物，是被剥下的兽身皮，余下的部分是兽的头、身和尾。《说文》中说："革，兽皮治去其毛。"兽皮去掉毛便变皮为革了，所以革的引申义是变革、改革、革命的意思。井水需要不断的清理才能保持洁净，这种清理就是一种改革行为，所以井卦的后面是革卦。

革卦的卦画是四阳二阴，其排列顺序与下卦的鼎卦正好相反，革卦与鼎卦互为覆卦。从卦象上分析，革卦上卦为兑为泽为羊为牲，下卦为离为火为刀为晒，泽中有火就是革卦的大形象。大泽中会有火山爆发，人们必须重新择地而居，这是大的社会变革。从小处来说，剥下的兽皮首先需要用刀刮去油脂，绷起来晒干，这就是取象于革卦的下卦离；晒干后的兽皮再浸入水中泡软，进一步去脂和去毛，这就是取象于革卦的上卦兑。所以革卦的卦象描述了制革的简单过程。将兽皮制作成革，使兽皮发生了较大的变化，使兽皮对人类有更广泛的用途，所以人们将对社会有重要意义的运动称之为变革、革命。另外，卦象中还有火炼金的形象，表示改革就像火炼金属，将金属制成对人类有用的各种工具一样，对人类社会的进步有重要作用。

贰 ● 卦辞

革：巳日[1]乃孚。元亨利贞，悔亡。
彖曰：革，水火相息，二女同居，其志不相得，曰革。巳日乃孚，革而信也。文明以说，大亨以正。革而当，其悔乃亡。天地革而四时成，汤武革命[2]，顺乎天而应乎人，革之时大矣哉！
象曰：泽中有火，革。君子以治历明时。

【注解】

[1]巳日：古代以天干地支纪年、纪月、纪日、纪时。巳日共有五个：乙巳、己巳、辛巳、癸巳、丁巳。60天一循环。

[2]汤武革命：汤，指商汤王变革而推翻了夏王朝；武，指周武王变革而推翻殷商王朝。

【释义】

经文意思是：革卦，巳日得到诚信。大亨通而利于守正道，没有悔恨。

彖辞的意思是：革卦，水火不相容，两个女人住在一起，心愿与志向不同，这就是革卦。巳日得到诚信，是通过变革取得人民的信任。内心光明而外表喜悦，大亨通于正道。改革适当，忧悔就会消失。天地变革才能形成四季，商汤革除了夏朝的天命，武王革除了商纣的天命，顺应天时与人心，革卦的时势意义太大了。

象辞的意思是：泽中有火就是革卦的卦象。君子从卦象中受到启示，制定历法以明确天时的变化。

一个人手中拿着一个柿子，另一个人拿半个柿子，全为新，半为旧；一兔一虎，主寅日卯日；官人推车，车上有印，代表运转求新有印信；一大路，四通八达之义。为豹变为虎之卦，改旧从新之象。

社会不改革就不会前进，所以改革是历史发展到一定时段的必然产物，它代表着一个新时代的开始，所以"元亨利贞"。"巳日乃孚"是什么意思呢？一般认为，根据八卦纳甲原理，离纳巳，由于革卦下卦为离，所以"巳日乃孚"。而制革过程中，将晒干的兽皮入水中浸透后，再埋入泽水的泥土中进一步去脂，然后将兽皮在土中揉搓，便会去掉上面的毛，革的形象便显现出来了。所以"巳日"也含有土的意思。古人在土日从事与土有关的劳动，在金日从事与金属有关的劳动，这应当是很早就有的风俗。

"汤武革命"是怎么回事呢？关于武王伐纣的事前面已经讲了，现在讲一下商汤灭夏的故事，这就是商汤的革命。夏朝的末代皇帝叫夏桀，他在位时荒淫无道，不修德政，每天与他的爱妃妹喜沉溺于纵欲享乐中。为了博得妹喜的欢心，夏桀建造了用美玉砌成的瑶台，走廊用象牙雕龙琢凤进行装饰。他还在自己的园林中挂满了各种烤熟的飞禽走兽，还开凿了一个大"河"，可是里面没有水，全是美酒。这个大酒池里面可以行船。所以后世形容夏桀的荒淫糜烂往往说"脯林酒池"。

此时，在夏朝管辖的众诸侯中，商部落逐渐强盛起来了。商部落的国君看到夏桀的无道便想废掉这个诸侯总盟主。于是他征讨不仁的小国，以扩大自己的领地，加强自己的军事力量。商汤从奴隶中发现伊尹是个人才，便把他提拔为国相，与他商讨灭夏的大计。伊尹说："现在夏桀还有很大的势力，咱们先不进贡，来试探一下他的实力。"于是商汤按照伊尹的计策，不再向夏朝进贡了。夏桀勃然大怒，命令众诸侯讨伐商汤。伊尹一看众诸侯还听从夏桀的，赶快向夏桀请罪，恢复了进贡。

过了一年，由于夏桀残暴，诸侯们都逐渐叛离了夏桀。于是商汤与伊尹经过周密的安排，招集商军将士，一举灭掉了夏王朝，建立了商朝，商汤便成为了诸侯的总盟主。

这就是商汤的革命。古人认为改朝换代是天命的变革，就像四季的更替一样，所以《周易》中的革卦含有顺应时势而动的意思。象辞中对君王的告诫是，要确定历法，以明确天时的变化。"历法"现在指日历，而在古代，它却是一种法。人们什么时间做什么，什么时间不能做什么，都有严格的规定。所以历法的确立，对社会的治理有很大帮助。

叁 • 爻辞

初九：巩[1]用黄牛之革。
象曰：巩用黄牛，不可以有为也。
六二：巳日乃革之，证吉，无咎。
象曰：巳日革之，行有嘉也。

九三：征凶，贞厉，革言三就，有孚。
象曰：革言三就，又何之矣。
九四：悔亡，有孚改命，吉。
象曰：改命之吉，信志也。
九五：大人虎变，未占有孚。
象曰：大人虎变，其文炳[2]也。
上六：君子豹变，小人革面[3]，征凶，居贞吉。
象曰：君子豹变，其文蔚[4]也。小人革面，顺以从君也。

【注解】

[1] 巩：用皮革制的绳子捆牢。
[2] 文炳：文，文采；炳，炳耀。
[3] 革面：改换面貌。
[4] 文蔚：蔚，草木茂盛的样子。"文蔚"即文采显著。

【释义】

初九：巩用黄牛之革。
象曰：巩用黄牛，不可以有为也。

经文意思是：用黄牛皮制成的绳子捆牢。

象辞的意思是：用黄牛皮制成的绳子捆牢，不能认为这便是有所作为。

初九爻位于革卦的最下层，他既代表改革时期的下层百姓，又代表改革的最初阶段。一般来说，社会刚刚有大的变革时，老百姓还是不要参与为好，因为改革是否能够成功，是否正确，都还不能肯定。并且历代的改革之举，不会使下层百姓有太大的变化。所以改革刚

"初九"处革之始，上无应。必须固守常规，不可妄行变革。

一开始，下层百姓还是用黄牛皮的绳子把自己拴起来，不要盲目参与。另一方面，对于实施改革的人来说，改革的初期一定要慎重，如果时机不太成熟，最好也找根黄牛皮的绳子把自己拴结实。为什么用黄牛皮的绳子呢？用黑牛皮的不行吗？不行。黄色在五行中居中，也就是黄牛皮的绳子是有喻意的，它代表的是要以适中的原则约束自己的言行。改革时机不成熟时，言行太偏激，只能给自己带来灾难。

六二：巳日乃革之，征吉，无咎。
象曰：巳日革之，行有嘉也。

经文意思是：在巳日进行大的变革，征讨吉祥，没有灾难。

象辞的意思是：在巳日进行改革，行动会有好处。

六二爻抓住了时机，所以他改革很顺利。比如商汤讨伐夏桀，便是在诸侯已经背叛夏桀之后才进军攻夏，结果大获全胜。这里主要说明的便是时机的重要作用，只要抓住时机，便可以大显身手。

"六二"上应九五，正值转机之时，配合阳刚尊者大力推行变革，必有吉祥，不会有灾难。

九三：征凶，贞厉，革言三就，有孚。
象曰：革言三就，又何之矣。

经文意思是：征伐凶险，守正道也有危险，改革的命令已实现十分之三，初见成效，已取得了信任。

"九三"有革道初成之象，宜于审慎稳进。急于求进必生凶情。行动正当，也有危险。

象辞的意思是：既然改革的命令实现十分之三，又往什么地方去呢？

九三爻处于改革初见成效的阶段，这种情况下，应当继续将改革深入下去，发展本国的经济，积聚实力。有句话叫"新官上任三把火"，说的便是九三这种情况。刚一上任的新领导，三把火点得很旺，收到了良好的效果，那么自然就应该按照自己的计划继续把改革深入下去。如果此时便停止不动了，那么只能是前功尽弃。对于一个国家来说，改革初见成效，便觉得自己实力强大了，急于攻打别的诸侯国，那么只能是吃败仗，所以爻辞说"征凶"。

九四：悔亡，有孚改命，吉。
象曰：改命之吉，信志也。

经文意思是：没有悔恨，有信心改变旧的天命，吉祥。

象辞的意思是：改变天命的吉祥，是信心所成就的。

九四有信心将改革进行到底，这种信心是十分可贵的。但这里的信心，主要来自于天命的安排。也就是说，九四的行为是顺应天道的，所以他有改革成功的信心。这种天命不是神灵的佑助，而是来自于自然发展规律。武王伐纣时，卜官说卜兆不祥，认为不宜出兵。可是姜子牙把蓍草折断，把龟壳踏碎，认为这是迷信。结果按照姜子牙的计策出兵攻纣，果然大获全胜。所以说改革要符合事物发展的规律，并且要抓住有利的时机，能做到这两点，肯定会吉祥的。

"九四"失正本有悔，但水火更革之际，推行变革没有悔恨。此时如心存信念进行革命，必吉祥。

九五：大人虎变，未占有孚。
象曰：大人虎变，其文炳也。

经文意思是：大人物像老虎换毛一样改变自己，不用占卜也会得到人们的信任。

象辞的意思是：大人物像老虎换毛一样改变自己，是文采炳耀。

身为九五之尊的君王推行改革，并且以身作则，那么肯定会得到众人的信任。在这里，主要强调的便是君王的表率作用。下面举个反面的例子。唐朝的开元盛世，李隆基以君王的身份宣布一条节俭的命令，命令全国一律不准以珠玉为饰，不许穿锦缎衣裳，鼓励人们种棉织布。可是李隆基宣布了这样的命令，自己的生活却并不节俭，他的改革方案怎么能得到彻底执行呢？后来李隆基与杨玉环沉溺于享乐，再也不提这件事了。唐朝的盛世从此走向衰落。

"九五"中正居尊位，下应六二。推行变革既显其德，又见其威。改革彻底，天下无不从信。

上六：君子豹变，小人革面，征凶，居贞吉。
象曰：君子豹变，其文蔚也。小人革面，顺以从君也。

经文意思是：君子像豹子换毛一样改变自己，小人也换了新的面貌。征讨凶险，居守正道吉祥。

象辞的意思是：君子像豹子换毛一样改变自己，是文采蔚然可观。小人改换新的面貌，是表面上顺从君王。

"上六"变革已成，小人纷纷顺应，改变旧日倾向。此时宜静居守持正固，若继续激进，必有凶险。

到了上六，说明改革已经获得了大成功。君子已去掉了旧的毛病，小人也洗心革面、重新做人。可是在这一片大好形势下，却仍然不利于出兵打仗。为什么呢？因为小人只是革面，而没有革心。出兵打仗，随时都有发生政变的可能。所以在改革获得成功之后，不能认为已经大功告成了，应当继续巩固改革的业绩。

卦五十 鼎

壹 • 卦名、卦画与卦象

鼎[1]

离为上卦
巽为下卦

火风鼎

巽为木，离为火，木上有火，即木上燃烧着火焰，呈烹饪的状态，为鼎。鼎者，烹饪的器皿，故鼎象征鼎器。鼎器既可烹物，又是权力法制的象征。君子持鼎意味着执行权力，贤士会被君王赏识，所以此时必大吉而后亨通顺利。

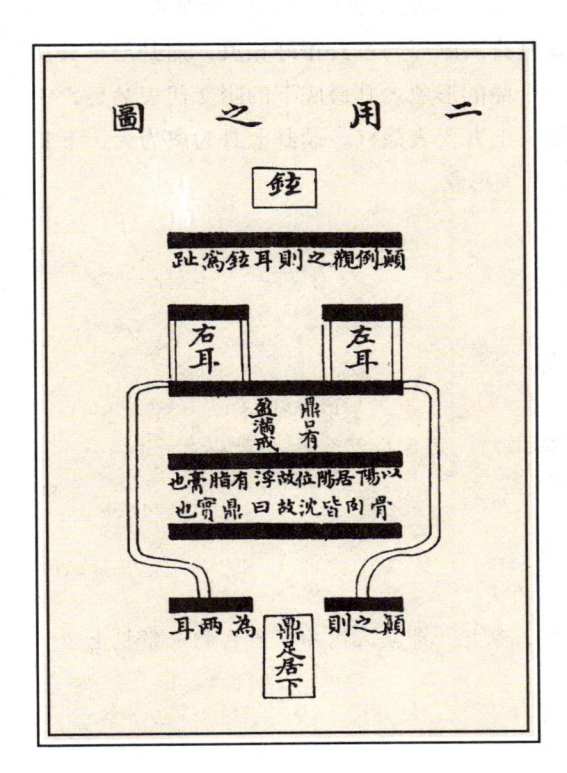

【注解】

[1] 鼎：卦名，象征权力、威信、法律与食器。

【释义】

此卦卦名为鼎。在甲骨文中，"鼎"字上面的部分像鼎的左右耳及鼎腹，下面像鼎足，是一个象形字。青铜鼎盛行于商、周，用于煮盛物品，或置于宗庙作铭功记绩的礼器。统治者亦用作烹人的刑具。《序卦传》中说："革物者莫若鼎，故受之以鼎。"也就是说，没有比鼎更能变革事物的了，所以在革卦之后是鼎卦。那么鼎是怎么变革事物的呢？这要从我们祖先的饮食方式说起。

人类掌握了火以后，便开始吃熟食了，但一般是吃烧烤食品，当时煮、炖的烹饪方法还没有掌握。后来人们用牛肚或羊肚制成革盛水或盛食物，于是便从这牛肚与羊肚发明了一种煮食的方法。就是将烧红的石头放到盛满水的羊肚中给水加温，这样不断从水中把石头拿出来再添进新的烧过的石头，水便开了，于是便可以在里面煮肉或涮羊肉了。另外还有一种方法是在羊肚外面抹上泥，然后将盛满水的羊肚放到火上烧，这样也可以吃到煮熟的食物。渐渐的羊肚外面的泥被烧成了陶制品，于是人们便开始有了陶制的食器。由于当时人们过的是群居生活，所以在一起聚餐，于是便制作了一个很大的陶鼎。这个陶鼎放在火上，人们把捕获的猎物放里面煮，煮熟后一起分享美味。而这个鼎归谁管呢？最初，这个鼎归部落酋长管。后来，私有制社会出现了，人们以家庭为单位进食，各家吃各家的饭，这么大的鼎对百姓就没用了。可是对部落盟主有用，因为部落盟主宴请各部落酋长，就得用这么大的鼎煮东西吃，所以它逐渐成为最高统治者的厨房用品。到了奴隶社会，青铜冶炼技术成熟了起来，于是青铜鼎便成为诸侯总盟主的厨房用品，天子还把治国的律法条文刻在上面。天子用它煮食物招待诸侯与天下贤士，使众侯王及贤士在吃喝中能看到天子的戒律。由于鼎上写有法律条文，所以有时也将国家重犯放到鼎里煮死。所以，鼎是一件不寻常的厨房用品。它集权力、律法、威信于一身，是国家的重器。青铜鼎本身就是历代饮食改革的见证，同时也是改革后君王言行的见证（改革的条文及业绩刻在鼎上），所以鼎卦有推出新政策的含义。而革卦，则表现的是去除旧的弊端。

鼎卦的卦画是两个阴爻四个阳爻，其排列顺序与革卦正好相反，鼎卦与革卦互为覆卦。鼎卦六爻的排列，正好组成一个鼎的形象。其最底下的阴爻代表鼎足，中间的三个阳爻代表鼎腹，六五代表鼎耳，上九代表鼎杠。鼎卦上卦为离为火，下卦为巽为木，点燃木柴烧火做饭就是鼎卦的大形象。

贰 • 卦辞

鼎：元吉，亨。
彖曰：鼎，象也。以木巽火，亨饪[1]也。圣人亨以享上帝[2]，而大亨以养圣贤。巽而耳目聪明，柔进而上行，得中而应乎刚，是以元亨。
象曰：木上有火，鼎。君子以正位凝命。

【注解】

[1] 亨饪：即烹饪。烹，加温；饪，调味。

[2] 圣人亨以享上帝：亨，烹饪；享，祭祀。即圣人用鼎烹煮食物来祭祀上帝。

【释义】

经文意思是：鼎卦，大吉祥，亨通。

象辞的意思是：鼎卦便是鼎的形象。以木生火烧鼎，可以烹饪食物。圣人用鼎煮食物祭祀上帝，大量烹煮食物以养圣贤之人。随顺并且耳聪目明，柔顺向上发展，即得中正又有阳刚之气相呼应，所以大亨通。

象辞的意思是：木上生火便是鼎卦的卦象。君子从卦象中受到启示，端正自己的位置，重视上天赋予的使命。

云中月现，主荷三光照临；鹊南飞，有喜之义；一子裹席帽，有子之喜；一人执刀，防暗伤；贵人端坐无畏，主福重可免灾；一鼠，主耗也。调和鼎鼐之卦，去故取新之象。

在中古时代，天子初登龙位的时候，第一件事便是铸鼎，颁布法律，以示吉祥。卦辞中说"元吉，亨"指的便是国君初立的亨通。国君初立，代表着一个新时代的来临。历代的开国皇帝没有一个不是精明强干、勤勉治国的，所以开辟新时代的开国皇帝的登基，是一件吉祥而亨通的事情。

开国皇帝该注意些什么问题呢？象辞说"君子以正位凝命"，也就是说要像鼎一样稳固自己的地位，并重视上天赋予的使命，按照鼎上刻下的律法办事。

叁 ● 爻辞

初六：鼎颠趾，利出否[1]，得妾以其子，无咎。
象曰：鼎颠趾，未悖也。利出否，以从贵也。
九二：鼎有实，我仇有疾，不我能即，吉。
象曰：鼎有实，慎所之也。我仇有疾，终无尤也。
九三：鼎耳革，其行塞，雉膏[2]不食，方雨亏悔，终吉。
象曰：鼎耳革，失其义也。
九四：鼎折足，覆公餗[3]，其形渥，凶。
象曰：覆公餗，信如何也。
六五：鼎黄耳，金铉[4]，利贞。
象曰：鼎黄耳，中以为实也。
上九：鼎玉铉，大吉，无不利。
象曰：玉铉在上，刚柔节也。

【注解】

[1] 否：脏物。

[2] 雉膏：膏，融化的油脂，无角动物的油脂。"雉膏"即野鸡肉及肉汤。

[3] 餗：音 sù，泛指佳肴美味。孔颖达疏，"餗，糁也，八珍之膳，鼎之实也"。

[4] 铉：音 xuǎn，横贯鼎两耳以举鼎的棍。或为钩状，金属制，以提鼎两耳。

【释义】

初六：鼎颠趾，利出否，得妾以其子，无咎。
象曰：鼎颠趾，未悖也。利出否，以从贵也。

经文意思是：鼎颠倒使腿朝上，利于倒出里面的脏物，得到妾而能获得孩子，没有灾难。

象辞的意思是：鼎颠倒使腿朝上，这不属于悖逆的事情。有利于倒出里面的脏物，说明初六应当顺从尊贵者的安排。

鼎的三条腿不单是起支撑的作用，还可以使鼎躺倒，也就是说可以搬动鼎腿把鼎放倒。放倒鼎可以倒出里面的残渣剩物，对鼎的内部进行清理。这表面上是在说鼎足的作用，而实际上是说国君要懂得起用新人治理天下，并且要唯才、唯贤是举，不分贵贱。商汤起用伊尹为相时，伊尹是一个奴隶，可是伊尹却帮助商汤推翻了夏王朝。商朝的武丁任用傅说为相时，傅说是一个给人家筑墙的农夫，可是傅说却使商王朝出现了中兴。任用贤臣不分贵贱就如同"得妾以其子"一样。也就是说妾尽管没有正妻身份高，但生下的孩子也是主人的后代；有才能的贱奴想出的策略，也是有利于国家建设的。君王能做到这点，当然不会有灾难了。

"初六"阴处卑下，似鼎覆趾倒。但与九四相应，鼎趾颠转利于将渣物倒出盛新物烹饪，如纳妾得子扶为正室，不会有灾难。

九二：鼎有实，我仇有疾，不我能即，吉。
象曰：鼎有实，慎所之也。我仇有疾，终无尤也。

经文意思是：鼎中有食物，我的敌人有病，不能和我一起分享，吉祥。

象辞的意思是：鼎中有食物，要谨慎地移动它。我的敌人有病，最终没有忧虑。

"九二"居中，似鼎中已装满食物，上应六五，但六五染有疾患，不能前来。这样也就少了负荷，反而吉祥。

贤明的君王与诸侯列鼎而食，可是由于君王起用了卑贱的人为大臣，自然会有一些人看不惯，所以不想与下贱的新贵一起吃饭，而没有赴宴。没来赴宴的人，正是不支持君王变法的人，所以这些人不来是一件吉祥的事情。君王不会因此而失去贤臣。

九三： 鼎耳革，其行塞，雉膏不食，方雨亏悔，终吉。
象曰：鼎耳革，失其义也。

经文意思是：鼎耳掉了，移动鼎有困难，里面的山鸡肉也吃不上，刚好有雨，悔恨渐消，最终吉祥。

象辞的意思是：鼎耳掉了，便失去了鼎耳的意义。

从人的形象分析，九三爻的位置相当于鼎耳部位。也就是说本来在这里应该铸造鼎耳，可是由于火的烧烤，使这里的鼎耳经常脱落。鼎耳一掉，鼎便无法搬运，而鼎下面是火，无法靠近鼎，所以吃不到里面的肉。不过下了一场雨，浇灭了火，人们便可以来到鼎边吃里面的美味了，所以最终吉祥。

"九三"像鼎失去了耳，有山鸡美味不得获食的悔恨。但下巽为阴，若以阴调阳，相和成雨，终获吉祥。

从这一爻辞来看，古时初期的鼎耳就是铸在九三这个位置的。可是由于这里经常会断裂，所以后来改在六五处铸鼎耳了。然而爻辞却不是想说鼎耳这件事，而是引用这个故事说明一个道理。什么道理？就是初登位的天子用新的政策治理国家时，要精简机构，去掉没必要的政府机构，节约政府开支。而爻辞中的"雨"便含有恩泽的意思，即是说君王对于精简下来的政府官员，要施以一定的恩惠，使他们不至于心怀怨恨。

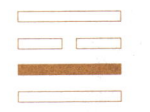

九四： 鼎折足，覆公𫗧，其形渥，凶。
象曰：覆公𫗧，信如何也。

经文意思是：鼎腿折断，（鼎倒使）王公的美味佳肴洒了一地，显得又脏又乱，凶险。

象辞的意思是：王公的食物都洒了，还怎么再受信任呢？

九四相当于鼎口，鼎中的食物都是从这里倒出来，所以有"覆公𫗧"的形象。对于国家来说，九四相当于国家重臣，所以他的失误会对整个国家（鼎）造成损失。九四失误在哪里呢？失误在用错了人。他与初六相应，可见他是一个勇于提拔

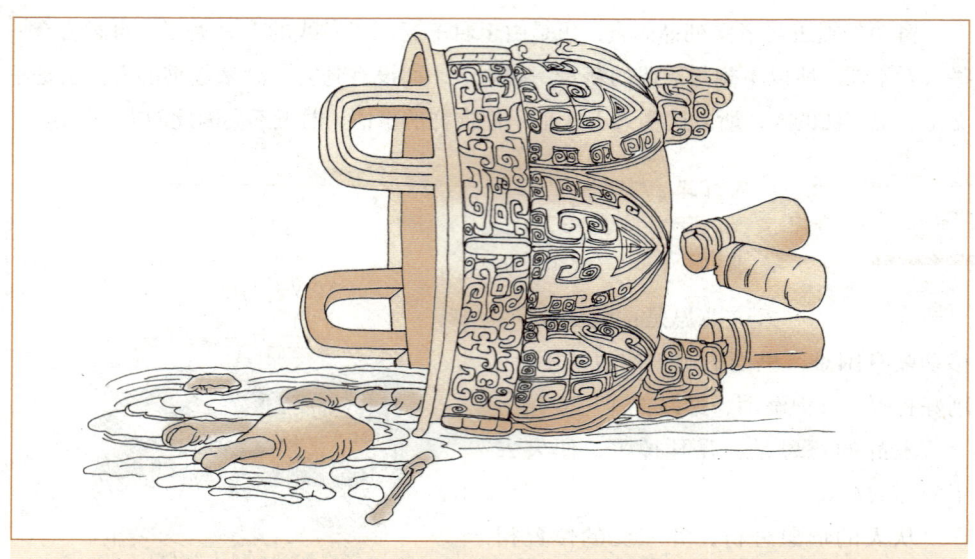

"九四"失正不中，行事不自量力，似鼎器折足，鼎中食物倒出，鼎身沾满龌龊，凶。

新人，并且不分身份贵贱的好领导。可是他任用的人当中却有没有能力的人，任用没有能力的人担任国家要职，自然会对国家造成很大的损害。既然给国家造成这么大的损失，九四的命运当然凶险了。这里是告诫君王用人不当的害处。

六五： 鼎黄耳，金铉，利贞。
象曰： 鼎黄耳，中以为实也。

经文意思是：鼎上铸有黄色的鼎耳，铜饰的举鼎杠，利于守正道。

象辞的意思是：鼎上铸有黄色的鼎耳，说明六五居中坚实。

鼎耳虽然不是鼎的主体，然而它却是最重要的部件。因为有了它才可以将鼎提起来，就相当于有了天子才能将诸侯统一起来一样，所以鼎耳位于君位。

身为一国之君应该注意哪些呢？便是应当做到"黄耳"。也就是要保持适中的原则，不能有过激的言行。还要"金铉"。"金铉"是举鼎杠，指的便是上九的一横杠。上九相当于太上皇及宗庙之

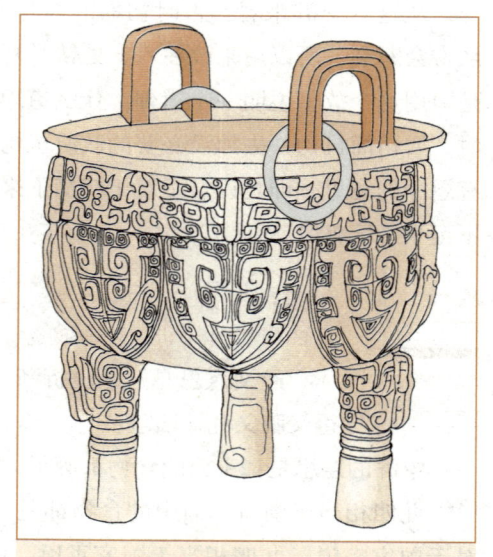

"六五"居尊位，下应九二。似鼎器配着黄金耳，坚固的环，这样当然有利。

位，也就是说六五的君王要听从先王的遗训，按时举行祭祀，感召天下人。

上九：鼎玉铉，大吉，无不利。
象曰：玉铉在上，刚柔节也。

经文意思是：鼎上配以玉饰的举鼎杠，大吉祥，没有不利的。

象辞的意思是：玉饰的举鼎杠在上位，是刚柔调节。

由于鼎是国家、权力、律法的象征，所以古代的君王对鼎的铸造极其讲究，而抬鼎用的举鼎杠制作得极其精美，因为它们都是国家的祭器。

爻辞以用玉装饰举鼎杠作比喻，说明按时祭祀的重要性。一个国家，只有按时举行祭祀，才能感召天下人，才能加强各诸侯的团结。因为古代的天子是替天行道，所以重视祭祀则表明自己没有脱离天道。

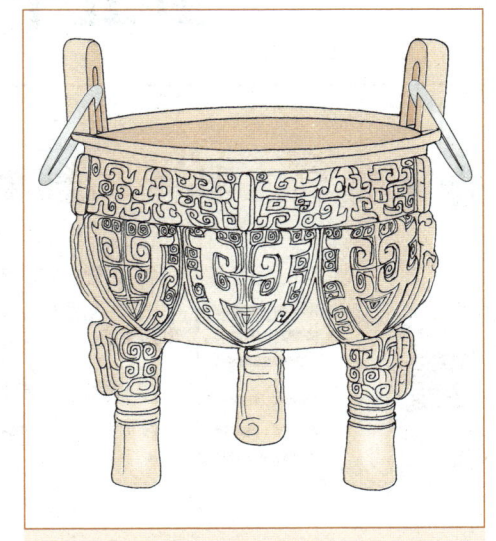

"上九"居鼎之终，像鼎耳坚硬又温润的玉环，刚毅不失温情，当然大吉，无所不利。

卦五十一 震

壹 • 卦名、卦画与卦象

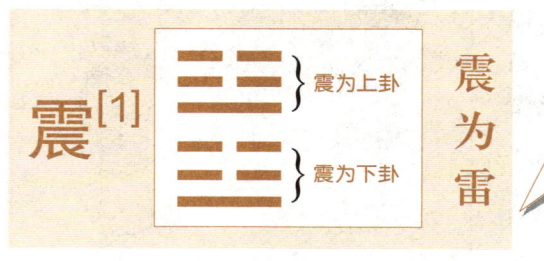

震[1]

震为上卦
震为下卦

震为雷

震为雷，上下均为震，叠连轰响着巨雷，谓震。震象征雷声震动。雷声震动，使万物皆惧而知道戒备，因此顺利亨通而致福。这样遇到大事从容镇定，就可以出头主持祭祀，担当保家卫国的重任了。

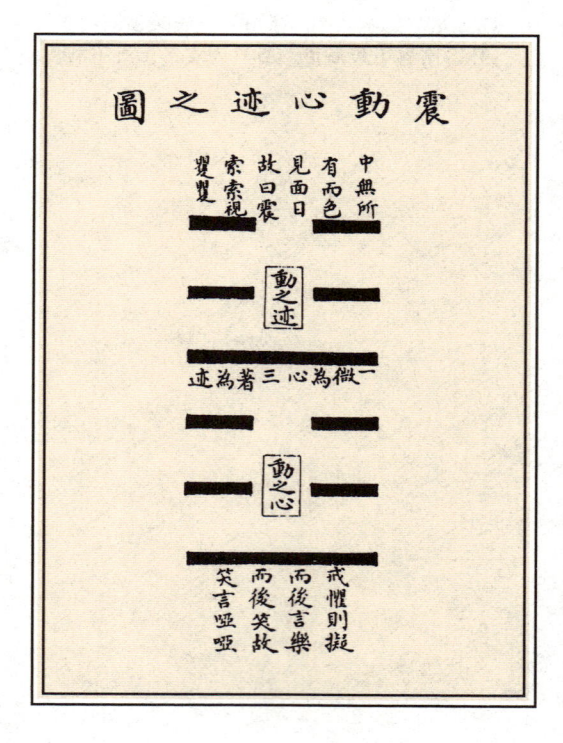

【注解】

[1]震：卦名，象征雷声、震动。

【释义】

此卦卦名为震。《说文》中说："震，劈历振物者。"可见震的本义是雷声。在后天八卦中，震代表长男，也以震代表太子。《序卦传》中说："主器者莫若长子，故受之以震。"主器者指的便是国家的继承人。在周公以前，还没有严格的长子嫡传制，由此可见《序卦传》应当是周公之后的产物。前面的鼎卦代表国家，震卦代表长子，继承国家君王的应当是长子，所以鼎卦之后是震卦。

震卦卦画为两个阳爻四个阴爻，

是两个三爻震卦重叠而成。从卦象上分析，两震相重，有雷声接连不断的意思。古人认为雷电是天神的执法人员，会击杀地上的妖孽与不仁不义的人。雷电又可以给万物赋予生命与生机，比如春雷一响，蛰伏的动物便开始纷纷走出洞穴。所以古人对雷是极其敬畏的。

贰 • 卦辞

> 震：亨。震来虩虩[1]，笑言哑哑[2]。震惊百里，不丧匕鬯[3]。
> 彖曰：震，亨。震来虩虩，恐致福也。笑言哑哑，后有则也。震惊百里，惊远而惧迩也。出可以守宗庙社稷，以为祭主也。
> 象曰：洊雷[4]，震。君子以恐惧修身。

【注解】

[1] 虩虩：虩，音 xì，恐慌的样子。

[2] 哑哑：哑，音 yā，笑的声音。

[3] 匕鬯：匕，古代指勺、匙之类的取食用具；鬯，音 chàng，古代祭祀、宴饮用的香酒，用郁金草合黑黍酿成。

[4] 洊雷：洊，音 jiàn，再次、重复。洊雷即震卦两重，也表示雷声一阵接着一阵。

【释义】

经文意思是：震卦，亨通。大的雷声让人感到害怕，可是（人们明白雷声会降下雨泽）听到雷声人们都很高兴。尽管雷声震惊百里，却不会震落手中的酒杯。

彖辞的意思是：震卦亨通。惊雷来临人们感到害怕，恐惧可以招来福佑。笑语声声，说明人们已经懂得了天地的规则。震惊百里，是震惊远方而使近处惧怕。君王出巡，长子守住宗庙社稷，作为祭祀的主持人。

象辞的意思是：雷声一阵一阵响起，便是震卦的卦象。君子因有所恐惧而反省自己的过失。

雷声阵阵，是上天在惩罚妖孽与不仁不义的人。震卦既含有上天对人间进行惩罚的含义，又含有律法及政治运动对社会的惩治。天上惊雷阵阵，有的人听见雷声害怕，有的人听见雷声大声欢

此卦为李靖天师遇龙母借宿，替龙行雨卜得之卦。人立于岩石上，防险之义；一树开花一文书，当春之月文字有喜；一人推车上有文字，文字临念；谭堆钱财，获厚利诋凶。震惊百里之卦，有声无形之象。

笑，为什么会这样呢？因为有的人做了坏事，害怕天神的惩罚；有的人问心无愧，所以见天神在惩治坏人而拍手称快。

由于人无完人，每个人都会犯错误，所以象辞中告诫君子，在天神惩罚坏人的时候，自己也应当深刻反省自己的过失。

震卦六爻的爻辞所描述的，都是对于惊雷、天法、国法的恐惧形态，由于每个爻所处的地位不同，所持有的品德不同，所以吉凶不同。而其重点强调的是可以通过自省免灾。下面分别进行解说。

叁 ● 爻辞

初九：震来虩虩，后笑言哑哑，吉。
象曰：震来虩虩，恐致福也。笑言哑哑，后有则也。
六二：震来厉，亿[1]丧贝[2]，跻[3]于九陵，勿逐，七日得。
象曰：震来厉，乘刚也。
六三：震苏苏，震行无眚。
象曰：震苏苏，位不当也。
九四：震遂泥。
象曰：震遂泥，未光也。
六五：震往来厉，亿无丧，有事。
象曰：震往来厉，危行也。其事在中，大无丧也。
上六：震索索，视矍矍[4]，征凶。震不于其躬，于其邻，无咎。婚媾有言。
象曰：震索索，中未得也。虽凶无咎，畏邻戒也。

【注解】

[1] 亿：安定，安宁，也有极多的含义。

[2] 贝：钱财。

[3] 跻：蹬上。

[4] 矍矍：眼神惊慌的样子。矍，音jué。

【释义】

初九：震来虩虩，后笑言哑哑，吉。
象曰：震来虩虩，恐致福也。笑言哑哑，后有则也。

经文意思是：雷声响起人们感到不安，雷声过后人们笑语声声，吉祥。

象辞的意思是：雷声响起人们感到不安，恐惧可招致福佑。笑语声声，说明人们已经懂得了天地的规则。

初九刚爻居于奇位为得位，是震卦的主爻，所以表示的是震动的中心部位。也就是说国家开始严打了，为了维护社会治安，主要对像就是初九爻。初九代表下层百姓，可是大部分百姓是善良的，不属于打击范围，所以这些人就会吉祥。而做了坏事的人，对这次运动却很害怕，不过一旦躲过了这场运动，便又"笑言哑哑"了。这是古代老百姓的通病。由于文化不高，所以不懂得反省自己的过失，一旦躲过了惩罚，便会暗自庆幸。当然，现在我国的群众普遍具有法律意识，比古人的素质还是高很多的。

六二：震来厉，亿丧贝，跻于九陵，勿逐，七日得。
象曰：震来厉，乘刚也。

经文意思是：惊雷袭来有危险，人们丢弃家财，跑到山陵上，不要追赶，七天后会失而复得。

象辞的意思是：惊雷袭来有危险，是因为六二凌驾于初九刚爻之上。

六二紧临震动的中心，所以他受到震动的波及也最严重。六二虽然具有中正之德，但毕竟是阴爻柔弱，所以非常害怕，结果逃跑中丢了不少财物。不过由于震动不是针对他而来的，所以震动过后他还会拥有自己的地位与财物。这就好比一场奴隶暴动。奴隶不堪忍受残酷的压迫，结果造反了。天对地有法，君对民有法，其实民对君也有法。民对君的法是非法法也。在这场运动中，身为大夫的六二很害怕，躲了起来。可是他平时有中正之德，善待奴隶，所以他不会有灾难。

六三：震苏苏，震行无眚。
象曰：震苏苏，位不当也。

经文意思是：震动使人恐惧不安，行动没有灾难。

"初九"阳刚在下得正，震惊来临，惶恐畏惧，能记取教训，会得福，所以吉祥。

"六二"雷动骤来时，首当其冲，以致丧失亿万家财，去九重的山陵避难。但趋正自守，丧失的财物，很快失而复得。

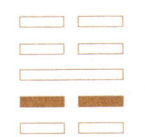

象辞的意思是：震动使人恐惧不安，是由于六三的位置不适当。

六三远离震动的中心，可是由于阴爻居于奇位为不得位，所以是一位有过失的人。所以这场运动虽然离他的居所较远，却也使他很害怕。正是由于惧怕使他得以自省改过，所以不会有灾难。

九四：震遂泥。

象曰：震遂泥，未光也。

经文意思是：惊雷坠入淤泥里。

象辞的意思是：惊雷坠入淤泥里，是因为还没有光大。

"六三"失正，雷动之时惶惶不安，但其无乘之逆又柔顺承阳，故因"震惧"慎行，没有祸患。

九四是上卦震的主爻，可是他被夹在四个阴爻之间，三个阴爻便可以组成一个坤卦，坤为土为泥，所以九四有雷入泥中的形象。从卦气学说来看，在八月份雷隐入泽中的泥里，天上便不再有雷声了。所以九四的雷声没有发出来，这就是"未光也"。

九四的引申义可以从两个方面来解释。一方面，九四为国家重臣之位，所以在严打运动中尽管他受到了牵连，但是由于他位高权重，又与六五君王相合，所以法律无法制裁他。另一方面，九四想以严法治国，可是他宣扬的法律威胁到了六五君王，所以这种法无法实施，就像雷入泥潭一样。

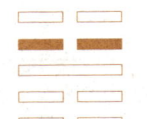

六五：震往来厉，亿无丧，有事。

象曰：震往来厉，危行也。其事在中，大无丧也。

经文意思是：在震动中来回奔跑有危险，多亏没有大的损失，只是有些困扰。

象辞的意思是：在震动中来回奔跑有危险，因为这是危险的举动。虽然有困扰，

"九四"刚德不足，又陷于上下四阴之间，当震之时，惊慌失措，陷入泥泞不能自拔。

但由于六五居中，所以没有大的损失。

六五身为君位，可是初九的震动也使他产生了惊惧，并且来自九四的震动虽然没有大的发作，却也是隐藏的一种危机。虽然这两方面的震动对君王威胁不大，可是六五阴柔力弱，所以他四处躲闪，害怕给自己造成伤害。然而，身为一国之君，临危心惧是大忌，所以爻辞说"震往来厉"。也就是说，在动荡中，如果国君内心摇摆不定，不够坚决果敢，那么对国家及国君本身是有危险的。

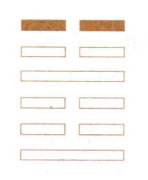

上六：震索索，视矍矍，征凶。震不于其躬，于其邻，无咎。婚媾有言。

象曰：震索索，中未得也。虽凶无咎，畏邻戒也。

"六五"不论上下往来，都有危险。但柔顺得中，以危惧之心慎守中道，所以虽遭遇大事故，但不会有大的损失。

经文意思是：雷声使人们索索发抖，六神无主，征讨凶险。由于震不在自身而在邻人，所以没有灾难。婚配会有怪责之言。

象辞的意思是：雷声使人们索索发抖，是因为上六没有居中。虽然凶险但没有灾难，是因为从邻居的惊险中感到惊惧而有所戒备。

九四的雷声没有响起来，初九的雷震到了上六已经力量很弱了，所以上六没有受到大的震动。可是上六阴柔无力，处于老弱状态，所以这一丝震动也让上六非常惊慌，六神无主。这么虚弱胆小的上六自然不适合带兵征讨别人了，所以"征凶"。由于运动的本身不是针对上六而来的，所以上六不会有灾难，只是他的配偶会责怪他胆小。

从卦象上看，震卦的上互卦为坎，九四在坎卦之外，自然不会有灾难。

"上六"雷动之时双足瑟瑟难行，心神不定。及早恐惧修省，可无灾难。但不顾周围人的灾难而避祸，会听到怨言。

卦五十二 艮

壹 ● 卦名、卦画与卦象

艮[1]

艮为上卦
艮为下卦

艮为山

> 艮为山，特性止，一山已能镇止，两山重叠，止义更大，故艮象征抑止。艮卦所说的止，是在应当止的时候止，应当行的时候行，动静不失时机，前途必然光明。抑止人的邪欲，应内心宁静。止得其所，才无过失。

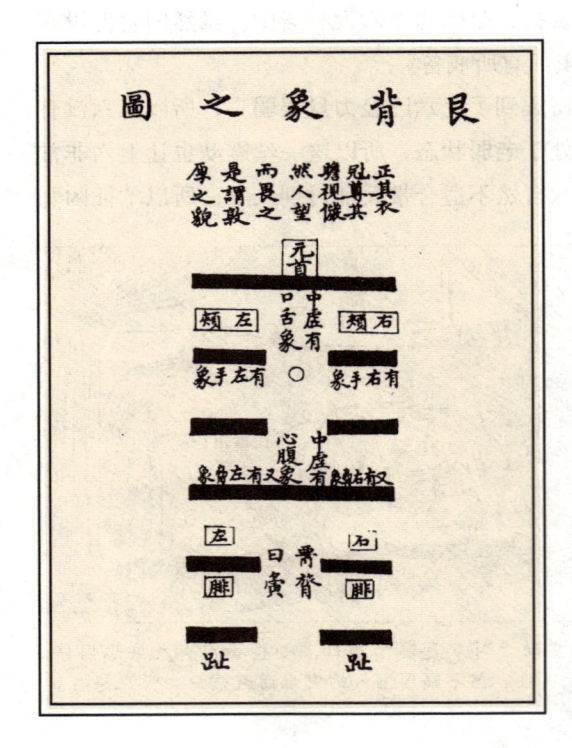

【注解】

[1] 艮：卦名，象征大山、停止。

【释义】

此卦卦名为艮。《序卦传》中说："物不可以终动，止之，故受之以艮。艮者，止也。"这便是说，事物不可能总是处于震动的状态中，总有停止不动的时候，所以震卦的后面是艮卦。艮就是停止、制止的意思。

艮卦的卦画为两个阳爻四个阴爻，其排列顺序与震卦的卦画正好相反，艮卦与震卦互为覆卦。从卦象上分析，艮为山为门，两山相重，前后都是山，人被困于山中，所以有受阻而止的含义。另外，两门相重，人被锁在重两大门之内，也是无法出来行走的意思。所以艮卦卦象的含义便是指受阻而止。

贰 • 卦辞

> 艮：艮其背，不获其身，行其庭，不见其人，无咎。
> 彖曰：艮，止也。时止则止，时行则行，动静不失其时，其道光明。艮其止，止其所也。上下敌应[1]，不相与也。是以不获其身，行其庭不见其人，无咎也。
> 象曰：兼山，艮。君子以思不出其位。

【注解】

[1] 上下敌应：指艮卦的初六与六四、六二与六五、九三与上九同性相斥，不相应。

【释义】

经文意思是：停在他的背后看不到他的前身，走进他的庭院却看不到他本人，没有灾难。

彖辞的意思是：艮，即止的意思。该停止的时候便停止，该行动时就行动，行动与静止不失时机，这样道路才会光明。艮卦是讲停止的道理的，所以该抑止的行为必须抑止。艮卦上下卦的对应爻相互敌对，而不是相互亲近呼应。所以说不能获得其身，在他的庭院行走却看不到他本人，没有灾难。

象辞的意思是：两山相重就是艮卦的卦象。君子考虑问题不能超过自己的位置。

既然你已经停在他的背后，怎么会看不到他的前身呢？你不会是遇到武打小说中的高手了吧？其实，这个"艮其背"指的不是人，而是山。连绵起伏的山如同龙伏在那里，孤山如同老虎卧在那里，你无论走到山的哪一面，都好似走在"龙"或"虎"的脊背上，怎么能来到它的身前呢？"艮其背，不获其身"是一句古老的歌谣，描写的是山的静止状态。

"行其庭，不见其人"也是一句古歌谣，描写的是院落中的静止状态。院落的两重大门都关着，院落的主人藏于屋中，自然在院子里不会发现有人了。

有猴捧文书，利文字应在申未；一官吏执镜，主清明；有三人绳相系缚，说明有事互相牵连，遇贵人得解脱。游鱼避网之卦，积少成多之象。

卦辞引用两句古歌谣，形象地描述了静止不动的状态。在中国古代哲学思想中，动与静是相对的，不是绝对的。比如我们从震卦与艮卦的卦画上看，就会发现它们相同位置上的卦画正好相反。这就是说动的反面是静止，静的反面是运动。中国佛教的禅宗有一个关于风动还是幡动的故事便能说明这个道理。一次，六祖慧能到南海法性寺，正好遇到印宗法师在讲《涅槃经》。这时，风吹刹幡，有两个僧人便开始辩论起来了。一个说："是风在动。"另一个说："是幡在动。"两个人谁也不服谁，就吵了起来。六祖慧能过来对他们说："不是风动，也不是幡动，而是你们的心动。"那究竟是谁说得对呢？其实都说得没错。因为动是相对的，相对于幡来说，幡本来是不动的，结果被风吹动，所以自然是风动了；相对于风来说，风本来是无形的，如果没有幡就体现不出风在动，所以是幡在动。可是当时人们都在听法师讲经，怎么会注意风与幡呢？所以是两个僧人不专心听讲，是他们的心在动。

通过这个故事，我们就会明白了，艮卦中的静止不动也是相对的。比如两军对峙，准备要展开一场激烈的厮杀，可是一方觉得自己没有取胜的把握，便退到城里不与对方交战。退到城里的一方，便进入静止状态了。可是回到城里的将士不可能就什么也不做了，该想计策想计策，该练兵练兵，否则这场战争就肯定是输定了。所以说静止是相对的，并且动与止一定要掌握好时机。该动则动，该止则止，这就是易学中的辩证思想。

象辞中对君王提出的忠告是："君子以思不出其位。"就是说君王要考虑自己分内的事。国君每天要考虑怎样用贤臣来治理天下，而不能考虑与这些无关的事情。比如汉武帝进行改革起用儒家，这些事是君王应该做的，因为可以巩固政权，加强管理。可是他后来一心想成仙，养了不少方士，不再关心朝政了，这就是越出了君王的思考范围了，结果导致汉武帝既害了太子又害了妃子，成为后世的笑柄。

孔子说："不在其位，不谋其政。"说的便是这个道理。对于官员来讲，超出自己管辖范围的事情，就应当采取静止的态度了。

叁 • 爻辞

初六：艮其趾，无咎，利永贞。
象曰：艮其趾，未失正也。
六二：艮其腓，不拯其随，其心不快。
象曰：不拯其随，未退听也。
九三：艮其限[1]，列其夤[2]，厉薰心[3]。
象曰：艮其限，危薰心也。
六四：艮其身，无咎。
象曰：艮其身，止诸躬也。

六五：艮其辅，言有序，悔亡。
象曰：艮其辅，以中正也。
上九：敦艮，吉。
象曰：敦艮之吉，以厚终也。

【注解】

[1] 限：腰部。

[2] 夤：音yín，脊背肌肉。

[3] 薰心：烈火烧心。薰，烧烤、烤灼。

【释义】

初六：艮其趾，无咎，利永贞。

象曰：艮其趾，未失正也。

经文意思是：脚趾停止运动，没有灾难，利于永远守正道。

象辞的意思是：脚趾停止运动，是没有失去正道。

初六处于下层，柔爻居于奇位为不得位，可是他有一颗敏感的心，能够及早发现危险，及早停止自己的行动，所以不会有灾难。但是，他必须永远守于正道。如果总想做坏事，内心再敏感，也难逃法律的制裁。

从卦象上看，艮卦的下互卦为坎为险，可是初六处于坎卦之外，所以不会有危险。

六二：艮其腓，不拯其随，其心不快。

象曰：不拯其随，未退听也。

经文意思是：抑制小腿，不能快步跟随别人，心中不高兴。

象辞的意思是：不能快步跟随别人，也没有听从后退停止的命令（所以不高兴）。

"初六"阴柔处下，似施于"足趾"将动之前，不使失正道，但要始终坚守才可常保无灾难。

"六二"得位，承九三阳刚。像小腿肚被止，不能上承本应随从的人，但又无法退回，心中不得畅快。

六二处于艮卦下互卦坎的下爻，所以有陷入险境的形象。但是六二柔爻居于偶位为得位，并且又居于下卦之中，所以具有中正之德。他的这种品德使他在危险中能够自我约束，所以不会有大的灾难。只是由于必须对自己严格约束才能脱离危险，所以自己的内心会感到有些压抑。

比如"文革"中被关进牛棚的老一辈革命家就处于六二这种困境中。不能多说，只能违心而说，坚持正义就会带来灾难，所以"其心不快"。

九三：艮其限，列其夤，厉薰心。
象曰：艮其限，危薰心也。

"九三"处艮卦上下结合部，似人体腰部。腰动被止脊肉分裂，众叛亲离，有心被火薰似的不安。

经文意思是：止住腰部，撕裂脊背，危险如烈火烧心。

象辞的意思是：止住腰部，其危险如烈火烧心一样。

九三爻的静止，不是自觉的静止，而是被困的静止。九三刚爻居于奇位为得位，但却是下互卦坎的中爻，所以有被困于危险之中的形象。九三爻又是上互卦震的主爻，所以九三有动的形象。因于危险中而运动，肯定不会有好的结果，所以"列其夤，厉薰心"。比如在"文革"中，有些人被关在牛棚里还是想要为自己讨个公道，想要伸张正义，结果使自己受到了更大的灾难。

六四：艮其身，无咎。
象曰：艮其身，止诸躬也。

经文意思是：止住上身，没有灾难。

象辞的意思是：止住上身，便止住了全身。

六四发现自己处于危险的境地，便开始严格要求自己，不乱说不乱动，又具有柔顺之德，所以不会有灾难。

"六四"似处人身上体。心在体腔内，为控制一切行动的枢纽。自我抑止安守本位，而没有灾难。

从卦象来说，六四爻与九三爻阴阳相合，所以他可以受到九三的帮助而免于灾难。并且他也能从九三身上吸取教训，从而严格约束自己，所以他的格外谨慎使他"无咎"。

六五：艮其辅，言有序，悔亡。
象曰：艮其辅，以中正也。

经文意思是：止住牙床，说话有次序，没有悔恨。

象辞的意思是：止住牙床，是因为六五能居中守正。

六五是一卦中最重要的位置，所以也把人最应该静止的部位放在了这里。人最应该静止的部位便是嘴。据说上帝造人的时候，给人造了两个耳朵，一个嘴巴，便是让人少说多听。俗话说"病从口入，祸从口出"，人如果管不住自己的嘴巴，信口胡说，最终会给自己带来灾难。比如《三国演义》中的杨修便是一例。他自认为聪明，总爱炫耀自己。曹操请工匠修一座花园，竣工后曹操去验收，他没说话，只在门上写了一个"活"字。工匠不明白，杨修却对他们说："门里面加一个'活'字不就是'阔'字吗？把门再缩小一点就行了。"工匠修好后请曹操再来验收，曹操一看门缩小了，便问是谁的主意，工匠说是杨修，曹操听后心里有些不快。

一次，曹操把一盒糕点放在案上，并在盒子上写下"一盒酥"三个字。结果杨修见了，便把众谋士叫到一起把糕点给分着吃了。曹操责怪杨修，杨修却说："盒上写着一人一口酥，不是叫我们分着把它吃了吗？"曹操听后，更讨厌这个杨修了。

曹操害怕自己睡觉时有人害杀他，便对侍卫说："我有梦中杀人的习惯，我睡着时你们别靠近我。"结果一次曹操睡午觉，被子掉在地上了。一个侍卫忙拾起给曹操盖上。曹操跳起将这个侍卫给杀了，然后继续睡觉。过了一会儿，曹操起床假装不知情，责问："谁把我的侍卫杀了？"左右侍卫如实回答，曹操听后放声痛哭，命人将侍卫厚葬。在埋葬侍卫时大家都不说话，杨修却说："丞相不在梦里，是你在梦里啊！"曹操

"六五"居尊位，相当于颚，在颚的关节停止，表示说话谨慎言之有序，可避免后悔。

听了，就想把这个杨修杀了。可是杨修还不知趣，继续口无遮拦，卖弄聪明。

曹操与蜀军在褒、斜一带作战时，因马超坚守，曹操久攻不下，便收兵于斜谷界口驻扎。这天，夏侯惇问曹操夜里巡逻用什么口令。当时曹操正在喝着一碗鸡汤，便随口说："鸡肋，鸡肋！"杨修知道这个口令后，便对随行军士说："鸡肋这东西，吃着没肉，扔了又可惜。这说明曹丞相心里想退兵又怕别人笑话，坚守在这里又不是办法，所以明天肯定班师回朝。"众人都佩服杨修聪明，纷纷收拾行李做好撤退的准备。夜里曹操心里烦躁，出来巡视，结果见众军士都在为撤退做准备，便问这是怎么回事。曹操听完事情的经过大怒，命令刀斧手将杨修推出斩首。这位口无遮拦的杨修就这样丢掉了性命，死时才三十四岁。这就是说话前不仔细想清楚的教训。

在我国古代，贤明的君王一般是不会提拔伶牙俐齿的人为重臣的。一次汉文帝到上林苑游玩，他问上林尉说："这苑中有多少禽兽？"上林尉听后张口结舌，支吾半晌回答不上来。汉文帝又问了他一些其他问题，上林尉全答不上来，急得抓耳挠腮，左顾右盼，浑身冒汗。这时，有一个小吏站了出来，他十分详细地回答了汉文帝的提问，口齿伶俐，表达流畅。汉文帝大喜，便与身边的大臣商议提拔这个小吏。可是大臣张释之却说："有道德和真才实学的人不会夸夸其谈。越是有德的人，越是器宇深沉，言语简当。这位小吏给人一种刻意炫耀的感觉，如果提拔他，天下的人便会纷纷效仿，会导致只重言辞而不重实际才干，那么社会风气就不好了。"汉文帝认为张释之说得有道理，便打消了提拔小吏的念头。

六五爻的爻辞，便是告诫人们要懂得说话前要经过周密思考，理清次序，该说的说，不该说的不说，这样才不会"祸从口出"。

上九：敦艮，吉。

象曰：敦艮之吉，以厚终也。

经文意思是：敦厚而懂得适可而止，吉祥。

象辞的意思是：敦厚而懂得适可而止的吉祥，是因为以敦厚而得善终。

有一个成语叫"大智若愚"，其实这是一种智的最高境界。而上九的"敦艮"便是这种境界。以敦厚的态度停止，这是表面上最大的停止。这种停止不是什么都不做的意思，而是类似于老庄的清静无为。这就是无为而无不为，表面上没有做什么，但实际上已经成就了一切。能达到这种境界，怎么会不吉祥呢？

"上九"最后的坚持更重要，在快要终止时，更应谨慎敦厚，抑止邪欲，这样最吉祥。

卦五十三 渐

壹 • 卦名、卦画与卦象

渐[1]

巽为上卦
艮为下卦

风山渐

艮为山，巽为木，山上之木为高大之木，高大之木慢慢成长，徐而不速，为渐。渐者，徐缓慢进，故渐象征渐进。渐渐地在前进，如同女子出嫁，循礼渐行可获吉祥。并且渐进需遵循正道，才会有利。

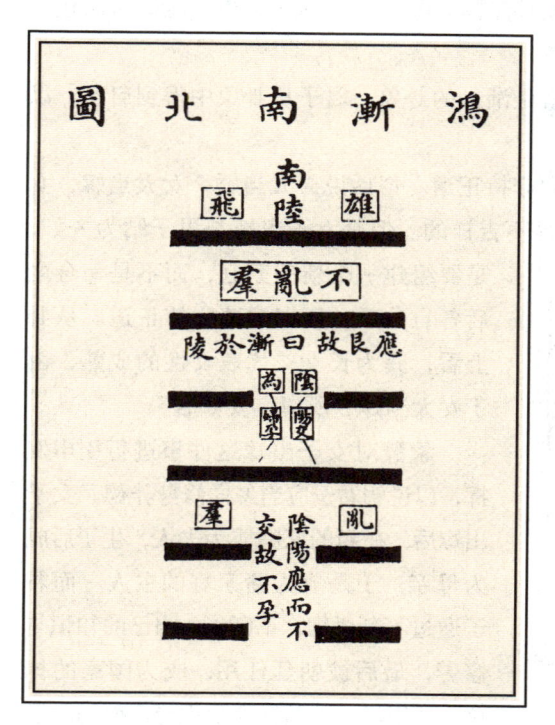

【注解】

[1]渐：卦名，象征渐进。

【释义】

此卦卦名为渐。《序卦传》中说："物不可以终止，故受之以渐。渐者，进也。"也就是说，事物不会总是停留在静止状态中，所以在表示停止的艮卦的后面，是渐卦。渐就是前进的意思。《杂卦传》中说："渐女归待男行也。"可见"渐"字的前进，不是突飞猛进，是等待、顺应时势变化而渐进。

渐卦的卦画是三个阴爻三个阳爻，其排列顺序与归妹卦正好相反，渐卦与归妹卦互为覆卦。从卦象上分析，渐卦上卦为巽为木为长女，下卦为艮为山为少男，山上生木便是渐卦的卦象。山中有森林，可是这些森林不是突然形成的，而是一棵棵的小树苗不断生长，逐渐壮大，逐渐形成了森林。树的生长是缓慢的，这种缓慢的生长，正是渐卦要表达的含义。

贰 ● 卦辞

> 渐：女归[1]吉，利贞。
> 彖曰：渐之进也，女归吉也。进得位，往有功也。进以正，可以正邦也。其位刚，得中也。止而巽[2]，动不穷也。
> 象曰：山上有木，渐。君子以居贤德，善俗。

【注解】

[1] 归：归宿，指女子出嫁。

[2] 止而巽：渐卦上卦为巽为顺，下卦为艮为止，所以"止而巽"。此处"巽"是随顺的意思。

【释义】

经文意思是：女子出嫁吉祥，利于守正道。

彖辞的意思是：逐渐前进，就如同女子出嫁循礼渐进可获得吉祥。进取得到正位，前往有功业。按正道前进，可以安邦定国。渐卦九五刚爻居中，能适可而止并且随顺，行动起来就不会走向穷途末路。

象辞的意思是：山上有树木，这就是渐卦的卦象。君子从卦象中得到启示，以贤德自居，改善民风杂俗。

卦辞中说，女子出嫁吉祥，但必须守持正道。俗话说男大当婚，女大当嫁，女人出嫁是天经地义的事情，没有什么是不吉祥的。但是女子出嫁与男子结为夫妇，是要组建一个新的家庭，而不是苟合之后各自分手，所以需要守持正道。从卦上看，巽为长女，代表女性的成熟，由于女大当嫁，所以"女归吉"。

象辞对女子出嫁这件事进行引申发挥，以说明君子应当怎样修身养德。女子出嫁后，在新的家庭成为夫人，生子后成为母亲，于是成为新家庭的主人。而君子通过不断学习，不断增加自己的知识与修养，最后被朝廷任用，成为国家的栋梁。所以说，不断提高学识与道德的君子

一竹梯，望高处，乃求望达；一药炉在地，预防有患；一人步云梯之半，一枝花在地上，乃下弟未达之兆。高山植木之卦，积小成大之象。

就好比待嫁的新娘。君子要像待嫁的新娘一样，内心刚强，外表柔顺，怀有中正之德。出嫁的新娘怎么会有这么多品质呢？这得从卦象上看。渐卦上卦为巽，代表待嫁的新娘，巽代表随顺，并且渐卦的九五爻居中得正，所以有中正之德，并且外柔内刚。

由于这一卦是以待嫁的新娘比喻君子，所以象辞中对君子提出的忠告是："君子以居贤德，善俗。"也就是说，君子要不断积蓄自己的美德，移风易俗，改掉自己的缺点。因为只有这样，才能得到君王的重用。而君王做到这些，就可以得民心。

叁 • 爻辞

初六：鸿渐于干[1]，小子厉，有言，无咎。
象曰：小子之厉，义无咎也。
六二：鸿渐于磐[2]，饮食衎衎[3]，吉。
象曰：饮食衎衎，不素饱也。
九三：鸿渐于陆，夫征不复，妇孕不育，凶；利御寇。
象曰：夫征不复，离群丑也。妇孕不育，失其道也。利用御寇，顺相保也。
六四：鸿渐于木，或得其桷，无咎。
象曰：或得其桷，顺以巽也。
九五：鸿渐于陵，妇三岁不孕，终莫之胜，吉。
象曰：终莫之胜，吉，得所愿也。
上九：鸿渐于陆，其羽可用为仪，吉。
象曰：其羽可用为仪，吉，不可乱也。

【注解】

[1] 干：岸边，河边。
[2] 磐：大石头。
[3] 衎：和乐愉快的样子。衎，音 kàn。

【释义】

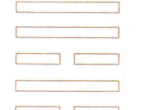

初六：鸿渐于干，小子厉，有言，无咎。
象曰：小子之厉，义无咎也。

经文意思是：大雁渐渐飞到了水边，小雁有危险，被大雁叫住，没有灾难。

象辞的意思是：小雁的危险，从道义上讲不应该有灾难。

卦辞中讲的是待嫁的新娘，而爻辞讲的全是大雁。这是怎么回事呢？原来，古代大雁与婚嫁有着极为密切的关系。相传在伏羲治世的时代，伏羲取消了群婚制，改为对偶婚，并规定男方与女方确定关系时必须要给女方送一只大雁。这种习俗被

"初六"柔弱卑下,像大雁飞行渐进水源,所进尚浅。年轻人蒙受言语中伤,若能渐进不躁,可免除灾难。

沿袭下来,一直到单偶婚时代,改为男方向女方提婚时必须送的礼物。这不是聘礼,在古代称之为纳采。为什么要送大雁呢?因为大雁总是成双成对地生活在一起,其间死掉一只,另一只终身不再成双。另外,大雁飞行时总是排成一行,大家在一起非常有秩序。所以,大雁象征爱情的忠贞,也象征遵守秩序。而渐卦是以待嫁的新娘喻君子,所以君子也应当像大雁一样有忠贞,讲秩序。也就是对国君要忠,要有上下等级观念,遵守法律法规。

初六是大雁飞行的最低点,象征君子幼年的教育。以大雁对小雁的教育来说明君子幼年要听从长辈的劝诫。

六二:鸿渐于磐,饮食衎衎,吉。

象曰:饮食衎衎,不素饱也。

经文意思是:大雁渐渐飞到磐石上,饮食和乐,吉祥。

"六二"中正,承三应五。似大雁飞行渐进于磐石之上,安然得食,故获吉祥。

象辞的意思是：饮食和乐，不是白吃。（即自己找食物，自得其乐。）

到了六二爻，大雁又飞高了一层，不在水边了，来到了石头上。这象征君子渐渐长大。君子长大了，与家人一起欢乐地享受饮食之乐，饮食营养可以使君子的身体更茁壮地成长，怎么会不吉祥呢？当然，这里的饮食也包括道德与知识的吸取。

象辞对爻辞进一步发挥，提出"不素饱也"的观点。也就是说君子不是白吃饭，他也为家庭做出了贡献。比如曾子小时候到深山打柴，与母亲相依为命。这就像雁群中的小雁一样，已经不需要大雁喂食了，可以自己找食物吃。

九三： 鸿渐于陆，夫征不复，妇孕不育，凶；利御寇。

象曰： 夫征不复，离群丑也。妇孕不育，失其道也。利用御寇，顺相保也。

经文意思是：大雁渐渐飞到陆地上，丈夫出征没有回来，妇女怀孕却流产了，凶险。但有利于抗击盗寇。

象辞的意思是：丈夫出征没有回来，是因为他离开了自己的同伴。妇女怀孕却流产了，是因为她失去了保胎的正道。利于抗击盗寇，是因为民众和顺相处，共同保卫家园。

"九三"似大雁飞行渐进小山顶，夫君远征妻子得孕，有凶险。但若不为邪淫，利于以刚强抵御外敌。

大雁在空中飞行，自由自在，可是却难逃猎人的利箭。"鸿渐于陆"指的便是大雁被射杀掉在了地上。雄雁被射死掉在地上，再也回不来了。雌雁在哀伤中守持忠贞，结果虽然产卵却无法孵出小雁来。也就是说丈夫死了，妻子守节不再嫁，自然不会有孩子了。发生了这种惨事，自然凶险了。而雌雁怎么能与猎人抗争呢？所以只能采取谨慎的办法，以使自己不被射中才是明智的选择。

九三爻处于渐卦的下互卦坎的中爻，所以有陷入危险的形象。当年孔子就经历过这种处境。因为斗鸡之变，鲁昭公被季氏赶出了鲁国。当时孔子虽然忠于鲁昭公，但自己没有能力与季氏家族抗争，只能是明哲保身了。

六四： 鸿渐于木，或得其桷，无咎。

象曰： 或得其桷，顺以巽也。

经文意思是：大雁渐渐飞到树上，有的飞到屋顶上，没有灾难。

象辞的意思是：飞落到屋顶上，说明六四柔顺而且随和。

大雁为了不被野兽所伤，飞到大树上和屋顶上栖息。其实这是喻示贤臣可得到明君的保护。古代儒生常处于饥寒交迫中，可是不负十年寒窗苦，终于学有所成，成为国家的栋梁，自然处境变好了。这种情形下，自然不会有灾难。当然，这里也喻示人们要选择明君而仕，不要辅佐昏君。

从卦象上看，六四处于下互卦坎的上爻，有身临险境的形象。但六四与九五、九三阴阳相合，所以遇难有助也。

九五：鸿渐于陵，妇三岁不孕，终莫之胜，吉。

象曰：终莫之胜，吉，得所愿也。

经文意思是：大雁渐渐飞到山陵上，妇女三年不能怀孕，最终没有人欺凌她，吉祥。

"六四"得正，承九五，渐进不躁。似大雁飞行渐进于高树，栖止平柯，无灾难。

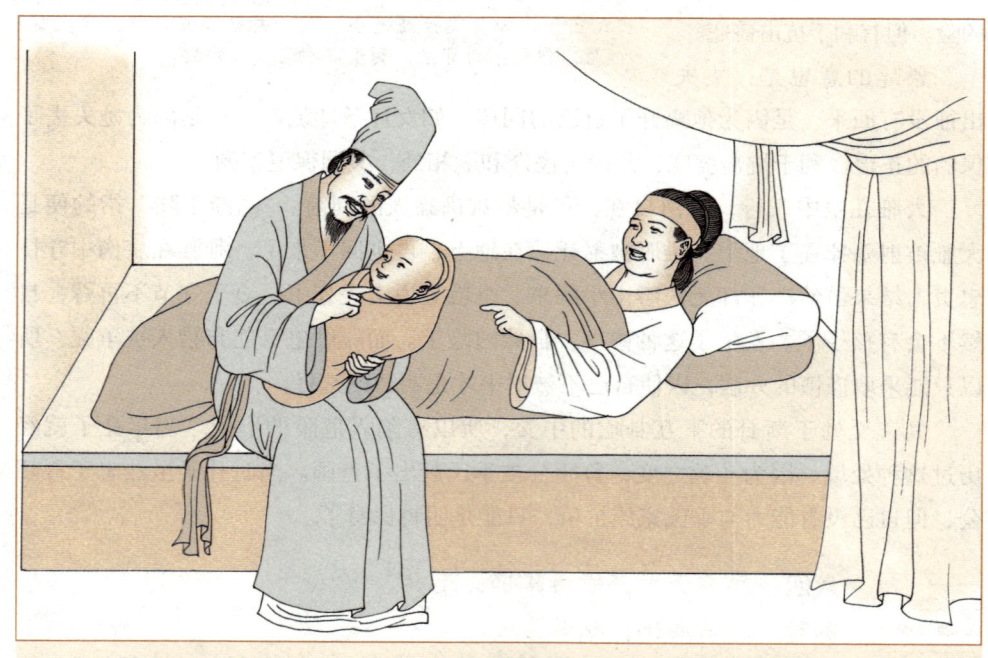

"九五"中正居尊位，下应六二，虽遭九三、六四阻隔，使六二多年不孕，但终将会合，获得吉祥。

象辞的意思是：最终没有人欺凌她，吉祥，她最终的愿望能够实现（即与自己心慕的男人结合）。

由于渐卦主要是宣扬忠贞精神，所以把雌雁的忠贞事迹放到最重要的九五爻的位置。死去丈夫的雌雁飞到高高的山陵上躲避猎人的侵害，她三年都没有找过配偶。她虽然没有了丈夫的帮助，但雁群中并没有人因她身单势孤而欺负她。这是告诫忠于国君的贤臣在哪里都会受到尊重。而坚守于正道的贤臣最终会遇到自己等待的明君，所以吉祥。比如姜子牙钓于渭水，虽然已经七八十岁了，但他最终遇到了文王这样一位明君，成就了一番大事业。

上九：鸿渐于陆，其羽可用为仪，吉。

象曰：其羽可用为仪，吉，不可乱也。

经文意思是：大雁渐渐飞到陆地上，它的羽毛可用于礼仪饰品，吉祥。

象辞的意思是：它的羽毛可作为礼仪饰品，吉祥，说明礼仪是有一定顺序的，不能乱来。

这里描写的是被射死的雄雁虽然没有了生命，但是人们敬佩大雁忠贞的行为，将它的羽毛制成礼仪的饰品，使他忠贞的精神得到永存。这就相当于因忠谏而被杀的贤臣，也相当于能与君王共存亡的忠义之士。他们虽然因为忠而失去了生命，但他们的精神永存。

"上九"其性高洁，似大雁飞行渐进于高山之巅，掉落的羽毛可作典礼中的装饰，所以吉祥。

卦五十四　归妹

壹 ● 卦名、卦画与卦象

归妹[1]　震为上卦　兑为下卦　雷泽归妹

兑为泽为阴，性悦；震为雷为阳，性动。雷震于上，泽随而动，为女从男之象，为归妹。归妹象征少女出嫁。婚嫁是天地间最正当的事，但是必须遵循正道，才会吉祥。少女与长男不相配，行为不当的婚嫁，会有凶险，没有什么利益。

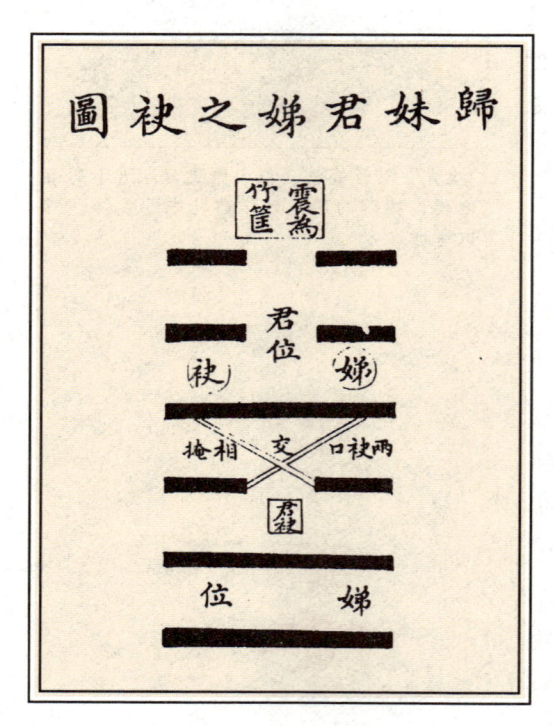

【注解】

[1] 归妹：卦名，象征出嫁、婚嫁。

【释义】

此卦卦名为归妹。《说文》中说："归，女嫁也。"也就是说，归的本义是指女子出嫁。而归妹则说的是妹妹的出嫁。女子出嫁来到了男方家里，这是女人的最终归宿，所以归的引申义为归宿、回家。渐卦表现的是女子待嫁，待嫁的女子必然会出嫁，所以渐卦的后面是归妹卦。

归妹的卦画为三个阴爻三个阳爻，与渐卦的卦画排列顺序正好相反，归妹卦与渐卦互为覆卦。从卦象上分析，归妹卦上卦为震为雷为长男，下卦为兑为泽为少女，泽上有雷就是归妹卦的大形象。泽上有雷是一种什么形象呢？仲秋八月，雷入泽中泥，从此便没有雷了。但是一到春天，雷声又出现了。此时天气转暖，草木生长开花，泽水中的鱼虾也是一片生机。这就是泽上有雷的形象。远古时代在仲春时节有野外群交的习俗，这正是归妹要体现的内涵，即阴阳的交合。

贰 • 卦辞

> 归妹：征凶，无攸利。
> 彖曰：归妹，天地之大义也。天地不交，而万物不兴，归妹人之终始也。说以动[1]，所归妹也。征凶，位不当也。无攸利，柔乘刚也。
> 象曰：泽上有雷，归妹。君子以永终知敝。

【注解】

[1] 说以动：归妹卦上卦为震为动，下卦为兑为悦，所以"说以动"。说，同"悦"。

【释义】

经文意思是：征伐会有凶险，无所利。

彖辞的意思是：少女出嫁是体现天地交合的大道理。天地的阴阳之气不互相交合，万物就不能繁殖兴旺，少女出嫁可以使人类终而复始，生生不息。喜悦而运动，这就是归妹卦。征讨凶险，是因为所处的位置不当。没有什么利益，是因为柔爻乘驾于刚爻之上。

象辞的意思是：泽上有雷就是归妹卦的卦象。君子从中受到启示，明白有终无始的弊端。

归妹卦表现的是少女出嫁，可是卦辞中却说："征凶，无攸利。"难道这种少女出嫁不是一件吉祥的事情吗？少女出嫁确实不会不吉祥，只是如果去抢夺一名少女成婚，就凶险了，并且不会得到利益。"征"字既有征讨的意思，也有争夺的意思。当它作为征讨的意思时，主要指的是天子征讨诸侯。如《孟子》中说："征者，上伐下也。"

在我国上古与中古时代，抢婚制还较为流行。可是如果女方不愿意，男方强迫抢来妻妾，这对双方都没有好处。

官人骑鹿指云，志在霄汉之义；小鹿子在后，禄位重重；望竿上有文字，望信将至；一人落于刺中，主一人救脱变凶为吉之兆。此为浮云蔽日之卦，阴阳不交之象。

首先，这种用武力抢婚的方式会造成人身伤亡；其次，双方结合在一起并不幸福，也就是说女方不会跟你一心过日子。所以用"征"的方式娶一个少女为妻，不会得到利益，并且有凶险。

象辞对卦辞进一步发挥，指出少女出嫁的重大意义，并明确指出少女出嫁与男子结为夫妇是为了延续人类的后代，使人类子子孙孙不会穷尽。其言外之意是少女出嫁与男子结为夫妇不是为了放纵情欲。象辞中对"征凶"及"无攸利"的解释是，柔爻与刚爻所处的位置不正确，是柔爻乘驾于刚爻之上的缘故。为什么象辞中没有说是抢婚的缘故呢？因为象辞是周公制礼作乐时的产物，当时的抢婚只是一种形势，早已没有了当初的强迫与残忍。可是虽然人们都文明了，新的问题又出现了。什么问题？就是女人夺夫权的问题。所以象辞在这里强调的是女夺夫权的问题。从卦象上来看，九二爻处于内卦之中，可是它的上面是一个阴爻，六五爻居于上卦之中的君位，它的下面是一个阳爻，所以卦象上有女夺夫权的形象。一个家庭，男主人与女主人经常为了权力而争吵，怎么会有好处呢？

然而，象辞通过婚姻问题，想说明的却是治国之道。象辞中强调男女婚事的意义，实质上是告诫君王不要沉溺于女色与情欲之中。而对于女夺夫权，实质上是想说明臣子权大欺君的利害关系。象辞中的少女出嫁，也含有贤人出世辅佐明君的意思。《周易》是写给统治者的一本书，所以里面讲的是治国之术，从这一方面去理解《周易》才不至于偏离主旨达远。

象辞对君王的忠告是："君子以永终知敝。"也就是说君子要明白有终无始的弊端。什么叫有终无始呢？就是没有合适的接班人的害处。古代君王几乎都会犯这个毛病。该怎样确定接班人，该怎样培养接班人，这是一门很深的学问。这也是古代君王最伤脑筋的问题。因为继承皇位的只能是一个人，皇子却有许多。如果处理不好，皇子们会互相残杀，或子杀父夺权，或者是太子无能导致国破家亡。所以君王尽管一世英明，还必须要明白有始无终的弊端，谨慎地选好自己的接班人。

叁 ● 爻辞

初九：归妹以娣[1]，跛能履，征吉。
象曰：归妹以娣，以恒也。跛能履吉，相承也。
九二：眇能视，利幽人之贞。
象曰：利幽人之贞，未变常也。
六三：归妹以须[2]，反归以娣。
象曰：归妹以须，未当也。
九四：归妹愆期[3]，迟归有时。
象曰：愆期之志，有待而行也。

六五：帝乙归妹，其君之袂[4]，不如其娣之袂良，月几望，吉。
象曰：帝乙归妹，不如其娣之袂良也。其位在中，以贵行也。
上六：女承筐无实，士刲羊[5]无血，无攸利。
象曰：上六无实，承虚筐也。

【注解】

[1] 娣：音，dì，古代姐妹共嫁一夫，幼为娣，长为姒。后泛指妇女出嫁时随嫁的女子。

[2] 须：通"嫂"，古代楚人对姐姐的称谓。

[3] 愆期：愆，音qiān，超过、延误；期，婚期。

[4] 袂：音 mèi，衣服的袖子，代指衣裳。

[5] 刲羊：宰杀羊。刲，音 kuī，宰杀、刺。

【释义】

初九：归妹以娣，跛能履，征吉。
象曰：归妹以娣，以恒也。跛能履吉，相承也。

经文意思是：少女出嫁并将少女的妹妹也嫁过去，两人可以互相帮助，前往吉祥。

象辞的意思是：少女出嫁并将少女的妹妹也嫁过去，是合乎常规的行为。就像腿跛拐有人搀扶一样，可以互相帮助。

现在结婚仪式中有伴娘与伴郎，结婚仪式举行完毕后，伴娘与伴郎各回各家。可古代则不是这样，这伴娘也成为新郎的人了，得跟着一块过日子。古代诸侯娶一个妻子，一共可以得到九个女子，因为还有陪嫁过来的女子。一般是正室夫人一名，随嫁娣侄二人为媵，也称介妇，正室与媵又各有二侄娣陪嫁，所以一共是九个人。曹操有"铜雀

"初九"处下位，似随姊嫁夫成为人妾。但能以偏助正，如跛足努力行走，可获吉祥。

春深锁二乔"的诗句，后人认为曹操想把孙权与周瑜的妻子据为己有，有些太过分了。可是在周朝，一个诸侯结一次婚就要娶九个女子，可见曹操想把大乔与小乔姐妹俩夺过来的想法并不是很过分。在春秋与战国时代，一个诸侯娶一个妻子可以得到八九个随嫁的女子，往往致使新郎冷落了新娘。而最初的随嫁制度，并非是为了放纵情欲，而是为了"跛能履"。也就是说，姐姐有可能不会生育，可是妹妹可以为主人生个孩子延续后代；姐姐有可能因病早逝，妹妹可以接替姐姐的位子成为正室；姐姐在新家庭中有妹妹照顾，也不容易受到别人的欺负。尤其是这样可以"征吉"，即是说，姐妹一起嫁过去，可以在新的家庭中争夺到有利的地位。比如，姐姐所嫁的男人可能已经有好几个妻子了，这样一个多妻多妾的家庭，女人之间的争风吃醋会使新嫁过去的姐姐吃亏，所以妹妹也跟着嫁过去，多少有个照应。

九二：眇能视，利幽人之贞。

象曰：利幽人之贞，未变常也。

经文意思是：瞎了一只眼睛却还可以看清事物，有利于未嫁少女守正道。

象辞的意思是：有利于未嫁少女守正道，是没有违反常规道德。

从卦象上分析，六三为出嫁的妹妹，初九与九二为从嫁的娣，九四为新郎，六五为帝乙主婚，上六为宗庙受祭。初九与九二的作用便是"跛能履，眇能视"，可以帮助六三这个出嫁的新娘。帮助新娘不受欺负是对的，如果帮助新娘夺夫权就不对了，所以利于守正道。

"九二"有女贤之象，但应六五，相配不良，像瞎了一只眼的人，能够看也看不远，但守持正固，仍然有利。

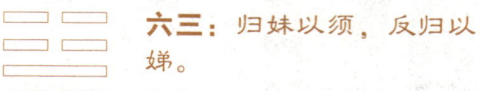

六三：归妹以须，反归以娣。

象曰：归妹以须，未当也。

经文意思是：少女出嫁时以少女的姐姐作为陪嫁，嫁过去以后姐姐为妾，反而成为妹妹的妹妹了。

象辞的意思是：少女出嫁时以少女的姐姐作为陪嫁，是位置没有摆恰当。

新郎看中了妹妹，可是姐姐却还没出嫁，由于姐姐也觉得这家人不错，所以便作为陪嫁的女子与妹妹一起嫁过去。可是嫁过去以后，由于妹妹是正室，所以姐姐的身份要比妹妹低。这种婚姻方式是不可取的，因为这样姐妹俩便不会很好相处，并且也与当时的等级制度相违背。可是这种情况还是会出现的，比如姐姐因为长得不好或其他原因没有嫁出去，也只得随妹妹一起嫁个男人了，这种情况怎么办呢？这种情况只能是"反归以娣"了，就是在新的家庭里，姐姐属于小辈。这种思想一直贯穿整个封建社会。比如陈世美已经有原配夫人，后来他又娶了皇帝的女儿，如果陈世美想逃过包公的铡刀，就得认自己的原配妻子，并且以原配妻子为正室，公主为妾。

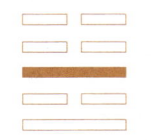

九四：归妹愆期，迟归有时。

象曰：愆期之志，有待而行也。

经文意思是：少女出嫁延误了婚期，只是晚一些出嫁但总会嫁出去的。

象辞的意思是：延误婚期的愿望，是有所等待再出嫁。

双方已经订好了迎亲的日子，可是由于某些原因（比如女方还想找个更好的配偶）女方推迟了婚期，这种情况也是允许的，因为女子迟早会出嫁的，只是早晚的问题。这就好比刘备三顾茅庐请诸葛亮，虽然诸葛亮一再推迟见刘备的日子，但最终还是跟随了刘备。按现在的话来说，这种做法有些忸怩作态，可是在古代却是一种权术。说白了，含有调胃口的成分。

"六三"失正乘阳，有欲求为正室之象。但不得其位，不可冒进。

"九四"似贤女，不轻易许嫁而延期等待正当的对象，虽然延迟，但仍会嫁得出去。

第五章 《周易·下经》 归妹卦

☰☱ **六五**：帝乙归妹，其君之袂，不如其娣之袂良，月几望，吉。

象曰：帝乙归妹，不如其娣之袂良也。其位在中，以贵行也。

经文意思是：纣王的父亲将妹妹嫁给周文王，王后的衣饰还不如陪嫁者的衣饰好，月亮快圆的时候，吉祥。

象辞的意思是：纣王的父亲将妹妹嫁给周文王，王后的衣饰还不如陪嫁者的衣饰好，但王后的位置居于中位，是以尊贵的身份出嫁的。

商朝的天子将自己的妹妹下嫁于周文王，这是周人念念不忘的一件盛事。尤其是帝乙的妹妹有节俭的美德，她所穿的衣服比陪嫁的娣穿得还要差，这说明帝乙的妹妹是一位贤惠的女子。"月几望"则是表示穿着简朴的新娘就像圆月一样引人注目，同时也喻示着新娘与新郎能够幸福美满地生活在一起，所以爻辞中说"吉"。

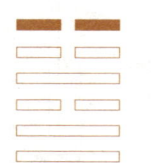

"六五"居尊位，似帝王嫁出少女。虽为正室，衣饰却不如侧室美好。像月亮接近圆满而不过盈，吉祥。

☰☱ **上六**：女承筐无实，士刲羊无血，无攸利。

象曰：上六无实，承虚筐也。

经文意思是：新娘提着空篮子里面没有果实，新郎杀羊却没有留出羊血，无所利。

象辞的意思是：上六阴爻中虚无实，就如同新娘手中提的空篮子一样。

"上六"无所适从，似女子持竹筐无物可盛，男子刀屠其羊无血可取，夫妇祭祀之礼难成。故得不到配偶，一切都不顺利。

古代新娘与新郎结为夫妇后（一般为三个月后），要举行祭祀祖先的活动，以求先祖保佑夫妻平安和多生子息。可是这里描述的祭祀场面，却暗示着婚姻关系的不和谐。"女承筐无实"，则喻示女子没有怀孕；"士刲羊无血"，则喻示女子结婚时已不是处女。这种婚姻在古代当然会认为不会有什么利益了。女方既不是处女，又不能生育，还有什么利益呢？当然，现在人们是不会有这种思想的。可是在封建社会，这可是让男人感到很吃亏、很没面子的一件事。

卦五十五　丰

壹 ● 卦名、卦画与卦象

丰[1]　䷶　震为上卦　离为下卦　雷火丰

> 离为电、火，震为雷。雷电俱至，咸明备足，为丰。丰含有丰大、丰硕、丰盛、丰满之义，象征丰盈硕大。丰盛之时，自然亨通。但致丰之道，必须有德者才能获得。故有德君王能使天下丰盛，并让盛德之光普照天下。

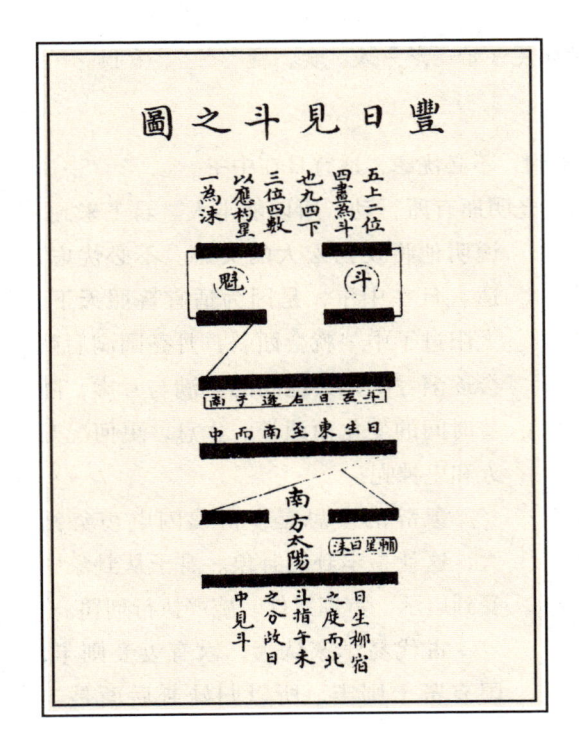

【注解】

[1] 丰：卦名，象征丰盛、硕大。

【释义】

此卦卦名为丰。丰是一个象形字。甲骨文的豐字上面像一器物盛有玉形，下面是"豆"（古代盛器），所以"豐"本是盛有贵重物品的礼器。这由"豊"字可以得到证明。古文"豐"与"豊"是同一个字，《说文》中说："豊，行礼之器也。"这个礼器是作什么用的呢？是一种盛酒用的器皿。古人举行秋祭时，要用"豐"盛酒，酒盛得很满，这就是后人"浅茶满酒"的来历。所以丰的引申义便是丰满、丰盛、硕大、丰富。《序卦传》中说："得其所归者必大，故受之以丰。丰者，大也。"这就是说民众都有好的归宿，合家团圆，幸福快乐，便会有大的收获而富裕起来，所以归妹卦的后面是丰卦。

丰卦的卦画为三个阴爻三个阳爻，阴阳爻之间非合即应，其排列顺序与旅卦的卦画正好相反，丰卦与旅卦互为覆卦。从卦象上分析，丰卦上卦为震为雷，下卦为离为电，惊雷四起，闪电不断，这就是丰卦的卦象。用雷电表现盛大的场面是不是还不够形象？是不够形象，不过也没有更合适的卦象了。因为这雷电要表达的场面不是一般的雷阵雨，而是日食。不知帝乙嫁妹之后是否真的出现过日食，但爻辞中所描述的日食却不是凭空能想像出来的。

贰 ● 卦辞

丰：亨，王假之，勿忧，宜日中。
彖曰：丰，大也。明以动[1]，故丰。王假之，尚大也。勿忧宜日中，宜照天下也。日中则昃，月盈则食[2]，天地盈虚，与时消息，而况于人乎？况于鬼神乎？
象曰：雷电皆至，丰。君子以折狱致刑。

【注解】

[1] 明以动：丰卦上卦为震为动，下卦为离为明，所以说"明以动"。
[2] 月盈则食：月亮到了最圆的时候便开始逐渐亏缺。食，通"蚀"，亏损。

【释义】

经文意思是：丰卦，亨通，君王来到，不必忧虑，适宜日在中午。

彖辞的意思是：丰，即大的意思。光明而有所行动，所以能丰大。君王来到，说明他将发扬宏大的美德。不必忧虑，适宜日在中午，是因为适宜普照天下。太阳过了中午就会西斜，月亮圆满后就会逐渐亏缺，天地间的盈满与亏虚，随着时间的变化而消长、生息，更何况是人和鬼神呢？

象辞的意思是：雷鸣闪电声势浩大，这就是丰卦的卦象。君子从卦象中受到启示，审理案件，威严执行刑罚。

古代易学家认为，家有妻妾则丰，国有贤士则丰，所以归妹卦后面是丰

一竹筒往外冒灰，主阳气已动；龙蛇交错，变化之象；一官人盛装立，主见贵人；一合子，谓合意；人吹笙竽，鸣乐；一人踏虎尾，变在足下。日丽中天之卦，背暗向明之象。

卦。可是丰卦所要表现的却不是丰盛，而是大，一种最震撼人心的大——日食。

日食出现了，天地一片黑暗，怎么会亨通呢？这与古人对日食的理解有关。古人认为日食的出现是月亮吞食了太阳造成的，这件事天上的神肯定要出面干涉，所以"王假之"，既然天上的"王"来了，当然会亨通了。人类应该在很早便见过日食了，所以虽然恐惧，但明白对人类不会造成伤害。所以卦辞说"勿忧，宜日中"，也就是说，不必为此忧虑，就像太阳还处在中午的位置上一样安心过日子。

现在出现日食我们都不害怕了，可是远古人类还是很害怕的。所以卦辞中针对这件事告诉人们不要惊慌，而其喻意则是在大的运动中要镇静。

象辞对卦辞作进一步发挥，用阴消阳长的变化规律来说明日食的原因。

而象辞则通过日食这个现象，告诫君王治乱世必须用严法。

叁 ● 爻辞

初九：遇其配主，虽旬无咎，往有尚。
象曰：虽旬无咎，过旬灾也。
六二：丰其蔀[1]，日中见斗，往得疑疾，有孚发若，吉。
象曰：有孚发若，信以发志也。
九三：丰其沛[2]，日中见沬，折其右肱，无咎。
象曰：丰其沛，不可大事也。折其右肱，终不可用也。
九四：丰其蔀，日中见斗，遇其夷主，吉。
象曰：丰其蔀，位不当也。日中见斗，幽不明也。遇其夷主，吉，行也。
六五：来章，有庆誉，吉。
象曰：六五之吉，有庆也。
上六：丰其屋，蔀其家，窥其户，阒[3]其无人，三岁不觌，凶。
象曰：丰其屋，天际翔也。窥其户，阒其无人，自藏也。

【注解】

[1] 蔀：音 bù，覆盖于棚架上以遮蔽阳光的草席。

[2] 沛：音 pèi，通"旆"。旗，幡。

[3] 阒：音 qù，寂静，空虚。

【释义】

初九：遇其配主，虽旬无咎，往有尚。
象曰：虽旬无咎，过旬灾也。

经文意思是：遇到与自己匹配的人，十天内没有灾难，前往会得到尊重。

象辞的意思是：十天内没有灾难，是说超过十天便会有灾难了。

初九爻前行可遇到匹配的人，这个与初九匹配的人就是六二。六二与初九阴阳

"初九"处丰之初，与九四相配，阳德均等，没有灾难，前往可得到尊重。

相合，可以建立良好的关系。可是一定要早去，如果晚去十天，就该有灾难了。这灾难是什么呢？就是日食来了。并且九三也在追求六二，所以去晚了对自己不利。

六二：丰其蔀，日中见斗，往得疑疾，有孚发若，吉。

象曰：有孚发若，信以发志也。

经文意思是：草棚遮蔽很大，中午可以看到北斗星，前往会受人猜疑，出自内心的诚信，吉祥。

象辞的意思是：出自内心的诚信，是由于诚信可以启发心志。

六二爻得位而居中，所以吉祥。可是日食出现了，在大白天可以看到北斗星，可见天地之黑暗，在黑暗中行动肯定会受到别人的猜疑。可是六二具有中正之德，能够以诚取信于人，所以他没有灾难，反而吉祥。这就是身正不怕影子歪的道理。

"六二"光明之极，但对应的六五却为昏君，犹如太阳被帘子掩蔽，中午出现北斗七星。若以诚信启发对方，结果吉祥。

☷☲ **九三**：丰其沛，日中见沫，折其右肱，无咎。

象曰：丰其沛，不可大事也。折其右肱，终不可用也。

经文意思是：幔幕遮日，在黑暗的中午下起了雷阵雨，折断了右臂，没有灾难。

象辞的意思是：幔幕遮日，太黑暗不可以干大事。折断右臂，最终无法有所作为。

九三的处境有些不妙，因为在日食中，突然雷鸣电闪，下起了大雨，行走中的九三结果摔断右臂。不过没有生命危险，所以"无咎"。

从卦象上看，九三处于离卦与震卦的交界处，所以会有雷鸣闪电出现。而九三与上六相应，阴阳相应而合，所以有下雨之象。

"九三"与上六相应，犹如太阳被幔幕掩蔽，中午可以看到小星。但若能委屈慎守，不会有灾难。

☳☲ **九四**：丰其蔀，日中见斗，遇其夷主，吉。

象曰：丰其蔀，位不当也。日中见斗，幽不明也。遇其夷主，吉；行也。

经文意思是：草棚遮蔽很大，中午可以看到北斗星，黑暗中遇到他的主人，吉祥。

象辞的意思是：草棚遮蔽很大，说明九四的位置不恰当。中午可以见到北斗星，说明处于幽暗不明之中。遇到自己的同伴，吉祥，是说相伴可以继续前行。

九四也是处于日食的黑暗中，在中午看不到太阳，只能看到北斗星，可是他却在黑暗中遇到了自己的主人，有主人的帮助，使他在黑暗中不会迷失方向。这就好比在一场运动或战乱中，一个流浪的贤臣遇到了自己的君王，君王又把他召到自己身边，所以他又有了官职，这肯定是吉祥了。

"九四"不中不正，如太阳被帘子掩蔽，中午却看到北斗星。但能和初九相遇共同行动，会有吉祥。

第五章 《周易·下经》 丰卦

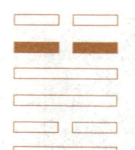

六五：来章，有庆誉，吉。
象曰：六五之吉，有庆也。

经文意思是：召来有文采的人，得到喜庆与荣誉，吉祥。

象辞的意思是：六五爻的吉祥，是因为有喜庆。

六五身逢乱世却喜遇贤臣，这确实是一件值得庆贺的事情。其实这位贤臣就是他下面的九四。明君有贤臣辅佑，自然会有更好的业绩。这怎么会不吉祥呢？

上六：丰其屋，蔀其家，窥其户，阒其无人，三岁不觌，凶。
象曰：丰其屋，天际翔也。窥其户，阒其无人，自藏也。

经文意思是：房屋高大，遮蔽其他的人家。从门缝中往里看，发现里面寂静无人，三年不见有人，凶险。

象辞的意思是：房屋高大，说明主人得意得像鸟在空中飞。从门缝中往里看，发现里面寂静无人，说明房屋的主人因避难躲了起来。

上六拥有高大的房屋，说明他曾经极其富贵，按现在的话说他实现了财务自由，可以自由地支配自己的时间，所以他生活得像鸟一样自由而快乐。可是在这次日食中，他却是受害者。从另一个方面来说，政治的黑暗是他造成的，因为正是他的房屋高大，才遮蔽了其他的人家，使其他人过着暗无天日的日子。也就是说他是一个腐败的统治者，使朝政黑暗而不清明。运动来了，六五与九四齐心协力清理腐败分子，所以上六只能留下空宅，躲了起来，他的下场肯定是凶险了。

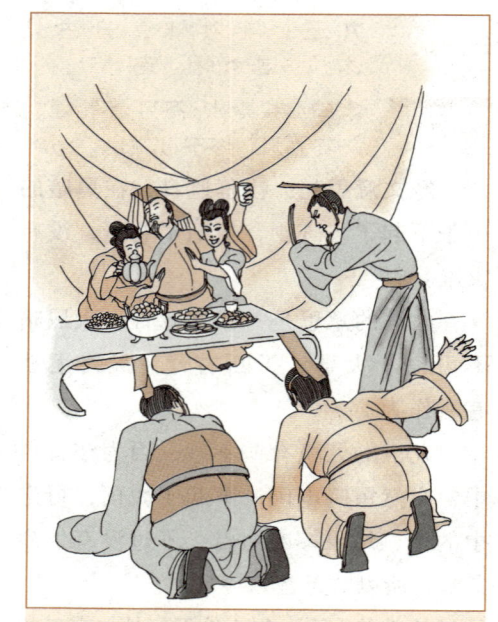

"六五"居尊位，是昏暗的君王，但能使九四这样的贤士相助，故有福庆和佳誉，因而吉祥。

"上六"在上面自高，日益昏庸，没有人前来，完全陷于孤立。三年不见其露面，当然凶险。

卦五十六 旅

壹 ● 卦名、卦画与卦象

旅[1]

离为上卦
艮为下卦

火山旅

艮为山，离为火，火在山上燃烧，势非长久，为旅。旅者，失其本居，而寄他方，所以旅象征旅行。在外旅行，只会小有亨通。能遵循正道，才会吉祥。

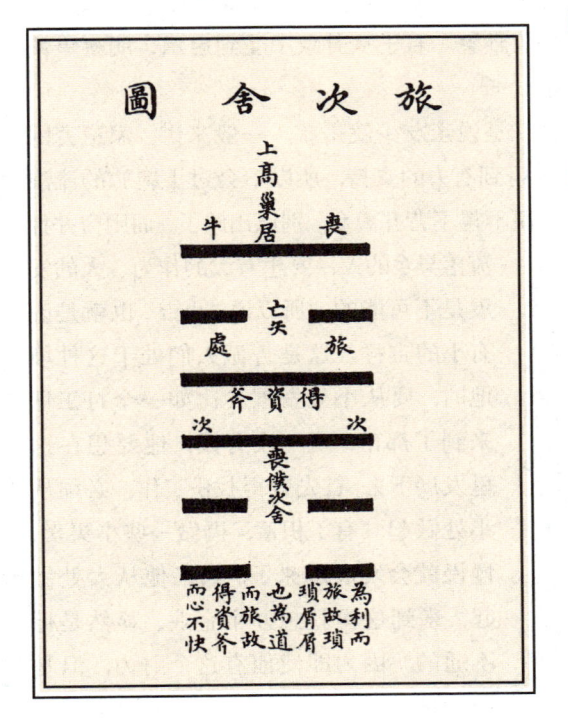

旅次舍图

【注解】

[1] 旅：卦名，象征旅行、旅途、不安定。

【释义】

此卦卦名为旅。甲骨文中的"旅"字像众人站在旗下。旗，指军旗；人，指士兵。《说文》中说："旅，军之五百人为旅。"可见"旅"字的本义是指兵士。由于兵士在战争中走到哪里便在哪里安营扎寨，没有固定的居所，所以"旅"的引申义为抛家舍业、羁旅于外。丰卦中出现了大运动，一场运动必然会使一些人逃亡避难，所以丰卦的后面是旅卦。《序卦传》中说："穷大者必失其居，故受之以旅。"

不过从丰卦中看不出穷的意思来，所以这种说法就有些牵强了。

旅卦的卦画是三个阴爻三个阳爻，其排列顺序与丰卦的卦画正好相反，旅卦与丰卦互为覆卦。从卦象上分析，旅卦上卦为离为火，下卦为艮为山，山上有火就是旅卦的卦象。远古人类追逐猎物，随处而居，有洞穴则居于洞穴中，没有洞穴则宿于露天。在露宿的周围点燃篝火，以防野兽的侵袭。这就是旅卦的大形象。

贰 ● 卦辞

> 旅：小亨，旅贞吉。
> 彖曰：旅，小亨，柔得中乎外[1]，而顺乎刚，止而丽乎明，是以小亨，旅贞吉也。旅之时义大矣哉！
> 象曰：山上有火，旅。君子以明慎用刑，而不留狱。

【注解】

[1] 柔得中乎外：指旅卦外卦的六五柔爻居中。

【释义】

经文意思是：旅卦，有小的亨通，旅行在外守正道则吉祥。

彖辞的意思是：旅卦有小的亨通，是由于居中的柔爻顺应外面的刚爻，并且懂得适可而止追求光明，所以会有小的亨通，旅行守正道就会吉祥。旅卦的时势意义太大了。

象辞的意思是：山上有火便是旅卦的卦象。君子从卦象中受到启示，明察审慎地使用刑罚，尽量不将犯人关在牢狱里。

《杂卦传》中说："亲寡，旅也。"也就是说亲友少就是旅。一般来讲，家道穷困了，不能维持生活，如果亲戚朋友多便会得到有力的支持，所以不会过上羁旅的流浪生活。可是如果亲友少，一旦家道穷困，便不得不背井离乡，别谋出路了。而困穷并且流落异乡的人，要想有大的作为、大的发展是不可能的。所以说"小吉"；也就是说有小的吉祥。这是告诫人们处于这种境地时，要从小处发展。比如一个打工仔来到了都市，身上没有钱，他要想在这里发展下去，首先就得找份工作，必须从小处做起。有了积蓄，再做一些小买卖，慢慢就会发展起来了。如果他从大处做起，来到这里就想办个企业，显然是行不通的。因为即使他有这个财力，但是

三星者，乃台星也；贵人于台上垂钓，牵水畔人，主遇贵牵引得脱尘泥；一猴一羊，主未申二日得喜庆；有大溪，主前后远大。如鸟焚巢之课，乐极生悲之象。

面对激烈的竞争，最终也难免被淘汰出局。所以观察一些白手起家的百万富翁，会发现他们都是从小生意上起家的，因为小生意竞争小、利润大，很容易成功。比如李嘉诚，他最早就是通过卖塑料花而大发了一笔。这就是"小吉"。

"旅贞吉"则是告诫人们处于这种情况时一定要守正道，不可做坏人。怎样才能更快地变得富有？也许有人会说，抢、偷、骗致富最快。可这是违法的行为，最终会受到法律的制裁，所以不守正道不会有好的结果。

象辞中对君子的忠告是，"君子以明慎用刑，而不留狱"。旅卦与刑法有什么关系呢？原来这是从卦象上说的。旅卦上卦为离为明，象征明察，古代县衙有一块匾，上面写着"明镜高悬"，就是这个意思。旅卦的下卦为艮为止，象征谨慎，也就是说执法要慎重，不能草菅人命，要减少冤案的发生。君子做到这一点，才能为官清明而得到百姓的爱戴与拥护。

叁 ● 爻辞

初六：旅琐琐[1]，斯其所取灾。
象曰：旅琐琐，志穷灾也。
六二：旅即次[2]，怀其资，得童仆贞。
象曰：得童仆贞，终无尤也。
九三：旅焚其次，丧其童仆贞，厉。
象曰：旅焚其次，亦以伤矣。以旅与下，其义丧也。
九四：旅于处，得其资斧，我心不快。
象曰：旅于处，未得位也。得其资斧，心未快也。
六五：射雉一矢亡，终以誉命。
象曰：终以誉命，上逮也。
上九：鸟焚其巢，旅人先笑后号咷。丧牛于易[3]，凶。
象曰：以旅在上，其义焚也。丧牛于易，终莫之闻也。

【注解】

[1] 琐琐：玉件相击发出的细碎声音。如唐朝杜牧《送刘三复郎中赴阙》："玉珂声琐琐，锦帐梦悠悠。"此处指金玉财物。

[2] 次：临时驻扎和住宿。

[3] 丧牛于易：指殷商先祖王亥亲自赶着牛群，到河北的有易部落进行商业贸易活动，不幸被有易部落的首领绵臣所杀的历史事件。《山海经·大荒东经》："有困民国，勾姓而食。有人曰王亥，两手操鸟，方食其头。王亥托于有易，河伯仆牛，有易杀王亥，取仆牛。"郭璞《山海经》注引《竹书纪年》："殷王子亥，宾于有易而淫焉。有易之君绵臣杀而放之，是故殷主甲微假师于河伯以伐有易，灭之，遂杀其君绵臣也。"

【释义】

☲☶ 初六：旅琐琐，斯其所取灾。
象曰：旅琐琐，志穷灾也。

经文意思是：旅行外出显露自己的财富，这是自己招致灾难。

象辞的意思是：旅行外出显露自己的财富，会因穷人的抢夺而招致灾难。

琐琐，是玉器相击发出的细碎声音。人在旅途，走路时身上不断发出玉器相击的声响，这说明这个旅人很有钱。因为在古代玉是有钱人的饰品，很值钱。可是身处异地，这种行为就危险了，因为一些穷人会想办法抢夺他的财物。在抢夺财物的同时，很有可能会给初六造成生命威胁，所以初六的这种行为会招来贼寇，是自取灭亡。

看了这句爻辞，我想一些经常外出的人士就会明白怎样使自己安全了。其实很简单，就是不显富，不招摇。

"初六"处旅之始，在辛劳的旅途中露财，会招来灾难，虽有上应也无济于事。

☲☶ 六二：旅即次，怀其资，得童仆贞。
象曰：得童仆贞，终无尤也。

经文意思是：旅行在外住在客舍，带着足够的资财，得到忠心的僮仆。

象辞的意思是：得到忠心的僮仆，最终不会有尤怨的事。

"六二"中正，似旅行安居客舍。承阳有实，似得童仆、资财。宜于守持正固。

六二有一定的身份，可以住在朝廷设置的旅馆里。在古代各诸侯之间通有国道，道上十里有庐，这个庐就相当于饭店；三十里有宿，这个宿就相当于旅馆；五十里有市，也就是城市了。政府的官员外出，在这些地方都可以停下来吃饭或住宿。因为这些机构属于国家单位，所以住在这里是安全的。六二有钱有势，带着忠诚的奴仆住在国营旅馆里，自然不会有什么灾难了。

"九三"刚亢不中,似施惠于下,遭上疑忌,有火烧客舍、丧失童仆之灾。坚持正道,也有危险。

九三:旅焚其次,丧其童仆贞,厉。
象曰:旅焚其次,亦以伤矣。以旅与下,其义丧也。

经文意思是:旅行在外所住的客舍发生了火灾,丢失了忠心的僮仆,有危险。

象辞的意思是:旅行在外所住的客舍发生了火灾,也会给人造成伤亡。以旅行的态度对待僮仆,道义上也要失掉僮仆。

九三爻也是一位权贵,他下面的两个柔爻就相当于他的奴仆,他高高地居于两位奴仆之上,所以是一位欺凌奴仆的主人。可是它处于离卦与艮卦的交界处,离为火,所以有火灾之象。九三似乎运气不太好,住在国营旅馆里,虽说安全,但是发生了一场大火,结果自己虽然从火中逃了出来,却丢失了奴仆。

其实这里是告诫人们,主人外出时要善待自己的随从,只有这样奴仆才会更忠于职守,很好地保护主人。

九四:旅于处,得其资斧,我心不快。
象曰:旅于处,未得位也。得其资斧,心未快也。

经文意思是:旅行在外得到了较为固定的住处,得到了一些钱财,心中还是不高兴。

象辞的意思是:旅行在外得到了较为固定的住处,是还没有得到应有的地位。

所以得到了一些钱财，心中也还是不太满意。

九四爻羁旅于外，却得到了六五君王的赏赐，所以住处较为固定，并且有一些钱财。可是他却心里不高兴，为什么呢？因为九四的心愿不是这些。从卦象来说，他与初六相应，可是中间被艮所阻隔，下卦为内为家，所以九四十分想念家人。并且九四阳爻处于偶位为不得位，所以他还想有进一步的发展。也就是说，九四的愿望是家人团聚，成王成侯，眼前的利益他是看不上的。

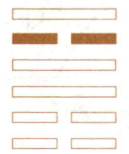

六五：射雉一矢亡，终以誉命。

象曰：终以誉命，上逮也。

经文意思是：射野鸡，却失去了一支箭，最终会有荣誉的命。

"九四"失正不中，在旅行中有足够的旅费，有利斧砍除荆棘，但心情仍然不好。

象辞的意思是：最终会有荣誉的命，是因为得到了君王的赐予。

六五以柔顺之德居于上卦中位，相当于一位性格柔顺的君王。他用箭射野鸡，结果不但没有射到野鸡，反而失去了一支箭。这说的便是他给予九四一定的优惠想笼络住九四，可是九四不买他的账。这就像射雉而丢箭一样，按现在的话来说就是"偷鸡不成丢把米"。可是他最终会有荣誉的命。为什么呢？因为有上九相帮。并且他能够优待臣子，可以使更多的贤臣来辅佐他。

比如燕昭王筑黄金台便是很好的例子。燕昭王继位后，想振兴燕国，因此他广招贤士，虚心求教。当时有一个叫郭隗的人来见燕昭王，说："从前有一位国君，拿出千两黄金让手下人去买千里马，可是这个人却买回了一副千里马的骨骸，那位国君生气了，可是买马的人却说'天下人知道您连死的千里马都愿

"六五"居中，虽旅行在外，略有损失（射取野鸡而失一支箭），但终获吉祥。

意花费大价钱，马上就会给您送来更多的千里马了'。结果没过几天，果然有人给这位国君送来了不少千里马。所以您要想让天下的贤士来辅佐您，就先从我开始吧，人们看到我这样的人都能得到重用，肯定会有更多的贤士前来投奔您。"燕昭王觉得他的话有道理，便给郭隗修筑了官邸，并且派郭隗建造一座黄金台，台上的黄金便是献给前来投奔的贤士的见面礼。就这样，乐毅、剧辛、邹衍等众能人纷纷投奔到燕昭王手下，没过几年工夫，燕国就强盛起来了。现在燕昭王的黄金台遗址便在北京的金台路，成为燕昭王求贤若渴的历史见证。它也是燕京八景之一，乾隆御笔所题的"金台夕照"四个字依稀尚存。

上九：鸟焚其巢，旅人先笑后号啕。丧牛于易，凶。

象曰：以旅在上，其义焚也。丧牛于易，终莫之闻也。

经文意思是：鸟巢被火烧掉，旅行在外的人先笑后哭。在易国丢失了牛，凶险。

象辞的意思是：客旅他乡而身处上位，从义理上讲必然会招致焚巢之灾。在易国丢失了牛，最终不会有音信的。

这里讲的便是殷人的先祖王亥到河北进行贸易被杀的历史事件。王亥的典故在《周易》中出现，说明他是一个重要的历史人物，那么他做了什么贡献呢？他的贡献便是开创了经商，现在的"商人"一词，其原意指的是殷商部落的人。王亥带着自己的部落到处贸易，所以当时人称他们为"商人"。

"上九"因位高倨强遭众人嫉恨，就像鸟的巢被烧掉，没有安身的地方；像田里丢失了耕牛，无人前来救援。

王亥大约生活在夏朝中叶，他是商汤的七世祖。王亥率领着商部落，赶着牛羊到其他部落进行交易，使商部落的经济得到了迅速的发展。而他最后一次贸易，便是在河北的有易氏从事牛羊交易，他在这里被有易部落杀害了。王亥为什么被杀呢？因为他太有钱了，有钱了便会发生淫邪的事情，所以穷困的有易部落看不惯，便把他给杀了。这就是"旅人先笑后号啕"。有钱的商部落每天花天酒地，歌舞升平，可是首领被杀，自然众人皆哭了。这不是暗杀，而是一场战争，所以有易部落把商人的牛羊也夺走了，这当然凶险了。后来王亥的儿子甲微带兵攻打有易部落，又把有易部落的国君绵臣杀了。可是爻辞中没有写王亥的儿子复仇的事情，这是因为爻辞所要表达的意思，便是警告羁旅中的人们要吸取王亥的教训。

卦五十七 巽

壹 • 卦名、卦画与卦象

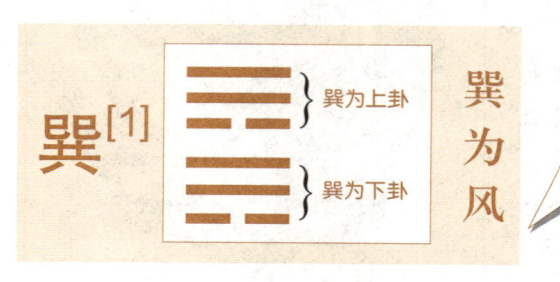

巽[1]

巽为上卦
巽为下卦

巽为风

> 巽为风，性入。风之入物，无所不至，无所不顺。凡物沿"顺"则能"入"，故巽为顺。巽象征顺从。行事谦顺，可致顺利亨通，但巽卦是阴卦，只能小有亨通。阴顺从阳，合乎自然的道理，前进有利，但顺从也必须选择对象，不可盲从，顺从伟大的人物有利。

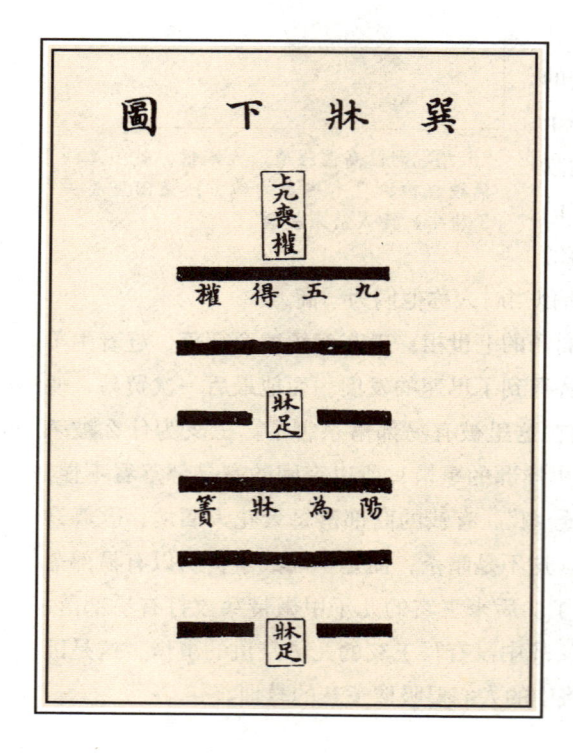

【注解】

[1] 巽：卦名，象征随顺、进入。

【释义】

此卦卦名为巽。巽在八卦中代表风，风是柔顺的，但它却无孔不入，这就像羁旅之人，性格要柔顺，因为毕竟是他乡客，出门三辈小嘛。所以要想羁旅中如鱼得水，就得具有风的品质。所以旅卦的后面是巽卦。

巽卦的卦画是四个阳爻两个阴爻，其排列顺序与兑卦的卦画正好相反，巽卦与兑卦互为覆卦。从卦象上分析，风吹连绵不断便是巽卦的卦象。所以巽表现的是风无处不存、无处不至的意思。

贰 • 卦辞

> 巽：小亨，利有攸往，利见大人。
> 彖曰：重巽以申命，刚巽乎中正而志行。柔皆顺乎刚[1]，是以小亨，利有攸往，利见大人。
> 象曰：随风，巽。君子以申命行事。

【注解】

[1] 柔皆顺乎刚：巽卦有两个阴爻，初六爻顺服于九二爻，六四爻顺服于九五爻，所以说"柔皆顺乎刚"。

【释义】

经文意思是：巽卦，有小的亨通，前往有利，利于拜见大人物。

彖辞的意思是：上下都顺从便可以申告命令。刚健之爻居中而外表柔顺可以心志大行。柔爻顺随刚爻，所以有小的亨通，前往有利，利于拜见大人物。

象辞的意思是：风与风相随便是巽卦的卦象。君子从卦象中受到启示，反复申明自己的命令，发展自己的大事业。

巽卦是柔爻居于阳爻之下，柔爻性质柔弱，所以不会有大的作为。这就好比帅才与军师的区别。身为一军之统帅，必须有威严，可以服众。可是过于阳刚果断的人，往往智谋上要差一些，所以需要军师辅佐。而军师虽然足智多谋，但是不够阳刚果断，所以无法成为主要领导人物。巽卦的性质是柔和随顺，所以只利于小的亨通，无法成就开国承运的大事业。"利见大人"则是因为巽卦的两个柔爻分别伏于九二与九五之下，可以得到九二与九五的帮助。

象辞根据巽卦的卦象对君子提出的忠告是："君子以申命行事。"也就是说君子要让自己的命令像风一样传达到天下的每一个角落，这样才能成就大事业。古代信息不发达，所以君王要想让天下人知道自己的命令是很不容易的，除了在城门口贴告示外，还需要众臣子与民众之间不断相互转告才能完成。所以古代在宣布政令上是很费周折的，但再麻烦也得去做，因为天下人不知道君王的政策，君王便没法治理天下。

现在，我们的信息业发达了，所以国家政策一般百姓都能了解。可是却也存在着上传下达方面的弊端，比如宣而

贵人得衣禄，云中雁传书，主信至；人在虎下坐，有险难之义；一人射虎箭中，险中得吉；虎走，惊散之状。

不传，传而不做的现象还是有的。正因为这样，这条古代对君王的忠告在今天仍然有着重要意义。

叁 ● 爻辞

初六：进退，利武人[1]之贞。
象曰：进退，志疑也。利武人之贞，志治也。
九二：巽在床下，用史巫[2]纷若，吉无咎。
象曰：纷若之吉，得中也。
九三：频巽，吝。
象曰：频巽之吝，志穷也。
六四：悔亡，田获三品[3]。
象曰：田获三品，有功也。
九五：贞吉悔亡，无不利。无初有终，先庚三日，后庚三日[4]，吉。
象曰：九五之吉，位正中也。
上九：巽在床下，丧其资斧，贞凶。
象曰：巽在床下，上穷也。丧其资斧，正乎凶也。

【注解】

[1] 武人：武士。

[2] 史巫：史官与巫官。

[3] 田获三品：田，打猎；三品，三种猎物。"田获三品"即打猎捕获到三种猎物。

[4] 先庚三日，后庚三日：庚为十天干之一，庚前三日为丁、戊、己三日，庚后三日为辛、壬、癸。庚前三日不是一旬的开始，庚后第三日则是一旬之终，所以爻辞中说"无初有终"。

【释义】

初六：进退，利武人之贞。
象曰：进退，志疑也。利武人之贞，志治也。

经文意思是：进退不决，利于武士守正道。

象辞的意思是：进退不决，是意志懦弱疑虑太多。利于武士守正道，是勉励其意志坚定。

初六是巽的主爻，所以它具有风的性质。风除了随顺之外还有什么性质呢？我们都知道有东风、有西风、有南风也有北风，等等，风一会儿吹来，一会儿停止，一会儿大，一会儿小，一会儿向东，一会儿向西，所以有犹疑不定的形象。这就是风的缺点了。按现在的话说是没有主心骨，做事情进退不决，这正是《周易》思想中最忌讳的。《周易》认为君子做事一定要掌握好时机，该进则进，该退则退，这样人生才不会出现失误。

举个例子，李嘉诚之所以成为巨富，便是因为他懂得掌握进退的时机。李嘉诚起家于塑胶花事业。经过几年的努力，他成为这一行业的佼佼者。可是就在这时，李嘉诚却退出了这一行业。为什么呢？原来，新的机会出现了。1966年，香港局势动荡不安，有钱人纷纷外逃，使香港的房地产行业陷于萧条。房子再便宜也没人买，因为有钱人都想着离开这里，正想卖自己的房子呢，怎么会买别人的房子呢？可是李嘉诚却向房地产行业挺进了，别人不买，他买。两年后，香港政局又趋于稳定了，于是曾经疲软的楼市复苏了，在房地产热潮中，大把的钞票像流水一样涌入李嘉诚的账户。这就是懂得进退的厉害。

可是初六却处于犹豫不决之中，所以爻辞告诫说，要像武士一样守在正道上。武士是坚定的代名词，主人让他前进则前进，主人让他后退则后退，赴汤蹈火，在所不惜。所以初六应当具备这种品质，才能有发展。

"初六"处巽之始，卑顺过甚，进退犹豫。应当像武人那样坚决果断，才有利。

九二：巽在床下，用史巫纷若，吉无咎。
象曰：纷若之吉，得中也。

经文意思是：进入床下隐藏起来，让史官、巫官祷告敬神，吉祥没有灾难。

象辞的意思是：祷告敬神的吉祥，是九二居于中位的缘故。

这句爻辞很有意思。九二爻钻到了床底下，他到床底下做什么去了？原来床底下有初六爻。这种行为是有些不太

"九二"自卑，但有阳德，如不卑屈于威势，以谦卑恭事神灵，可获吉祥，不会有灾难。

第五章 《周易·下经》 巽卦

雅观。其实这是一种巫术的仪式，是叫来史官巫师驱除室内的邪气，这自然不是有伤大雅的事情了，所以吉祥。从卦象上看，巽卦的上爻如床板，下爻如床足，所以九二爻处于床下。

从这一层意思来说，九二帮助初六是出于正道，而不是出于自私的目的，所以吉祥没有灾难。

九三：频巽，吝。
象曰：频巽之吝，志穷也。

经文意思是：一味顺从，会有忧吝。

象辞的意思是：一味顺从的忧吝，是因为没有主见。

一个人自己没有主见，总是听别人的，

"九三"得正，但被六四所乘，忍屈顺从，不心甘情愿，所以有羞辱。

"六四"有悔，但顺承九五而使悔恨消失。若执行君命，必能除暴建功，就像在田野中狩猎获得可供祭祀等用的三类猎物。

那肯定不会有好结果。九三爻一直听谁的呢？从卦象上分析，他肯定是听六四的了。六四为上卦的阴爻，所以九三有些太愚蠢了，他不相信家里人，反而相信外面的妇人之言，这怎么能不发生忧吝的事情呢？俗话说"妇人之口是非多"，在古代，妇女不关心国家大事，她们所关心的就是东家长西家短，这样说三道四肯定会招惹是非。所以古人认为听信妇人之言不会有好结果。当然，当今的女性与古代妇人应当别论。

六四：悔亡，田获三品。

象曰：田获三品，有功也。

经文意思是：没有悔恨，田猎中捕获了三种猎物。

象辞的意思是：田猎中捕获了三种猎物，是狩猎有功。

六四柔爻居于偶位为得位，并且又可以得到九五与九三阳爻的帮助，所以他的收获不小。这就像打猎一样，他得到了很多猎物。

"田获三品"指的是什么呢？指的是巽卦上卦巽为鸡，巽卦上互卦离为雉，巽卦下互卦兑为羊。当然，也指他可以笼络九五、九三、九二这三个阳爻。总之位高权重，又善于笼络人心，自然会左右逢源了。

九五：贞吉悔亡，无不利。无初有终，先庚三日，后庚三日，吉。

象曰：九五之吉，位正中也。

经文意思是：守正道吉祥没有悔恨，没有任何不利的。没有善始却有善终，庚日的前三天（丁日），庚日的后三天（癸日），吉祥。

象辞的意思是：九五爻的吉祥，是其居中而得正位的缘故。

九五阳爻居于奇位为得位，又居于上卦之中，所以具有中正之德。九五身为一国之君，又有贤明的六四辅佐，所以不会有任何不利的因素。但九五的吉祥只是由于他继承了皇位，如果他是一位开国皇帝，就没这么吉祥了。"先庚三日"为丁日，一旬之始为甲，所以丁不是一旬之始；"后庚三日"是癸，癸是一旬之终。这就是"无初有终"的意思。而其暗示的则是，九五并非开国皇帝，而是继位的皇帝。这两种皇帝有什么不同呢？区别很大，比如明朝的开国皇帝

"九五"似有不"谦逊"的悔恨，不能服众，但终克服不利因素，其令畅行，获得吉祥。

643

是朱元璋，他拥有天下以后，便开始大杀有功之臣，火烧庆功楼以巩固王权。可是太子认为这种行为太残忍了，便劝父亲不要这样。朱元璋便找来一根长满了刺的木棍放在地上，让儿子拾起来。结果，儿子手被扎破了也没拾起木棍。于是朱元璋语重心长地对太子说："我现在的行为，就是在为你拔去木棍上的刺啊！"这就是开国皇帝与继位皇帝的区别。开国皇帝的政权基础不牢固，所以必须要大手笔的整治，这需要一定的胆识和智慧。而继位皇帝呢？只要坐享其成就可以了。一般来说，有个贤臣辅佐，便不会有亡国的危险。所以九五的吉祥，便是继位皇帝的吉祥。

上九：巽在床下，丧其资斧，贞凶。
象曰：巽在床下，上穷也。丧其资斧，正乎凶也。

经文意思是：躲藏在床下，失去了钱财，守正道也凶险。

象辞的意思是：躲藏在床下，说明上九穷途末路。钱财被抢走，正是凶象。

上九怎么会"巽在床下"呢？从卦象来看，上九应当是床板，九五才应当是"巽在床下"，六四是床足。所以这里的"巽在床下"指的是九五，也就是说，九五君王夺去了上九的权力和钱财，所以上九守正道也凶。因为九五不想让上九有太大的发展，上九又处于极穷之位，所以"贞凶"。

在继位的皇帝中，太子为了及早得到君权而发动政变把父亲赶下台的事太多了。上九就是这么一个被赶下台的君王，处境可想而知了。

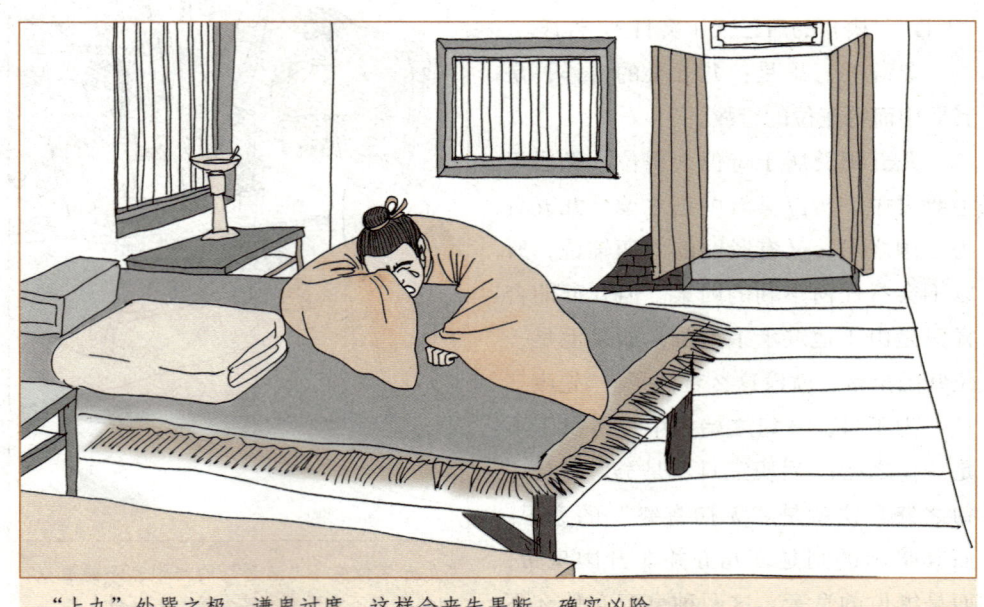

"上九"处巽之极，谦卑过度，这样会丧失果断，确实凶险。

卦五十八　兑

壹 • 卦名、卦画与卦象

兑[1]

兑为上卦
兑为下卦

兑为泽

兑为泽，兑性悦，上下皆悦，为兑，故兑象征欣悦。刚正不失外悦，柔悦不失内刚，内外刚柔兼济，不谄媚，不暴戾，亨通畅达。但须动机纯正，使人喜欢才会有利。

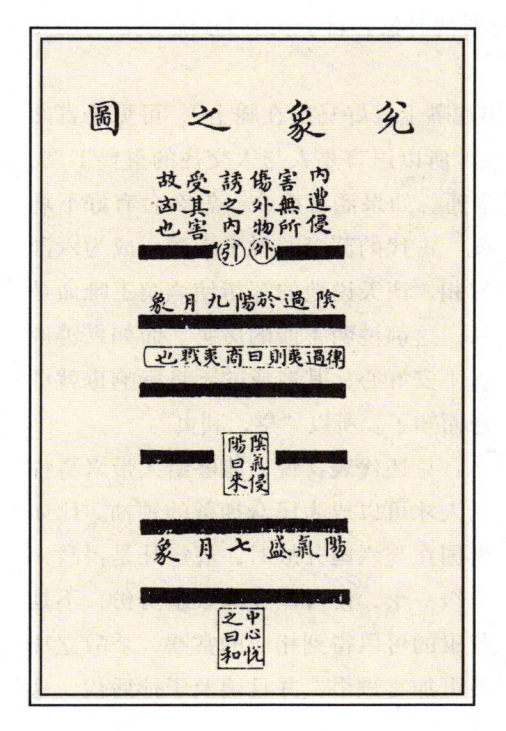

【注解】

[1] 兑：卦名，象征喜悦、欣喜。

【释义】

此卦卦名为兑。《说文》中说："兑，说也。"古代"说"与"悦"是通假字。也就是说，兑的意思是喜悦。《说卦传》中说："兑为口。"由此可以看出兑也代表口舌与讲话。随顺地与人交往，便会使双方愉快，所以巽卦的后面是兑卦。

兑卦的卦画为四个阳爻两个阴爻，其排列顺序与巽卦的卦画正好相反，兑卦与巽卦互为覆卦。从卦象上分析，兑为泽，有互相润泽的形象；兑又为喜悦，所以也有互相给予喜悦的含义；兑又为口，所以还有互相开口讲话进行语言交流的含义。

贰 • 卦辞

> 兑：亨，利贞。
> 彖曰：兑，说[1]也。刚中而柔外[2]，说以利贞，是以顺乎天，而应乎人。说以先民，民忘其劳；说以犯难，民忘其死；说之大，民劝矣哉！
> 象曰：丽泽[3]，兑。君子以朋友讲习。

【注解】

[1] 说：同"悦"。

[2] 刚中而柔外：指兑卦的上下卦刚爻居中，而居中的刚爻的上面为阴爻。

[3] 丽泽：丽，成双；泽，沼泽，也代表兑卦。"丽泽"即两兑卦相重，也可理解为沼泽相重。

【释义】

经文意思是：兑卦，亨通，利于守正道。

彖辞的意思是：兑，即喜悦的意思。内心刚健而外表柔和，怀着喜悦的心情守于正道，所以可以顺应天道，并且应合人心。上古时的人民怀着喜悦的心情劳作而不知劳苦。怀着喜悦的心情面临险难，人民可以忘却生死。喜悦的重大意义，就是可以勉励民众去做啊！

象辞的意思是：大泽与大泽相连就是兑卦的卦象。君子从中受到启发，与朋友一起相互讲习。

俗话说"会做的不如会说的"、"好汉出在嘴上，好马出在腿上"，可见语言的重要意义。人与人之间要通过语言交流思想，所以语言是人与人交往的重要工具。可是善于言谈的人，要守于正道才会吉祥亨通。如果谣言惑众，怎么会有好下场呢？古代的苏秦游说于六国，成为六国宰相，谈天说地的邹衍使燕昭王唯命是从，这都说明善谈的厉害。而如果善谈者不安好心，其造成的不良影响也就可想而知了。所以"亨，利贞"。

兑还代表喜悦，能够给人带来喜悦的人才可以成为民众拥戴的领袖。比如秦国在与六国开战时，规定凡是得敌人首级一个，便可以免除奴隶身份，不是奴隶的可以得到相应的赏赐，杀敌立功便可加官进爵，并且荫及子孙后代，这

坐看一担，因劳苦而息；月在天边，乃团圆之意；一女子立于合子边，主娶和合；文字上箭，领荐之义。江湖养物之卦，天峰雨泽之象。

种美事谁不愿意干？所以秦军将士比别的国家的军士勇猛得多，史书记载秦国的士兵打仗时，一手抓着敌人的首级，另一只胳膊挟着一个战俘向前冲，赴死地就像鸭子下河一样。因为付出后可以得到喜悦的回报，所以将士将生死置之度外。汉朝建国后，减轻百姓的徭役与税赋，百姓自然喜悦，而国民经济也就这样搞上去了。这就是喜悦的力量。现在，娱乐业成为暴利行业，就在于它可以给人们带来喜悦。赵本山的小品引人发笑，人们爱看，所以赵本山就发达起来了。

象辞中对君子的忠告是："君子以朋友讲习。"这便是说，君子不能发扬娱乐，而应当以学习为乐。这就是孔子所说的："有朋自远方来，不亦悦乎？"朋友们在一起互相交流，不断增长知识，不断提高道德修养，这才是君子应该做的事。为什么君子要这样呢？因为君子的人生目标是治理天下。

叁 • 爻辞

初九：和兑[1]，吉。
象曰：和兑之吉，行未疑也。
九二：孚兑，吉，悔亡。
象曰：孚兑之吉，信志也。
六三：来兑，凶。
象曰：来兑之凶，位不当也。
九四：商[2]兑，未宁，介疾有喜。
象曰：九四之喜，有庆也。
九五：孚于剥[3]，有厉。
象曰：孚于剥，位正当也。
上六：引兑。
象曰：上六引兑，未光也。

【注解】

[1] 兑：喜悦。
[2] 商：协商，商量。
[3] 剥：剥蚀，代指剥蚀阳刚的小人。

【释义】

初九：和兑，吉。
象曰：和兑之吉，行未疑也。

经文意思是：和合喜悦，吉祥。

象辞的意思是：和合喜

"初九"得正居下，不奉承谄媚。广泛和悦待人，行为不邪，人所不疑，故获吉祥。

悦的吉祥，是由于行动中没有疑虑。

初九刚爻居于奇位为得位，可是他既不与九二相合又不与九四相应，所以处于孤独中自得其乐。这就好比孔门弟子困于贫穷中束发而歌，虽然生活清苦，但能够自得其乐。这是古代儒家所倡导的行为。这种人，自然不会得到别人的猜疑，他不与是非之人交往，所以吉祥。

九二：孚兑，吉，悔亡。
象曰：孚兑之吉，信志也。

经文意思是：诚信而喜悦，吉祥，没有悔恨。

象辞的意思是：诚信与喜悦的吉祥，是由于心志诚信。

九二的喜悦来自于与六三的交往。九二与六三相合，所以有相合之乐。九二虽不得位，但居于下卦之中，所以有适中的原则。他怎么与六三交往呢？是用诚信感化六三，用真情打动六三，所以九二会因自己的赤诚之心而得到吉祥。这就好比一个男子追求异性一样，用真情使对方感动，这样交往才会得到真正的爱情。对于国家来说，则是九二这个大夫用一片爱国之心使他的领导感动，当然这也就说明他的领导不是很爱国了。可是九二爱国，这种爱国热情会使六三受到感染。自己的真诚能感化上级领导，当然吉祥了。

六三：来兑，凶。
象曰：来兑之凶，位不当也。

经文意思是：来求喜悦，凶险。

象辞的意思是：来求喜悦的凶险，

"九二"本有"悔恨"，但得中，能以诚信欣悦待人，故获吉祥而悔恨消失。

"六三"失正不中，讨好二、初两阳，以谋欣悦。这是不正当的行为，所以凶险。

是因为没有摆正位置。

六三上有九四，下有九二，就像恋爱中脚踩两只船的女子，她并不是想从两个人中间选择一个作为自己的终身伴侣，而是在追求情欲的享乐，所以她这种行为会给她带来凶险。对于国家来说，六三就是一个自私心很重的大臣，他四处讨好，左右逢源，但他这样拉拢关系是为了自己的私欲，这样做当然凶险了。这就是腐败。国家大臣吃的好穿的好、讲究奢侈，对国家的损害还不会很大，可是这些人如果互相勾结起来，形成一种腐败的势力，那对国家的危害可就大了。因为这种势力可以使国家的律法如同虚设，这种势力可以颠覆君王的政权，这种势力可以使社会暗无天日。所以这种行为会受到君王的高度警觉与重视，有这种行为的六三自然是难逃凶险了。

九四：商兑，未宁，介疾有喜。

象曰：九四之喜，有庆也。

经文意思是：在喜悦的气氛中进行协商，还不安宁，除掉小毛病有喜庆之事。

象辞的意思是：九四的喜事，是有值得庆贺的事。

九四爻与六三爻相合，六三可以给九四带来喜悦。可是九四却看出了六三的缺点，也明白了自己与六三相处的害处，所以他要与六三商量："咱们是不是交往得太勤了，能不能少见几回面？"意思是想断绝与六三的来往，可是态度不够果断坚决，所以是"商兑"。九四与六三交往总是心神不宁，怎么办呢？只有"介疾有喜"，也就是断决与六三的来往才会有喜庆之事。这就好比一个国家重臣，面对下面官员的糖衣炮弹的攻击，明白应该如何正确对待，他只要做到为官清廉，不收贿赂就会吉祥。

"九四"失正，下比六三谀佞小人，但终于拒绝小人的诱惑，像小病痊愈，是喜庆之象。

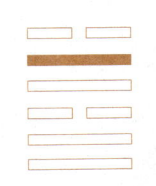

九五：孚于剥，有厉。

象曰：孚于剥，位正当也。

经文意思是：信任剥蚀阳刚的小人，有危险。

象辞的意思是：信任剥蚀阳刚的小人，处于九五的位置是没有好处的。

九五与上六阴阳相合，但上六为小人，会剥蚀九五的阳刚，九五却仍然诚信地与上六交往，所以会发生危险。什么危险呢？就是有放纵的危险。对于一个君王来说，放纵自己的情欲是最危险的。比如夏桀与妹喜放纵情欲，结果妹喜在夏桀的眼里比天下还重要；殷纣与妲己放纵情欲，结果使纣王不再关心朝政；周幽王与褒姒放纵情欲，使西周走向了灭亡。总之，一个君王如果放纵情欲，便会把国家的政权交到自己所爱的女子手中，这就是"孚于剥"的危险。

上六：引兑。

象曰：上六引兑，未光也。

经文意思是：用引诱取悦于人。

象辞的意思是：上六用引诱取悦于人，说明这不是光明正大的事。

"九五"中正，居尊位，但被阴柔小人上六引诱而相悦，所以有危险。

上六用引诱取悦于人，她所勾引的人便是九五君王。可是她不像六三那样不忠，所以她也没有六三那样的危险，所以卦辞中没有"凶"的断语。比如武则天用姿色勾引君王使自己受宠，并因此而得到了权力。由于她执法严明，延续了唐朝的盛世，所以没有什么凶险可言。

"上六"居兑之终，不择手段地取悦下方五、四二阳爻，对方是否被引诱，要看定力，吉凶难料。

卦五十九 涣

壹 • 卦名、卦画与卦象

涣[1]

巽为上卦
坎为下卦

风水涣

坎为水，巽为风。风行水上，水波离散，为涣。涣象征涣散，有涣发离散的意思。处"涣"之时，形散而神聚。散聚相依，必然亨通顺利。此时，君王应以至诚到宗庙祈祷，获得神的保佑，聚合人力来排险济难。

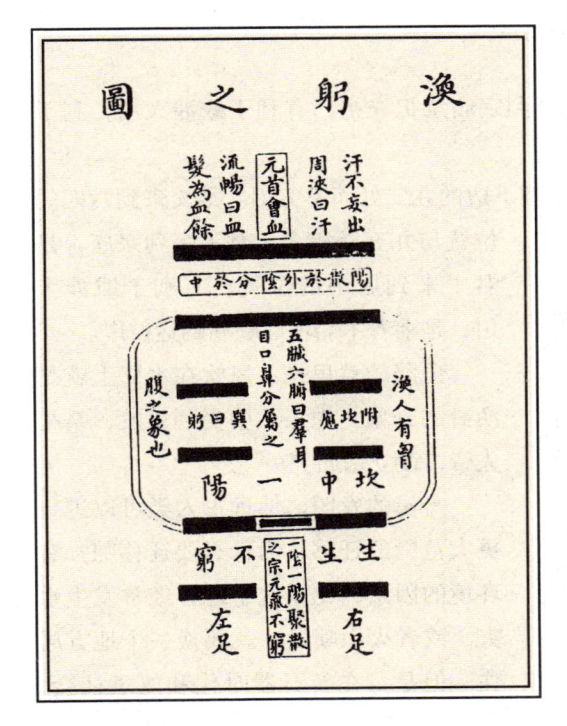

【注解】

[1] 涣：卦名，象征涣散、离散。

【释义】

此卦卦名为涣。《说文》中说："涣，流散也。"本义是指水流分散，其引申义为涣散、离散。俗话说"天下没有不散的宴席"，快乐、喜悦的宴席结束了，人们就该渐渐散去，回到自己的家中。所以兑卦的后面是涣卦。这就是《序卦传》中所说的："说而后散之，故受之以涣。涣者，离也。"

涣卦的卦画为三个阳爻三个阴爻，其排列顺序与节卦的卦画正好相反，涣卦与节卦互为覆卦。从卦象上分析，涣卦的上卦为巽为风，下卦为坎为水，风吹水散便是涣卦的卦象。这风是春风，春风吹在水面上，水中的残冰逐渐消融，这就是涣卦的大形象。另外，涣卦上卦的巽也代表木，下卦坎为水，木行水上，有行舟之象。远古人类发明了舟楫，于是离开故居，漂洋过海，流散到世界各地。

贰 • 卦辞

> 涣：亨。王假有庙，利涉大川，利贞。
> 彖曰：涣，亨。刚来而不穷[1]，柔得位乎外而上同[2]。王假有庙，王乃在中也。利涉大川，乘木[3]有功也。
> 象曰：风行水上，涣。先王以享于帝，立庙。

【注解】

[1] 刚来而不穷：涣卦从否卦变化而来，否卦的九四爻与六二爻互换便成为涣卦。"刚来"指的便是否卦的九四爻来到下卦的中位，与初、三、四阴爻相交而不穷。

[2] 柔得位乎外而上同：指否卦的六二爻来到了九四的位置上成为涣卦的六四，阴爻居偶位而处于外卦，所以说"柔得位乎外"。而涣卦的六四与九五阴阳相合，所以说"而上同"，即与上面的九五同心协力的意思。

[3] 乘木：涣卦上卦为巽为木，下卦为坎为水，有船行水上之意，所以称为"乘木"。

【释义】

经文意思是：涣卦，亨通。君王来到宗庙祭祀先祖，有利于跋涉大川，利于守正道。

彖辞的意思是：涣卦亨通。刚爻来到下边的九二处而不穷困。柔爻来到六四的位置与九五爻相合。君王来到宗庙，是君王来到居中的位置。有利于跋涉大川，是乘着木船可以顺利到达彼岸。

象辞的意思是：风吹在水面上就是涣卦的卦象。先王从中受到启发，祭祀先帝，设立宗庙。

舟楫的发明，使远古人类可以进行更大范围的迁移。为什么要迁移呢？有环境的因素，比如这个地方经常发生水灾，或者火山喷发，就要换一个地方居住。但是，在新石器时代和奴隶社会，

山上有寺，乃清净境界；一僧，为空门人；一人随后，为清闲人；一鬼在后，防贼人窥视为害；金甲人，为得神人之护。顺水行舟之状，大风吹物之象。

人类的数量增多，所以很多土地都是有归属的，也就是说每个部落都有自己的领地，迁移的部落不能到别人的领地里居住，否则，就要发生战争。比如神农治世的时候，由于水灾频繁，不得不迁移，可是他迁移到了蚩尤的管辖区，于是便发生了一场战争。结果神农败了，不得不搬到别的地方居住，后来求助于黄帝，才把蚩尤灭掉。只是此时神农的世道已经衰落了。所以说迁移也有战争的因素。一些部落受到强大部落的侵犯，结果很多人被俘成为奴隶，余下的人群不得不骑着马或乘舟出海去寻找另外的乐土。

涣卦所描述的便是人类大迁移的场面。迁移更有利于生存，所以亨通。来到新的居住地后，部落酋长第一件事便是要建宗庙，因为宗庙祭祀可以团结民众，所以这是最重要的事。在新的居住地，人们要了解这里的地形特征与物产，就需要跋山涉水去察看，所以"利涉大川"。

象辞便是通过上古时期先帝重视宗庙建设的行为，以启发后世君王要懂得用信仰统治民众。对于一个国家来说，没有信仰是可怕的。只有信仰强大，民众才能团结在君王的左右。

叁 • 爻辞

初六：用拯马壮，吉。
象曰：初六之吉，顺也。
九二：涣奔其机[1]，悔亡。
象曰：涣奔其机，得愿也。
六三：涣其躬[2]，无悔。
象曰：涣其躬，志在外也。
六四：涣其群，元吉。涣有丘，匪夷所思[3]。
象曰：涣其群，元吉，光大也。
九五：涣汗[4]其大号，涣王居，无咎。
象曰：王居无咎，正位也。
上九：涣其血，去逖[5]出，无咎。
象曰：涣其血，远害也。

【注解】

[1] 机：通"阶"，即指岸边的台阶。

[2] 躬：自身。

[3] 匪夷所思：不是平常人所能够想象和理解的。

[4] 涣汗：水浩瀚无边。

[5] 逖：音 tì，远，远离。

【释义】

初六：用拯马壮，吉。
象曰：初六之吉，顺也。

经文意思是：用来拯救的马匹强壮，吉祥。

象辞的意思是：初六的吉祥，是因为具有柔顺的美德。

初六处于迁移的初级阶段，人们走得累了，可以骑着马继续前进，寻找着自己的乐土。这是交通工具给人类的迁移带来的吉祥。如果没有先进的交通工具，人类靠两只脚是无法走到世界各地的，因为有大山与海河阻挡着。

"初六"居涣之初，上承九二。似得壮马之助，以此拯涣，不会离散，可获吉祥。

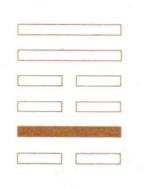

九二：涣奔其机，悔亡。
象曰：涣奔其机，得愿也。

经文意思是：水波冲到岸边的台阶上，没有悔恨。

象辞的意思是：水波冲到岸边的台阶上，是九二与初六达成了相合的心愿。

九二处于下卦坎的中爻，坎为水，所以有被水侵害的形象。可是从全卦考虑，这里描写的应当是人们在岸边登上舟船，准备远渡的情景。到远方去寻找乐土，这没什么值得悔恨的，尽管前面险难重重，但是为了生存，必须这样做。所以"悔亡"。

"九二"失正，但阳刚居中，就像由外奔来，坐下来依靠在矮桌上一样安定，会使悔恨消除。

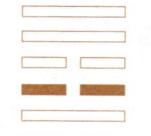

六三：涣其躬，无悔。
象曰：涣其躬，志在外也。

经文意思是：水波冲击着身体，没有悔恨。

象辞的意思是：水波冲击着身体，说明六三爻的志向是向外发展。

水冲击着身体，这个身体应当是舟的体表，人们乘舟远行了。波涛拍打着船舷，人们在茫茫的水面上航行。这水有可能是海水，也有可能是湖水，也有可能是河水，总之，他们在朝一个陌生的国度前进。这种行为是不应当悔恨的。前面的乐土也许是别人的领地，那么他们便继续向别的地方行进，寻找属于自己的乐土。

"六三"不中不正，本自私自利，但在刚位能够克制私心，去救济本身以外的人，所以不会后悔。

"六四"上承九五，可承担拯救涣散的重任，这是天下人难以想象的壮举，大吉大利。

六四：涣其群，元吉。涣有丘，匪夷所思。
象曰：涣其群，元吉，光大也。

经文意思是：水波冲击着人群，大吉祥。水中的人群聚为山丘，不是常人能够想到的。

象辞的意思是：水波冲击着人群，大吉祥，是团结的力量得到了发扬光大。

这里描述的是在水中遇难的情景。舟楫的发明使人类可以走得更远，却也给人类带来了一种新的灾难——海难。可是这种海难，却体现出了众志成城的人性光辉。人群立在水中一起同险难搏斗，远处看像一座山丘，这个景象确实是够壮观的。

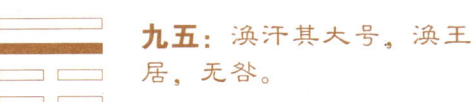

九五：涣汗其大号，涣王居，无咎。
象曰：王居无咎，正位也。

经文意思是：浩瀚无边

"九五"中正居尊位，明确的命令像汗一般发出，又将王者的财富散发给民众，这样不会有大的灾难。

第五章 《周易·下经》

涣 卦

655

的大水袭来，人们大声呼喊，水流到了王宫附近，没有灾难。

象辞的意思是：王宫没有灾难，是因为九五居中而得位。

人们战胜了一个又一个险难，船队继续向前。可是海面上突然巨浪滔天，人们惊呼着，滔天的巨浪击打着君王乘坐的船只的甲板上。可是没有灾难，也就是说，在君王的带领下，再大的危险也能克服掉。

上九：涣其血，去逖出，无咎。

象曰：涣其血，远害也。

经文意思是：流血后，远离伤害，没有灾难。

"上九"涣散至极而四方聚合，又离坎险之地很远，这样远离可能受伤的场所，不会有灾难。

象辞的意思是：流血后，就应当吸取血的教训远离伤害。

人们来到新的乐土上生存，而迁移过程中所经历的流血事件可以总结出很多宝贵经验，人们吸取这些经验教训可以更安全地生活下去。所以这里说明要从血的事故中吸取教训，要牢记这些教训，远离伤害。

卦六十　节

壹● 卦名、卦画与卦象

节[1]　水泽节

坎为上卦
兑为下卦

兑为泽，坎为水。泽之容水，会有限量，过度就会溢出，应加以节制。节有止之义，象征节制。节制是美德，能自觉有所节制，处中守正必然亨通。但过分节制，会使自己吃苦，故要适中。

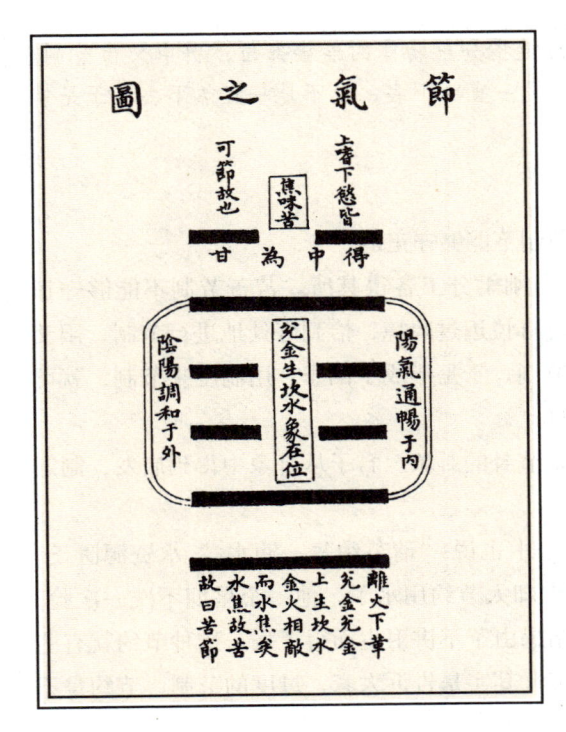

【注解】

[1] 节：卦名，象征节制、节俭。

【释义】

此卦卦名为节。《说文》中说："节，竹约也。"也就是说节的本义是竹节。竹节把一根竹子分为数节，使每一节都有一个适中的长度，并且把每节竹子连接起来，所以"节"字的引申义是节制、限制、节俭、衔接、关联。天气的变化使一年形成四季，这四季就是四个节。"节"使每个季节的时间保持适中，既不过长，也不过短，并且把四季按顺序连接起来。我们平时所说的过节，其实指的便是跨过时间上的这个衔接环节。迁移的人们不可能永远处于漂泊状态中，肯定会找到属于自己的乐土，于是在乐土与漂泊之间便有一个过渡的"节"。所以涣卦的后面是节卦。这也就是《序卦传》中所说的："物不可以终离，故受之以节。"

节卦的卦画为三个阳爻三个阴爻，其排列顺序与涣卦的卦画正好相反，节卦与涣卦互为覆卦。从卦象上分析，节卦上卦为坎为水，下卦为兑为泽，泽上有水便是节卦的卦象。水会由高至低不停地流动，可是如果经过一个浅坑，水便会被积蓄而不再往前流了。沼泽比地面要低，所以下雨时或其他河水流经沼泽地时，便会在这里积聚。所以积水成泽便是节卦的大形象。

贰 • 卦辞

> 节：亨。苦节不可贞。
> 彖曰：节，亨，刚柔分[1]，而刚得中。苦节不可贞，其道穷也。说以行险，当位以节，中正以通。天地节[2]而四时成，节以制度，不伤财，不害民。
> 象曰：泽上有水，节。君子以制数度，议德行。

【注解】

[1] 刚柔分：节卦上卦为坎为阳卦，下卦为兑为阴卦，并且全卦六爻阴阳各半，所以说"刚柔分"。

[2] 天地节：节，本义指竹节，后泛指分段物体的连接部位，引申义为节制。"天地节"即是说天与地有所节制，不是一直冷下去，也不是一直热下去，于是有春夏秋冬之分。

【释义】

经文意思是：节卦，亨通。苦苦节制不能够守正道。

彖辞的意思是：节卦亨通，是因为刚柔分工各得其所。苦苦节制不能够守正道，是因为这样会导致穷途末路。怀着喜悦迈过险境，恰到好处地进行节制，阳爻既居中又守正，所以亨通。天地有所节制，于是形成了四季。用制度来节制，就可以达到不浪费财物，不祸害百姓的目的。

象辞的意思是：沼泽上面有水便是节卦的卦象。君子从卦象中得到启发，制定数量上的限制，讨论人的道德行为规范。

现在我们提倡节约用水，公益广告中也说："请节约每一滴水。"水资源匮乏，所以我们必须要节约用水。可是有的人却太节约用水了，他一个星期不洗一次脸，一年不洗一次澡，两天才喝一杯水，结果由于不讲卫生而得了病。这种节约就有些过度了，这就是"苦节"。"苦节不可贞"其实是告诉大家，过度的节制、节约是不符合正道的，所以节约也要适度。

石油大王洛克菲勒很有钱，然而他却教育子女要注重节约与勤俭。洛克菲勒曾经就是因为节省一滴焊锡而发展起来的。当时美国装石油用铁桶，而从石油注入铁桶一直到用焊锡封口都是由机械完成。洛克菲勒观察焊接这道工序，发现每次都可以节省一个焊点。于是他对机械进行改造，使每一桶都可以节省下一小滴焊锡。这个小发明不算什么，可是却给老板带来了很大的经济效益，因为这样可以给石油公司每年节省一大笔开支。洛克菲勒便因此而受到了老板的重用。当他成为石油大王之后，他教育子女要用三个储蓄罐存钱，也就是把三分之一的钱用于花销，三分之一的钱用于捐赠，三分之一的钱用于存储。这样既可以存到钱，使自己的积蓄不断增多，又可以享受花钱的乐趣，还可以享受捐献爱心带来的快乐。其实，这才是正确的节俭之道。

大雨下，鱼从火中跃出，主太阳正照；鸡屋上，主晓明；犬在井中，主晚没；屋门开，人可入。船行风黄之卦，寒暑有节之象。

所以象辞中对君子的告诫是，要掌握好度数。比如君王应当享乐到什么程度，诸侯应当享乐到什么程度，都要有所规定。什么级别享受什么样的待遇，也要有明文规定。不超过这个度，就是节俭；超过这个度，便是浪费和奢侈。

叁 • 爻辞

初九：不出户庭[1]，无咎。
象曰：不出户庭，知通塞也。
九二：不出门庭[2]，凶。
象曰：不出门庭，失时极也。
六三：不节若，则嗟若，无咎。
象曰：不节之嗟，又谁咎也。
六四：安节，亨。
象曰：安节之亨，承上道也。
九五：甘节，吉，往有尚。
象曰：甘节之吉，居位中也。
上六：苦节，贞凶，悔亡。
象曰：苦节贞凶，其道穷也。

【注解】

[1] 户庭：房间里。

[2] 门庭：院子里。

【释义】

初九：不出户庭，无咎。

象曰：不出户庭，知通塞也。

经文意思是：不走出房屋，没有灾难。

象辞的意思是：不走出房屋，是因为明白闭塞与通达的时势规律。

节卦可以表达"节"的多种含义，如时节、裁节、品节、名节、符节、节制、节操等等。如相对于时势来说，初九的前面被九二所阻挡，所以他应当节制自己的言行，不可轻举妄动。如相对于阶层来说，初九为下层穷人，穷人过日子节省，少出门以节省财力，是对的。所以这样做没有灾难。

"初六"处节卦之始，闲庭信步也是一种活动方式。他不出庭院，因为他知道通塞的时势意义。

九二：不出门庭，凶。

象曰：不出门庭，失时极也。

经文意思是：不走出家门，凶险。

象辞的意思是：不走出家门，是失去时机到了极点。

九二与初九就不同了，因为九二是大夫之位。他必须要经常出门走动，也就是说他不能怕出门花钱了。因为总闭塞在屋里会失去与外界的联络，从而导致失去有利的机会。从卦象上看，九二与九五同性相敌，所以九二的灾难来自于九五。可是九二处于节卦下互卦震的主爻，震主动，也就是说地震来了，九二还守在屋里，怎么能不凶险呢？

"九二"失正但得中。可以外出，但却仍然节制不走出外院，这样失去机会，自然凶险。

六三：不节若，则嗟若，无咎。

象曰：不节之嗟，又谁咎也。

经文意思是：不节制自己，就会哀叹悲伤，没有灾难。

象辞的意思是：因自己不节制导致悲伤，又能责怪谁呢？

六三是下卦兑的上爻，兑有喜悦之意，而处于喜悦之中的六三爻便会有喜悦过度的形象。这就是乐极生悲，所以六三会哀叹悲伤。这就好比有个人沉溺于娱乐中不能自拔，结果钱也花光了，还欠了不少债，所以到头来会心中悲伤。不过也没有什么大的灾难。

"六三"失正，有因骄傲不知节制之象，不得不叹息。但这是咎由自取，能责怪谁呢？

六四：安节，亨。

象曰：安节之亨，承上道也。

经文意思是：安于节制，亨通。

象辞的意思是：安于节制的亨通，是顺承九五的天道。

六四身为重臣，所以他可以从君王那里得到很多好处。可是六四并不铺张浪费，而是像平时一样适度地过日子。这样的大臣当然会受到国君的器重，所以"亨"。

"六四"得位顺承九五，能安然奉行节制，所以亨通。

九五：甘节，吉，往有尚。
象曰：甘节之吉，居位中也。

经文意思是：以节俭的生活为甜美，吉祥，前往会受到尊重。

象辞的意思是：以节俭的生活为甜美的吉祥，是由于九五居中得位。

九五为君王，自然不能像老百姓一样节俭了。因为毕竟还是要与诸侯交往，交往中如果太小气是不行的。但是国君要有国君的节俭，也就是慷慨而不奢侈，奖赏不超过标准，享乐不超越限度。总之就是不能超过君王应当拥有的标准，这样才能符合勤俭之道。如果国君像守财奴一样小气，那么是治理不好天下的。

"九五"中正居尊位，能甘美而恰到好处地施行节制，因此前进会建立受人尊敬的功绩。

上六：苦节，贞凶，悔亡。
象曰：苦节贞凶，其道穷也。

经文意思是：过度苦苦节制，守正道凶险，但没有悔恨。

象辞的意思是：过度节制的凶险，是因为穷途末路。

上六处于极亢之位，所以节俭过了头。前面讲了，这种"苦节"是不符合正道的，所以上六的结局凶险。可是他并不为自己的凶险而感到后悔。这应该说是守财奴的通性，只要守住财，虽死无悔。就好比故事中说的那样，守财奴被老虎咬住了，他的儿子来救他，弯弓搭箭正要射死老虎，结果这个守财奴却说："我儿小心，不要伤了虎皮，否则就不值钱了。"这种节俭过度的行为，我们不要效仿。

"上六"有因极端节制而不堪之象。但若知悔改，凶险可以消失。

卦六十一 中孚

壹● 卦名、卦画与卦象

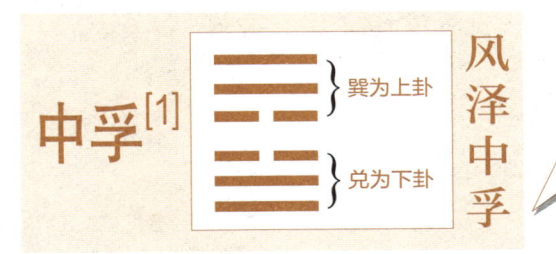

中孚[1]

巽为上卦
兑为下卦

风泽中孚

兑为泽，巽为风。风行泽上，无所不至，上下交孚，有诚信之德，为中孚。中孚象征诚信。诚信能感化万物，即使用简单的豚和鱼作为祭品，仍然会被神嘉纳赐福，所以吉祥。利于冒险排难，利于持正。

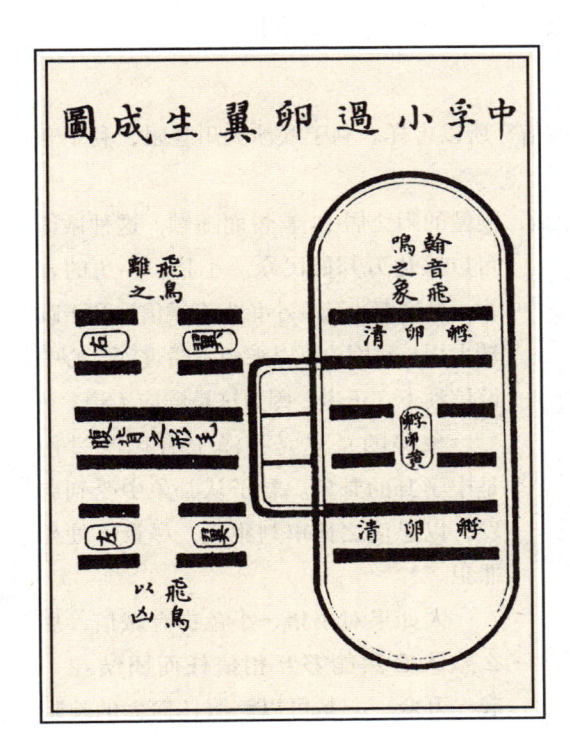

【注解】

[1] 中孚：卦名，象征诚信、诚实。

【释义】

此卦卦名为中孚。"孚"字是"孵"的本字，鸟孵卵有日期之信，也就是说，应该多少天小鸟可以破壳而出，小鸟就会在那一天破壳而出。所以"孚"字有诚信的意思。正如《说文》中所说："孚，卵孚也。一曰信也。"节卦有符节的含义，符节可以取信于人，所以节卦的后面是中孚卦。

中孚卦的卦画四阳两阴，中间两个阴爻，上下各两个阳爻，形成一个大离。中孚卦与下面的小过互为旁通，也就是中孚卦的卦画阴变阳、阳变阴之后便形成小过卦，反之亦然。从卦象上分析，中孚卦的六爻组成一个符契的形象。古代两个人订一份合同时，将内容写在竹板上，然后把这个竹板断成两块，每人一块。当两块竹板能够完整地对在一起时，说明持有这两块竹板的人曾经订过这个合同。所以说符契是取信的证据。中孚卦中间两个阴爻，代表竹板的断裂处，所以中孚卦有符契对合的形象。从上下卦分析，中孚卦上卦为巽为风，下卦为兑为泽，泽上有风便是中孚的卦象。这个风指的是信风，每年相同的时间，信风都会从水面上吹来，在水面上形成一道道波纹，这便是风对水的诚信。

贰 • 卦辞

中孚：豚鱼[1]吉，利涉大川，利贞。
彖曰：中孚，柔在内而刚得中[2]。说而巽，孚，乃化邦也。豚鱼吉，信及豚鱼也。利涉大川，乘木舟虚也。中孚以利贞，乃应乎天也。
象曰：泽上有风，中孚。君子以议狱缓死。

【注解】

[1] 豚鱼：指对小猪、小鱼都有诚信。

[2] 柔在内而刚得中：中孚卦的天地人三才，只有人才为两个阴爻，所以说"柔在内"；中孚卦的九二爻与九五爻刚爻居中，所以说"刚得中"。

【释义】

经文意思是：对小猪、小鱼都有诚信，所以吉祥。利于跋涉大川险阻，利于守正道。

象辞的意思是：中孚卦，柔顺居于内，刚健的阳爻居中。喜悦而随顺，这种诚信可以感化万邦的民众。小猪、小鱼的吉祥，是说对小猪、小鱼也有诚信。利于跋涉大川，是因为可以乘坐木船过河。心中诚信利于守正道，因为这是顺应天道。

象辞的意思是：泽上有风吹过便是中孚卦的卦象。君子从卦象中受到启发，以忠信之德审判犯人，尽量不处死罪犯。

望子上文书，诚心可望之意；人击柝，预防之意；贵人用绳子牵鹿，保守则禄永在手；雁衔书，主有喜信至。为鹤鸣子和之卦，事有定期之象。

人如果对小猪、小鱼都有诚信，那么众人必然能够互相信任而团结在一起，万众一心是可以克服任何大的险阻的，所以"利涉大川"。从卦象上来看，上卦为巽为木，下卦为兑为泽，有舟行泽上的形象，所以可以涉过大川。这一卦主要说明了诚信的作用。

而象辞对君王的忠告则是："君子以议狱缓死。"也就是说尽量不处死罪犯。为什么不处死罪犯呢？因为有的罪犯虽然罪孽深重，犯了杀头之罪，可是他们在受刑前有了悔改的意图，想重新做人，君王为什么不给他们这个机会呢？君王可以对小猪、小鱼讲诚信，该喂食时喂食，为什么不能相信这些想悔改的罪犯一回呢？所以君王要"议狱缓死"。

在这方面，唐太宗就做出了典范。唐太宗十分重视刑法的公正，他曾多次对侍臣说："人死不能复生，所以执刑一定要做到宽简。"他让大臣们慎重对待死罪的判决，凡是死罪必须由四品以上的官员商议决定。在贞观四年，一年内天下判处死刑的只有二十九人。有一次，唐太宗亲自审察死刑犯，想到这些人马上就要离开人世，怜悯之心油然而生，于是他便把天下所有的死刑犯全部释放，让他们回家与家人团聚一年后，再来接受死刑。很多官员不理解唐太宗的这一做法，担心这些死刑犯会逃跑而不回来。因为有些死刑犯是费了很大周折才捉到的，万一跑掉会继续危害百姓。一年过去了，秋斩的时候快到了，这时，所有被释放的死刑犯都感激唐太宗的仁慈之举，全部在规定的期限内来到朝堂报到，等候处决。太宗见这些人如此守信用，更不忍心杀他们了，把他们全免了死罪。这件事发生在贞观六年，可见唐朝的贞观六年没有一个死刑犯。

叁 ● 爻辞

初九：虞吉，有它不燕[1]。
象曰：初九虞吉，志未变也。
九二：鸣鹤在阴，其子和之，我有好爵[2]，吾与尔靡[3]之。
象曰：其子和之，中心愿也。
六三：得敌，或鼓或罢，或泣或歌。
象曰：或鼓或罢，位不当也。
六四：月几望，马匹亡，无咎。
象曰：马匹亡，绝类上也。
九五：有孚挛如[4]，无咎。
象曰：有孚挛如，位正当也。
上九：翰音[5]登于天，贞凶。
象曰：翰音登于天，何可长也。

【注解】

[1] 燕：假借为"安"，安逸，安乐。

[2] 爵：盛酒的容器，形似雀，青铜制，三足，用以温酒或盛酒，盛行于殷代和西周初期。此处代指美酒。

[3] 靡：此处指分享。

[4] 挛如：众人团结在一起的样子。挛，维系、联系、牵系。

[5] 翰音：古人将祭祀用的鸡称作翰音。

【释义】

初九：虞吉，有它不燕。

象曰：初九虞吉，志未变也。

经文意思是：考虑好再做事吉祥，有其他的猜疑会导致不安。

象辞的意思是：初九考虑好再做事吉祥，是因为没有改变自己的意志。

做事考虑好再做，自然可以避免危险，所以吉祥。可是"有它不燕"是什么意思呢？这是说，如果有其他的想法，改变了自己的初衷便会导致不安了。初九的想法是什么呢？通过卦象可以看出，初九的想法很简单，便是忠诚于六四。如果初九不再忠诚于六四，那么他的处境就不好了。因为从卦象上分析，他只与六四有应。

"初九"中孚之始，能安守诚信则吉。

九二：鸣鹤在阴，其子和之，我有好爵，吾与尔靡之。

象曰：其子和之，中心愿也。

经文意思是：鹤在树荫下鸣叫，小鹤在旁边跟着鸣叫。我有上好的美酒，与你共同分享。

象辞的意思是：小鹤在旁边跟着鸣叫，是心中真诚的愿望。

爻辞引用了一首古歌，表达了友情与亲情的美好。大鹤与小鹤的鸣声相应，这便是父母与子女之间的一种诚信。也有人认为是雌鹤与雄鹤的鸣声相和，表达了雌雄之间的诚信。而与朋友共同分享美酒，则说的是朋友之间的诚信，也就是"有福同享，患难与共"的意思。爻辞引用古歌很好地表达了九二的诚信。九二只与六三阴阳相合，所以他必须对六三忠诚，如果不对六三忠诚，他便再也寻不到忠诚的朋友了。所以说，忠诚是相互的，人心换人心，这样才能体现出诚信的意义。

"九二"与九五遥相呼应。像山的背阴处鸣叫的白鹤，远处小鹤也声声应和。像有酒浆共饮同乐，诚意能得到沟通。

六三：得敌，或鼓或罢，或泣或歌。

象曰：或鼓或罢，位不当也。

经文意思是：攻克了强敌，有的擂鼓，有的休息，有的哭泣，有的歌唱。

象辞的意思是：有的擂鼓，有的休息，是因为六三居位不当，存心不诚。

这里的爻辞又引用了一首古歌，文字简练，形象生动，描写的是打了胜仗归来的情景。有的击鼓庆贺，有的疲乏了在休息，有的兴奋得在哭（或为死去的战友而哭），有的在纵情高歌。这个画面，形象地表达了战友之间的友谊与忠诚，而其最大的忠诚则是对国家的忠诚。六三与上九相应，上九为宗庙，所

"六三"存心不诚而躁动，但不能取胜，疲惫而退，又惧六四反击，不免忧惧悲泣。而六四不加侵害，所以无忧而歌。

以六三代表的是对国家的一片忠心。可是，六三又与九二相合，所以也有在上九与九二之间犹疑的形象。其柔爻处刚位，所以他在战争中又主战又主和，不能坚定立场。所以象曰："或鼓或罢，位不当也。"

六四：月几望，马匹亡，无咎。

象曰：马匹亡，绝类上也。

经文意思是：月近十五，马匹丢了，没有灾难。

象辞的意思是：马匹丢了，是六四断绝同类而上承九五。

六四柔爻居于偶位为得位，身担重任，手握重权，所以六四就如同快到十五的月亮。可是六四是唯一一个既有合又有应的爻位，它与初九相应，又与九五相合。可是他最终只能选择忠诚于九五的君王，这就是忠孝不能两全，他必须舍家保国。

关于"马匹亡"，有多种解释，一种认为是离开它的同类六三，一种认为是离开与它相应的初九（即家中的伴侣或朋友）。还有人从卦变上进行解释，认为中孚卦是从遁卦变化而来，即遁卦的初六、六二与九三、九四互换形成中孚卦。原遁卦上卦为乾为马，变为中孚后乾卦消失，所以"马匹亡"。

但通过象辞判断，六四的"马匹亡"表示的是六四舍小取大、忠诚于君王的意思，所以没有灾难。

"六四"得正，上承九五，像一对马匹，但要取信九五，则只好失去伙伴，与初九断绝关系，这样没有灾难。

九五：有孚挛如，无咎。

象曰：有孚挛如，位正当也。

经文意思是：用诚信广系"天下"，没有灾难。

"九五"中正居尊位，能以诚信广系"天下"，则"天下"亦以诚信相应，所以无咎。

象辞的意思是：用诚信广系"天下"，是因为九五居中而得位。

九五之尊以诚信治天下，这样当然不会有灾难了。前面我们讲了唐太宗的"纵囚归狱"的故事便能说明这个道理。唐太宗对死刑犯讲诚信，死刑犯也对唐太宗讲诚信，结果是天下大治，开创了唐朝的盛世。怎么会有灾难呢？

上九：翰音登于天，贞凶。
象曰：翰音登于天，何可长也。

经文意思是：鸡飞向天空，守正道凶险。

象辞的意思是：鸡飞向天空，怎么能飞得长久呢？

"上九"中孚之极，自信过度而自鸣得意。虽有阳刚本质，动机纯正，也难免凶险。

《礼记》中说："凡祭宗庙之礼，……羊曰柔毛，鸡曰翰音。"可见祭祀用的鸡叫翰音。祭祀是表示对天神和先祖的敬重，鸡如果因为自己是祭品便认为自己有登天的资格，这就有些可笑了。鸡的这种行为是一种对天过度诚信的表现，所以"贞凶"。也就是说这种诚信尽管属于正道，也会凶险。

其引申义为，过度相信神灵的保佑会给自己带来凶险。这就好比西汉时期的王莽，他在别人的吹捧下，自认为是奉天承运的天子，结果在绿林军攻入长安时，王莽还处在这种自我陶醉中。他装神弄鬼地在宫中作法，以为这样就能平息绿林军的叛乱。当绿林军打进宫中来捉他时，他却盘腿坐在地上，手握一把古剑故弄玄虚地说："我乃真龙天子，谁能把我怎样？"这就是过度对天神诚信的典型，其实也就是迷信。

第五章 《周易·下经》 中孚卦

669

卦六十二 小过

壹 • 卦名、卦画与卦象

小过 [1]

震为上卦
艮为下卦

雷山小过

艮为山，震为雷，山顶上响着震雷，其声过常，谓之小过。小过象征小有过越，有小的过失、过度等义。小过卦本身有亨通的含义，但必须守持正道，且只适用于日常小事，而不适用于天下大事。所以小有过度时，莫好高骛远，应当务实，才会大吉大利。

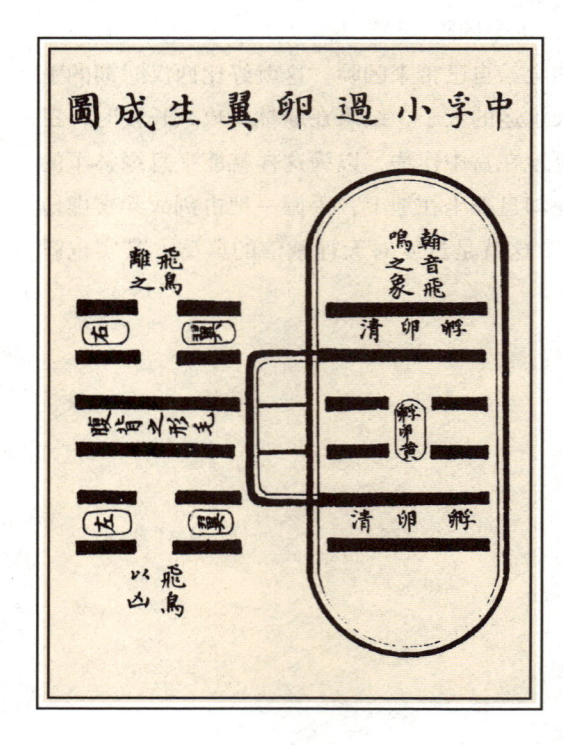

【注解】

[1] 小过：卦名，象征小的过度、小的超越。

【释义】

此卦卦名为小过。《说文》中说："过，度也。"过的具体含义在大过卦中我们已经讲过了，就是经过、度过、过度、超越的意思。大过卦与小过卦的区别在于"大"与"小"的不同。其相同点是，分别位于上下经的倒数第三卦。《序卦传》中说："有其信者必行之，故受之以小过。"也就是说，有了符节就可以通过关口，所以中孚卦的后面是小过卦。中孚卦有符契的形象，在古代人们进城时要发给一个符契，另一半放在守门的卫士那里，出城时人们交上符契，守门卫士见与手中的符契相吻合后，才能让人出城。

小过卦的卦画为两个阳爻四个阴爻，两个阳爻位于中部，四个阴爻平均分配于上下。从卦象上分析，小过卦的整体形象就像一只飞鸟，中间两个阳爻为鸟身，上下四个阴爻为展开的鸟翅，所以有小鸟飞过的形象。从上下卦分析，小过卦上卦为震为雷，下卦为艮为山，山顶响惊雷便是小过卦的卦象。在山顶上，雷声比在平地上要响亮，这惊雷则喻示着对过错的警示。

贰 • 卦辞

> 小过：亨，利贞，可小事，不可大事。飞鸟遗之音[1]，不宜上宜下，大吉。
> 彖曰：小过，小者过而亨也。过以利贞，与时行也。柔得中，是以小事吉也。刚失位而不中，是以不可大事也。有飞鸟之象焉，有飞鸟遗之音。不宜上宜下，大吉，上逆而下顺也。
> 象曰：山上有雷，小过。君子以行过乎恭，丧过乎哀，用过乎俭。

【注解】

[1] 飞鸟遗之音：即飞鸟留音。小过卦有飞鸟的形象，其中间的两个阳爻像鸟的躯干，上下各两个阴爻像鸟张开的翅膀。

【释义】

经文意思是：小过卦，亨通，利于守正道。可以做小事情，不可做大事情。飞鸟遗有余音，不宜向上飞，宜于向下飞，大吉祥。

彖辞的意思是：小过卦，是小的通过而亨通。通过守正道则有利，因为这是与天时一起运行。卦中柔爻居中而有阳爻的帮助，所以做小事吉祥。刚爻不得位而且不居中，所以不可以做大的事情。卦象有飞鸟的形象，所以飞鸟遗有余音。不宜向上飞，宜于向下飞，大吉祥，是因为向上为逆，向下为顺。

象辞的意思是：山上响起惊雷就是小过卦的卦象。君子从卦象中得到启示，让自己的行为再谦逊一些，办丧事要再悲哀一些，花销费用要再节俭一些。

小过卦有归隐于山林的含义。为什么这么说呢？你想，在城门验过符节后，人便来到了城外，到了城外就像一

明月当空，得太阴照临之兆；林下一人弹冠，为出仕之兆；网中一人割网，主能脱难。城堡在山头上，飞鸟遗音之卦，上逆下顺之象。

只鸟一样自由了，所以小过卦有飞鸟形象。为什么在城里不自由呢？因为在朝为官就得受到国法的约束。可是小过卦所代表的时代，是小人得势的时代，六爻中居中者全是阴爻，并且阴爻包围着阳爻，所以是小人得势的形象。在这种情形下，自然是"可小事，不可大事。"因为小事便是小人之事，大事为君子之事。

卦辞中说"不宜上宜下"，指的正是君子不适合进取功名，在朝为官，适宜归隐保全。这正如陶渊明所云："田园将芜胡不归？"而归隐于山林，可尽享山水之乐，并且远离凶险与灾难，所以"大吉"。

在这种时代，象辞对君王的忠告是："君子以行过乎恭，丧过乎哀，用过乎俭。"也就是说处处谨慎，时时小心，并且要节俭以防灾荒的来临。其实这也说明世道不那么富裕了。

叁 • 爻辞

初六：飞鸟以凶。
象曰：飞鸟以凶，不可如何也。
六二：过其祖[1]，遇其妣[2]。不及其君，遇其臣。无咎。
象曰：不及其君，臣不可过也。
九三：弗过防之，从或戕[3]之，凶。
象曰：从或戕之，凶如何也。
九四：无咎，弗过遇之。往厉必戒，勿用永贞。
象曰：弗过遇之，位不当也。往厉必戒，终不可长也。
六五：密云不雨，自我西郊，公弋[4]取彼在穴。
象曰：密云不雨，已上也。
上六：弗遇过之，飞鸟离之，凶，是谓灾眚。
象曰：弗遇过之，已亢也。

【注解】

[1] 祖：祖父。
[2] 妣：本义为母亲，此处指祖母。
[3] 戕：残杀、杀害、毁坏。
[4] 弋：系着绳子的箭，这种箭在射中猎物后，可以找到猎物的藏身处。

【释义】

初六：飞鸟以凶。
象曰：飞鸟以凶，不可如何也。

经文意思是：飞鸟带来了凶险。

象辞的意思是：飞鸟带来了凶险，是没有办法解救的。

飞鸟怎么会给人带来灾难呢？在电影《花木兰》中有这样一个场面，夜里花木兰在自己的营地巡视，突然发现远处有一群鸟飞了起来。花木兰想，鸟怎么会在夜里飞呢？肯定是有人惊动了林中的鸟。于是便加强警备，叫众将士做好迎敌的准备。果然敌人前来偷袭，接着被花木兰全部歼灭了。这就是飞鸟给人带来的凶险，即飞鸟给偷袭者带来了凶险。

"初六"不中不正，本当宜下，但却像飞鸟一样逆势上翔，好高骛远，故有凶险。

初六爻的凶险与花木兰的故事有些相似。初六爻处于社会下层，归隐于山林，与世无争。也许就在他午睡的时候，王公射中的一只飞鸟落在了他的屋前，王公前来寻鸟，结果就发现了这位隐士，如果这位隐士是不辞而别来深山归隐的，肯定就会有凶险了。这种凶险确实是无法防范的。

六二：过其祖，遇其妣。不及其君，遇其臣。无咎。
象曰：不及其君，臣不可过也。

经文意思是：越过祖父，遇到祖母。没有赶上君王，却见到了君王的臣子，没有灾难。

象辞的意思是：没有赶上君王，因为臣子是不能超过君王的。

六二柔爻居于偶位为得位，并且又居于下卦之中，所以有中正之德。身为大夫的他，必然会想得到君王的赏识而努力进取，所以他的功业超过了自己的祖辈。但是却与六五的君王同性相斥，所以没有受到君王的奖赏。没办法，他只得因君王的大臣的帮助而获取一个官位了。这个官位也就是六二这个大夫之位了。这也正是六二

"六二"中正，越过三四两阳遇五阴。就像错过祖父遇到祖母，不能来到君王面前就遇到臣，可以得到协助，没有灾难。

673

的无咎之处，因为如果他的功业太大超过了君王，那么肯定就会有灾难了。正是由于他的功业还不是太大，并且能够甘居于下，所以才"无咎"。

九三：弗过防之，从或戕之，凶。
象曰：从或戕之，凶如何也。

经文意思是：没有过失也应加以防范，一味跟从别人会有凶险。

象辞的意思是：一味跟从别人，这种凶险怎么办呢？

九三阳爻居于奇位为得位，所以没有什么过失。可是他盲目跟随着别人，这样会给自己造成凶险。从卦象上看，九三是飞鸟的身子，可是飞鸟的身子却被翅膀所控制着，所以有鸟身跟着翅膀飞的形象。另外，九四阳爻居于柔位，必然要向上升改变自己的处境，所以九三还有跟着九四的形象。

在官场上如果盲目地跟着别人混会很凶险，因为自己不能把握自己的命运，自己不分辨是非，怎么能不危险呢？

"九三"得正应上六。自恃强盛，不肯多做防备，则将为众阴特别是小人上六所害，故有凶险。

九四：无咎，弗过遇之。往厉必戒，勿用永贞。
象曰：弗过遇之，位不当也。往厉必戒，终不可长也。

经文意思是：没有灾难，不要越过，可以相遇。前往有危险一定要戒备，不要过于执著于正道。

象辞的意思是：不要越过，可以相遇，是因为九四处的位置不当。前往有危险一定要戒备，说明最终不会长久。

九四不会有灾难，因为可以得到六五的帮助。但九四的危险也是来自于

"九四"有"宜下"之象，应自慎静守，若主动前往，将有危险。不可固执己见，应适应环境，知道变通。

六五，因为功高盖主便会受到君王的猜忌，所以九四不能有继续上升的想法，必须心怀戒备。

六五：密云不雨，自我西郊，公弋取彼在穴。

象曰：密云不雨，已上也。

经文意思是：阴云密布却没有下雨，从我的西郊压过来。王公用带绳子的箭射猎物，从洞穴中把猎物捉到。

"六五"似西郊浓云密布不能为雨。不能治天下却拿着绳箭，将与其对应的六二捉来辅佐自己。二阴搭配，不能成事。

象辞的意思是：阴云密布却没有下雨，是因为阴云已经向上飘去。

六五柔爻居于奇位为不得位，但他居于上卦之中的尊位，所以有权势。可是六五与六二不相应，所以君王的恩泽不会下降到民众中去。由此可见六五是一位不懂仁爱的君王，他所做的便是让九四到天下给自己收取利益，而从来不以仁爱待民。"密云不雨，自我西郊"则说的是君王不降恩泽于民众，也代表政治上会有风云突变。"公弋取彼在穴"则是指九四去搜刮民脂民膏。

上六：弗遇过之，飞鸟离之，凶，是谓灾眚。

象曰：弗遇过之，已亢也。

经文意思是：没有相遇而是超过了，飞鸟被网住，凶险，这真是灾祸。

象辞的意思是：没有相遇而是超过了，这是说上六已居亢极之高位。

上六就像一只飞鸟，没有在自己的目的地停下来，而是飞过了，结果被捕鸟的网罩住，这是自取灭亡。小过卦描述的是乱世时期，所以一切都应当"宜下不宜上"。君王应当向下恩泽民众，重新取信于民；臣民亦应当向下归隐于山林避难。可是上六处于极亢之位，所以高飞而不下，结果导致凶险。这是不识时务造成的。

"上六"飞升过度，像鸟飞到天上，没有安身的地方，遭到被射杀的危险，说是天灾，其实是自找的人祸。

卦六十三 既济

壹 ● 卦名、卦画与卦象

既济[1]

水火既济

坎为上卦
离为下卦

离为火，坎为水，水在火上，似煮成食物，谓既济。既济象征事已成、成功。六十四卦只有本卦六爻刚柔均当位。但是过于完整，反而僵化，不能再有大的作为。因此，必须坚守正道，继续奋发努力；否则，必将是起初吉祥，最终危乱。

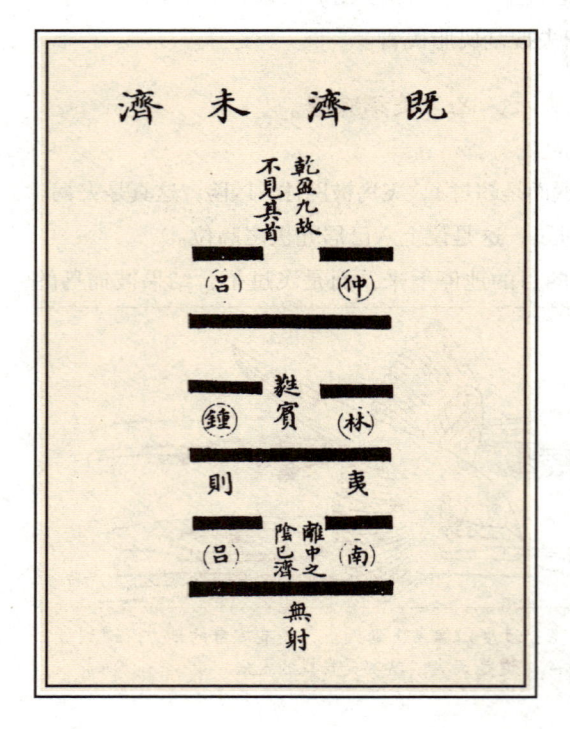

【注解】

[1] 既济：卦名，象征成功、完成。

【释义】

此卦卦名为既济。既就是成功、完成的意思，济便是渡河的意思，既济合起来便是成功渡过的意思。《序卦传》中说："有过物者必济，故受之以既济。"也就是说要想一直通过，必须要用舟渡河，所以小过卦的后面是既济卦。

既济卦的卦画为三个阴爻三个阳爻，其排列方式完全符合阳奇阴偶的规则，表示事物最终的完美形态。其卦画的排列顺序与未济卦正好相反，既济卦与未济卦既互为覆卦，又互为旁通。从卦象上分析，既济卦上卦为水，下卦为火，水在火上就是既济卦的卦象。怎么水与火能代表成功渡过呢？这其实正是《周易》中的大智慧。

既济卦是六十四卦中最完美的一卦。

首先，卦中坎水润下，离火炎上，水与火有相交之象。《周易》中宜交忌分，所以这是既济卦的完美之一。

其次，卦中阴阳爻各得其所，阳爻居于奇位，阴爻居于偶位，这是既济卦的完美之二。

再次，卦中各爻都有相应相合者，没有一个爻处于孤立之中，这是既济卦的完美之三。

总之，既济卦可以说是一点毛病没有。那么既济卦都有什么具体含义呢？

首先，卦中水火相交代表水与火互相补救。俗话说"水火不相容"，那么水与火是如何补救呢？举个例子大家就会明白了。衣服沾上了水便湿了，怎么办？用火可以烤干。火灾发生了，怎么办？水可以灭火。如果世上只有火，便不得了了；如果世上只有水，也不得了了。所以说水与火必须并存，并且要处于一种平衡状态才行。既济卦表现的便是水与火的平衡。从治国来说，高明的君王总是奸臣与忠诚并用，这便是水与火的平衡。比如齐桓公既任用管仲与鲍叔牙，又任用易牙、竖刁与开方；乾隆既任用纪晓岚、刘墉，又任用和珅这个大贪官；慈禧太后既任用洋务派大臣，又任用保守派大臣……其实这是统治者的统治之道。纵观中国的盛世，都是奸臣与忠臣并用的，这便是为了达到一种平衡。只有忠臣，那么忠臣随着权势加大也会变成奸臣；只有奸臣，那么更是会使统治者的权力荡然无存。以忠臣克制奸臣，以奸臣克制忠臣，这才是统治之道。可是，这不是一般人能做到的，所以很多君王都是因为想达到这一完美境界而栽了跟头。具有这种能力的人，则必然会成为最高统治者。比如三国的刘备，论文论武他都数不上，然而却能够在三分天下的形势中占得一席之地。为什么呢？因为他懂得如何平衡使用人才。汉高祖刘邦纯粹是一个无赖，可是众将领与众谋士却愿意听从他，为什么呢？因为他懂得如何平衡使用人才。所以说，能够懂得平衡的道理，并且运用自如的人，才能成为最英明的领导。由此也可以看出水火相交是多么重要。

其次，卦中阴阳爻各得其所，则说明用人得当，使每个人都发挥出了自己的长处。这又是一般领导难以做到的。每个人都有长处与短处，如果领导用人不当，不但浪费人才，而且会造成重大的损失。而一个完美的时代，是不应该存在人才浪费现象的，既济卦表达的便是这种含义。

再次，卦中各爻都有相合相应者，则说明君王爱臣子、臣子助君王，民众都能够互爱互助。这也是完美时代所应当具备的社会现象。

所以说，既济卦表现的是事物最完美的形态。

贰 • 卦辞

> 既济：亨小，利贞，初吉终乱。
> 彖曰：既济，亨，小者亨也。利贞，刚柔正而位当[1]也。初吉，柔得中也。终止则乱，其道穷也。
> 象曰：水在火上，既济。君子以思患而豫防之。

【注解】

[1] 刚柔正而位当：九五刚爻居中得位，六二阴爻居中得位，所以说"刚柔正而位当"。

【释义】

经文意思是：既济卦，小有亨通，利于守正道，起初吉祥最终混乱。

彖辞的意思是：既济卦的亨通，是小人的亨通。利于守正道，是因为九五与六二刚柔得中而得位。起初吉祥，是因为六二柔爻居中位。终止则会混乱，说明天道已到了穷途末路。

象辞的意思是：水在火上便是既济卦的卦象。君子从卦象中得到启示，要考虑到隐患，做到未雨绸缪。

这么完美的一卦，卦辞却不是很好。不会是周文王写错了吧？不是。卦辞写得太富有哲理了。因为，事物的发展规律是盛极必衰，阳极阴生。在最完美的时候，其实已经不是完美的了，因为这正是衰落的开始。盛世时代什么人最有发展前途？当然是小人。这一点从历史中可以得到证明。所以卦辞中说"亨小"。可是小人也要守正道才行，如果小人想偷想抢，肯定会受到法律的制裁不会亨通。关于盛世的小人与君子的区别，这里就不多说了，细心的读者只要仔细想一想就会明白。

而卦辞中对这种完美时代最精辟的总结便是"初吉终乱"。我们看一看中国的三个盛世，没有一个不是因为叛乱而宣告盛世结束的。汉朝的盛世后出现了赤眉、绿林起义，唐朝的盛世后出现了安禄山、史思明叛乱，清朝的盛世后出现了白莲教起义。正是由于完美时代会"初吉终乱"，所以象辞中提出的忠告是"君子以思患而豫防之"。这句话太经典了，太深刻了。可是很多君王由于没有做到这一点而导致走向亡国的命运。

在最完美的盛世中，其实正是政治危机最严峻的时代，所以君王必须时刻

一人在岸，舟将近，主接济；一堆钱，主大利；云中雨下，小儿雨中行，主承泽；文书一束，书姓名。舟楫济川之课，阴阳配合之象。

考虑到隐患，做到防患于未然。因为平衡不是永恒，它正在向着不平衡逐渐移动着，谁能继续保持这个平衡呢？历史上没有几个君王能够做到。

叁 • 爻辞

初九：曳其轮，濡其尾[1]，无咎。
象曰：曳其轮，义无咎也。
六二：妇丧其茀[2]，勿逐，七日得。
象曰：七日得，以中道也。
九三：高宗伐鬼方[3]，三年克之，小人勿用。
象曰：三年克之，惫也。
六四：繻有衣袽[4]，终日戒。
象曰：终日戒，有所疑也。
九五：东邻[5]杀牛，不如西邻[6]之禴祭，实受其福。
象曰：东邻杀牛，不如西邻之时也。实受其福，吉大来也。
上六：濡其首，厉。
象曰：濡其首厉，何可久也。

【注解】

[1] 濡其尾：指驱车过河时车尾被水浸湿。

[2] 茀：音 fú，古代妇女的首饰。

[3] 高宗伐鬼方：据记载，高宗即是殷商的中兴之主武丁，鬼方是西羌的某一国家，位于我国西北。《后汉书·西羌传》："及殷室中衰，诸夷皆叛。至于武丁，征西戎鬼方，三年乃克。"

[4] 繻有衣袽：用布条缝补衣服。繻，音 xū，彩色的丝织品；袽，音 rú，有破损的衣服。

[5] 东邻：指商纣王，纣王的国都朝歌位于东方。

[6] 西邻：指周文王，文王的国都岐山位于西方。

【释义】

初九：曳其轮，濡其尾，无咎。
象曰：曳其轮，义无咎也。

经文意思是：拖着车轮，沾湿了车尾，没有灾难。

象辞的意思是：拖着车轮，道义上不会有灾难。

初九阳爻居于奇位为得位，又与六二阴阳相合，并且与六四相应，这么完美的组合，然而爻辞却只是说"无咎"。这是为什么呢？因为完美正是缺损的开始。爻辞中用马车过河却使车尾浸湿的比喻，说明了在完美状态下也会出现瑕疵。所

"初九"得正，有谨慎守成之象。像有人拖住车轮不能任意前进，狐狸过河翘起尾巴，小心会无灾难。

以不可认为完美为完美，应在完美时更加谨慎行事，以防意外。比如有人立功受奖了，在荣誉面前感到很骄傲。这正是人最大的弱点，因为这一点荣誉很有可能使你停滞不前，甚至是退步。所以在荣誉面前一定要更加谨慎，从严要求自己，这样才能有更大的发展。可这不是一般人能做到的，历史上更多的人是无法逃脱在巨大的成就面前人格变态的命运。所以处于完善状态的初九的爻辞只能是"无咎"。

六二：妇丧其髢，勿逐，七日得。

象曰：七日得，以中道也。

经文意思是：妇人丢失了首饰，不用寻找，七天后就会失而复得。

象辞的意思是：七日

"六二"上应九五，而九五不热情迎接，但六二能守持中正，就是丧失了首饰也不用追寻，很快会失而复得。

后便会失而复得，是因为六二爻能守中庸之道。

六二处于下互卦坎的下爻，坎为盗，所以有丢物的形象。丢了首饰却不去寻找，为什么不去找呢？因为六二不能动，一动就失去了完美的平衡。六二与初九、九三相合，象征左右逢源；与九五相应，象征君臣相辅。可是六二一动位置，便不会有这么美好的处境了。所以六二不用动，失去的自然会回来。

讲一个故事，读者便会更深刻理解爻辞的含义了。一次楚庄王宴请有功的将领，并让自己的爱姬许姬与一些妙龄舞女唱歌跳舞为众将领助兴。许姬长得肌如凝脂，如花似玉，把众将士都看呆了。这时，突然刮来一阵大风，把烛光吹灭了。在黑暗中许姬感到有人在非礼她，便伸手把那个将领头盔上的璎珞揪了下来。她抓着璎珞大声对楚庄王说："大王，有人非礼我，我揪掉了他的璎珞，请大王明察。"众人正要把蜡烛重新点燃看一看是谁这么大胆，可是楚庄王却对大家说："不要点灯了，所有人都把头盔上的璎珞揪下来，就这样继续痛饮。"于是众人就在黑暗中宴饮完毕各自散去。

众人走后，许姬极其气愤地对楚庄王说："男女有别，有人非礼我，大王为什么不给我做主？"楚庄王却说："君王宴请众将领本应在白天举行，并且饮酒不能超过三杯。我却在晚上设宴，并且用舞女助兴激发了众人的情欲，这是我先失礼呀。我再杀死将领，会使众勇士寒心，这是因小失大啊！"结果，那位被楚庄王饶恕的将领，感激楚庄王的不杀之恩，在战场上作战更加勇猛，立了更多的战功。

楚庄王的"绝缨会"便是一种平衡的统御之道。如果他杀了那位将领，就会因小失大，因小失大便不属于平衡了。而他的宽恕与将士的勇猛成正比，这就是平衡。仔细一想，其实楚庄王是很狡猾的。战场上的将士，谁也不敢保证自己明天还活着，可以说都是死人。所以说，楚庄王为什么要杀一个死人呢？让他去杀更多的敌人不是更好吗？这位楚庄王真是聪明。

九三：高宗伐鬼方，三年克之，小人勿用。
象曰：三年克之，惫也。

经文意思是：商朝的高宗武丁征讨鬼方国，用三年时间将其征服，小人不可用。

象辞的意思是：三年才把对方征服，是因为太疲惫了。

九三爻的爻辞描写的是商朝的武丁讨伐西戎的鬼方国的典故。在武丁之前，商朝出现了衰落，于是商朝周边地区的一些诸侯纷纷反叛。武丁继承王位后，励精图治，使商朝扭转了衰落的局势，并且一度出现了中兴，于是武丁讨伐反叛的诸侯国。这里描述的便是他用了三年的时间把鬼方国征服的故事。

在这里引用这个故事是什么意思呢？便是劝告九三爻："英明的武丁攻打鬼方国用了三年时间，使国民疲惫。你有武丁英明吗？所以不要听信小人的怂恿，总

"九三"若以"三年克之"的精神排除余患,能确保成功。但焦躁激进,必致危乱。不可重用有战功的小人,可重赏。

想着攻打别人。"其意思就是告诫人们在这种时期不要总想着扩大地盘而发动战争。

从卦象上看,九三爻处于上互卦离的下爻,离为兵戈,所以有发动战争的形象。可是九三爻与六二、六四相合,与上六相应,这是多么完美的组合。而九三一动则破坏了这种完美,所以九三不能动,不能发动战争。既济卦的六爻都是不动才能处于完美状态中,可是事物不可能不动,所以每个爻都隐藏着危机。

完美而富足的强国都想发动武力扩大自己的地盘,可是这样会破坏自己的完美与富足。可是有哪个强国能做到这一点呢?比如当今的美国,尽管强盛,

"六四"处"多惧"之地,"事已成"将要转化,如没有棉衣只好穿破衣。但柔顺得正,能够戒备祸患的来临。

可是他正在朝衰落的方向走去。所以他发动战争正是在加速自己的衰落进程。

六四：繻有衣袽，终日戒。
象曰：终日戒，有所疑也。

经文意思是：像用布条缝补衣服一样，整日心怀戒备。

象辞的意思是：整日心怀戒备，是因为有所疑虑。

六四爻与九三、九五相合，与初九相应，多么完美的组合。可是任何事物都不会永远处于静止状态，正如再好的衣服也会穿破一样，所以要像给衣服缝补丁一样，修补这种对静止的破坏。"终日戒"的目的，仍然是为了保持平衡，为了使平衡状态延长得更久些。"有所疑也"是说明在这种完美状态中要存疑虑之心，要有危机感。六四的爻辞大意与初爻有些相似。

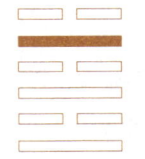

九五：东邻杀牛，不如西邻之禴祭，实受其福。
象曰：东邻杀牛，不如西邻之时也。实受其福，吉大来也。

经文意思是：东邻杀牛进行祭祀，反而不如西邻的简单祭祀，实在而受到福佑。

象辞的意思是：东邻杀牛进行祭祀，不如西邻按时献祭虔诚。实在而受到福佑，所以吉祥会源源不断涌来。

这里讲的仍然是一个典故，说的是纣王用杀牛来祭祀先祖与天神，虽然隆重但却没有得到福佑；周朝只用简单的祭品献祭反而得到了福佑，结果周朝灭掉了商王朝而成为天子之国。原因是纣王不按时祭祀，而周朝则按时祭祀有诚信。这说明什么呢？说明的仍然是平衡的道理，也就是说要持之以恒地保持平衡。虽然处于完美时期，人民也富裕了，国家也强盛了，可是仍然要像从前一样祭祀，言外之意是保持现状不要有所变动。九五与六四、上六相合，与六二相应，多么完美的组合，所以不能动，一动就乱，就失去了平衡。也就是说在这种完美状

"九五"中正居尊位。最忌骄奢不修仁德，所以借东邻杀牛盛祭不如西邻虔诚简单的祭祀更获祝福，以示警惧。

"上六"济极终乱。狐狸渡河而水浸到头部,凶多吉少。因此必须审慎处之,才能长久守成。

态中,君王应当"垂裳而治",做到"无为而无不为",尽量不要破坏这种完美。

上六: 濡其首,厉。
象曰: 濡其首厉,何可久也。

经文意思是:浸湿了头,有危险。

象辞的意思是:浸湿头有危险,生命怎么会长久呢?

上六处于坎卦的最上爻,所以有水没过头的形象。这里是告诉人们完美的极至便是缺损的开始。既济卦是最完美的,所以每一爻都含有保持这种完美、延迟这种完美的意思。可是到了上六,则没有这个意思了。为什么呢?因为万事万物的变化规律是不以人的意志为转移的,人可以延缓完美早衰,却无法使完美不衰退。所以在上六这里,危机出现了,危险出现了。怎么办?我想这个不说大家也应该明白了吧。当你的头被水淹没了你会怎么办?肯定会挣扎。对,就是用行动改变自己的困境。这就是静极始动,圆极始缺。

卦六十四 未济

壹 • 卦名、卦画与卦象

火水未济

未济[1]

离为上卦
坎为下卦

坎为水，离为火。火在水上，难以济物，为未济。未济象征事未成。本卦六爻均失正，有"事未成"之象。但阳刚阴柔能相应，充满着发展的可能性。未济有可济之理，因而亨通。但若处事不谨慎，则没有什么利益。

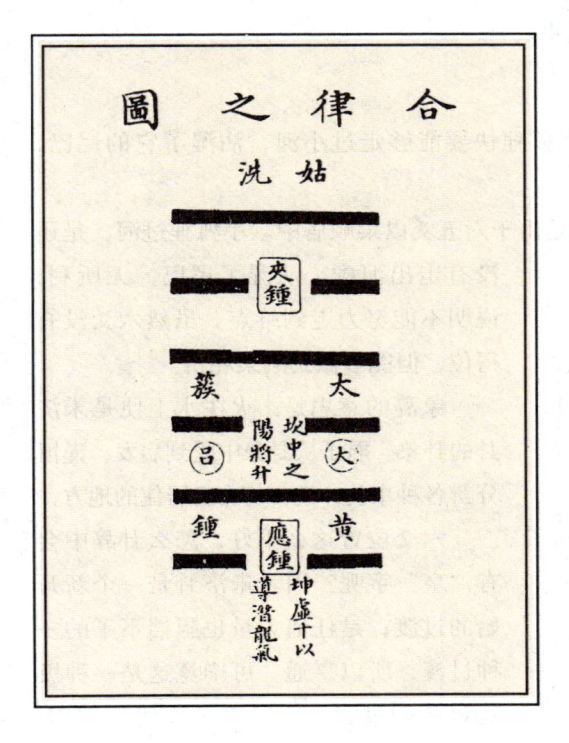

【注解】

[1] 未济：卦名，象征未完成、还没有终止。

【释义】

此卦卦名为未济。未济就是没有渡过河的意思，其引申义为未完成、还没有终止。《序卦传》中说："物不可穷也，故受之以未济，终焉。"这句话的意思是，各种事物不可能在终点完结，还会有新的开始，所以既济卦的后面是未济。到了未济卦，代表万事万物运行变化规律的六十四卦演算周期才算完备而终结（当然，另一个新的周期运行又开始了）。人们常常用"时运不济"来形容人的运气不佳，其实这"不济"指的便是《周易》的最后一卦——未济。可是未济卦只是重新开始新的轮回的过渡阶段，又何必悲伤呢？

未济卦的卦画是三个阴爻三个阳爻，其排列顺序与既济卦的卦画正好相反，未济卦与既济卦互为覆卦，又互为旁通。从卦象上分析，未济卦的上卦为离为火，下卦为坎为水，火在水上便是未济卦的卦象。表面上看好像与既济卦差不多，只是颠倒了一下，可实际上却完全处于混乱状态中了。上卦离火向上升，下卦坎水向下流，不再具有相交之象。这说明火与水无法互补，无法达到平衡的状态。阴爻居于奇位，阳爻居于偶位，六爻皆不得位，象征一切秩序都已混乱。更严重的是，内卦臣子刚健，而外卦君王柔弱，所以君不像君，臣不像臣，国已不国。

贰 • 卦辞

未济：亨，小狐汔济[1]，濡其尾，无攸利。
彖曰：未济，亨，柔得中[2]也。小狐汔济，未出中也。濡其尾，无攸利，不续终也。虽不当位，刚柔应也。
象曰：火在水上，未济。君子以慎辨物居方。

【注解】

[1] 小狐汔济：小狐狸几乎快要渡过河了。汔，音qì，几乎；济，渡河。
[2] 柔得中：指六五爻居于上卦之中。

【释义】

经文意思是：未济卦，亨通，小狐狸快要能够走过小河，沾湿了它的尾巴，无所利。

彖辞的意思是：未济卦的亨通，是由于六五爻以柔顺居中。小狐狸过河，是还没有走出河中。沾湿了尾巴，无所利，说明不能努力走到终点。虽然六爻没有得位，但能够做到刚柔相济。

象辞的意思是：火在水上便是未济卦的卦象。君子从卦象中受到启发，谨慎分辨各种事物，选择好自己居住的地方。

六爻位置这么不好，怎么卦辞中会有"亨"字呢？因为未济卦是一个新开始的过渡，是任何力量也阻挡不了的一种过渡，所以亨通。可毕竟这是一种极其艰苦的过渡，所以"无攸利"。天下

一人提斧，主有威；一虎坐，无威；一卓旗在山上，为信期；一人取旗，主立信；梯子上有到字，主有等级桎梏，故曰未济。礧火求珠之卦，忧中望喜之象。

秩序大乱，一切都颠倒了位置，君子该怎么办呢？

象辞给予了极其正确的答复："君子以慎辨物居方。"也就是说，在这种混乱的状态中，君子要明辨各类事物，选择好自己居住的地方。其重点便是"选择"。现在一些畅销的励志书上说："选择决定命运。"其实这个道理，咱们的老祖宗在几千年前就说过了，并且还指明了在什么情况下应当这样。无奈的是人们偏偏认为外国的理论先进，而认为老祖宗留下来的金玉良言是封建迷信。

叁 ● 爻辞

初六：濡其尾，吝。
象曰：濡其尾，亦不知极也。
九二：曳其轮，贞吉。
象曰：九二贞吉，中以行正也。
六三：未济[1]，征凶，利涉大川。
象曰：未济征凶，位不当也。
九四：贞吉，悔亡，震用伐鬼方[2]，三年有赏于大国。
象曰：贞吉悔亡，志行也。
六五：贞吉，无悔，君子之光，有孚，吉。
象曰：君子之光，其晖吉也。
上九：有孚于饮酒，无咎。濡其首，有孚失是。
象曰：饮酒濡首，亦不知节也。

【注解】

[1] 未济：还没有渡过河。

[2] 震用伐鬼方：指西周协助殷商王朝讨伐鬼方的史实。殷商高宗武丁之后的第五世商王是武乙，由于为政暴虐，使犬戎叛乱侵犯边境。当时周朝的古公亶父为避犬戎的侵扰，越过梁山将周朝迁至岐山脚下。到了周文王的父亲季历时，季历带兵协助商王朝讨伐西戎鬼方，经过三年征服了鬼方而受到商朝天子的奖赏。

【释义】

初六：濡其尾，吝。
象曰：濡其尾，亦不知极也。

经文意思是：沾湿了尾巴，有忧吝。

象辞的意思是：沾湿了尾巴，也不知道已到了自己承受的极限（即狐狸尾巴都湿了，说明水再深一些，小狐狸就有危险了）。

这里描写的便是卦辞中的那只正在过河的小狐狸。初九是坎卦的最下爻，所以表示还没有走到河中央。可是还没有到河中央水面就把尾巴浸湿了，说明再往前走

"初六"不正,未济之时,不能谨慎守中,会招来羞辱。

水更深,小狐狸根本过不了河。如果它一直朝前走,肯定会被水溺死。所以小狐狸会非常忧郁:"我能过去吗?"

也许有人会说:"你非要过河干吗?快回来吧。"那么我替小狐狸回答你:"为了生存,我必须过河。"

那么小狐狸不是得死吗?是的,这正是自然法则的优胜劣汰。一场灾难,一个转折,都是一种自然的淘汰赛。可是小狐狸此时还没有死,所以只是忧虑。

从卦象上看,初六以柔爻居于奇位为不得位,就像无能的人担任着极需要能力的任务,肯定是有些吃不消。不过初六与九二相合,与九四相应,说明遇难能得到帮助。这就说明了一个道理,在困难时期,人们更懂得团结与互助。所以在最混乱的未济卦,每一爻都有相合、相应者。

九二:曳其轮,贞吉。

象曰:九二贞吉,中以行正也。

"九二"刚爻处柔位,恭顺中庸,就像渡河时拖住车辆,不会逞强,这样当然吉祥。

经文意思是：拉着车轮，守正道吉祥。

象辞的意思是：九二爻守正道吉祥，是因为居中而行正道。

九二虽不得位，但居于下卦之中，并且有初六、六三与六五相助，所以遇险有救，可以渡过河去。从卦象上看，坎为弓轮，所以有"曳其轮"的形象。又由于坎为水，所以有驾车过河之意。

六三：未济，征凶，利涉大川。
象曰：未济征凶，位不当也。

经文意思是：没有渡过河，征伐有凶险，有利于跋涉大川。

象辞的意思是：没有渡过河，征伐有凶险，是由于六三的位置不当。

六三是下卦坎的上爻，是上互卦坎的下爻，身前身后全是水，所以有未渡过河的形象。在处境险难重重的情况下，当然不利于打仗了，所以"征凶"。但是六三有九二、九四与上九的帮助，所以可以顺利地跋涉大川。

"六三"下比九二，若能不自求进，与九二同舟共济，可脱出坎险找到出路，因而有利。

九四：贞吉，悔亡，震用伐鬼方，三年有赏于大国。

象曰：贞吉悔亡，志行也。

经文意思是：守正道吉祥，没有悔恨，振奋起来征伐鬼方国，三年获得成功，得到大国的奖赏。

象辞的意思是：守正道吉祥，没有悔恨，是由于九四爻志在必行。

"九四"本身不正，想坚守正道，必须长期坚持，就像要经过三年苦战，终于完成任务，才能得到褒扬。

第五章 《周易·下经》 未济卦

这里又讲了一个故事，说的是武丁之后，商朝又出现了一次衰落。使国家衰落的便是武丁之后的第五世商王武乙。这位武乙是一位战天斗地的领袖。在今天这种行为是值得表扬的，但是在当时就不行了，因为当时人们都敬鬼神，这是民众的信仰。这位武乙用木头刻一个小人，说这是天神，然后与这个天神玩赌博的游戏，让别人代"天神"下赌注。结果武乙赢了，便将"天神"砍得粉碎，然后向人夸耀自己战胜了天神。他又用皮革做成袋子，里面盛满猪血，高高挂在空中，然后自己张弓搭箭射皮囊。他把这种游戏叫"射天"。后来他到黄河与渭河交汇处打猎时遇到雷阵雨，遭雷电震击而死。武乙的行为，使周边的诸侯又开始反叛商朝。当时周古公亶父带着自己管辖的民众跨过梁山来到岐山下避兵灾。后来，周文王的父亲季历带着兵将协助商朝天子讨伐西戎的鬼方国，也是三年后打败了鬼方，并因此受到了商朝天子的重赏。

而在这一爻讲这个故事有什么用意呢？便是激励九四爻要像周文王的父亲那样建功立业，大胆行动。

六五：贞吉，无悔，君子之光，有孚，吉。

象曰：君子之光，其晖吉也。

经文意思是：守正道吉祥，没有悔恨，君子的光耀，有诚信，吉祥。

象辞的意思是：君子的光耀，是说在他的光彩照耀下带来了吉祥。

六五居于奇位为不得位，这说明六五的能力有限，不具备君王的能力。可是处于君位的他却可以得到九二、九四与上九众多有能力的贤臣辅助，所以他会吉祥。其实也就是说，六五虽然无能，但却是一位懂得用平衡之道的人，所以他会得到成功与吉祥。六五就相当于前面已提到过的刘备、刘邦等，这样的人当然会吉

"六五"居尊位但不正，与下卦九二相应，能寻求有力的辅佐，吉祥。又六五在光明的中央，有君子的光辉德性，吉上加吉。

祥了。

上九：有孚于饮酒，无咎。濡其首，有孚失是。

象曰：饮酒濡首，亦不知节也。

经文意思是：带着诚信饮酒，没有灾难。如果酒喝多了，将酒浇到头上，有诚信也会失去。

象辞的意思是：酗酒以至将酒浇到了头上，这也太不知节制了。

上九所表示的时期，就相当于最后终于渡过了危险期，太平了，安稳了。于是人们开始饮酒作乐，无所节制了。喝酒喝醉了，可是还喝，以至于本来想把酒倒进嘴里，结果却倒在了头上。这说明喝得太多了，已经醉了。

既济卦贵在止，未济卦贵在动，可是未济卦的上九"动"得有些过度了，不知节制，这就不好了。所以这里是告诫人们做事要有分寸，要有节制。

"上九"未济之极，遂成既济。事已成，心无忧，自己安闲饮酒本无过失，但过分委信于人，自逸过度，就不正当了。

第六章 《易传》

　　《易传》是《周易》的重要组成部分，可以帮助人们理解《周易》的含义。由于其是不同时期、不同时代的作品，所以内容混乱，观点也有矛盾之处。可是，它毕竟代表着周公至战国期间的一部分易学思想，所以也不能将其弃而不录。故此，本书将内容相对较杂乱的《系辞传》《说卦传》《序卦传》《杂卦传》列于此，并且加上译文，以备读者研究。

一　系辞上传

第一篇

　　天尊地卑，乾坤定矣。卑高以陈，贵贱位矣。动静有常，刚柔断矣。方以类聚，物以群分[1]，吉凶生矣。在天成象，在地成形，变化见矣。是故刚柔相摩[2]，八卦相荡。鼓之以雷霆，润之以风雨。日月运行，一寒一暑，乾道成男，坤道成女。乾知大始，坤作成物。乾以易知，坤以简能。易则易知，简则易从。易知则有亲，易从则有功。有亲则可久，有功则可大。可久则贤人之德，可大则贤人之业。易简而天下之理得矣。天下之理得，而成位乎其中矣。

【注解】

　　[1] 方以类聚，物以群分：属性相同的事物会聚于相同的方位，不同的群体会各自分开。

　　[2] 摩：通"磨"，指像推磨一样旋转。

天尊地卑，乾坤定矣

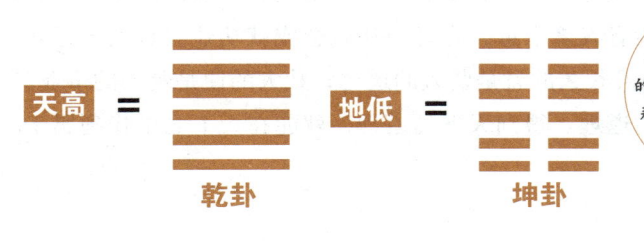

天高 = 乾卦　　地低 = 坤卦

> 乾代表了天，坤代表了地，既然《周易》模拟天地的运动，遵循宇宙自然的法则，那么客观上天是高的，地是低的，高当然就高贵，低当然就低贱。

【释义】

天高高在上显得尊贵，地位于天的下面显得卑顺，于是乾坤两卦便根据天与地的关系确定了不同的属性。根据高低不同的排列，便可以分出尊贵与卑贱的地位。动与静是天与地的常规，刚与柔也是天与地的不同属性。万物按照方位的五行属性聚集，人与物都根据不同的类别组成不同的群体，于是吉祥与凶险便在不同的方位与群体中体现出来。日月星辰在天上组成不同的天象，在地上万物都随天体的变化而化育成形，阴阳二气的变化从天象与地上万物的变化上便可以显露出来。所以阴消阳长循环往复，可用八卦的变化表示出来。天上电闪雷鸣，地上就会出现风雨。

六爻高低位序的贵贱不同

既然高低排列出来，那么就有了贵贱的不同位序。一卦六爻按高低分贵贱，就可以对应出社会等级的贵贱来。

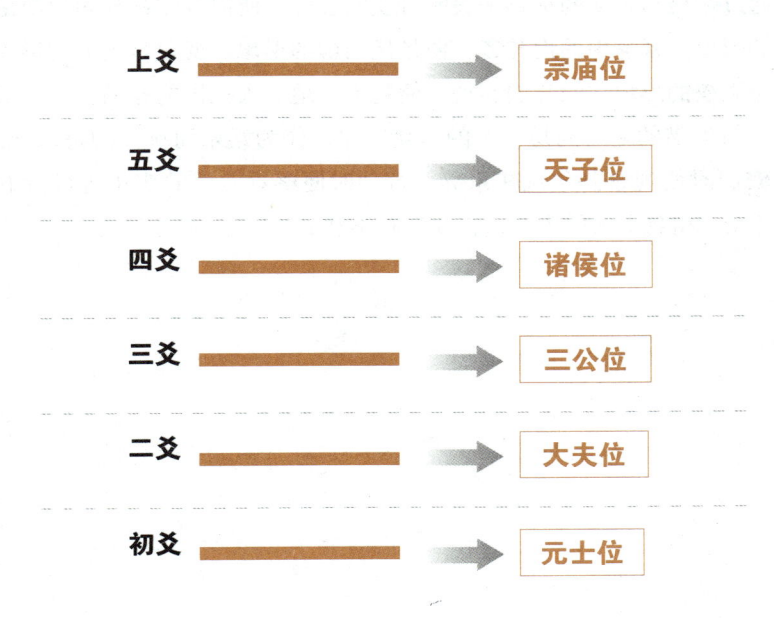

上爻	宗庙位
五爻	天子位
四爻	诸侯位
三爻	三公位
二爻	大夫位
初爻	元士位

日月周而复始地运行，一寒一暑形成了一年。乾卦代表男性，坤卦代表女性。乾的作用是主管万物的创始，坤的作用是使万物生长。乾以人们容易看到的方式发挥作用，坤以简单隐藏的方式发挥作用。容易看见就容易使人了解，简单则使人容易跟从效法。容易了解便会有人来亲近，容易跟从就会成就功业。有人亲近才可以长久，有功业才可以壮大。长久的就是贤人的道德，壮大的便是贤人的事业。懂得了简易便是得到了天下的道理。得到天下的道理，就能在天下之中找到属于自己的位置。

第二篇

圣人设卦观象，系辞[1]焉而明吉凶，刚柔相推而生变化。是故吉凶者，失得之象也。悔吝者，忧虞之象也。变化者，进退之象也。刚柔者，昼夜之象也。六爻之动，三极[2]之道也。是故君子所居而安者，《易》之序也；所乐而玩者，爻之辞也。是故君子居则观其象而玩其辞，动则观其变而玩其占，是以"自天佑之，吉无不利"。

【注解】

[1] 系辞：指卦辞与爻辞。
[2] 三极：即天、地、人三才。

【释义】

圣人摆下八卦观察它的卦象，根据卦象写出系辞（即卦辞与爻辞）来说明吉祥与凶险，通过刚爻与柔爻的推移来表明卦变的过程。所以说吉祥与凶险便是卦中爻的得与失的形象。系辞中的悔与吝，便是忧与虑的形象。变化是进退的形象。刚与柔是白天与黑夜的形象。六爻的运动，便是天、地、人三极的运动之道。所以说君子安居其位所凭借的是《周易》中的六爻次序，作为娱乐而玩味的是六爻的爻辞。所以君子安居时便观察卦象玩味系辞，行动时便察看六爻的变化进行占卜判断吉凶，这样才能"得到上天的保佑，吉祥没有不利的"。

吉与凶，表现的是刚与柔相胜的常道

刚胜柔则吉

柔胜刚则凶

第三篇

象者，言乎象者也。爻者，言乎变者也。吉凶者，言乎其失得也。悔吝者，言乎其小疵[1]也。无咎者，善补过也。是故列贵贱者存乎位，齐小大者存乎卦，辩吉凶者存乎辞，忧悔吝者存乎介，震[2]无咎者存乎悔。是故卦有小大，辞有险易。辞也者，各指其所之。

【注解】

[1] 小疵：小毛病。

[2] 震：此处为惊惧之意。

【释义】

　　象辞，是说明卦象的。六爻，是说明阴阳变化的。吉凶的词句，是说明得与失。悔吝的词句，是说有小的过失。无咎，是说善于补救过失的人才没有灾难。所以贵与贱的排列在于爻位次序，大与小的排列在于卦序，明辨吉与凶需要参考卦辞与爻辞，担心悔与吝是在吉凶之间，惊惧而无咎是因为有所悔悟。所以卦有大小的区别，卦辞与爻辞有凶险与变化。卦辞与爻辞所说的，分别指示不同类别的变化趋势。

第四篇

易与天地准，故能弥纶[1]天地之道。仰以观于天文，俯以察于地理，是故知幽明之故。原始反终，故知死生之说。精气为物，游魂为变[2]，是故知鬼神之情状。与天地相似，故不违。知周乎万物，而道济天下，故不过。旁行而不流，乐天知命，故不忧。安土敦乎仁，故能爱。范围天地之化而不过，曲成万物而不遗，通乎昼夜之道而知，故神无方而易无体。

【注解】

[1] 弥纶：弥漫，包容，笼盖。

[2] 精气为物，游魂为变：古人认为万物都是精气凝聚而成。相对而言，阳为气，阴为味；阳为精，阴为血；阳为魂，阴为魄。人身上的魂魄失去后便成为死人，可是魂魄依然存在。回到阳气状态的魂为神，回到阴气状态的魄为鬼。神与鬼回到元气状态中，阴阳重新组合成万物。

【释义】

易道以天地的变化规律为准绳，所以能包含天地运行之道。仰观天文的运行变化，俯察地理的形态变化，所以能知道黑暗与光明的原因。推本溯源，反究终末，所以知道生与死的哲理。天地中的精气凝聚成生物，游荡的灵魂是生物的变化，所以知道鬼神的性情与状况。易道与天地的变化相似，所以能够与天地之道相一致。知道万物周而复始的道理，并且以这种道理济助天下民众，所以没有过失。广泛运行而不会流于放纵，喜乐于天道而知道命运的变化规律，所以不忧愁。安于所处的地位，敦厚地发扬仁义，所以能够博爱。效法天地运行的变化而没有过失，阴阳二气合成万物而不会有遗漏，懂得了乾坤之道便会无所不知，所以神福泽万物没有固定的方法，易道的变化没有固定的形体。

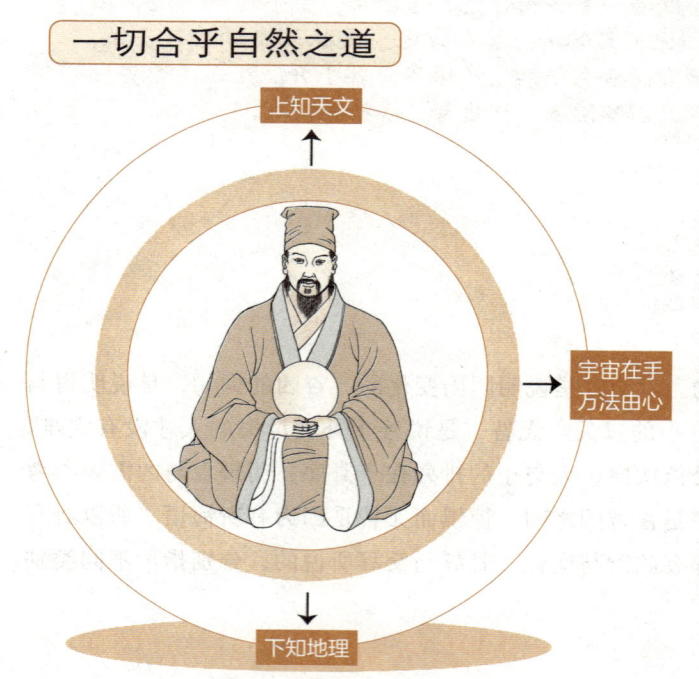

一切合乎自然之道

上知天文

宇宙在手
万法由心

下知地理

曲则求全

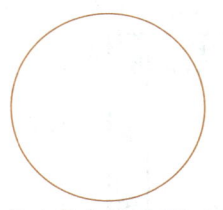

为什么是曲则全呢？因为宇宙没有直线，通常是个圆圈。

这个图案就代表了太极。

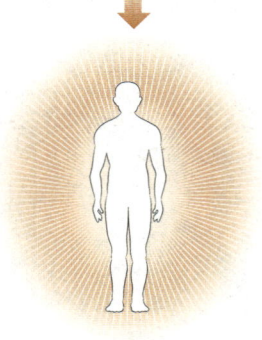

人也是这样，我们形体的圆是一个光圈。这个形体是我们整个生命的中心、一个支柱。

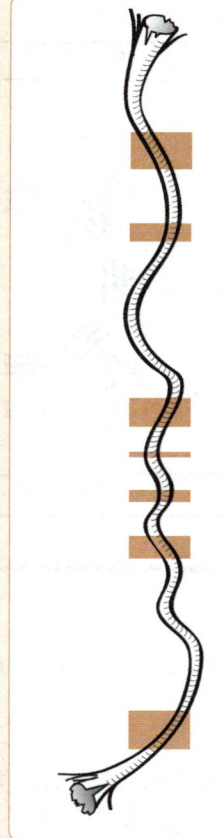

宇宙间的一切没有直线，所谓直线就是把曲线切断，加上一些人为的作用，假名叫作直。其实人生没有哪一个地方不是曲线。

所以《系辞》说"曲成万物而不遗"，不会遗漏哪一样，因为它是圆周形，真正的圆代表一切的圆满，我们的生命都在这个圆圈以内，一走曲线就一切圆满了。

第六章 《易传》 系辞上传

第五篇

一阴一阳之谓道[1]，继[2]之者善也，成[3]之者性也。仁者见之谓之仁，知[4]者见之谓之知，百姓日用不知，故君子之道鲜矣！显诸仁，藏诸用，鼓万物而不与圣人同忧，盛德大业至矣哉！富有

697

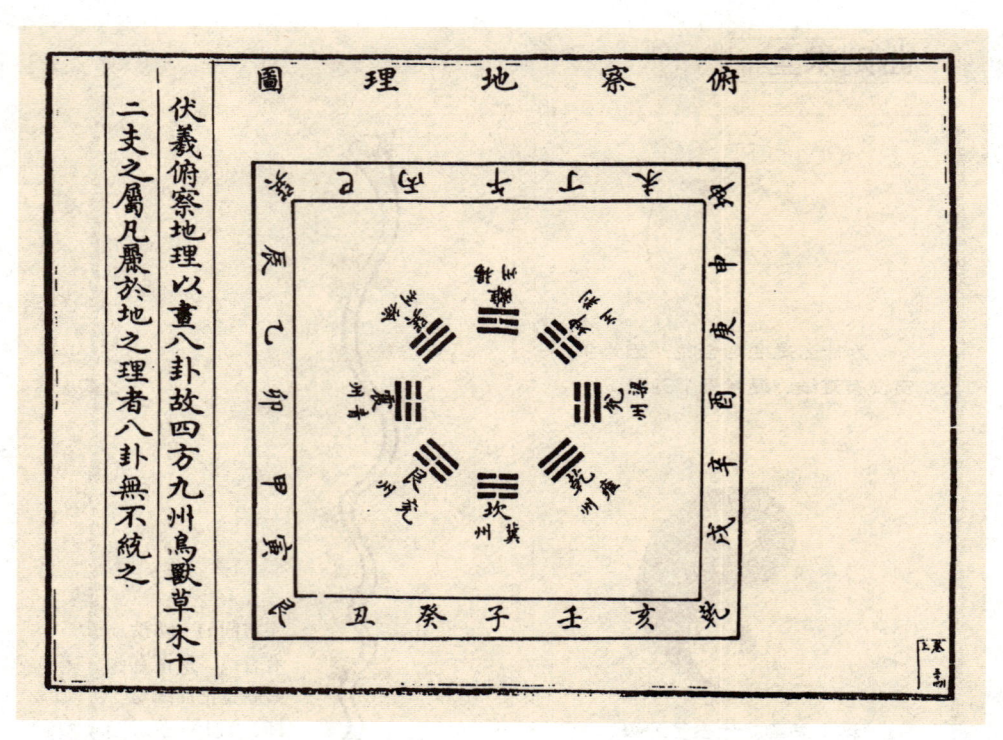

俯察地理图

伏羲俯察地理以画八卦，所以四方九州、鸟兽草木、十二支之属，凡是有关地理的知识，八卦没有不归纳在内。

之谓大业，日新之谓盛德。生生之谓易，成象之谓乾，效法之谓坤，极数知来之谓占，通变之谓事，阴阳不测之谓神。

【注解】

[1] 道：指气的运化及其规律。
[2] 继：继承。
[3] 成：铸成、凝成。
[4] 知：通"智"。

【释义】

　　一阴一阳就是道，道的继续便是善，道的生成是本性。仁慈的人把它称作仁，智慧的人把它称为智，百姓每天都在使用它却不知道它，所以君子之道就很少有人知道了。它显现在各种仁慈上，隐藏于各类日用中，鼓动万物生生不息而不与圣人一同忧虑，盛大的道德功业太伟大了。富有就是大业，每日有新的收获就叫盛德。生生不息就是易，它的形象就是乾，效法的称为坤，知道用数并了解未来就是占，通达于变化就是事，阴阳不能测度就是神。

第六篇

> 夫易，广矣大矣！以言乎远则不御[1]，以言乎迩[2]则静而正，以言乎天地之间则备矣。夫乾，其静也专，其动也直，是以大生焉。夫坤，其静也翕[3]，其动也辟[4]，是以广生焉。广大配天地，变通配四时，阴阳之义配日月，易简之善配至德。

【注解】

[1] 御：被阻挡。

[2] 迩：近。

[3] 翕：音 xī，闭合，收拢。

[4] 辟：开辟。

【释义】

易学中的道理是如此的广大！它能说明远处的事物无所不包没有边际，它又能说明近处的事物细小精微而端正，它广大悉备包容着天地人三极的所有道理。乾的静止纯正专一，它的运动刚强正直，所以能给万物赋予生命。坤的静止闭合隐藏，它的运动开放而符合法度，所以能使万物得以生长。乾的广阔无边和坤的博大无垠与天地相配。乾坤的变通与四季相配，阴阳的意义与日月相配，简易的美善（即乾的健与坤的顺）与天地的美德相配。

坤乾象数合一之图

乾坤分太极为二，坤乾合太极为一。分则一而二，合则二而一。非二不足以见乾坤之定位，非一不足以见乾坤之妙理。

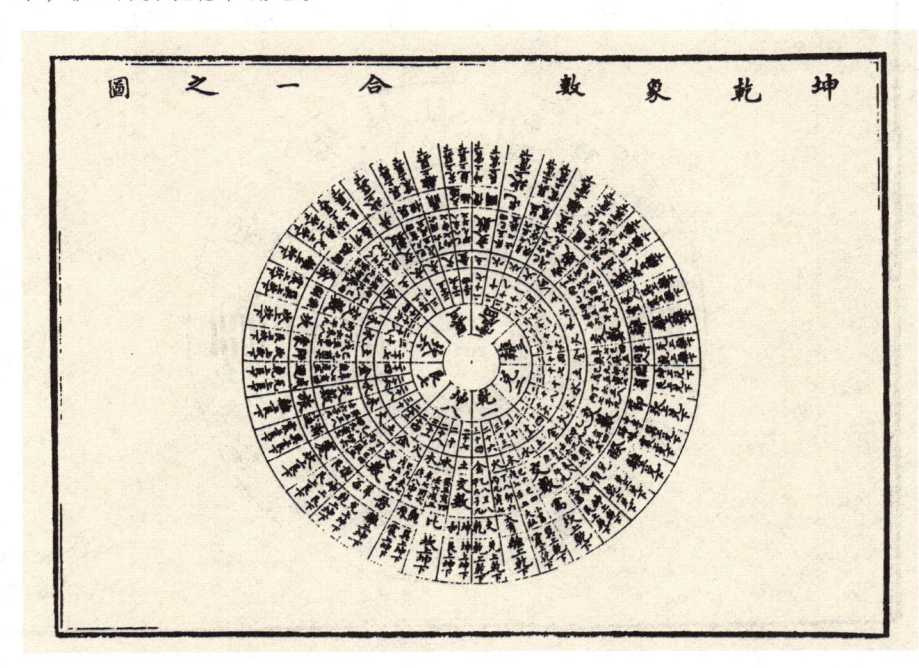

第七篇

子曰："《易》其至[1]矣乎！"夫《易》，圣人所以崇[2]德而广[3]业也。知崇礼卑，崇效天，卑法地，天地设位，而《易》行乎其中矣。成性存存，道义之门。

【注解】

[1] 至：极至，顶点。

[2] 崇：尊崇，推崇，高大。此处为使动用法，即"使德崇"的意思。

[3] 广：使动用法，即"使业广"的意思。

【释义】

孔子说："《周易》中的哲理已达到了极至吧！"圣人以《周易》中的道理宣扬道德从而扩建自己的功业。智慧崇高礼节谦逊，崇高效法天，谦逊效法地，天与地的位置确定了尊卑的法则，而《周易》中的行为准则便是天地的准则。人效法天地的本性并逐渐把它积累起来，这就是道义的门（乾为道之门，坤为义之门）。

复姤小父母图

一阳来复变为临，为二阳变至泰，为四阳变至大壮，为八阳变至姤卦，为十四阳终其变于归妹，成十六阳。

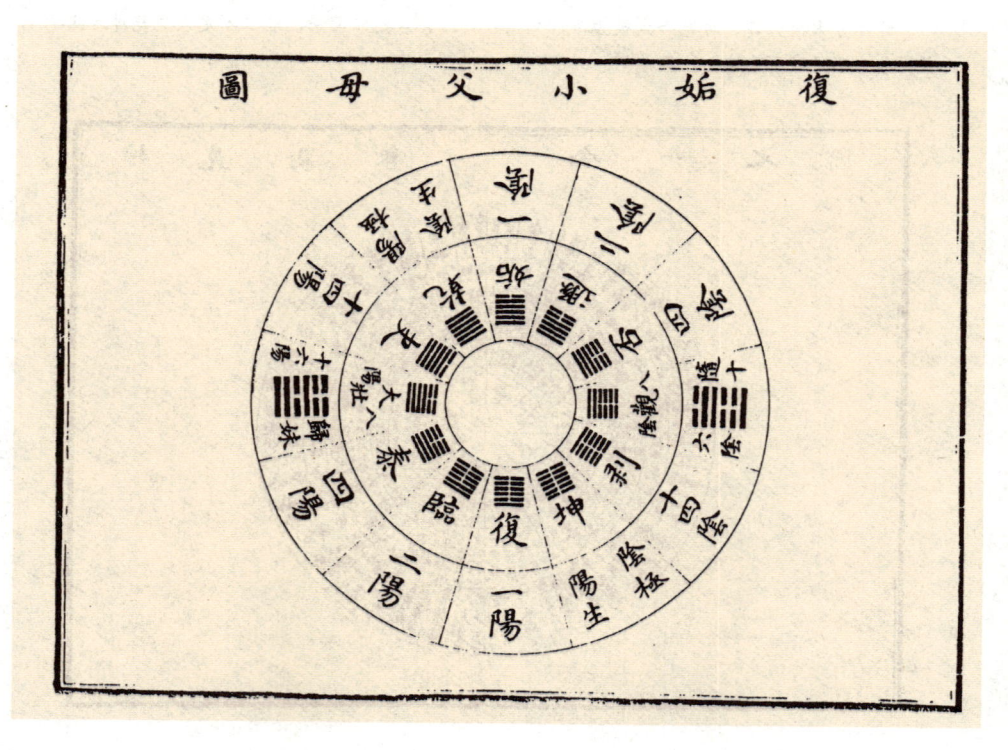

复姤小父母图

第八篇

圣人有以见天下之赜[1]，而拟诸其形容，象其物宜[2]，是故谓之象。圣人有以见天下之动，而观其会通[3]，以行其典礼，系辞焉以断其吉凶，是故谓之爻。言天下之至赜而不可恶也，言天下之至动而不可乱也。拟之而后言，议之而后动，拟议以成其变化。

"鸣鹤在阴，其子和之；我有好爵，吾与尔靡之。"子曰："君子居其室，出其言善，则千里之外应之，况其迩者乎？居其室，出其言不善，则千里之外违之，况其迩者乎？言出乎身，加乎民，行发乎迩，见乎远。言行，君子之枢机。枢机之发，荣辱之主也。言行，君子之所以动天地也，可不慎乎！"

"同人，先号咷而后笑。"子曰："君子之道，或出或处，或默或语。二人同心，其利断金；同心之言，其臭如兰。"

"初六，藉用白茅，无咎。"子曰："苟错诸地而可矣，藉之用茅，何咎之有？慎之至也。夫茅之为物薄，而用可重也。慎斯术也以往，其无所失矣。"

"劳谦，君子有终，吉。"子曰："劳而不伐，有功而不德，厚之至也。语以其功下人者也。德言盛，礼言恭。谦也者，致恭以存其位者也。"

"亢龙有悔。"子曰："贵而无位，高而无民，贤人在下位而无辅，是以动而有悔也。"

"不出户庭，无咎。"子曰："乱之所生也，则言语以为阶。君不密则失臣，臣不密则失身，几事不密则害成。是以君子慎密而不出也。"

子曰："作《易》者其知盗乎？《易》曰：'负且乘，致寇至。'负也者，小人之事也；乘也者，君子之器也。小人而乘君子之器，盗思夺之矣。上慢下暴，盗思伐之矣。慢藏诲盗，冶容诲淫。《易》曰：'负且乘，致寇至。'盗之招也。"

第六章 《易传》 系辞上传

【注解】

[1] 赜：音 zé，深奥，玄妙。

[2] 物宜：与事物本身最吻合的状态。

[3] 会通：会，会合处、焦点；通，相通、通用处。

【释义】

圣人发现了天下万物的奥妙所在，于是参照万物的形象与容貌，根据天象与地理的物象创建了八卦的形象，所以称之为卦象。圣人发现了天下万物的运动规律，将这些规律进行综合整理，使之成为人们的行为准则，并且附上系辞使人们能明白吉凶灾福，所以称为爻（即从爻中可以看出万物的变化规律）。说明天下最大的奥秘不能破坏，说明天下最大的运动不能混乱。我们在说话前要对所表达的意思进行拟定，当确定自己的想法正确并且理清了表达顺序后才可以把它说出来；

在行动之前要与大家进行商议讨论，确认行为正确并且布置周密后才可以行动。拟定与商议才能成就变化如神的大事业。

中孚九二的爻辞说："鹤在树荫下鸣叫，小鹤在旁边跟着鸣和。我有上好的美酒，与你共同分享。"孔子说："君子居住在家里，说出的话诚信而善美，千里之外

贵而无位，高而无民

上九 → 亢龙有悔，亢者高也，高到极点，贵而无位，高而无民。
九五 → 在外卦的中爻，得其中无往而不是，不得其中则处处都不是。
九四
九三
九二
初九

乾卦

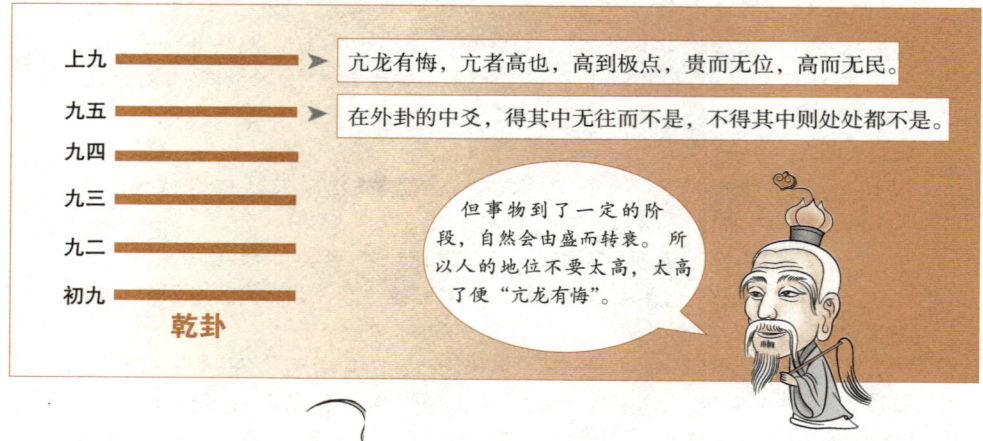

但事物到了一定的阶段，自然会由盛而转衰。所以人的地位不要太高，太高了便"亢龙有悔"。

上九爻表示的状态，在外是指贵而无位，高而无民，也就是虽然有权利但是脱离了群众的基础。在内是指过于自负，失去了别人的支持。"知进而不知退，知存而不知亡，知得而不知丧"。

龙飞升到九天之后，无法再往高处飞升，只剩下两种可能，一是原地不动，另一种是下落。第一种非常难做到，所以往往是第二种，离开显赫而崇高的位置，悔亦晚矣。

的人也会表示赞同而应合，何况是与君子相距较近的人呢？如果说出的话不诚信善美，那么千里之外的人也会违背他，何况是与他相距较近的人？话从嘴里说出来，能影响百姓的心理变化；人的行为虽然只能在你做事的附近发挥作用，但是由于言论的传播，远处的人也知道你做了些什么。谨言慎行，是君子做人的关键所在。这个关键主宰着人的光荣与羞辱。言语与行为，正是君子感动天地的所在，能不谨慎小心吗？"

同人九五的爻辞说："与人同心同德，先号啕大哭，后放声大笑。"孔子说："君子之道，该出来执政就出来执政，该退隐就归隐保全，该说的就说，不该说就保持沉默。两个人一条心，其锋利足以切断坚硬的金属。同心的话语，其气味就如同兰花一样芳香。"

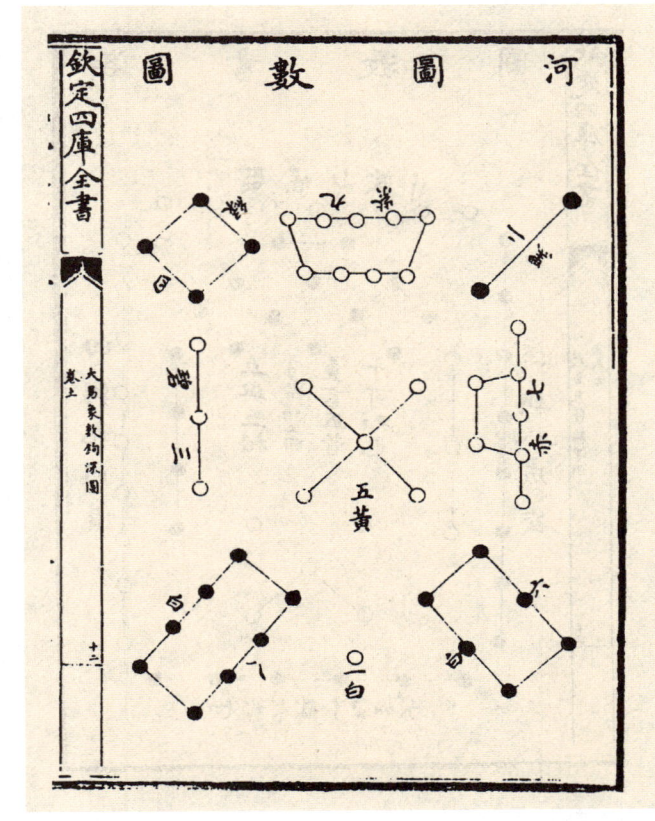

河图数图

此图上顶九下踩一，左搂三右抱七，二四为肩，六八为足，五为腹心，总共四十五。纵横之数皆为十五。

大过初六的爻辞说："献上祭品时用白茅草垫在下面，没有灾难。"孔子说："祭祀品本来放在地上就可以了，而又垫上了白茅草，怎么会有灾难呢？这是谨慎到极点了呀。茅草本来很轻薄不贵重，而垫在祭祀品下面，那么它的用处就很大了。人如果能用这种谨慎的方法做事，肯定不会有过失的。"

谦卦九三的爻辞说："有功劳又谦虚的君子，最后结果会吉祥。"孔子说："有苦劳而不炫耀，有功绩而不自以为恩德，是敦厚到极点了。这就是说有功劳的人要能够谦居于人下呀。道德要盛大，礼教要恭敬，谦虚就是以极其恭敬的态度来保住自己的职位。"

乾卦上九的爻辞说："龙向上飞得太高了，便会有后悔的事情发生。"孔子说：

"尊贵却没有职位权柄，身份高却没有臣民，下面有贤人却无法来到上面给予辅佐，所以此爻为动爻便会有后悔的事发生。"

节卦初九的爻辞说："不走出家门，没有灾难。"孔子说："祸从口出。君王不保密，就会失去臣子。臣子不保密，就会失去性命。机密的事情如果不能保密，就会造成失败。所以君子要谨慎保密而不泄露。"

孔子说：《周易》的作者，大概知道贼寇的起因吧？《周易》解卦六三的爻辞说：'本来是背负东西的穷人却乘坐在豪华的马车上，所以招来贼寇。'背着东西走路是小人做的事情，乘车是君子的交通

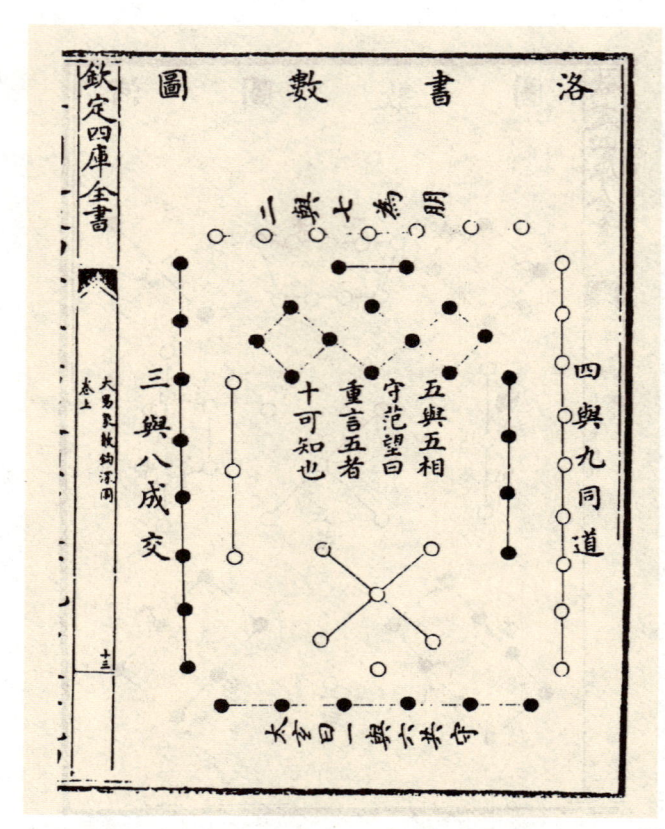

洛书数图

　　河图之数四十有五，这是圣人减损了天一、地二、天三、地四等十数，只有天五居中而为主。

工具。如果小人乘坐君子才可以用的马车，贼寇就会因看不惯而想办法把车夺走。君王在上位傲慢，臣子居下位暴敛，大盗就该想办法把国家夺过来了。不把财物赶快藏起来，就是教唆贼寇前来偷盗；女人打扮得容貌妖艳，就是教唆坏人前来淫辱。《周易》中的'负且乘，致寇至'，说的便是自己招致寇盗来犯哪。"

第九篇

天一地二[1]，天三地四，天五地六，天七地八，天九地十。（本在第十章之首，程颐认为应放于此。）
天数五，地数五，五位相得而各有合。天数二十有五，地数三十。
凡天地之数五十有五，此所以成变化而行鬼神也。
大衍之数[2]五十，其用四十有九。分而为二以象两，挂一以象三，

揲之以四以象四时，归奇于扐[3]以象闰。五岁再闰，故再扐而后挂。乾之策二百一十有六，坤之策百四十有四。凡三百有六十，当期之日。二篇之策，万有一千五百二十，当万物之数也。是故四营而成易，十有八变而成卦，八卦而小成。引而伸之，触类而长之，天下之能事毕矣。显道神德行，是故可与酬酢[4]，可与佑神矣。子曰："知变化之道者，其知神之所为乎！"

【注解】

[1] 天一地二：即天代表阳，阳数为奇数；地代表阴，阴数为偶数。

[2] 大衍之数：有人认为大衍之数即天地之数，这是不正确的。天地之数起源于河图洛书，而大衍之数则是占卜时演算天地变化之数。正如京房所说："五十者，谓十日、十二生辰、二十八星宿也。凡五十，其一不用者，天之生气，将欲以虚来实，故用四十九。"

[3] 扐：音lè，古代用蓍草占卜，将零数夹在手指中间称"扐"。

[4] 酬酢：应对，对答。

天地之数图

天一地二，天三地四，天五地六，天七地八，天九地十。天数二十有五，地数三十。

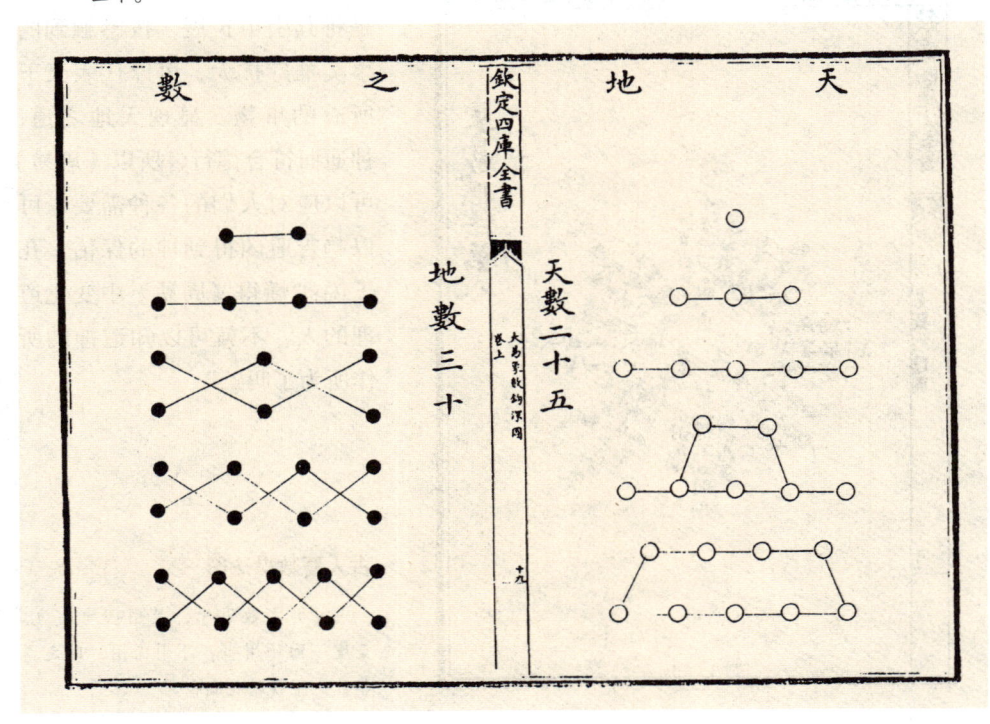

【释义】

天数为一、三、五、七、九，地数为二、四、六、八、十。

天数（即奇数）一共有五个，地数（即偶数）一共有五个，它们可以与东、南、西、北、中五个方位配合。五个天数相加得二十五，五个地数相加得三十，天数与地数加起来一共是五十五，这些数字就是易道所以成就变化而推算得神妙莫测如鬼神了。

进行演算的筹策数共有五十根，只使用四十九根（抽出一根不用以象征太极）。将四十九根任意分为二把以象征两仪，从右手中取一根挂于左手小指无名指间以象征三才，然后以四根为一组数手中的筹策以象征四季的运行。将剩下的余数分别夹在两手的指缝处以象征闰月。五年之中要有两次闰月，所以还得再次重新演算。

乾为阳，阳数九，以四时乘之为三十六，再以六爻乘之为二百一十六。坤为阴，阴数六，以四时乘之为二十四，再以六爻乘之为一百四十四。二策相加共三百六十，相当于一年的日数。《周易》上下两篇共有六十四卦，共有三百八十四爻，阴阳各一百九十二，以阳数三十六，阴数二十四，各乘以一百九十二，然后加在一起总计一万一千五百二十，相当于万物的数字。所以演算一次需要四个步骤，三次演算才能算出一爻，卦有六爻，即十八次演算才能算出一卦。八卦本来只能代表有限的事物，属于小成。可是将其引申扩展，按感触到的事类推广扩大，可以代表天下所有的事物。显现天地之道，神通而符合德行，所以《周易》可以应对人们的各种需要，可以趋吉避凶得到神的保佑。孔子说："懂得《周易》中变化道理的人，不就可以知道神的所作所为了吗？"

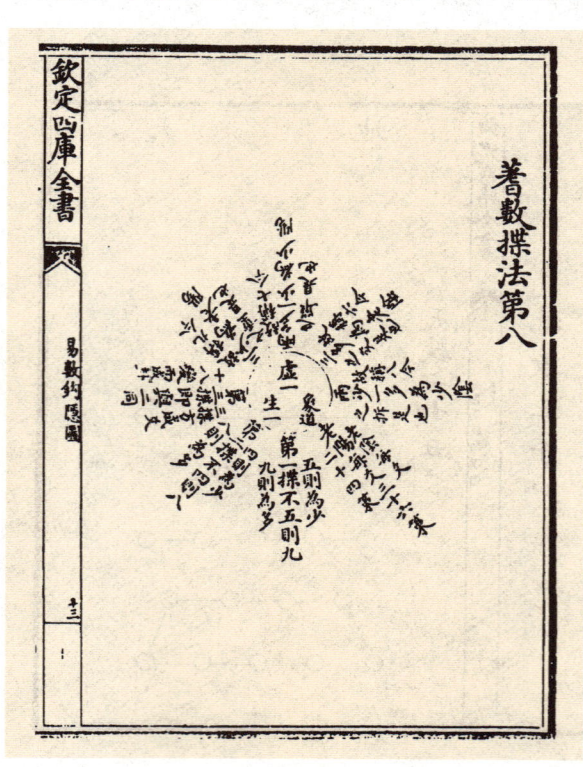

古人蓍数揲法图

大衍之数五十，其用四十有九。盖虚一而不用也，不用而用，以之通非数，而数以之成也。

第十篇

《易》有圣人之道四焉，以言者尚其辞，以动者尚其变，以制器者尚其象，以卜筮者尚其占。是以君子将有为也，将有行也，问焉而以言，其受命也如响。无有远近幽深，遂知来物。非天下之至精，其孰能与于此？参[1]伍以变，错综其数。通其变，遂成天下之文；极其数，遂定天下之象。非天下之至变，其孰能与于此？《易》无思也，无为也，寂然不动，感而遂通天下之故。非天下之至神，其孰能与于此。

夫《易》，圣人之所以极深而研几也。唯深也，故能通天下之志；唯几也，故能成天下之务；唯神也，故不疾而速，不行而至。子曰"《易》有圣人之道四焉"者，此之谓也。

【注解】

[1] 参：通"叁"，即"三"。此处指六爻的三才。

【释义】

《周易》中包含着四种（即辞、变、象、占）圣人之道，言谈中喜爱引经据典的人崇尚其中的卦辞，喜欢行动的人则喜欢其中的变化，制造器具的人则喜欢其中的卦象，以占卜为生的人喜欢其中的占断。所以君子将要有所作为，有所行动时，向《周易》征询得失与吉凶，《周易》便会以其六十四卦中的卦辞对征询者做出应答。无论远近幽深，都会得知将来事物的变化状况。如果说《周易》不是天下最精深的哲理，谁又能做到这些呢？三才五行或阴阳之数参合五位的变化，错综其数字的推演，通达它的变化，终于成就阴阳之数的神妙，而《周易》中阴阳卦爻的文辞也由此可以推知了。极尽数字的变化，于是确定天下的物象，如果说《周易》不是天下最神奇的变化，谁又能做到这些呢？《周易》本身不会思考问题，也不会做什么。寂静不动，受到感应能贯通天下的道理，如果说《周易》不是天下最奇妙的东西，谁又能做到这些呢？

《周易》是圣人极尽幽深，研究神机莫测的一门大学问。正因为它幽深，所以才能通达天下人的心志；正因为它神机莫测，所以才能成就天下的各种事务；正因为它神妙，所以不忙却迅速，不见其行却能到达。孔子说"《易》有圣人之道四焉"，指的就是这些。

第十一篇

子曰："夫《易》何为者也？夫《易》开物成务[1]，冒天下之道，如斯而已者也。"
是故圣人以通天下之志，以定天下之业，以断天下之疑。是故蓍之德圆而神，卦之德方以知，六爻之义易以贡。
圣人以此洗心，退藏于密，吉凶与民同患。神以知来，知以藏往，其孰能与于此哉？古之聪明睿知[2]神武而不杀者夫！
是以明于天之道，而察于民之故，是兴神物以前民用。圣人以此斋戒，以神明其德夫！

能通天下之志

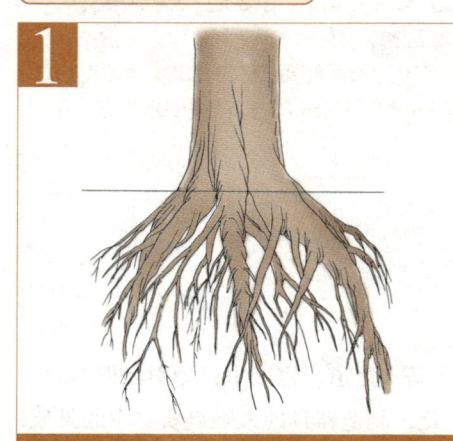

1 孔子说，《周易》这门学问，是追究生命真谛、宇宙万物到最根源、最深的那个根而产生的。

2 然后"而研几也"，研判事机的微妙，探知宇宙万物的根本。

3 了解了天地间一切思想、一切文化，就可以通神。"不疾而速，不行而至"，这是《周易》的目标。

通神是指可以通鬼神吗？

这个神不一定是鬼神的神，神是不可知、不可说的，是神而通之的意思。"不疾而速，不行而至"，到这个境界，就是神的境界，神而通之的境界。

我们到达了通神的境界，再来沟通天下人的心志，来统一天下人的思想。这样就可以给人们提供正确的指导，可以用来奠定大业了。

是故阖户[3]谓之坤，辟户[4]谓之乾，一阖一辟谓之变，往来不穷谓之通，见乃谓之象，形乃谓之器，制而用之谓之法，利用出入、民咸用之谓之神。

是故《易》有太极，是生两仪，两仪生四象，四象生八卦，八卦定吉凶，吉凶生大业。

是故法象莫大乎天地；变通莫大乎四时；悬象著明莫大乎日月；崇高莫大乎富贵；备物致用，立功成器以为天下利，莫大乎圣人；探赜索隐，钩深致远，以定天下之吉凶，成天下之亹亹[5]者，莫大乎蓍龟。

是故天生神物，圣人则之；天地变化，圣人效之；天垂象，见吉凶，圣人象之；河出图，洛出书，圣人则之。《易》有四象，所以示也。系辞焉，所以告也。定之以吉凶，所以断也。

【注解】

[1] 开物成务：开物，开辟事物；成务，成就事务。

[2] 睿知：即睿智。

[3] 阖户：关闭门户。阖，音 hé，本义为门扇，此处为关闭的意思。

[4] 辟户：打开门户。辟，开辟，打开。

[5] 亹：勤勉不倦的样子。亹，音 wěi。

易有太极图

据有关学者考证，此太极图属宋朝大儒周敦颐先生创造。此图对后世影响极大，后来道家援此图入丹道，成为道家修炼内丹的重要理论依据。

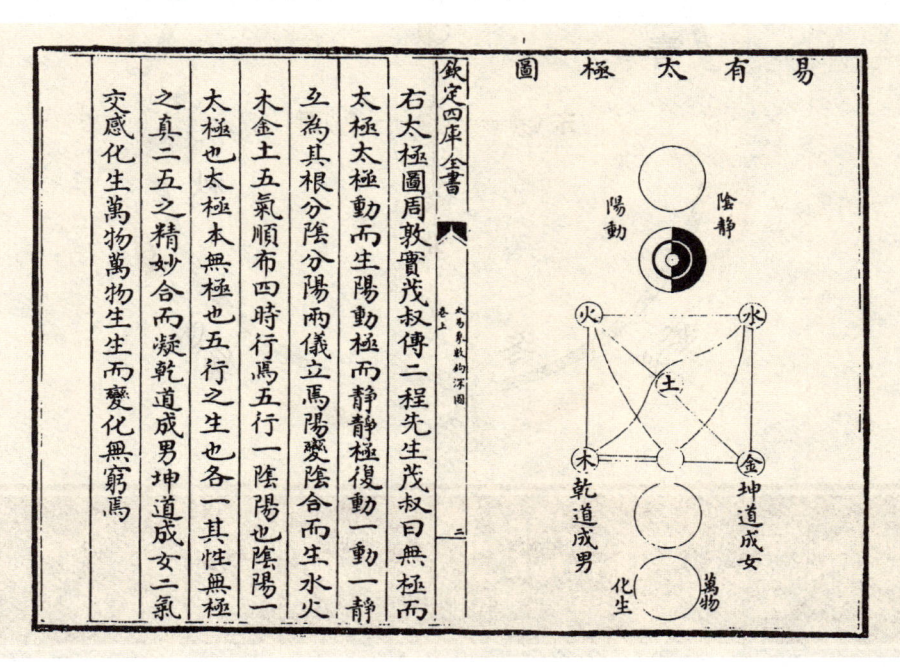

【释义】

孔子说:"易学是作什么用的呢?易学就是开创万物成就事务,代表天下一切道理,就是这样的一门学问哪。"

所以,圣人用易理来贯通天下人的心志,奠定天下的大业,并且用它决断天下所有的疑问。所以蓍草的功德圆满而神通,六十四卦的德性方正而睿智,每卦六爻的意义简易而直观。

一阖一辟谓之变,往来无穷谓之通

| 吉 | 得 | 泰 | 益 | 行 | 成 |
| 凶 | 失 | 否 | 损 | 止 | 败 |

各种变化是相互制约、相互作用、相互联系的,吉凶、得失、否泰、损益、行止、成败,都与爻所在的卦体、爻位有关;与上下卦体、上下爻、隔位爻的作用、牵制有关。

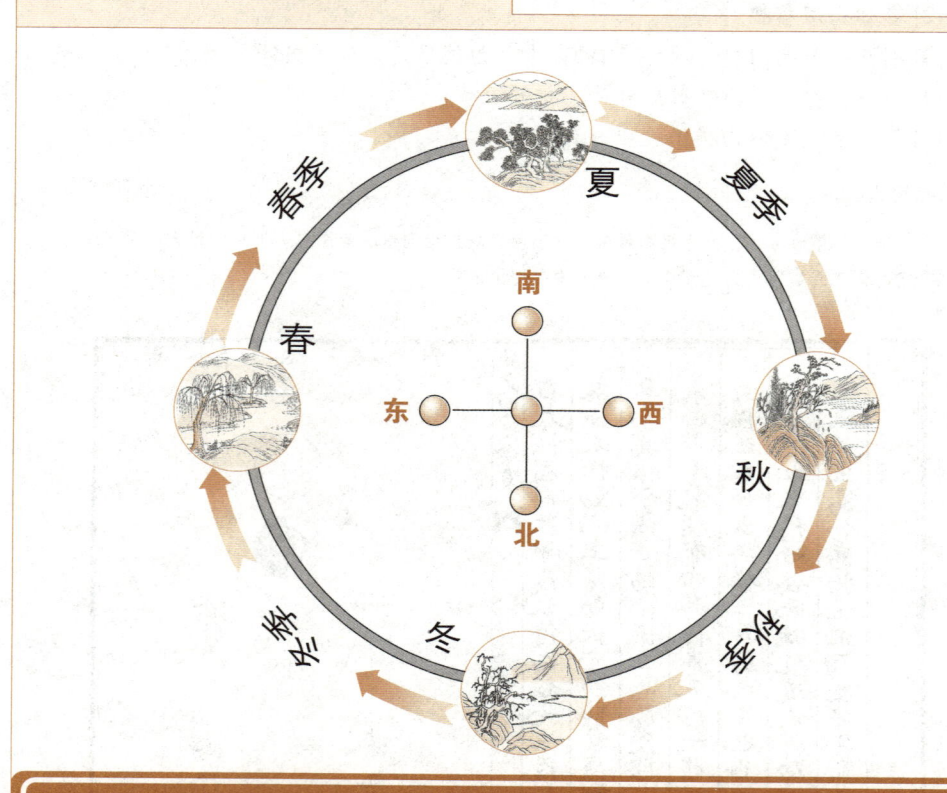

春季 夏 夏季
春
南
东 西
北
秋
冬季 冬 秋季

我们每一分钟、每一秒钟都在变,这个宇宙间的万事万物,随时都在变化之中。天地间没有不变的事,没有不变的人,没有不变的东西。学习《周易》就是要懂得"变"与"通",能够懂得这些变化,把它制成一个法则,供人们使用,那就是神了。

圣人用易理来洗涤心灵，退藏于隐蔽之中，吉凶与民众一同忧患。《周易》的神奇可以预知未来，其智慧储藏着以前全部的知识经验。谁能做到这些呢？只有古代的聪明睿智、神武而不杀人的人才能做到吧！

所以明白天的道理，又能观察百姓的民情，这才创制出神奇的《周易》，作为人们行动之前趋吉避凶的指导。圣人以此斋戒其心，应验如神地彰显它的道德啊！

所以关上屋门就是坤，打开屋门就是乾。一关一开，相续不穷，这就叫作变；出入往来，未有穷尽，这就叫作通；显现于外面，有物象可观，这就叫作象；有形体，有尺度，合于规矩方圆的形状，就叫作器；制定出来，有法度可寻，这就叫作法；利用它来出出入入，大家都使用它而不知，就叫作神。

所以易学有阴阳未分的太极，太极变化而分出天地两仪。两仪变化而产生四季，就是四象。四象变化而生出八卦。八卦的变化可以确定吉凶，人们通过八卦趋吉避凶便能成就伟大的事业。

所以可以使人取法的形象，没有比天和地更大的了；能够变通的，没有比四时更大的了；高悬而显现光明，照耀天下的，没有比日月更大的了；崇高的事业，没有比富贵更大的了；制备器物供人使用，设立现成的器物为天下人提供方便，没有比圣人更伟大的了；探求精微，索求幽隐的事理，钩取幽深，预知未来，以此来确定天下的吉凶，促成天下人勤勉敬业的，没有大过蓍草与龟甲的了。

所以天生出蓍草与白龟这种神物，圣人就取用它以作卜筮之用。天地运行变化，圣人就效法它。天垂示物象，显出吉凶的征兆，圣人就取法它。黄河有龙马负图，洛水有神龟负书的祥瑞征兆，圣人于是效法它而发明了八卦。易学中有四象，可以启示人们吉凶与得失。《周易》中配以卦辞与爻辞，是明白地告诉人们吉凶的变化。确定了吉凶的卦辞，使人们方便占断。

第十二篇

《易》曰："自天佑[1]之，吉无不利。"子曰："佑者，助也。天之所助者，顺也。人之所助者，信也。履信思乎顺，又以尚贤也。是以自天佑之，吉无不利也。"

子曰："书不尽言，言不尽意。"然则圣人之意其不可见乎？子曰："圣人立象以尽意，设卦以尽情伪，系辞焉以尽其言，变而通之以尽利，鼓之舞之以尽神。"

乾坤，其易之缊邪？乾坤成列，而易立乎其中矣。乾坤毁，则无以见易。易不可见，则乾坤或几乎息矣。

是故形而上者谓之道，形而下者谓之器。化而裁之谓之变，推而行之谓之通，举而措之天下之民谓之事业。

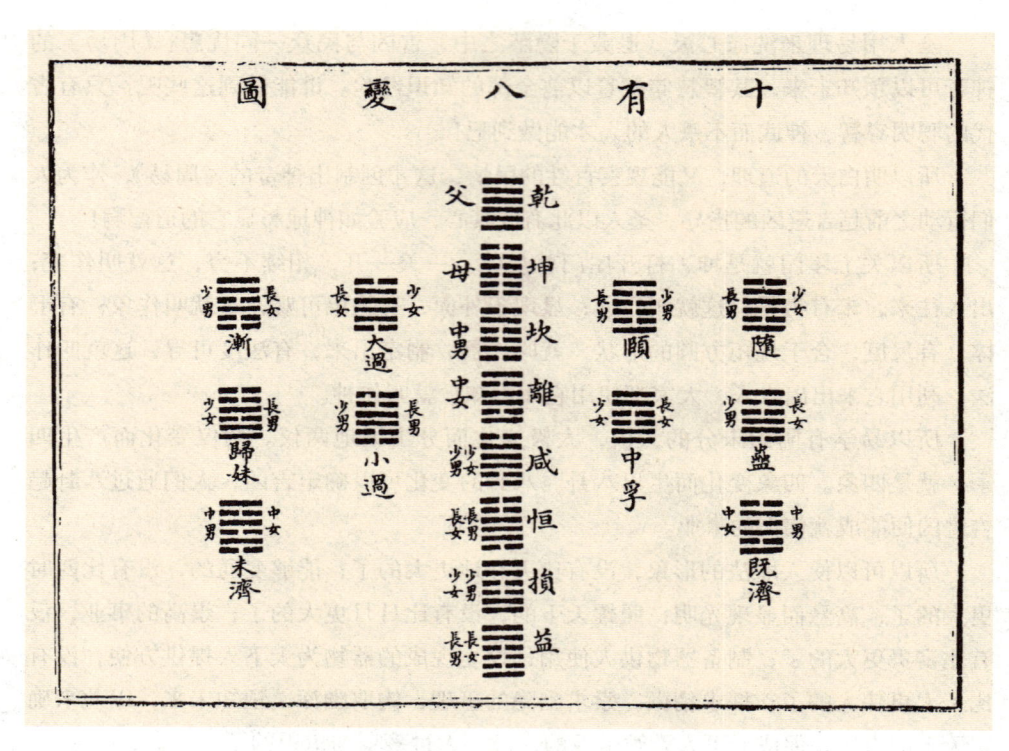

十有八变图

> 是故夫象，圣人有以见天下之赜，而拟诸其形容，象其物宜，是故谓之象。圣人有以见天下之动，而观其会通，以行其典礼，系辞焉以断其吉凶，是故谓之爻。极天下之赜者存乎卦；鼓天下之动者存乎辞；化而裁之存乎变；推而行之存乎通；神而明之存乎其人；默而成之，不言而信，存乎德行。

【注解】

[1] 佑：保佑，佑助。

【释义】

《周易》大有卦上九的爻辞说："自有天来保佑，吉祥没有任何不利的。"孔子说："佑是帮助的意思，上天所帮助的是能顺应天道的人。人们所帮助的是有诚信的人。履行诚信，顺应于天道，又能崇尚贤能，所以会得到上天的保佑，没有任何不吉利的。"

孔子说："书中的文字是不能把作者的话写全的，言语也不能把我们的心意表达完整。"那么圣人的意思，就不能完全了解了吗？孔子说："圣人树立象数，以表达未能完全表达的意思，使人因象数以悟其心意；设置六十四卦以表达宇宙万事万物的性情；又配上文辞表达自己要说的话；通过变化流通全面表现它的利益；通过运转、行动来表现它的神奇奥妙。"

乾坤就是易学的精蕴吧？乾坤既成列于上下，易理也就在其中成立起来。如果乾坤毁灭，就无法见到易理了。易理不被人理解，那么乾坤之道也几乎要熄灭了。

所以在具体的形体之上就是道，在具体的形体以下就是器物。形而上的道与形而下的刚柔变化就叫作变，推行阴阳之道就叫作通，把阴阳之道应用于天下百姓就叫作事业。

所以《周易》所谓的象，便是圣人发现了天下万物的奥妙所在，于是参照万物的形象与容貌，根据天象与地理的物象创建了八卦的形象，所以称之为卦象。圣人发现了天下万物的运动规律，将这些规律进行综合整理，使之成为人们的行为准则，并且附上卦辞使人们能明白吉凶灾福，所以称为爻（即从爻中可以看出万物的变化规律）。极尽天下万物奥秘的，在于六十四卦；鼓动天下行动的，在于卦辞与爻辞；刚柔运转在于变；推行阴阳之道在于通；明白这神奇奥妙之道，在于人对易理的运用；默默地成就事业，不用语言表达人们也相信，则在于德行的深厚。

自天佑之，吉无不利

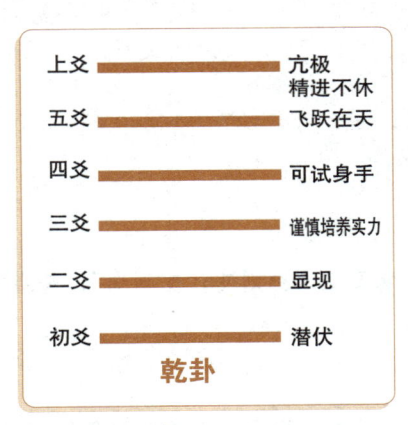

上爻	亢极 精进不休
五爻	飞跃在天
四爻	可试身手
三爻	谨慎培养实力
二爻	显现
初爻	潜伏

乾卦

比如一个卦的位序，人处大化之中，位序是由天地阴阳的推移造成的，自己无法选择，所以要安然而处。这里的天，即是道（自然规律）在某一时刻的具体体现。

道理就是从天地运动中产生的。

但这并不是要人们不求进取，相反倒是让人正确认识自己的客观条件，摆正自己的地位，与时俱进，在条件成熟的情况下及时进取。既然是位序，那就如同是人生的台阶，在第一阶上，自然可以迈向第二阶，循序而上。循序正是安于易理之序。

第六章 《易传》 系辞 上传

二　系辞下传

第一篇

八卦成列，象在其中矣。因而重之，爻在其中矣。刚柔相推，变在其中矣。系辞焉而命之，动在其中矣。

吉凶悔吝者，生乎动者也。刚柔者，立本者也。变通[1]者，趋时者也。吉凶者，贞胜者也。天地之道，贞观者也。日月之道，贞明者也。天下之动，贞夫一者也。

夫乾，确然示人易矣。夫坤，隤然示人简矣。爻也者，效此者也。象也者，像此者也。爻象动乎内，吉凶见乎外，功业见乎变，圣人之情见乎辞。

天地之大德曰生，圣人之大宝曰位。何以守位？曰仁。何以聚人？曰财。理财正辞，禁民为非曰义。

【注解】

[1] 变通：变即变化，通即通顺。变通之意便是"穷则变，变则通"，是指随时势而动，当受于困境时应懂得随时势而变通。

【释义】

八卦有规律地排列，卦象便在八卦中。八卦重叠组合，六爻的卦象便在其中。刚爻与柔爻相互推移，阴阳的变化便在其中。附上卦爻辞，行动的吉凶便在其中。

卦辞与爻辞的吉、凶、悔、吝来自于阴爻和阳爻的变化运动中。阴阳两爻是设立卦象以推演宇宙间万事万物的根本。变通是顺应时势的选择。吉凶是以守正道者为胜。天地之道便是正道的大观。日月之道是守正道而放光明，普照万物。天下万物的运动都是归于端正专一，精诚无欲，才能有成就。

乾道造化自然，很刚健地昭示众人，是非常平易而容易让人知道哇。坤道是顺应乾道，柔顺地向人显示简单的道理。圣人制作卦爻，便是效法乾坤简易的原则。卦象也是效法乾坤简易的形迹而设立的。卦爻卦象隐含于卦画中，依象释理，吉凶的真相就表现出来了。成就功业就要懂得随时而变，而要想了解圣人的心情，则从

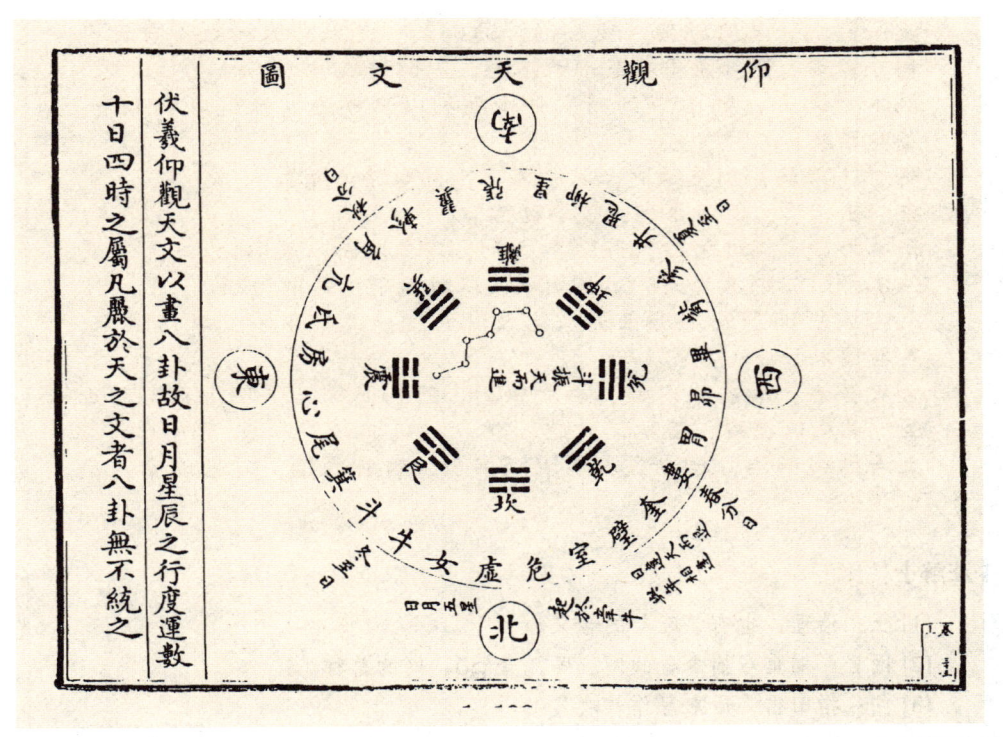

仰观天文图

伏羲仰观天文以画八卦，所以日月星辰的行度运数、十日四时之属，凡有关天的规律八卦都归纳在内。

卦辞与爻辞上可以看出来。

  天地最大的道德，在于使万物生生不息；圣人最大的法宝，在于有崇高地位。用什么来守住地位呢？那就要靠仁爱了。如何使人聚集在自己周围（即拥护自己）呢？那就要靠予人财物。给众人分配好财物，端正自己的言行，禁止老百姓为非作歹，这就是义。

第二篇

古者包牺氏之王[1]天下也，仰则观象于天，俯则观法于地，观鸟兽之文与地之宜，近取诸身，远取诸物，于是始作八卦，以通神明之德，以类万物之情。
作结绳而为网罟[2]，以佃[3]以渔，盖取诸离。
包牺氏没，神农氏作，斫木为耜，揉木为耒[4]，耒耨之利，以教天下，盖取诸益。
日中为市，致天下之民，聚天下之货，交易而退，各得其所，盖取诸噬嗑。
神农氏没，黄帝、尧、舜氏作，通其变，使民不倦，神而化之，使民宜之。易穷则变，变则通，通则久。是以自天祐之，吉无不利。黄帝、尧、舜垂衣裳而天下治，盖取诸乾坤。

刳木[5]为舟，剡木[6]为楫，舟楫之利以济不通，致远以利天下，盖取诸涣。

服[7]牛乘马，引重致远，以利天下，盖取诸《随》。

重门击柝[8]，以待暴客，盖取诸豫。

断木为杵，掘地为臼，杵臼[9]之利，万民以济，盖取诸小过。

弦木为弧，剡木为矢，弧矢之利，以威天下，盖取诸睽。

上古穴居而野处，后世圣人易之以宫室，上栋下宇，以待风雨，盖取诸大壮。

古之葬者，厚衣之以薪，葬之中野，不封不树，丧期无数，后世圣人易之以棺椁，盖取诸大过。

上古结绳而治，后世圣人易之以书契，百官以治，万民以察，盖取诸夬。

【注解】

[1] 王：治理，也有"旺"的含义。

[2] 网罟：捕鱼与捕禽兽的网。罟，音 gǔ，网的总称。

[3] 佃：指田猎，后来写作"畋"。

[4] 斫木为耜，揉木为耒：砍木棍制成犁头，弯曲木料做成犁柄。斫，音 zhuó，指

河图交八卦之图

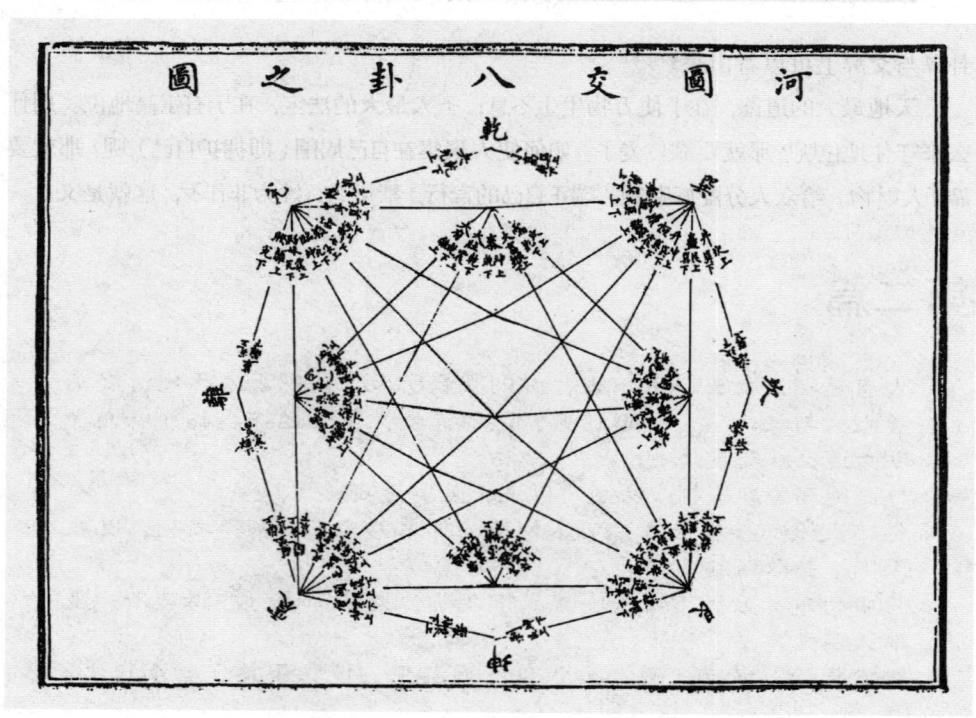

用刀、斧等砍劈；耜，音 sì，耒耜的主要部件，即犁头；耒，音 lěi，古代的一种翻土农具，形如木叉，上有曲柄，下面是犁头，用以松土，可看作犁的前身。

[5] 刳木：挖凿木头。刳，音 kū，挖凿。

[6] 剡木：刮削木头。剡，音 yǎn。

[7] 服：驯服。

[8] 重门击柝：设置多重的门户，夜里有人巡夜打梆子。柝，音 tuò，巡夜打更用的梆子。

[9] 杵臼：杵，音 chǔ，舂米的棒槌；臼，音 jiù，中部下凹的舂米器具。

【释义】

上古时期包牺氏治理天下，上则观察天上日月星辰的现象，下则观察大地高下卑显种种的法则，又观察鸟兽羽毛的文采，和山川水土的地利，近的就取象于人，远的则取象于宇宙万物，于是创制出八卦，用来代表万物的情状。

包牺氏用绳子结成网，作为捕鱼、捕鸟及捕捉走兽的工具，便是取象于离卦的卦象（离中虚，像孔眼，有网罟的象征）。

包牺氏的部落衰落以后，神农氏兴起。他砍削树木做成犁头，弯曲木料作为犁柄，以便耕种和除草，并将这种工具的使用方法传授给天下百姓，耒耨的发明大概取法于益卦。

规定中午作为买卖时间，招致天下的民众，将所有的货物聚集在一起，互相交换所需要的物品后散去，各自得到自己所需的东西，大概取法于噬嗑卦。

神农氏的部落衰落后，黄帝、尧、舜等相继兴起。由于社会的演进，从前的典章制度已不适合时代的需要，所以黄帝、尧、舜等根据易学中的哲理，会通各种变化制定了新的社会制度，使百姓乐于劳作而不觉疲倦，适合民众的生活需要。易学的道理是穷极则变，变则通，因为通达，所以能长久。因此，得到上天的保佑，吉祥没有任何不利的。黄帝、尧、舜等治理天下时，人们都穿上了衣服，上衣代表乾，下衣代表坤，以乾尊坤卑之道治理天下而不用费尽心思，所以他们的治世之道是取法于乾坤两卦。

将木材凿成舟船，砍削木头做成楫，船楫便利，可以航行到更远的地方，给人们的交通带来了方便，船楫的发明大概取法于涣卦。

驯服野牛，用它来拉车；驯服野马，用它来当坐骑。人们可以用车拉着重物到远方进行贸易，这些交通工具方便了天下百姓的相互沟通，这些交通工具的发明大概取法于随卦。

设置多重的门户，敲着梆子打更巡夜，用来防备盗贼的侵入，大概是取法于豫卦。

截断木头做成杵，在平地上挖个坑做成臼，用杵臼舂米，使百姓得到了加工食

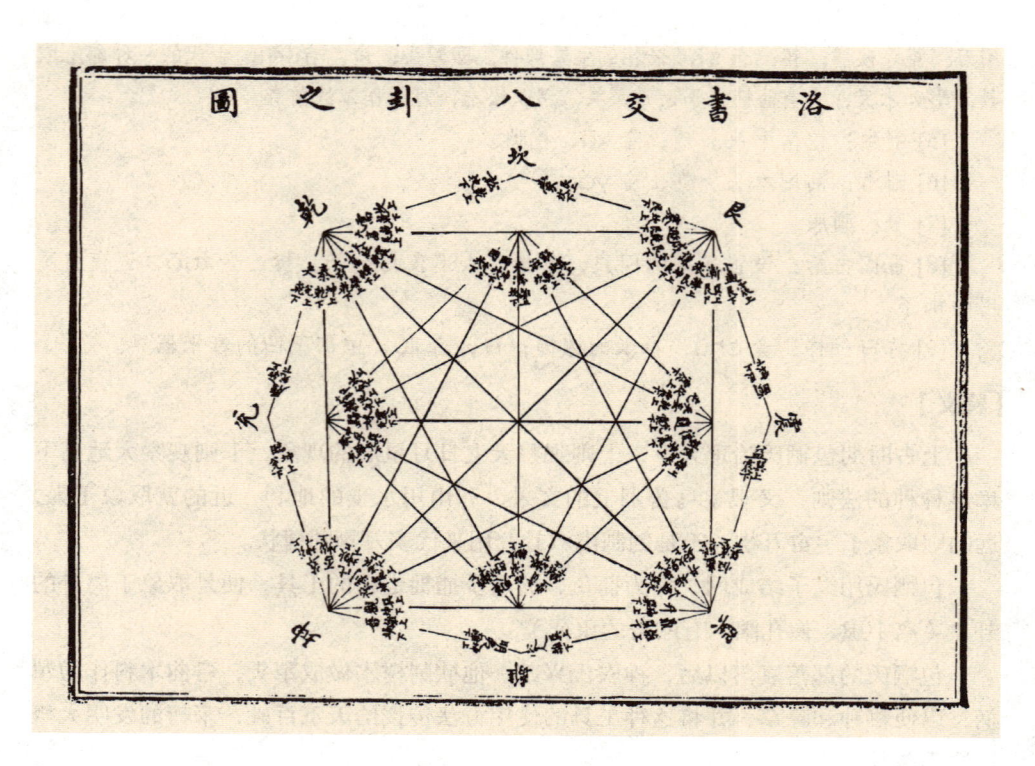

洛书交八卦之图

品的便利，这大概是取法于小过卦。

把树枝弯曲用弦绷住做成弓，刮削小树枝做成利箭，弓箭的好处是可以增强人类的战斗力，弓箭的发明大概取法于睽卦。

上古的时候，人们冬天藏身于洞穴，夏天则在野外安身，后来圣人发明了房屋改变了以前的居住方式，上有栋梁，下有檐宇，可以防风避雨，房屋的发明大概是取法于大壮卦。

上古时期埋葬死人，用草木厚厚地堆在尸体上面，然后埋在荒野中，不修建坟墓，也不植树，服丧也没有一定的期限。后代的圣人制定丧礼，用棺椁盛殓，这大概是取法于大过卦。

上古时期人们用结绳的方式记事，后来圣人便发明文书契据，并设立百官共同治理天下，万民得以监察，这大概是取法于夬卦。

第三篇

是故《易》者，象也。象也者，像也。彖者，材[1]也。爻也者，效天下之动者也。是故吉凶生而悔吝著也。

【注解】

[1] 材：通"裁"，即裁断之意。

【释义】

所以《周易》的主要内容便是卦象，卦象就是模拟万事万物的影像。《周易》中的象，就是裁断一卦吉凶的断语。《周易》中的爻，是效法天下的运动变化。所以《周易》可以推算出吉凶与悔吝来。

第四篇

阳卦多阴[1]，阴卦多阳[2]，其故何也？阳卦奇，阴卦偶。其德行何也？阳一君而二民，君子之道也。阴二君而一民，小人之道也。

【注解】

[1] 阳卦多阴：指震、坎、艮三阳卦中一阳爻两阴爻。
[2] 阴卦多阳：指巽、离、兑三阴卦中一阴爻两阳爻。

【释义】

阳卦阴爻多，阴卦阳爻多，这是为什么呢？这是因为阳为奇数，震、坎、艮以一奇为主；阴卦为偶数，巽、离、兑以一偶为主。它们的卦德有什么不同呢？阳卦是一君二民，这是君子之道。阴卦是二君一民，这是小人之道。

太极函三自然奇偶之图

第五篇

《易》曰："憧憧往来，朋从尔思。"子曰："天下何思何虑？天下同归而殊途，一致而百虑。天下何思何虑？日往则月来，月往则日来，日月相推而明生焉。寒往则暑来，暑往则寒来，寒暑相推而岁成焉。往者

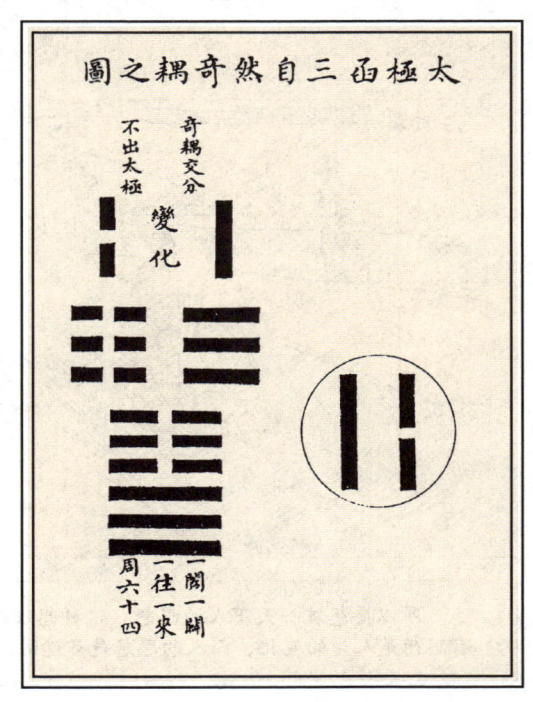

屈也，来者信也，屈信相感而利生焉。尺蠖[1]之屈，以求信也。龙蛇之蛰[2]，以存身也。精义入神，以致用也。利用安身，以崇德也。过此以往，未之或知也。穷神知化，德之盛也。"

《易》曰："困于石，据于蒺藜，入于其宫，不见其妻，凶。"子曰："非所困而困焉，名必辱。非所据而据焉，身必危。既辱且危，死期将至，妻其可得见邪？"

《易》曰："公用射隼于高墉之上，获之，无不利。"子曰："隼者，禽

人靠思想才能活着

● 这种修养的方法，是儒家、道家、佛家所走的路，都保存在东方的哲学里，也只有东方的宗教哲学，才有思想专一的修养功夫。

● 但思想是空的，没有一个思想是真实的。人的思想都是妄想。思想是不会停留的，但那个能思想的，是不属于思想的。我们能思想的那个东西，它是无思无想的。

● 这个能思想的虽然是空的，但判断事物却是靠你的思想得来。"天下同归而殊途"、道路不同，但其理只有一个，没有两个。

所以要想统一天下人的思想，这种想法是错误的，因为那是没有思想的思想，有思想是人为的变化，而人的思想是多途的无法统一。

也；弓矢者，器也；射之者，人也。君子藏器于身，待时而动，何不利之有？动而不括，是以出而有获，语成器而动者也。"

子曰："小人不耻不仁，不畏不义，不见利不劝，不威不惩。小惩而大诫，此小人之福也。《易》曰：'屦校灭趾，无咎。'此之谓也。"

"善不积不足以成名，恶不积不足以灭身。小人以小善为无益而弗为也，以小恶为无伤而弗去也。故恶积而不可掩，罪大而不可解。《易》曰：'何校灭耳，凶。'"

子曰："危者，安其位者也。亡者，保其存者也。乱者，有其治者也。是故君子安而不忘危，存而不忘亡，治而不忘乱，是以身安而国家可保也。《易》曰：'其亡其亡，系于苞桑。'"

子曰："德薄而位尊，知小而谋大，力少而任重，鲜不及矣。《易》曰：'鼎折足，覆公餗，其形渥，凶。'言不胜其任也。"

子曰："知几其神乎？君子上交不谄，下交不渎，其知几乎？几者，动之微，吉凶之先见者也。君子见几而作，不俟终日。《易》曰：'介于石，不终日，贞吉。'介如石焉，宁用终日？断可识矣。君子知微知彰，知柔知刚，万夫之望。"

子曰："颜氏之子[3]，其殆庶几乎？有不善，未尝不知；知之，未尝复行也。《易》曰：'不远复，无祇悔，元吉。'"

天地絪缊[4]，万物化醇。男女构精，万物化生。《易》曰："三人行则损一人，一人行则得其友。"言致一也。

子曰："君子安其身而后动，易其心而后语，定其交而后求。君子修此三者，故全也。危以动，则民不与也。惧以语，则民不应也。无交而求，则民不与也。莫之与，则伤之者至矣。《易》曰：'莫益之，或击之。立心勿恒，凶。'"

【注解】

[1] 尺蠖：尺蛾的幼虫，生长在树上，颜色像树皮色，行动时身体一屈一伸地前进。北方称步曲，南方称造桥虫。

[2] 蛰：蛰伏。

[3] 颜氏之子：即孔子的弟子颜回。孔子的母亲是颜徵在，颜回应当是与孔子母亲同宗族的后代，所以孔子对颜回很关爱。

[4] 絪缊：中国哲学术语，指万物由相互作用而变化生长。

【释义】

咸卦九四的爻辞说："心神不定地来往，朋友与你的想法一样。"孔子说："天下的事有什么可忧虑的呢？天下的人们都在朝同一个目标迈进，只是所走的途径不同。都有一个美好的愿望，却有百种不同的思虑。天下的事有什么可忧虑的呢？太阳落下去月亮就会升起来，月亮落下去太阳就会升起来，日月循环往复使大地拥有光明。冬天走了夏天就会来到，夏天走了冬天就会来到，寒暑交替往来形成年岁。

已往的事情已经屈缩，将来的事情即将伸展，在屈缩与伸展中懂得因时势而有所选择就会得到好处。尺蠖这种小虫子把身子屈起来，是为了下一步的伸展。龙蛇在冬天蛰伏，是为了保全自身。专精地研究精粹微妙的义理，到达神机妙算的境界，是为了学以致用。利用易学所显示的道理，使自己处于平安之中，可以提高自己的道德修养。超过这些易理所显示的事情即使是圣人也不会知道的，也没有必要知道。懂得易学中变化无穷的原理并加以运用，就是道德的盛大。"

困卦六三的爻辞说："被困在乱石中间，依靠有刺的蒺藜爬出来，回到家中，看不到妻子，凶险。"孔子说："在不是自己应该去的地方受困，必然会辱没自己的名声。占据不是自己应该占据的地方，身体必然会遭到危险。既辱没名声又有危险，死期就要来到，怎么会见到自己的妻子呢？"

尺蠖之屈，以求信也

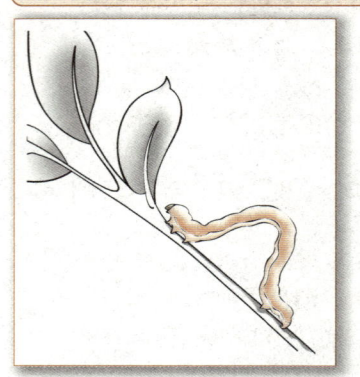

在物理世界，尺蠖爬行时先把腰弓起来；蛇、青蛙嘴里含块泥巴，钻到泥土里，就可以过一个冬天。就像一个人欠了债躲在家中不敢出来，这是为了"以存身也"。因为只有把自己的生命保住，才能再谈第二回合。

《周易》告诉我们天地是这个样子，物理也是这个样子，这中间要能够把握住这个机会的运用，就靠你的智慧了。

解卦上六的爻辞说："王公在高墙上射大鹰，射中了，没有不利的。"孔子说："隼是飞禽，弓矢是打猎的武器，能用弓箭射中禽兽的是人。君子将武器带在身上，等待时机来临而有所行动，怎么会有不利呢？行动自如，所以出动就会有收获，这是告诉人们当自己通过学习已经成器时，就可以有所行动，有所作为。"

孔子说："小人不蒙受耻辱就不懂得仁爱，不有所畏惧就不会遵从道义，不见到利益就不会努力，不受到威慑就不知惩戒。给予小的惩罚而知道大的戒备，这可以说是小人的福气。《周易》噬嗑卦初九爻辞说：'带上脚镣，遮住了脚趾，没有灾难。'说的就是这个道理。

"人不积善就不会成就美好的名声，不积恶就不会导致性命不保。小人总是认为小的善行没有益处而不去做，认为小的恶行不会造成大的伤害而不制止，所以最终造成罪恶越积越多而无法掩饰，罪行越来越大而无法解脱。所以《周易》噬嗑卦上九爻辞说：'带着枷锁，遮住了耳朵，凶险。'"

孔子说："心存危难的顾虑，才能平安而不失其位；心存灭亡的顾虑，才能保障长久生存；心存防乱的顾虑，才能进行很好的治理。所以君子居安思危，存而思亡，治而思乱，这样才能自己平安而国家太平。这正如《周易》否卦九五爻辞所说：'要灭亡，要灭亡，系在大桑树上（即要常常戒慎警惕）。'"

精义入神，以致用也

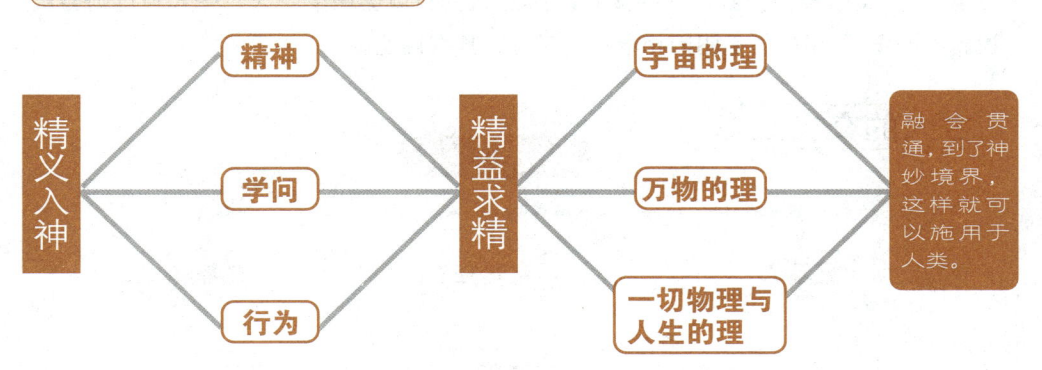

精义入神 —— 精神／学问／行为 —— 精益求精 —— 宇宙的理／万物的理／一切物理与人生的理 —— 融会贯通，到了神妙境界，这样就可以施用于人类。

懂了天地之理，万物之理，就会明白人生富有富的好处，穷有穷的好处。好的坏的都能用得上，都能够适应，就自然能够应付一切变化，就是"德之盛也"，是最高的成果。

所以读《周易》要跟参禅一样，要熟读，要去思想它、研究它，要精思，才能有所得。

孔子说："道德浅薄而身居尊位，才智狭小而图谋大事，力量小却担负重担，很少有不因此而连累自己的。《周易》鼎卦九四爻辞说：'鼎腿折断，王公的粥洒了一地，显得又脏又乱，凶险。'这就是说不能胜任的危险啊！"

孔子说："能预先知道事情的机微，应该是神算吧！君子与比自己地位高的人交往不谄媚奉承，与比自己地位低的人交往不亵渎傲慢，可以算作是知道机微了吧。机是事情变化的细微，是吉凶的先见之明。君子能把握时机的来临而兴起，不混日子。《周易》豫卦六二爻辞说：'正直如磐石，不混日子，坚守正道吉祥。'像磐石一样，怎么会混日子呢？肯定会有独到的见识。君子从细小的地方能发现大问题，懂得刚柔之道，就会成为万民景仰的对象。"

孔子说："颜家的这位子弟（即颜回），应该算是一位知机的君子了吧！有了过失自己很快就能发现，发现错了以后决不再犯第二次。这正如《周易》复卦初九爻辞所说：'没走多远就返回，没有大的悔恨，大吉。'"

天地阴阳二气的缠绵交合，使万物得以化育。世上的雌雄男女，形体交接，使万物化生。《易经》损卦六三的爻辞说："三人同行就会减少一人，一人独行则会认识新的朋友。"说的便是阴阳相合一一对应，具有排他性。

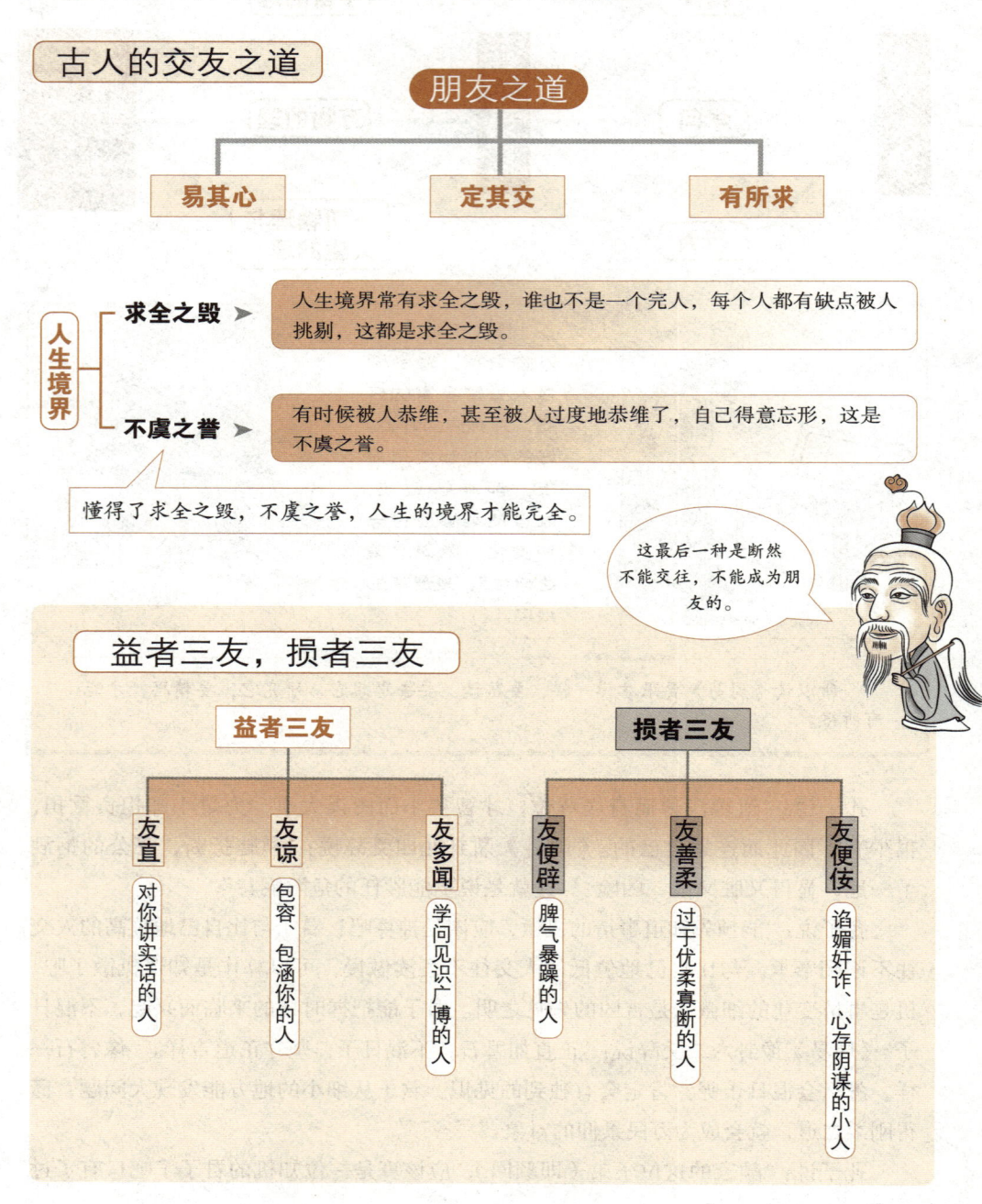

古人的交友之道

朋友之道
- 易其心
- 定其交
- 有所求

人生境界
- **求全之毁** ▶ 人生境界常有求全之毁，谁也不是一个完人，每个人都有缺点被人挑剔，这都是求全之毁。
- **不虞之誉** ▶ 有时候被人恭维，甚至被人过度地恭维了，自己得意忘形，这是不虞之誉。

懂得了求全之毁，不虞之誉，人生的境界才能完全。

> 这最后一种是断然不能交往，不能成为朋友的。

益者三友，损者三友

益者三友
- 友直：对你讲实话的人
- 友谅：包容、包涵你的人
- 友多闻：学问见识广博的人

损者三友
- 友便辟：脾气暴躁的人
- 友善柔：过于优柔寡断的人
- 友便佞：谄媚奸诈、心存阴谋的小人

孔子说:"君子谋划好自身的安全才会有所行动,先换位思考才会与别人进行语言交流,先与对方交往认为对方可信才求对方办事。君子有了这三项基本修养,才能与人和睦相处,无所偏失。对自身有危险的举动,人们不会跟着去做的;带有恐吓性的言语,人们不会有所响应;没有交往过就让人办事,人们不会答应的;没有帮助你的人,伤害你的人就会来到。所以《周易》益卦上九爻辞说:'没有人增益它,有的人打击它,树立决心不够坚定,凶险。'"

第六篇

子曰:"乾坤,其《易》之门邪?"乾,阳物也;坤,阴物也。阴阳合德而刚柔有体,以体天地之撰[1],以通神明之德。其称名也,杂而不越。于稽[2]其类,其衰世之意邪?

夫《易》,彰往而察来,而微显阐幽。开而当名辨物,正言断辞则备矣。其称名也小,其取类也大。其旨远,其辞文,其言曲而中,其事肆而隐。因贰以济民行,以明失得之报。

【注解】

[1] 撰:撰作,创造。
[2] 稽:考查。

《周易》上经首乾一、下经首兑二之图

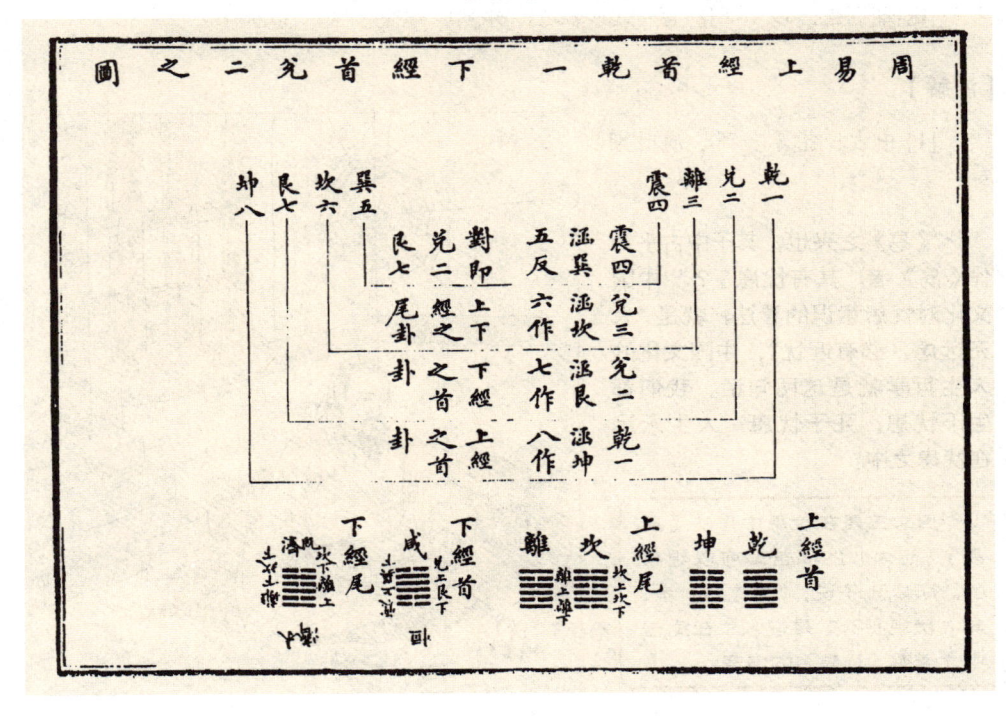

【释义】

孔子说："乾坤两卦是《周易》的大门吧？"乾为阳，坤为阴，阴阳的德性相合，各自具有阳刚与阴柔的不同性质，以体现天地的生化，以通达神明的德性。《周易》中各卦的卦名虽然繁杂，但六爻排列不超越事理。我们考察它表达的各类事物，大概是时代衰乱的产物吧。

《周易》可以彰明以往，察知未来，显露细微，阐明幽深。每个卦爻有适当的名称，明辨天下事物的形态，不至于混淆不清，正确地表明吉凶变化的道理，毫无偏差，完备无缺。《周易》文辞中所指物名，多似细小，但所代表的类别却是极其广大。它的旨意非常深远，它的文辞富有文采，它的言辞婉转而中肯，它所叙述的事物直率而又隐晦。用阴阳二爻的变化来指导民众的行为，表明吉凶得失的报应。

第七篇

《易》之兴也，其于中古[1]乎？作《易》者，其有忧患乎？是故履，德之基也。谦，德之柄也。复，德之本也。恒，德之固也。损，德之修也。益，德之裕也。困，德之辨也。井，德之地也。巽，德之制也。履，和而至。谦，尊而光。复，小而辨于物。恒，杂而不厌。损，先难而后易。益，长裕而不设。困，穷而通。井，居其所而迁。巽，称而隐。履，以和行。谦，以制礼。复，以自知。恒，以一德。损，以远害。益，以兴利。困，以寡怨。井，以辨义。巽，以行权。

【注解】

[1] 中古：指夏、商、周时期。

"《易》之兴也，其于中古乎？作《易》者，其有忧患乎？"中国文化对忧患意识的看法，就是"人无远虑，必有近忧"，中国文化的人生哲学就是这两句话。我们都生于忧患，死于忧患，人生永远在忧患之中。

周文王是在忧患中作的《周易》，他内心的痛苦是可以想象的。所以孔子说，"作《易》者，其有忧患乎？"是说人生在痛苦中才懂得《周易》的道理。

【释义】

《周易》的兴起，大概是在中古时代吧？《周易》的作者，是怀有很大的忧患吧？所以，履卦向人们阐述道德的基础；谦卦教人卑己尊人，虚心忍受，道德是当执持不失的把柄；复卦教导人们除去物欲，教人从善，是道德的根本；恒卦教导人们要始终如一，持之以恒，它可以使道德稳固；损卦教导人们惩忿窒欲，为修德的工夫；益卦教导人们迁善改过，使道德日益广大；困卦教导人们穷而不乱，坚守正道，是道德的明辨；井卦教导人们德泽似井，取之不尽，用之不竭，是道德的源泉；巽卦教导人们因势利导，是道德的制宜。

履卦和谐完美；谦卦尊贵而光明；复卦微小的一阳位于群阴之下，能辨别万事万物的是非善恶；恒卦纷杂而不厌倦；损卦惩忿窒欲，所以先难后易；益卦进德修业，长久增加自身的德行而无须设防；困卦身困而志通；井卦虽然固定于一方，但泉水涌流不息，日月迁徙而弥长新；巽卦因势利导，隐而不露。

履卦和顺行事；谦卦以礼自制，谦卑随顺；复卦修身反省，恢复本性；恒卦始终如一，坚定德行；损卦摒除私欲，修德远害；益卦损上益下，兴办福利；困卦艰苦奋斗，不怒不怨；井卦辨识义理，探本求源；巽卦顺合时宜，行使权柄，当机立断。

> 于是孔子便提出用履、谦、复、恒、损、益、困、井、巽这九个卦来加以解说。

人生最高的道德标准

- **1. 履**：履卦是道德的基础。履卦讲礼节，讲礼是对自己身份地位的遵守。
- **2. 谦**：谦卦讲谦虚，人一骄傲自大道德就失去了，它是握持住道德的把柄。
- **3. 复**：复卦是及时回复到正道上来，人不能改正错误就失去了道德修养的根本。
- **4. 恒**：恒卦讲坚持操守，失去操守、二三其德，道德就无法巩固了。
- **5. 损**：损卦讲减损个人身上的缺点私欲，不减损缺点私欲就无法修养道德。
- **6. 益**：益卦是道德的增进。向善而迁增加自己的优点，不迁善道德就不会增进。
- **7. 困**：困卦是道德好坏的分辨。能否正确对待困难，道德好坏就分辨出来了。
- **8. 井**：井卦是道德的立足之地，利人而不搬迁，搬迁则不能利人。
- **9. 巽**：巽卦是道德的制宜。不能因时制宜、因地制宜，道德就成了教条主义。

> 这是讲人生最高道德的完成，正因为人处在忧患之中，才明白这些易理。

第六章 《易传》 系辞下传

第八篇

《易》之为书也不可远，为道也屡[1]迁。变动不居，周流六虚[2]，上下无常[3]，刚柔相易[4]，不可为典要，唯变所适。其出入以度，外内使知惧。又明于忧患与故，无有师保，如临父母。初率其辞，而揆[5]其方，既有典常。苟非其人，道不虚行。

《周易》并不是虚无的玄学

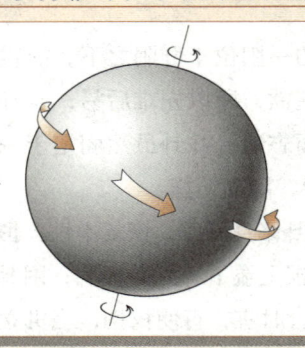

宇宙的法则随时在变，宇宙间的事不可能有一刻不变，因为一切现象都在变化。你要识变、适变。

但变是有一定法则的，不是乱变的。所以做人做事随时都要戒慎恐惧。危险就在不危险的里头，你看到并不危险，却随时会有问题。所以人随时都要注意到忧患，明白它的原因，它发生在哪里。

《周易》这本书，乍看它是不定的，但它有典常，即万变不离其宗。千古以来学《周易》的人很多，能不能达到最高的程度、最高的境界，是在你自己，你有这个智慧，就搞通了。你学了死板的《周易》一点用也没有。

【注解】

[1] 屡：多次，经常。

[2] 六虚：虚，同"墟"，指位置、地址、处所。"六虚"在外界指上下四方，在卦中表示六个爻位。

[3] 常：不变。

[4] 易：变化。

[5] 揆：揆度。

【释义】

《周易》这部书，是经世致用的学问，不可将它看成离我们生活太远的玄学。《周易》中的道理是随时势而经常变动的。变动而不会静止，周流于六个爻位之间，从上位降至下位，由下位升向上位，变化没有常规，阳刚与阴柔相互变化，不可将其看成典籍常规一样固定不变，只有观其变化，才能明白《周易》中的哲理。

它的出入遵照严格的度数，内外往来使人知道戒惧。又能显明忧患及原因，虽然没有师友在旁，却似守在父母身边，不会导致过错与损失。最初遵循辞义以揆度爻象和易理所在，就会得到一些常规。如果没有笃信易道的人，那么易道也不会凭虚而行的。

第九篇

《易》之为书也，原始要终以为质也。六爻相杂，唯其时物也。其初难知，其上易知，本末也。初辞拟之，卒成之终。若夫杂物撰德，辨是与非，则非其中爻不备。噫！亦要存亡吉凶，则居可知矣。知者观其彖辞，则思过半矣。二与四，同功而异位[1]，其善不同。二多誉，四多惧[2]，近也。柔之为道，不利远者，其要无咎，其用柔中也。三与五，同功而异位，三多凶，五多功[3]，贵贱之等也。其柔危，其刚胜邪？

【注解】

[1] 二与四，同功而异位：二爻与四爻都是阴位，功用相同，但所处的位置不同。二爻居中，四爻则不得中。

[2] 二多誉，四多惧：二爻居中，所以卦辞多有赞誉；四爻位于九五之尊下，正所谓伴君如伴虎，所以多恐惧。

[3] 三与五，同功而异位，三多凶，五多功：三爻与五爻都属于阳位，功用相同，但位置却不同，三爻位置低贱所以多凶险，五爻位置尊贵所以多功劳。

【释义】

　　《周易》这部书，是推衍万事万物的始终，以此作为质体。六爻刚柔相杂不一，但只要观察爻位处在适当的时位和象征的事物，便可以决定吉凶了。

　　初爻是很难了解它的涵义，而上爻为卦末，全卦形体已经具备了，涵义自然毕露，容易领会。初爻的爻辞代表事物将来的发展情况，上爻是最后已成为事实的终结。至于阴阳错杂，辨别是非，就必须从二、三、四、五爻中互相审度观察，它的涵义才能完备而无遗。啊！要了解存亡吉凶，只要看爻居于什么样的位置便可以知道了。聪明贤达的人看过卦辞，则可以理解大部分的卦义了。

　　六爻中的第二爻与第四爻，同属于阴柔的性质，它们的功用相同，位置却不同，因此他们时位的好坏也不同。二爻居下卦中位，所以多荣誉。四爻居上卦之下，接近五爻的君位，所以常处在危机之中。柔顺的人需依附于他人，所以不利于远者。要想没有咎害，就必须柔而居中。六爻中的第三爻与第五爻，同属阳刚的性质，它们的功用相同，而位置却不同。三爻居下卦之极，在臣下之位，所以多凶险。五爻居上卦之中，位于君王之位，所以多功勋。这是由于爻位有尊卑贵贱等级差异的关系。怎能说属于柔爻的必定危险，属于阳刚的一定优胜呢？

太玄准易卦气图

　　右律历之元，始于冬至，卦气起于中孚。

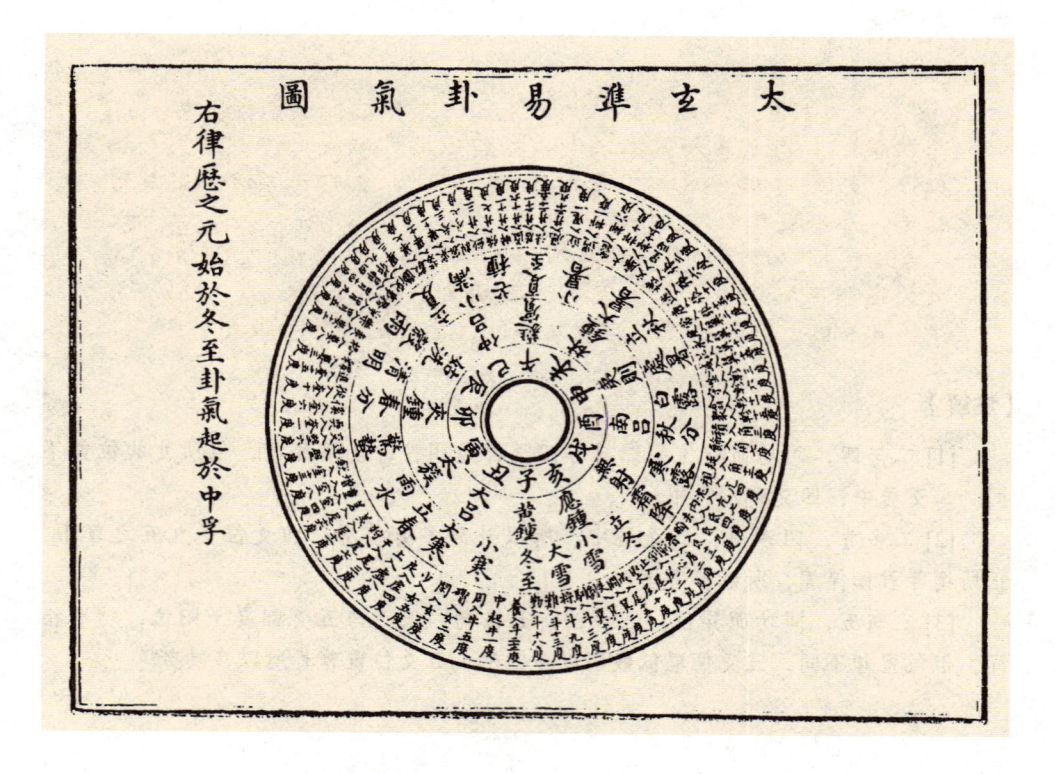

第十篇

> 《易》之为书也，广大悉备[1]，有天道焉，有人道焉，有地道焉。兼三才而两之，故六。六者，非它也，三才之道也。
> 道有变动，故曰爻。爻有等，故曰物。物相杂，故曰文。文不当，故吉凶生焉。

【注解】

[1] 广大悉备：广，宽广；大，博大；悉，全、都；备，具备。

【释义】

《周易》这部书，广大无边，内容详备。凡天道、人道、地道，无所不包。包含天地人三才而两两相重叠，所以每卦共有六个爻。六爻不是别的，就是三才之道。

《周易》之道，变动不居，而周流于六位之间的阴阳两画，称之为爻。爻有刚柔大小远近贵贱的区别，好像物类不齐，所以称作物。阴阳两物交相错杂，所以称作文。各卦各爻，阴阳掺杂，时有当与不当，于是就产生了吉凶之象。

第十一篇

> 《易》之兴也，其当殷之末世、周之盛德邪？当文王与纣之事邪？是故其辞危。危者使平，易者使倾[1]。其道甚大，百物不废。惧以终始，其要无咎，此之谓《易》之道也。

【注解】

[1] 倾：倾覆。

【释义】

《周易》的兴起，大概在商代的末期、周朝道德兴盛的时期吧？应当是周文王和纣王时代的事情吧？所以它的文辞皆含有警戒畏惧之意。常常居安思危，就能化险为夷，得到平安。安逸懈怠，必遭致倾覆。易学道理是如此广大，所有事物都不能违背此原则。时时戒惧，始终不懈，其主旨在于无咎，这就是易学的道理。

第十二篇

> 夫乾，天下之至健也，德行恒易以知险。夫坤，天下之至顺也，德行恒简以知阻。

能说诸心，能研诸侯之虑，定天下之吉凶，成天下之亹（wěi）亹者。是故变化云为，吉事有祥，象事知器，占事知来。
天地设位，圣人成能[1]。人谋鬼谋，百姓与能。
八卦以象告，爻彖以情言，刚柔杂居而吉凶可见矣。变动以利言，吉凶以情迁。是故爱恶相攻而吉凶生，远近相取而悔吝生，情伪相感而利害生。凡《易》之情，近而不相得则凶，或害之，悔且吝。
将叛者其辞惭，中心疑者其辞枝，吉人之辞寡，躁人之辞多，诬[2]善之人其辞游，失其守者其辞屈。

【注解】

[1] 能：功能。

[2] 诬：诬陷，诬告。

百物不废，惧以终始

戒、慎、恐、惧，并不是要我们终日生活在恐怖害怕中。如果那样，日子便过不下去了。事实上，也用不着这样。自己心中寂然不动，永远是太平的，这才是《周易》告诉我们的道理。

易者使倾

危者使平

"危者使平，易者使倾"，使不平的能够平，使要倒的国家社会不要倒。这中间的道理、学问、方法，太太多了，这也是《易经》所要起到的作用。

有征兆就可以预测

一些自然发生的变化事象却是另一些事件的征兆或伴随

所以，如果能够了解它们之间的通报关系，则可由此知彼，彰往察来。

天心　未来　人心

我们学过《周易》，就知道人心就是天心。

这样遇到事情一下就看到了未来。看一个人处理事情，就可以知道他的前途，看出他的一生。

比如有些人坐立不安，有些人很安详很从容，这些都是观察一个人要注意的事项，是观察人的本领。

第六章 《易传》 系辞下传

【释义】

乾是天下最刚健的，德行恒久而平易，所以可以明照天下的危险。坤最为柔顺，德行恒久而简静，所以可以明察天下困难险阻的原因。

易学中的道理能使人身心和悦，能精研人们的各种思虑，能断定天下吉凶悔吝的事理，成就天下勤勉不息的事业。所以无论天地阴阳变化，还是人的言行举止，

733

吉利的事情必有吉祥的征兆。观察它所象征的事物，就可以知道形成的器具；尚未显现的事机，可以推测未来之吉凶。

天地设立了高低不同的位置，圣人成就它的功能。圣人在做事之前，先谋于贤士，同时又卜筮于鬼神，百姓也跟着参与这种功能。

八卦以爻象告诉人们吉凶，爻辞和象辞以情理而言。刚柔两爻，互相错杂周流于六位之间，吉凶之征兆便可以显现出来。刚柔两爻的变动，是为了使事物趋于有利；吉凶的推断，是按照情理而定的，处世合情合理则得吉，反之违背人情常理则陷入凶险。所以，贪爱和憎恶两种不同的情感互相攻击就产生了吉凶，远与近相攻击就产生了悔吝，真情与虚伪相感就产生了利害冲突。易理中，近在一起不相容就是凶，或有伤害、悔恨与忧吝。

将要阴谋叛变的人，说话时定有惭愧的表情；心中有疑惑的人，说话毫无系统，杂乱无章；有修养的吉利人，言辞真善而正直，讲话少；浮躁的人，较为轻浮，说话就多；陷害善良的人，心中不安，故言不由衷，说话浮游不定；失去操守的人，言辞多卑微。

三　说卦传

第一篇

昔者圣人之作《易》也，幽赞于神明而生蓍[1]，参天两地[2]而倚数，观变于阴阳而立卦，发挥于刚柔而生爻，和顺于道德而理于义，穷理尽性以至于命。

【注解】

[1] 蓍：蓍草。

[2] 参天两地：即三天两地。天为阳代表奇数，天为圆，直径的三倍为圆周的长度，所以天数为三。地为阴代表偶数，地为方，直径的四倍为正方形的周长，四里面包含两个偶数，任何数以二乘之都会成为偶数，所以地数为二。

【释义】

从前圣人创制《周易》的时候，大地暗助神明之道而长出了神奇的蓍草。圣人用蓍草演算天地之间的数，发现了天数为三地数为二的奥秘。圣人通过对阴阳变化的观察而发明了八卦，依据阴柔与阳刚的特点创制了阴阳二爻，把人的道德与天地之道和谐地进行综合，整理出精辟的哲学内涵，使《周易》中的哲理包括了天地所有的道理，甚至是人的命运。

第二篇

昔者圣人之作《易》也，将以顺[1]性命之理。是以立天之道，曰阴与阳；立地之道，曰柔与刚；立人之道，曰仁与义。兼三才而两之，故《易》六画而成卦。分阴分阳，迭[2]用柔刚，故《易》六位而成章。

【注解】

[1] 顺：按照。　　　　[2] 迭：交迭。

"尽性知命"的易学之道

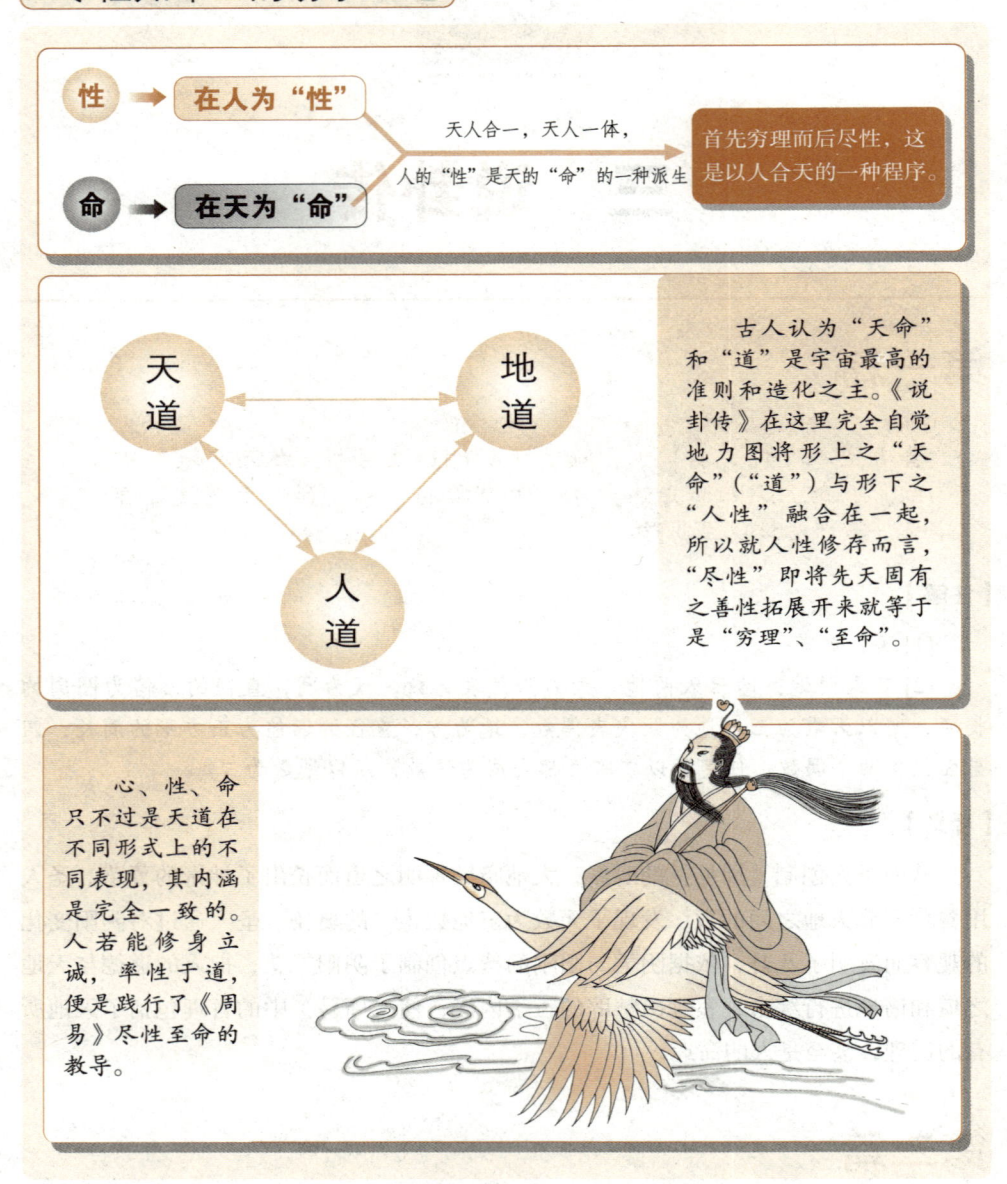

性 → 在人为"性"
命 → 在天为"命"

天人合一，天人一体，人的"性"是天的"命"的一种派生

首先穷理而后尽性，这是以人合天的一种程序。

天道 ↔ 地道
↕ ↕
人道

古人认为"天命"和"道"是宇宙最高的准则和造化之主。《说卦传》在这里完全自觉地力图将形上之"天命"（"道"）与形下之"人性"融合在一起，所以就人性修存而言，"尽性"即将先天固有之善性拓展开来就等于是"穷理"、"至命"。

心、性、命只不过是天道在不同形式上的不同表现，其内涵是完全一致的。人若能修身立诚，率性于道，便是践行了《周易》尽性至命的教导。

【释义】

从前圣人创制《周易》的时候，想向人们说明要顺应本性与命运的道理，所以确立了天道为阴与阳，地道为柔与刚，人道为仁与义。包含天地人三才的两种属性，所以八卦共有六个爻。即天道两爻有阴阳之分，地道两爻有刚柔之分，人道两爻有仁义之分，所以《周易》中的八卦顺理成章地分为六个时位。

第三篇

天地定位，山泽通气，雷风相薄[1]，水火不相射，八卦相错。数往者顺，知来者逆[2]。是故，易逆数也。

【注解】

[1] 薄：激荡。

[2] 数往者顺，知来者逆：这句话历来有多种解释。一种认为"数往者顺"指的是先天八卦，"知来者逆"指的是后天八卦；还有人认为是"天道左旋，地道右旋"；邵雍认

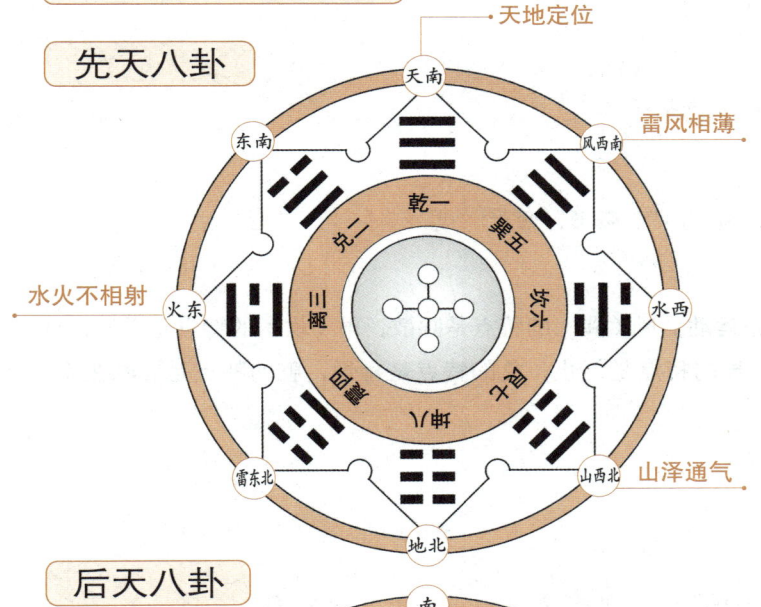

是故，易逆数也

先天八卦

- 天地定位
- 雷风相薄
- 水火不相射
- 山泽通气

后天八卦

这是伏羲时代先天八卦的位序。后来周文王把它变化为后天八卦位序，两者的方位出现了不同。

先天八卦的位序可以顺数出以往的情况，后天八卦的位序可以逆知未来的情况。

人们用《周易》推算，是要预测未来的情况，所以《周易》的应用主要是按后天八卦这个逆的位序。

第六章 《易传》

说卦传

为是先天八卦的运转顺序。笔者认为邵雍讲的较为确切。"数往者顺，知来者逆"便是先天八卦方位图按照震、离、兑、乾、巽、坎、艮、坤的顺序排列运转。

【释义】

天（乾）与地（坤）确定了上与下的位置，山（艮）与泽（兑）相对而气息相连，雷（震）与风（巽）相对而相互激荡，水（坎）与火（离）相对而格格不入，这便是相互交错的先天八卦方位。要想了解以往的事情便要顺序，要想了解未来的事情便逆序向后数。所以，《周易》是逆序而数。

第四篇

雷以动之，风以散之，雨以润之，日以烜[1]之，艮以止之，兑以说之，乾以君之，坤以藏之。

【注解】

[1] 烜：音 xuǎn，通"晅"。曝晒，晒干。

【释义】

雷（震）的特点是运动，风（巽）的特点是吹散，雨（坎）的特点是滋润，日（离）的特点是晾晒，艮的特点是停止，兑的特点是喜悦，乾的特点是君临主宰，坤的特点是归藏。

第五篇

帝[1]出乎震，齐乎巽，相见乎离，致役乎坤，说言乎兑，战乎乾，劳乎坎，成言乎艮。
万物出乎震，震东方也。齐乎巽，巽东南也，齐也者，言万物之洁齐也。离也者，明也，万物皆相见，南方之卦也，圣人南面而听天下，向明而治，盖取诸此也。坤也者，地也，万物皆致养焉，故曰致役乎坤。兑正秋也，万物之所说也，故曰说言乎兑。战乎乾，乾西北之卦也，言阴阳相薄也。坎者水也，正北方之卦也，劳卦也，万物之所归也，故曰劳乎坎。艮东北之卦也，万物之所成，终而所成始也，故曰成言乎艮。

【注解】

[1] 帝：指北斗星。古人认为北斗星是宇宙的主宰，天体都围着它运转。并且，根据北斗所指的方位可以确定时节。

【释义】

　　天帝（北斗星）春分时在震方出现，立夏时在巽方出现，夏至时在离方出现，立秋时在坤方出现，秋分时在兑方出现，立冬时在乾方出现，冬至时在坎方出现，立春时在艮方出现。至此天帝按后天八卦方位周巡一圈。

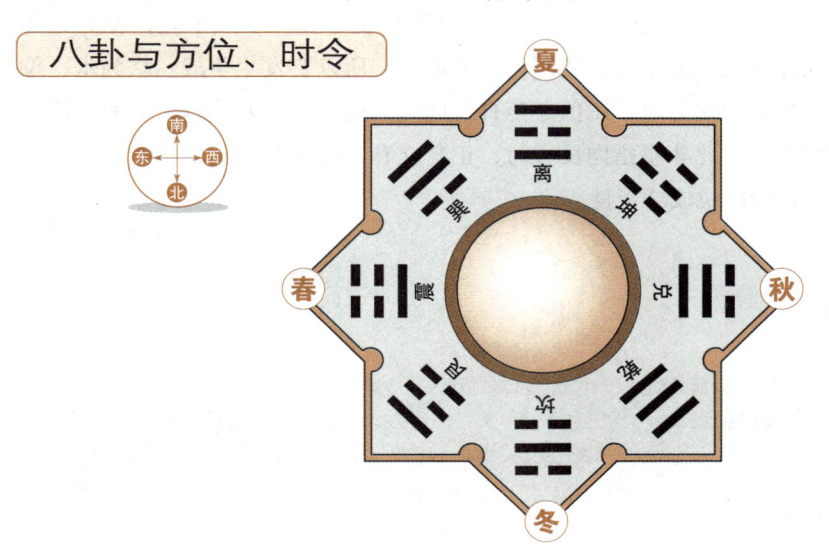

八卦与方位、时令

　　后天八卦是一个立体图。坎、离、震、兑是平面方位，而乾、艮、巽、坤是上下方位。实际的天体运行是北斗斗柄按逆时针方向旋转，所以把实际的上方标到了图的下方，把实际的下方标到了图的上方。

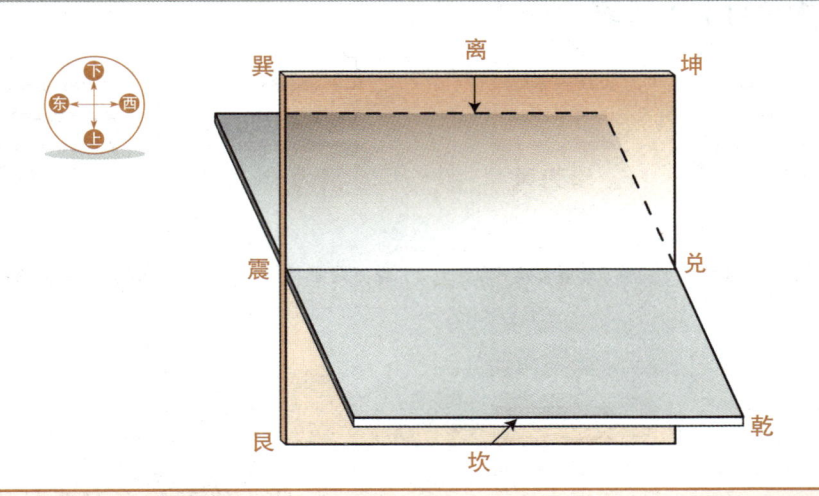

　　这是实际的位置，因为我国在东半球的北部，所以观察乾天在西北，坤地在西南。艮为山近天在东北，巽为齐平近地在东南，这概括了四方上下与我国实际地理状况。

万物在北斗星指向震方时开始生长，震指的便是东方；北斗星指向巽方时，万物已经长得鲜洁整齐，巽指的是东南方；北斗星指向离方时，万物都已长大可以看出本来的面目，离指的是南方，圣人因此坐北朝南治理天下，面向光明；坤卦代表地，北斗星指向坤方时，万物都已长成，所以说劳作于坤；北斗星指向兑方时，正是仲秋时节，万物成熟享受丰收的喜悦，所以说喜悦于兑。争战于乾，乾为西北方，北斗星指向乾方时阴盛阳虚，盛阴将驱除弱阳，所以要发生争战。坎为水，位于正北方，北斗星指向坎方时，正值冬至日，此时天地闭合，万物归藏，所以说劳苦于坎。艮为东北方，北斗星指向艮方时，正是立春，此时是一年的终结，同时也是新一年的开始，所以说成功于艮。

第六篇

神也者，妙万物而为言者也。动万物者，莫疾乎雷；桡[1]万物者，莫疾乎风；燥万物者，莫熯[2]乎火；说万物者，莫说乎泽；润万物者，莫润乎水；终万物始万物者，莫盛乎艮。故水火相逮，雷风不相悖，山泽通气，然后能变化，既成万物也。

【注解】

[1] 桡：音 ráo，弯曲。

[2] 熯：音 hàn，干燥。

八卦与自然现象

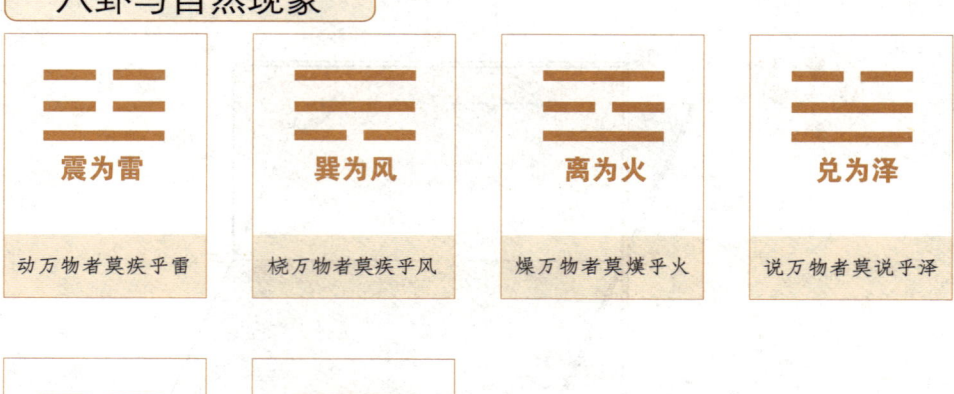

震为雷
动万物者莫疾乎雷

巽为风
桡万物者莫疾乎风

离为火
燥万物者莫熯乎火

兑为泽
说万物者莫说乎泽

坎为水
润万物者莫润乎水

艮为山
终万物始万物者莫盛乎艮

艮为终万物，又为始万物，可知万物之死与生皆反映在艮，这是事物的转折点。

【释义】

　　神指的是相对于万物变化的奥妙而言的。能震动万物的，没有比雷更有效的；能弯曲万物的，没有比风更有效的；能干燥万物的，没有比火更有效的；能喜悦万物的，没有比泽更有效的；能滋润万物的，没有比水更有效的；能使万物终止并重新开始，没有比艮更有能力的。所以水火相随，雷风不相违背，山泽气息相通，然后才能变化，造就万物的繁衍。

乾是刚健，坤是柔顺

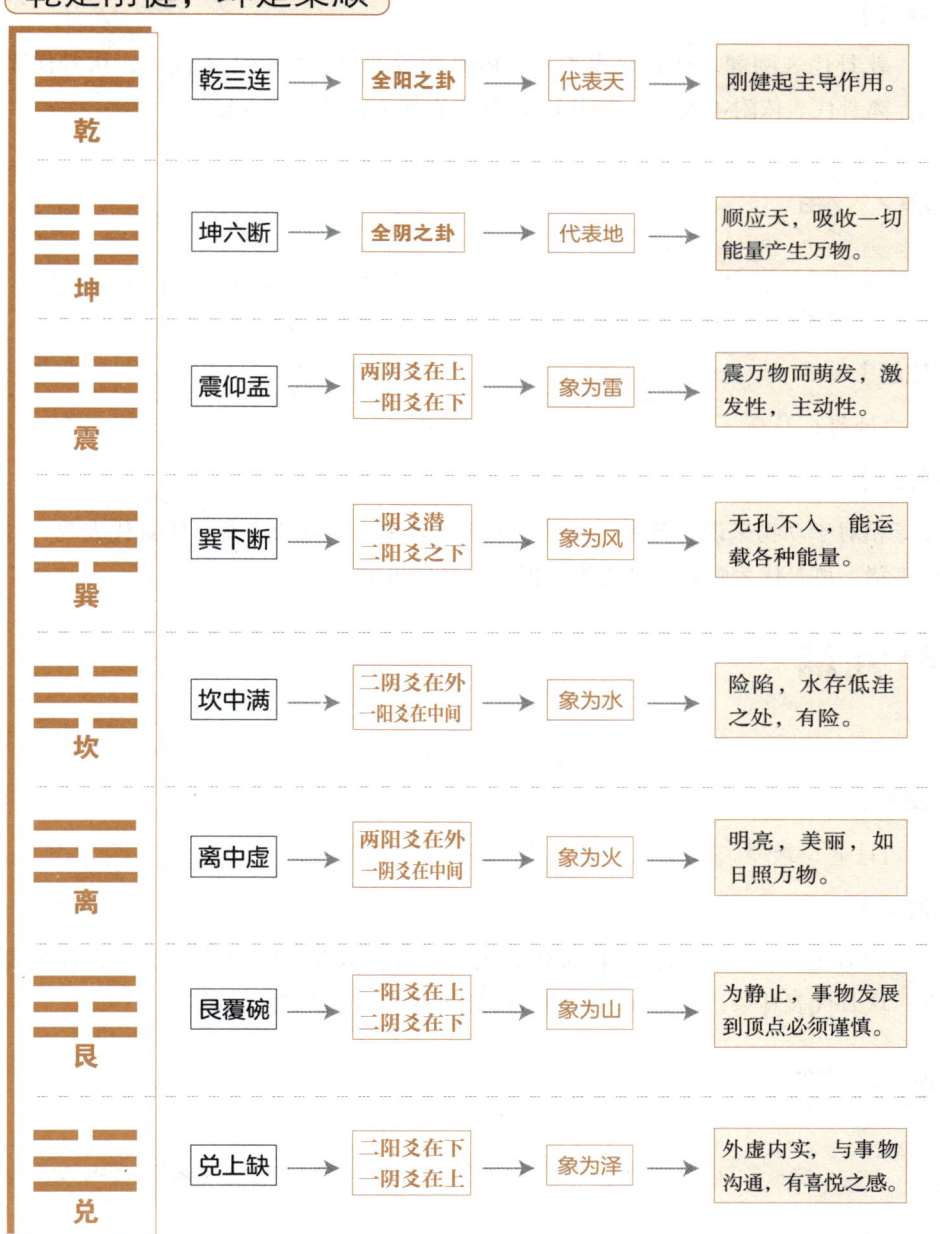

卦	口诀	爻象	象征	含义
乾	乾三连	全阳之卦	代表天	刚健起主导作用。
坤	坤六断	全阴之卦	代表地	顺应天，吸收一切能量产生万物。
震	震仰盂	两阴爻在上 一阳爻在下	象为雷	震万物而萌发，激发性，主动性。
巽	巽下断	一阴爻潜 二阳爻之下	象为风	无孔不入，能运载各种能量。
坎	坎中满	二阴爻在外 一阳爻在中间	象为水	险陷，水存低洼之处，有险。
离	离中虚	两阳爻在外 一阴爻在中间	象为火	明亮，美丽，如日照万物。
艮	艮覆碗	一阳爻在上 二阴爻在下	象为山	为静止，事物发展到顶点必须谨慎。
兑	兑上缺	二阳爻在下 一阴爻在上	象为泽	外虚内实，与事物沟通，有喜悦之感。

第六章 《易传》 说卦传

第七篇

> 乾，健也；坤，顺也；震，动也；巽，入[1]也；坎，陷也；离，丽也；艮，止也；兑，说也。

【注解】

[1] 入：进入。

【释义】

乾卦代表刚健，坤卦代表柔顺，震卦代表运动，巽卦代表进入，坎卦代表险阻，离卦代表依附（或美丽光明），艮卦代表静止，兑卦代表喜悦。

第八篇

> 乾为马，坤为牛，震为龙，巽为鸡，坎为豕，离为雉[1]，艮为狗，兑为羊。

【注解】

[1] 雉：野鸡。

【释义】

相对于动物来说，乾卦代表马，坤卦代表牛，震卦代表龙，巽卦代表鸡，坎卦代表猪，离卦代表野鸡，艮卦代表狗，兑卦代表羊。

第九篇

> 乾为首[1]，坤为腹，震为足，巽为股，坎为耳，离为目，艮为手，兑为口。

【注解】

[1] 首：头部。

【释义】

相对于人的身体来说，乾卦代表头，坤卦代表腹，震卦代表足，巽卦代表大腿，坎卦代表耳朵，离卦代表眼睛，艮卦代表手，兑卦代表口。

第十篇

> 乾，天也，故称乎父；坤，地也，故称乎母；震一索[1]而得男，

八卦的具体卦象

卦名	自然	人	属性	动物	身体	方位	季节
乾	天	父	健	马	首	西北	秋冬间
坤	地	母	顺	牛	腹	西南	夏秋间
震	雷	长男	动	龙	足	东	春
巽	风、木	长女	入	鸡	股	东南	春夏间
坎	水、月	中男	陷	豕	耳	北	冬
离	火、日	中女	附	雉	目	南	夏
艮	山	少男	止	狗	手	东北	冬春间
兑	泽	少女	悦	羊	口	西	秋

这里尽管罗列了很多，但用这些卦象去应对万事万物，仍显得太少，所以《说卦传》用了很多让人们去类推的语句，如"其于人也"、"其于马也"等，这分明是指说的这些只是一个方面，其他方面还可以去类推。

巽

为木，为风　　其基于人也，为寡发　　为大脑门　　为多白眼

是近利市三倍的利息，是急躁的卦。

故谓之长男；巽一索而得女，故谓之长女；坎再索而男，故谓之中男；离再索而得女，故谓之中女；艮三索而得男，故谓之少男；兑三索而得女，故谓之少女。

【注解】

[1] 索：索取。

第六章 《易传》 说卦传

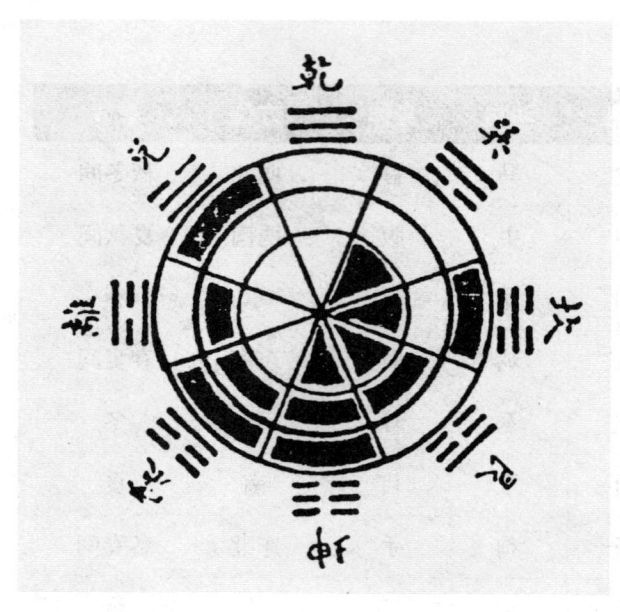

四象生八卦图

乾与坤对，离与坎对，兑与艮对，震与巽对，故曰"四象生八卦"，这是太极三变而得到的。

【释义】

乾代表天，所以也表示父亲；坤代表地，所以也表示母亲。坤卦从乾卦索取到第一个刚爻于是生出男孩为震卦，所以震卦代表长子。乾卦从坤卦索取到第一个柔爻而生出女孩为巽，所以巽卦代表长女。坤卦索取乾卦第二个刚爻生出男孩为坎，所以坎卦代表次子。乾卦索取坤卦第二个柔爻生出女孩为离，所以离卦代表次女。坤卦索取乾卦第三个刚爻生出男孩为艮，所以艮卦代表少男。乾卦索取坤卦第三个阴爻生出女孩为兑，所以兑卦代表少女。

第十一篇

乾为天，为圜[1]，为君，为父，为玉，为金，为寒，为冰，为大赤，为良马，为瘠[2]马，为驳[3]马，为木果。

坤为地，为母，为布，为釜[4]，为吝啬，为均，为子母牛，为大舆，为文，为众，为柄。其于地也为黑。

震为雷，为龙，为玄黄，为旉[5]，为大涂，为长子，为决躁，为苍筤竹，为萑苇。其于马也，为善鸣，为馵足，为的颡。其于稼也，为反生。其究为健，为蕃鲜。

巽为木，为风，为长女，为绳直，为工，为白，为长，为高，为进退，为不果，为臭。其于人也，为寡发，为广颡，为多白眼，为近利市三倍。其究为躁卦。

坎为水，为沟渎，为隐伏，为矫輮，为弓轮。其于人也，为加忧，为心病，为耳痛，为血卦，为赤。其于马也，为美脊，为亟心，为下首，为薄蹄，为曳。其于舆也，为多眚，为通，为月，为盗。其于木也，为坚多心。

离为火，为日，为电，为中女，为甲胄，为戈兵。其于人也，为大腹，为乾卦。为鳖，为蟹，为蠃，为蚌，为龟。其于木也，为科上槁。

艮为山，为径路，为小石，为门阙，为果蓏[6]，为阍寺，为指，为狗，为鼠，为黔[7]喙之属。其于木也，为坚多节。

> 兑为泽，为少女，为巫，为口舌，为毁折，为附决。其于地也，为刚卤，为妾，为羊。

【注解】

[1] 圜：圆环。

[2] 瘠：瘦弱。

[3] 驳：驳杂，杂色。

[4] 釜：古炊器，敛口圆底，或有二耳。

[5] 旉：同"敷"，展开。

[6] 蓏：音 luǒ，草本植物的果实。

[7] 黔：黑色。

【释义】

乾代表天，代表圆环，代表君王，代表父亲，代表玉器，代表金属，代表寒冷，代表冰，代表大红色，代表良马，代表瘦马，代表杂色的马，代表树木上的果实。

坤代表地，代表母亲，代表布匹，代表锅，代表吝啬，代表均匀，代表带犊子的母牛，代表大车，代表文章，代表民众，代表柄。相对于地来说，代表黑色的土地。

震代表雷，代表龙，代表玄黄，代表展开，代表大路，代表长子，代表急躁，代表青色的竹子，代表芦苇。相对于马来说，它代表善鸣，代表左后蹄白色，代表白额。相对于庄稼来说，它代表反生的庄稼。其最终也代表健，代表蔬菜。

巽代表木，代表风，代表长女，代表绳直，代表工巧，代表白色，代表长，代表高，代表进退，代表不果，代表气味。相对于人来说，它代表头发少，代表大脑门，代表白眼球多，代表近利市三倍。其最终代表躁卦。

坎代表水，代表沟渠，代表隐伏，代表矫揉，代表车轮。相对于人来说，它代表忧郁多，代表心病，代表耳痛，代表血卦，代表红色。相对于马来说，它代表美脊，代表心急，代表低头，代表薄蹄，代表拉曳。相对于车来说，它代表散架，代表通达，代表月，代表盗寇。相对于树木来说，它代表坚实多心。

离代表火，代表日，代表电，代表中女，代表甲胄，代表戈兵。相对于人来说，它代表大腹。代表乾卦，代表鳖，代表蟹，代表甲虫，代表蚌，代表龟。相对于树木来说，它代表树干枯。

艮代表山，代表小径道路，代表小石头，代表门阙，代表瓜果，代表守门人，代表手指，代表狗，代表鼠，代表黑嘴动物。相对于树木来说，它代表坚韧多节。

兑代表泽，代表少女，代表巫师，代表口舌，代表毁折，代表退落。相对于地来说，它代表坚硬的盐碱地，代表妾，代表羊。

四　序卦传

上篇

有天地，然后万物生焉。盈天地之间者唯万物，故受之以屯。屯者，盈也。屯者，物之始生也。物生必蒙，故受之以蒙。蒙者，蒙也，物之稚也。物稚不可不养也，故受之以需。需者，饮食之道也。饮食必有讼，故受之以讼。讼必有众起，故受之以师。师者，众也。众必有所比，故受之以比。比者，比也。比必有所畜，故受之以小畜。物畜然后有礼，故受之以履。履而泰然后安，故受之以泰。泰者，通也。物不可以终通，故受之以否。物不可以终否，故受之以同人。与人同者，物必归焉，故受之以大有。有大者，不可以盈，故受之以谦。有大而能谦必豫，故受之以豫。豫必有随，故受之以随。以喜随人者必有事，故受之以蛊。蛊者，事也。有事而后可大，故受之以临。临者，大也。物大然后可观，故受之以观。可观而后有所合，故受之以噬嗑。嗑者，合也。物不可以苟合[1]而已，故受之以贲。贲者，饰也。致饰然后亨则尽矣，故受之以剥。剥者，剥也。物不可以终尽剥，穷上反下[2]，故受之以复。复则不妄矣，故受之以无妄。有无妄然后可畜，故受之以大畜。物畜然后可养，故受之以颐。颐者，养也。不养则不可动，故受之以大过。物不可以终过，故受之以坎。坎者，陷也。陷必有所丽，故受之以离。离者，丽也。

【注解】

[1] 苟合：随便地相合。

[2] 穷上反下：指被剥卦剥尽的上九爻来到了初九的位置，形成了一阳复生的复卦。

【释义】

世上先有天与地，然后才能产生万物。万物盈满天地之间，所以乾坤两卦的后面是屯卦，屯便是盈满的意思。屯代表万物始生。万物始生之时处于幼稚阶段，所以接下来便是蒙卦，蒙是蒙昧的意思，蒙代表万物始生的幼稚时期。万物幼稚时期需要营养补育，所以接下来便是需卦。需卦讲的便是饮食之道。饮食必然会引起争斗，所以接下来便是讼卦。争讼必然会引起众人的参与，所以接下来是师卦，师便是大众的意思。众人根据需要形成不同的群体，所以接下来便是比卦，比就是亲比的意思。人们相互之间亲比相处，财物自然会有所积累，所以接下来便是小畜卦。物质生活丰富了，自然开始精神文明建设，开始讲究礼信，所以接下来是履卦。人们都守信而知礼，自然社会安泰，所以接下来是泰卦，泰便是通顺的意思。可是事物不可能永远通顺，所以接下来泰极否来出现了否卦。事物又不可能永远闭塞，所以接二连三是同人卦。大家同心同德必然会有大的收获，所以接下来是大有卦。有了大的成就不能自满，所以接下来是谦卦。有大的成就而能够谦虚谨慎必然会产生喜乐，所以接下来是豫卦。喜乐的生活肯定得到百姓的拥护，所以接下来是随卦。以喜乐之心跟随必会有喜事，所以接下来是蛊卦，蛊表示的是男女之事。有喜事才可以壮大，所以接下来是临卦，临便是大的意思。事物盛大以后就可观了，所以接下来是观卦。德政教化可观后，人心民意就可以相合，所以接下来是噬嗑卦，嗑便是合的意思。物不可以简单相合，所以接下来是贲卦，贲就是文饰的意思。极尽修饰则使亨通走到了尽头，所以接下来是剥卦，剥便是剥夺的意思。事物不会终结，所以接下来是复卦。一阳复生则不会没有希望，所以接下来是无妄卦。有了希望便会得到大的收获，所以接下来是大畜卦。物质丰富后人们开始追求养生之道，所以接下来是颐卦，颐便是养的意思。人只顾颐养而不运动便会对身体有害，所以接下来是大过卦。事物不可能总处于大的过错中，所以接下来是坎卦，坎是陷的意思。陷落必有所依附，所以接下来是离卦，离便是依附的意思。

下篇

有天地然后有万物，有万物然后有男女，有男女然后有夫妇，有夫妇然后有父子，有父子然后有君臣，有君臣然后有上下，有上下然后礼义有所错[1]。夫妇之道不可以不久也，故受之以恒。恒者，久也。物不可以久居其所，故受之以遁。遁者，退也。物不可以终遁，故受之以大壮。物不可以终壮，故受之以晋。晋者，进也。进必有所伤，故受之以明夷。夷者，伤也。伤于外者必反于家，故受之以家人。家道穷必乖，故受之以睽。睽者，乖也。乖必有难，故受之以蹇。蹇者，难也。物不可以终难，故受之以解。解者，缓也。缓必有所失，故受之以损。损而不已必益，故受之以益。益而不已必决，故受之以夬。夬者，决也。决必有遇，故受之以姤。姤者，遇也。物相遇而后聚，故受之以萃。萃者，聚也。聚而上者谓之升，故受之以升。升而不已必困，故受之以困。困乎上者必反下，故受之以井。井道不可不革，故受之以革。革物者莫若鼎，故受之以鼎。主器者莫若长子，故受之以震。震者，动也。物不可以终动，止之，故受之以艮。艮者，止也。物不可以终止，故受之以渐。渐者，进也。进必有所归，故受之以归妹。得其所归者必大，故受之以丰。丰者，大也。穷大者必失其居，故受之以旅。旅而无所容，故受之以巽。巽者，入也。入而后说之，故受之以兑。兑者，说也。说而后散之，故受之以涣。涣者，离也。物不可以终离，故受之以节。节而信之，故受之以中孚。有其信者必行之，故受之以小过。有过物者必济，故受之以既济。物不可穷也，故受之以未济，终焉。

【注解】

[1] 错：形成错落有致的社会秩序。

【释义】

有了天地才会产生万物，有了万物才有了男女之别，有了男女才有夫妇的关系，有了夫妇才有了父子关系，有了父子关系才有了君臣的关系，有了君臣的关系才有了上下的等级制度，有了上下的等级制度才有了仁与义的礼教。夫妇之道不能不持久，所以在咸卦之后是恒卦，恒便是久的意思。事物不是一成不变的，所以接下来是遁卦，遁便是退的意思。事物不会总是隐退，所以接下来是大壮卦。事物不会永远强壮，所以接下来是晋卦，晋便是前进上升的意思。前进会遇到伤害，所以接下来是明夷卦，夷便是伤的意思。在外面受伤必然要回到家中休养，所以接下来是家人卦。家道穷困必然性格乖僻，所以接下来是睽卦，睽便是乖的意思。性格乖僻会导致灾难，所以接下来是蹇卦，蹇便是难的意思。事物不可能永远处于困难之中，所以接下来是解卦，解便是缓解的意思。缓解必然会有所损失，所以接下来是损卦。经常受损必然会有益处，所以接下来是益卦。受益过多必然有所决裂，所以接下来是夬卦，夬便是决裂的意思。决裂后必然会有新的相遇，所以接下来是姤卦，姤便是相遇的意思。事物相遇后聚在一起，所以接下来是萃卦，萃便是聚集的意思。相聚的群体中必然会产生首领，所以接下来是升卦。事物不断上升必然会导致穷困，所以接下来是困卦。受困于上，下面必然要反抗，所以接下来是井卦。井需要经常修理，所以接下来是革卦。改革成功在于像鼎一样有信而稳定，所以接下来是鼎卦。能够用鼎祭祀上帝的只有长子，所以接下来是震卦，震便是动的意思。事物不能总是运动，所以接下来是艮卦，艮便是停止的意思。事物不可能永远停止，所以接下来是渐卦，渐便是渐进的意思。前进必然有个归宿，所以接下来是归妹卦。得到自己的归宿后必然会有所丰大，所以接下来是丰卦，丰便是丰大的意思。丰大后会走入穷困，会失掉自己的居所，所以接下来是旅卦。旅途中无处安身，所以接下来是巽卦，巽便是进入的意思。能够进入才能有喜悦，所以接下来是兑卦，兑便是喜悦的意思。喜悦过后人们各自散去，所以接下来是涣卦，涣便是相离的意思。事物不会总是处于分离的状态，所以接下来是节卦。有符节然后可以取信于人，所以接下来是中孚卦。有诚信一定能够通行，所以接下来是小过卦。有所超越者一定能够成功，所以接下来是既济卦。事物发展不会穷尽，所以接下来是未济卦。至此六十四卦终结。

五　杂卦传

乾刚坤柔，比乐师忧。临观之义，或与或求。屯见而不失其居。蒙杂而著。震，起也。艮，止也。损、益，盛衰之始也。大畜，时也。无妄，灾也。萃聚而升不来也。谦轻而豫怠也。噬嗑，食也。贲，无色也。兑见而巽伏也。随，无故也。蛊，则饬也。剥，烂也。复，反也。晋，昼也。明夷，诛也。井通而困相遇也。咸，速也。恒，久也。涣，离也。节，止也。解，缓也。蹇，难也。睽，外也。家人，内也。否、泰，反其类也。大壮则止，遁则退也。大有，众也。同人，亲也。革，去故也。鼎，取新也。小过，过也。中孚，信也。丰，多故也。亲寡旅也。离上而坎下也。小畜，寡也。履，不处也。需，不进也。讼，不亲也。大过，颠也。姤，遇也，柔遇刚也。渐，女归待男行也。颐，养正也。既济，定也。归妹，女之终也。未济，男之穷也。夬，决也，刚决柔也。君子道长，小人道忧也。

【释义】

　　乾卦刚健，坤卦柔顺；比卦喜乐，师卦多忧。临卦与观卦的含义，前者为给予，后者为索求。屯卦指的是万物相见于天地而各得所居。蒙卦则是万物交杂而显著。震卦的含义是兴起。艮卦的含义是停止。损卦为盛大的开始，益卦正是衰落的开始。大畜卦指得时机。无妄卦指灾难。萃卦是聚集的意思，升卦是不下来的意思。谦卦是谦恭的意思。豫卦是娱乐的意思。噬嗑指饮食。贲卦指白色的修饰。兑卦显现，巽卦伏藏。随卦指没有事故。蛊卦则指被娱乐所伤。剥卦指腐烂。复卦指反复。晋指白昼。明夷为受伤。井卦指通达，困卦指相遇。咸卦指迅速感应。恒卦指恒久。涣卦指离散。节卦指节止。解卦指缓解。蹇卦指困难。睽卦指分离于外。家人卦指回到家里。否卦与泰卦的意思正好相反，即否极泰来，泰极否来。大壮卦指停止，遁卦指隐退。大有卦为民众。同人卦为相亲相爱。革卦指改革去除以前的毛病。鼎卦指立新。小过卦指小的超越。中孚卦指诚信。丰卦指物质丰富。亲人少则是旅卦的含义。离卦指依附于上，坎卦指水流于下。小畜卦指小的积蓄。履卦指不停留。需卦指不前进。讼卦指不亲合。大过卦指颠覆。姤卦指相遇，阴柔遇到阳刚。渐卦是指女子出嫁等待男子前来娶亲。颐卦指养生之道。既济卦指成就。归妹卦指女子出嫁，成为别人的妻子。未济卦指男子的尽头。夬卦是决胜，阳刚决胜阴柔，君子之道开始生长，小人之道开始忧虑。

第六章　《易传》

杂卦传

749

图书在版编目（CIP）数据

图解周易大全 / 贺华章著.
—— 北京：现代出版社，2014.7（2023.10重印）
ISBN 978-7-5143-2911-7

Ⅰ.①图… Ⅱ.①贺… Ⅲ.①《周易》－图解
Ⅳ.①B221-64

中国版本图书馆CIP数据核字(2014)第121279号

作　　者：贺华章
责任编辑：张　霆
出版发行：现代出版社
地　　址：北京市安定门外安华里504号
邮政编码：100011
电　　话：010-64267325　64245264（传真）
电子邮箱：xiandai@cnpitc.com.cn
印　　刷：艺堂印刷（天津）有限公司
开　　本：787毫米×1092毫米　1/16
印　　张：47
版　　次：2014年7月第1版　2023年10月第17次印刷
书　　号：ISBN 978-7-5143-2911-7
定　　价：68.00元

版权所有，翻印必究；未经许可，不得转载